启微
QIGEYE

溃败之路
НА ПУТИ К КРАХУ

1904~1905 年　［俄］奥列格·阿拉别托夫　著
(Oleg Airapetov)

РУССКО-ЯПОНСКАЯ ВОЙНА 1904-1905 ГГ..
周健　译

俄日战争

社会科学文献出版社
SOCIAL SCIENCES ACADEMIC PRESS (CHINA)

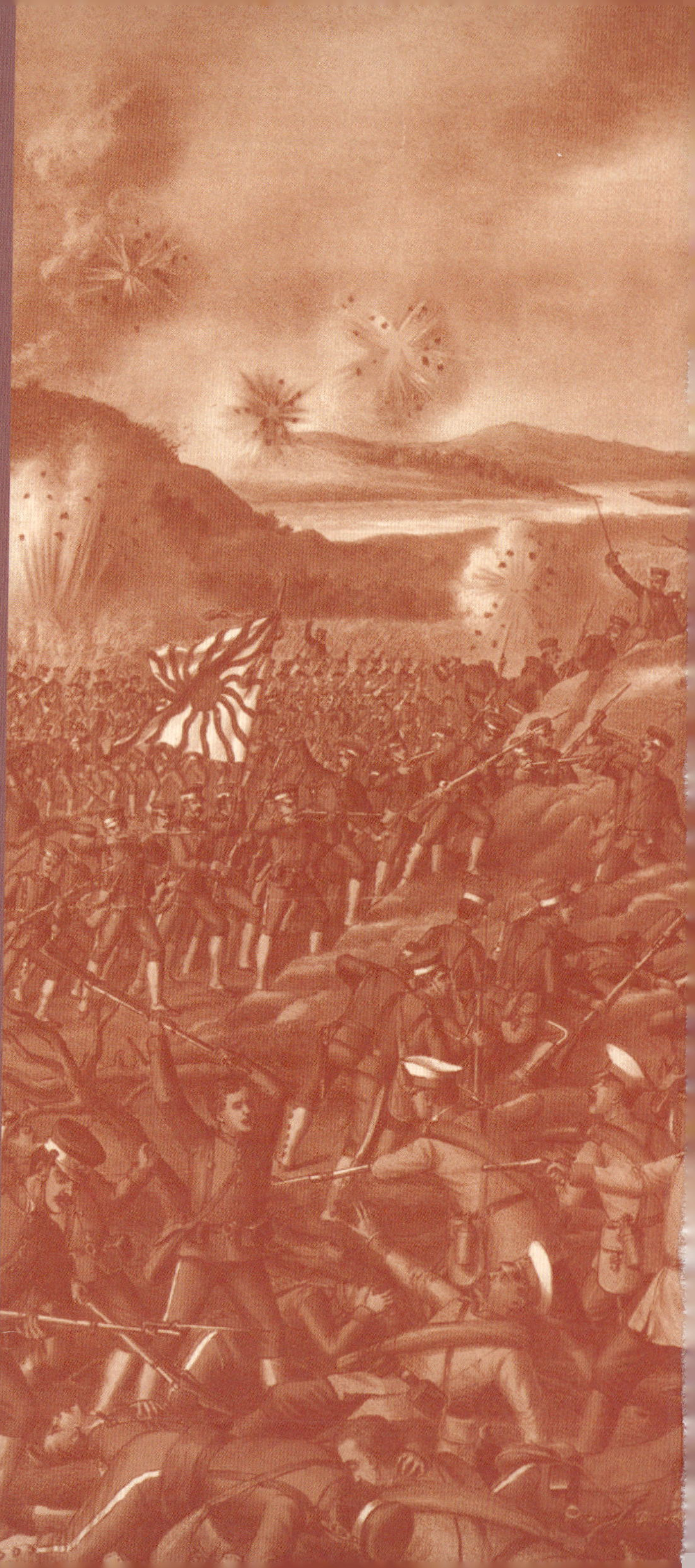

目　录

引　言　　1

第一部分　外交背景

1　十九世纪中叶俄国外交政策下的远东　　49
2　第二阶段：向远东扩张　　61
3　第三阶段：远东的动员——崛起之路　　82
4　甲午战争：敌友关系的转换　　95
5　《马关条约》修订的初步结果　　124
6　俄国远东政策的巴尔干后方　　129
7　博斯普鲁斯还是远东？　　138
8　欧洲的稳定、远东的动员、新盟友的结交与失去　　199
9　旅顺港的攫取：原因与结果　　212
10　俄日两国在朝鲜的冲突　　223
11　"和平渗透"的结果：义和团运动与对清战争　　230
12　战争或合作：彼得堡与东京的抉择　　249
13　远东抉择的外交背景：从巴尔干到波斯　　260
14　对日战争一触即发　　286

第二部分　战争

15	战前：陆军、海军及战区状况	307
16	开战	336
17	双方的计划、俄国战争机器的优势与劣势	347
18	国际局势、军事行动的开端和马卡罗夫的牺牲	361
19	库罗帕特金出任总司令、朝鲜失守	377
20	关东州和旅顺港战役的开端、日军夺得制海权	385
21	辽阳：本该决出胜负的会战	423
22	辽阳之后：旅顺港和沙河	443
23	第二太平洋舰队的决策、组建和起航及赫尔事件	454
24	旅顺港的结局：第一太平洋舰队的覆灭	466
25	黑沟台：改变战争进程的最终尝试	480
26	奉天会战：指挥危机的巅峰	503
27	奉天会战：灾难性的撤退	521
28	四平街对峙、陷入僵局的陆地对抗、迈向和谈的第一步、继续出征的俄国舰队	540
29	对马	557
30	对马之后：日本与俄国的处境	564
31	朴次茅斯：谈判与和平	579
32	休战与和平：内政的影响因素	595
33	革命背景下的复员	603
34	败军战胜革命	615

结　语	622
译后记	634

引 言

　　2014年是俄日战争爆发110周年,与纪念这场战争爆发100周年不同,这一年对该战争的研究并未骤增。之所以如此,原因很多。其中最重要的原因在于历史是门关注事件发生百周年的科学。2014年正值第一次世界大战爆发100周年,社会各界的注意力普遍集中于此。然而,从俄日战争周年纪念活动的影响来看,关注俄日战争并非无益。目前,某些西方国家仍固执己见地将争夺世界统治权的战争列入日程,因此抵制这种政策迫在眉睫。

　　在我看来,对第一次世界大战的关注,无论如何都不应影响我们冷静而审慎地对待1904～1905年发生在远东的俄日战争。无论是俄日战争本身,还是当时的国际背景,都对俄罗斯帝国的内部局势产生了深远的影响。这是一个充满趣味性和启发性的课题。

　　对于俄日两国而言,这场战争已经成了重要的象征性事件。日本因战胜了拥有欧洲顶尖军队和庞大舰队的俄罗斯帝国而赢得了加入大国俱乐部的权利。此外,这场战争的胜利不仅使日本在中国站稳了脚跟(早在1895年就已经占领了台湾),同时迫使朝鲜屈从于己。1904年2月10日,日本对俄宣战并发表宣言,指出日本参战主要是为了保护朝鲜："朝鲜的不可侵犯性始终都是我们格外关心的问题，这不仅是因为这个国家与我国的传统关系，更是因为独立存在的朝鲜对我国的安全至关重要。"① 战后，日本又发表了其他宣言，例如在远东首次明确提出了"大亚细亚主义"。与此同时，日本的胜利也成了美日关系恶化的导火索，中国东北日本占领区"敞开的大门"紧紧地关闭了。②

至于朝鲜，在俄日两国签署了《朴次茅斯和约》后，日本便不再关注它的独立问题了。正如一位日本作家所说的那样："朝鲜半岛犹如一把瞄准日本心脏的匕首，因此与朝鲜建立紧密的政治、军事联系对于确保日本的安全是十分必要的。"③ 1911年，日本吞并朝鲜并使其成了自己的殖民地，然而很快对日本而言拥有朝鲜半岛这把"匕首"就已经无法满足其野心了。在第一次世界大战结束后，作为战胜国俱乐部成员的日本开始有目的地进行军事训练：训练陆军以备与苏俄开战；训练海军舰队以备与美国开战。④ 这是日本继甲午战争和俄日战争后迈向1945年的第三步。事实上，在1904年几乎没人能够预见这段历史的结局。

对于俄罗斯帝国而言，1904～1905年远东的局面已经预言

---

① Русско-японская война. Официальные донесения японских главнокомандующих сухопутными и морскими силами. СПб. 1908. Т. 1. С. 4.

② Тверской П. А. Америка и Япония. Письмо из Америки. // Вестник Европы. Журнал истории – политики – литературы. (далее ВЕ). 1906. №9. С. 169.

③ Хаттори Т. Япония в войне 1941–1945. М. 1973. С. 22.

④ Футида М., Окумия М. Сражение у острова Мидуэй. М. 1958. С. 39–40.

了战争的结局。没有什么是比无法结束一场失败的战争更糟糕的了。早在 1811 年，卡拉姆津（Н. М. Карамзин）就曾指出："为了稳固专制制度，国家权力是必不可少的。"① 在亚历山大二世遇刺身亡前夕，保守派批评家列昂季耶夫（К. Н. Леонтьев）指出，在不远的将来，俄罗斯帝国将"进入冰冻期"。在亚历山大三世（Александр Ⅲ）统治时期，稳固的专制制度向百姓展现了强权的冷酷及它在没有重大军事冲突情况下的威力。应当指出，沙俄此举并非徒劳。亚历山大三世本人坚决拥护无限制的专制制度，与该思想的主要倡导者、他的导师波别多诺斯采夫（К. П. Победоносцев）相比甚至有过之而无不及。②

1880 年代，民粹主义运动以失败告终，政治"安抚"达到了高潮。③ 地方自治活动家罗季切夫（Ф. И. Родичев）指出："从 1881 年到 1894 年，在这 13 年间，社会生活和思想运动明显减少了。参加改革派会议的人日渐减少，百姓也越来越不愿意参与密谋了。"④ 这种局面令统治者感到欣慰。20 世纪初，作为自由主义阵营领导者之一的马克拉科夫（В. А. Маклаков）在回

---

① Карамзин Н. М. Записка о древней и новой России. М. 1991. С. 22.
② Полунов А. Ю. Константин Петрович Победоносцев в общественно - политической и духовной жизни России. М. 2010. С. 292 - 293.
③ Колеров М. А. Политическое дежавю оппозиции: голод 1921 - го как голод 1891 года. // Русский Сборник: Исследования по истории России XIX - XX вв. Редакторы - составители: О. Р. Айрапетов, Мирослав Йованович, М. А. Колеров, Брюс Меннинг, Пол Чейсти（далее РуСб）. М. 2004. Т. 1. С. 237.
④ Родичев Ф. И. Воспоминания и очерки о русском либерализме. Newtonville. 1983. С. 83.

忆起 1880 年代社会动向时指出:"在当时的社会背景下,专制制度依旧保持着它的魅力。之所以如此,并不是因为 1860 年代的改革,而是因为专制制度足以体现国家的强盛和民族的力量。正因如此,人们对君主制有着深厚的感情。因此,尼古拉一世(Николай Ⅰ)的所作所为不仅没有引起百姓的憎恶,反而成了人们崇敬的对象,这并非毫无道理。"①

虽然上述观点具有一定的可信度,但是实际情况并非如此乐观。国家的决策者坚信他们比其他人更了解俄国,因此在如此"光明"的前景下他们无所畏惧。1882 年 1 月,斯拉夫派保守主义者卡韦林(К. Д. Кавелин)指出:"这种观念幼稚、可笑,如果它长期左右国家政策的制定,那么最终一切将以最可悲的悲剧收场。"② 任何转化成为政策的意识形态幻想都将对国家构成极大的威胁。拥有完全权力的政府必须能够预感到国家所面临的危险,因为完全的权力等同于完全的责任。当时俄国农村的处境极为艰难,国家的农业扶持政策依旧倾向于贵族土地所有者。在1880 年代中期,地主在贵族银行的贷款额度比农民在农民银行的贷款额度高出七八倍。③

1890 年代初期,农村问题日渐尖锐,最终上升到了国家层面。1891 年,农作物歉收,饥荒席卷二十余州,有些地区甚至

---

① Маклаков В. А. Власть и общественность на закате старой России: воспоминания современника. Париж. 1936. Ч. 1. С. 15.
② Из писем К. Д. Кавелина к графу Д. А. Милютину. 1882 – 1884 гг. // ВЕ. 1909. №1. С. 10.
③ Степанов В. Л. Н. Х. Бунге. судьба реформатора. М. 1998. С. 190.

空无一人。在农村随处可见被钉死了的房屋,这是"涌向世界各地的逃荒者留下的小木屋"。① 俄国杰出的立宪民主党人、国内政策研究者认为,这场危机已成为影响国家未来发展的重要因素。② 这场灾难的影响是显而易见的,社会各界的声音也不容忽视。托尔斯泰(Л. Н. Толстой)指出:"今年由于农作物歉收,大家都紧绷着神经,人们总是吃不饱饭。"③

到了年底,政府为了解决饥荒问题拨付的 7200 万卢布已经花掉了 6000 万,但是收效甚微。此时,国家的金融稳定性受到了威胁。时任财政大臣维什涅格拉茨基(И. А. Вышнеградский)是一位杰出的科学家、企业家,他反对继续拨款解决灾荒问题,④ 主张出口谷物、缩减居民生活必需品开支。⑤ 柯罗连科颇为准确地描述了这项政策的结果:"我们已经习惯了向农村索取,却没有给予的能力。"⑥ 在饥饿和流行病面前,被政府视为农村信仰支柱的乡村神职人员的弱点暴露无遗。教会学校动荡不安、牧师与教民之间摩擦不断,这一切都只是开端。⑦

此时,在 1880 年代溃不成军的自由主义运动似乎又重获新

---

① Гарин Н. По Корее, Манчжурии и Ляодунскому полуострову. СПб. 1904. С. 5.
② Корнилов А. А. Курс истории России XIX века. М. 1993. С. 413.
③ Л. Н. О голоде. Собрание сочинений в 22 томах. М. 1984. Том 17. Публицистические произведения. С. 160.
④ Ламздорф В. Н. Дневник 1891 - 1892. М - Л. 1934. С. 201;203;212.
⑤ Степанов В. Л. Ук. соч. С. 234 - 235;239.
⑥ Литературное обозрение. В. Короленко. В голодный год. // ВЕ. 1894. №1. С. 423.
⑦ Полунов А. Ю. Ук. соч. С. 281.

生,顽强地耸立在与饥饿和随之而来的流行病斗争的土地上。①米留科夫(П. Н. Милюков)回忆称:"1891年是公众情绪的转折点。这一年在伏尔加河流域爆发的饥荒震惊了整个俄国社会。"② 在自由主义运动中,人们拒绝服从政府提出的援助饥民的号召。他们赞成托尔斯泰的观点:"捐赠法是最高权力机构自行确立的,其他任何权力机构都不能废除它。"③ 国家需要有文化的人,而他们的数量也在增加。《解放》(Освобождение)杂志的编辑斯特鲁维(П. Б. Струве)在该杂志第1期第一篇社论中写道:"无论1880年代的社会形势多么严峻,它都无法抑制人们对文化的需求和兴趣,无法遏制社会文化事业的发展。"④ 面对如此形势,必然无法找到其他出路解决饥荒问题。

研究社会运动的历史学者科列罗夫(М. А. Колеров)指出:"众所周知,1891年的饥荒对俄国社会产生了革命性的影响:政府颁布的旨在'切断'社会自发资助活动的限制措施,为稳定局势所做的徒劳无功的尝试,强制要求新闻媒体、食堂、集资机构等非政府性援助单位办理许可证,这些举措都为反对派的形成奠定了良好的基础。1891年,人们对国家和政府的信心逐渐坍塌,他们不再坚信国家是充满力量的、政府是不可战胜

---

① Керенский А. Ф. Россия на историческом переломе: Мемуары. М., 1993. С. 17.
② Милюков П. Н. Воспоминания. М. 1991. С. 120.
③ Толстой Л. Н. Голод или не голод. Собрание сочинений в 22 томах. М. 1984. Том. 17. Публицистические произведения. С. 191.
④ От редактора. // Освобождение. Штутгарт. 18 июня (1 июля) 1902 г. №1. С. 4.

的。事实上，此时的镇压型政权与社会舆论和社会自发性组织呈对立之势，这是一场全国性的悲剧。毫无疑问，这场饥荒为双方的较量提供了恰当的借口、合适的背景。在此情况下，存在这样一种推断：声名狼藉的政府主动退出，自愿为反对派的自我肯定和发展留出空间。1891年，处于社会道德舆论批判中心的不仅是政府的厚颜无耻，还有民粹派的'乌托邦主义'。此时，人们对社会主义改革寄托了全部的希望，但是改革的设想需要建立在古老的农民经济在当时的社会、经济生活中依旧行之有效的基础上。"① 1891年，国家民族主义同盟、斯拉夫派和温和民粹派的内在缺点暴露无遗。

此时，新的革命浪潮悄然而至，马克思主义越来越受欢迎。然而，政府依旧在与饥荒、自由主义者及日渐缩减的谷物出口量做斗争。但是从整体上看，社会各界基本保持团结并且承认政府的权威性。这是尼古拉二世（Николай Ⅱ）从他已故的父亲亚历山大三世那里继承的宝贵"遗产"。然而，到了1905年沙皇政府的势力已经大不如前。在很大程度上，这已经预示了俄日战争的结局。对中日冲突的干涉使人们坚信俄日两国必将开战，而彼得堡方面几乎恰逢其时地表明了维护专制制度不可侵犯的决心。

1892~1893年灾难过后，政权与社会势力之间的对抗并未结束。1894年春天，自由主义反对派的某位喉舌指出："对地方自治局活动范围的限制是政府压制近期日益活跃的地方运动的手

---

① Колеров М. А. Политическое дежавю... // РуСб. М. 2004. Т.1. С.237.

段之一。"① 特维尔地方自治局与地方行政长官不睦已久。在这两年里，面对饥荒和流行病，双方甚至就赈灾资金的分配问题发生了正面冲突。② 亚历山大三世去世后，人们对自由主义变革的期望日趋强烈。③ 所有人都期待着改革，"所有人都毫无头绪却满怀希望地看向年轻的沙皇尼古拉二世"。④

1894年11月1日（俄历10月20日），年轻的君主发表了登基宣言。他宣誓将秉承先人遗训治理国家，即"始终将维护俄罗斯的和平繁荣、强盛荣耀以及为忠诚的臣民谋福祉作为唯一目标"。⑤ 就这样，尼古拉二世给了地方自治局模糊的希望，地方自治局的成员也逐渐活跃了起来。地方自治局的温和派和自由派开始聚集。⑥ 1894年末，当日本海陆两军战胜清政府基本已成定局时，特维尔地方自治局期待尼古拉二世推行改革（沙皇登基后通常会实施改革）。1894年12月20日，地方自治局通过了上书沙皇的提议，上书文件由州会贵族领袖罗季切夫执笔。⑦

---

① Внутреннее обозрение. // ВЕ. 1894. №3. С. 393.
② Внутреннее обозрение. // ВЕ. 1894. №5. С. 369.
③ Андреев Д. А. Как мечтания из «безумных» стали «бессмысленными»: к истории речи императора Николая II 17 января 1895 года. // Вестник Волгоградского государственного университета. Сер. 4, История. 2011. №2（20）. С. 38.
④ Струве П. Б. Ф. И. Родичев и мои встречи с ним. Глава из воспоминаний. // Возрождение. Париж. 1949. №1. С. 27.
⑤ Полное собрание законов Российской империи с 1649 г. （далее ПСЗ）. Собрание третье. СПб. 1898. Т. 14. 1894. Отделение первое. №11014. С. 626.
⑥ Ольденбург С. С. Царствование императора Николая II. Белград. 1939. Т. 1. С. 48.
⑦ Родичев Ф. И. Воспоминания...С. 84.

该文件既对新任沙皇的登基宣言做出了明确回应，同时也简要地阐述了地方自治局的自由主义纲领及自由主义者的期待。他们呼吁尼古拉二世与人们对话："我们期望，无论是政府代表还是人们都能坚定不移地遵守法律法规，这样我们的幸福感将会不断增强。因此，在俄国代表君主意志的法律应当时刻高于政权内部个别人的个人意志。我们坚信，个人权利和社会机构的权利将受到保护，变得不可侵犯。陛下，我们期待有朝一日社会机构有机会、有权利就与之相关的问题发表意见。这样，无论是政权代表还是普通百姓的想法和诉求都能上达天听。陛下，我们期待在您的治理下俄罗斯能够发展一切社会力量，沿着和平与真理的道路不断前进。我们相信，在与忠于沙皇、忠于祖国的各阶层社会代表沟通的过程中，陛下所领导的政权必将找到助您实现伟大帝国构想的新力量。"[1] 这份文件在地方自治局成员的一片掌声中通过了。读罢此函，罗季切夫欢呼道："先生们，此时此刻，我们在向尼古拉二世表达我们的期望、我们对未来的信念以及我们的抱负。尼古拉二世万岁！"[2]

虽然他们对这位年轻的沙皇几乎一无所知，但是他们希望沙皇能够肯定他们的倡议。[3] 人们满怀对俄国内政新时期的期待开始了新一年的生活。1895年1月20日，农业部召开了农业委员会会议，私有制土地代表出席了该会议。尽管新年的第一场会议

---

[1] Струве П. Б. Ф. И. Родичев... // Возрождение. Париж. 1949. №1. С. 30.
[2] Родичев Ф. И. Воспоминания... С. 86.
[3] Там же. С. 83.

十分普通，但人们对它期望良多。① 1月26日，财政大臣收到圣谕，要求财政部每年向"科学家、文学家、政论家本人或其遗孀、遗孤"发放五万卢布援助金。② 此举得到了社会各界的认可。③ 与此同时，其他地区的地方自治局也开始积极筹备上书事宜。④ 过高的期望最终迎来了失败的结局。尼古拉二世将特维尔人的上书交给波别多诺斯采夫并且让他批复。在这位年轻沙皇的眼中，波别多诺斯采夫是一位可靠的顾问，因为他能告诉自己：假如先皇面对此种情况，他将怎么做。⑤ 早在1881年，波别多诺斯采夫就曾明确表达过自己的信条：在他看来，宪法是虚伪的，是"俄国走向末日"的标志，议会是坐满了"废物和人渣"的"座谈室"。⑥ 圣主教工会教院总监甚至起草了警告书。内务大臣杜尔诺沃（И. Н. Дурново）向尼古拉二世进言，提议对上书者实施行政处罚。⑦ 最终，罗季切夫被剥夺了与尼古拉二世会面的资格，同时被禁止从事地方自治活动。⑧

1895年1月29日，尼古拉二世夫妇在冬宫的尼古拉耶夫大厅接待了贵族、哥萨克、城市及地方自治局的代表。来自20

---

① Сельскохозяйственный совет. // Неделя. 15 января 1895 г. №3. С. 73–74.
② Помощь ученым и писателям. // Неделя. 22 января 1895 г. №4. С. 106.
③ Внутреннее обозрение. // ВЕ. 1895. №2. С. 861–862.
④ Родичев Ф. И. Воспоминания... С. 87.
⑤ Полунов А. Ю. Ук. соч. С. 296–297.
⑥ Речь К. П. Победоносцева о конституции（Произнесена 8 марта 1881 года в Зимнем дворце）. // Русский архив（далее РуА）. М. 1907. Вып. 5. С. 103–104.
⑦ Андреев Д. А. Как мечтания... // Вестник Волгоградского государственного университета. Сер. 4, История. 2011. №2（20）. С. 39；41.
⑧ Родичев Ф. И. Воспоминания... С. 87.

个地方自治局的代表向沙皇递交了两份上书,其中一份依旧来自特维尔地方自治局。在招待会上,尼古拉二世说道:"我很高兴看到各阶级代表齐聚一堂,表达忠心。我相信在场各位的忠心与诚意。但是,我听说在地方自治局的会议上,某些人竟妄言要参与内政,这简直就是胡思乱想。所有人都应当明白,我必将全力以赴地为人民谋福祉,如同先父一样坚定不移地捍卫国家制度的根基。"① 关于当天发生的事情,尼古拉二世在日记中写道:"1895年1月17日:在进入尼古拉耶夫大厅前,想到即将面向贵族、地方自治局及城市代表发表讲话,我感到惶恐不安。"②

很快,尼古拉二世的讲话被刊登在了各大报刊上。次日,尼古拉二世接待了多个代表团,但是这次一切进展得很低调,没闹出什么大动静。③ 事实上,前一天尼古拉二世在讲话时出现了口误:他将"毫无依据"(беспочвенными)说成了"毫无意义"(бессмысленными),更确切地说,"毫无意义"一词是被他高声喊出来的(当时他将演讲稿放在了手中的帽子里)。④ 尼古拉二世"大声疾呼"的画面印在了人们的脑海里。⑤ 根据官方报

---

① Представление Их Императорским Величествам депутаций от дворянства, казачьих войск и областей, земств и городских общественных управлений. // Правительственный вестник. 18 (30) января 1895 г. №14. С. 1.
② Дневники Николая II. 1894 – 1918. М. 2011. Том 1. 1894 – 1904. С. 182.
③ Внутреннее обозрение. // ВЕ. 1895. №2. С. 861.
④ Ламздорф В. Н. Дневник 1894 – 1896. М. 1991. С. 126.
⑤ Родичев Ф. И. Воспоминания...С. 88.

道，招待会圆满结束："洪亮的'万岁'声响彻尼古拉耶夫大厅。"① 但是，随之而来的是强烈的社会反响和不容乐观的公众情绪。人们普遍认为，此次会面是政府在向反对派宣战，② 除此之外没有别的解释。斯特鲁维回忆道："很难描述这场风波，尼古拉二世1月17日发表的关于'毫无意义的梦想'的讲话传遍社会各界。"③

那时，"与其说沙皇的讲话是被恶意批判的对象，倒不如说是被嘲笑的话题"。④ 时任外交部办公厅主任的拉姆兹多夫（В. Н. Ламздорф）伯爵在1月31日（俄历1月19日）的日记中写道："在城市里，陛下昨日的讲话遭到了强烈批判，此番话语让人们感到十分难过。"⑤ 同日，在首都出现了一封写给尼古拉二世的公开信，信中写道："您的讲话现在已经传遍了整个文化界，乃至整个俄罗斯。在此之前，没人了解您，但是从昨天开始您已经成了名人，像您这样的名人肯定容不下'毫无意义的梦想'。"⑥ 这封信的结尾写道："是您率先宣战的，这场战争不

---

① Представление Их Императорским Величествам депутаций от дворянства, казачьих войск и областей, земств и городских общественных управлений. // Правительственный вестник. 18（30）января 1895 г. №14. С. 1.
② Милюков П. Н. Ук. соч. С. 121.
③ Струве П. Б. Ф. И. Родичев... // Возрождение. Париж. 1949. №1. С. 31
④ Гурко В. И. Черты и силуэты прошлого. Правительство и общественность в царствование императора Николая II в изображении современника. СПб. 2000. С. 35.
⑤ Ламздорф В. Н. Дневник 1894–1896. М. 1991. С. 126.
⑥ Струве П. Б. Ф. И. Родичев... // Возрождение. Париж. 1949. №1. С. 32.

会让您久等。"① 这封信是以罗季切夫名义发出的。② 事实上，这封信的作者是斯特鲁维。③ 在冬宫举行完社会各界代表招待会的三天后，彼得堡方面通过决议，准备干涉日中冲突。

在此后的几年里，国内外政治势力多次交锋，这为远东未来的冲突埋下了伏笔。与此同时，黑土区农民的处境十分艰难。面对短缺的土地，农民不得不签署苛刻的租地条约。然而由于种植水平低下、农民毫无权利，当粮食和土豆减产时，农民的负债又增加了。如果说1871~1875年农民的负债额为400万卢布（占税额的10%），那么到了20世纪初农民的负债额已经高达5500万卢布（是税额的1.77倍）。④ 1902年春季发生了农民暴动。3月，波尔塔瓦州的54个庄园在4天内被摧毁，而后暴动蔓延到了哈尔科夫州。⑤ 为了镇压暴动，政府不得不出动军队，最终出现了人员伤亡。⑥ 4月15日，作为对政府的反击，社会革命党人组织了针对内务大臣西皮亚金（Д. С. Сипягин）的暗杀活动。

这一切都令尼古拉二世感到不快，因为此时的彼得堡正在等候一位盟友的到来。5月20日，法国总统埃米勒·卢贝（Émile Loubet）抵达俄国首都。沙皇政府隆重地接待了这位贵宾：演

---

① Там же. С. 34.
② Родичев Ф. И. Воспоминания... С. 88.
③ Струве П. Б. Ф. И. Родичев... // Возрождение. Париж. 1949. №1. С. 31–32.
④ Рихтер Д. По воспросу об обеднении черноземного центра России. // ВЕ. 1902. №3. С. 322; 325.
⑤ Гурко В. И. Ук. соч. С. 138.
⑥ Ольденбург С. С. Ук. соч. Белград. 1939. Т. 1. С. 180.

出、舞会、阅兵、烟花。23日,卢贝离开了俄国。① 次日,枢密院签署了最高法令,规定:受灾的土地所有者可获得80万卢布的补偿,这笔款项先由国库垫付,而后每年向参加暴动的农民所在的村庄、村社额外征收罚款充入国库,罚款自1902年下半年开始征收。② 反对派称这项举措为"无差别的惩罚性赔款"。③ 农民暴动已然发生,尽管政府已经知晓了农村混乱的状况,却无动于衷。一切都停留在口头上,或谴责或许诺。

1902年8月至9月,在库尔斯克附近进行了大规模的军事演习。此次演习原计划于1900年8月进行,然而义和团运动打断了该计划。除了时间发生变化外,其他事宜全部按照原计划进行。从演习日程上看,共有154个营、76个骑兵连、1支哥萨克部队参加。此外,出动火炮348门。④ 演习部队分为两支:一支是由莫斯科军区司令谢尔盖·亚历山德罗维奇(Сергей Александрович)大公领导的莫斯科军;另一支则是由陆军大臣、侍从将军库罗帕特金(А. Н. Куропаткин)领导的南方军。9月7日,库罗帕特

---

① Пребывание в России президента Французской республики. // Правительственный вестник. 8(21)мая 1902 г. №101. С. 2 - 3; Пребывание в России президента Французской республики. // Правительственный вестник. 11(24)мая 1902 г. №104. С. 2 - 3.
② Действия правительства. Именной Высочайший указ Правительствующему Сенату. // Правительственный вестник. 14(27)мая 1902 г. №106. С. 1.
③ 1 июля(14 июля)1902 г. // Освобождение. Штутгарт. 2 июля(15 июля)1902 г. №2. С. 19.
④ Большие в Высочайшем присутствии маневры в 1900 году. // Разведчик. 1900. №487. С. 164.

金上将抵达军演区。① 10日谢尔盖·亚历山德罗维奇大公和作为总裁判的米哈伊尔·尼古拉耶维奇（Михаил Николаевич）大公抵达军演区。次日，尼古拉二世抵达军演区。②

在库尔斯克火车站，尼古拉二世接见了贵族和地方自治局代表。他承诺要进行改革，要让贵族和地方自治局成员加入州委会。尼古拉二世在向贵族表态时说道："地方上的贵族们，你们是维护俄罗斯道德和秩序的支柱力量，巩固你们的地位是我时刻关心的事情。"至于地方自治人士，沙皇建议他们发展地方经济。③ 这是内务大臣普列韦（В. К. Плеве）提出的政治纲领，得到了沙皇的全力支持。④ 9月14日，尼古拉二世造访库尔斯克，在贵族代表的陪同下出席了亚历山大三世纪念碑的揭幕式。仪式完成后，尼古拉二世前往州长府。⑤ 在此聚集了来自库尔斯克州、波尔塔瓦州、哈尔科夫州、切尔尼戈夫州、奥廖尔州、沃罗涅日州的乡长和村长。面对他们，沙皇发表了简要的讲话，指出："在波尔塔瓦州和哈尔科夫州制造暴动的罪人将受到应有的惩罚，他们应当记住亚历山大三世在莫斯科加冕时对乡长们所说的话：'你们应当听从贵族领袖的话，不要相信荒谬的谣言。'"⑥

---

① Прибавление к №187 - му Правительственного встиника 26 августа（8 сентября）1902 года. С. 1.
② Курские маневры в Высочайшем присутствии. // Правительственный вестник. 1（14）сентября 1902 г. №191. С. 1.
③ Там же.
④ Гурко В. И. Ук. соч. С. 278 - 279.
⑤ Дневники Николая II. 1894 - 1918. М. 2011. Том 1. 1894 - 1904. С. 680.
⑥ Курские маневры в Высочайшем присутствии. // Правительственный вестник. 3（16）сентября 1902 г. №192. С. 1.

后来演习开始了，库罗帕特金上将的名字在俄国变得家喻户晓。在演习中，他展现了自己率领大部队作战的指挥风格，后来在中国东北他依旧保持这种指挥风格。由基辅军区部队和敖德萨军区部队组成的南方军有两支步兵军、一支联军及一个骑兵师，共计88.5个营、49个骑兵连、1支哥萨克部队、46个炮兵连（216门火炮）。南方军扮演侵略军，它需要穿越基辅附近的第聂伯河，经由库尔斯克州和奥廖尔州进击莫斯科。[①] 由莫斯科军区部队和维尔诺军区部队组成的莫斯科军则扮演守军，其军事力量包括两支步兵军和一支联军，共计77.75个营、36.5个骑兵连、1支哥萨克部队及198门火炮。按照作战计划，它应向奥廖尔州和库尔斯克州推进，迎击并驱逐侵略军。[②] 在演习的第一阶段，南方军因军力不足向"敌人"做出了退让。它计划逐步撤退到库尔斯克，占领此地作为防御堡垒，等待增援。此后，尽管库罗帕特金领导的南方军军力有所下降（此时共有79个营、40个骑兵连、1支哥萨克部队及180门火炮），但它仍以微弱的优势略占上风，而后在奥廖尔州转入反攻。军演计划书中记载："将为参与军演的部队配备精良的技术设备，如电报机、电话、热气球等。同时，将检验摩托兵的行动能力以及在没有无线电报机的条件下使用信鸽传递信息的能力。在军演过程中，双方可调用铁路

[①] Отчет о большом маневре в Курской губернии в Высочайшем присутствии в 1902 году. Южная армия. Киев. 1903. С. 37-38；45.

[②] Отчет о большом маневре в Курской губернии в Высочайшем присутствии в 1902 году. Московская армия. М. 1903. С. 2-3；34

或公路运输军备物资。"① 上述计划均在实战中得到了落实。

事实上,在这场大规模的军事演习中使用了一系列新型技术设备,如侦察型热气球、战地电话等。与此同时,新型通信设备也得到了有效利用:累计铺设了29条电报线路、20条电话线路,创建了9个电报站、11个电话站。② 除此之外,作战部队还尝试了在轻型汽车和载重汽车上搭建临时参谋部。由于这项新技术并不成熟,试验以失败告终。③ 同样地,使用6吨和10.5吨的蒸汽机车牵引3节平板车(每节平板车的载重量为3~4吨)向军队运送粮食的尝试也未取得成功,其原因在于此类设备不适合在俄国的道路,特别是在桥梁上通行。在夜间进行训练和战斗是此次演习的另一项创新。④ 根据南方军的军演报告可知,在后来的军事行动中库罗帕特金上将领导的南方军战胜了谢尔盖·亚历山德罗维奇大公领导的莫斯科军。⑤

---

① Большие в Высочайшем присутствии маневры в 1900 году. // Разведчик. 1900. №487. С. 164.
② Среднев А. Кабельное отделение военно-телеграфной роты 3-го саперного батальона на больших маневрах под г. Курском; с 9-ю рисунками в тексте. // Инженерный журнал (далее ИЖ). 1903. №№6-7. С. 943-945.
③ Отчет о большом маневре в Курской губернии в Высочайшем присутствии в 1902 году. Южная армия. Киев. 1903. С. 341-342; 350-353; Отчет о большом маневре в Курской губернии в Высочайшем присутствии в 1902 году. Московская армия. М. 1903. С. 230-233.
④ Драке Л. В период больших Курских маневров 1902 г. (Отрывочные воспоминания). //Военно-исторический вестник. Киев. 1911. №3-4. С. 31; 35; Г. Р-ко. Историческая справка к 25-летию 2-го железнодорожного батальона. // ИЖ. 1902. №№11-12. С. 1435-1436.
⑤ Отчет о большом маневре в Курской губернии в Высочайшем присутствии в 1902 году. Южная армия. Киев. 1903. С. 153-154.

当库罗帕特金作为司令拥有独立指挥权时,他延续了在突厥斯坦①战役中形成的作战风格(那时他所指挥的部队人数不足千人),指挥军队将战线延伸至警戒线附近,最终摆脱了危机。这很容易做到。在某种程度上,对于军事演习来说,这种打法属于常规的传统作战方法,而非库罗帕特金的独创。这种常规的作战方法多次出现,例如,莫斯科军派骑兵部队突袭南方军的粮仓和面包房,虽然突袭成功,但在真正的战争中这种作战方法是绝不可行的。② 总而言之,尽管双方都进行了创新性尝试,但是演习本身是按照完全过时的方案展开的,双方仿佛都在参加拿破仑时代的战争。哥萨克部队分散包抄,骑兵展示骑术,步兵伴着鼓声和军号声发动进攻,炮兵连则暴露在明处,驻扎在地图标注的位置上。③

在这场精彩的"表演"中,库罗帕特金的对手并不走运。这场演习的一位参与者指出:"北方军接连败退,因此最终陆军大臣'战胜了'大公也就不足为奇了。库罗帕特金亲自制订演习计划,挑选最优秀的部队,并且任命自己为南方军的统帅。"④ 在为期两周的军演的最后阶段,他的战绩成功地超越了所有人。莫斯科军撤退到卡斯托尔诺耶村附近的一个防御堡垒,在那里他

---

① 突厥斯坦总督区(Turkestan)是俄罗斯帝国在中亚河中地区建立的行政单位,成立于1867年,辖区包括锡尔河州、七河州、撒马尔罕州、外里海州、费尔干纳州等地。故本书使用的突厥斯坦指沙俄的这个总督区。——编者注
② Драке Л. Ук. соч. // Военно-исторический вестник. Киев. 1911. №3-4. С. 31.
③ Краснов П. Н. Накануне войны. Из жизни пограничного гарнизона. Париж. 1937. С. 18.
④ Ишеев П. П. Осколки прошлого. Нью-Йорк. 1959. С. 60.

们开辟了全断面掩体,埋伏了炮兵连,拉起了铁丝网,布置好了陷阱。1902年9月16日,南方军在平原对防御堡垒发起进攻,随后步兵和骑兵遭遇峡谷地势,因此他们不得不冒着枪林弹雨穿越峡谷。① 此次进攻,南方军共出动了64个营和100门火炮。南方军的报告中写道:"很明显,第八军和第十军配合得十分默契。随着进攻的开展,我方军团逐渐逼近莫斯科军,形成合围之势,最终我军在波利安发起总攻,在敌军后方拿下了敌军。在军号声中,我军凯旋,士气大增。"②

莫斯科军司令谢尔盖·亚历山德罗维奇却认为:"演习中的最后一场战役发生在库尔斯克附近的卡斯托尔阵地。这表明库罗帕特金并不清楚在使用新型武器的现代战争条件下,应当如何攻打被敌军占领的防御阵地。在我军炮兵连扫射'敌军'根据地后,库罗帕特金指挥近20个营组成了一个不甚坚固的链状包围圈,而后亲自率领一众部下在前方发动进攻。"③ 当陆军大臣率领整支部队出现在森林边缘时,总裁判米哈伊尔·尼古拉耶维奇大公甚至不敢相信自己的眼睛。④ 同时莫斯科军也大为震惊。应当指出,谢尔盖·亚历山德罗维奇将参谋部设在了根据地前线的一个小山峰上,并且悬挂着印有常胜将军格奥尔吉图案的军旗,因此他的

---

① Отчет о большом маневре в Курской губернии в Высочайшем присутствии в 1902 году. Московская армия. Москва. 1903. С. 122 – 123.
② Отчет о большом маневре в Курской губернии в Высочайшем присутствии в 1902 году. Южная армия. Киев. 1903. С. 154.
③ Соболев Л. Н. Куропаткинская стратегия. Краткие заметки бывшего командира 6 – го Сибирского армейского корпуса. СПб. 1910. С. 288.
④ Там же. С. 288 – 289.

参谋部格外显眼。莫斯科军的炮兵连隐蔽地驻扎在山脚下,库罗帕特金率领步兵悄然靠近此地。当南方军的骑兵部队突然出现在莫斯科军后方两三千米处并对其发起突袭时,步兵还在路上。① 但是南方军参谋部认为,这场演习已经达到了预期效果。②

莫斯科军参谋部的战地记者回忆道:"与大多数莫斯科军的军官一样,我对库罗帕特金的作战计划佩服得五体投地。在这场演习中,他目光精准,率领将士打击我方最薄弱环节。至今我仍然记得,在结束演习的卡斯托尔战役中他们的进攻是多么迅速,攻势是多么猛烈。我们本应隐蔽地分散在山丘上,观察战争进程的莫斯科军参谋部出乎意料地成了敌方打击的重点。"③ 面对这场危险的奇袭,莫斯科军并未惊慌失措。那时,伪装隐蔽在山脚下的炮兵连奋勇抵抗,向南方军骑兵部队连续开炮。然而在这种作战条件下,远距离的炮火打击无法重创骑兵部队。在此情况下,军演被叫停了。很快,尼古拉二世从南方军中走了出来,出现在众人面前。④ 他对库罗帕特金的表现十分满意,在9月16日(俄历9月3日)的日记中写道:"最后一刻,当南方军的白衬衣充满整个战场时,这景象实在是太美了。"⑤

---

① Драке Л. Ук. соч. // Военно-исторический вестник. Киев. 1911. №3-4. С. 35-36.
② Отчет о большом маневре в Курской губернии в Высочайшем присутствии в 1902 году. Южная армия. Киев. 1903. С. 154.
③ В. А. [пушкин] Куропаткин. Из воспоминаний о русско-японской войне. СПб. 1906. С. 3.
④ Драке Л. Ук. Соч. //Военно-исторический вестник. Киев. 1911. №3-4. С. 36.
⑤ Дневники Николая II. 1894-1918. М. 2011. Том 1. 1894-1904. С. 681.

有趣的是，1902年10月，日本也进行了大规模的军事演习，日本天皇同样出席了演习。在演习中，日本第六师团和第十二师团进行了空降、登陆战和遭遇战演练。在军演中，日军首先演练的是迂回战和反击战，其炮兵部队的作战方式让俄国军演中的南方军在卡斯托尔战役中几乎没有获胜的希望。对于俄军来说，这不是秘密。据《军事汇编》（Военный сборник）观察员特别记载："我在南津村前的炮兵连观察炮兵是如何作业的。他们镇定自若、有条不紊地干着自己的事情，不发出一点声响，仿佛周围的一切都与自己毫无关系，所有人如同互不相识。纪律严明、井然有序的炮兵连为作战指挥减轻了负担。"① 当然，日军在演习中也存在一些问题，但是它与俄军在库尔斯克演习中所暴露的问题大有不同。

在进攻卡斯托尔阵地后，南方军被判定为军演的获胜方。莫斯科军参谋长索博列夫（Л. Н. Соболев）将军直言："虽然库罗帕特金的军事行动受到众将领［其中包括他未来的参谋长萨哈罗夫（В. В. Сахаров）将军、他未来的下属司令考利巴尔斯（А. В. Каульбарс）］的高度赞扬，但这与他身处高位不无关系。"在读罢对库罗帕特金满是溢美之词的军演报告后，大公甚至发誓要与陆军大臣再来一场类似的竞赛。② 库罗帕特金成功地包装了自己。毫无疑问，在演习中对军队"内行的、高明的"领导也使其知名度大幅提升。莫斯科军参谋部战地记者回忆道：

---

① Сигинус. Из Японии. // Военный сборник（далее ВС）. 1903. №11. С. 220；231.
② Соболев Л. Н. Ук. соч. С. 287 - 288.

"每次演习结束后,在与同行交流时,我们总能听说关于库罗帕特金将军对待演习时刻警觉、毫不松懈以及在军旅生活中一切从简的事迹。库罗帕特金将军以身作则,为整个部队树立了榜样。"①

军演结束后,参加军演的六支部队接受检阅。② 9 月 18 日,163.25 个营、85.5 个骑兵连、1 支哥萨克部队及 408 门火炮整齐地排列在宽阔的阅兵场上。受阅部队包括 90 名将军、552 名校官、3388 名尉官及 89121 名士兵。数万名军人向观礼台行注目礼。尼古拉二世与伊朗国王站在观礼台中央,备受瞩目。③ 尼古拉二世对军演和阅兵非常满意。④ 阅兵结束后,他颁布诏书嘉奖众人,并且特别表扬了陆军大臣:"很高兴,在演习中我全程见证了您高超、娴熟的军事指挥能力,以及在完成作战任务时可资借鉴的军事行动力。"⑤ 若干年后,库罗帕特金率军出征,施展拳脚。但是,当面对难以调遣的后备兵力时,他只能"耐心地"撤退。

在俄国军队中,将军总是佩戴着黄黑色的圣乔治徽章,周围

---

① В. А.［пушкин］Куропаткин...С. 3.
② Отчет о большом маневре в Курской губернии в Высочайшем присутствии в 1902 году. Южная армия. Киев. 1903. С. 159 – 161；Отчет о большом маневре в Курской губернии в Высочайшем присутствии в 1902 году. Московская армия. М. 1903. С. 138 – 139.
③ Специальные телеграммы Российского телеграфного агентства. // Правительственный вестник. 7（20）сентября 1902 г. №196. С. 1.
④ Дневники Николая II. 1894 – 1918. М. 2011. Том 1. 1894 – 1904. С. 681.
⑤ Действия правительства. Высочайшие рескрипты. // Правительственный вестник. 8（21）сентября 1902 г. №197. С. 1.

聚集着一众随员和卫兵。然而在未来的沙河战役中,库罗帕特金不得不亲自率领最后一支后备军发起进攻。①

据库罗帕特金参谋部的一位军官回忆:"除了哥萨克部队统一着装外,其他部队着装各异,令人惊讶。司令本人则始终都穿着灰色的将军制服,系着银色的围巾,正式的阅兵服与普通的生活装竟出乎意料地搭配在了一起。随员有的穿着常礼服,有的穿着皮夹克,有的穿着军装上衣,还有穿着衬衫的。在战地办公室工作的丹尼洛夫(Н. А. Данилов)上校虽然不承担任何作战任务,却在制服上挂满了各式各样的勋章。他似乎将自己当成了1812 年战争中的英雄人物。"② 见微知著,在俄日战争中俄国战败的结局是不可避免的。

战争爆发前,俄国内政存在诸多问题,这对国家的外交政策和远东的未来冲突产生了直接影响。1903 年 4 月 19 日至 20 日,在基什尼奥夫发生了一场死伤人数众多的屠杀事件——45 人遇难、71 人重伤、350 人轻伤,700 余所房屋及 600 余间店铺被洗劫一空。③ 据传言,沙皇政府与这场屠杀关系密切:内务大臣普列韦参与策划了屠杀事件;或者说,至少维特(С. Ю. Витте)及其自由主义阵营的盟友④积极主张从宽处理实施屠杀的暴徒。⑤

---

① Геруа Б. В. Воспоминания о моей жизни. Париж. 1969. Т. 1. С. 164;170.
② Там же. С. 164.
③ Гурко В. И. Ук. соч. С. 299 – 300.
④ Витте С. Ю. Воспоминания. М. 1994. Т. 2. С. 203.
⑤ Лопухин А. А. Отрывки из воспоминаний(по поводу «Воспоминаний» гр. С. Ю. Витте). М. – Пгр. 1923. С. 14 – 15.

此前，顽固而残酷的普列韦似乎是维特的"天敌"。① 在屠杀事件发生前夕，维特与在德国出版发行《解放》杂志的斯特鲁维站在同一阵线上，共同反对普列韦在犹太问题上的立场。② 然而事发后，斯特鲁维一方不得不怀疑政府为何对屠杀事件和普列韦的过错竟宽容至此。③

1903年5月18日，《泰晤士报》(The Times) 援引驻俄通讯员情报，刊登了一封普列韦在屠杀发生前写给比萨拉比亚州州长冯·拉宾（В. С. фон Раабен）少将的一封信，信中包含如下建议："内务大臣，内务部办公厅，1903年3月25日№341号绝密函，致比萨拉比亚州州长先生：据我所知，目前在委任您管辖的地区，正在酝酿一场反对犹太人——剥削当地人的罪魁祸首的骚乱。虽然当前城市居民普遍躁动不安并且企图寻找机会表现自己，但是考虑到过分严苛的措施将引发未被革命宣传和反政府势力煽动的群众的不满，因此请阁下务必尽快找出遏制骚乱发生的办法，同时切勿诉诸武力。"④《解放》杂志翻译并转载了《泰晤士报》的这篇报道，同时对信函的真实性未持保留意见，甚至还补充道："这正是内务大臣向比萨拉比亚州州长下达的命令。

---

① Погожев А. Извоспоминаний о В. К. фон Плеве. // ВЕ. 1911. №7. С. 265.

② К еврейскому вопросу. // Освобождение. Штутгарт. 19 марта（1 апреля）1903 г. №19. С. 340.

③ 7 мая（20 мая）1902 г. // Освобождение. Штутгарт. 8 мая（21 мая）1903 г. №22. С. 4.

④ "The Anti-Semitic Outrages at Kishineff," The Times, 18 May 1902, p. 10; Перевод по версии опубликованной в Правительственный вестник. 13（26）мая 1903 г. №107. С. 2.

对此，原本持怀疑态度的人应当明白，在基什尼奥夫屠杀事件中，独裁者普列韦究竟扮演了什么样的角色。"①

报道刊登后，普列韦最初甚至对此信以为真。一方面是因为"密函"伪造得十分高明，足以以假乱真；另一方面则是因为普列韦在签字时经常不详阅文件。②这封密函被视作政府含糊地承认了参与屠杀事件的证据，③并且被欧美媒体大肆转载。不久后事件发生了反转，真相得以澄清。④经调查发现，这封密函是伪造的。⑤事实上，依据政府的工作习惯推断，这封密函的虚假性也是显而易见的。面对即将到来的骚乱，为避免承担责任，拉宾少将立即请示军事当局能否对骚乱进行武力镇压。后来，事态的发展就是我们司空见惯的了。在我们亲爱的俄国，每当出现危情，官员在未接到明确指令的情况下不敢擅自行动。在军事当局和民事当局正为谁应当对此承担责任而相互推诿时，屠杀事件发生了。⑥内务大臣以拉宾的不作为为由免去了后者的职务（顺便说一句，维特任职总理期间并未因戈梅利屠杀事件惩处政府官员）。

此外，普列韦在《政府公报》（Правительственный вестник）上发表声明，澄清密函造假事实，《泰晤士报》《每日新闻报》《慕尼黑新闻报》等各大报刊纷纷转载并附评："上述内容为虚

---

① К Кишиневскому погрому. // Освобождение. Штутгарт. 8 мая （21 мая） 1903 г. №22. С. 379.
② Гурко В. И. Ук. соч. С. 300.
③ Лопухин А. А. Ук. соч. С. 15.
④ Гурко В. И. Ук. соч. С. 300
⑤ Лопухин А. А. Ук. соч. С. 16.
⑥ Гурко В. И. Ук. соч. С. 301－302.

假信息,内务大臣从未给比萨拉比亚州州长写过包含此内容的信函,也没有任何信息可以证明在比萨拉比亚州即将发生骚乱。"①然而,没人相信这些保证性声明。俄境内接受审查的报刊只转载了内务部的声明,却未发表任何评论。②《泰晤士报》通讯员因散布虚假信息被俄政府驱逐。③《解放》杂志继续谴责普列韦阻碍对事件真相的调查,④ 以期激起民愤。⑤

基什尼奥夫屠杀事件对美国也产生了一定的影响。在19世纪的最后20年里,美国犹太移民数量激增。1889~1898年,41.86万名犹太人逃离俄国移居美国。为了引起国际社会对基什尼奥夫屠杀事件的关注,犹太移民在美国27个州的55座城市举行了77场集会。对此,华盛顿官方未出面干预,然而此事并未就此了结。⑥ 在俄日战争前夕,日本形势艰难,东京方面陷入财政危机,并且无法从银行获得贷款。此时,雅各布·希夫(Jacob Schiff)在听闻俄政府参与策划基什尼奥夫屠杀事件后,决定向日本伸出援手,隶属于库恩雷波公司的美国希夫银行向日本提供巨额贷款。⑦ 密函伪

---

① Правительственный вестник. 13（26）мая 1903 г. №107. С. 2.
② Гурко В. И. Ук. соч. С. 301.
③ Иностранное обозрение. // ВЕ. 1903. №7. С. 377.
④ К Еврейскому погрому. // Освобождение. Штутгарт. 19 мая（1 июня）1903 г. №23. С. 424.
⑤ После Кишиневского погрома. // Освобождение. Штутгарт. 2 июня（15 июня）1903 г. №24. С. 442.
⑥ Энгель В. В. «Еврейский вопрос» в русско – американских отношениях. На примере «паспортного» вопроса 1864 – 1913. М. 1998. С. 24；30.
⑦ Ed S. Miller, "Japan's Other Victory: Overseas Financing of the War," in John W. Steinberg, et al., eds., The Russo-Japanese War in Global Perspective: World War Zero. Leiden: Brill, 2005, pp. 471 – 472.

造事件使人们不由自主地相信：俄政府内部存在矛盾，因而政府个别成员借机散布虚假消息并与反对势力广泛接触，这使国家威严扫地，同时也促进了东京与美国某些银行的金融往来。

距离1895年1月在冬宫举行招待会已经过去了整整十年。在此期间战争进行得并不顺利，这对国内局势造成了直接影响。1904年7月28日，普列韦遇刺身亡。这一消息令许多人"心情愉悦"。1894年底，曾呼吁建立法治社会的人已经不再排斥使用恐怖手段了。斯特鲁维指出："博戈列波夫、西皮亚金、波格丹诺维奇、博布里科夫、安德烈耶夫以及普列韦的尸体既不是情节剧中的突发奇想，也不是俄国史上的浪漫事件，这些尸体预示着垂死的专制制度的必然结局。"① 俄国在中国东北、黄海、日本海战争中的接连失利催化了国内诸多问题（如农业、种族、劳工等）的集中爆发。此时，能否夺得旅顺港成了战争成败的象征；对日本而言，旅顺港是"统治权"的象征。② 在某种程度上，对于期待旅顺港陷落引发俄国革命的人而言，旅顺港的结局同样具有象征意义。1904年8月，《解放》杂志编辑感叹："步旅顺港血腥命运后尘的不是东京，而是彼得堡。在那里必有清算，在那里必有报应。"③

---

① Конец ф. - Плеве. // Освобождение. Париж. 19 июля（1 августа）1904 г. №52. С. 33.
② Норригаард Б. В. Великая осада. Порт - Артур и его падение. СПб. 1906. С. 30.
③ Обличение гнили. // Освобождение. Париж. 2 августа（15 августа）1904 г. №53. С. 50.

1905年1月2日（俄历1904年12月20日），俄国太平洋舰队对日投降，被迫交出旅顺港。3日，尼古拉二世在日记中写道："夜里，我从斯捷谢利（Стессель）那里得到了一个令人震惊的消息。驻军伤亡惨重、弹尽粮绝，已向日军投降并割让旅顺港！此时，我内心苦痛，虽然他们已经预料到了这个结果，但是我仍愿相信我军必能收复要塞。全体守军都是英雄，他们已经做完了能做的一切，甚至更多。"① 14日（俄历1905年1月1日），沙皇尼古拉二世向海陆两军下达命令，借此向全国人民宣布了战败的消息。在命令的结尾处，沙皇说道："我与整个俄罗斯都相信，我们胜利的时机即将到来，上帝必将祝福我亲爱的军队和舰队，赋予你们击垮敌人的猛烈攻势，维护我们祖国的荣誉与荣耀。"② 后来，沙皇的希望落空了。

1905年1月，布尔什维克断言："旅顺港的沦陷拉开了推翻沙皇制度的序幕。"③ 现在看来，这个预言完全正确。此时，斯大林没有掩饰自己的喜悦之情，他认为是时候清算君主制度了："沙皇的军队已然势弱，沙皇的舰队正走向灭亡，最终他们在旅顺港屈辱地投降了，这再次表明沙皇的专制制度行将就木。"④ 斯特鲁维指出："远东的暴风骤雨唤醒了俄国人民一个世纪以来

---

① Дневники Николая II. 1894-1918. М. 2011. Том 1. 1894-1904.
② Приказ армии и флоту. // Правительственный вестник. 1 (14) января 1905 г. №1. С. 1.
③ Ленин В. И. Падение Порт-Артура. Полное собрание сочинений. М. 1967. Т. 9. Июль 1904 - март 1905. С. 158.
④ Сталин И. В. Рабочие Кавказа, пора отомстить! Собрание сочинений. М. 1954. Т. 1. 1901-1907. С. 74.

的政治梦想。"① 1905年初，他预言全社会团结一致反对专制制度的决定性时刻即将到来。② 在外国势力的推动下，专制制度受到了广泛质疑。列宁指出："专制制度已被削弱，即使最不相信革命的人也开始相信革命了。对革命的普遍信任正是革命的开端。"③

受审查的媒体甚至也发出了批判的声音："日本的胜利绝非偶然。在国内生活水平整体提升前，不要妄图我们能够取得战争的胜利。我们国家的有识之士已经格外清楚地意识到了这一点，因此他们不惧习惯于发战争财、罔顾百姓苦难的好战分子虚伪的嘶吼，呼吁尽快结束这场打着爱国主义幌子的战争。"④ 当时，无论是民众还是军队，气氛都不乐观。在彼得堡酝酿着恐怖事件。1905年1月16日，工厂开始罢工。19日，在主显节游行时，炮兵意外地向冬宫发射了一枚榴霰弹。尽管未造成人员伤亡，但没人能够保证这不是早有预谋的事件。⑤ 很快，这件事就传到了奉天，只是未能引起军官的愤慨。此时，那里的所有人都在关心能否尽快签订和约。大家都感觉到了：在遥远的俄国，非同寻常的重大事件即将发生。⑥

---

① Струве П. Б. Политика внутренняя и политика внешняя. // Patriotica. Россия. Родина. Чужбина. СПб. 2000. С. 79.
② Комитет Министров и Комитет реформ. // Освобождение. Париж. 20 января (7 января) 1905 г. №63. С. 220.
③ Ленин В. И. Падение Порт - Артура. Полное собрание сочинений. М. 1967. Т. 9. Июль 1904 - март 1905. С. 159.
④ Иностранное обозрение. // ВЕ. 1905. №2. С. 839.
⑤ Гурко В. И. Ук. соч. С. 404 - 406.
⑥ Нодо Л. Письма о войне с Японией. СПб. 1906. С. 137 - 138.

此后，尼古拉二世离开首都，前往皇村。1905年1月22日，在彼得堡爆发"血腥星期日"事件，这拉开了俄国首轮革命的序幕。根据官方说法，一众平民向沙皇递交请愿书，提出"无礼的政治要求"，进而与军队发生了冲突。截至1月22日晚，共有76人死亡、233人受伤；次日，死亡人数达到96人，受伤人数达到333人。① 在处理此事时，沙皇政府因循守旧，一边展现"实力"威吓民众，一边安抚民众。24日，沙皇敲定了手握重权的彼得堡总督人选，② 那就是以行事果决而闻名的特列波夫（Д. Ф. Трепов）少将。③ 27日，俄国东正教主教公会规劝、号召教徒顺从政府。④

2月1日，尼古拉二世在皇村召见工人代表团并且用"慈悲的话语"赢得了他们的欢心。他要求工人停止骚乱，重返工作岗位，不再提出令政府无法接受的要求。此外，他还承诺："在照顾我的工人们的过程中，我将竭尽所能地改善工人的生活，通过法律途径制定满足工人需求的措施。我相信工人的诚意以及对我坚定不移的忠诚，因此我原谅了你们的过错。"⑤ 召见结束后，尼古拉二世设宴款待工人代表，而后派人将他们送上了开往彼得

---

① Действия Правительства. // Правительственный вестник. 11（24）января 1905 г. №7. С. 1.

② Именной высочайший указ Правительствующему Сенату. // Правительственный вестник. 13（25）января 1905 г. №8. С. 1.

③ Действия Правительства. // Правительственный вестник. 14（27）января 1905 г. №10. С. 1.

④ Действия Правительства. // Правительственный вестник. 16（29）января 1905 г. №12. С. 1.

⑤ Правительственный вестник. 20 января（2 февраля）1905 г. №15. С. 1.

堡的专列。① 此后，沙皇的讲话被大肆宣传。即使君主如此"仁慈、慷慨"，也无法消解国内的危机。自由主义阵营表态将全力支持革命："沙皇的讲话简直令人无法容忍。这就是挑衅，是沙皇亲手埋下的、随时可能炸毁皇位的炸弹。"②

2月17日，谢尔盖·亚历山德罗维奇大公遇害。③ 自1891年起，他一直担任莫斯科总督。1905年1月14日，他自请卸任莫斯科总督一职，而后改任莫斯科军区总司令。④ 此时，国家已陷入混乱。政府一如既往地期待对外战争能够取得胜利，以便扭转国内的斗争局势。2月23日，谢尔盖·亚历山德罗维奇大公在莫斯科下葬。⑤ 当日，喀琅施塔得（Кронштадт）为即将前往远东舰队的海军少将涅鲍加托夫（Н. И. Небогатов）送行。临别时，他们的对话别有深意，透露出了某种凶险的意味："他们与港口亲密无间，没人想过保卫者不得不与它告别，也许这一别就是永远。据说，海防装甲舰将永远留在东方。"⑥ 3月3日，尼古拉二世签署并发表了《关于号召各级政权与民众

---

① Внутренние известия. // Правительственный вестник. 20 января（2 февраля）1905 г. №15. С. 3.
② П. С. Он прощает их. // Освобождение. Париж. 9 февраля（27 января）1905 г. №65. С. 241.
③ Правительственный вестник. 5（18）февраля 1905 г. №28. С. 1.
④ Высочайшие рескрипты. // Правительственный вестник. 1（14）января 1905 г. №1. С. 1.
⑤ Правительственный вестник. 10（23）февраля 1905 г. №32. С. 1.
⑥ Проводы отряда 3-й Тихоокеанской эскадры. // Правительственный вестник. 10（23）февраля 1905 г. №32. С. 3.

团结中央政府共抗外敌、肃清叛乱、抵制国内骚乱的宣言》。①

在公布谢尔盖·亚历山德罗维奇的死讯后，尼古拉二世号召全体臣民团结在皇位周围。② 此时，角色已发生转换。尼古拉二世向社会各界提出法案研讨草案（由所谓的"布雷金杜马"拟定），并广邀各界人士参与对话。在宣言发表的同一天，即1905年3月3日，尼古拉二世签署了任命布雷金（А. Г. Булыгин）为内务大臣的诏书，并于次日颁布该诏书。③ 在奉天会战的最后阶段，远东驻军得知了此事。3月6日，《满洲军公报》（Вестник Маньчжурских армий）援引沙皇的话："我将在祖先加冕之地继续履行沙皇职责——整合俄国领土、建设俄国大地。今后，我计划在上帝的帮助下招贤纳士，在百姓中选取受人们信任的贤者参与国家立法方案的探讨与初步制订。"④

众所周知，尼古拉二世内部团结的号召并未奏效。很明显，宣言和诏书是在不得已的情况下颁布的，因此人们对它们的效力心存疑虑。⑤ 在军队中，这些新闻未能引发特别关注、激发热

---

① ПСЗ. Собрание третье. СПб. 1908. Т. 25. 1905. Отделение первое. №25852. С. 132 – 133.

② О призыве властей и населения к содействию Самодержавной Власти в одолении врага внешнего, в искоренении крамолы и в противодействии смуты внутренней. // Правительственный вестник. 18 февраля (3 марта) 1905 г. №39. С. 1.

③ Рескрипт министру внутренних дел. // Правительственный вестник. 19 февраля (4 марта) 1905 г. №40. С. 1.

④ Вестник Маньчжурских армий. Издание Штаба Главнокомандующего. Мукден. 21 февр. 1905. №198. С. 1.

⑤ П. С. Рескрипт и манифест. // Освобождение. Париж. 18 марта (5 марта) 1905 г. №67. С. 280.

情。此前，在政治倾向方面，多数军官已经或多或少地偏向了知识分子一方，但是他们依旧保持着集体精神和对誓言的信仰；而绝大多数出身农民的士兵可能会关注任何事情，但唯独不会关心代表机构的命运与政府的前途。至于农民，很容易理解，土地与和平是他们生存的基础。农村因过剩的人口而窒息，因此农民渴望实现"土地再分配"。可惜，后来的改革措施未能解决问题，因此也无法疏导农民的情绪。可以说，土地问题为1905年和1917年的俄国革命埋下了隐患。在俄国农村，自发的土地征收者战胜了自发的保皇派。但是后来事实证明，征收土地也无法解决尖锐的土地短缺问题。储备着地主、修道院、宫殿及其他"份地"的部门始终无法解决农村不可调和的土地矛盾。

1905年，俄国社会陷入了旷日持久的歇斯底里，与政府翻起了旧账，并且不愿与之进行任何对话。这无疑是在为历史悠久的沙皇俄国乃至俄国社会本身挖坟掘墓。到了1918年，曾在1905年为克柳切夫斯基（В. О. Ключевский）去政治化号召喝倒彩的大学生，成了社会主义的打击目标。1905年，由于缺乏沟通的纽带，皇权无法与社会各界进行对话。俄国国内爆发了一场不宣而战的"内战"，此时只有正规军才是政府稳固的靠山。在此情况下，沙皇政府亟须找到摆脱危机的出路。

尼古拉二世无法成为尼古拉一世的翻版。他在实施军事独裁与做出退让之间摇摆不定，最终选择了后者。1905年10月30日，尼古拉二世签署了《完善国家秩序宣言》，赋予国家杜马立法权。① 于是，多方期待已久的沙皇与民众之间沟通的纽带出现了。然而首战失利，政府与社会各界仍未能展开对话。第一届国家杜马在其存在的 72 天里成功地证明了这一点。

美国驻俄大使乔治·迈尔（George Meyer）对"俄国第一议会"印象深刻，在写给西奥多·罗斯福总统的私人信件中评价道："俄国正在进行一场伟大的实验，但组织不力、准备不充分……当我看到工人和农民有产生共产主义情绪的迹象时，我不禁为俄国的未来感到担忧……当然，我不认为俄国会立即崩溃，但是皇权与杜马之间的斗争迟早会发生……很有可能如此。今天政府把持着财政和军队，但是三年后渗透到人们脑中的新思想、新学说将会渗入全军。到那时，谁能说得准政府能否指望士兵服从军官镇压骚乱呢。"② 不到三年，这个预言就成了现实。

众所周知，胜利有一百个父亲，而失败却是个孤儿。当同时代人就俄日战争的起因和俄国战败的原因发问时，某些人已经给出了答案。可以说，维特和库罗帕特金与俄日战争以及俄国的战败有着密不可分的关系。每个身居高位的回忆录作者都试图撇清自己在往事中的责任，一方面是外交责任，另一方面是军事失利的责任。随着时间的推移，在 1917 年革命前，许多说法几乎都以假乱真了。

毫无疑问，其中最成功的"神话缔造者"当属维特。这不

---

① ПСЗ. Собрание третье. СПб. 1908. Т. 25. 1905. Отделение первое. №26803. С. 754–755.

② R. R. Rosen, *Forty Years of Diplomacy*, vol. 2. London：Alfred A. Knopf, 1922, p. 12.

是件简单的事情。维特毫无疑问是一位杰出的国务活动家,但是他的个人格局限制了他取得较高的成就,在他身上清楚地体现出了阴谋家与政治家的区别。曾公开表达对维特崇拜之情的斯特鲁维指出:"他天生就是一个没有思想、缺乏原则的人。"① 他没有自恋的毛病,但很明显能从中获得愉悦的体验。在维特所呈现的俄日战争史中混入了个人色彩:回忆录作者受权治理国家的时期是凯旋史;失去权柄的时期是战败史。对此,谢尔盖·尤里耶维奇冷静地分析道:"这些人不仅沉迷于自己的想象,有时甚至信口雌黄。"② 尽管维特有着毋庸置疑的说谎天赋,但是显而易见,其谎言是虚假而呆板的。

同时代的批评家指出:"彼得堡的官僚很了解维特,他们总是这样评价他:聪慧、极端无知、不讲原则、急功近利。维特的回忆录如同镜子一般映射出了他的这些特质。"③ 科科夫佐夫(В. Н. Коковцов)认为,这些特质反映了一个普通乃至陈腐的官员形象:"自吹自擂,将虚构的故事套用在自己身上,炫耀那些从未发生过的事,但不止一次地被与之密切接触的人戳穿,这种事情通常发生在不利于维特本人的情况下。"④

这并不代表维特是那种简单的人。在自我保护和自我夸赞方

---

① Струве П. Б. Граф С. Ю. Витте. Опыт характеристики. // Patriotica. Россия. Родина. Чужбина. СПб. 2000. С. 183.
② Гурко В. И. Ук. соч. С. 49.
③ Лопухин А. А. Ук. соч. С. 4.
④ Коковцов В. Н. Из моего прошлого. Воспоминания. М. 1992. Т. 1. С. 89.

面，维特练达而机敏。正如某位批评家指出的那样："正如我们所见，他既能宽恕他人（如阿列克谢·亚历山大罗维奇大公）的罪过，关爱他人；也能仇视他人（如亚历山大·米哈伊洛维奇、阿列克谢耶夫等），并且为了满足自己的仇恨心理……而牺牲真理。"① 如果维特在回忆录中未表现出这些颇为特殊的品质，那么他尚有机会维持住自己杰出国务活动家的形象。

若非如此，他走投无路。古尔科（В. И. Гурко）指出："总的来说，对他人深深的鄙视是维特待人态度的基础。然而，这种特质并未妨碍他成为一个天性善良且富有同情心的人。"② 也许数十年前，伯爵的同时代人在1951年对他的评价是正确的："很可惜，为了保全自己的声誉，维特撰写了回忆录，留下了最丰富且最真实的关于这段俄国史的资料。但是与此同时，它们也暴露了维特根深蒂固的**庸俗性**。在这些资料中，不难发现他对将其解职的君主的怨恨，对成功取代他上位的斯托雷平的仇视。革命派在维特看来只不过是'沙皇的临时工'，因此不是敌人。维特回忆录的这些特征引起了冷静乃至积极面对这段历史的人们的反感。"③

也许，正是维特回忆录中大量丰富多彩的虚构事件与真相相互交汇产生的庸俗化和公式化的效果，才使其在苏联的史料研究

---

① Горбовский Л. Морские деятели старого режима и их деятельность в освещении графа С. Ю. Витте. // Морской сборник（далее МС）. 1922. №5－7. С. 304.

② Гурко В. И. Ук. соч. С. 49.

③ Тхоржевский И. И. Витте. // Последний Петербург. Воспоминания камергера. Спб. 1999. С. 51.

中极其幸运地占有一席之地，那时他的表述经常成为某种极具吸引力的研究对象，因此数十年来许多研究者致力于对其进行评价。在某些科学协会中，对维特的个人崇拜最终演变成了类似于某种异教或党派的中心。在那里，若不显露出对偶像的热爱，那就应当受到"责罚"。无论是爱还是恨，对于史学分析来说都是过于强烈的情绪。不过，这已经是另一件事情了。

面对战败，需要一个合理的解释。在对 1904~1905 年远东所发生的事情的阐释中，有一个粗浅的（也是传播最广的）说法，即战争前夕，俄国对日本和日本人几乎一无所知，国内弥漫着对胜利盲目乐观的情绪。维特自然也参与编造了这个谎言，由于某些显而易见的原因，维特的反对者也未戳穿它。在此基础上，还加入了许多其他虚假信息。显然，在公众舆论面前，与在充分认知到邻邦危险性的情况下依然缺乏及时应战的意愿或能力相比，将战争失败归咎于因信息闭塞而低估了潜在敌人的说法显得更加情有可原。

事实上，俄国掌握着许多获取与日本相关情报的渠道。在与岛国居民及其文化接触之初，专家在谈到他们时总是带着明显的敬重与好感。① 可以说，"扶桑国"从未走出俄国社会与媒体的视野。自 1860 年代起，俄国军事刊物开始密切关注日本的动向。1895~1904 年，这种关注变得尤为密切。在这十年里，与日军和日舰相关的出版物数量大幅增加。日本的军备增长是显而易见

---

① Япония. Докладная записка иеромонаха Николая директору Азиатского департамента П. Н. Стремоухову. // РуА. М. 1907. Вып. 4. С. 572–575.

的，其武装力量的实力与危险性毫无疑问也是众所周知的。早在世纪之交，俄国已将大日本帝国视为潜伏在局部地区附近相当危险的敌人。① 除军事刊物外，在与军队、舰队关联较小的刊物上也时常出现与日本相关的报道。例如，《欧洲公报》（ВестникЕвропы）指出，日本的工业、商业、新闻业和文学事业已经得到空前发展。该报社的编辑定期接收并查阅三种日本插图月刊。②

正因如此，在19世纪与20世纪之交，远东陆海军力量急剧增加也就合情合理、不足为奇了。经过长期休整，在尼古拉一世时期，俄国在太平洋沿岸的活动日趋活跃，但这完全是被逼无奈的。以克里米亚战争为鉴，这种担心并非毫无根据。俄国虽边疆遥远、防守薄弱，但是守护边疆仍是必要的。康斯坦丁·西蒙诺夫对此进行了准确而生动的描述。

> 手榴弹拉响的第一百天，
> 马拉霍夫血迹斑斑的土堆旁，
> 棕黄色头发的英国士兵，
> 在嘶哑的鼓声中发起进攻。
> 而堪察加彼得罗巴甫洛夫斯克堡垒，
> 还沉浸在往日宁静的睡梦中，
> 跛脚的中尉戴上手套，

---

① Иванов К. В. Дальний Восток в русской военной печати конца XIX - начала XX века. // РуСб. М. 2009. Т. 6. С. 76 – 90.
② Иностранное обозрение. // ВЕ. 1896. №1. С. 407 – 408.

伴随着晨光巡视本地驻军。①

在不得不放弃太平洋地区部分领土的情况下，亚历山大二世巩固并扩张了尼古拉一世在亚洲攫取的领土。1863～1864年波兰起义后，由于英俄关系逐渐恶化，加之必须集中精力解决国内的改革问题，俄国放弃了北美洲的领土。1867年3月30日，俄美两国在华盛顿缔结了领土（阿拉斯加和阿留申群岛）买卖条约。② 俄属美洲与英属加拿大接壤，边境线极长，仅阿拉斯加的海岸线就长达6000俄里，因此对俄国而言保护俄属美洲领土不受侵犯是个棘手的问题。③ 1850年代中期，俄属美洲的人口约1万，其中仅有六七百名俄国人（其中包括200名来自新阿尔汉格尔斯克的驻军）。④ 1860年代中期，阿拉斯加的人口数量增至1.78万，其中俄国人、芬兰人及拥有欧洲血统的外国人仅有800

---

① Симонов К. М. Поручик. Собрание сочинений в 6 томах. М. 1966. Т. 1. Стихотворения. Поэмы. Баллады. Песни. Вольные переводы. С. 30.
② Вавилов М. И. Последние дни в русской Америке. Из записок очевидца. 1867 г. Приложение. Высочайше ратифицированный договор об уступке российских северо‐американских колоний. // Русская старина (далее РС). 1886. Том 49‐50. Вып. 2. С. 557‐560.
③ Афанасьев Д. Российско‐американские владения. (Историческое обозрение образования российско‐американской компании и действий ее до настоящего времени. Составил П. Тихменев). // МС. 1864. №2. С. 33.
④ Фрейганг А. Отчет российско‐американской компании за 1856 год. // МС. 1858. №2. С. 26‐27; А. В. Отчет российско‐американской компании за 1857 год. // МС. 1859. №1. С. 20; А. В. Отчет российско‐американской компании за 1858 год. // МС. 1960. №1. С. 1‐2; Головин [П. Н.] Обзор русских колоний в Северной Америке. // МС. 1862. №1. С. 29‐38.

余人。① 关于俄属美洲的人口曾出现过一个令人印象深刻的数字——5万，然而这并无依据。②

俄国以720万美元的价格卖出151.9万平方千米的土地。③ 彼得堡方面认为，这笔交易对美俄两国互惠互利。俄国期待能以此促进西伯利亚的开发和太平洋沿岸贸易的发展。④ 10月19日，美国政府代表在阿拉斯加完成了领土移交手续。⑤ 交易所得资金被划入1867年预算外铁路建设基金，这在一定程度上刺激了俄国铁路事业的发展。⑥

亚历山大三世统治时期，俄国的远东政策得到了进一步的发展。1882年5月，沙皇要求尽快解决西伯利亚铁路的修建问题。⑦ 俄英两国在中亚及巴尔干地区的对抗再次警醒俄国，使其意识到了太平洋沿岸偏远领土的危险和劣势。1886年，在摆脱了库什卡和保加利亚危机后，俄国决定修建贯通符拉迪沃斯托克与车里雅宾斯克的西伯利亚铁路。由于技术和资金原因，这项庞大工程的筹备工作一直持续到1891年。⑧

---

① Вавилов М. И. Последние дни в русской Америке... // РС. 1886. Том 49 - 50. Вып. 2. С. 555.
② Афанасьев Д. Российско - американские владения... // МС. 1864. №2. С. 35.
③ История внешней политики России. Вторая половина XIX века. М. 1997. С. 145.
④ Милютин Д. А. Воспоминания 1865 - 1867. М. 2005. С. 430.
⑤ Вавилов М. И. Последние дни в русской Америке... // РС. 1886. Том 49 - 50. Вып. 2. С. 551 - 552.
⑥ Степанов В. Л. Ук. соч. С. 100.
⑦ Нилус Е. Х. Исторический обзор Китайской Восточной железной дороги. Харбин. 1923. Т. 1. 1896 - 1923. С. 5.
⑧ Там же. С. 6.

在上述三个阶段，远东地区本身没有发挥重要作用。在与巴尔干、阿富汗、中国等关系恶化的条件下，它也只是需要考量的因素之一。随着西伯利亚铁路的修建，无论是彼得堡的氛围还是远东的局势都发生了改变。亚历山大三世的继承者深受纳粹主义思想的影响，一直在找寻夺取出海口的机会。严格地讲，在俄国远东地区有出海口，这个出海口——堪察加彼得罗巴甫洛夫斯克是世界最好的不冻港之一。然而受到地理因素的限制，无法在此修建铁路，因此这座城市丧失了成为俄国海军基地的可能。

堪察加港口位置不佳，因其位于太平洋边缘北部海岸，故远离主要的贸易航线和重要的战略据点。因此，只能在符拉迪沃斯托克创建海军基地，最初俄国海军并未完全看好此地。该港口位于内海沿岸，每年的结冰期长达数月。最初为了克服这一障碍，舰队暂时停泊在了位于日本的锚地。然而，这只是治标之法。当时的人们认为，以纲领性目标命名的符拉迪沃斯托克（意为"统治东方"）沿岸的这片海域，从本质上看已经属于日本了。

甲午战争充分地证明了这一点。俄国驻中国、日本军事代表沃加克（К. И. Вогак）上校在1894年10月2日向沙皇递交的报告相当明确地提出："日本的优势在太平洋。"[①] 在此情况下，俄国统治东方的计划又怎能实现呢？在确认了这一危险因素后，

---

① Каширин В. Б. «Русский Мольтке» смотрит на восток. Дальневосточные планы Главного Штаба Российской империи во время японо - китайской войны. // Русско - японская война 1904 - 1905. Взгляд через столетие. Международный исторический сборник под ред. О. Р. Айрапетова（далее РЯВ）. М. 2004. С. 154.

彼得堡方面决定介入日中冲突,并且要求日本修订《马关条约》。此后,俄日合作走向尽头。实际上,远东问题是诱发俄日军备竞赛的导火索。应当指出,俄日军备竞赛不只发生于两国对阵的前方。1899 年,为了巩固滨海军区和关东地区的后方,俄国在合并伊尔库茨克和鄂木斯克军区的基础上创建了西伯利亚军区,以此作为俄国远东阵地的后方。①

多年来,俄国扩军备战成效显著。面对巡洋舰曾不堪一击、注定要迅速灭亡的小型分舰队已经脱胎换骨,发展为名副其实、拥有制海权的主力舰队(7 艘舰队装甲舰对日本 6 艘舰队装甲舰;4 艘装甲巡洋舰对日本 8 艘装甲巡洋舰)。② 滨海边疆区及阿穆尔河(黑龙江)③沿岸地区的军事实力由 1894 年的 30.5 个营、5 个连、9 支本地部队、33 支哥萨克部队(30506 人)和 74 门火炮增至 108 个营、8 个技术连、66 支哥萨克部队和骑兵连(约 10 万人)、168 门野战炮、24 门骑兵炮、12 门山地炮。④ 截至 1898 年,远东的最高战术单位为旅,并且阿穆尔军区司令部未将组建远东军司令部的计划提上日程。1898 年以后,远东的

---

① Авилов Р. С. Сибирский военный округ (1899 – 1906 гг.): страницы истории. // Военно – исторический журнал. 2014. №7. С. 15 – 17.
② Русско – японская война 1904 – 1905 гг. Работа исторической комиссии по описанию действий флота в войну 1904 – 1905 гг. при Морском Генеральном Штабе. СПб. 1912. Кн. 1. Действия флота на Южном театре от начала войны до перерыва сообщений с Порт – Артуром. С. 2 – 4.
③ 为便于中文读者阅读,下文将统改为黑龙江。——编者注
④ Русско – японская война 1904 – 1905 гг. Работа военно – исторической комиссии по описанию русско – японской войны. СПб. 1910. Т. 1. События на Дальнем Востоке, предшествовавшие войне и подготовка к этой войне. С. 284;364;379.

最高战术单位变为军，阿穆尔军区司令部也开始筹备远东军司令部了。①

英方预计，在战争的第一阶段，俄国部署在远东的兵力无论如何都能完成防御任务。② 在军事行动期间，连接俄中两国的铁路和有组织的备战部署使满洲军化身为庞大的军团。截至1905年3月23日，四平阵地的俄军人数为455470人、火炮有1129门。③ 1889年滨海地区的国防支出仅为92250卢布。1896～1900年，为应对与日中两国可能发生的冲突，俄国的军费支出达到了3300万卢布，每年合600万～700万卢布。同一时期，俄国在太平洋沿岸的国防支出也达到了375万卢布，每年合47万～80万卢布。④ 也许这还不够，但是俄国负担不起更多的支出了。

俄国军事实力的增长很难使我们相信它对远东毫不关注、低估潜在敌人甚至对其一无所知、对战争盲目乐观等一系列说辞。再者说，无论是在彼得堡还是在旅顺港，俄国人长期就战争的不可避免展开了讨论，然而战争还是突然爆发了。当然了，许多期

---

① Данилов Н. А. Подготовка в широком смысле воюющих сторон перед войной и обстановка перед сражением под Тюренченом. // Русско - японская война в сообщениях в Николаевской Академии Генерального штаба. Под редакцией ординарного профессора Николаевской Академии Генерального Штаба полковника А. Байова. СПб. 1906. Ч. 1. С. 5.
② The Russo-Japanese War. Complied by the General Staff, War Office, London, 1906, Part 1, p. 31.
③ Русско - японская война 1904 - 1905 гг... СПб. 1910. Т. 6. Сыпингайский период. С. 15.
④ Русско - японская война 1904 - 1905 гг... СПб. 1910. Т. 1. События на Дальнем Востоке, предшествовавшие войне и подготовка к этой войне. С. 282; 295.

待已久的事情都发生得猝不及防。从另一个角度看，不得不说，不知彼得堡为何如此自信，认为这场不可避免的战争只能由俄国发动，日本不敢挑起战争。显然，这是一个谬论，但很多人信以为真。例如，总参谋部尼古拉科学院的听众不相信与日本的战争就在眼前："在我们的印象中，这个岛国被刻画成了某种微型的、玩具式的国家……我们被自己国家庞大的规模蒙蔽了，因此在我们看来，岛国似乎是个安全的邻居，它岂敢与我们这种大国在军事上一对一地交锋。"① 这种自信演变为俄国政治决策的基础。1904年2月8日，在日本与俄国断交后的第二天，尼古拉二世在日记中甚至还写道："早上，我就日本问题召开了一次会议，决定不发动战争。"②

结果，正如战后的一首讽刺诗所指出的那样：

> 虽然所有人都知道，
> 我们无法避免战争，
> 但是到处宣扬，
> 战争，当然不会爆发……
> "哦，不会的……"我们狡猾地断言，
> 忘记了以前的罪过。
> 日本人的确太弱了，

---

① Рябинин А. А. На войне в 1904 – 1905 гг. Из записок офицера действующей армии. Одесса. 1909. С. 3.
② Дневники Николая II. 1894 – 1918. М. 2011. Том 1. 1894 – 1904. С. 787.

与俄罗斯开玩笑可不好啊……①

当然，也有例外。在战争前夕，某些刊物毫不动摇地坚称日本是可以实现其目标的大国，②但是这种观点并非主流。低估潜在的敌人必将导致悲惨的结局，俄国也不例外。俄国将兵力分散到不同的战线上，结果无论在哪条战线上都无法占据决定性优势。这是一个巨大的失误，其代价无法重估。这是一场灾难，然而许多人却刻意回避这一事实。时至今日，最早开始研究这场战争的一位研究者在1908年发表的观点依然具有现实意义："显然，到目前为止，许多人仍然确信，远东遭遇毁灭性的灾难不是我们的过错，我们不热衷政治侵略，其余所有国家，特别是'口蜜腹剑的'日本几近病态的贪得无厌。我们用漂亮的说辞麻痹自己，放弃悲伤的真相，使自己沉浸在愉悦的错觉中。在很大程度上，我们对所发生的一切有所亏欠。"③

19世纪末期，在战略上，俄国通常无法将兵力合理地集中到关键战线上，这使得帝国的优势无从发挥，因为没有哪个帝国能够同时在所有利益战线上保持强势。在整条边境线上树敌，对于大国而言，这种危机也是致命的。20世纪初期，俄国未能避免此类问题。与此同时，陆海军绝不理想的指挥模式也使俄国丧

---

① Гарфильд（Глагол）С. Русско‑японская война. Поэма на современные мотивы. Владивосток. 1907. С. 5.
② Иностранное обозрение. // ВЕ. 1904. №1. С. 379.
③ Русско‑японская война от начала до Ляояна включительно. Лекции Генерального Штаба полковника Комарова. 1908/9 учебный год. СПб. 1909. С. 2.

失了成功摆脱危机的可能。若要探究悲剧发生的原因，就必须结合史实分析背景，了解在佩夫切斯基桥、总司令部、海军大厦或冬宫做出决策的背景。决策的缘由及远东战败的本质是本书关注的主题。

第一部分

外交背景

1　十九世纪中叶俄国外交政策下的远东

自 1689 年《尼布楚条约》签订后，俄国不得不在黑龙江沿岸地区领土划分问题上做出巨大让步，因此俄国在该地区的政策长期处于空白状态。随着时间的推移，到了 19 世纪中叶，俄国在此地的政策被迫发生转变。

1839 年，英国为维护向中国出口鸦片的权利，对中国发动鸦片战争。出口中国的大量鸦片均产自英属印度。在军事实力方面，特别是海上实力，英国具有显著优势（中国的战船和海防炮陈旧过时，几乎无法击伤登陆中国海岸的英国战舰），战争的结果早已注定。[1] 1842 年 8 月 29 日，中英两国签署《南京条约》，宣告战争结束。根据该条约，清政府同意向英国割让香港岛；承诺支付用于赔偿英国在海关被焚毁鸦片的 600 万银元及 1200 万银元的战败赔款，并且向英国商人赔偿 300 万银元的损失；向英国开放厦门、福州、宁波、上海、广州等五处为通商口岸，准许英国在上述城市设立领事馆。闭关锁国的"天朝"重

---

[1] Мертваго Д. Очерки морских сношений и войн европейцев с Китаем. // МС. 1883. №11. С. 111 – 115；То же. // МС. 1883. №12. С. 59 – 87；То же. // МС. 1884. №1. С. 63 – 92；То же. // МС. 1884. №2. С. 1 – 34.

新开启了与英国的贸易，鸦片贸易也在其中。①

《南京条约》使本已陷入严重危机的中国背上了沉重的负担。之后，以太平天国运动为首的反清运动如火如荼，外国人的大量涌入加剧了这场危机。在无法废除《南京条约》的情况下，地方政府试图暗中抵制它。1856 年 6 月，法国传教士在广西的西林县被捕，在经历了长期的酷刑折磨后被斩首。10 月，英国以地方政府不愿展开调查为由，发动了第二次鸦片战争。1857 年，法国参战，法国的及时加入解决了英国兵力匮乏的问题（1857 年春，印度爆发了起义，因此英国无法从印度抽调军队）。

同期，俄国在远东的活动日益活跃，然而与军事行动相比，俄国更倾向于非武力活动。当时，黑龙江流域被视作清国疆域。西方地图学家认为，黑龙江的江口隐没在沙土中，出于同样的原因萨哈林岛也被视为半岛。在相当长一段时期，俄国在远东的政治利益仅限于保护鄂霍次克海的毛皮贸易。最初，此事由 1846 年 9 月出任东西伯利亚总督的穆拉维约夫（Н. Н. Муравьев）负责。② 1846 年，俄美公司康士坦丁号舰船驶出鄂霍次克海，前往黑龙江下游地区进行勘察。勘察结果虽然令水手们大失所望，却令坚决反对开发此区域的最高文官涅谢尔罗德（К. В. Нессельрод）感到欣慰。在向尼古拉一世汇报时，涅谢尔罗德

---

① Мертваго Д. Очерки морских сношений и войн...// МС. 1884. №2. С. 34 – 39.

② Вейнберг Л. К истории военных событий на дальнем Востоке (1847 – 1855 гг.).// МС. 1898. №5. С. 2 – 3.

称,黑龙江下游无法通航,萨哈林岛只是个半岛。对此,尼古拉一世做出严厉批示:"很遗憾。与黑龙江这条毫无用处的河流相关的问题就此作罢。"① 1848 年 8 月,在向堪察加彼得罗巴甫洛夫斯克派遣由海军大尉涅维尔斯科伊(Г. И. Невельский)指挥的贝加尔号运输船后,情况发生了变化。1849 年 5 月,贝加尔号抵达阿瓦恰湾。②

1850 年春,涅维尔斯科伊勘察队深入黑龙江江口,在此建立了根据地——尼古拉耶夫斯克哨所。虽然涅维尔斯科伊的勘察活动未经上级批准,同时也未获得涅谢尔罗德的支持,但是最终他得到了沙皇的支持。③ 尼古拉一世简要地阐明了自己的立场:"俄罗斯的国旗一旦在那里升起,就不应降下。"④ 1853 年 5 月,俄国礼貌地拒绝了英国提出的出兵支援侵华英军的提议。⑤ 由于远东地区的归属问题仍不明晰,萨哈林岛和滨海边疆区仍旧面临着被第三国侵占的危险。

1853 年春,东西伯利亚总督兼军队司令穆拉维约夫奏明尼古拉一世,提议将划界问题授权地方政府处理。1854 年初,沙皇批准提议,下令:"在解决此问题时,应尽量避免火药味。"⑥

---

① Там же. С. 4.
② Там же. С. 4 – 5.
③ Тимченко‐Рубан Г. Присоединение к русским владениям Приамурья, Сахалина и Уссурийского края. // ВС. 1909. № 10. С. 164 – 167.
④ Вахтин В. Адмирал Невельской и Амурский край. // МС. 1890. № 1. С. 25.
⑤ Попов А. Царская дипломатия в эпоху Тайпинского восстания. // Красный архив(далее КА). М. – Л. 1927. Т. 2.(21). С. 184.
⑥ Вахтин В. Адмирал Невельской... // МС. 1890. № 1. С. 38.

1853年9月19日，涅维尔斯科伊率领3名军官、73名水手乘尼古拉一世号舰船前往萨哈林岛。在登陆阿尼瓦湾南部岛屿后建立堡垒，声明该岛为俄国所有。① 1854年4月，穆拉维约夫向黑龙江沿岸调派部队，以巩固黑龙江下游和鄂霍次克海沿岸的俄国驻地。俄国在该区域的活动明显加强。这对于抵御来自英法两国的威胁意义重大。② 5月23日，俄国舰队驶入黑龙江水域，这是17世纪以后俄国对该流域沿岸的首次勘察。③

1855～1856年，俄国继续向黑龙江沿岸调派兵力。涅维尔斯科伊的勘察行动极大地提升了俄国在该地区的地位。在远东军事行动结束后，穆拉维约夫1855年9月开始与清政府进行谈判。最初，他提议未来两国的边界应沿黑龙江划定，但遭到了北京方面的坚决反对。此外，在克里米亚战争前夕，俄国向日中两国派遣由海军上将普提雅廷（Е. В. Путятин）领导的代表团，以便维系与中国的陆地贸易、开启与日中两国的海上贸易。④ 18世纪下半叶之后，俄国一直企图渗透日本。亚历山大一世时期，俄国曾试图通过建立外交关系达成目的，但未取得

---

① Огородников С. К биографии адмирала Г. И. Невельского. Рапорт капитана 1 - го ранга Невельского генерал - губернатору Восточной Сибири и командующему войсками в оной расположенными, 16 октября 1853 года, по делу занятия острова Сахалин. // МС. 1899. №12. С. 58 - 70.

② Баранов А. Е. На реке Амуре в 1854 - 1855 гг. Воспоминания офицера штаба Н. Н. Муравьева. // РС. 1891. Том 71. Вып. 8. С. 351 - 353.

③ Вахтин В. Адмирал Невельской... // МС. 1890. № 1. С. 38.

④ Попов А. Царская дипломатия... // КА. М. - Л. 1927. Т. 2. （21）. С. 186.

积极成效。① 1821 年，俄国决定终止这些尝试，但是允许遭遇海难并在俄国海岸获救的日本人登陆库页岛，在当地人的帮助下返回祖国。② 1852 年，俄国最后一次尝试将这些人遣返日本，当时计划让他们乘坐缅什科夫大公号远洋舰抵达下田港，但是计划失败了，俄舰不得不在距离港口 5 海里处停泊，让日本人在此下船。③

在海军上将普提雅廷与日本周旋的同时，美国海军准将马休·佩里（Matthew Perry）以雷霆手段实现了渗透日本的目标。④ 1854 年，普提雅廷抵达日本长崎，谈判开始。谈判之初，德川幕府坚持以侮辱性礼节接待这位欧洲使臣，例如只允许使臣乘日本船只上岸，要求使臣赤脚走进接待处，要求使臣站着谈判等。普提雅廷严厉拒绝了日方的要求并且坚持立场，后来谈判节奏明显加快。⑤ 回国后，海军上将在报告中指出："根据陛下的至高意志和外交部的指示，我探索出了一套与大和民族打交道的行动体系，即与之进行短暂而友好的交流；在不侮辱本民族尊严和使臣身份的情况下，以宽容的态度遵守日本的法律、习俗；在谈判时，平静而坚定地完成国家给使臣的委托。在君主英明的领导

---

① Буйницкий А. Исторический обзор сношений образованного мира с Японией. // МС. 1860. №10. С. 78；80 – 84.

② Сбигнев А. Попытки русссских к заведению торговых отношений с Японией, в XVIII и начале XIX столетий. // МС. 1869. №1. С. 71.

③ Сбигнев А. Исторический очерк главнейших событий в Камчатке. 1816 – 1856. // МС. 1869. №8. С. 99.

④ Экспедиция коммодора Перри в Японию. // МС. 1854. №8. С. 393 – 397.

⑤ Из дневника Воина Андреевича Римского – Корсакова. // МС. 1896. №2. С. 168.

下,我坚定不移地执行了这一体系,直至在日本逗留的最后一天,在从未破坏日俄友好关系并且为之打下坚实基础的情况下,我有幸实现了事先考虑已久的预期目标。"①

事实证明,普提雅廷的确精明强干。② 俄国舰船在登陆库页岛之初做出了某些略显过分的事情,以此为由,日本官员试图限制外国人在本国领土上的行动自由。③ 总体而言,此时的俄日关系仍以友好、互信为基调。④ 1855年2月7日,日俄两国在下田签订了首个贸易条约《日俄和亲通好条约》。此后在日俄通商过程中,俄国享受最惠国待遇;两国建立了"真挚的友谊与长期和平的关系";臣民受政府庇护;两国疆域以择捉岛和得抚岛为界,择捉岛以南归日本所有,得抚岛及千岛群岛的其他部分归俄国所有,萨哈林岛归两国共同管辖;日本开放一系列对俄贸易港口。⑤

1858年,为了满足太平洋舰队的需求,俄国决定在萨哈林岛开采煤炭,由此激发了俄国占领整座岛屿的野心。在日本的抵制下,愿望落空,东京方面毫不退让,坚持以北纬50°划界。因

---

① Всеподданнейший отчет генерал – адъютанта графа Путятина. О плавании отряда военных судов наших в Японию и Китай. 1852 – 1855 год. // МС. 1856. №10. С. 43.

② Действия России и Нидерландов к открытию Японии для торговли всех народов. // МС. 1855. №3. С. 2 – 3.

③ Шиллинг Н. Г. Из воспоминаний старого моряка. // РуА. М. 1892. Вып. 5. С. 146 – 147.

④ Из дневника Воина Андреевича Римского – Корсакова. // МС. 1896. №6. С. 191 – 192.

⑤ Юзефович Т. [П.] Договоры России с Востоком политические и торговые. СПб. 1869. С. 276 – 279.

此，事关萨哈林岛命运决议的制定被推迟到了将来。① 1858年8月19日，日俄两国在江户（今东京）签订条约。该条约进一步确认了《下田条约》的条款，并且增加了对俄开放通商港口的数量，赋予俄国人在日购买、租赁房屋和土地的权利；针对俄国出口的商品，如木材、煤炭、金属、武器、蒸汽机等降低5%的关税。② 日本仅对俄国出口的酒精饮料征收高额关税（35%）。上述条款对俄国极为有利，因为当时日本向英法征收的商品关税高达20%~35%。③ 作为回报，日本人同样获得了在俄国的自由贸易权。在第二次鸦片战争的背景下，欧亚国家达成了上述协议。

侵华军事行动最初发生于香港、广州、上海等中国南方城市，然而到了1858年，侵略目标转向了中国北方。1858年5月20日，英法联军占领了作为京津两地海防门户的大沽。26日，英法陆战队兵临天津港。6月4日，英法两国与清政府签订了《天津条约》。清政府再次支付赔款，增加对外通商港口的数量。④ 军事失利、第二次鸦片战争期间俄国表面上的支持及在签订《天津条约》时以普提雅廷为代表的俄国的态度影响了清政府在中俄边界划定问题上的立场。⑤

---

① Тимченко‑Рубан Г. Присоединение к русским владениям Приамурья, Сахалина и Уссурийского края. // ВС. 1909. № 10. С. 180‑181.

② Юзефович Т. [П.] Ук. соч. С. 279‑285.

③ История внешней политики России. Вторая половина XIX века. М. 1997. С. 158‑159.

④ Мертваго Д. Очерки морских сношений и войн... // МС. 1884. №4. С. 57‑90.

⑤ Тимченко‑Рубан Г. Присоединение к русским владениям Приамурья, Сахалина и Уссурийского края. // ВС. 1909. № 12. С. 192‑197.

1858年5月28日,穆拉维约夫与黑龙江将军奕山在黑龙江右岸瑷珲城签订中俄《瑷珲条约》,条约规定:从额尔古纳河至松花江海口归俄国所有;中俄两国边界沿乌苏里江划定;乌苏里地区保持开放,由中俄两国共同管辖;黑龙江、乌苏里江及松花江仅允许中俄两国船只通航;两国承诺为黑龙江沿岸贸易提供优惠待遇,允许满洲大臣管辖下的满洲人继续在黑龙江左岸居住。① 黑龙江、乌苏里江沿岸为清朝罪犯流放之地,此地满人众多,甚至形成了村落。② 《瑷珲条约》签订后,清政府自行遣散了该地区的居民,将农民迁回东北。③ 1858年6月13日(俄历6月1日),普提雅廷与清政府钦差大臣桂良、花沙纳签订《天津条约》,该条约使俄国同时获得了在华的陆地贸易权和海上贸易权。④

在整个过程中,在两艘炮舰、若干艘轮船、驳船及两个西伯利亚主力营(第13营和第14营)的威吓下,俄方甚至无须向中方开火就获取了如此巨大的利益。在此情况下,俄国士兵充当起了协助本国居民搬迁的劳动力,帮助他们沿黑龙江从外贝加尔的乌斯季-斯特列尔卡搬迁至兴安岭河口(全程980俄里)。移民来自外贝加尔的450个哥萨克家庭。⑤ 作为移民者的外贝加尔哥萨克由以下三类人构成:俄国欧洲的国有制农奴、因土地匮乏而难以

---

① Юзефович Т. [П.] Ук. соч. С. 251–253.
② Максимов С. На Востоке. В Манчжурии. // МС. 1864. №1. С. 74–75.
③ Письма об Амурском крае. // РуА. М. 1895. Вып. 3. С. 378–379.
④ Юзефович Т. [П.] Ук. соч. С. 253–259.
⑤ Венюков М. И. Воспоминания о заселении Амура, 1857–1858 гг. // РС. 1879. Том 24. Вып. 1. С. 91–93; 98.

生存的当地人及守备营士兵。他们肩负起了开发阿穆尔和其他远东地区的使命。① 开发过程十分艰难,来自维亚特卡、彼尔姆、坦波夫及沃罗涅日的农民用时两年抵达定居地,迁徙距离达一万俄里。在侵占阿穆尔地区后的十年里,俄国垦荒支出高达 3000 万卢布,而开发成果却不尽如人意。②

普提雅廷的出使成果令北京方面倍感失望。《瑷珲条约》签订后,俄国著名汉学家、1850～1859 年北京东正教负责人、大祭司帕拉季(Палладий)指出:"我们不得不承认,在清政府眼中,我们的影响力已经大幅下降。最初,清政府认为我们可以成为战争的调停者,然而我们不愿意;但是现在,清政府认为我们无法担任调停者,即使我们愿意,与其他欧洲国家相比,我们的能力也十分有限。我们的所作所为玷污了我们的政策。在清政府看来,我们用含糊其词的承诺换取我们的所需,不付出任何回报。尽管如此,这也不足为虑,对于他们而言,这就是政治。"③ 他认为,扭转局面的唯一办法就是立即兑现向中国运送武器的承诺。④ 在条约签署后,作为"回报",西伯利亚"赠予"清政府 10000 支线膛枪、60 门装有弹药的要塞炮,并且对华派遣教员。⑤

---

① Максимов С. В. Заселение реки Амура. // МС. 1861. №10. С. 209;215.
② Афанасьев Д. Амурский край и его назначение. // МС. 1863. №11. С. 28 - 29;41 - 42.
③ Дневник архимандрита Палладия за 1858 г. // Известия Министерства иностранных дел(далее ИМИД). СПб. 1912. №2. С. 275.
④ Там же.
⑤ Отчетная записка, поданная в Азиатский департамент в январе 1861 года генерал - адъютантом Н. П. Игнатьевым о дипломатических сношениях его во время пребывания в Китае в 1860 году. СПб. 1895. С. 306.

这些武器被送至中俄边境，① 然而北京方面很快就对此失去兴趣、不予理睬，直至 1860 年才再次注意到它们。② 哥萨克移民家庭开始开发这片绵延 1137 俄里的新疆土，后来他们成了组成山区骑兵部队、平原步兵部队的主力。③

1858 年 7 月 4 日，咸丰帝批准《天津条约》；1859 年 6 月，清政府禁止英法公使进入北京换约。6 月 25 日，英法联军进攻大沽，在海河水域，英法舰船遭预置的障碍物拦截，受炮火阻击而惨遭失败。④ 继续开战是不可避免的。在联军舰队的支持下，8090 名英国士兵、4200 名印度士兵及 7650 名法国士兵连续侵占包括辽东半岛沿海地区、芝罘港及大沽港；1860 年 8 月 24 日，侵占天津，联军逐渐逼近北京。9 月 22 日，咸丰帝率领朝廷逃离北京。10 月 18 日，联军侵占北京郊外的皇家行宫——圆明园。24 日，联军进入北京，未遭到清军的奋力抵抗。⑤ 当英法联军出现时，御林军甚至弃城而逃。尽管中方多次声明，先前俘虏的 26 名联军使节状态良好，但是最终只有 13 个人活着回来了。被

---

① Попов А. Царская дипломатия... // КА. М. - Л. 1927. Т. 2. (21). С. 198.

② Отчетная записка, поданная в Азиатский департамент... С. 306 - 307.

③ Венюков М. И. Воспоминания о заселении Амура... // РС. 1879. Том 24. Вып. 2. С. 280.

④ Мертваго Д. Очерки морских сношений и войн... // МС. 1884. №5. С. 151 - 153.

⑤ Бутаков, Тизенгаузен. Обзор войн, веденных европейцами против Китая с 1840 - 42, 1856 - 1858, 1859 и 1860 гг. // Сборник географических, топографических и статистических материалов по Азии. Издание Военно - Ученого Комитета Главного Штаба. СПб. 1884. Вып. Ⅷ. С. 214 - 216; 310 - 313; Мертваго Д. Очерки морских сношений и войн... // МС. 1884. №6. С. 91 - 161; То же. // МС. 1884. №7. С. 128 - 131.

送回的13人及13具尸体表明他们曾遭受酷刑。作为报复，英法联军决定火烧圆明园（因为这些使节正是在此受刑的），并且要求向受害者家庭提供赔偿金、严惩施暴者。①

尽管英法联军取得了上述胜利，但是其结局远非乐观。他们无法也不愿深入中国。以此为契机，清政府邀请俄国公使、陆军少将伊格纳季耶夫（Н. П. Игнатьев）伯爵在谈判中进行调解。② 1859年初，他奉命抵达北京，并且手握重权。俄政府向他下达了严禁干预中国国内冲突的指令，禁止他援助冲突中的任何一方。俄政府极为担心："在内讧、各方势力、全民意愿的影响下，清政府这个少数民族建立的王朝将会中兴。如果您对清政府的中兴有足够的把握，那么请您务必毫不动摇地与之建立联系。务必注意，无论如何，我们都不能通过武力保护满洲人的利益。"③

最初，伊格纳季耶夫的地位十分尴尬。英法联军和清政府以普提雅廷为鉴，不愿相信俄国并且试图将其"撵下"谈判桌。只有平民对俄国人怀有好感，因为使团领袖经常竭尽所能地阻止，或者说是限制胜利者实施抢劫和暴力行为。最终，利用英法联军之间的矛盾和对清政府的了解，伊格纳季耶夫顺利地成了在参战国之间斡旋的调解人。④ 俄国外交官成功地缓解了英法两国

---

① Отчетная записка, поданная в Азиатский департамент... С. 194; 211 – 212.
② Там же. С. 234.
③ Попов А. Царская дипломатия... // КА. М. – Л. 1927. Т. 2. （21）. С. 199.
④ Отчетная записка, поданная в Азиатский департамент... С. 8 – 9; 12; 99 – 100; 226 – 227; 234.

对清政府的压力。10月24~25日，清政府与英法两国在北京分别签署了确认《天津条约》的《北京条约》，其主要条款有：清帝为海河事件致歉；赋予英法两国在京设立常驻使馆的权利；清政府支付800万两白银，200万两用于赔偿商会损失，600万两用于补偿军费损失。此外，清政府还需向遇难使节的家属提供死亡赔偿金，法方20万两白银和英方30万两白银。[1] 1860年12月14日，伊格纳季耶夫与清政府签署《北京条约》，借此俄国领土从乌苏里江扩展到了日本海和朝鲜边境。[2] 此后在很长一段时间里，俄国得以喘息。

---

[1] Бутаков, Тизенгаузен. Обзор войн... // Сборник географических, топографических и статистических материалов по Азии. Издание Военно-Ученого Комитета Главного Штаба. СПб. 1884. Вып. Ⅷ. С. 320 – 322; Мертваго Д. Очерки морских сношений и войн... // МС. 1884. №7. С. 147 – 149.

[2] Юзефович Т. [П.] Ук. соч. С. 259 – 269.

2 第二阶段:向远东扩张

俄国远东政策活跃的下一阶段与英俄在中亚的大对抗密切相关。俄国在远东的成就很快就对中俄关系造成了影响。1877~1878年,北京成功击溃了阿古柏。① 清政府取得上述成就的时间与英国挑起第二次英阿战争的时间基本一致。

应当指出,早在1871年5月,突厥斯坦总督、侍从将军冯·考夫曼(К. П. фон Кауфман)命令俄军向以伊宁为中心的伊犁地区进军,此后当地的官员成为俘虏并被关押在韦尔内山上。② 就这样,俄国行政机关接管了这个多民族、多宗教的杂居地区。1871年10月,北京提出在伊犁重设中方行政管理机构的请求。考虑到北京当时基本不可能向伊犁调派军队,而俄军守备部队也不可能服从清政府伊犁将军的命令,因此考夫曼同意了该请求。作为交易,俄国甚至获得了与清朝自由通商的优惠条款。双方约定,当清政府做好准备向此地派遣足以维持秩序的部队

---

① P. Hopkirk, *The Great Game*: *The Struggle for Empire in Central Asia*. Kodashan International, 1992, pp. 387-388.
② Терентьев М. А. История завоевания Средней Азии. СПб. 1906. Т. 2. С. 50-52.

时，俄国方可归还占领区。①1872年底，沙皇主持召开特别会议，通过决议：在清政府有能力恢复在伊犁的政权时才将此地归还清国。虽然米柳京（Д. А. Милютин）对此表示反对，但俄政府还是决定：只有在北京过于弱势而无法掌控该地区的情况下，才会考虑将伊犁并入本国版图。②

1878年，在清军收复新疆之战告捷后，俄国面临着从伊犁撤军的问题。此前，俄军在伊犁修建了诸多防御工事、兵营。截至1881年，上述举措的花费加上十年来相关军费支出，俄国在伊犁的开销高达226.54万卢布。③1879年3月16日，米柳京主持召开会议，就伊犁的未来归属问题展开讨论。陆军大臣指出："我们得出一个结论，为了维护国家尊严，我们应当诚实地履行承诺。我们一再重申将归还伊犁，但前提条件是中国在贸易问题上、在北部天山的划界问题上，特别是在保证服从我们的伊犁中国人的安全问题上做出积极让步，满足我们的多项要求。"④

1879年10月2日，俄国代理外交大臣吉尔斯（Н. К. Гирс）、俄国驻华公使布策（Е. К. Бюцов）与清政府钦差崇厚签订《里瓦几亚条约》。根据该条约，俄军从伊犁撤退，但伊犁西境霍尔果斯河以西、伊犁南境特克斯河流域及塔尔巴哈台地区

---

① Терентьев М. А. Ук. соч. СПб. 1906. Т. 2. С. 56 – 57；Милютин Д. А. Воспоминания 1868 – начало 1873. М. 2006. С. 434.

② Зайончковский П. А. К вопросу завоевания Средней Азии. // Петр Андреевич Зайончковский. Сборник статей и воспоминаний к столетию историка. Сост. Л. Г. Захарова, С. В. Мироненко, Т. Эммонс. М. 2008. С. 82.

③ Терентьев М. А. Ук. соч. СПб. 1906. Т. 3. С. 254.

④ Дневник Д. А. Милютина 1878 – 1880. М. 1950. Т. 3. С. 124.

斋桑湖以东土地划归俄属。此外,清政府还需做出特赦承诺,并且赔偿俄国 500 万卢布的"代收代守"伊犁兵费及恤款。然而,以慈禧太后为首的清政府拒绝批准此条约,准备与俄国开战,同时希望获得在此地活动频繁的英国的支持。1880 年 3 月,突厥斯坦、东西伯利亚、西西伯利亚军区司令部收到了准备与清政府断交的指示。①

此时,俄国处境十分艰难。即使在 1880 年黑龙江沿岸军区兵力得以增强后,那里也仅有 11550 人和 32 门火炮。② 如与清军发生冲突,其军力完全不足以保全该地区。与此同时,突厥斯坦的状况也不容乐观,在伊犁仅有若干支中队和哥萨克部队,并且根据已掌握的情报,清政府已在通往伊犁的干道上大量屯兵。俄中双方兵力悬殊——1.54 万对 10 万。③ 面对中俄冲突,伦敦已经做好了趁火打劫的准备。1880 年 7 月,应清政府之邀,戈登(Charles Gordon)将军抵达北京。他不仅在远东家喻户晓,而且在中国也拥有良好的军事声誉。他向清政府提议:"如果贵国发动战争,那么就烧毁北京郊区,让皇帝和档案资料撤离北京,将其安置在中原地区,然后再与俄国打五年游击战,(那时)俄国就无法对贵国造成任何伤害了。"④ 他的建议使清政府确信与俄

---

① Там же. С. 233.
② Кондратенко Р. В. Манзовская война. СПб. 2004. С. 129.
③ Симонов Н. Сибирский казачий №1 Ермака Тимофеева полк в Кульджинском походе 1880 года. // ВС. 1895. №6. С. 243 – 244.
④ *Russia in the East, 1876 – 1880: The Russo – Turkish war and the Kuldja crisis as seen through the letters of A. G. Jomini to N. K. Giers*, Edited by Chrales and Barbara Jelavich. Leiden: Brill, 1959, p. 99.

国发生冲突是毫无前途的，虽然这可能违背了戈登最初的意愿。尽管这个建议绝对符合逻辑，但它无法说服北京赞成通过引发冲突的方式解决中俄争端。

另一方面，圣彼得堡绝不愿意因为一块俄国实际不需要的领土而冒险发动战争。1880年底，俄军总司令部亚洲事务负责人索博列夫将军递交报告，阐述中俄一旦爆发战争时的作战计划，并且排除了俄军"一击必胜"的可能。为了对清军施加决定性打击，需向远东地区调派2~3个军，频繁调用舰队封锁中国港口并且派遣陆战队完成登陆任务。为此，所需军费高达两三亿卢布。①

俄国在滨海边疆区的据点是符拉迪沃斯托克，此地仅有房屋493栋，居民8800人，其中朝鲜人和中国人占3900人。如果说朝鲜人愿意加入俄国国籍，那么中国人则很少这样做，因为他们在此工作几年后通常会返回家乡。除此以外，在符拉迪沃斯托克还有几座可容纳2000名士兵的营房，显然每间营房都有空位。符拉迪沃斯托克是一座依赖进口的城市。

1878年，滨海边疆区的贸易进口额为175.6万卢布，出口额仅为104521卢布。② 由于没有连接远东与欧洲中央地区的铁路，俄国只能依靠海运向远东输送军队、粮食和弹药。俄国既不具备相应的运输能力，也不具备在太平洋上制衡英国舰队的海上实力。1880年8月末，在海军中将列索夫斯基（С. С. Лесовский）

---

① Кондратенко Р. В. Морская политика России 80 – х годов XIX века. СПб. 2006. С. 56 – 57.
② Чайковский И. Владивосток или Ольга. // МС. 1880. №12. С. 26；29.

的指挥下，太平洋舰队——2艘装甲护卫舰、3艘巡洋舰、8艘炮舰进驻符拉迪沃斯托克。同年秋天，若干个沿海炮台修建完工。①

改变远东局势非朝夕之功。与此同时，俄国不得不考虑中国未来可能构成的海上威胁。1881年，清政府向德国订购了2艘装甲舰；同年12月，该系列的第一艘战舰（配备4门12英寸口径、2门150毫米口径的火炮）下水。② 1883年4月，战舰被运至德国基尔进行武装，而后应由德国船员开回广州。由于中法关系恶化，战舰运送受阻。1883年，北京又向德国订购了4艘驱逐舰。1884年，一艘装有2门8.27英寸口径和1门5.97英寸口径火炮的轻型装甲巡航舰（重型巡洋舰）再次下水。③ 联想清政府所有舰船出现在太平洋上的情景，俄国无法淡然处之。1878年以后，俄国经济衰退，因此与"天朝"维持贸易关系至关重要。1880年12月，圣彼得堡决定向北京做出让步，但是这些让步不应威胁俄国在远东的前景。④ 恰当的时机、彼此的退让使双方得以寻求一个均可接受的解决方案。

---

① Авилов Р. С., Аюшин Н. Б., Калинин В. И. Владивостокская крепость: войска, фортификация, события, люди. Владивосток. 2013. Ч. 1. «Назло надменному соседу» 1860 – 1905 гг. С. 40.
② Морская хроника. Китайский броненосец Ting‑Yuen. // МС. 1882. №2. С. 27 – 29. （第一艘战舰指定型号。——译者注）
③ Морское дело за границей. Китайский броненосец Ting‑Yuen. // МС. 1883. №2. С. 37; Морское дело за границей. Новейшие суда китайского флота. // МС. 1883. №7. С. 30; Морское дело за границей. Китайский броненосный корвет Tsi‑Yuen. // МС. 1884. №1. С27. （这艘巡洋舰是济远号。——译者注）
④ Дневник Д. А. Милютина 1878 – 1880. М. 1950. Т. 3. С. 285 – 286.

1881年2月24日，在俄国侵占盖奥克泰佩后的一个月，吉尔斯、布策与钦差大臣曾纪泽在圣彼得堡签订《中俄伊犁条约》，以解决伊犁问题。根据条约，俄国将伊犁的大部分地区归还中国，自清政府特派大臣抵达塔什干之日起的3个月内完成领土移交，居民有权迁居俄国，伊犁西部地区归俄国管属。此外，清政府还需向俄国支付900万卢布，用以补偿俄国代守伊犁所用兵费及俄民所受损失。① 同日，中俄两国约定款项支付流程。清政府承诺，自批准本条约后，两年内缴清这笔款项。按照条约签署时的汇率，金额折合1431664英镑2先令。② 1881年8月19日，该条约获得批准。③ 1881年3月，俄国逐步向清政府移交伊犁政权。8月25日，俄军开始撤离伊犁。④

很明显，远东地区的划界推进了中英联盟的形成。很快，联盟显现加强之势。中亚地区的对抗再次影响了政治大环境。1882年5月，亚历山大三世对西伯利亚铁路方针做出批示："勘测刻不容缓；务必在大臣委员会上探讨西伯利亚干线方针。"⑤ 1881年初，除梅尔夫绿洲⑥外，土库曼全境划入里海东岸地区。在盖

---

① Русско‑китайские отношения 1689–1916. Официальные документы. М. 1958. С. 54–60.
② Там же. С. 60.
③ Там же. С. 66–67.
④ Терентьев М. А. Ук. соч. СПб. 1906. Т. 3. С. 261.
⑤ Нилус Е. Х. Исторический обзор...Харбин. 1923. Т. 1. 1896–1923. С. 5.
⑥ 又称马雷，是中亚土库曼斯坦马雷省的一个绿洲城市。马雷古城在撒马尔罕与巴格达之间，是古代丝绸之路上的交通重镇。——译者注

奥克泰佩被占领后，梅尔夫几乎立即引发了英国外交部和英国媒体的特别关注，因为此地独立于俄国政权之外。梅尔夫人骁勇善战，曾多次突袭邻邦。1855年，他们击溃了4万西瓦军；1860年，他们用32门火炮击溃了2万波斯军，波斯军仅有数百骑兵幸免于难，其余被俘、被杀。由于被俘者众多，梅尔夫的奴隶价格从300卢布跌至5卢布。① 该绿洲被誉为"世界王后""通往印度的钥匙"。1882年，乔治·阿盖尔（George Argyll）公爵将当时的局面命名为"梅尔夫恐慌"。② 公爵指出："这是一个可怜的村庄，最多就是个满是肮脏窝棚的贫瘠小镇，没有任何掩护，或者说只有土堆掩护。这是个土匪窝。"③

1884年1月13日，梅尔夫绿洲土库曼族代表召开会议，决定加入俄国。2月12日，梅尔夫长老在阿什哈巴德宣誓效忠沙皇。④ 阿里汗诺夫-阿瓦尔斯基（М. Алиханов - Аварский）中尉为促成此事立下了汗马功劳。他游说梅尔夫长老，让他们在效忠俄国与战争之间做出抉择。长老们做出了一致的选择。⑤ 1884年3月14日，在反俄势力做出微不足道的反抗后，科马罗夫（А. В. Комаров）将军率领俄军进驻梅尔夫绿洲，随后解放了当地的奴隶，其中贴金人、波斯人、布哈拉属民近700人，他们

---

① Алиханов - Аварский М. Закаспийские воспоминания. 1881 - 1885. // ВЕ. 1904. №9. С. 85 - 87.
② N. V. Tcharykow, *Glimpses of High Politics*: *Through War and Peace*, 1855 - 1929. London: George Allen & Unwin Ltd., 1931, p. 161.
③ Мартенс Ф. Ф. Россия и Англия в Средней Азии. СПб. 1880. С. 63.
④ Тихомиров М. Н. Присоединение Мерва к России. М. 1960. С. 147; 151.
⑤ Алиханов - Аварский М. Закаспийские воспоминания... // ВЕ. 1904. №9. С. 113 - 116; 118.

获得了重返故乡的机会。① 因奴隶问题而对呼罗珊②发动的袭击停止了。在当地很快就流传起了这样一句话："真主安拉派沙皇来保护我们免遭土库曼人袭击。"③

继梅尔夫之后,其他土库曼部落也加入俄国。此时,英国外交部的"梅尔夫恐慌"有增无减。比利时军事观察员敏锐地指出:"'梅尔夫恐慌'终将会被俄国威胁赫拉特的噩梦所掩盖。"④ 英国纸媒大肆制造恐慌的舆论氛围,鼓吹英属印度俄国威胁论。⑤ 某刊物指出:"虽然梅尔夫被征服了,但是亚历山大三世失去了并且永远无法重新获得英国人的信任。"⑥ 英国议会公开表示,由于赫拉特距离梅尔夫 240 英里,距离奎达 514 英里,赫拉特的命运已经完全掌控在了俄国人手中。⑦

1880 年,土库曼继续积极修建铁路。1882 年底,土库曼加紧修筑克孜尔-阿尔瓦特至撒马尔罕的铁路。该线路全长 1126 英里,于 1888 年竣工。⑧ 这些变化同样引起了伦敦的注意。据

---

① Тихомиров М. Н. Ук. соч. С. 163.
② "霍拉桑"的旧称,意为"太阳升起的地方",大概包括今伊朗东北部、阿富汗和土库曼斯坦大部、塔吉克斯坦全部、乌兹别克斯坦东半部和吉尔吉斯斯坦小部分地区。——译者注
③ Манацков. Хорасан. Персидский и Афганский. // ВС. 1900. №8. С. 397.
④ E. Dearubaix, "L'Angleterre et la Russie en Orient," *Bruxelles et Leipzig*, No. 27, 1885, p. 39.
⑤ Hopkirk, *The Great Game*, pp. 418–421.
⑥ Charles Marvin, *The Russian Annexation of Merv: what it means and what it must lead to*. London: W. H. Allen, 1884, p. 6.
⑦ Marvin, *The Russian Annexation of Merv*, p. 8.
⑧ Заметки о Закаспийской железной дороге, с 1880 по 1889 год, Н. Полторанова (бывшего начальника пути и зданий на Закаспийской железной дороге). Самарканд. 1890. С. 40.

英国媒体报道,从里海海岸延伸至克孜尔-阿尔瓦特217英里的铁路正是俄国准备进军印度的有力证据。①

很快,这种担忧被清楚地证实了。由于土库曼部落与阿富汗边界不清,喀布尔一口咬定土库曼部落是阿富汗的属民,引发了双方严重的争议,即通往英属印度、开伯尔山口最便捷的路线以及前往赫拉特的必经之路的归属问题。首先应当指出,潘迪绿洲②的土著居民是土库曼部落。英国的立场简洁明了、始终如一,即完全支持酋长国主张,认为它是绝对合乎规律且尊重历史的。③ 1884年6月,阿富汗人在潘迪绿洲逮捕了一名俄国旅行者。俄国政府对此提出强烈抗议,后来阿方释放了被捕者。虽然该事件得以解决,但是尚未敲定的划界问题引发了各方的担忧。④ 1885年2月,此地开始爆发小规模冲突。⑤ 3月,在英国人的唆使下,阿富汗开始向库什卡河沿岸派兵。随后,阿方在库什卡划界谈判中频繁挑衅。⑥ 对此,科马罗夫将军命令下属尽量避免冲突。⑦ 在俄属库什卡河左岸只有3座俄军哨所,且每

---

① Charles Marvin, *The Russian Railway to Heart and India*. London: W. H. Allen, 1883, pp. 10 - 12.
② 位于里海沿岸梅尔夫绿洲南部的穆尔加布河及其支流库什卡河附近。——译者注
③ Терентьев М. А. Ук. соч. СПб. 1906. Т. 3. С. 245 - 246.
④ Алиханов - Аварский М. Закаспийские воспоминания... // ВЕ. 1904. №10. С. 473.
⑤ Афганское разграничение. Переговоры между Россией и Великобританией 1872 - 1885. СПб. 1886. №62. С. 187 - 189.
⑥ Тихомиров М. Н. Ук. соч. С. 171.
⑦ Горный М. Поход на афганцев и бой на Кушке (1885 г.). М. 1901. С. 79 - 80.

个哨所仅有几名驻军。① 趁俄软弱,阿方立即采取挟制措施。阿军建造了若干个多面堡,靠近俄军哨所,侮辱哨兵。因俄军未做出武力反击,阿军的挑衅愈演愈烈。显然,冲突的爆发无法避免。②

3月30日,一支由2600名骑兵和1900名步兵组成的阿富汗部队向争议地区挺进。当日,在阿军拒不接受撤军提议后,科马罗夫率兵击退阿军,取得胜利。③ 俄阿火拼分外激烈,伯丹系列步枪大显神威,射击总数为122021发,每支步枪的子弹射击数为85~95发。④ 土库曼骑兵与俄军步兵联手抗击阿军。在阿军落败后,俄土联军发起反攻、追击,⑤ 阿军四散而逃,丢下4门英国野战炮、2门英国山地炮、2门阿富汗山地炮。⑥ 在对战发生前的几天,当地气候潮湿,降雨连绵不断;当天,天降大雪,道路泥泞,马匹足迹无从辨别,因此追捕逃兵效果欠佳。在库什卡河左岸及跨河大桥上堆满了阿富汗士兵的尸体。⑦ 战俘的证词和相关资料均表明,阿军的此次行动受英国指使。⑧

---

① Сражение на Кушке. Новое Время. 1885. №3313. // Туркестанский Сборник. СПб. 1885. Т. 390. С. 23.
② Горный М. Ук. соч. С. 81–82.
③ Тихомиров М. Н. Ук. соч. С. 171.
④ Шеманский А. Д. Годовщина Кушкинского боя. // ВС. 1907. №5. С. 34.
⑤ Горный М. Ук. соч. С. 82–83; Алиханов – Аварский М. Закаспийские воспоминания... // ВЕ. 1904. №10. С. 485–486.
⑥ Шеманский А. Д. Годовщина Кушкинского боя. // ВС. 1907. №5. С. 28; 33.
⑦ От Зеравшана до Таш – Кепри... // ВС. 1905. №1. С. 64; Карандаков Н. Мургабский отряд и Кушкинский бой. // ВС. 1910. №3. С. 217.
⑧ Шеманский А. Кушкинский юбилей. // ВС. 1910. №5. С. 34.

土库曼土著居民——撒拉尔部落和贴金部落欢庆胜利。他们憎恨阿富汗人，故而因其战败欢欣鼓舞。① 战后，仅掩埋尸体就用了若干天。在科马罗夫的部队中，1 名军官、10 名士兵战死，3 名军官、29 名士兵负伤。② 俄国这支 1500 人的队伍，在 4 门火炮的支援下取得了如此惊人的成绩，不仅给喀布尔留下了深刻的印象，更是起到了敲山震虎的作用。③ 这场微不足道的冲突向中亚证明了俄国的实力，各部落开始派遣代表团寻求科马罗夫的庇护。④ 冲突的发生是出乎意料的，因为解决争议问题本应是英俄划界委员会的职责。⑤ 这一新闻引发强烈反响，伦敦怒火中烧。英国首相格莱斯顿（William Gladstone）在下议院发表讲话，谴责俄国侵略阿富汗，提议政府拨付特别费用 100 万英镑。该提议获得一致支持。⑥ 4 月 27 日，议会表决通过 1100 万英镑的军费拨付提案。⑦ 俄英关系陷入严重危机，英国媒体开始为赫拉特的命运痛苦呻吟，仿佛科马罗夫的部队即将攻城而入。

1884 年，查尔斯·麦格雷戈（Charles MacGregor）将军的著作《印度国防》（*The Defence of India*）在英国出版，其中谈

---

① Горный М. Ук. соч. С. 100.
② Алиханов - Аварский М. Закаспийские воспоминания... // ВЕ. 1904. №10. С. 489.
③ Подробный рапорт ген. А. В. Комарова см.: Афганское разграничение... №115. С. 287 – 305.
④ Шеманский А. Кушкинский юбилей. // ВС. 1910. №5. С. 37.
⑤ "Afganistan, Marches des Russes dans l'Asie Centrale," *Revue Militaire*, no. 4 (1885), p. 243.
⑥ Hopkirk, *The Great Game*, pp. 428 – 429.
⑦ Морское дело за границей. Военные приготовления Англии на случай войны с Россией. // МС. 1885. №5. С. 1.

到了坚决抵制俄国侵略印度计划的必要性。麦格雷戈认为，侵占赫拉特是俄国图谋侵略最重要的英属殖民地印度所迈出的第一步，他呼吁在英属印度边境全线，首先是在博斯普鲁斯海峡构建与俄国对抗的防御体系。① 阿富汗认可英国解决印度国防问题的激进观点，② 其中的关键在于赫拉特。麦格雷戈断言："俄国占领赫拉特将对英国在印度的政权构成极大威胁。"③ 他呼吁英国与德国、土耳其、波斯结盟，突袭俄国在外高加索和高加索地区的属地。④ 他在书中写道："只有将俄国赶出高加索和突厥斯坦，才能真正解决印俄问题，我郑重声明，我对自己的见解确信无疑。"⑤ 该书一经出版，便激怒了英国当局，然而在库什卡战役后，该书所表达的思想给执政者带来了许多启发。

伦敦下达了加强建设印英联军的命令，印军扩编12000人，英军扩编11000人，最终印军增至128636人，英军增至70000人左右且配备414门火炮。⑥ 事实上，在印度爆发1857年起义

---

① Мак‑Грегор［Ч.］Оборона Индии. Часть 1. // Сборник географических, топографических и статистических материалов по Азии. Издание Военно‑Ученого Комитета Главного Штаба. СПб. 1891. Вып. XLIII. С. 146；149.
② Там же. С. 167－168.
③ Там же. С. 176.
④ Мак‑Грегор［Ч.］Оборона Индии. Часть 2. // Сборник географических, топографических и статистических материалов по Азии. Издание Военно‑Ученого Комитета Главного Штаба. СПб. 1891. Вып. XLIV. С. 100－101.
⑤ Там же. С. 115.
⑥ Frederick Sleigh Roberts, *Forty One Years in India：From Subaltern to Commander-In-Chief*. London：Richard Bentley and Son, 1900, p. 503.

后，几乎所有的炮兵部队都集中在了欧洲。当地部队1/3的军官是英国人，印度军官指挥中队和骑兵。印英联军中的印度士兵主要来源于以下地方部队：孟加拉、孟买和马德拉斯。这些由当地大公供养的部队属于封建民兵组织，士兵通常缺乏训练、武器不足，因此只适合维持秩序。1885年春，危机达到高潮，为了保护后方阵地，英国决定建立印英联合作战部队（由2.5万英军和3.1万印军组成）和后备师（由0.6万英军和1.35万印军组成）。①

英国海军部一直忧心忡忡地关注着俄国巡洋舰的增加情况。1885年3月，英国盘点了本国的巡洋舰，共计29艘：1艘装甲巡洋舰、5艘甲板装甲巡洋舰、23艘轻型巡洋舰。除此之外，还有6艘可用作袭击舰的商船"志愿舰"，2艘正在舾装的一等巡洋舰，1艘近期即将下水的巡洋舰。在波罗的海上分布着3艘甲板装甲巡洋舰和12艘轻型巡洋舰；在黑海上分布着2艘轻型巡洋舰、1艘"志愿舰"；另外12艘巡洋舰分布在俄国领水之外。在此情况下，以宗主国为据点的英国舰队可以轻易封锁俄国在波罗的海的出海口，这令俄国人坐立不安。1885年3月14日，海军部向英国政府提议与日本、中国、法国、美国及某些南美中立国家展开秘密合作，一旦爆发英俄战争，便可游说这些国家不向俄国巡洋舰供应煤炭和淡水。与此同时，鉴于国际法未对此类问题做出规范，且有伦敦开创的不良先例（例如在美国南北战争

---

① Тизенгаузен А. Военно-статистический очерк Британской Индии. // ВС. 1887. №2. С. 282；285-286；295-297；302-303.

期间，英国曾向南方提供袭击舰），因此军部专家承认这项任务的艰巨性。①

有趣的是，俄罗斯帝国舰队的领袖严重质疑巡洋舰战争的前景，认为本国的舰队实力绝对无法胜任海上战争，并且在海上获得补给的可能性也微乎其微。在英俄两国发生冲突时，俄政府下令，要求位于境外水域的本国舰船驶入中立国港口。1885年4月，英国开始监视俄国舰船。在海上，每艘俄国战舰都被一两艘英国战舰监视跟踪。在此情况下，俄国海军部开始武装部分商船；加强防御措施，如进行速成训练、武装布雷船、新建沿海炮台（特别是在此时防护薄弱的符拉迪沃斯托克）、在前往重要军港和商港的通道上埋设大量水雷。俄军在喀琅施塔得水域埋伏水雷1230枚、芬兰堡523枚、维堡180枚、德文斯克141枚，在塞瓦斯托波尔、刻赤、敖德萨、新罗西斯克、波季、巴统等地水域均埋伏了水雷，总计2000余枚。②

虽然英属印度总督达弗林伯爵（The Earl of Dufferin）对俄国威胁论持怀疑态度，但是他依旧奉命筹备军队，以便在必要的情况下保卫赫拉特。③ 3月9日至31日，应印度总督之邀，阿富汗埃米尔做客总督府夏季公馆。④ 达弗林伯爵试图说服埃米尔允

---

① Foreign Intelligence Committee, General outline of possible Naval operations against Russia, 14 March 1885, Public Records Office (hereafter PRO), Admiralty 1/8869, pp. 2 - 4.
② Кондратенко Р. В. Морская политика России... С. 188 - 198.
③ A. W. Ward and G. P. Gooch, *The Cambridge History of British Foreign Policy*. Cambridge: Cambridge University Press, 1923, pp. 8 - 189.
④ Терентьев М. А. Ук. соч. СПб. 1906. Т. 3. С. 249.

许英军借道阿富汗。在此，埃米尔偶然得知了关于库什卡战役的消息。①

根据阿卜杜·拉赫曼汗的说法，他之所以与达弗林见面，"是为了向俄国证明我是英国的朋友"②。在会晤过程中，英方决定向阿富汗提供物资援助，并且授予埃米尔荣誉宝剑。拉赫曼神气活现地手持宝剑，声称："我希望能用这把宝剑为英国政府扫除一切敌人。"③ 在库什卡战役后，英国在阿富汗的权威遭到严重动摇，因此这一承诺对英国而言格外重要。④ 为了让阿富汗对英国的实力充满信心，英属印度政府计划向喀布尔支援2000万卢比、2万支步枪、4门重型火炮、2门榴弹炮、1门山地炮及其配套的弹药装备等物资。为应对与俄国即将爆发的战争，英国政府甚至推迟了征服缅甸的计划（1886年征服缅甸）⑤。

截至1885年6月，英国始终在积极筹建一支由16艘战列舰组成的海军舰队。⑥ 然而，此事并未引发英俄冲突，因此英国无法向欧洲盟国寻求帮助。除了英俄问题外，英国还被非洲问题所

---

① Маслов А. Н. Россия в Средней Азии（Исторический очерк наших новейших приобретений）. // Исторический Вестник（далее ИВ）. 1885. Том 20 Вып. 5. С. 419 – 420.
② Автобиография Абдурахман – хана, эмира Афганистана. СПб. 1901. Т. 1. С. 325.
③ Roberts, *Forty One Years in India*, p. 508.
④ Автобиография Абдурахман – хана... СПб. 1901. Т. 1. С. 328.
⑤ Roberts, *Forty One Years in India*, pp. 504 – 506.
⑥ Морское дело за границей. Военные приготовления Англии на случай войны с Россией. // МС. 1885. №6. С. 2.

累。自俾斯麦联盟建立后，虽然对英国占领埃及耿耿于怀的法国被孤立在外，但是英国仍警惕地关注着法国海军力量的增长及与法国的殖民地竞争，特别是在非洲的殖民地竞争。1885年春，法国的行动出人意料。1882年3月，法国对东京（越南北部）采取军事行动。尽管法国的军事行动获得了当地盟军的支持并且占据武装优势，但是最初的行动并不顺利。①

从海上作战到河上作战，法军都有舰队支持——2艘装甲舰、1艘二等巡洋舰以及2艘炮舰。② 这种辅助优势在战争中具有重要意义。无论是清军还是越军，都无法抵挡法军的炮火。1883年8月25日，在对沿海要塞进行封锁和炮击后，安南（越南中南部）的统治者被迫承认法国对安南和东京的保护国地位。③ 和平不会就此降临。法国继续封锁海岸，截断军队和武器运输。④ 此后不久，法越两国爆发新冲突。⑤ 此时，法国舰队实力大增，拥有4艘装甲舰、5艘一等和二等巡洋舰、16艘炮舰及6艘运输舰。⑥ 1883年12月，在东京驻扎的法军从4000人增至15000人（其中包括欧洲部队、非洲步兵、地方警察），同时配

---

① В. Н. Иностранное военное обозрение. Французская экспедиция в Тонкин. // ВС. 1883. №11. С. 173 – 196.
② Морское дело за границей. Французская эскадра в Тонкине. // МС. 1883. №9. С. 6 – 12.
③ Эскадра адмирала Курбе. Записки и воспоминания Мориса Луара, лейтенанта с Triomphante. // МС. 1886. №1. С. 144.
④ Эскадра адмирала Курбе... // МС. 1886. №2. С. 154.
⑤ Эскадра адмирала Курбе... // МС. 1886. №3. С. 101.
⑥ Морское дело за границей. Экспедиции французов в Тонкине и Магадаскаре. // МС. 1883. №11. С. 29.

有88门火炮。在舰队的协助下，法军迅速占领了沿岸地区与河流通航地区。① 1884年5月11日，中法两国在天津签订《中法简明条约》，条约规定：中国承诺从东京撤军；法国不向中国索要军费赔偿，保证中国与越南北部毗邻边界的安全。② 实际上，此时的巴黎已经掌控了东京和安南。

此后，法国从新殖民地撤军5000人，留下近6000名欧洲士兵与当地的辅助部队（约6000人）共同驻守此地。此外，还留下了26艘军用船只、18艘内河炮舰及10艘运输船。在此情况下，经常出现划界问题。法国希望将谅山划入殖民地范围，然而中国认为这是其疆土，因此在那里与法军对抗、拒绝撤军。1884年6月，法军不宣而战，再次展开军事行动。清军以9艘蒸汽式海防帆船（在法国专家的帮助下建造的）、2艘铁炮舰及12艘军用帆船迎战法军的4艘装甲舰、7艘二等巡洋舰、3艘三等巡洋舰及10艘炮舰。虽然清军试图抵抗，但是由于与法方实力差距悬殊而彻底落败。1884年8月23日，中国舰队被摧毁。③

1884年10月，中国人被逐出多数争议领土；11月，法国舰

---

① Недзвецкий В. Иностранное военное обозрение. Французская экспедиция в Тонкин. // ВС. 1884. №7. С. 96 – 118；Морское дело за границей. Экспедиция французов в Тонкин. // МС. 1884. №1. С. 24 – 27；То же. //МС. 1884. №3. С. 21 – 22.

② Морское дело за границей. Экспедиция французов в Тонкин. // МС. 1884. №6. С. 10 – 11.

③ Морское дело за границей. Начало франко - китайской войны. // МС. 1884. №9. С. 21 – 25；Морское дело за границей. Военные действия французов в Китае. // МС. 1884. №10. С. 21 – 48.

队封锁台湾。① 1884年底，两国暂时停止了军事行动。在扩充驻军的同时，法国组建了一支规模庞大的舰队。② 此后，法军登陆台湾。2月15日，法军用撑杆水雷袭击清军海防帆船和护卫舰，致其沉没。③ 在台湾的军事成就弱化了法军对东京的勘察。④ 1885年3月27~28日，清军精锐部队在谅山击败了法军。⑤ 此次战败严重损害了法国的军事声望，并且引发了3月30日的政府危机。⑥

至于德国，与同英国结盟对抗俄国相比，它更倾向于与俄国达成协议。1885年5月4日，普鲁士威廉王子——未来的德皇威廉二世写信告知亚历山大三世：威尔士亲王在访问柏林时透露，英国政府不愿受侵略主义者支配发动战争。他还补充道："站在我的立场上，我由衷地恭喜您。科马罗夫将军大获全胜，这令我们乃至全军上下欢欣鼓舞。我向您保证，我们所有同志都

---

① Морское дело за границей. Военные действия французов в Китае. // МС. 1884. №11. С. 1 – 10；Морское дело за границей. Военные действия французов в Китае. // МС. 1884. №12. С. 1 – 33.

② Морское дело за границей. Военные действия французов в Китае. // МС. 1885. №2. С. 1 – 5.

③ Морское дело за границей. Военные действия французов в Китае. // МС. 1885. №3. С. 3 – 5.

④ Морское дело за границей. Военные действия французов в Китае. // МС. 1885. №4. С. 1 – 6.

⑤ Морское дело за границей. Военные действия французов в Китае. // МС. 1885. №4. С. 33 – 34；Недзвецкий В. Иностранное военное обозрение. Французская экспедиция в Тонкин. // ВС. 1885. №5. С. 86 – 103.

⑥ Тэйлор А. Дж. П. Борьба за господство в Европе 1848 – 1918. М. 1958. С. 316；Манфред А. З. Образование русско‐французского союза. М. 1975. С. 184 – 185.

真心爱戴为您而战的部队。我与俄罗斯军官一样，希望胜利永远伴随陛下左右。但是，很遗憾我无法用自己的鲜血为它而战！"①最后一句话显然是多余的。

伦敦呼吁俾斯麦调解阿富汗问题，但是遭到了俾斯麦的断然拒绝。俾斯麦指出："即使最轻微的干涉……都能使英国摆脱俄国的仇视，而使其转嫁到我们自己身上。"② 这种场景无论如何都是"铁血宰相"不愿见到的。1885 年 5 月 27 日，俾斯麦致信威廉一世，指出："对俄国直接或间接施加哪怕最轻微压力，甚至提出维护和平的友好建议都将招致俄国的仇恨。毫无疑问，俄国如果担心战争期间来自德国或奥地利的威胁，那么就不会与英国开战。在阿富汗问题上的轻微暗示足以使俄国与英国建立友好关系，但是也足以重新激发并且增强俄国本已消除了的对我们的不信任感，进而导致俄国政治的刀锋转向西方。在此基础上，我们应当保持谨慎，避免向彼得堡传递任何信息，哪怕是最微不足道的信息，以免彼得堡认为我们在施压或者陛下在暗示俄国不要破坏和平。"③

同时，俄国也不希望开战。亚历山大三世 5 月 1 日召开会议，决定与英国就阿富汗问题进行对话。④ 1885 年 5 月 12 日，

---

① Письма Вильгельма Прусского к Александру Ⅲ. // КА. М. 1923. Т. 2. С. 127.
② Международные отношения 1870 – 1918. М. 1940. С. 76.
③ Там же. С. 77.
④ Половцов А. А. Дневник государственного секретаря А. А. Половцева. М. 1966. Т. 1. 1883 – 1886. С. 315.

两国就伦敦方面提出的"维护两国尊严"的提议展开讨论。① 事实上，1885年的和平局面很难打破。英国1878年占领塞浦路斯岛，接着在1882年占领埃及。英国的扩张行为加剧了英法、英土关系的恶化，因此伦敦不希望在与俄国爆发战争的情况下开放黑海海峡。君士坦丁堡立即以同意开放黑海海峡要挟英国在埃及问题上做出让步，这让英国无法接受。此外，所有大国——德国、奥匈帝国、意大利和法国都警告奥斯曼土耳其不要开放黑海海峡，因为这是违背其义务的。奥斯曼土耳其也不愿成为英俄两国解决中亚冲突的舞台。②

1885年4月16日，英国海军部在探讨加强黑海海峡的武装防卫问题时得出结论：除非大量派遣陆战队占领海峡，并且使土耳其卷入战争，否则无法与俄国在黑海抗衡。尽管英国未将俄国黑海舰队（2艘装甲舰、4艘轻型巡洋舰、4艘小型轮船、12艘布雷艇、2艘运输舰）和塞瓦斯托波尔、巴统（最可能遭受攻击的重要目标）的加固工程视为危险的障碍，③ 但是它们将地中海中队的侦察范围限制在了达达尼尔海峡之外。至于波罗的海水域，喀琅施塔得、芬兰堡的防御工事是公认的通过直接进攻无法攻克，英国专家高度赞扬俄国自1878年以后在这些要塞所做的工作。据他们推断，只有在炮击或进攻防守薄弱甚至完全没有

---

① Половцов А. А. Ук. соч. М. 1966. Т. 2. 1887–1892. С. 135.
② Тэйлор А. Дж. П. Ук. соч. С. 318.
③ Foreign Intelligence Committee, Passage of and occupation of Dardanelles and Bosphorus waterway in the event of Turkish opposition, 16 April 1885, PRO, Admiralty 1/8869, pp. 1–6.

防御的商港时,如奥布、里加、雷瓦尔(今爱沙尼亚的塔林)、维堡、温道和利巴瓦(今拉脱维亚的文茨皮尔斯和利耶帕亚)等,英国舰队才可能取胜。①

在此局势下,"鲸鱼与大象"之间的冲突,这是欧洲媒体沿用俾斯麦的说法,是不可能爆发的。在此,必须为德国宰相正名,他一直反对"鲸鱼"进入黑海水域。② 战争于俄国无益,因此谈判得以恢复。1885年9月10日,谈判以英俄两国签订《伦敦议定书》告终。根据协议,富有争议的潘迪绿洲划归俄属,通向赫拉特的祖尔法加尔山口划归阿属。③ 1887年7月22日,两国签订《彼得堡议定书》,沿阿姆河进一步划分俄阿边界。④ 彼得堡和伦敦坚信,能够通过和平手段解决此类问题,这对于1895年的最后一次俄阿划界至关重要。通过此次划界,帕米尔的大部分地区划归俄属;作为俄属土库曼和英属印度之间缓冲区的"瓦罕走廊"划归阿属。⑤ 中亚危机再次证明了俄国在远东的弱势地位,因此巩固远东势在必行。

---

① Foreign Intelligence Committee, General outline of possible Naval operations against Russia, 14 March 1885, PRO, Admiralty 1/8869, pp. 4, 13 – 14, 16.
② C. L. Smith, *The Embassy of Sir William White at Constaninople*, *1866 – 1891*. Oxford: Oxford University Press, 1957, p. 12.
③ Мартенс Ф. [Ф.] Собрание трактатов и конвенций, заключенных Россиею с иностранными Державами. СПб. 1898. Т. 12. Трактаты с Англиею 1832 – 1895. С. 447 – 451.
④ Там же. С. 464 – 475.
⑤ Там же. С. 498 – 504.

3 第三阶段：远东的动员——崛起之路

1890年代初，俄国的远东政策明显变得活跃，主要在于1886年底召开的特别会议上通过决议：自1891年起，开始修建连接符拉迪沃斯托克与车里雅宾斯克的西伯利亚铁路（全长7000余俄里）。① 1891年，铁路建设工作如期展开。竣工后的西伯利亚铁路能够极大地巩固中俄交界处的俄方阵地。截至1895年，该地区的武装力量仍旧薄弱，兵力仅约3万人。自1870年代末以后，特别是在库什卡战役后，俄国时刻提防该地区的英国舰队和清朝陆军，尽量避免与它们发生冲突。1878年，英国海军中将杰弗里·霍恩比（Geoffrey Hornby）率领舰队驶入马尔马拉海，俄国开始加固作为滨海边疆区行政中心、主要港口的符拉迪沃斯托克的防御工事。这一过程十分艰难，因为只能依靠水运向此地输送援兵、武器和弹药。在此情况下，俄国远东军事力量的巩固直接取决于与世界海洋霸主英国之间的关系。

远东军事实力薄弱且顾忌与清军发生冲突，因此俄国太平洋舰队始终驻扎日本。早在1861年4月，太平洋舰队试图在对马

---

① Нилус Е. Х. Исторический обзор... Харбин. 1923. Т. 1. 1896–1923. С. 6.

岛建立海上基地（即驻泊点）。5月英国护卫舰发现了该工程，并且立即上报日本政府。日本政府在英国外交代表的支持下提出抗议。鉴于德川幕府倾向闭关自守，同时俄国也不愿破坏与英日两国的关系，因此俄国政府放弃了这一计划。① 1871年，符拉迪沃斯托克成为远东的主要港口，每年冬季的结冰期长达4个月。② 此外，它与陆地相连，虽战时可为巡洋舰提供装备、弹药，却需巡洋舰往返数千海里；必要时，巡洋舰的维修及从运输舰上获得物资补给需另寻僻静岛屿。③ 这座城市淡水资源匮乏，因此尽管农业人口增长缓慢，但也只能勉强维持自给自足。为此，俄国必须从欧洲各州抽调物资，通过海运补给此地。

　　基于上述原因，1875年长崎成为俄国舰队在太平洋上的据点。俄国巡洋舰一年中的大部分时间在长崎度过——从深秋到初夏；在相当长一段时间，符拉迪沃斯托克只是一处可供它们夏季停泊的地方。当然，只有在与日本保持睦邻关系的前提下才能如此。1877年，俄国4艘轻型巡洋舰在长崎受到12艘英国舰船（其中包括1艘装甲舰）的长期严密监视。④ 在霍恩比率领英国舰队驶入马尔马拉海后，俄国驻东京代表处一直在等待发起军事行动的电报，以便在接到命令后巡洋舰队能够立即驶离日本海域

---

① Черевко К. Е. Зарождение русско‐японских отношений. XVII‐XIX века. М. 1999. С. 197.
② Чайковский И. Владивосток или Ольга. // МС. 1880. №12. С. 58.
③ Российский Государственный архив Военно‐морского флота（далее РГА ВМФ）. Ф. 410. Оп. 2. Д. 4183, Л. 3‐29, 153, 155, 169‐180.
④ Rosen, *Forty Years of Diplomacy*, vol. 1, p. 35.

开展抵制英国海上贸易的行动。① 至于依靠舰队兵力保护俄国远东海岸，则无人提及。到了1885年，远东局势未发生任何实质性改变。1885年春，仅有2个旅——东西伯利亚第一旅、第二旅驻守符拉迪沃斯托克，每个旅下设4个营。

此时，英国已经做好了在战争爆发时进攻俄国远东前哨阵地的准备。1885年4月26日，为应对未来与俄国可能爆发的冲突，英国陆战队登陆朝鲜南部岛屿巨文岛（东岛和西岛），意图在此建立基地。② 在太平洋上，与1艘装甲舰都没有的俄国舰队相比，由2艘装甲舰、3艘护卫舰和4艘单桅炮舰组成的英国舰队占据绝对优势。③ 汉密尔顿港（巨文岛内）本应成为英国太平洋舰队的根据地，因为在英国海军部看来，此处不仅是监视俄国远东的绝佳地点，在必要情况下也是突击俄国港口的最佳位置。④ 1887年2月27日，在俄国承诺不侵占朝鲜领土的条件下，应俄国要求，英国陆战队撤离巨文岛。⑤ 1880年代末，中国东北的清军（正规军、满洲骑兵和后备军）兵力多达17.5万人，同期整个远东可对抗清军的俄军兵力不足23800人。⑥

1886年8月，由2艘装甲舰和3艘巡洋舰组成的中国舰队造

---

① Rosen, *Forty Years of Diplomacy*, vol. 1, p. 36.
② Пак Б. Д. Россия и Корея. М. 2004. С. 152.
③ Морское дело за границей. Военные приготовления Англии на случай войны с Россией. // МС. 1885. №5. С. 4 – 5.
④ Foreign Intelligence Committee, General outline of possible Naval operations against Russia, 14 March 1885, PRO, Admiralty 1/8869, pp. 19 – 20.
⑤ Пак Б. Д. Ук. соч. С. 168 – 169.
⑥ Кондратенко Р. В. Манзовская война. С. 132.; Тэйлор А. Дж. П. Ук. соч. С. 318; 624.

访符拉迪沃斯托克。与之相比，由1艘装甲快速帆船、2艘炮艇和3艘快速机帆炮艇组成的俄国舰队实力明显逊色，① 这让清廷信心大增。同月，中国舰队抵达日本，舰员与日本警察发生了冲突。② 1887年秋，中国舰队又新增了2艘英国制造的巡洋舰、2艘德国制造的巡洋舰及1艘德国制造的驱逐舰。③ 彼得堡得出必须加强太平洋舰队实力的结论，因为它的软弱将导致中国和日本"对我们的实力产生误解"。1887年，沙皇政府针对加强远东军队建设的计划展开讨论，然而在财政部的阻挠下计划未能付诸实践。④ 无论是在陆地上还是海洋上，实力差距都不可能迅速消除。

彼得堡担心未来冲突扩大，波及滨海边疆区。1888年5月8日，在远东召开特别会议，指出："我们在这片区域的政治利益主要集中在朝鲜周围，这与朝鲜所处的地理位置息息相关，因此，在阐释我们对待该国的行为方式时，首先应当朝着促进我国政策实施的合理方向发力。"⑤ 会上就朝鲜问题达成一致意见，

---

① Авилов Р. С., Аюшин Н. Б., Калинин В. И. Владивостокская крепость...Владивосток. 2013. Ч. 1. «Назло надменному соседу» 1860 - 1905 гг. С. 56.
② Русско - японская война 1904 - 1905 гг...СПб. 1910. Т. 1. События на Дальнем Востоке, предшествовавшие войне и подготовка к этой войне. С. 280.
③ Морская хроника. Китайская эскадра на Спиттедском рейде. // МС. 1887. №9. С. 45.
④ Русско - японская война 1904 - 1905 гг...СПб. 1910. Т. 1. События на Дальнем Востоке, предшествовавшие войне и подготовка к этой войне. С. 280 - 281.
⑤ Первые шаги русского империализма на Дальнем Востоке（1888 - 1903 гг.）.// КА. 1932. Т. 3（52）. С. 54.

即占领朝鲜无论是对俄国贸易还是与他国的战略关系均毫无益处，占领朝鲜半岛的意图只会使远东的国际形势日趋恶化。因此，在中英结盟的局面下，承认朝鲜的半独立地位对俄国最有利，这样它既不会完全沦为北京的附庸，也不会成为中国的一个省。① 若要达成此目标，必须依靠外交手段。会议简报指出："我们应当努力摆脱中国人在朝鲜问题上对我们不友善的质疑，向他们灌输一个信念，即严格履行《天津条约》就能让我们完全满意。谨记，自信是让亚洲人尊重自己的一种手段。我们不能在中国人面前露出任何破绽，使其认为我们对他们的策略有所顾忌。只要中朝关系不违背上述原则，我们无须过分挑剔中国在朝鲜问题上的态度。"② 在汉城行事也应立足于同样的目标："记住，朝鲜本身是完全无能为力的，我们必须阻止朝鲜政府改变对中国的态度，并且建议朝鲜谨慎地避免一切可能为中国干涉提供借口的行为。"③ 这项政策有一个毋庸置疑的优势，无论是彼得堡还是华盛顿和东京都支持朝鲜维持稳定、保持现状。④

当俄国军方试图扩充在符拉迪沃斯托克要塞的军事机构时，必将面临组织问题。举个简单的例子，1886年5月，从驻扎在俄国欧洲地区的阿尔汉格尔斯克、谢夫斯克、坦波夫和兹韦尼戈罗茨基军团抽调若干连队组成东西伯利亚第五机动营。同年走海路调防符拉迪沃斯托克，却未能驻扎城内。那里既没有营

---

① Там же. С. 55 – 57.
② Там же. С. 59.
③ Там же. С. 60.
④ Там же. С. 61.

房,也没有足够的民宅可供部队驻扎,因此该营的军官和士兵不得不分散在城外的各个村庄过冬。1887年,这支部队进驻符拉迪沃斯托克,开始执行任务。① 1880年代中后期,符拉迪沃斯托克港的船舶维修能力十分有限,并且和过去一样没有破冰船。与此同时,根据1888年1月所进行的试验可知:无论是水雷爆破破冰,还是人工或机械切割破冰,都无法保证舰船及时出海。②

由此可见,远东的俄国舰船依然无法在本国水域过冬。对俄国而言,修建西伯利亚铁路极为必要。若要在远东展开更为积极的活动,没有雄厚的兵力和强悍的舰队是绝不可能的;若要加强远东的军事实力,不建设一条穿越西伯利亚连接滨海边疆区与俄国欧洲地区的可靠交通线路是不现实的。西伯利亚铁路项目预计在12年内完工,耗资约3.5亿卢布。此前,交通部每年的预算约为5600万卢布。在此期间,预算增加60%,其中预留款项平均约为3000万卢布。

事实上,刨除1904~1906年的军费开支,修建西伯利亚铁路耗资约10亿卢布。③ 自1890年开始,黑龙江沿岸地区的武装开支急剧增加。1889年为92250卢布,1890年为481100卢布,1891年为769000卢布,1892年为1177000卢布,1893年为

---

① Бородовский. Переход 5 – го Восточно – Сибирского линейного батальона в новое место квартирования. // Разведчик. 1897. №330. С. 123.
② Кондратенко Р. В. Морская политика России... С. 244.
③ Романов Б. Очерки дипломатической истории русско – японской войны. М. – Л. 1955. С. 19.

1117000 卢布。①

在俄国新建铁路之初，东京已然感受到了正在逼近的危机。1868 年，日本推行明治维新。此后，日本陆军和海军舰队迅速完成现代化转变。这一过程甚至在之前几年就已经开始了。1859 年，荷兰援助日本；而后，法国教官在日本执教；后来，"扶桑国"派遣臣民去美国军事学校求学，并于 1870 年在本国开设陆军学校。1871 年以后，德国教官取代法国教官。② 很快，日本取得辉煌成就。在日本舰队建设方面，荷兰率先采取行动。1855～1858 年，荷兰向日本提供 3 艘小型战舰。此外，荷兰人还分别于 1855 年和 1857 年在长崎、东京建立海军学校，为日本训练未来的军官。③ 很快，英国人取代荷兰人。1873 年 7 月，应日本政府的请求，英国海军代表团——7 名军官、18 名士官和列兵抵达横滨，他们的到来为东京海军学校的建立奠定了基础。④ 训练效果立竿见影。《海事汇编》的评论文章指出："借此可以推断，在英国教官和日本政府的共同努力下，训练取得了丰硕成果。舰队、船队成员的能力将大幅提升，在舰船的操控、保养方面，他

---

① Русско - японская война 1904 - 1905 гг. . . СПб. 1910. Т. 1. События на Дальнем Востоке, предшествовавшие войне и подготовка к этой войне. С. 282.
② Венюков [М. И.]. О современном состоянии сил и средств Японии и Китая по данным 1869 - 1870 годов. // ВС. 1871. №8. С. 229；233；А. К - р. Иностранное военное обозрение. // ВС. 1872. №2. С. 194 - 199；В. Н. Зарубежное военное обозрение. Япония. // ВС. 1879. №2. С. 234 - 240.
③ Чагин. Очерк развития японского флота. // МС. 1898. №7. С. 47.
④ Морская хроника. Морское училище в Японии. // МС. 1874. №6. С. 69 - 70.

们的水平将一日更胜一日。"① 此时，日本舰队已经具备了一定的实战经验。

1860年，日本舰队中有1艘明轮汽船、2艘荷兰制造的护卫舰（装备10门火炮）、1艘英国制造的快速机帆炮艇及若干艘欧式帆船，这些舰船及相关机械均由日本人操纵。② 1867年，在镇压北海道武士起义时，日本陆军和蒸汽机船队获得了一次检验所学知识的机会。③ 1869年，阿伯丁的一位公爵下令建造一艘小型装甲舰，后来它成为日本舰队中第一艘此等级的舰船。④ 截至此时，日本舰队已经收编了11艘战舰和8艘运输舰；各位藩主拥有35艘战舰，其中包括蒸汽机船和装甲舰。⑤ 1870年代中期，日本舰队中有2艘小型装甲舰和5艘蒸汽战舰——护卫舰、炮舰、两桅横帆军舰及皇家巡航艇。⑥

1872年12月28日，日本通过立法规定所有20岁以下的男子必须义务服兵役3年。1875年11月21日，明治天皇颁布诏书，强调该律法必须无一例外地对所有人适用。⑦ 日本依照英国

---

① Там же. С. 76.
② Назимов П. Н. Из воспоминаний о Японии. // МС. 1861. №10. С. 328.
③ Истомин. Краткий очерк токунгавского восстания на острове Иессо. // МС. 1870. №7. С. 97 – 117; Письма лейтенанта Старицкого. // МС. 1870. №8. С. 13 – 14.
④ Венюков М. Иностранное военное обозрение. О вооруженных силах Японии и Китая. // ВС. 1876. №5. С. 85.
⑤ Чагин. Очерк развития японского флота. // МС. 1898. №7. С. 50.
⑥ Венюков М. Иностранное военное обозрение. О вооруженных силах Японии и Китая. // ВС. 1876. №5. С. 85；87.
⑦ Венюков М. Иностранное военное обозрение. О вооруженных силах Японии и Китая. // ВС. 1876. №5. С. 83.

的模式建立舰队；依照德国的模式建立陆军。1884年，一队日本军官出游欧洲列国，德国及其总司令部引起了他们的注意。于是，日本邀请柏林军事院教授梅克尔（Klemens Meckel）上校到陆军大学举办讲座。① 自第一批德国教官出现后，历经30余年，日本陆军已然成为德国陆军的精确翻版，他们崇尚能力、知识和纪律。②

在德国陆军代表团和英国海军代表团的帮助下，日本在军队建设方面取得了长足进步。日本军队下设6个陆军师团和1个精锐师团——80个步兵大队、7个工程大队、20个骑兵中队、40个炮兵中队（配备240门火炮），其中不包括要塞炮兵中队。此外，六大地区的内务部队也可供日本政府调遣。在和平时期，日军兵力为5.7万人；在战时状态下，日军兵力可提升至10.2万人；在调用内务部队和警察的情况下，日军兵力最多可达到19万人。③

1874年5月至12月，日本陆军和舰队在台湾展开军事行动。在相当长一段时间，清政府对台湾的管辖薄弱，岛上的居民曾切割琉球遇难船只，杀害海难幸存者54人。登岛后，日军陆战队实施了一系列报复行动，惩罚当地居民。10月，清政府与日本在北京签订条约，议定清政府赔付日本白银50万两，日本在12月20日前从该岛撤军。④

---

① Иваво Ояма. // Разведчик. 1895. №225. С. 106.
② Гамильтон Я. Записная книжка штабного офицера во время русско-японской войны. СПб. 1907. Т. 2. С. 27-28.
③ Ржевуский Г. Япono-китайская война 1894-1895 гг. СПб. 1896. С. 23-24.
④ Ибис П. Экскурсия на Формозу. // МС. 1876. №1. С. 145; 147.

1877年夏，英国制造的第一批现代装甲舰——扶桑号铁甲舰、比睿号装甲巡洋舰和金刚号装甲巡洋舰抵达日本，① 它们是未来日本现代化舰队的核心。由于它们的编入，日本舰队实力大增，迅速超越俄国太平洋舰队。截至1877年1月13日，俄国太平洋舰队仅有1艘快速机帆炮艇、4艘海上炮舰、3艘纵帆船、2艘旧式运输舰（即将退役）、4艘小型蒸汽机船、4艘汽艇，蒸汽战列舰总计18艘，装甲战列舰0艘。②

1882年，日本通过了一项为期8年、耗资2700万日元的造船计划。根据该计划，到1890年，完成建造32艘排水量为3万吨的舰船。1890年，日本年度军费开支从1000万日元增至1500万日元。③ 1890年，日本的支出预算约为8000万美元，但是由于进口额远超出口额（81728580美元对56603506美元），日本背负了583万美元的外债。这是实现陆军、海军现代化所必须付出的代价。国内借款比外债高出数倍，达2.59亿美元。税收的重担落在了"扶桑国"人口占比最大的农民的肩上。④ 在这种经济政策的刺激下，战争无从避免，和平只能是强制性赔偿的产物。

1890~1891年，俄国皇位继承人尼古拉·亚历山大罗维奇大公环球旅行，日本是旅行结束前的倒数第二站。1890年11月4日，未来的沙皇从加特契纳出发，前往奥匈帝国。俄国舰队在

---

① Rosen, *Forty Years of Diplomacy*, vol. 1, p. 38.
② Мордовин П. Русское военное судостроение в течение последних 25 лет. // МС. 1881. №8. С. 112-113.
③ Романов Б. А. Очерки дипломатической истории... С. 17-18.
④ Черевков В. Из новейшей истории Японии. 1854-1894. // ВЕ. 1894. №12. С. 511-512; 522.

意大利的里雅斯特迎候他的到来。11月9日，舰队前往希腊的比雷埃夫斯，从那里启程前往埃及的苏伊士和印度的孟买。在埃及和印度，尼古拉拜访了当地的统治者和英国当局代表，狩猎，参观名胜古迹。①此后，他陆续访问锡兰、新加坡、爪哇、暹罗、法属印度支那、中国和日本。②皇太子的旅行最终以在符拉迪沃斯托克出席西伯利亚铁路的开工奠基仪式告终。

俄国的亚速夫纪念号、弗拉基米尔·莫诺马赫号装甲巡洋舰和扎波罗热号炮舰与皇太子一同在长崎停留。1866年之后，俄国的舰队一直驻扎于此，海军医务室也搬迁至此（1858～1866年在函馆）。③俄国军官在日本的生活十分惬意，没人能够预料到"大津事件"的发生。1891年5月11日，皇太子从长崎乘人力车到大津城游玩。游玩途中，皇太子被一名日本警察偷袭，头部连中两刀。与尼古拉同行的希腊王子在危急关头用拐杖打伤刺客的手，救下尼古拉，所幸他的伤势并不致命，恐怖分子也立即被周围的群众和人力车夫击倒。④俄国各界对暗杀

---

① Путешествие Его Императорского Высочества Наследника Цесаревича на Восток. // ВС. 1891. №6. С. 114－135；Из писем по пути Его Императорского Высочества Наследника Цесаревича на Восток. // ВС. 1891. №7. С. 9－24.

② Из писем по пути Его Императорского Высочества Наследника Цесаревича на Восток. // ВС. 1891. №7. С. 25－35；То же. // ВС, 1891. №8. С. 135－134.

③ Русский береговой лазарет в Нагасаки для команд плавающих в Тихом океане судов（Извлечение из рапорта командующего отрядом судов в Тихом океане от 26 июля 1886 года）. // МС. 1887. №5. С. 45.

④ David Schimmelpenninck van der Oye, *Toward the Rising Sun*：*Russian Ideologies of Empire and the Path to War with Japan*. DeKalb：Northern Illinois University Press, 2001, pp. 19－20.

的第一反应是震惊。

1891年5月12日,在此次访问期间担任弗拉基米尔·莫诺马赫号巡洋舰司令的杜巴索夫(Дубасов)上校写道:"应当说,我们十分信任日本人,这种信任是毫无节制的,未曾想,在我们的周围潜伏着危险分子,甚至还是警察。我们以这种方式(乘坐人力车——引者)环游日本……在东方,在日本,对于我们俄国人而言资源丰富:我们在这里比在自己家里地位还高,我们能够得到所需的一切,无论是物质上的,还是精神上的……最终,一旦与中国开战,日本应该会成为我们唯一的盟友,它的港口将成为我们的作战基地。"①

自西伯利亚铁路开工后,日本开始谨慎地对待西邻俄国,②然而"大津事件"并未对日俄关系造成重大影响。无论如何,在俄国皇太子访问日本的官方报道中未提及此事。③1891年5月31日(俄历5月19日),未来的沙皇亲临符拉迪沃斯托克,出席西伯利亚铁路开工奠基仪式。④尼古拉将在日本的遭遇看作一名孤独的狂热分子的个人行为,因此他并未改变对日本的态度,依旧对它着迷。⑤至于政治大环境,亚历山大三世下令遗忘此事。1892年秋,沙皇在向新任驻东京公使希特罗沃(М. А.

---

① На фрегате «Владимир Мономах» (1889 - 1891). Из писем адмирала Ф. В. Дубасова к жене. // МС. 1916. №10. С. 10;14.
② Oye, *Toward the Rising Sun*, p. 20.
③ Из писем по пути Его Императорского Высочества Наследника Цесаревича на Восток. // ВС. 1891. №10. С. 193 - 201.
④ Из писем по пути Его Императорского Высочества Наследника Цесаревича на Восток. // ВС. 1891. №9. С. 28.
⑤ Oye, *Toward the Rising Sun*, p. 20.

Хитрово）下达的命令中强调了日本港口作为远东俄国舰船驻泊地的重要性，以及俄日两国不存在"根本的利益冲突"①。然而，无论是彼得堡还是东京，都无法长期坚持立场。

---

① История внешней политики России. Вторая половина XIX века. М. 1997. С. 172.

4　甲午战争：敌友关系的转换

朝鲜在日本的侵略计划中占据特殊地位，东京分别于1875年、1882年、1884年试图入侵朝鲜。通常，这些尝试始于朝鲜抵制外国的起义，终于安抚朝鲜、消除日本侵略理由的清军的介入。① 自1876年2月2日《江华条约》签订以后，每次入侵，东京都试图强迫汉城签署协议，赋予天皇子民在朝鲜半岛行动自由和国籍特权。② 1884年危机以日中两国签署双边协议告终，双方承诺在无相互行文告知的情况下不向朝鲜派兵。事实上，清政府全方位干涉朝鲜的内政外交。1890年初，高额的税收和腐败引起了人们的强烈不满，朝鲜南部的反日势力准备行动。③ 1894年2月21日，驻东京公使希特罗沃向彼得堡报告称，日本人正在为抵制即将发生的暴动做准备。④ 3月10日，驻北京公使卡西尼（Артур Павлович Кассини）也汇报了此事，他认为这场暴动

---

① В-ъ. Общий очерк Кореи. // МС. 1888. №8. С. 10 – 14.
② Черты военного быта на Дальнем Востоке. Из бумаг М. В. Савелова. // РуА. М. 1895. Вып. 3. С. 404 – 405.
③ Oye, *Toward the Rising Sun*, p. 119.
④ Из эпохи японо‐китайской войны 1894 – 95 гг. // КА. М. – Л. 1932. Т. 1 – 2（50 – 51）. С. 4.

具有反日倾向。① 俄国外交官认为，暴动的后果是显而易见的。

卡西尼写道："显然，朝鲜的骚乱和暴动令清政府深感不安，唯恐动乱扩大范围，为第三国干预提供借口。"② 北京自诩拥有"特别干预权"，正准备对朝施加干预。清政府的立场为日本的强硬反击创造了条件。对此，公使声明："我强烈怀疑，在朝鲜拥有重大利益和大量定居侨民的日本能够同意对直接触动自身利益的事件袖手旁观，并且自愿接受清政府所提供的庇护。"③ 1894 年 5 月，朝鲜爆发起义，国王高宗向清政府求助。在朝鲜履行总督职责的清政府重臣李鸿章下令出兵朝鲜，首支入朝的部队仅有 1500 人。④

作为对清政府的回应，东京立即向朝鲜派出等量兵力，并且在朝鲜沿岸集结舰队。6 月底，驻朝鲜半岛的日军人数大幅增加，远超清军。此时起义已被镇压，然而维护秩序的外国军队之间的冲突演变为各方均需正视的现实问题。6 月 22 日，李鸿章建议卡西尼担任关于同时从朝鲜撤兵的北京谈判的调解人。⑤ 彼得堡决定采取行动，但仅限于提出建议，后来希特罗沃试图说服日本接受清政府提议，然而并未成功。他本人认为，实际上，自日本开始动员军队起，事情就已经变得一发不可收拾。⑥ 1894 年

---

① Там же. С. 5.
② Там же. С. 6.
③ Там же.
④ Oye, *Toward the Rising Sun*, p. 119.
⑤ Из эпохи японо‐китайской войны 1894–95 гг. // КА. М. – Л. 1932. Т. 1–2 (50–51). С. 8–9; 16–17.
⑥ Там же. С. 18.

7月7日，俄国驻华公使卡西尼表示："东京方面狡猾而隐秘地告知我关于日本政府对于我方提议的答复。根据答复可知，日本礼貌而坚决地拒绝了我们的提议。"①

朝鲜及其周边地区的局势快速演变，战争一触即发。1894年7月23日，日本人攻占汉城王宫，高宗及其亲眷被日军俘虏。②北京迅速反应，决定增兵朝鲜半岛。海上运兵是达成此目标的最快方法。清政府雇用3艘英国商船，其中2艘——爱仁号和飞鲸号顺利运兵抵达朝鲜，另一艘悬挂着伦敦港旗帜的高升号高速轮船尾随其后。高升号载有1200名士兵、2名将军及其护卫队150人，另有船员75人，其中7人为英国籍。25日清晨，日舰在朝鲜湾口袭击中国舰队，广乙号鱼雷巡洋舰搁浅，济远号防护巡洋舰投降。

在这场战役中，日本不宣而战。面对日舰浪速号的劝降，清军官兵愤然拒绝，日舰遂向高升号开炮，最终在舰长东乡平八郎的指挥下浪速号击沉了开往朝鲜的高升号。清军官兵和欧洲船员尽数落水，日舰仅对欧洲船员展开救援，对清军士兵开枪射杀。后来，英国接受了日本政府的道歉。海战过后，日本向朝鲜南部增兵5000人。③

---

① Там же. С. 29.
② Там же. С. 51.
③ Морская хроника. Военные действия в Корее. // МС. 1894. №11. С. 12 - 15；Действия минами в нынешнюю японско - китайскую войну（Извлечение из сообщения кап. 1 р. Витгефта）. // МС. 1895. №5. С. 14；Кладо Н. Военные действия на море во время японо - китайской войны. // МС. 1896. №3. С. 8；Вильсон Х. Броненосцы в бою 1855 - 1895. М. 2003. С. 459 - 467.

1894年8月1日，日本正式向中国宣战。① 中日战争的爆发让俄国外交部始料未及，甚至没人能够预测东京的陆战目标。②

1894年8月21日，俄国外交大臣主持召开特别会议，陆军大臣万诺夫斯基（П. С. Ванновский）、海军上将奇哈乔夫（Н. М. Чихачев）、财政大臣维特、外交部次官希什金（Н. П. Шишкин）、亚洲司司长卡普尼斯特（Д. А. Капнист）等人参会，共同商议战争问题。会议主席在向参会人员介绍情况时指出，日本拒绝了李鸿章提出的两国以平等地位共同治理朝鲜的提案。此时，彼得堡仍旧不愿干涉中日冲突。在危机的第一阶段，吉尔斯提议与伦敦、巴黎、华盛顿、罗马和柏林进行磋商，明确各国对远东局势的看法，而后接受英国的提议，伙同他国共同侵占朝鲜，然而此时战争已经爆发。参会者一致认定，俄国不应以任何形式干涉中日冲突；对俄国而言，最佳出路是维持战前秩序。亚历山大三世对这些提议表示赞同。③

俄国观察员指出：日本的军事动员能力，铁路、水路的运兵能力均处于理想状态，"这足以令任何一个欧洲大国羡慕不已"。④ 结果快速显现。日本迅速在朝鲜增兵，短时间内通过50

---

① Из эпохи японо – китайской войны 1894 – 95 гг. // КА. М. – Л. 1932. Т. 1 – 2 (50 – 51). С. 54.

② A. D. Kalmykow, *Memoirs of A Russian Diplomat: Outposts of the Empire, 1893 – 1917*. New Haven: Yale University Press, 1971, p. 24.

③ Первые шаги русского империализма на Дальнем Востоке (1888 – 1903 гг.). // КА. 1932. Т. 3 (52). С. 62 – 67.

④ Каширин В. Б. «Русский Мольтке» смотрит на восток. Дальневосточные планы Главного Штаба Российской империи во время японо – китайской войны. // РЯВ. С. 154.

艘运输舰运兵 25000 人。① 在不通铁路的情况下，为了快速加强朝鲜半岛的兵力部署，清政府决定依靠海路优势再次运兵。在中国舰队中，铁甲舰和装甲炮舰共 5 艘，其中所有铁甲舰均在 1881 ~ 1890 年从伏尔铿造船厂采购而来。除此之外，1881 ~ 1891 年，清政府先后收编 9 艘装甲巡洋舰（6 艘为英国建造，3 艘为国产）和 41 艘德国建造的鱼雷艇。② 日本舰队共有 35 艘舰船，大多数产自英法两国，少数为国产，其中 28 艘处于战备状态。③ 此外，日本还有 4 艘建于 1864 ~ 1879 年、配备 9.4 英寸和 6.6 英寸口径火炮的旧式铁甲舰，其中最大者的排水量为 3780 吨，航速为 13.2 节。日本的巡洋舰为新型战舰，排水量为 2450 ~ 4150 吨，航速 17.5 ~ 19 节。另外，日本还有若干艘通信船和 40 艘鱼雷艇。④

1894 年 9 月 15 日，1.65 万名日军击败了 1.5 万名清军，攻占清军的平壤阵地。先前，清军未能把握时机合理利用长达 6 周的喘息期建造防御工事。事实上，在战役打响后，大部分清军几乎立即逃跑，而日军的表现则堪称典范。⑤ 1882 年，明治天皇就军事教育问题颁布诏书，明确了日本模范军官、模范士兵的行为准则：应当忠于祖国、"感恩祖国"，对帝国的其他军人和子民

---

① Кладо Н. Военные действия на море во время японо - китайской войны. // МС. 1896. №3. С. 13.
② Морская хроника. Китайский флот. // МС. 1894. №9. С. 37 - 38.
③ Морская хроника. Японский флот. // МС. 1894. №7. С. 40 - 42.
④ Морская хроника. Японский флот. // МС. 1894. №9. С. 39 - 41
⑤ Каширин В. Б. «Русский Мольтке» смотрит на восток... // РЯВ. М. 2004. С. 155 - 156.

彬彬有礼；纪律严明、诚实可靠，在生活中温和待人；当然，必须勇敢无畏。① 诏书指出："军人应当崇尚勇敢，要记住，这是日本人的天性，每个人都应当勇敢，否则他就不是日本人。"②

1884 年，未来的日本陆军总司令大山岩元帅与一队军官同游欧洲。在所见所闻中，他格外关注德国的军事体系，特别是总参谋部，后来它成为东京模仿的典范。日本的地方军事院校邀请德国军官讲学，③ 军事体系的构建成果和学习效果在战场上显现出来。在纪律和训练方面，日军明显优于清军。日本士兵的受训程度很高，首先在"军旗下"服役 3 年，而后在陆军预备役服役 4 年，然后在地方部队预备役服役 5 年。每年，预备役士兵需接受为期 60 天的集中训练和 1 天的实战检验。④ 日军迅速将清军赶出朝鲜，对抗的重心转移到了界河鸭绿江附近。

清政府调兵鸭绿江，5 艘载有四五千人的运输舰从大连起航，在舰队的掩护下抵达鸭绿江口。1894 年 9 月 17 日，北洋水师的主力舰队（2 艘旧式装甲战列舰、4 艘重型巡洋舰、4 艘轻型巡洋舰、2 艘鱼雷艇）在此遭遇由伊藤中将指挥的日本舰队（主力 4 艘装甲巡洋舰、4 艘轻型巡洋舰）。日军在舰船质量和船员训练方面占据优势，北洋水师水手在快速射击和备战训练方面不如日本海员。清舰火力涣散，攻防布控毫无章法；日舰的火炮

---

① фон Реймерс В. А. Исторический обзор развития японской армии. // ИЖ. 1905. №9-10. С. 960-962.
② Там же. С. 961.
③ Иваво Ояма. // Разведчик. 1895. №225. С. 106.
④ Ржевуский Г. Японо-китайская война... С. 25.

齐射量超清舰的两倍,射速是清舰的5~6倍。若提及弹药质量(中国人用煤炭装弹),日舰的优势令人印象深刻,毕竟弹药的质量直接影响战争的胜负。北洋舰队呈楔形梯队前进,铁甲舰和重型巡洋舰位于舰阵中央,它们遭到日本舰队的集中打击,结果1艘重型巡洋舰被击毁,1艘铁甲舰、3艘重型巡洋舰被击沉。后来日本舰队离开战场,这令清政府有了可能取胜的谈资,但是北洋舰队再也无法与日本舰队在海上抗衡了。① 很快,日本的陆战成果与舰队的胜利相互呼应。10月24日至25日,日军击败驻守鸭绿江的清军,这再次反映出日本对中国的碾压性优势。②

正值甲午战争如火如荼之际,1894年11月2日(俄历10月20日),亚历山大三世去世,俄国末代沙皇尼古拉二世继位。1895年1月26日,长期主持外交部工作的吉尔斯因病去世。③ 他去世后,洛巴诺夫-罗斯托夫斯基(А. Б. Лобанов - Ростовский)出任外交大臣。随着领导层的变动,俄国外交政策的侧重点也发生了改变,年轻的沙皇支持建立海军且在远东采取更为积极的行动。面对东京在远东问题上日益强硬的立场,尼古拉二世决意展现自己的实力和斗志。

1月29日,尼古拉二世在恭贺自己新婚的贵族、地主、市

---

① Стеценко В. Старое и новое. Сражение при Хайянге. // МС. 1895. №2. С. 2 - 9; Небольсин А. Морская война Японии с Китаем. // МС. 1895. №9. С. 1 - 14; Вильсон Х. Ук. соч. С. 495;504.
② Каширин В. Б. «Русский Мольтке» смотрит на восток... // РЯВ. С. 156 - 157.
③ Некролог Н. К. Гирс. // Правительственный вестник. 17 (29) января 1895 г. №13. С. 2.

民和哥萨克部队代表团面前发表讲话，表明了此意。① 继俄国实施内政改革后，其外交政策也做出一系列调整，它们的成功给沙皇的初步行动带来了完全不同的影响。此时，君主立宪制计划与1905年革命几乎同时萌芽。1895年2月1日，在彼得堡再次召开远东问题特别会议，此次会议由海军上将阿列克谢·亚历山德罗维奇大公主持。在探讨可能发生的军事行动时，参会者指出：为保护俄国利益，必须做好干预中日战争的准备。②

临时主管外交工作的希什金呼吁俄国按兵不动："在一定程度上，渤海湾属于俄国的势力范围，或许日本在渤海湾沿岸的旅顺港和威海卫所发表的声明在一定程度上影响了我们的利益。但是，如果日本将朝鲜据为己有，我们的利益必将受到侵犯。鉴于日本政府向我们保证它不打算破坏朝鲜的独立性，因此，此时担心此事仍为时过早。"③ 此时，彼得堡几乎对日本的目标和英国可能持有的立场一无所知，因此，会议建议采取行动，联合欧洲各国维持现有秩序；若此计划失败，则再次探讨可能发生的军事行动，但是仅限于以下事宜，如"扩大我们在太平洋水域的舰队规模，使我们在这些水域的海军实力尽可能地强于日本"④。

俄国太平洋舰队拥有8艘巡洋舰（分两个级别）、5艘炮舰和4艘鱼雷艇。这些战舰分散停泊在不同的据点，并且俄国未在

---

① Дневники Николая II. 1894 – 1918. М. 2011. Том 1. 1894 – 1904. С. 182.
② Первые шаги русского империализма на Дальнем Востоке（1888 – 1903 гг.）. // КА. М. 1932. Т. 3（52）. С. 67 – 74.
③ Там же. С. 69.
④ Там же. С. 73.

这些水域布置装甲舰,因此俄国在这些水域处于弱势地位。1895年2月5日,以尼古拉一世级战列舰为首的地中海舰队接到了向远东行进的命令。4月18日,海军少将马卡罗夫率领该舰队与太平洋舰队会合,① 他对这片水域了如指掌,舰队的战时作战计划正是由他在1891年制订的。事实上,当时俄国可能与英国爆发战争,人们普遍认为巡洋舰足以应战。②

1895年3月5日,俄国海军部向太平洋舰队下达指示(3月23日收到该指示):"之所以要强化太平洋舰队,是为了维护我们与参战国谈条件的权威。很难预测,捍卫我们在东方的利益将把我们引向何方。无论何时,战舰都应储备充足的物资,做好应对各类事件的准备。请阁下瞄准朝鲜或中国的某港口,使其成为舰队的集结地。此前,不要给其他国家提供借口抢占您所中意的港口,因此您的意向必须对下属严格保密。"③

此时,日本完全掌握军事行动先机。在黄海遭遇惨败的北洋舰队躲入旅顺港,不再对日本运兵大陆构成威胁。④ 1880年代初,德国教官选择旅顺港作为中国海军基地;1890年代初,中国大力兴建旅顺港周边海岸线的防御工事,因此旅顺港被视为一座无法从海上攻破的港口。旅顺港的陆路防御较为薄弱,⑤ 守兵

---

① С. О. Макаров. Документы. М. 1960. Т. 2. С. 161;фон Врангель В. Отрывки из биографии С. О. Макарова. // МС. 1913. №1. С. 31 – 34.
② С. О. Макаров. Документы. М. 1960. Т. 2. С. 35 – 36.
③ Там же. С. 170.
④ Ржевуский Г. Японо‐китайская война... С. 25.
⑤ Котвич В. [Л.], Бородовский Л. Ляо‐дун и его порты:Порт‐Артур и Да‐Лянь‐Вань. СПб. 1898. С. 1 – 2.

训练不利，武器规格十分混乱，老式、新式良莠不齐，步兵持有7个不同系列的步枪。①

北洋水师的残存舰队无力干扰日舰，撤回威海卫，在战争结束前一直躲藏在那里。② 11月3~4日，日本陆战队登陆辽东半岛；5日，占领关东门户金州城和通往金州城的狭长地带，③ 在突击中损失17人。④ 次日，距离旅顺港20英里的小城大连失守。随着战争的爆发，清政府积极强化舰队基地的陆路防御，但是已经无法全面兼顾了。⑤ 专家评价大连湾是包围旅顺港的"理想的登陆地点兼作战基地"⑥。21日，在经过5个小时的突击后，日军占领了旅顺港。⑦ 日本仅损失400人，中国损失4000人。据传闻，差异如此之大是因为占领这座城市的士兵发现了被肢解的日军尸体，因此他们展开屠杀。三天里，日军烧杀抢掠，妇孺老幼皆不放过。⑧

旅顺港沦陷后，日本司令部筹划远征山东。为此，日本需要时间。日本的商船舰队拥有179艘汽轮机船和260艘帆船，总排水量分别为88838吨和159085吨。东京既无法同时满足本

---

① Морская хроника. Китайско - японская война. // МС. 1894. №12. С. 4.
② Вильсон Х. Ук. соч. С. 522.
③ Морская хроника. Военные действия в Корее. // МС. 1894. №11. С. 4.
④ Кладо Н. Военные действия на море во время японо - китайской войны. // МС. 1896. №10. С. 3.
⑤ Морская хроника. Военные действия в Корее. // МС. 1894. №11. С. 4.
⑥ Морская хроника. Китайско - японская война. // МС. 1894. №12. С. 2.
⑦ Геф. Порт - Артур. // Разведчик. 1898. №392. С. 352.
⑧ Котвич В. ［Л.］, Бородовский Л. Ляо - дун и его порты. . . С. 5 -6.

土和作战部队的需求，也无法组织大规模的登陆行动。① 1895年1月10日，25000名军人乘坐50艘运输舰从广岛启程，陆战队的运输未经战舰掩护，因为对日本而言，中国舰队不足为惧。14日，陆战队逼近关东，运输舰从那里取道山东。1895年1月20~22日，日本陆军登陆胶东半岛；② 2月2日，日军对威海卫发动进攻；12日，日军经过数日猛攻占领了这座要塞，中国的残余舰队不复存在。2艘铁甲舰、2艘巡洋舰和12艘鱼雷艇被日军击沉；10艘大型舰船——1艘铁甲舰、1艘装甲巡洋舰、1艘巡洋舰、1艘鱼雷巡洋舰及6艘炮舰，连同大量小型舰船被日军收缴。丁汝昌及其同僚自杀殉国。日本仅损失了1艘鱼雷艇。③

这些胜利不是天皇的陆军和海军所取得的全部成绩。日军不仅占领了中国东北南部的大部分地区，还占领了澎湖列岛和台湾岛。清政府迅速衰败，但资源尚存。为了进行这场战争，日本动员了6个师团。截至1895年初，日本向大陆派遣了其中的5个师团，总计75000人。④ 1886年，日本总人口约为3900万（其

---

① Морская хроника. Торговый флот. // МС. 1894. №3. С. 66.
② Высадка японцев для атаки порта Вей‐Хай‐Вей. // Разведчик. 1895. №238. С. 421–422; Кладо Н. Военные действия на море во время японо‐китайской войны. // МС. 1896. №10. С. 7.
③ Морская хроника. Китайско‐японская война. // МС. 1895. №2. С. 2–6; Морская хроника. Китайско‐японская война. // МС. 1895. №3. С. 4–6; Вильсон Х. Ук. соч. С. 523–529; Кладо Н. Военные действия на море во время японо‐китайской войны. // МС. 1896. №10. С. 19.
④ Ржевуский Г. Японо‐китайская война... С. 23–24; 27; Като С. Господство в водах Тихого океана. // МС. 1910. №5. С. 79.

中城市人口约为 350 万);① 9 年后，人口增至 41122899 人，其中达到兵役年龄且符合兵役条件的青年人数为：1893 年 248429 人，1894 年 248424 人，1895 年 241913 人，1896 年 286637 人。②

与敌国日本不同，实际上，中国没有训练有素的后备力量。在此情况下，北京被迫承认战败，在下关与日本展开谈判。3 月 19 日，以李鸿章为首的中国使团乘德国轮船抵达下关，谈判未取得实质性成果。23 日，日本陆战队登陆澎湖列岛，月底占领澎湖列岛。24 日，日本民族主义者小山六之助暗杀李鸿章。此后，明治天皇同意休战。③ 日中两国再次恢复谈判。4 月 3 日，在谈判结束前，俄国驻华公使卡西尼已将日本对中国提出的赔款要求告知彼得堡。④

4 月 6 日，外交大臣洛巴诺夫－罗斯托夫斯基大公递交谏书，指出：日本的这些要求，特别是针对本应宣告独立的朝鲜的要求，对俄国而言极为不利。洛巴诺夫认为，日本吞并旅顺港的计划侵犯了俄国的利益。另一方面，此前俄国希望欧洲各国联手维持现状，显然这一愿望也落空了。英国拒绝举行抵制日本的游

---

① Черевков В. Из новейшей истории Японии. 1854－1894. // ВЕ. 1894. №12. С. 513.

② Япония. Численный состав армии в 1911 году. // Сборник Главного Управления Генерального штаба（далее Сборник ГУГШ）. 1913. Вып. 49. С. 7.

③ Морская хроника. Китайско－японская война. // МС. 1895. №4. С. 2－4.；Иностранное обозрение. // ВЕ. 1895. №5. С. 415.

④ История внешней политики России. Конец XIX－начало XX века（От русско－французского союза до Октябрьской революции）. М. 1997. С. 135.

行示威；法国是否认同俄国的计划、是否愿意采取行动仍不可知；德国在远东问题上的立场尚不明朗。① 当日，外交大臣向尼古拉二世阐述了俄国的备选行动方案。他断言："我们在亚洲最主要且最危险的对手显然是英国。毫无疑问，它对我们在远东向前迈出的每一步都心怀嫉妒、充满敌意。一旦我们在亚洲遇到任何困难，英国的朋友总是落井下石。每当与俄国发生冲突，英国习惯向清政府施加高压以达成目的。与之相反，作为海洋强国的日本早晚都将与英国成为竞争对手，在本国的水域中至少如此。"②

基于洛巴诺夫的提议，俄国制订了两项计划：第一，占领太平洋上的不冻港。此事极为必要，1894年，在甲午战争开始前，日本政府颁布新令，限制外国舰船在其港口停泊，同一国家在日本港口同时至多只允许停泊2艘舰船。在下关和谈后，新令生效，然而自身不断增长的军事实力不允许日本长期维持现状。第二，占领中国东北北部地区，支援西伯利亚铁路建设。对于这些计划，清政府必然不愿配合，因此，外交大臣建议与日本达成协议。洛巴诺夫在报告结尾处写道："我们当然可以与其他大国联手，特别是同样担心日本因这场战争而实力大增的英国。但是与此同时，我们必须千方百计地避免受到日本敌对国的影响，以免日后破坏我们与日本政府的良好关系。"③

---

① Первые шаги русского империализма на Дальнем Востоке（1888 - 1903 гг.）.// КА. 1932. Т. 3（52）. С. 74 - 75.
② Там же. С. 76.
③ Там же.

在这份文件提交5天后，即1895年4月11日，阿列克谢·亚历山德罗维奇大公主持召开大臣会议，会上通过决议，决定继续执行与弱邻中国交好的政策。显然，此时德、法两国支持俄国维持现状的做法。① 坚决支持向日本下达最后通牒、要求日军撤离中国东北的维特出席了此次会议。维特后来回忆称："那时，我就得出一个结论，并且这是我一贯坚持的立场。对俄国而言，如果中国这个邻居强大而死板，则最为有利。这是东方安定的关键，也是俄国未来幸福的保障。因此，我很清楚不能让日本渗透到北京周围，并且占领辽东重地。从某种意义上说，谁占领辽东半岛，谁就占据主导地位。因此，我提出这样一个问题，即为何必须阻止日中两国达成上述协议。"②

维特在会上指出："如果我们现在允许日本进驻中国东北，那么，为了保护我们的领地和西伯利亚铁路，需要动用成千上万的军人，同时大幅扩充我们的舰队，因为我们迟早会与日本发生冲突，这是不可避免的。于是，存在这样一个问题：在侵华问题上，先与日本和解，而后在西伯利亚铁路竣工后自食苦果，还是现在下定决心积极干预日本侵华？哪种方案对我们最有利？……对我们而言，最为有利的做法是在力图不变更我们在黑龙江及其他占领区边界的情况下，尽量不同时与中国和日本对立，礼貌而不失分寸地对待欧洲各国，积极运作。同时，严正声明我们不允许日本占领中国东北南部，如果我们的要求得不到满足，我们不

---

① Там же. С. 78–79.
② Витте С. Ю. Ук. соч. М. 1994. Т. 2. С. 43.

得不采取相应措施。当日本和欧洲各国确信，我们确实已经做好准备，在不得已的情况下，我们将果断行动，那么极有可能不爆发战争。如果事情超出预期，日本不理会我们的外交主张，那么我们则命令舰队驶离驻泊地，袭击日本舰队，炮击日本港口。在此情况下，我们是中国的救世主，中国将感恩我们的援助，然后同意以和平的方式重划边界。"①

对于俄国新的政治方针，只有军方包括海军上将阿列克谢·亚历山德罗维奇大公、陆军大臣万诺夫斯基将军和总参谋长奥布鲁切夫（Обручев）将军持反对意见。② 在甲午战争之初，对于俄国干预这场冲突将引发的后果，奥布鲁切夫将军曾清楚地表达过自己的看法："我们可以示威抗议，但是不能做出任何严肃、强硬的举动。若因（英国可能对每一步都施加干预的）示威而导致我们与距离俄国军队中心一万英里的国家开战，那实在是太过冒险且损失惨重。假设我方的计划暂时取得成功，那么我们将与日本结仇，给自己再树强敌，日本将彻底成为英国对抗我们的武器。俄国在欧洲和中亚已经树敌颇多，因此不要在远东另立强敌。与日本的4000万人口、强大的舰队、组织完善的军队和发达的文化相比，我们在整个东西伯利亚的人口简直微不足道，那里的工厂甚至都没有实现工业化。对于日本而言，一切都是触手可及的，它距离我们在太平洋上的领地仅一步之遥；而我们所拥有的一切几乎在世界的另一端。若与日本为敌，反俄同盟的阵营

---

① Первые шаги русского империализма на Дальнем Востоке（1888 – 1903 гг.）. // КА. 1932. Т. 3（52）. С. 80 – 81.
② Там же. С. 79 – 80；82.

将进一步扩大,因此,在确保俄国西部和高加索(军队集结速度减缓)的战略安全前,在远东问题上任何复杂化的政治关系都将使俄国立于危墙之下。由此得出结论:面对当前局势,我们不应与日本产生争端,而应与日本尽量达成符合我们利益诉求的协议。在向日本提出撤离中国东北的友好建议后,如遭拒绝,我们应当就赔偿问题展开谈判,而非以战争为威胁奉行大公无私的政策。无论如何,我们都不应逼迫日本倒向英国。"①

总参谋长始终坚持己见,反对俄国在该地区积极行动、"开疆扩土",因此他与年轻沙皇意见相左。② 1895 年 2 月 1 日,在远东政策问题特别会议上,他对以欧洲大国的集体行动为导向的英俄联手施压日本的主张持反对意见(此前特别会议已通过该提案)。③ 奥布鲁切夫坚信自己的判断,并且发表了一系列补充意见:第一,反对吞并"任何朝鲜岛屿",实际上是反对变更阿穆尔州边界;第二,反对派遣波罗的海舰队远征太平洋。④

奥布鲁切夫 1895 年 4 月 11 日在特别会议上发表的观点确有先见之明:"在任何情况下都不参与战争,对我们而言,这至关重要。应当清醒地认识到,我们面对的是一个拥有 4000 万人口、工业高度发达且在万里之外的文明国度。一旦开战,对日本而言,所有的军事装备都近在咫尺,而我们却不得不向人口不足

---

① Каширин В. Б. «Русский Мольтке» смотрит на восток... // РЯВ. С. 179.
② Первые шаги русского империализма на Дальнем Востоке (1888 – 1903 гг.). // КА. М. 1932. Т. 3 (52). С. 69.
③ Там же. С. 73.
④ Там же. С. 72 – 73.

150万的落后地区从远方调运每一杆枪支、每一颗子弹。距离军事行动现场最近的部队抵达战场需3个月，从伊尔库茨克和鄂木斯克出发需5个月。侍从将军奥布鲁切夫坚决主张通过外交途径解决问题；现在卷入战争也许是被欧洲大国拖入战争，对我们百害而无一利，因为我们既无法保证西部的安全，也无法保证高加索的安全……我们可以与日本达成一致意见，进而获得我们所需的一切；而中国对我们而言不足为虑。通过与日本达成协议，我们可以占领北满。"①

会上，维特的观点占了上风。他指出："我认为，必须向日本下达最后通牒，我们无法容忍日本破坏中国的完整性和不可侵犯性原则，因此我们无法赞同日中两国所达成的条约。当然，中国作为战败国被迫签订。日本作为战胜国，应当允许它在某种程度上向中国索要大笔赔款以补偿各项开销。如果日本不赞成此方案，那么除了采取积极行动外，我们别无他法。现在商讨如何采取积极行动为时过早，但是我相信，到时候我们可以炮击日本的某些港口。"② 显然，俄国未能坚守不干涉他国政治的方针。会上达成了力求恢复战前秩序的决议，决定对东京"先礼后兵"——先提建议，后提要求。③ 后者的基础是俄、法、德结盟。

1895年4月16日（俄历4月4日），尼古拉二世在日记中记载了远东政策会议的结果："会议决定：坚决要求日本人撤离

---

① Там же. С. 82.
② Витте С. Ю. Ук. соч. М. 1994. Т. 2. С. 44.
③ Первые шаги русского империализма на Дальнем Востоке（1888 - 1903 гг.）. // КА. 1932. Т. 3（52）. С. 83.

满洲南部和旅顺港。如果他们不听取建议,那么只能诉诸武力。愿上帝保佑,千万不要卷入战争啊!"① 拉姆兹多夫在日记中记载了尼古拉二世本人对此问题的态度:"总体上,沙皇同情中国,怀疑日本。"② 1895年4月17日,在特别会议召开六天后,日中代表在下关签署《马关条约》:中国需承认朝鲜独立,这为日本在朝鲜的扩张铺平了道路;将辽宁南部——从鸭绿江起至营口诸地,即辽东半岛让与日本,此外中国需割让台湾岛和澎湖列岛;在七年内将库平银两亿两(按照当时汇率折合约3亿卢布)交与日本,用于赔偿军费;日本臣民有权在中国城市、通商口岸从事各类活动;为确保中国履行赔款条约,日军暂时占领威海卫,日本守备部队(根据条约其人数限制为一个旅团)所需开销的1/4由中国承担。③

在《马关条约》签署当日,德皇威廉二世向尼古拉二世保证将对俄国的行动予以支持。次日,他将自己的另一个决定告知沙皇:"统领中国水域德国巡洋舰的海军上将已接到率德国舰队向中国北方港口进发并且尝试与俄国海军上将建立联系的指令。如您不弃,请指示贵方海军上将告知我方驻地方位,并且提前向我透漏您未来的行动计划,以便我能够向我方海军上将下达相应指令。若如此,我必感激万分。"当日,沙皇答复道:"我将向我方海军上将下达与德联系的指令,但是我强烈希望,我们的武

---

① Дневники Николая II. 1894 – 1918. М. 2011. Том 1. 1894 – 1904. С. 195.
② Ламздорф В. Н. Дневник 1891 – 1892. М – Л. 1934. С. 157.
③ Сборник договоров и дипломатических документов по делам Дальнего Востока 1895 – 1905. СПб. 1906. С. 1 – 13.

装干涉能以和平方式告终。"① 以德皇为代表的德国积极推动俄国介入远东局势。4月26日,威廉二世在写给表兄弟的信中指出:"在我的权力范围内,我将竭尽所能地维护欧洲和平,保卫俄国后方,确保无人干涉您在远东的行动。毫无疑问,续写亚洲大陆文明篇章,保卫欧洲、抵制黄种人入侵是俄国未来的伟大使命。对此,我将永远尽我所能向您提供帮助。"② 尽管如此,尼古拉二世依旧不愿在太平洋上引发军事冲突。

俄国远东发展水平落后。俄国政府甚至无法确保邮路畅通,向通古斯送信甚至需要依靠犬只。1857年,外贝加尔移民迁居黑龙江沿岸,沿江建立了15个村庄。1857年,除西伯利亚十四机动营及其附属炮连的1100名军官和士兵外,此地仅有居民1950人。他们散居各处,最远相距1137英里。③ 同年夏天,在黑龙江和乌苏里江沿岸新建35个村庄。④ 目击者称,哥萨克不愿前往新领地,此次搬迁令他们深感绝望,并且伴随着"恸哭"⑤。1858年,依据《瑷珲条约》,俄国开始组建阿穆尔哥萨克部队。⑥ 1858~1860年,此地出现近100个居民点——村庄、

---

① Переписка Вильгельма II с Николаем II. М. 1923. С. 6 – 7.
② Там же. С. 8.
③ Бартоломей. Описание Амурского края. // ВС. 1860. No. 8. С. 342. ; Венюков М. И. Воспоминания о заселении Амура, 1857 – 1858 гг. // РС. 1879. Том 24. Вып. 2. С. 282.
④ Венюков М. И. Воспоминания о заселении Амура, 1857 – 1858 гг. // РС. 1879. Том 24. Вып. 2. С. 296.
⑤ Тихменев Н. М. «Манзовская война» (Первое вооруженное столкновение русских с китайцами в Южно - Уссурийском крае в 1868 году). // ВС. 1908. №2. С. 27.
⑥ Бартоломей. Ук. соч. // ВС. 1860. No. 9. С. 138.

军事哨所，如同黑龙江畔尼古拉耶夫斯克、符拉迪沃斯托克、布拉戈维申斯克，日后它们将发展成城市。1860年代初，在黑龙江畔居住着近15000人。① 这为俄国按照新边界巩固领地，进而侵占领土、安排居民落户创造了机会。

1861年，俄国政府确立了一系列移民优待措施，如每户移民家庭可获得100俄亩的土地，永久免除人头税，免除20年的土地税，免除10年兵役（这些措施实行至1901年，此后土地税免除年限下调至15年，并且所有优待措施有效期仅为3年）。②移民过程漫长且代价高昂，并且时常发生意外。途中除丢失牲畜、财产外，移民还时常散居在没有道路、无法从事生产的荒芜沼泽地。1868年，在分布于400英里范围内的乌苏里营的5920名农奴中，仅有1527名男性；788个家庭中仅有1/7的家庭能够确保全年自给自足，而其余家庭只能依靠7~8个月的粮食补贴度日。哥萨克被迫给中国人做工，有的甚至鬻儿卖女换取口粮。③ 1860年代，在乌苏里江地区分布着4万中国人，其中常住居民约1.5万人，其余或为采参人，或为淘金者，或为强盗匪徒。中国居民自认为是清帝子民，服从天朝官员命令，坚信俄国只是暂时占领此地，日后将会还地于清，因此他们按时向清政府纳税。④

---

① История внешней политики России. Вторая половина XIX века. М. 1997. С. 140.
② Тиреер. Приморская область и ее природные богатства. // ВС. 1908. №7. С. 172 – 173.
③ Тихменев Н. М. «Манзовская война»... // ВС. 1908. №2. С. 28 – 30.
④ Тихменев Н. М. «Манзовская война»... // ВС. 1908. №3. С. 43；47.

在此情况下，边境必然无法长治久安。1867 年，不愿承认距离符拉迪沃斯托克 50 海里的阿斯科尔德岛为俄国属地的中国武装遗民遭到驱逐。此事流传甚广，自 1867 年底，乌苏里江地区的中国遗民不再躲藏，开始筹备械斗。随着局势不断升温，中国人拒绝服从俄国政权、法律法规，并且公开要求向中国交割领土。1867 年 12 月，中国遗民向纳霍德卡哨所发起进攻，俄国守军艰难退敌。1868 年春，阿斯科尔德岛上的冲突进入白热化阶段，中国人开枪射杀俄国登岛部队。由此引发了小型战争。"红胡子"——强盗土匪——开始屠杀边境村庄的俄国民众。局势极为紧张，局部冲突立即演变为俄中两国在乌苏里江南部的对抗。① 只有采取果断行动解除中国遗民武装，击溃"红胡子"部队，逮捕村社领导人才能以儆效尤，恢复秩序。②

新领地的局势逐渐转变。1870 年代初，整个滨海边疆区人口仅为 21500 人，其中 11000 人为俄籍，3500 人为朝鲜籍（主要聚居在波西耶特地区），3000 人为大清国籍，其余 4000 人为原居民——吉利雅克人和鄂罗奇人。黑龙江和乌苏里江沿岸人口约为 44000 人，其中不包括 2000 名士兵，此地俄籍居民人数比其他国家多一倍（其中包括满人在内的中国人约 10000 人）。俄国远东只有外贝加尔相对发达，在远东的 51 万人口（其中蒙古人

---

① В Южно‑Уссурийском крае и на Дальнем Востоке. Воспоминания доктора В. С. Плаксина. 1868 г. // РС. 1891. Том 71. Вып. 9. С. 595 – 606; Тихменев Н. М. «Манзовская война»... // ВС. 1908. №3. С. 19 – 24; То же. // ВС. 1908. №5. С. 46 – 47; То же. // ВС. 1908. №6. С. 54 – 55.
② Тихменев Н. М. «Манзовская война»... // ВС. 1908. №7. С. 42.

21万，布里亚特人12万）中有26万居住于此。俄国的殖民进程逐渐加速。例如1883~1886年，4710人迁入乌苏里江南部地区，国库支出100万卢布。自1887年起，敖德萨-符拉迪沃斯托克沿线的志愿舰队参与移民组织工作。截至1891年，志愿舰队的可支配舰船达10艘，总排水量为25279登记吨。移民虽需自行承担路费，但在抵达目的地后可以获得一笔为期30年、额度为600卢布的贷款。截至1892年，俄国政府又以此方式向乌苏里江南部地区输送6063人。

1892年，俄国阿穆尔州和滨海边疆区常住人口达到182602人（军人除外），其中包括39722名城市居民，50916名农民，26261名哥萨克，14623名"异族人"（即当地的少数民族），33000名依据1858年签署的《瑷珲条约》获得永久居住权的中国人，14684名朝鲜人，447名日本人，117名"其他国籍的外国人"及2832名流放犯。与人口总数高达1300万人的中国东北相比，这片土地堪称人烟稀少。在计算这片土地的人口时，可将萨哈林岛的人口截至1892年的20086人计入其中。1890年代，萨哈林岛南部居民以阿依努人（约3000人）为主，北部以吉利雅克人为主。日本商人、渔民偶尔登陆该岛。1870年代初，此地居住着13000人，其中3000名俄国人，3500名日本人，100名中国人，其余均为当地原住民。岛上的俄国人大多为军人，隶属于一支配备2门山地炮的步兵营。

后来，情况逐渐发生转变。自1869年该岛成为流放地之后，岛上27.4%的居民为流放犯。他们主要从事煤炭开采工作，这满足了太平洋舰队的需求。除人口因素外，阻碍岛屿开发的另一个因素在于俄国无法保障领地的粮食供应。陆军部力求通过高价采购谷物支持该地农业，因此，1884年在乌苏里江南部地区购买粮食5万普特，1891年购买90万普特。尽管粮食采购增幅如此之大，然而1892年远东依旧面临粮食短缺问题，粮食短缺量为87.7万普特。通过符拉迪沃斯托克和尼古拉耶夫斯克的粮食进口填补了25万普特的粮食缺口，而剩余62.7万普特则依靠中国人从中国东北运入。①

例如，1894年，乌苏里江地区从中国东北进口了价值837056卢布的商品，其中牲畜进口额为496235卢布，占进口总额的近60%。同年，中国还向该地出口各类农产品，出口额如下：食用油48201卢布；面粉47790卢布；小麦、春麦、大麦、

---

① Венюков [М. И.] Материалы для военного обозрения русских границ в Азии. Первый участок: Остров Сахалин. // ВС. 1872. №3. С. 25 - 26; Венюков [М. И.] Материалы для военного обозрения русских границ в Азии. Второй участок: Приморский край. // ВС. 1872. №4. С. 239; Венюков [М. И.] Материалы для военного обозрения русских границ в Азии. Третий участок: Амур и Уссури. // ВС. 1872. №6. С. 283 - 285; Венюков [М. И.] Материалы для военного обозрения русских границ в Азии. Четвертый участок: Маньчжурия. // ВС. 1872. №7. С. 22; Венюков [М. И.] Материалы для военного обозрения русских границ в Азии. Пятый участок: Забайкалье и Халка. // ВС. 1872. №8. С. 221; Вебель. Ф. Заметка о Приамурском крае. // ВС. 1894. №3. С. 161 - 164; 178; 180; Болховтинов Л. Желтый вопрос на русском Дальнем Востоке. // ВС. 1910. №3. С. 182 - 183; Бутковский Я. Сахалин и его значение. // МС. 1874. №4. С. 132; Дмитриев Н., Колпычев В. Иностранные судостроительные заводы, в связи с вопросом о переустройстве заводов Морского ведомства в С. - Петербурге. // МС. 1909. С. 137; Ищенко М. М. Формирование русского населения Сахалина (конец XIX - начало XX вв.). // Краеведческий бюллетень (Южно - Сахалинск). 1993. №1. С. 48; 51; 77.

粟米、大米、黍米和燕麦44136卢布；豆子40828卢布；烟草33207卢布。① 事实上，中国商人手几乎把持了所有贸易，中国的贸易出口额远高于俄国。1894年，乌苏里江地区出口价值361948卢布的商品，其中俄国制造和外国制造的纺织品的出口额为140230卢布（占出口总额的近40%）；中国制造的商品123557卢布（占出口总额的34%）。② 与此同时，中国劳工大量输出，建堡垒、铺铁路、架桥梁、播种、收割，他们无处不在。③ 跨越边境从中国涌入的不仅有工人、农民、工匠、商人，还有"红胡子"。直至1890年代，"红胡子"仍是乌苏里南部地区的祸患。④

在没有铁路的情况下，在远东即使聚集小型部队并为之提供补给也只能依靠河流运输。但是，当时远东的水运尚不发达。在黑龙江上，可动员的船舶包括46艘私人蒸汽机船，载重量从4.8吨至306吨不等；44艘铁驳船和28艘木驳船，总载重量为9468吨。此外，拖船数量明显不足，共5艘。在1894年通航期间，部队需乘坐由18~20根圆木捆绑而成的木筏沿江航行，每只木筏可运送25~35人。⑤ 1894~1895年，为了扩充阿穆尔地区的兵力，陆军部一直以这种不甚安全的办法运送新兵。在西伯

---

① Грулев М. Сунгарийская речная экспедиция 1895 г. // ВС. 1897. №5. С. 148.
② Там же. С. 149-150.
③ Надин И. Пятидесятилетие Амурского края. // ВЕ. 1905. №6. С. 519.
④ Надаров Ив. Хунхузы в Южно-Уссурийском крае. // ВС. 1896. №9. С. 183-184.
⑤ Грулев М. Забайкалье（Материалы для военно-статистического обозрения）. // ВС. 1898. №10. С. 457-459；462.

利亚铁路竣工前，俄国无法从根本上强化这些部队。1895年7月17日，西西伯利亚炮兵旅第五连从韦尔尼（今哈萨克斯坦阿拉木图）出发前往远东，其中采用陆路运输的8门火炮、8辆弹药车、6辆板车、1支医疗队及1支由139辆马车组成的雇佣车队直至1896年6月29日才抵达布拉戈维申斯克。可以说，这场陆路运输所耗费的时间差17天就是一整年！① 尽管通向远东的运力如此糟糕，但是在甲午战争后俄国仍向日本提出了要求。

1895年4月20日，彼得堡已知悉《马关条约》条款。23日，在俄国外交部的倡议下，俄、法、德三国在东京发起了旨在修订和约条款的联合外交行动，三国公使声称他们的政府建议日本放弃辽东半岛。② 与俄、法使臣不同，德国公使手段强硬，以战争威胁东京。③ 欧洲三大强国的干预使日本外务省手足无措，同时也令东京感觉屈辱。④ 柏林加入巴黎和彼得堡的阵营完全出人意料。驻巴黎公使、经验丰富的日本外交官表示："我不知道应当如何解释德国的介入，我只能猜测德皇出现了暂时性神经错乱。"⑤ 事实上，威廉二世身心绝对健康，并且精于算计。他希望在修订《马关条约》后，俄国趁机占领朝鲜港口，而德国紧

---

① Поход 5-й батареи Западно-Сибирской артиллерийской бригады с 5 июля 1895 г. по 17 июля 1896 г. // Разведчик. 1897. №360. С. 776-777.
② История внешней политики России. Конец XIX - начало XX века (От русско-французского союза до Октябрьской революции). М. 1997. С. 136.
③ Ерусалимский А. С. Внешняя политика и дипломатия германского империализма в конце XIX века. М. 1951. С. 350.
④ Кикудзиро И. Дипломатические комментарии. М. 1942. С. 17.
⑤ Там же. С. 18.

随其后占领威海卫。1895年8月31日，德皇在写给首相霍亨洛埃亲王的文书中坦露："有例可依的事情总是更容易的。"①

在当时的处境下，日本若做出抵抗，基本毫无胜算。在太平洋水域，日本以69艘舰船（功率较小）对抗欧洲三大强国的53艘舰船。在与中国缔结和约时，日本拥有26艘鱼雷艇和43艘大型舰船——10艘是从北洋舰队缴获的，包括1艘炮塔铁甲舰（镇远号，德国制造，1882年下水，在鸭绿江战役中受损，短期内无法参战）。此前，在日本舰队的编制中不存在此类大型战舰。当时，日本从英国订购的2艘大型装甲战列舰——富士号和八岛号（以英国君权级战列舰为设计蓝本，采用当时最先进的设计方案）尚未竣工。中国被缴获的其他舰船包括2艘钢壳巡洋舰、6艘钢壳炮舰和1艘木质炮舰。② 虽然法国与德国在联合行动方面未达成协议，③ 但是即使不考虑法、德两国的海上威胁，仅俄国舰队就拥有1艘现代化战列舰和3艘装甲巡洋舰，对日本舰队而言，这依旧构成严重威胁。④ 实际上，俄国舰队的处境并不理想，舰船分散停泊在日本各大港口，且弹药储备不足。例如，俄国舰船在长崎的应急物资储备量仅能维持月余。⑤

---

① Захват Германией Киао - Чао в 1897 г. // КА. М. 1938. Т. 2（87）. С. 27.
② Морская хроника. Проектируемое увеличение военно - сухопутных и военно - морских сил Японии. // МС. 1897. №10. С. 22.
③ С. О. Макаров. Документы. М. 1960. Т. 2. С. 194.
④ N. Papastratigakis, Russian Naval Strategy in the Far East, 1895 - 1904. PhD dissertation, London School of Economics and Political Science, 2006, p. 104.
⑤ Кондратенко Р. В. Российские морские агенты об усилении японского флота в конце XIX - начале XX века. // РЯВ. С. 68.

在甲午战争爆发一年后，马卡罗夫指出："在甲午战争爆发前，我们舰队的主要任务是对抗英国。发生在 1884~1885 年的事件使我们发现了另一敌人，在东方它比英国更危险。"① 1895 年 5 月 3 日，考虑到日俄两国随时可能断交，俄国战舰（1 艘装甲战列舰、3 艘巡洋舰、4 艘炮舰和 1 艘鱼雷艇）驶离日本驻泊地——长崎、横滨和神户，驶向中国港口。2 天后，它们抵达芝罘，在那里驻泊至危机结束。② 这段时间人心惶惶。7 日，舰队接到上级命令，全面进入战备状态。③ 情况十分复杂，舰队司令部既不知晓陆军的作战计划，也未制订对日作战计划。④ 例如，为防守符拉迪沃斯托克部署了 5 个机动营、3 个要塞炮兵连、1 个布雷连和 1 支乌苏里哥萨克部队。⑤ 冬季，符拉迪沃斯托克港一如既往地迎来了持续数月的结冰期，因此 1892 年俄国政府从喀琅施塔得向此地派遣大力士号破冰船，⑥ 然而很快发现它对当地的冰层基本无能为力。为了使用大力士号破冰船在冰面上开辟航道，士兵们必须提前凿破冰面。⑦ 1896 年，俄国政府从丹麦专

---

① С. О. Макаров. Документы. М. 1960. Т. 2. С. 192.
② фон Врангель В. Отрывки из биографии С. О. Макарова. // МС. 1913. №1. С. 39.
③ С. О. Макаров. Документы. М. 1960. Т. 2. С. 175–183.
④ Там же. С. 192.
⑤ Авилов Р. С., Аюшин Н. Б., Калинин В. И. Владивостокская крепость.. Владивосток. 2013. Ч. 1. «Назло надменному соседу» 1860–1905 гг. С. 100.
⑥ Иессен [К. П.]. Пароход - ледокол «Надежный». // МС. 1897. №6. С. 123.
⑦ Внутренние известия. // Правительственный вестник. 18 (30) января 1895 г. №14. С. 2.

门为符拉迪沃斯托克订购了一艘功率更大的破冰船希望号。① 当时，在乌苏里江南部沿岸地区驻扎着2个机动营、1支哥萨克部队和半个山地炮兵连；萨哈林地区的防御依靠地方部队和民兵组织；而黑龙江口几乎完全暴露，没有防御。②

所幸，1895年战争未爆发。5月22日，针对俄、法、德三国所提要求，日本被迫做出让步。这是日俄两国之间的第一次领土冲突。1875年5月7日，两国通过签署《圣彼得堡条约》解决了上一次争端，当时俄国向日本出让千岛群岛中的18座岛屿，条件为日本放弃整个库页岛主权给俄国。③ 东京特别愤怒，因为在战争前夕日本曾向俄国提议缔结中立条约，以保护彼得堡在中国的利益。日本担心可能受到他国干涉，然而在军事行动开始前，日本的提议并未得到回应。此时，欧洲三大列强竟然发表联合声明。④ 尼古拉二世将化解冲突视为个人的胜利，因此在帝国外交领域他试图更为积极地发挥个人领导作用。

实现这一目标突然变得容易起来。1896年8月，洛巴诺夫－罗斯托夫斯基去世。此后四个月，次官希什金代管外交部；之后穆拉维约夫伯爵出任外交大臣，但于1900年6月去世；后来拉姆兹多夫伯爵成为新任外交大臣，他虽是一名经验丰富的外

---

① Иессен［К. П.］. Пароход – ледокол «Надежный». // МС. 1897. №6. С. 123.

② Русско－японская война 1904－1905 гг... СПб. 1910. Т. 1. События на Дальнем Востоке, предшествовавшие войне и подготовка к этой войне. С. 173.

③ ПСЗ. Собрание второе. СПб. 1878. Т. 51. Законы 1876 года. Отд. 1. №55696. С. 194－198.

④ Rosen, *Forty Years of Diplomacy*, vol. 1, p. 134.

交官，但时常缺乏在沙皇面前坚持己见的决心。此外，据其部下证实，拉姆兹多夫认为自己没必要忤逆沙皇，因为他将自己摆在了君主意志执行者的位置上。①

1895年10月7日，东京放弃辽东半岛，但是要求中国赔偿3000万两库平银。② 同年11月8日，日中两国在北京签署《辽南条约》，确定中国东北南部占领区的归还事宜。③ 这不仅无益于局势的改善，也无法保证远东的和平。

---

① N. Basily, *Nicolas de Basily Memoirs: Diplomat of Imperial Russia, 1903 - 1917*. Stanford: Hoover Institution Press, 1973, p. 20.
② Русско - китайские отношения 1689 - 1916. Официальные документы. М. 1958. Приложение №4. С. 109 - 110; Сборник договоров и дипломатических документов по делам Дальнего Востока... С. 63 - 64.
③ Там же. С. 89 - 92.

5 《马关条约》修订的初步结果

当代日本历史学者写道:"整个国家,包括天皇在内都感觉自己受到了侮辱。为了遏制民众的愤怒,政府不得不请求天皇下达训谕,要求臣民掩藏显露在外的愤怒。在这段痛苦的岁月里,萌生了新的民族主义。"日本当时的口号是"卧薪尝胆""伺机报复"。① 同时代人不难发现这种情绪。1896 年 5 月 2 日,马卡罗夫在向统领俄国海军部的阿韦兰中将汇报时指出:"局势日渐复杂,现在,日本人已将俄国视作阻碍国家发展的真正敌人。他们认为,俄国已确立全面阻击日本的目标,目前举国上下对我们怀恨在心。在日本,与俄国开战合民意、得民心,一呼百应。"②

事实上,修订《马关条约》条款只会使东京坚定发展武装力量、在大陆重新立威的决心。日本驻华代表林董男爵在总结过往经验时表示:"如果需要新式战舰,那么我们就必须不计代价地建造新式战舰;如果军队的组织能力不够优秀,那么我们就必须立即着手改进;必要时,我们应调整整个军事体系……如今,日本

---

① Окамото С. Японская олигархия в русско‐японской войне. М. 2003. С. 70.
② С. О. Макаров. Документы. М. 1960. Т. 2. С. 201.

必须冷静自持，以免引人怀疑；在此期间，我们应当巩固国家权力基础，关注东方动向，洞察时局，伺机而动。日后必会出现合适时机，当那一天到来时，日本将决定自己的命运。"①

东京吸取了外交失败的教训，迅速扩充武装力量。早在1871年，在日本进行军事改革之初，日本现代陆军的奠基者山县有朋元帅在编制日本诸岛防卫计划时，已将俄国视为潜在的敌人。② 现在这个敌人已然浮出水面，但是为了与之抗衡，日本也必须打造现代化陆军、舰队。舰队编制由总排水量为7.9万吨的69艘舰船扩充至总排水量为27万吨的156艘舰船，舰队扩容3.5倍。至1906年舰队扩充计划③完成时，日本应当拥有一支由7艘战列舰（其中包括甲午战争的战利舰镇远号）、4艘岸防装甲舰、25艘巡洋舰（其中包括4艘最新型装甲巡洋舰）及145艘鱼雷艇组成的舰队。截至1903年夏，计划基本完成，此时的日本舰队拥有6艘现代化战列舰、1艘旧式战列舰、6艘装甲巡洋舰、19艘不同型号的巡洋舰及74艘鱼雷艇。④

在此期间，日本陆军兵力激增。1894年1月1日，日本和平时期的陆军兵力总计60942人，其中包括2476名军官和58466名士兵。⑤ 1895年，日本师团的编制大幅增加，并且成立了新的

---

① Paul Kennedy, *The Rise and Fall of the Great Powers: Economic Change and Military Conflict from 1500 to 2000*. London: Vintage, 1989, p. 268.
② Окамото С. Ук. соч. С. 71.
③ 日本海军"六六舰队"扩充计划。——译者注
④ N. Papastratigakis, Russian Naval Strategy in the Far East, 1895 – 1904. PhD dissertation, London School of Economics and Political Science, 2006, p. 125.
⑤ Русско - японская война 1904 - 1905 гг. ...СПб. 1910. Т. 1. События на Дальнем Востоке, предшествовавшие войне и подготовка к этой войне. С. 391.

军。一年多以后，到了1897年，战时状态下的陆军兵力增加了近1/3（58353人），达到149995人。① 1896年4月1日，明治天皇颁布军队重组法令，要求在7年内将步兵师团由7个增加至13个，增设炮兵中队并配备现代化山地炮、野战炮和迫击炮。日本陆军的优势在于数量庞大的常备军。和平时期，日本中队定员136名士兵；经过动员，可增至236名士兵，借此日军的战斗力可大幅提升。此外，预备役部队的待命时间延长至四年零四个月，在1904年战争爆发前，日本所有（！）的军事骨干均经历过甲午战争的洗礼。②

截至1904年1月1日，和平时期的日本现役部队总计150745人，其中军官8082人，士兵142663人。战前十年间，日军人数增加了89823人，换言之是十年前的2.5倍。③ 在战时状态下，日本军队下设323个大队、99个骑兵中队、190个炮兵中队（配备1140门火炮），共有军官16874人、士兵358319人。若算上预备役和地方军，陆军人数可达到519996人。事实上，日本的征兵人数和预备役人数远高于预测水平，或可达到

---

① фон Реймерс В. А. Исторический обзор развития японской армии. // ИЖ. 1905. №9 – 10. С. 964 – 965；969.
② Иммануэль ［Ф.］ ［Б.］ Русско - японская война в военном и политическом отношениях. СПб. 1906. Вып. 1. С. 8 – 9；Свечин А. ［А.］, Романовский Ю. Д. Русско - японская война 1904 – 1905 гг. По документальным данным труда военно - исторической комиссии и другим историческим источникам. Ораниенбаум. 1910. С. 20；22.
③ Русско - японская война 1904 - 1905 гг. . . СПб. 1910. Т. 1. События на Дальнем Востоке, предшествовавшие войне и подготовка к этой войне. С. 391.

1185000 人。除此以外，征集却未启用的后备力量多达 1542000 人，其中 755000 人应征进入部队，300000 人进入地方大队。战争结束前，在俄日战争的舞台上——中国东北、朝鲜和萨哈林岛战区总共聚集了 442000 人。①

日本武器基地产能相对薄弱。在东京有两家步枪厂（和平时期日产能为 300 支，战时为 700~1000 支），在大阪有一家火炮厂（生产野战炮和山地炮）和两家火药厂（生产无烟火药）。②截至 1903 年 5 月 1 日，日本的 13 个师团均配备 1897 型新款连发步枪和 1898 型速射炮，其中连发步枪共计 19.5 万支，每支步枪配 300 发子弹；速射炮共计 750 门（50 门/师团），每门火炮配 120 发炮弹。③显然，对于一心备战的东京，这些准备仍旧不够充分。为了弥补国内的产能缺陷，东京加快国外采购步伐。1896~1904 年，为了筹备陆地战争、完善后备力量，日本政府计划拨款 81679409 日元。然而截至 1903 年 1 月 1 日，实际开支已超过 1.2 亿日元。④对于陆地战争具有重要意义的日本商船增加了 1 倍以上。如果说，1894 年日本商船占世界海上运输总吨位的 1%，那么到了 1901 年，则占 2.2%。⑤单纯从数字上看，

---

① Там же. С. 404；412；419.
② Иммануэль ［Ф.］［Б.］ Русско‐японская война в военном и политическом отношениях. СПб. 1906. Вып. 1. С. 10.
③ Инабу Ч. Из истории подготовки Японии к русско‐японской войне. Военные аспекты. // РЯВ. М. 2004. С. 41–42.
④ Русско‐японская война 1904–1905 гг... СПб. 1910. Т. 1. События на Дальнем Востоке, предшествовавшие войне и подготовка к этой войне. С. 383.
⑤ Альконост. Современная политика Великих Держав. // МС. 1915. №5. С. 6.

日本商船总吨位已由167000吨（1893年）增至656745吨（1904年初），并且大部分商船为全新高速或大型（约5000吨）汽轮机船。①

---

① *The Russo-Japanese War*, Complied by the General Staff, War Office. London, 1906, Part 1, pp. 39-40.

6 俄国远东政策的巴尔干后方

在远东政策变得活跃的同时,俄国极力维护欧洲和平。与此同时,巴尔干形势已然发生重大变化,首当其冲受到影响的就是塞尔维亚。自1885年执行冒险政策后,米兰·奥布雷诺维奇(Milan Obrenovic)政权逐渐失去民心。尽管与奥匈帝国缔结了关税同盟,但是该国的经济状况依然举步维艰,工业停留在起步阶段,税负不断增加。米兰的财政政策使王国陷入严重危机。1867年,为了购置军火,米兰首次向外国申请贷款,此次借贷的债权国为俄国。同年,塞尔维亚的负债总计230万法郎。此后,该国借贷的主要对象变为奥匈帝国和德国。结果,1880年塞尔维亚的国家债务增至1600万法郎;1887年增至2.64亿法郎;1895年增至4.14亿法郎。相比之下,政府支出增速相对缓慢。1869年政府支出为1250万法郎;1890年为4620万法郎,1900年为7630万法郎。① 至于被寄予厚望、与奥匈帝国合作的铁路项目,在世纪之交,塞尔维亚也仅完成了570千米的建设工程。②

---

① L. S. Stavrianos, *The Balkans Since 1453*. New York: NYU Press, 2002, p. 459.
② Шемякин А. Л. Идеология Николы Пашича. Формирование и эволюция (1868–1891). М. 1998. С. 18.

1887年4月,米兰·奥布雷诺维奇在与奥地利使臣谈话时坦言:"您知道吗,除我以外,在塞尔维亚找不出第二个亲奥派,因为贵国导致我的国家彻底破产了。我道德败坏,他们都认为我是叛徒。在此情况下,我要离开塞尔维亚,管它如何呢。"① 当然,米兰耍了滑头,他一直在努力维持政权。1889年1月2日,他被迫实施新宪法,该宪法与1869年宪法相比更具自由主义倾向。然而,这些让步并没有改善他的处境,于是他开始思考如何将手中政权卖个好价钱。1889年3月6日,为了自己年仅13岁的独子亚历山大,米兰被迫退位。离开前,米兰与议会达成协议。根据协议,他每年可获得30万法郎。此后,令该国臣民无比喜悦的是,这位35岁的"唯一的亲奥派"放弃了盘踞21年的王位并且离开了塞尔维亚。② 维也纳方面对事态发展走向极为不满。此后不久,奥地利外交大臣卡尔诺基(Кальноки)在评价该事件时指出:"没人能比米兰国王更善于对付塞尔维亚人了。"③

奥地利外交大臣具有如此立场,完全不足为奇。1889年2月9日,在退位前夕,米兰与奥匈帝国签署秘密协定,将1881年签署的奥塞密约有效期延长至1893年,到那时他的继承人将成年。亚历山大·奥布雷诺维奇(Alexander Obrenovic)继位后,成立了以里斯蒂奇(Ristic)为首的摄政组织。政府则由激进分子格鲁伊奇(Grujic)将军领导。政治流亡者陆续回国。在将政

---

① Киняпина Н. С. Балканы и Проливы во внешней политике России в конце XIX века. (1878 – 1898). Изд-во МГУ. 1994. С. 104.
② Stavrianos, *The Balkans Since 1453*, p. 457.
③ Ламздорф В. Н. Дневник 1891 – 1892. М. – Л. 1934. С. 70.

权正式移交给亲俄派的同时,米兰为自己的继位者提前定下了对奥方针。作为交换,维也纳方面继续为奥布雷诺维奇家族继承塞尔维亚王位保驾护航。① 他们不仅令奥匈帝国满意,而且令德国满意。德国外交大臣毕洛夫(Bülow)回忆道:"奥布雷诺维奇王朝的米兰国王,虽然由于自己的轻举妄动而给奥地利造成了许多麻烦,但是他一直都是奥地利的追随者,他从奥地利那里获得了丰厚的补贴……米兰离开了令他感到无聊的贝尔格莱德,他在多瑙河畔的卡普亚——在美丽而快活的维也纳享受生活,偶尔去巴黎旅行。在政务方面,他的儿子亚历山大紧随父亲的脚步。因此,维也纳对他们的表现十分满意。"②

事实上,米兰在巴黎和维也纳大肆挥霍所得补贴,偶尔申请追加借款,并且以回国相威胁。1891年,他提出希望回归故土、回到儿子身边。以此作为交易筹码,若要他放弃此举,则应支付200万法郎的"赔偿金"。塞尔维亚政府向圣彼得堡申请贷款。亚历山大三世断然拒绝:"我不相信,米兰能够信守承诺不返回塞尔维亚。在他收下这200万法郎后,他将继续哄骗我们,哄骗塞尔维亚。"③ 沙皇的判断是正确的。1892年,因米兰签署了与儿子断绝亲属关系、放弃塞尔维亚公民资格的文件,议会向其拨付百万法郎。在得知此事后,亚历山大三世一针见血地骂道:"米兰真是卑鄙无耻,竟然签署这份文件!"④ 1893年4月3日,

---

① Киняпина Н. С. Ук. соч. С. 106 – 107.
② Бюлов Б. Воспоминания. М. – Л. 1935. С. 98.
③ Ламздорф В. Н. Дневник 1891 – 1892. М. – Л. 1934. С. 62.
④ Там же. С. 160.

亚历山大·奥布雷诺维奇成年，摄政时代终结。1894年1月，米兰返回贝尔格莱德。他十分担心儿子依赖里斯蒂奇等政客。回国后，米兰统帅陆军，开启了陆军的现代化征程。在父亲的建议下，亚历山大重新推行1869年宪法。在越来越多的不满声中，米兰被迫再次离开贝尔格莱德。① 此时，塞尔维亚正在缓慢地脱离奥地利的主导，偏离原定路线。

  保加利亚的情况也与塞尔维亚类似。获得英国、奥匈帝国和土耳其支持的斯塔姆博洛夫（С. Н. Стамболов）专政，尽管不受农民待见，却得到了商界和知识分子阶层的支持。斯塔姆博洛夫逐渐被自己的政策所牵制，成了它的"人质"。为了支持保加利亚伟大的民族思想，他虽然在保加利亚与土耳其的关系上做出了让步，但是拒绝支持马其顿革命党。1889～1891年，贝尔格莱德方面和雅典方面屡次劝说斯塔姆博洛夫在马其顿进行势力范围的友好划分，以便在该省形成统一的反土阵线。他不仅拒绝了该提议，甚至还向奥斯曼政府透露此事。作为回报，他获得了苏丹的许可，允许在斯科普里、奥赫里德和比托里的保加利亚都主教管辖区内开设都主教讲坛。于是，保加利亚人在马其顿的关系网逐渐扩大。② 在奥斯曼帝国的领土上，塞尔维亚人、黑山人和希腊人在发展民族学校方面自然未受如此"礼遇"③。尽管起步较晚，但得益于斯塔姆博洛夫的运作，保加利亚的教育在马其顿开始蓬勃发展。

---

① Stavrianos, *The Balkans Since 1453*, pp. 451–452.
② Stavrianos, *The Balkans Since 1453*, p. 521.
③ Киняпина Н. С. Ук. соч. 1994. С. 115.

1865年，在马其顿仅有1所塞尔维亚学校；1866年增至6所；1867年增至32所；1868年增至42所。1889年，第一本塞尔维亚教科书在伊斯坦布尔出版。此后，塞尔维亚学校不再遭到迫害。1895～1896年，在马其顿分布着157所塞尔维亚学校（6831名学生、238名教师）。事实上，其中80所学校（3958名学生和120名教师）位于原塞尔维亚国土。也就是说，这些区域是塞尔维亚居民的聚居区。在都主教的庇护下，保加利亚学校后来者居上，很快便从数量上赶超了塞尔维亚学校。1896～1897年，在马其顿已开设843所保加利亚学校，学生人数达31719人，教师人数达1308人。此外，还有14713名儿童就读于保加利亚幼儿园。[①] 应当指出，保加利亚革命者积极干预教育进程，在潜在争议地区试图驱逐异国民族学校和教会代表，其中最活跃的当属1893年在塞萨洛尼卡成立的"内部马其顿革命组织"。该组织致力于团结马其顿和保加利亚，其成员自诩为1870年代中期解放运动的继承者。斯塔姆博洛夫的政策并未受到他们的欢迎。来自马其顿的移民对保加利亚的政治精英阶层和军官团体产生了巨大影响。

由于土耳其在马其顿做出了让步，斯塔姆博洛夫主张保加利亚与土耳其敦睦相交，同时以保加利亚反俄派大公被扣留为由激怒反俄派，后者陷入歇斯底里，斯塔姆博洛夫的政策引发了国内外的强烈不满。1891年3月27日，亲俄分子在索非亚市中心刺

---

① *The Other Balkan Wars: A 1913 Carnegie Endowment Inquiry in Retrospect with a New Introduction and Recollections on the Present Conflict by George F. Kennan.* Washington, 1993, pp. 25, 27.

杀斯塔姆博洛夫，而后逃之夭夭。① 此后，独裁者不再信任本国警察、军队乃至首都居民，在鼓励告密的同时，展开大规模镇压。因此，在1893年末的国民议会选举中，斯塔姆博洛夫反对者人数激增。1894年5月31日，依靠军队和拉乔·彼得罗夫（Рачо Петров）将军登上皇位的科堡的斐迪南一世罢黜斯塔姆博洛夫，这为俄国与保加利亚恢复正常关系提供了可能。② 对于同时代人而言，一切都很明了：科堡不再需要这位政客，王子也抛弃了他。③ 当然必须做好善后，摆脱独裁者遗留下来的问题。

多数被监禁的亲俄派重获自由，特尔诺沃都主教克利缅特（Климент）也走出了监狱。部分移民获准重返家园。独裁者斯塔姆博洛夫的大部分财产被查封。同时，由于出国护照申请被拒，他也无法走出国门。1895年7月15日，斯塔姆博洛夫在索非亚的大街上被淬毒的弯刀砍伤头部，留下了致命伤。此次暗杀的主使是马其顿革命者。18日，保加利亚前任独裁者去世。④ 在去世前，他谴责斐迪南一世是这宗谋杀案的幕后黑手。在料理了斯塔姆博洛夫后，斐迪南一世独掌大权。在治国方面，他遵循两个原则："分而治之"和"人尽其才"。

科堡王子是一名工于心计、善于钻营的政治家。他的施政原

---

① 此次刺杀未创伤斯塔姆博洛夫，却误杀了财政大臣赫里斯托·贝尔切夫。——译者注
② Stavrianos, *The Balkans Since 1453*, p. 438.
③ Иностранное обозрение. // BE. 1894. №6. C. 840.
④ Stavrianos, *The Balkans Since 1453*, p. 438.

则是以维护个人权力为前提的。终结了前任君主——巴滕堡的亚历山大一世统治的 1885 年政变令斐迪南一世记忆犹新,并且使他变得敏感多疑。此外,关于政变的记忆使其内政和外交风格具备了某些特征,这些特征对后来的诸多事件造成了重大影响。① 与"全保加利亚沙皇"相熟的特鲁别茨科伊(Г. Н. Трубецкой)回忆道:"斐迪南不爱自己的人民。在评价他们时,他毫不避讳地表达自己的轻蔑之情,而我不得不聆听他的这些言论。"② 在本国臣民的背后,在外国人面前,这位君主确实不克制自己,时常出言嘲讽本国臣民。③ 他刻意推行瓦解国家政治精英阶层的政策,以期使其投靠并依附于自己,最终收归己用。④ 在俄国许多人不曾重视斐迪南一世,但是专家提出警告:"科堡的王子们始终都在坚持不懈地追求自己的既定目标。"⑤ 这个目标就是权力。

斐迪南一世认为,保加利亚人民只有一个理想,那就是发财。对贪污受贿和其他滥用职权的行为睁一只眼闭一只眼,亲自赦免这类罪人,在背后收集他们的名单以防万一。在斐迪南一世看来,这就是保加利亚统治者的任务。斐迪南一世断言,当他们

---

① George Buchanan, *My Mission to Russia and Other Diplomatic Memories*, vol. 1. London: Little, Brown, 1923, pp. 70 – 71, 83.
② Трубецкой Г. Н. Русская дипломатия 1914 – 1917 гг. и война на Балканах. Монреаль. 1983. С. 46.
③ Папанчев А. Едно престъпно царуване. Фердинанд I Цар на Българите. София. 1923. С. 27.
④ Цар Фердинанд Съвети към сина. София. Университетско издателство «Св. Климент Охридски». 1991. С. 22 – 24.
⑤ Иностранное обозрение. // ВЕ. 1894. №6. С. 840.

占总人口的 10% 时，君主就安全了。① 自斯塔姆博洛夫当政之后，国内诽谤、贪腐之风盛行，这为达成上述目标提供了便利。斐迪南一世管理风格的独特之处在于他偏爱恶行、不好美德，因此他喜欢让那些因滥用职权甚至犯罪而被自己亲自宽恕或赦免的人围绕在自己身旁。此外，他还认为唆使敌对政党及其领袖相互迫害并不可耻。"保加利亚人终将宽恕我的罪行，但是，他们永远无法原谅我将科堡送上了保加利亚的王位。"②

1895 年 2 月，斐迪南一世宣布自己的长子——1894 年出生的鲍里斯王子改信东正教，此子为他与波旁-帕尔马的玛丽亚·路易莎（Maria Luisa）公主的婚姻结晶。让后代按照天主教仪式受洗是这场联姻的条件之一。保加利亚宪法规定，只允许登上王位的第一任大公不信仰东正教。承认科堡王子是第一任大公已属破例，而巴滕堡的亚历山大一世也是如此。如今，科堡希望巩固王朝势力，与俄国恢复正常邦交，扶植一名东正教继承者，以期图谋俄国君主之位。1895 年 7 月，特尔诺沃都主教克利缅特率代表团向亚历山大三世之墓敬献花环。虽然此次拜访属于私人行为，但是大主教克利缅特受到了尼古拉二世的接待。克利缅特以"宗教界和人民"的名义请求尼古拉二世宽恕"保加利亚的错误"，并且"向公国释放善意，恢复对公国的强大庇护"。③ 作为回应，尼古拉二世给予他"恢复与保加利亚一如既往友好邦交

---

① Цар Фердинанд Ук. соч. С. 28.
② Киняпина Н. С. Ук. соч. С. 116.
③ Столетие Министерства иностранных дел. СПб. 1902. С. 196.

的希望"①。

俄国告知波尔图，承认科堡的斐迪南是保加利亚大公已经没有任何障碍了。1896年1月30日，奥斯曼苏丹承认了他保加利亚大公的地位。2月14日，鲍里斯王子按照东正教仪式受洗，尼古拉二世成了他的教父。梵蒂冈的反应极为消极，禁止斐迪南一世踏入天主教堂，直至其长子成人。②在鲍里斯受洗的同时，俄国外交代表③和土耳其代表抵达索非亚。他们的来临意味着保加利亚已经摆脱了被孤立的境地。④俄国恢复了与保加利亚的外交关系。1896年3月，科堡首次出访君士坦丁堡，苏丹接待了他并且授予其马希尔⑤头衔，相当于土耳其的陆军元帅。⑥继宗主国奥斯曼土耳其正式承认附属国领主后，同年5月，俄国、德国、英国、奥匈帝国、意大利、希腊、比利时等国陆续正式承认斐迪南一世为保加利亚大公。当月中旬，各国代表纷纷向斐迪南亲王递交国书。⑦在土耳其局势急剧恶化的背景下，俄国与保加利亚的关系最终稳定了下来。

---

① Киняпина Н. С. Ук. соч. С. 120.
② Папанчев А. Ук. соч. С. 36.
③ Tcharykow, *Glimpses of High Politics*, p. 228.
④ Иностранное обозрение. // ВЕ. 1896. №3. С. 411.
⑤ 奥斯曼土耳其高级军官的一等军衔。——译者注
⑥ Киняпина Н. С. Ук. соч. С. 121.
⑦ Столетие Министерства иностранных дел. С. 197.

7 博斯普鲁斯还是远东？

在俄国完成进击博斯普鲁斯海峡的技术筹备工作之际，沙皇尼古拉二世有意试探欧洲各强国的反应。截至 1895 年，黑海舰队已编入 5 艘装甲战列舰、2 艘鱼雷艇、1 艘鱼雷巡洋舰，另有 2 艘鱼雷艇在建。根据 1895 年的规划，计划再建 1 艘装甲战列舰（波将金号）和 2 艘排水量均为 5600 吨的巡洋舰。① 俄国的战列舰已经完全实现现代化：叶卡捷琳娜二世号建于 1888 年；锡诺普号建于 1889 年；切什梅号建于 1888 年；十二使徒号建于 1892 年；三圣人号建于 1895 年；胜利者圣乔治号建于 1896 年。② 舰队实力强大，装甲舰武装 32 门 12 英寸舰炮和 40 门 6 英寸舰炮，总齐射量超过 12 吨，达 12257.6 千克。

奥斯曼土耳其的舰队编入了 6 艘大型装甲舰，排水量为 6400～9120 吨（俄国装甲舰的排水量为 8443～13318 吨），及 10 艘小型装甲舰，其中较大的 1 艘排水量为 4887 吨，其余 9 艘排水量为 2000～2760 吨。在土耳其的众多装甲舰中，仅有 1 艘哈米迪耶号（6700 吨）竣工于 1892 年，但是该舰采用的仍是老旧的设

---

① Моисеев С. П. Список кораблей русского парового и броненосного флота（с 1861 по 1917 гг.）. М. 1948. С. 17.
② Там же. С. 279－280.

计方案，其余舰船均建于1874年前。① 土耳其舰队无法以如此实力对抗俄国。自1880年代后期起，为实现海军现代化目标，苏丹政府通过了若干项计划，如向法国、德国采购巡洋舰、鱼雷艇和炮舰，于1889年建造2艘潜艇，然而这些计划执行得并不充分，有些计划甚至未能实现。为了节约资金，停泊在金角湾港口的多艘装甲舰甚至被解除了武装。在此情况下，如需出海，至少需要准备三天。分散在各个港口的土耳其鱼雷艇多被解除武装，既无船员驻扎，也无煤炭、弹药储备。土耳其采购的潜艇结构不佳，无法下潜。此外，海峡区域沿岸的炮兵连也无法正常作业，因为早在1880年代末炮台和火炮就已老化失修。②

与土耳其舰队相比，俄国的装甲舰队优势显著。俄国的海上实力足以摧毁土耳其的海岸防御。1895年3月8日和16日，万诺夫斯基将军主持召开黑海军事筹备问题特别会议。会上，他指出："根据大会海军代表（海军统帅奇哈乔夫元帅和黑海舰队司令科佩托夫中将——引者）的声明，黑海装甲舰队存在的意义在于我们能够在任意时间穿越博斯普鲁斯海峡，不惧沿岸现有的炮兵火力。如有必要，在占据合适位置后，我们的装甲战列舰将打击沿岸炮台，在短时间内浇灭他们的气焰或完全摧毁它们。"③

装甲舰和鱼雷艇主要用于护送陆战队、实施就地掩护。④ 俄

---

① Широкорад А. Крах босфорской авантюры. // Наваль. Сборник общества истории флота. М. 1992. Вып. 2. С. 47.
② Кондратенко Р. В. Морская политика России... С. 265–266.
③ Российский Государственный военно-исторический архив（далее РГВИА）. Ф. 400. Оп. 4. Ед. хр. 587. Л. 205. об.
④ Там же.

国舰队还编入了水星纪念号巡洋舰（1882年开工建造，6门6英寸舰炮），以及萨肯船长号（1889年开工建造）、卡扎尔斯基号（1890年开工建造）、亲兵号（1895年开工建造）鱼雷巡洋舰，它们足以应对博斯普鲁斯海峡（总长度28.5千米，平均宽度650米，最大宽度3.3千米）的布雷任务。① 俄土战争末期，在君士坦丁堡指挥俄国警备舰的马卡罗夫曾对海峡的水文条件和洋流方向进行过详细勘察。② 此外，俄国在黑海还拥有2艘老式岸防装甲舰——"波波夫型岸防装甲舰"——诺夫哥罗德号和海军中将波波夫号。

为了运送陆战队，需要招募13艘汽轮机船组成志愿舰队。1895年夏，据军方估算，若征用9艘汽轮机船，则可同时运载441名军官和16500名士兵。③ 很快，舰队的运输能力大幅提升。值得注意的是，在1888~1896年编入志愿舰队的13艘船舶中，有6艘是1895~1896年买进的。④ 在国家的支持下，类似的采购大多可以实现。国库给予志愿舰队高额补贴，每年拨付资金近60万卢布。⑤ 这些汽轮机船都是由享誉世界的英国造船厂建造的，每航次可运

---

① Моисеев С. П. Ук. соч. С. 285 – 289.
② С. О. Макаров. Документы. М. 1953. Т. 1. С. 276 – 278；280 – 282；309 – 320.
③ РГВИА. Ф. 400. Оп. 4. Ед. хр. 587. Л. 177.
④ Поггенполь М. Очерк возникновения и деятельности Добровольного флота за время 25 – летнего его существования. СПб. 1903. С. 233；Приложение к С. 234.
⑤ Огородников С. Ф. Исторический обзор развития и деятельности Морского министерства за сто лет его существования (1802 – 1902 гг.). СПб. 1902. С. 241.

载 25350 人。① 此外，隶属于俄国航运与贸易协会的 33 艘汽轮机船和 12 艘纵帆船也具备较为可观的运输能力。在不配辎重的情况下，可运载 1611 名军官和 48541 名士兵；在搭载辎重的情况下，可运载 1517 名军官、23432 名士兵、7373 匹马和 4899 辆板车。② 但是，存在这样一个不可忽视的问题：它们大多常年在境外航行，若要在黑海聚集足以运载陆战队的船舶，且避开敌人耳目，无论如何都很难办到。③

为了更加了解作战地形，在黑海舰队司令科佩托夫（Н. В. Копытов）中将的提议下，自 1892 年夏天起，舰队的军官开始冒充游客陆续前往博斯普鲁斯海峡实施侦察，其中包括参谋长、舰艇编队高级指挥官和低级指挥官、战列舰指挥官、远洋炮艇指挥官、鱼雷运输舰指挥官及水星纪念号巡洋舰指挥官共计 3 名将官和 14 名校官。俄国对希腊群岛水域和岛屿的研究也活跃了起来。④ 与此同时，部队在登陆演习中不断积累经验。1890 年，演习结果已令沙皇感到满意；1891 年，黑海舰队将演习目标设定为在 12 小时内完成装甲舰的起航准备工作，而敖德萨军区司令部则将演习目标设定为缩短作为陆战队先锋的 13 师的动员时限至 1 昼夜内。此时，只剩下某些技术问题有待解决。由于志愿舰

---

① Айрапетов О. Р. Забытая карьера «русского Мольтке». Николай Николаевич Обручев (1830 – 1904). СПб. 1998. С. 277 – 278.
② РГВИА. Ф. 400. Оп. 4. Ед. хр. 587. ЛЛ. 177. об. – 178.
③ Там же. ЛЛ. 215. об. – 216.
④ Асиновская М. Ю. Военно - морская разведка на Балканах в период царствования Александра III. Подготовка Босфорской экспедиции. // Вестник Московского университета. Сер. 8. История. 2004. №3. С. 44 – 45；52 – 53.

队中的大部分船舶常年处于航行状态，必须解决运输工具的集合问题、陆军与海员的相互配合问题。①

1894年12月，黑海海岸防御委员会（成立于1885年）开始着手解决最后一个问题。科佩托夫中将掌握行动的总指挥权。按照最初的计划，陆战队第一梯队的人数应为1.6万~2.3万，配备火炮148门（其中包括36门重型火炮、20门9英寸迫击炮、20门重型和20门轻型6英寸机关炮、20门炮塔炮及32门57毫米口径的速射岸防炮）。②1895年夏，陆战队的编制最终确定，其中包括51个营（第13步兵师和第15步兵师的全体兵力、第14步兵师的一个旅、第4步兵旅、1个要塞炮兵营及2个工兵营）、4支哥萨克部队，总计3.5万人，以及80门野战炮、1816匹马和432辆板车。部队运输、登陆所需的一切物资均配备齐全，同时还配备了2~3周的储备物资。③

海军技术委员会鱼雷事务总监察员助理、海军中校茨维斯基（Г.Ф. Цывинский）参与了博斯普鲁斯海峡进攻计划的制订过程，并且对其做出了准确而细致的描述："俄国假托演习集合之名，行登陆演习之事，将执行登陆任务的若干个师运送至高加索的一个港口。这支部队由黑海舰队护送。在运输舰上搭载火炮、迫击炮及其炮架——在敖德萨生产的'专用资源'（约100门火炮——引者），为此需要动员黑海商业舰队的全部力量——志愿舰队、俄国航运与贸易协会等。在约定时间，黑海沿岸与欧洲国

---

① Кондратенко Р. В. Морская политика России... С. 272 - 274.
② РГВИА. Ф. 400. Оп. 4. Ед. хр. 587. ЛЛ. 179 - 196.
③ Там же. Л. 214 об.

家之间的电报线路突然全部中断,整支舰队驶入大海,朝着博斯普鲁斯海峡而非高加索方向行进。舰队在夜间闯入并强渡海峡,行至比尤克德雷①附近抛锚。"② 为了迎击在72小时后可能抵达的英国地中海舰队,尾随战舰的运输舰必须协助陆战队上岸,布置雷炮阵地。

委员会会议结束后,茨维斯基被派往马尔马拉海的王子岛实施侦察,他伪装成一名参加当地游泳节活动的游客。据他评价,在黑海方向覆盖博斯普鲁斯海峡入口的7个土耳其要塞的位置极差,俄国舰队可在半小时内通过射程范围,攻入土耳其的要塞后方。这位军官回忆道:"总参谋长的看法是正确的,强渡博斯普鲁斯海峡不难,难的是防守从南部进攻的舰队(英国舰队——引者)。"③ 因此,在开展军事行动前,俄国陆军部和海军部最担心的就是在博斯普鲁斯海峡与英国爆发冲突。1890年代初,这种威胁是切实存在的。伦敦方面对本国的军事实力相当自信。1891年9月,英国首相索尔兹伯里(Salisbury)表示:"如果俄国向博斯普鲁斯海峡派遣陆战队,它必然无法抢先于英国占领达达尼尔海峡,因此它难逃成为战俘的命运。"④

1890年代初,英国海军部决心正视此问题。英国人仔细研究了俄国黑海舰队的军力增长情况,相应的,通过补充收编新舰

---

① 此地是位于博斯普鲁斯海峡欧洲海岸的一处海滨村庄,靠近黑海入口。——译者注
② Цывинский Г. Ф. 50 лет в императорском флоте. Riga. б. г. С. 144.
③ Там же. С. 150.
④ Margaret M. Jefferson, "Lord Salisbury and the Eastern Question, 1890 – 1898," *The Slavonic and East European Review*, vol. 39, no. 92 (1960), p. 45.

船来提升本国地中海舰队的实力。1890年,除鱼雷艇外,地中海舰队的战舰数量由22艘增加至27艘(其中包括11艘装甲战列舰、2艘装甲巡洋舰、1艘装甲冲击舰和13艘无防护战舰),大口径舰炮数量从150门增加至190门,船员人数从5500人增至7700人。1890年,据俄国专家估算,这支舰队的实力比俄国黑海舰队的实力(3艘装甲战列舰、2艘波波夫型岸防铁甲舰、6艘炮艇、3艘巡洋舰和14艘鱼雷艇、61门大口径舰炮、近3000名船员)高出3倍左右。① 当然,英国舰队司令不可能将本国所有战舰都派往君士坦丁堡,而枉顾后方安危,放弃对埃及、马耳他岛、直布罗陀海峡、塞浦路斯岛、达达尼尔海峡沿岸阵地的掩护。据俄国专家估算,在宣战后的第5天,除鱼雷艇外,英方从马耳他岛驶出的4艘装甲舰、4艘巡洋舰和1艘鱼雷运输舰将靠近博斯普鲁斯海峡。②

是的,一天后,这支舰队的战舰数量将大幅增加,装甲舰增至7艘,装甲战列舰增至3艘,无防护战舰增至7艘。此外,随战舰一同抵达的还有鱼雷艇和运输舰的运煤船。决定俄国陆战队能否取得成功的首要条件是时间因素。③ 在大口径重型舰炮方面,英国比俄国略胜一筹(25门口径10~16.5英寸的舰炮对22门口径10~12英寸的舰炮);在中口径舰炮方面,英国对俄国具有压倒性优势,114门对33门。④ 1891年的敖德萨军区司令部报

---

① РГВИА. Ф. 400. Оп. 4. Ед. хр. 587. ЛЛ. 78;79. об.
② Там же. Л. 82.
③ Там же. Л. 84.
④ Там же. ЛЛ. 92 – 93.

告指出:"以我方的舰炮瓦解英国人在小口径舰炮上的压倒性优势是绝不可能的。为了实现这一目标,在我方舰队和陆战队抵达海岸的同时,必须交给他们足够数量、相应威力的火炮,用以武装我方海峡占领区沿岸高地。对此,最实用的当属6英寸远程炮、野战炮和迫击炮。其中后两种类型的火炮机动性强,几乎可以在任何地点使用且无须架设炮台或建造大型防御工程,因此优势显著。"① 在鱼雷发射管方面,英国优势突出,力压俄国,104具对43具。为了弥补这种差距,俄国应当在海峡沿岸安装鱼雷发射管。②

由此可见,俄国舰队有能力登陆博斯普鲁斯海峡,但是若要守住海峡沿岸,则要赶在英国人抵达前建好沿岸炮台,以此作为防御支撑。在英国政客和海员看来,若以如此方式整合部队,时间因素将具有决定性意义,因此英国通过领事机构和商业船舶密切监视俄国黑海舰队和志愿舰队就不足为奇了。根据英国海军部的计划,一旦俄方舰队在博斯普鲁斯海峡方向出现危险性集合或准备登陆海峡沿岸。这些军事行动很难不被发现,英国地中海舰队在收到加密电报后的48时内必须驶离马耳他岛前往达达尼尔海峡。③ 在计算英国人抵达海峡的时间上,俄国人与英国人存在24小时的差异。在1890年代后期,时间问题逐渐变得不那么重要了。

---

① Там же. Л. 96.
② Там же. Л. 96. об.
③ Margaret M. Jefferson, "Lord Salisbury and the Eastern Question, 1890 - 1898," *The Slavonic and East European Review*, vol. 39, no. 92 (1960), p. 46.

时移世易，伦敦方面未必干涉在博斯普鲁斯海峡可能爆发的冲突。

英国计划的弱点在于舰队的行动缺乏大规模陆军部队的快速支援。英国陆军分布各地：印度、埃及、东方和非洲殖民地及本土。当时普遍认为，英属印度陆军实力最强，但是这支部队向印度境外至多能派遣3.5万人（很快，在布尔战争中便证明了这一点）。至于本土陆军军官人数不足，未经训练的人员占2/3。① 至此，英国舰队逐渐丧失了因特拉法加海战在世界海洋上所确立的主导地位。毫无疑问，它绝对是全球最强大的舰队。1897年，为了纪念维多利亚女王"钻石周年纪念日"，在斯皮特黑德海峡举行了海军检阅，21艘装甲战列舰和54艘巡洋舰接受检阅。② 截至1897年，虽然英国舰队已拥有62艘排水量超过5000吨的装甲舰，但是潜在对手的实力与之旗鼓相当（排水量超过5000吨的装甲舰，法国有32艘，俄国有18艘；德国有12艘）。③ 作为世界海洋帝国，英国在整个19世纪对世界交通线一贯奉行绝对掌控政策，然而这项政策并非始终适用。

技术上的进步极大地提升了军事造船业的复杂程度，缩短了军舰的过时期限。事实上，各国都在建造装甲舰、巡洋舰、鱼雷艇驱逐舰和鱼雷舰。这场竞赛的局限因素只有一个，即国家财政能力，舰船变得越来越昂贵。④ 到了19世纪末，在欧洲出现了

---

① Зарубежное военное обозрение. // ВС. 1885. No 6. С. 217–223.
② Kennedy, *The Rise and Fall of the Great Powers*, p. 243.
③ Robert K. Massie, *Dreadnought: Britain, Germany and the Coming of the Great War*. London: The Random House, 1991, p. 178.
④ Морская хроника. Военные флоты в 1893 году. // МС. 1894. No2. С. 3–4.

一批新的海上强国。1890年代，这些国家——德国①和意大利②成功地执行了各自的海军计划。新一轮军备竞赛影响到了老牌强国。自1880年代末之后，奥地利舰队的预算缓慢而持续地增长。③ 1887年，西班牙通过了一项为期10年的造船计划，耗资2.25亿比塞塔（5625万银卢布）。根据该计划，西班牙将建造185艘舰船，其中包括6艘装甲舰、3艘装甲甲板舰、1艘鱼雷巡洋舰、138艘鱼雷艇及其他舰船。④

在这场海军军备竞赛中，法国依旧是英国的竞争对手。⑤ 1895年，法国海军有7艘装甲战列舰（另有2艘在私营造船厂）、3艘岸防装甲舰（另有2艘在私营造船厂）、3艘一等巡洋舰（另有5艘在私营造船厂）、6艘二等巡洋舰（另有4艘在私营造船厂）、1艘鱼雷巡洋舰、2艘侦察通信舰和1艘潜艇在建并即将竣工。除此以外，在私营造船厂还有2艘三等巡洋舰、2艘

---

① Морская хроника. Судостроение, маневры и дальние плавания в германском флоте в 1892 г. // МС. 1893. №3. С. 27 – 36.
② Итальянский военный флот. Статья г. Rocco de Zerbi. // МС. 1887. №3. С. 57 – 61；84；Морская хроника. Новые броненосцы итальянского флота. // МС. 1893. №1. С. 36 – 37；Морская хроника. Бюджет итальянского флота на 1893 – 1894 год. // МС. 1893. №7. С. 35 – 36；Морская хроника. Новые броненосцы итальянского флота. // МС. 1894. №7. С. 35.
③ Австрийский военный флот. // МС. 1887. №9. С. 6 – 14；Морская хроника. Бюджет австрийского флота на 1894 год. // МС. 1893. №8. С. 30.
④ Генке С. Испанский флот в 1892 году. // МС. 1893. №1. С. 109 – 112.
⑤ Морская хроника. Сравнение между броненосцами английского и французского флотов. // МС. 1892. №6. С. 29 – 37；Морская хроника. Дополнительный бюджет французского флота на 1892 год. // МС. 1892. №8. С. 18 – 19；Морская хроника. Бюджет французского флота и программа судостроения на 1894 год. // МС. 1893. №7. С. 19 – 24.

鱼雷侦察通信舰、1艘炮艇、7艘远洋驱逐舰、26艘一等驱逐舰和8艘雷击艇在建。①

在欧洲以外还出现了新兴的强大舰队。截至1890年,巴西作为拉丁美洲率先组建庞大舰队的国家之一,已拥有53艘军舰,其中有9艘装甲舰、5艘巡洋舰、16艘炮艇和13艘鱼雷艇。②1893~1894年的内战使巴西舰队蒙受了些许损失,但是共和国又重新订购现代化装甲舰。③ 当时,在这片区域正在进行军备竞赛。阿根廷④和智利⑤也组建了强大的舰队。同样地,远东海军建设也在如火如荼地进行着。甚至中国也组建了一支完全现代化的舰队。⑥ 在这支舰队覆灭后,北京于1895年通过了一项舰队

---

① Гуляев Э. Военное судостроение в иностранных флотах в 1893 – 1894 гг. // МС. 1895. №6. С. 20.
② Морская хроника. Бразильский военный флот. // МС. 1890. №1. С. 27.
③ Морская хроника. Заказ во Франции двух броненосцев для бразильского флота. // МС. 1894. №12. С. 16 – 17; Морская хроника. Суда, строящиеся для бразильского флота. // МС. 1896. №8. С. 34.
④ Морская хроника. Аргентинский броненосец Libertad. // МС. 1893. №2. С. 28 – 34; Морская хроника. Аргентинский крейсер Nueve de Julio. // МС. 1893. №6. С. 48 – 49; Морская хроника. Испытания Аргентинского крейсера Patria. // МС. 1894. №10. С. 36; Морская хроника. Спуск аргентинского броненосца General San Martin. // МС. 1896. №8. С. 37 – 38.
⑤ Морская хроника. Чилийский броненосец Capitan Prat. // МС. 1893. №1. С. 43 – 44; Морская хроника. Спуск чилийского крейсера Blanca Encalada. // МС. 1893. №11. С. 12; Морская хроника. Испытания чилийского крейсера Blanco Encalada. // МС. 1894. №9. С. 36 – 37; Морская хроника. Спуск чилийского крейсера Ministro Zenteno и истребителей миноносцев Capitan Orella и Capitan Muniz Camero. // МС. 1896. №6. С. 21 – 22; Морская хроника. Суда, строящиеся для чилийского и аргентинского флотов. // МС. 1896. №8. С. 34 – 36.
⑥ Морская хроника. Китайский флот. // МС. 1894. №9. С. 37 – 38.

重建计划。按照该计划，清政府拟建 6 艘装甲舰、12 艘装甲巡洋舰、20 艘二等和三等巡洋舰及 4 艘重型雷击舰。事实上，上述所有战舰都是在德国建造的。①

日本迅速而自信地扩建了本国海军。1893 年 2 月 11 日，在上一轮海军建设计划结束之际，日本天皇颁布诏书阐明加强捐输、发展舰队的必要性。同年秋天，国会通过了一项造船计划。根据该计划，近期将在英国建造 2 艘装甲舰，在日本建造 1 艘巡洋舰和 1 艘通信船。② 1894 年，俄国某位观察员指出："日本舰队实力连年增长。"③ 日本在 1891～1897 年的海军开支为：1891 年 7430432 日元（占预算支出的 9.64%）；1892 年 9063206 日元（11.25%）；1893 年 11339011 日元（13.85%）；1894 年 10444273 日元（13.03%）；1895 年 13704871 日元（15.37%）；1896 年 38352386 日元（19.82%）；1897 年 76807172 日元（30.22%）。④

在与中国爆发战争前，日本就已订购了装甲战列舰，其中最大者的排水量可达 12450 吨，其实力与英国该等级最强大的战舰不分伯仲。⑤ 1897 年，该系列第一艘战舰富士号装甲战列舰下水

---

① де Л. А. Развитие флотов главных морских держав в 1896—1897 г. // МС. 1897. №7. С. 78.
② Чагин. Очерк развития японского флота. // МС. 1898. №7. С. 57.
③ Морская хроника. Военные флоты в 1893 году. // МС. 1894. №2. С. 13.
④ Чагин. Очерк развития японского флота. // МС. 1898. №7. С. 61.（括号内的数据均为海军开支占预算支出比例。——编者注）
⑤ Морская хроника. Японский броненосец Fusi‑Yama. // МС. 1895. №6. С. 11–12.

并在英国通过测试。① 不久后，第二艘战舰八岛号也加入了这一行列。同年秋天，从英国向日本运输这些装甲舰的准备工作已全部完成。②

最初，日本在欧洲订购了3艘装甲舰，但是其中1艘应在日本施工。此外，日本还在欧洲订购了2艘一等巡洋舰，并且计划在日本新建2艘巡洋舰。③ 结果，到了1898年，天皇的舰队在英国有3艘装甲舰、3艘装甲巡洋舰和8艘驱逐舰在建；在法国有2艘装甲巡洋舰在建；在德国有1艘装甲巡洋舰在建；在美国有2艘装甲巡洋舰在建。④ 到了1902年，在建舰船的数量达到了54艘，总排水量达到45890吨；到了1906年，在建舰船的数量增至63艘，总排水量增至69895吨。这为计划的加速实现创造了可能。⑤ 此外，日本舰队还应收编11艘鱼雷艇驱逐舰和115艘鱼雷艇。军费开支给日本财政造成了沉重的负担。截至1906年，日本的军费开支超过5.37亿日元，中国的赔款2.61亿日元几乎都用在了国防上。⑥

---

① де Л. А. Развитие флотов главных морских держав в 1896 – 1897 г. // МС. 1897. №7. С. 77.
② Морская хроника. Проектируемое увеличение военно – сухопутных и военно – морских сил Японии. // МС. 1897. №10. С. 22.
③ Морская хроника. Проект реорганизации японского флота. // МС. 1896. №2. С. 58 – 59.
④ Морская хроника. Крейсеры, строящиеся в Америке для японского флота. // МС. 1897. №10. С. 25 – 28；Морская хроника. Суда, строящиеся для Японии. // МС. 1898. №7. С. 52 – 54.
⑤ де Л. А. Развитие флотов главных морских держав в 1896 – 1897 г. // МС. 1897. №7. С. 75 – 76.
⑥ Морская хроника. Проектируемое увеличение военно – сухопутных и военно – морских сил Японии. // МС. 1897. №10. С. 24.

某些大国如美国的舰队发展呈蓬勃之势。1890年1月，美国国会通过了一项14年的舰队发展计划。该计划设想，截至1903年，在建舰船应有227艘，其中包括100艘鱼雷艇、10艘一等远洋装甲舰、8艘限量载煤一等装甲舰、20艘二等和三等装甲舰、39艘不同类型的巡洋舰。① 在此之前，美国舰队境况糟糕，"几乎没有一艘军舰可令美国政府夸口，甚至与欧洲主要强国的三等战舰抗衡"。② 作为对比，不得不提的是这支舰队在1890年仅拥有1艘远洋鱼雷艇和1艘二等雷击艇。在临近水域及沿岸专门执行岸防任务的鱼雷艇队的持续扩容很能说明问题。③ 1890年代中期，美国舰队虽然处于扩张状态并且拥有各级舰船，但是其实力依旧不如德国，甚至在军官和水手人数上也是如此，13460人对21387人。④

虽然上述海洋强国中的任何一个国家都不妄图统治世界海洋，但是它们中的每个国家都试图掌控"属于自己的"一方水域。阿尔弗雷德·冯·提尔皮茨（Alfred von Tirpitz）指出："事实上，在英国以外建造的每艘军舰对我们而言都是有利可图的，因为它加强了海上势力平衡。"⑤ 这种局面完全不

---

① Морская хроника. Программа увеличения американского флота. // МС. 1890. No 3. С. 27 – 28.

② Де Л. А. Современное состояние северо‐американского флота. // МС. 1896. No2. С. 17.

③ Морская хроника. Миноносцы и миноноски всех флотов. // МС. 1891. No2. С. 15；19 – 21；33.

④ Де Л. А. Современное состояние северо‐американского флота. // МС. 1896. No2. С. 22；24.

⑤ Тирпиц А. Воспоминания. М. 1957. С. 203.

符合伦敦的利益及其海军战略学说,大英帝国的政策面临新的挑战。各国军舰数量的增长,详见表7-1。①

表7-1 1883年、1897年各重要国家装甲舰数量变化情况

单位:艘

国家	1883年的装甲舰数量	1897年的装甲舰数量
英国	38	62
法国	19	36
德国	11	12
俄国	3	18
意大利	7	12
美国	0	11
日本	0	7

由此可见,在1883年,英国装甲舰的数量几乎等于其余国家的装甲舰数量之和(38艘对40艘);到了1897年,英国的这一优势消失了(62艘对96艘)。不仅如此,前景更糟。如果说美国在1898年仅拥有6艘现代化装甲舰,那么与西班牙开战则迫使华盛顿加速海军建设,于是到了1905年美国就已拥有12艘现代化装甲舰,另有12艘在建。② 任何一个帝国不可能在方方面面都立即达到强盛。1893年,英国被迫在暹罗(泰国)问题上对法国做出让步;1895年又容忍了德国、法国和俄国在远东的联合示威及美国在委内瑞拉的活动;1897年默认了美国吞并夏威夷群岛;1898~1899年默许了美国继美西战争后在太平洋

---

① Kennedy, *The Rise and Fall of British Naval Mastery*, p. 247.

② Kennedy, *The Rise and Fall of British Naval Mastery*, p. 250.

和大西洋的领地扩张。最终在 1899～1902 年的布尔战争时期，根据 1901 年和 1902 年的条约，伦敦被迫承认在建的巴拿马运河的控制权由法国转移至美国。事实上，1901 年和 1902 年的条约消除了英国在这条未来重要的海上交通线上的影响力。①

1901 年春，索尔兹伯里政府第一任财政大臣亚瑟·贝尔福（Arthur Balfour）在一次私人谈话中阐述了英国表现得出人意料的软弱的原因："如果我们能够握紧拳头，那么我们将拥有一股强大、有效而隐秘的力量……但是，我们帝国的利益分配使这件事变得几乎没有可能。"② 俄国在亚洲持续扩张的铁路网已对印度构成了潜在的威胁。在伦敦看来，这是个极大的问题。为了确保印度的防御安全，军方对兵力的需求越来越多。③ 过去，英国只在欧洲面临利益威胁，此时不同往日，局势已然改变。此外，世界海洋的利益分配也遭遇了大洗牌。如果说过去英国只需寻求一个陆地盟友，那么现在伦敦则不得不寻求一众盟友重新划分海上交通责任区（依据在 19 世纪末 20 世纪初缔结的《地中海协定》《英日条约》《英法条约》等）。

此时的英国舰队已经失去了往日纵横四海的强大实力。英国海军上将约翰·费舍尔（John Fisher）坦言："在远海水域，英国驻军的实力过于薄弱乃至无法作战；军舰的航速过于缓慢乃

---

① Альконост. Современная политика... // МС. 1915. №1. С. 67; 69.
② Keith Neilson, "Great Britain," in R. F. Hamilton and H. H. Herwig, eds., *War Planning 1914*. Cambridge: Cambridge University Press, 2010, p. 177.
③ Keith Neilson, "Great Britain," in Hamilton and Herwig, eds., *War Planning 1914*, p. 178.

无法脱身，换言之，它们已经老化过时了。基于实力因素考量，这些英国舰船的存在只是往日辉煌的证明。现代化程度最高的顶级战舰都集中在了欧洲水域。以实力惊人的拉芒什舰队（海峡舰队）为例，该舰队拥有 165 艘军舰，其中包括 11 艘一等装甲战列舰、5 艘一等巡洋舰、13 艘二等巡洋舰。"① 的确，该舰队的"责任范围"已经扩大到了整个大西洋。

1890 年 5 月，英国将地中海舰队一分为二，一支驻扎在直布罗陀海峡，另一支驻扎在马耳他附近海域。迫使英国做出如此决定的原因在于法国已将舰队的精锐力量聚集在了土伦，而俄国舰队的实力也有所增强。英国之所以分割地中海舰队，是为了创建两支彼此独立的舰队，一支用以对抗地中海西部的法国舰队，另一支用以对抗可能向海峡发起进攻的俄国舰队。② 另外，英国人还必须时刻关注俄国地中海小型分舰队（1 艘装甲战列舰、1 艘巡洋舰、4 艘远洋炮艇和 4 艘鱼雷艇）的动向。自 1894 年 12 月开始，这支舰队奉命驻扎地中海东部海域，在达达尼尔海峡附近停留。③ 1890 年代中期，英国地中海舰队的主要基地在马耳他。当然，这支舰队本身是由完全现代化的战舰组成的。1896 年，这支舰队迎来了新成员——11 艘装甲战列舰，其典型问题是装甲甲板薄。④

---

① Massie, *Dreadnought*, p. XIX.
② Colin L. Smith, *The Embassy of Sir William White at Constantinople*, 1886 – 1891. Oxford: Oxford University Press, p. 136.
③ С. О. Макаров. Документы. М. 1960. Т. 2. С. 154；156.
④ Шершов А. П. К истории военного кораблестроения. М. 1952. С. 120；см. также：Широкорад А. Крах босфорской авантюры. // Наваль. Сборник общества истории флота. М. 1992. Вып. 2. М. 1992. С. 49.

当这些战舰试图挺进达达尼尔海峡或穿越博斯普鲁斯海峡的雷炮阵地时（这是俄国陆战队应当并且能够在短时间内布置完成的），面对敌方猛烈的炮火，它们注定会因机动能力不足而损失惨重。

1892年3月1日，威廉二世在与英国驻德国武官斯温上校交谈时表示：根据德国情报机构在俄国南部，特别是在塞瓦斯托波尔获得的情报可知，俄国正在筹划建造输送部队登陆博斯普鲁斯海峡的交通工具。在此情况下，德皇格外关注志愿舰队的扩张情况及俄军在黑海的登陆演习。援引德国军事代表团军官的观点，他警告英国上校，一旦俄国展开登陆行动，土耳其人不会做出激烈的反抗。[1] 德皇问道："如果俄国即将登陆博斯普鲁斯海峡，贵国的海军上将（地中海舰队司令——引者）会怎么做呢？他会启程强渡达达尼尔海峡吗？如果他这样做，那么贵国舰队在1877～1878年所积累的道德影响力就完全派不上用场了。在此情况下，相当于把整个西地中海交到法国人手中，任其摆布。"[2]

德皇的算计十分明显。事实上，他并没有隐藏自己的意图，反而竭力提醒伦敦警惕法国海军对英国的利益及其盟友（主要指意大利）所构成的威胁。柏林表示，德国、英国和奥匈帝国应当联手支持意大利，否则英国对亚平宁半岛的影响力恐完全消失。尽管威廉二世当时已经享有一定的声誉，但是他的劝说并没

---

[1] *Salisbury-Balfour Correspondence: letters exchanged between the third Marquess of Salisbury and his nephew Arthur James Balfour, 1869 – 1892.* Herfordshire Record Society, 1988, p. 399.

[2] *Salisbury-Balfour Correspondence*, p. 400.

有达到预期的效果。1892年3月,针对索尔兹伯里的询问,英国陆军、海军情报部门领导层提交了一份关于不宜在东地中海远端区域调动舰队的备忘录。情报部门提出这一建议的主要依据是1888年法国舰队的中坚力量已从布列斯特换防到了土伦。英国海军部担心,一旦发生冲突,将无法保卫本国冗长的交通线。①备忘录的判断引发了首相的双重考量。

一方面,他质疑陆军和海军判断的正确性,是否高估了法国舰队的实力;另一方面,索尔兹伯里对《地中海协定》寄予厚望。根据协定,伦敦方面可以获得来自盟国的援助。②但是,与1878年不同,此时伦敦不能完全指望奥匈帝国的支持(意大利及其陆军不在考虑范围内)。在未经柏林批准的情况下,维也纳既不会冒险,也不会有所动作。威廉二世对俄国远东政策的走向十分满意,并且不打算将彼得堡的注意力吸引到巴尔干地区。因此,英国没有可靠的大陆盟友可与之共同对抗俄国。唯一令德皇不安的是英国与俄国可能达成协议。③

与此同时,1894年土耳其再次爆发危机——"亚美尼亚"危机。根据《圣斯特凡诺条约》第16款之规定,苏丹必须立即在土耳其境内的亚美尼亚地区实施改革。此后,《柏林条约》的

---

① Margaret M. Jefferson, "Lord Salisbury and the Eastern Question, 1890 – 1898," *The Slavonic and East European Review*, vol. 39, no. 92 (1960), p. 46.

② Margaret M. Jefferson, "Lord Salisbury and the Eastern Question, 1890 – 1898," *The Slavonic and East European Review*, vol. 39, no. 92 (1960), pp. 47 – 48.

③ Ерусалимский А. С. Ук. соч. С. 241 – 243.

第61款又对此加以强调:"土耳其政府必须毫不拖延地改善亚美尼亚地区的生活条件,推行符合当地需求的改革,保障亚美尼亚人的安全,使其免遭切尔克斯人和库尔德人的迫害。土耳其帝国必须定期向各监督国汇报为实现此目标所采取的各项措施。"① 于是,在圣斯特凡诺所确定的土耳其在亚美尼亚问题上对俄国所承担的义务已经扩展到了所有欧洲国家。最终,改革依旧未能进行。1878年初,阿卜杜勒·哈米德二世再也不想容忍议会对政权的限制和监督了,因此他解散了对自己唯命是从的议会。

苏丹声称:"我犯了一个错误,即想要效法我的父亲阿卜杜勒·迈吉德,依靠信念和自由主义制度实现改革。今后,我将追随祖父马哈茂德苏丹的脚步。现在,像他一样,我明白了,只有依靠武力,才能统治上帝托付给我的臣民。"② 此后,他便开始实施臭名昭著的"祖鲁姆"——压迫制度。在国内建立了密不透风的间谍与告密体系,上至政府官员,下至平民百姓,都必须承担这项义务。严苛至极的报刊审查制度和官方的书信暗查制度(邮局不接收装在密封信封中的信函)成了控制臣民思想的有效机制。③ 就这样,君主的个人权力取代了中央政府制度。1885年7月4日,英国驻土耳其大使怀特(W. White)向索尔兹伯里报

---

① Мартенс Ф. 〔Ф.〕 Собрание трактатов и конвенций, заключенных Россиею с иностранными Державами. СПб. 1888. Т. 8. Трактаты с Германиею. 1825 – 1888. С. 674.

② Barbara Jelavich, *History of the Balkans*, vol. *1*: *Eighteenth and Nineteenth Centuries*. Cambridge: Cambridge University Press, 1999, p. 80.

③ Алиев Г. З. Турция в период правления младотурок (1808 – 1918 гг.). М. 1972. С. 49 – 56.

告称:"波尔塔(对土耳其政府的称谓——引者)已是徒有虚名,政权完全集中在皇宫。"①

1876年改革的发起者遭到了镇压。1876年12月23日宪法的起草者——米德哈特帕夏被苏丹"赦免"。返回土耳其后,他首先被任命为叙利亚省总督,而后被任命为士麦那省(现伊兹密尔)总督。1881年,米德哈特被指控策划暗杀苏丹阿卜杜勒-阿齐兹。最初,米德哈特在法国领事馆避难。后来在威逼利诱下,他被哄骗了出去。最终,他被判处死刑,而后改为终身流放阿拉伯半岛。这位大维齐尔②先被押送到了塔伊夫(麦加南部山区的一个城市),而后被运至巴格达,1884年被处死。③ 失败的改革家的首级被当作"礼物"送给了苏丹。在没有外力压迫的条件下,土耳其政府绝不打算履行改革义务,更何况,它还有理由担忧改革的实施会削弱日渐衰落的奥斯曼帝国。

1880年9月7日,德国、俄国、英国、意大利、奥匈帝国、法国的大使先后向土耳其外交大臣递交照会,建议土耳其政府履行《柏林条约》第61款,推进改革的有效实施,为西亚美尼亚的和平与安宁提供保障。④ 作为回应,阿卜杜勒·哈米德二世决定"通过消灭亚美尼亚人来解决亚美尼亚问题",并且以此作为行动方针。随着巴尔干半岛的穆斯林难民不断涌

---

① Smith, *The Embassy of Sir William White at Constantinople*, p. 159.
② 奥斯曼土耳其帝国苏丹以下最高级别大臣,相当于宰相。——译者注
③ Алиев Г. З. Ук. соч. С. 38 – 39; 339.
④ Геноцид армян в Османской империи. Сборник документов и материалов под ред. М. Г. Нерсисяна. Ереван. 1982. С. 5 – 10.

入亚美尼亚诸省（1878～1884年为812193人。1884～1897年又增加了202822人。在此情况下，1897年帝国人口达到了39096294人①)，为了创建新的省份，不得不变更行政区域边界，结果，基督徒成了少数派。土耳其官员曾公开表示，绝不允许形成"第二个保加利亚"。国外观察员一致认为，亚美尼亚人的处境正在持续恶化。②

1891年，在游牧民族库尔德人中间发起了一项建立非正规骑兵——哈米迪耶军团的改革，该骑兵军团由40支部队组成。这个军团的首要任务是监视俄国与土耳其边界、土耳其与波斯边界及境内那些不完全忠于土耳其的地区。③ 在组建库尔德军团时存在的问题是，尽管部落收下了武器和资金，却不提供可靠的支持或哥萨克式的非正规骑兵。土耳其政府对它们的掌控也十分有限。在许多地区，狂热的军团开始互相翻起了旧账、挟私报复。④ 尽管如此，改革仍在继续。截至1899年，哈米迪耶军团63支部队已经拥有兵力5万人。⑤

1886年8月，英国驻君士坦丁堡大使向土政府提交了一份西亚美尼亚改革问题备忘录，然而这一外交举措毫无成效，但是伦敦方面也没有继续跟进。参照保加利亚人在巴尔干地区所发挥的作用，英国外交部的某些外交官希望，亚美尼亚人将来

---

① Jelavich, *History of the Balkans*, vol. 1, pp. 80 - 81.
② Геноцид армян в Османской империи... С. 14; 18 - 21.
③ Edward J. Erickson, *Defeat in Detail: The Ottoman Army in the Balkans, 1912 - 1913*. Westport, Connecticut: Praeger, 2003, p. 14.
④ Г. Ф. Курды и курдская конница. // ВС. 1896. No4. С. 365.
⑤ Erickson, *Defeat in Detail*, p. 14.

也能够在小亚细亚发挥同等作用,即对于腐朽堕落的波尔塔而言,成为介于本国领土与俄国之间的缓冲地带。无论这些计划听起来多么诱人,但是在欧洲大陆深处,英国的影响力(或者武力认可度)十分有限。英国的图谋使俄国忧心不已,因此对于保护土耳其境内的亚美尼亚人,俄国态度消极、行事懈怠。[①]于是,在这种图谋算计和行事风格的影响下,列强在1880年代末至1890年代初遭遇了"亚美尼亚危机"。在这场危机中,列强在土耳其的对抗达到了顶峰,其中德国与英国在小亚细亚铁路特许权问题上的对峙最为激烈。虽然出乎意料,但是对抗就这样发生了。

1886年11月,索尔兹伯里访问君士坦丁堡。在与苏丹会晤时,他试图说服苏丹恢复大规模的铁路建设计划并且委托欧洲(英国)工程师监理。尽管阿卜杜勒·哈米德对此表示支持,但是后来没有下文。[②] 无论如何,与英国人的对话就这样结束了。在奥斯曼帝国的铁路建设方面,伦敦成就不高。1856年,在《巴黎和约》缔结后,英国幼发拉底铁路公司宣告成立,这家公司负责建造一条连接波斯湾、底格里斯河、幼发拉底河与地中海沿岸的铁路。但是,这个计划有始无终。1858年,英国公司在士麦那地区修建了一小段铁路,而后就失去了资金来源。1871年,德国人尝试建设另一段铁路,但是很快他们就放弃了,被迫将公司股权转让给了一家英国-希腊合资公司。自1888年8月,

---

[①] Smith, *The Embassy of Sir William White at Constantinople*, pp. 105–108.

[②] Smith, *The Embassy of Sir William White at Constantinople*, p. 109.

连接奥斯曼帝国首都与维也纳的铁路竣工,这条干线途经巴黎和柏林,但是不经过该帝国的亚洲省份。因此,在土耳其的亚洲部分尚未形成规模可观的铁路网络。①

1888年6月,英国驻君士坦丁堡代办向本国政府报告称,英、法金融家的行为令阿卜杜勒·哈米德感到失望,现在他倾向于德国,原因很简单,后者对中东未提出特殊要求。事实上,德国的大资本家也曾举棋不定,然而在1888年9月2日收到了来自俾斯麦的保证后,他们不再犹豫(事实上,他们仍旧有所顾虑,因为总理拒绝保证在这个国家投资)。② 在保证中,俾斯麦表示该项目将得到德国驻土耳其大使馆的全力支持。23日,德国公司获得了首个铁路建设特许权,该公司有权扩建伊斯坦堡-伊兹密特铁路至安哥拉(今安卡拉)。最初,英国金融家同意加入该公司,因为伦敦方面认为这对自身影响力不构成特殊威胁。③

1887年7月25日,英国驻土耳其大使怀特起草了一份题为《土耳其铁路亚洲段英国各版本施工方案评述》的备忘录,其中明确了英国在针对该问题制定政策时所应遵循的四项基本原则,其中最重要的是:第一,小亚细亚的铁路建设应当符合英国的切身利益;第二,政策应当符合英国领导阶级的利益,同时在铁路建设过程中,必须排除向法国或者俄国移交铁路建设权的可

---

① Smith, *The Embassy of Sir William White at Constantinople*, pp. 112-116.
② Smith, *The Embassy of Sir William White at Constantinople*, pp. 123-124.
③ Smith, *The Embassy of Sir William White at Constantinople*, p. 127.

能。① 至于德国在土耳其的影响力，在英国外交部看来，它是友好的，并且注定不如英国，光荣地排在第二位。1887年11月，英国驻德国武官在一份特别报告中指出，在商业和军事方面，德国在土耳其能够对英国构成严重威胁。这份报告被忽视了。② 这是个错误，只是后来才被察觉。

1880年代初，德国开始积极渗透土耳其。自1883年起，以威廉·冯·德·戈尔茨（Wilhelm von der Goltz）将军为首的德国军事代表团开始对土耳其军队进行改组；1887年，在德国大使馆的积极运作和贿赂下，土耳其军队重新武装，配备上了德国的毛瑟枪。③ 1889年11月，威廉二世出访奥斯曼帝国首都。德国外交部强调，这完全是一次私人访问，是皇帝地中海旅行计划的一部分。由于此时德英两国正处于和睦时期，与德皇同行的赫伯特·俾斯麦亲王认为有必要接见英国驻土耳其大使，并且向德皇保证伦敦与柏林在该国的利益分配方面不会发生分歧。实际上，这是一次勘察行动。在此过程中，年轻的德国皇帝对土耳其的发展前景深信不疑，并且暗下决心要使土耳其成为德国工业与资本的进军目标。④ 在得出这一结论后，奥斯曼帝国的完整性与稳定性已然成了柏林的关注对象。

与此同时，阿卜杜勒·哈米德推行的制度引发了一场又一场危机。事实上，持续增加的库尔德骑兵已经脱离了当地政府的控

---

① Smith, *The Embassy of Sir William White at Constantinople*, p. 165.
② Smith, *The Embassy of Sir William White at Constantinople*, pp. 132-133.
③ Smith, *The Embassy of Sir William White at Constantinople*, p. 115.
④ Smith, *The Embassy of Sir William White at Constantinople*, pp. 122-123.

制,对基督徒发起了恐怖袭击。敲诈勒索、抢劫掠夺、强行搬迁,这些土耳其人所惯用的传统管理手段导致越来越多的亚美尼亚人逃离边境、进入俄国。此后,库尔德人占领了这些无主之地。土耳其政府对这一结果似乎并不满足。① 自1890年起,针对亚美尼亚人的屠杀活动接连发生:1890年在萨姆松;1891年在安卡拉。1893年,奥斯曼地方政府要求生活在沙逊的亚美尼亚村民纳税。此前,由于亚美尼亚村社已向哈米迪耶军团缴税,他们拒绝二次缴税。作为报复,库尔德人和土耳其人袭击了沙逊,摧毁了附近的村庄和城市。根据成员包括俄国、英国和法国领事在内的国际委员会的统计数据可知,在这场屠杀活动中近900人丧生。②

1893年10月5日,英国驻埃尔祖鲁姆领事向驻君士坦丁堡大使报告称:"先生,我有幸向您汇报,生活在该省边界地带的亚美尼亚人正在源源不断地移民俄国……这不得不让人怀疑,如果不受政府阻挠或者政府不在通往边境的道路上设置障碍,那么许多亚美尼亚人还将从内地移民境外。"③ 列强建议在土耳其辖境内的亚美尼亚地区实施改革:设立总督管辖区,确保基督徒参与行政管理,缩小哈米迪耶军团的行动范围。面对此项提议,苏丹回应道:"此案将以流血告终。"显然,此前发生的惨案对于土

---

① Геноцид армян в Османской империи...С. 22 – 24.
② H. Sutherland Edwards, *Sir William White, for Six Years Ambassador at Constantinople: His Life and Correspondence*. London: J. Murray, 1902, p. 105.
③ Геноцид армян в Османской империи...С. 24.

耳其君主而言，由于规模不足，不算流血事件。1894~1895年，在小亚细亚发生了亚美尼亚大屠杀。在此期间，近30万人遇难。19世纪末的英国历史学家指出："希俄斯、叙利亚、保加利亚、亚美尼亚，这些名称是与土耳其人在过去的3/4个世纪里最典型的事迹息息相关。"①

  1895年8月，土耳其的暴政遭到了英国的严厉谴责。在欧洲六大强国（英国、俄国、法国、奥匈帝国、德国、意大利）的抗议下，苏丹被迫于1895年10月20日签署诏书，宣布在西亚美尼亚进行改革。然而，这只是一纸空文。这份诏书的出现招致了新一轮的暴虐与杀戮，这场大屠杀始于君士坦丁堡，在1895年的最后三个月里，它席卷了小亚细亚的15个省，其中规模最大的屠杀活动发生在帝国的首都、布拉特宗、埃尔祖鲁姆、迪亚巴克尔、比特利斯和桑尼乌法。在这场令行禁止的大屠杀中，警察和宪兵都参与其中。在这惨绝人寰的24~48小时里，杀戮完全建立在了宗教的基础上，即最大限度地消灭亚美尼亚－格列高利人群。地方政府向亚美尼亚人提供的唯一救助就是允许他们皈依伊斯兰教。②

  苏丹军队的军饷经常被挪作他用。例如在1895年，军队只获得了4个月的军饷；在1896年的3~9月，军队只获得了1个月的军饷。③ 因此，军官和士兵完全具备参与抢劫的动机。在大屠杀过程中启用了整支军队，有时甚至还调用了炮兵连。亚美尼

---

① Edwards, *Sir William White*, p. 105.
② Charles Eliot, *Turkey in Europe*. London: E. Arnold, 1908, pp. 406–408.
③ Алиев Г. З. Ук. соч. С. 49.

亚俘虏遭遇了非人的折磨，大批俘虏被活活烧死，掠夺而来的财物在市集随意贱卖。① 1895 年 11 月 11 日，德国驻土耳其大使萨尔玛男爵表示："目击者一次次地从那里传回消息，这些消息令人毛骨悚然。埃尔祖鲁姆近郊变成了硝烟弥漫的废墟和荒漠。时至今日，这些村庄的某些地方还在着火。在埃尔祖鲁姆，没来得及掩埋的尸体就那样弃置荒野，任凭野狗啃食……最后一次大屠杀发生在迪亚巴克尔，其惨烈程度完全超过这里。据法国大使叙述（在那里驻扎着一支较大的法国领事代表团），死难者人数难以估算，因为大量死尸被扔到了燃烧的火堆中。这一切简直惨不忍睹，在偏僻的小巷，在十字路口，他们像对待羔羊一样残害手无寸铁的亚美尼亚人。"②

数十年来，土耳其政府一直奉行驱逐、消灭西亚美尼亚原生基督徒的针对性政策。对于君士坦丁堡而言，这一政策终于结出了令人满意的果实。③ 根据奥斯曼帝国颇为有限的统计数据，1881 年，埃尔祖鲁姆省的亚美尼亚人口为 136147 人（土耳其人口 105565 人）；1887 年，这些指标分别为 106768 人和 428495 人（土耳其人口与库尔德人口之和）；1890 年分别为 109819 人和 441671 人；1892 年分别 134967 人和 500782 人。④ 显然，这还不够，基督徒人口略微显露的增长趋势引起了土耳其政府的警觉，

---

① Геноцид армян в Османской империи... С. 25 – 35.
② Ерусалимский А. С. Ук. соч. С. 143.
③ Сборник дипломатических документов. Реформы в Армении. 26 ноября 1912 года – 10 мая 1914 года. Приложение №6. Статистика населения 6 армянских вилаетов. Пгр. 1915. С. 273 – 290.
④ Там же. С. 273 – 274.

于是土耳其人通过有组织的、大规模的屠杀活动成功地削减了亚美尼亚人口，特别是在农村。

唯一能够躲过恐怖袭击的办法就是穿越俄国边境。大批亚美尼亚人越过边境，涌入埃希米亚津和梯弗里斯。1896年12月23日，随之而来的是为难民筹措资金的最高法令。难民人数为4.3万~5万，近2600座城市和村庄遭到破坏，568座教堂和修道院被毁，328座教堂和修道院被改建为清真寺。① 土耳其人和库尔德人瓜分了无主的土地。大屠杀的"成果"是显而易见的。例如，根据俄国领事的说法，到了1898年，在凡省的两个区，在大屠杀发生前登记的919个亚美尼亚院落只剩下291个；与此同时，库尔德人的这一指标从21个增加到189个。② 土耳其对死难者的官方统计意味深长，8.8万名亚美尼亚人遇难，1293名穆斯林遇难。③ 这说明，为此显然没有必要组织抵抗或起义。

1896年春，沙逊的历史在橄榄城重演。但是，这里的亚美尼亚人组织了防御，击退了掠夺者，甚至还围困了当地的守备部队。在英国大使馆的积极干预下才避免了一场大规模的屠杀活动。1896年6月，土耳其地方政府在凡城山区策划并实施了一场屠杀活动。8月26日，为了激发人们对本民族生存状况的关注，为了表示抗议，亚美尼亚民族主义者策划攻占君士坦丁堡的

---

① Братская помощь пострадавшим в Турции армянам. М. 1898. С. XVIII - XX; XXIII.
② Геноцид армян в Османской империи... С. 158.
③ Братская помощь... С. XXIV.

奥斯曼信贷银行。该银行13点被占领，24点被肃清。经过谈判，恐怖分子被带到了土耳其城外，而后在首都爆发了一场针对基督徒和亚美尼亚人的大屠杀，屠杀持续了2天。据英国大使馆统计，在这场屠杀中约5500人丧生。① 具体的死难者人数无法统计，因为大量尸体被沉入海底，乘坐外国船只的目击者在君士坦丁堡港口目睹了这些极其恶劣的场面。② 俄国代表团对最后一次大屠杀的评价与英国人如出一辙。

8月31日，俄国驻土耳其武官向彼得堡报告称："在君士坦丁堡，两天内有5500余名毫无自保能力的亚美尼亚人遇害，其中许多人是其他教派的基督徒。确切地说，这场屠杀是政府借有组织的匪帮之手在警察局官员的领导下实施的。在外交使团，特别是我们大使的果断干预下，昨天和今天都较为平静，但是骚乱仍未平息。"③ 根据美国某位情报人员提供的信息可知，土耳其当局事先已掌握了奥斯曼信贷银行即将遭遇劫持的情报，但对此未加阻止，取而代之的是在筹备大屠杀。④ 俄国记者写道："面对银行遭遇劫持的消息，伊斯坦布尔的亚美尼亚居民比土耳其人更为震惊。他们完全没有做好自卫的准备，在动乱的风波中，对意外的恐惧笼罩着所有亚美尼亚人。突然间，亚美尼亚人不受法律保护了。无论他们出现在哪里，都成了被追

---

① Eliot, *Turkey in Europe*, pp. 409–413.
② Геноцид армян в Османской империи... С. 125.
③ Там же. С. 121.
④ George Washburn, *Fifty Years in Constantinople and Recollections of Robert College*. Boston: Houghton Mifflin Company, 1909, p. 246.

打的目标。"①

该事件的俄国目击者称：这不是小打小闹的冲突、纷争，而是战争，是对起义的镇压，这简直就是穷凶极恶的、令人作呕的、大规模的杀戮，对人类的猎杀。至少，在我们能观察到的城市的某一区域里就发生了这样的屠杀；但是，我们从别处也听到了同样的消息。②在这场猎杀中，30~40名被误认为是亚美尼亚人的希腊人、欧洲人和土耳其人也惨遭杀害。法国目击者在证言中指出，在这场屠杀中存在一句特殊的暗语，即"君主允许杀死亚美尼亚人"③。短时间内，这座城市的亚美尼亚居民在经历了杀戮、逮捕、驱逐及其他形式的迫害后，减少到了7.5万人。④

关于土耳其人组织的这场大规模的"人类猎杀"的结果，列强看法一致，但是仅此而已。无论是彼得堡还是巴黎，都不支持英国以海军示威为威胁的企图。前者不愿激化海峡地区的局势；后者则希望保全债务国奥斯曼帝国的领土完整。至于德国，威廉二世在亲信的小圈子里表达了对屠杀事件的愤慨，同时向苏丹声明："镇压亚美尼亚起义是君主的权力。"⑤结果，在俄国的提议下，列强决定采取姑息措施，每个国家向君士坦丁堡派遣第二艘警备舰（依据与土耳其的协议，军舰可在首都泊地长期停

---

① Иностранное обозрение. // ВЕ. 1896. №10. С. 841.
② Братская помощь... Отдел II. С. 80.
③ Там же. С. 93.
④ Washburn, *Fifty Years in Constantinople and Recollections of Robert College*, p. 249.
⑤ Ерусалимский А. С. Ук. соч. С. 198–199.

留）。必要时，警备舰船员将组成一支军队，在无法阻止大屠杀的情况下，保护欧洲人的生命与财产安全。①

对于苏丹而言，屠杀事件的唯一后果是彻底地沦为欧洲的"无赖"，格拉德斯通公开称呼阿卜杜勒·哈米德为"杀手苏丹"。此前，索尔兹伯里曾在议会中表示，英国"在克里米亚战争中支持土耳其对抗俄国，真是下错了赌注"②。在1856年《巴黎和约》签订40周年之际，此话并非只是回顾往事，而是在向欧洲表态。1895年，索尔兹伯里提出已经没必要在海峡区域筹备对抗俄国的事宜了，他的观点在政府中得到了无条件支持。③是的，此后他才发表上述言论。令首相大为恼火的是海军的固执己见和他们对法国舰队危险性的评价。1896年1月，他发表声明，宣称与美国爆发战争"比未来俄法结盟更可能变成现实"④。

此时，英国舰队司令部持不同观点。为了掌握在海峡区域本国舰队针对俄国可能实施的行动予以反击的筹备情况，索尔兹伯里发出了若干封询函。针对第一封询函，舰队司令

---

① История внешней политики России. Конец XIX – начало XX века（От русско – французского союза до Октябрьской революции）. М. 1997. С. 104.
② J. A. S. Grenville, *Lord Salisbury and Foreign Policy: The Close of the Nineteenth Century*. London: Athlone, 1964, p. 25.
③ Margaret M. Jefferson, "Lord Salisbury and the Eastern Question, 1890 – 1898," *The Slavonic and East European Review*, vol. 39, no. 92 (1960), p. 50.
④ Margaret M. Jefferson, "Lord Salisbury and the Eastern Question, 1890 – 1898," *The Slavonic and East European Review*, vol. 39, no. 92 (1960), p. 51.

部的反应极为消极。此后，针对重新发出的若干封询函，海军部提出了两个条件。第一，允许进攻并摧毁驻扎在土伦的法国舰队，顺便说一下，在那里还停泊着3艘俄国装甲战列舰。应当说明，在这一时期，英国海军司令部（约翰·费舍尔、查尔斯·贝雷斯福德）唯恐敌舰从土伦出发进攻直布罗陀－马耳他交通线或者从比塞大（位于突尼斯的法国海军基地）出发进攻马耳他。第二，由英国或与英国交好的国家接手土耳其在达达尼尔海峡上的防御工事。对于英国史学者格伦维尔的见解，我们很难提出异议："事实上，正如索尔兹伯里所预见的那样，这意味着英国将无法及时抵抗俄国对君士坦丁堡的进攻。"①

尽管索尔兹伯里主张积极对抗俄国，但是舰队司令部和内阁均提出反对，这迫使他改变了自己的立场。② 应当指出，这一进程始于1891年，此时英国几乎对与德国维持伙伴关系不抱希望。③ 此外，除了俄国在博斯普鲁斯海峡占优势，俄国铁路网的延伸，特别是在突厥斯坦总督区的延伸对此也产生了极大的影响。④ 索尔兹伯里在1897年1月20的信函中指出：通过海峡的防御状态（防守严密的达达尼尔海峡与几乎开放的博斯普鲁斯海峡），不难发现这样一个事实，苏丹"宁愿遭受俄国的入侵，

---

① Grenville, *Lord Salisbury and Foreign Policy*, p. 26.
② Grenville, *Lord Salisbury and Foreign Policy*, p. 27; Dame L. Penson, *Foreign Affairs Under the Third Marquis of Salisbury.* London: University of London Press, 1962, p. 8.
③ Smith, *The Embassy of Sir William White at Constantinople*, p. 136.
④ Grenville, *Lord Salisbury and Foreign Policy*, p. 26.

也不愿接受西方列强的援助"①。客观起见，必须指出，据俄国军方评价，达达尼尔海峡防御薄弱，根本无法抑制英国舰队。②然而，英国首相则更倾向于听信本国专家的评价，并且以此为基础得出了一个合乎逻辑的推论："在无随行军舰反击陆地炮台的情况下，对于任何以舰队强攻为手段强渡达达尼尔海峡的想法，我们的海军专家都极为反对。如果这样的话，我认为应当放弃英国独自强渡达达尼尔海峡的想法。"③

1896年底，博斯普鲁斯海峡侵占计划的命运得以确定。"亚美尼亚危机"为博斯普鲁斯海峡登陆计划的顺利实施创造了适宜的条件。圣彼得堡犹豫不决。1895年7月5日，该计划的起草者之一、远洋作战的拥趸奥布鲁切夫将军在奏章中再次强调了解决这一问题的必然性和复杂性："显然，将来不管我们愿不愿意，都必须做一件事：通过能够直接攻入博斯普鲁斯海峡的强大陆战队证明我们反土耳其军事行动的实力。这场战役是艰难的且极其冒险的。但是，从我们的黑海港口到君士坦丁堡36~40小时的航程，这段距离远比巴尔干和小亚细亚的陆路行军距离要短得多。时间的选择与突袭的时机更多地掌握在我们手中。此外，无论如何，在海上我们的兵力损失会更小，

---

① Harold Temperley, ed., *Foundations of the British Foreign Policy from Pitt (1792) to Salisbury (1902), or Documents, Old and New.* Cambridge: Cambridge University Press, 1938, p. 498.
② Pertti Luntinen, *French Information on the Russian War Plans, 1880–1914.* Helsinki: SHS, 1984, p. 40.
③ Temperley, ed., *Foundations of the British Foreign Policy from Pitt (1792) to Salisbury (1902)*, p. 498.

并且后方也没有完全堕落的奥地利。不入虎穴焉得虎子。对君士坦丁堡实施陆地突袭怕是要比迅速而突然地进攻博斯普鲁斯海峡更为冒险。"① 他提议,为了增强运输舰队的实力,应该建造一批专门用于运输骑兵、步兵、炮兵及其装备的国有舰船。另外,他还提议完善炮兵预备役和布雷兵预备役制度,以便在两三年后培养出可用之才。② 7月6日,上述提议得到了沙皇的全力支持。③

1896年2月25日,为了商议陆战队的组成人数和作战兵力的最终分配问题,陆军元帅古尔科主持召开特别会议。参会者包括陆军大臣、海军统帅、财政大臣、海军司令部和总司令部的首长、敖德萨军区和黑海舰队的司令及陆军和舰队的一众校官。从整体上看,讨论的焦点集中在了运输问题上。尽管志愿舰队和俄国航运与贸易协会的汽轮机船总量足以完成运输任务,但是参会者普遍认为,它们无法在黑海港口悄无声息地完成集结。与此同时,奥布鲁切夫提出的补充买进用作运输舰的汽轮机船的提议也得到了参会者的支持。然而,不愿增加陆军和舰队预算的维特坚决反对该提议。最终,会上通过决议,决定申请购买这些舰船。3月11日,会议主席向沙皇呈递会议纪要,申请获批。④ 就这样,博斯普鲁斯海峡远征计划的实施被再次推迟了。

---

① РГВИА. Ф. 400. Оп. 4. Ед. хр. 587. Л. 211.
② Там же. ЛЛ. 217–219.
③ Там же. Л. 210.
④ Там же. ЛЛ. 263–265;268–280.

1896 年 7 月，涅利多夫在彼得堡收到指示，要求他在土耳其推行旨在维持现状的政策。① 9 月 18 日，他从君士坦丁堡发回报告："但是至今为止，在亚美尼亚人的努力下，事态进展神速，政治上的崩溃使之取得了巨大的成功。我认为，维持现有秩序几乎是不可能的，而且很可能发生某种形式的政变。这里的局势是如此的动荡不安，以至于大家都能意识到爆发新的骚乱几乎是不可避免的。不是亚美尼亚人在闹革命，他们曾公开声明，就是穆斯林贱民或不满现状的土耳其人——'索夫塔'（神职人员——引者）或军人在挑起争端，他们试图发动革命，对此他们都曾公开表态。街头的骚乱一触即发，并且外国殖民者，特别是英法殖民者惶惶不可终日，高声要求本国政府提供庇护。"② 在此背景下，金角湾的警备舰数量将有所增加，欧洲列强或其他国家的舰队甚至可能闯入马尔马拉海域并且登陆君士坦丁堡，因此，涅利多夫建议调整舰队状态，使之做好出征准备，以便在必要时舰队能够先于英国抵达博斯普鲁斯海峡。③

东方危机迫使尼古拉二世开启了西欧之旅。④ 1896 年 9 月，沙皇在巴尔莫勒尔城堡（苏格兰）会见英国首相。此事在尼古拉二世的日记中留有简要的记载："与索尔兹伯里举行会

---

① Проект захвата Босфора в 1896 г. // КА. М. - Л. 1931. Т. 4 - 5（47 - 48）. С. 56.
② Там же. С. 57.
③ Там же. С. 57 - 58.
④ Киняпина Н. С. Ук. соч. С. 185.

谈。"① 9月27日和29日两次会谈的俄文版和英文版纪要仍保存至今。② 在这次会谈中,双方重点讨论了东方政策问题。索尔兹伯里是一位经验丰富的政治家,此时他已是第三次担任首相了。俄文版会谈纪要显示,在与尼古拉二世谈话之初,他试探性地提议向各国舰船开放博斯普鲁斯海峡,但是遭到了尼古拉二世的强烈反对。③ 英文版会谈纪要显示,在会谈之初,尼古拉二世声明,他主张维持现状,在领土方面也是如此;列强中任何国家想要侵占奥斯曼帝国某块领土的企图都将招致其余国家的联合抵制。与此同时,沙皇拒绝支持索尔兹伯里关于推翻阿卜杜勒·哈米德统治的提议,因为大概不能期待他的继任者将比前任做得更好。④

索尔兹伯里持反对意见,他认为对重蹈覆辙的畏惧将是牵制新任苏丹正常行事的最佳保障。英国首相坦言,他不相信在土耳其的领土上推行"纸上谈兵的改革和宪法"的有效性。此外他认为,只有在列强使馆的监督下,才能确保奥斯曼帝国维持正常统治。随后,对话涉及了关乎英国核心利益的问题——埃及问

---

① Дневники Николая II. 1894 – 1918. М. 2011. Том 1. 1894 – 1904. С. 297.
② Margaret M. Jefferson, "Lord Salisbury's Conversations with the Tsar at Balmoral, 27 and 29 September 1896," *The Slavonic and East European Review*, vol. 39, no. 92 (1960), pp. 216 – 222.
③ Пономарев В. Н. Свидание в Бальморале и англо – русские отношения в 90 – х гг. XIX века. // Исторические записки. 1977. № 99. С. 348.
④ Margaret M. Jefferson, "Lord Salisbury's Conversations with the Tsar at Balmoral, 27 and 29 September 1896," *The Slavonic and East European Review*, vol. 39, no. 92 (1960), p. 216.

题。尼古拉二世认为，法国人过于敏感。① 事实上，索尔兹伯里暗示英、俄两国存在达成协议的可能。若英国在海峡问题上做出让步，俄国则应在埃及问题上支持伦敦。② 自1891年夏天起，土耳其多次提议英军撤离埃及，法国为了在该国占据特殊地位对此也并未提出异议。③ 索尔兹伯里不信任执政的赫迪夫，④ 显然想要换掉他，但是若无君士坦丁堡的许可，此事无法独自完成。因此，他追忆往昔，提到了尼古拉一世分割奥斯曼帝国的提议。根据该提议，英国可将埃及收入囊中，法国可将叙利亚据为己有。⑤

回顾历史，尼古拉二世暗示扩大法国的份额是可取的。此后，他强调俄国从未制订过针对印度的挑衅计划。至于波斯和西亚美尼亚，沙皇则强调自己倾向于实施维持现状的政策。他对占领后者的前景并不看好，因为这是一项劳民伤财的事业。并且在他看来，这不仅帮不上亚美尼亚人，反倒会使遗留在奥斯曼帝国的亚美尼亚侨民沦为该决议的人质和受害者。与此同时，尽管出于商业利益的考量，在远东将开通一条途经中国东北的铁路，但

---

① Margaret M. Jefferson, "Lord Salisbury's Conversations with the Tsar at Balmoral, 27 and 29 September 1896," *The Slavonic and East European Review*, vol. 39, no. 92 (1960), p. 217.
② Киняпина Н. С. Ук. соч. М. 1994. С. 185.
③ Smith, *The Embassy of Sir William White at Constantinople*, pp. 149 – 150.
④ 埃及总督，这是1866~1914年土耳其苏丹赐给埃及统治者的封号。——译者注
⑤ Margaret M. Jefferson, "Lord Salisbury's Conversations with the Tsar at Balmoral, 27 and 29 September 1896," *The Slavonic and East European Review*, vol. 39, no. 92 (1960), p. 217.

是沙皇承诺在远东事务上也将奉行维持现状的原则。索尔兹伯里对上述说法未提出反对意见。① 海峡的未来是各方关注的焦点。沙皇总结道:"俄国没有占领君士坦丁堡或者邻近海峡的土耳其领土的想法。我们只想拥有一扇'门',并且具备加固它的能力。"② 同时他强调,俄国既不打算推翻苏丹,也不打算在地中海打造新的海上强国。③

显然,尼古拉二世的立场具有双面特征,对话者也同他打起了太极。索尔兹伯里提出有必要考虑其他国家的利益,特别是法国和奥匈帝国的利益。最后一个理由令沙皇难以保持冷静,他指出,多瑙河君主制仅由执政的君主个人维持,在他逝世后,匈牙利和波希米亚(捷克)及其他斯拉夫省份将独立出来,而哈布斯堡王朝将只剩下"奥地利这块招牌"④。索尔兹伯里完全赞同他的观点,但是海峡问题除外。他表示,英国的立场已经发生改变,现在完全取决于那些英国无法抛弃的盟友,至少在他与俄国的专制君主交谈时情况如此。⑤ 如此不寻常的对话可能只意味着

---

① Margaret M. Jefferson, "Lord Salisbury's Conversations with the Tsar at Balmoral, 27 and 29 September 1896," *The Slavonic and East European Review*, vol. 39, no. 92 (1960), p. 218.
② Пономарев В. Н. Ук. соч. // Исторические записки. 1977. № 99. С. 348.
③ Margaret M. Jefferson, "Lord Salisbury's Conversations with the Tsar at Balmoral, 27 and 29 September 1896," *The Slavonic and East European Review*, vol. 39, no. 92 (1960), p. 219.
④ Margaret M. Jefferson, "Lord Salisbury's Conversations with the Tsar at Balmoral, 27 and 29 September 1896," *The Slavonic and East European Review*, vol. 39, no. 92 (1960), p. 219.
⑤ Margaret M. Jefferson, "Lord Salisbury's Conversations with the Tsar at Balmoral, 27 and 29 September 1896," *The Slavonic and East European Review*, vol. 39, no. 92 (1960), p. 220.

一件事：英国不再认为自己在海峡地区是无所不能的了。1897年1月，威廉二世直接询问英国驻德国军事代表，英国与俄国是否正在就分割奥斯曼帝国的问题展开谈判。他所得到的答复是："得了吧，陛下，您看，我们不能独自为伊斯坦布尔而战，而其他国家也不会为它而战，那么没有任何人可以帮助我们。"①

继英国之行后，沙皇又赶赴法国。10月5日，抵达瑟堡，随后前往法国首都，在那里法国人举行了热烈的迎接仪式。93万外来人口涌入了200万人口的巴黎。② 在巴黎发生的一切被称为"俄国周"活动。③ 令柏林、伦敦和彼得堡完全出乎意料的是法国君主对外交方案的抵制（至少是消极抵制）。法国政府坚决反对俄国的行动计划，他对盟友俄国的最大让步就是同意给予外交支持。④ 然而，该联盟的存在仍然是个秘密，甚至其拥护者在公开场合也不得不称其为"所谓的"联盟。⑤ 但是在一定程度上，一切已然明了，许多人都明白，"联盟"这个词与"不变的友谊"这个词组没有显著的差异。⑥

1897年8月，法国总统菲利·福尔（Félix Faure）回访俄国，这为"与"画上了句号。同样地，他也受到了欢迎，尽管气氛没那么热烈。无论如何，这是共和国总统首次访问俄罗斯帝

---

① Ерусалимский А. С. Ук. соч. С. 242.
② Ольденбург С. С. Ук. соч. Белград. . 1939. Т. 1. С. 68 – 71.
③ Иностранное обозрение. // ВЕ. 1896. №11. С. 391 – 392.
④ George Michon, *The Franco-Russian Alliance*, *1891 – 1917*. London: Allen & Unwin, 1929, pp. 92 – 93.
⑤ Иностранное обозрение. // ВЕ. 1896. №9. С. 354.
⑥ Иностранное обозрение. // ВЕ. 1896. №11. С. 391 – 392.

国。① 8月23日，法国小型舰队——2艘装甲巡洋舰和1艘轻型巡洋舰抵达喀琅施塔得，由此开启了福尔总统对彼得堡及其周边地区的访问之旅。8月26日，在举杯致敬乘波蒂号巡洋舰远道而来的贵客时，沙皇说道："您的到来为我们两国人民团结友好、众志成城、竭尽全力地维护基于法律和正义的普遍和平创建了新的纽带。"② 尽管这些话本身很有分量，但是并未使盟国之间的关系变得更加牢固可靠。

不管怎样，1890年代后期，缺乏盟友可靠支持的不只是英国。在此情况下，沙皇尼古拉二世只能暂时舍弃博斯普鲁斯海峡的远征计划，并且在对待土耳其上也选择了传统的"虚弱的邻居"政策。③ 应当指出，彼得堡方面不相信海军强国不愿采取行动的说辞，时刻保持警惕并且做好了行动准备。是的，在迫不得已的情况下彼得堡将采取行动。1896年，部分列强向奥斯曼帝国沿岸派遣本国舰船：英国舰队进驻达达尼尔海峡，奥地利舰队进驻塞萨洛尼基海港，法国舰队进驻贝鲁特海港。这清楚地显示了各国为防备土耳其瓦解或分裂而占据的特别利益区域。④

1896年11月30日，涅利多夫再次递交了关于占领海峡的必

---

① Иностранное обозрение. // ВЕ. 1897. №8. С. 812 – 813.
② Рыбаченок И. С. Союз с Францией во внешней политике России в конце XIX в. М. 1993. С. 163.
③ 该政策的核心是在军事威胁的支持下，借助宗教来扩大俄罗斯在奥斯曼帝国基督徒聚居区的影响力。——译者注
④ История внешней политики России. Конец XIX – начало XX века (От русско - французского союза до Октябрьской революции). М. 1997. С. 104.

要性的说明文件。① 12 月 5 日，沙皇在皇村组织召开特别会议，陆军大臣万诺夫斯基、海军统帅特尔托夫（П. П. Тыртов）中将、总司令部奥布鲁切夫将军、外交部主管希什金、财政大臣维特和被召回俄国的涅利多夫（А. И. Нелидов）出席会议。② 维特强烈反对在海峡地区采取孤立行动，认为这种做法极其冒险。最终，会上通过决议，只有在欧洲舰队强渡马尔马拉海并且违反禁止军舰进入该海域的国际公约时，俄国才会采取行动。在此情况下，授予涅利多夫使用秘密电报呼叫俄国黑海舰队的权力。这种特别授权足以说明俄国对事态突变的担忧。③ 1897 年 1 月 23 日，沙皇最终批准了博斯普鲁斯海峡登陆计划。登陆行动的实施范围不会触动君士坦丁堡的利益。同日，尼古拉二世正式批准了行动的总体方案——《对敖德萨军区部队指挥官的集体指示》。④

　　海上行动险象环生，然而海峡危机却未爆发。总之，德国成了系列事件的唯一受益者。1896 年 9 月，威廉二世再次以个人名义出访君士坦丁堡。德国外交大臣比洛随德皇出访，奥斯曼君主病态多疑的人格令他印象深刻："苏丹特别不信任自己的外交使团、本国的舰队和电力系统。为了防范本国的外国代表机构，苏丹发明了一套复杂的间谍体系。秘书监视使团团长，陆军武官

---

① Проект захвата Босфора в 1896 г. //КА. М. – Л. 1931. Т. 4 – 5（47 – 48）. С. 60 – 64.
② Там же. С. 64.
③ Там же. С. 66 – 67.
④ РГВИА. Ф. 400. Оп. 4. Ед. хр. 587. ЛЛ. 306 – 310.

监视秘书，作为同僚的海军武官监视陆军武官，大使监视海军武官……威廉二世没有看到这些东西，或者不如说，出于自己对苏丹和整个土耳其政府的偏袒，他不想看到这些。"① 也许，德皇"失明"的原因在于苏丹对铁路特许权问题不抱成见。

德国与阿卜杜勒·哈米德建立联系的时机选择得非常恰当。1893~1898年英国驻君士坦丁堡使馆秘书查尔斯·艾略特（Charles Eliot）回忆称："自亚美尼亚大屠杀（1893~1896年——引者）发生后，自己的兄弟都认为他冷酷无情，信奉基督教的兄弟自发地访问圣城令他大为恼火。最终，他将修建巴格达铁路特许权交给了德国。"② 应当指出，对于土耳其人而言，德国在精神上的支持恰逢其时，因为此时他们正担心欧洲列强舰队亮出旗帜，发起进攻。1898年10月18日，德皇夫妇出访君士坦丁堡。此次出访为国事访问，霍亨索伦夫妇在奥斯曼帝国首都停留了4天。

正是在这次土耳其访问期间，德国工业界争取到了君士坦丁堡至小亚细亚铁路修建特许权，这条铁路奠定了柏林—拜占庭—巴士拉干线（最初的德语名称为 Berlin - Bizancium - Basra）的基础。德国人开始驱逐土耳其境内的英国人。英国参与了欧洲列强的海上示威，这激怒了苏丹。在此背景下，威廉二世的数次访问事半功倍，柏林—拜占庭—巴士拉计划也赢得了苏丹的支持。这是一项宏伟的事业，与英国人1856年的构想颇为相似，

---

① Бюлов Б. Ук. соч. С. 129.
② Eliot, *Turkey in Europe*, p. 420.

但是更多的是规模上的相似。在这条铁路干线竣工后，德国可将本国的工业产品运送至波斯湾和红海沿岸（将经由亚喀巴湾港口通向麦加和麦地那的铁路支线考虑在内），德意志第二帝国的企业家也能从这些地区获得原材料。德国经济蓬勃发展，因此它需要销售市场和原料市场。此后不久，比洛宣称："问题不在于我们是否想要开拓殖民空间，而在于我们应该开拓殖民地，无论我们是否愿意。"① 为了延续并发扬1888年在安纳托利亚铁路特许权上所取得的成绩，同时展现德皇与苏丹之间的个人友谊，"3B"计划得以实现。最初，德国的计划未得到充分实施。最终，德国的安纳托利亚铁路公司在1899年12月24日获得了至巴格达和巴士拉的铁路修筑权。② 对于柏林和君士坦丁堡而言，在第一次世界大战开始前仍未竣工的这项铁路建设工程具有重大意义。

在奥斯曼帝国，德国政策的灵活与伦敦1880年代末的期待背道而驰，德国的政策实施之初便体现出了显著的反英色彩。1899年，比洛在德国国会大厦声明："我们不能让任何一个国家，任何一个外国人神气十足地告诉我们：'应该做什么？世界已经被分割了。'"③ 这些话语与行动相吻合，特别是与柏林建设远洋舰队的计划相吻合。"在海军政策方面，我不过问舰队应该有多大，而会过问它应该有多小。我们即将迎来一场战役。在这场大战逼近德国前，我们必须建造出德国，特别是痴迷于发展海

---

① Kennedy, *The Rise and Fall of the Great Powers*, p. 272.
② Ерусалимский А. С. Ук. соч. С. 193 – 194；500.
③ Kennedy, *The Rise and Fall of the Great Powers*, p. 274.

军实力的君主所需的那些舰船。"① 提尔皮茨回忆道："卡普里维只关心与俄国和法国开战的防御准备工程……他说：首先应当结束'在后天'就要爆发的战争，然后我们才能继续发展舰队。"② 1890年，卡普里维（Caprivi）接替俾斯麦担任德国首相。这标志着柏林的外交政策有了新方针。同样地，海军政策也发生了变化，只不过这一过程开始得更早。

1890年代初，德国积极发展商业舰队。此时，德国的商业舰队仅次于英国，稳居世界第二（779艘对5694艘）；在蒸汽机船方面，超越法国（500艘）和美国（423艘）；在帆船方面，德国落后于英国和美国（1386艘对9277艘和3371艘）。尽管如此，但是帆船舰队的时代已经变为历史。③ 按照当时的逻辑，德国的商业舰队必须掩藏军旗。1889年，威廉二世依据陆军的模式对舰队的管理进行了改革，设立了海军总司令部。④

1892～1893年，德国政府通过了1.168亿马克的造船计划。根据该计划，将建造4艘远洋装甲舰、9艘岸防装甲舰、7艘巡洋舰护卫舰、4艘警备舰、2艘驱逐舰。⑤ 原有的舰队政策即将结束。1888～1889年，德国在造船方面花费了895.5万马克（在帝国海军部花费了206.8万马克，在私营造船厂花费了652.7万马克）。后来，舰队的开支也有所增加：1889～1890年

---

① Тэйлор А. Дж. П. Ук. соч. С. 344.
② Тирпиц А. Ук. соч. С. 71.
③ Морская хроника. Торговый флот. // МС. 1894. №3. С. 66.
④ Жерве Б. Германия и ее морская сила. // МС. 1914. №9. С. 147.
⑤ Германский морской бюджет в 1892－1893 гг. // МС. 1892. №4. С. 149－150.

为1081.8万马克（在帝国海军部花费了366.4万马克，在私营造船厂花费了715.4万马克）；1890~1891年为2451.4万马克（在帝国海军部花费了664.3万马克，在私营造船厂花费了1787.1万马克）；1891~1892年，这些指标分别为2598.1万马克、597万马克和2001.1万马克。①

1897年，海军上将阿尔弗雷德·冯·提尔皮茨统领海军部，德国的海军政策几乎立即发生了巨变。为了实现舰队的初步建设，原本计划于1897~1898年拨款建造1艘装甲舰、2艘二等巡洋舰、1艘四等巡洋舰，以3艘现代化巡洋舰替换3艘陈旧的舰船。然而该计划被否决，德皇采纳了新的海军计划，1898年3月23日国会勉强通过了该计划。② 结果，到了1903年，德国拥有了一支"公海舰队"，它替代了原本只能执行防御任务的舰队：19艘战列舰、8艘岸防装甲舰、12艘装甲巡洋舰和30艘轻型巡洋舰。③

随之而来的是德国海军预算的急剧增加。1896~1897年，德国海军预算为1252340英镑（同期英国为8369874英镑，法国为3400951英镑，俄国为2072375英镑，美国为2295811英镑）；1897~1898年，德国的海军预算已增至2454400英镑（同期英国为5193043英镑，法国为3537800英镑，俄国为2530084英镑，美国为2811756英镑）；1898~1899年，该指标已达到2565600

---

① Морская хроника. Военное судостроение в Германии с 1878 г. // МС. 1895. №2. С. 13.
② Ерусалимский А. С. Ук. соч. С. 313；340－342.
③ Жерве Б. Германия и ее морская сила. // МС. 1914. №9. С. 147.

英镑（同期英国为9169697英镑，法国为4568676英镑，俄国为2036735英镑，美国为4245255英镑）。① 这只是未来德国与英国海上对抗的前奏，提尔皮茨坚信，打造强大的舰队是一整代人的事业，他完全不打算在海上与英国对抗，何况此时他的计划尚未达成。根据他的构想，德国舰队的当务之急是成为向伦敦施压的工具，进而提升德国作为盟友的价值。② 事实上，自1890年代初期起，两国的实力差距逐渐拉近。截至此时，两国之间几乎没什么差距了。

1895年12月31日，柏林方面收到消息，塞西尔·罗兹（Cecil Rhodes）的代理人詹姆森博士率兵突袭了德瓦士兰共和国，并且企图摧毁它。这项尝试遭遇了可耻的失败。对此，威廉二世犹豫不决，究竟是动员海军陆战队，还是"只是在陆地上"开启反英军事行动。最终，他决定将行动局限在政治游说上。③ 1896年1月3日，他致电布尔共和国的克鲁格总统，祝贺他"不依靠任何友好力量的帮助"捍卫了国家的独立。④ 这令英国外交界感到极为恼火，但是德国与英国之间的关系危机最终还是被压制了。到了1897年，伦敦拒绝延续"地中海协约国"的效力。

这场危机导致德国外交部领导层发生变动，伯恩哈德·冯·

---

① Морская хроника. Морское дело за границей. // MC. 1907. No3. C. 2.
② Романова Е. В. Путь к войне. Развитие англо–германского конфликта 1898–1914 гг. М. 2008. С. 40–41.
③ Ерусалимский А. С. Ук. соч. С. 103.
④ Тэйлор А. Дж. П. Ук. соч. С. 378.

比洛子爵接替阿道夫·冯·比伯斯坦（Adolf von Bieberstein）男爵的职位。上任后，他立即收到了霍亨洛埃亲王要求改善与俄国关系的命令："我们必须竭尽全力地改善关系，消除七年前因我们最愚蠢的政策——拒绝续签'再保险条约'所导致的不良后果。"① 威廉二世的论述也与他基本相同："英国人待我如此刻薄，因此，我们才会热切地期望与俄国搞好关系。"② 1897年8月，德皇在霍亨洛埃和比洛的陪同下造访彼得戈夫，在那里他试图完成这项任务，至少在远东地区使俄国与德国联手。顺便说一下，德皇承诺，在俄国军舰穿越黑海海峡时将予以协助。③ 尽管俄德关系并未实现重大突破，但是威廉显然依旧一意孤行，并且怀着"极大的热情"在土耳其继续实施反英行径。

继君士坦丁堡之后，德皇前往耶路撒冷，于1898年10月29日入城。在敬拜圣墓后，威廉二世11月8日参拜了位于大马士革伍麦叶清真寺内的萨拉哈丁墓。这一时期，英国在中东的处境极为艰难。1898年9月2日，希伯特·基钦纳（Herbrt Kitchener）将军率领2.6万英埃联军在恩图曼会战中击溃了6万马赫迪民兵，并且使苏丹完全服从英国统治。9月19日，英军和沿尼罗河而上的炮艇遭遇了一支由让·巴普蒂斯特·马尔尚（Jean Baptiste Marchand）少校率领的法军部队。这支部队由11名法国军官和150名塞内加尔步兵组成。1896年夏，他们从布拉柴维尔（今刚果）出发，经过14个月的长途跋涉穿越非洲，

---

① Бюлов Б. Ук. соч. С. 33.
② Там же. С. 36.
③ Там же. С. 72-79.

并于1898年7月10日占领了法绍达（今苏丹科多克）的一处小型黏土堡垒。基钦纳断然要求法国部队撤离"赫迪夫的领地"，英法战争一触即发。1898年10月底，这场危机得以解除。1898年11月3日，马尔尚收到官方命令，要求他率兵撤离法绍达。后来，法国放弃了对尼罗河上游地区的领土要求。1898年11月初，当伦敦在热烈称赞新贵——喀土穆的霍雷肖·基钦纳时，德皇造访大马士革。联系在击退十字远征军、战胜恐怖的"狮心理查"的勇士坟前所说的话，德皇另辟蹊径，声称："尊敬的苏丹和分布在世界各地、尊他为哈里发的三亿穆斯林可以完全相信，德国皇帝现在乃至永远都是他们的朋友。"①

讽刺的是威廉二世在出发前向索尔兹伯里发送电报，请求索尔兹伯里转达自己对基钦纳胜利的恭贺。② 在德皇的授意下，大马士革致辞未经修改便发表了，这令陪同威廉二世出行且有意修改致辞的比洛感到十分糟糕。③ 总体而言，德皇出访的奢华阵仗、进入耶路撒冷的盛大仪式、他对苏丹的尊重与敬意，这一切都给人们留下了深刻的印象。小亚细亚向德国人开放，供其使用。④ 在奥斯曼帝国之外，威廉二世的言辞也引发了连锁反应。1900年，伦敦向科威特提供庇护，按照原定计划，科威特是"3B"计划铁路的终点。⑤ 德国人无法阻止这件事，但是对于身

---

① Peter Hopkirk, *Like Hidden Fire: The plot to bring down the British Empire*. New York: Kodansha, 1994, pp. 21–24.
② Иностранное обозрение. // ВЕ. 1898. №5. С. 389.
③ Бюлов Б. Ук. соч. С. 132.
④ Иностранное обозрение. // ВЕ. 1898. №12. С. 786–787.
⑤ Альконост. Современная политика... // МС. 1915. №1. С. 69.

处困境的苏丹而言，德国的支持是雪中送炭。

1830~1878年，希腊与土耳其因边界问题时常爆发冲突。1879~1881年，曾尝试按照有利于希腊的方式重新划定边界。谈判进行得颇为艰难，但是到了1881年，土耳其最终同意向希腊割让13200平方千米的领土，在其上居住着39万人。对此，双方都不满意，土耳其人因妥协让步而快快不乐，希腊人因欲壑难填而牢骚满腹。① 1895年，克里特岛再次引发危机。根据1868年的组织章程，岛上的最高权力机关应为由49名基督徒和31名穆斯林组成的人民会议，基督徒（占岛上人口的4/5，以希腊人为主）与穆斯林（占岛上人口的1/5）权力平等。但是，该章程未落到实处。根据《柏林条约》第23款的规定，苏丹必须在克里特岛上实施改革，将该岛的控制权从臣民手中转移至基督徒总督手中："土耳其帝国政府必须在克里特岛上认真执行1868年的组织章程；若有变更，需保证公平。在土耳其欧洲部分亦可根据地方需求实施类似章程，但给予克里特的赋税优惠政策除外，同时本条约对行政机构所做之特别规定亦不适用。新章程之规定细则将由土耳其居民广泛参与的特别委员会传达至土耳其帝国各州政府。土耳其帝国政府将对上述组织方案的实施成果进行审查。在指令宣布生效前，土耳其帝国政府须与驻东鲁米利亚的欧洲委员会进行磋商。"②

---

① Недзвецкий В. Греко‐турецкая война 1897 года. Иностранное военное обозроение. // ВС. 1897. №8. С. 153；155.
② Мартенс Ф.［Ф.］Собрание трактатов и конвенций...СПб. 1888. Т. 8. Трактаты с Германиею. 1825－1888. С. 657.

土耳其政府完全未履行上述义务,因此在 1885 年、1888 年和 1889 年爆发了一系列起义。1895 年 5 月,基督徒亚历山大·卡拉特奥多里(Aleksandro Karatodori)帕夏出任总督,他试图对管理模式实施改革,但遭到了穆斯林的抵制。至于希腊人,除了希腊恢复统一外,他们中的大部分人别无他求。针对该计划,任何让步都被他们视为背叛。① 两大宗教群体不可能和平对话,甚至共存。1895 年 9 月,岛上发生骚乱,而后迅速演变为公开的起义。12 月,岛上成立了反土耳其防御委员会,然而它却无法联合发起游击战争的起义者领袖及其下属部队。

1896 年初,总督遭到罢免,土耳其官员瓦利掌权,他下令推迟人民会议的召开。与此同时,土耳其部队陆续登岛。② 土耳其政府坚称,岛上风平浪静、一切正常,但是岛上的军事部署在持续加强。事实上,在克里特岛上爆发了大规模的屠杀活动,抢劫横行、暴力肆虐,基督教村庄遭受灭顶之灾。政府对此置若罔闻,事实上,他们对事件的结果感到满意,部队和穆斯林志愿兵组织将希腊人赶入深山,迫使他们离开熟悉的居住地。③

该事件引发了一场更大规模的起义,起义领袖宣布与希腊合并。早在 1895 年,一群年轻的希腊军官在雅典按照"友谊社"(Filiki Eteria)的模式组建了"国家社会"(Ethniki Etaireia)。两年间,其成员人数从 60 人增加至 3000 人,代表机构遍布 56 个

---

① Stavrianos, *The Balkans Since 1453*, p. 470.
② Киняпина Н. С. Ук. соч. С. 137–138.
③ Иностранное обозрение. // ВЕ. 1896. №7. С. 424–425.

希腊城市和83个境外的希腊社团。①"国家社会"已经成为援助克里特岛人的中坚力量之一。1897年2月,雅典得到消息:土耳其士兵已经向克里特岛上的希腊人挥动屠刀。这一新闻激发了希腊国内的民族主义热潮,游行示威频繁发生,希腊志愿兵赶赴该岛。1897年2月11日,1500名武装希腊志愿兵登陆克里特岛。②

作为对上述事件的回应,希腊政府试图组建巴尔干国家联盟,却无功而返。保加利亚、塞尔维亚不支持雅典关于建立统一的反土耳其阵线的提议。③ 显然,希腊国王惧怕战争并且试图避免战争,但是他更惧怕街头暴乱。最初,雅典寄希望于列强的干预,像从前那样封锁希腊沿岸,使之体面地摆脱危机。也就是说,将不作为归咎于无法抵抗外部敌对力量的干预。然而这是不可能的,首先有悖于伦敦的立场。自亚美尼亚大屠杀发生后,英国的反土耳其情绪极为强烈。这次,曾经以保卫奥斯曼帝国领土完整为名对希腊策划并实施封锁的英国断然拒绝重复这些行为。④

英国、法国、俄国、奥匈帝国和意大利向克里特岛沿岸水域各派遣了一艘巡洋舰,但是在收到明确的行动指令前,它们只发挥侦察和威慑作用,只有德国拒绝参与海上示威。⑤ 在外交大臣

---

① Misha Glenny, *The Balkans: Nationalism, War and the Great Powers, 1804-1999*. London: Penguin Books, 1999, p. 193.
② Stavrianos, *The Balkans Since 1453*, p. 470.
③ Киняпина Н. С. Ук. соч. С. 139.
④ Stavrianos, *The Balkans Since 1453*, p. 470.
⑤ Киняпина Н. С. Ук. соч. С. 138.

马歇尔·冯·比伯斯坦制定的第二帝国政策中阐明:"如果我们不前进,那么我们就认真地在反希腊方向上努力。"① 与本国外交官不同,威廉二世更加尚武好战。他甚至提议对比雷埃夫斯实施海上封锁,摧毁规模不大的希腊舰队,然而德国的提议未得到其他列强的支持。与此同时,独自面对社会舆论压力的希腊政府开始采取行动:向克里特岛继续派遣武装志愿兵,而后派遣希腊的正规军;一支由乔治王子指挥的小型希腊舰队也开始在海岛沿岸展开活动。

达达尼尔海峡周边地区局势的持续恶化再次引发了彼得堡对"欧洲武装干涉土耳其事务"的担忧。1897年1月23日,尼古拉二世批准了博斯普鲁斯海峡的远征计划。按照计划,在得到欧洲舰队从地中海驶向君士坦丁堡的情报后,俄国驻土耳其大使应立即向黑海舰队指挥官和敖德萨军区部队司令员拍发电报以作警示,电报内容应为"久无消息"。此后,黑海舰队应当迅速做好登陆博斯普鲁斯海峡的准备("不以任何形式波及君士坦丁堡")。登陆行动只能依据沙皇的特别命令推进,在舰队的首次航行中运送兵力30500人;在来自塞瓦斯托波尔和敖德萨的104门火炮的护卫下,第二次运兵约23000人,第三次运兵约20000人。②

但是,这不过是纸上谈兵罢了。1897年3月,外交部对该计划提出强烈反对。拉姆兹多夫不相信,俄国拥有足以支撑该计划的技术保障,他担心该计划一旦失败将产生对俄国极其不利的

---

① Ерусалимский А. С. Ук. соч. С. 261.
② Русско - германские отношения. Проект захвата Босфора в 1897 году. // КА. М. 1922. Т. 1. С. 153 – 154; 161 – 162.

后果。① 基于欧洲国家在东地中海似乎达成一致，拉姆兹多夫提出了上述论点。1897年2月18日，列强发表联合声明，提出克里特问题的解决方案：该岛在苏丹的宗主权下实现自治。这一方案断绝了克里特岛并入希腊的可能。列强给予双方6天时间考虑。最终，土耳其表示接受，希腊表示拒绝。②

在海岛周围水域，列强的海军部署明显加强。欧洲舰队规模庞大、实力强盛，事实上与"东方问题"存在利益关系的各方参与者几乎全数到场。匈牙利派遣了1艘装甲巡洋舰、2艘护卫舰和6艘鱼雷艇驱逐舰；英国派遣了10艘装甲舰、6艘巡洋舰、8艘鱼雷艇驱逐舰和5艘鱼雷艇；德国派遣了7艘装甲巡洋舰、2艘侦察通信舰、1艘驱逐舰、5艘一等鱼雷艇和11艘二等鱼雷艇；意大利派遣了7艘装甲巡洋舰、8艘巡洋舰、6艘鱼雷艇驱逐舰；俄国派遣了4艘装甲舰、1艘岸防装甲舰和2艘炮舰；土耳其派遣了6艘装甲舰、1艘一等巡洋舰和9艘二等巡洋舰；法国派遣了7艘装甲舰、1艘装甲巡洋舰、5艘巡洋舰和5艘鱼雷艇。除了土耳其的战舰和德国的部分战舰外，其余战舰相当现代化。这支舰队的统帅是官阶最高的意大利海军上将。为了防止冲突范围扩大，六国舰队开始对克里特岛实施海上封锁。③

威廉二世极力怂恿阿卜杜勒·哈米德发动战争。1897年2

---

① William C. Fuller, *Strategy and Power in Russia, 1600 – 1914*. New York: Free Press, 1992, pp. 371 – 372.
② Ерусалимский А. С. Ук. соч. С. 266.
③ Морская хроника Морские силы различных держав в критских водах. // МС. 1897. №3. С. 1 – 3.

月底,在接待处他公开询问土耳其大使:"截至目前,为什么贵国部队还未跨越希腊边界?请转告苏丹,如果他珍视我的友谊,他必须有所作为并且竭尽全力。"① 德皇的支持不仅巩固了德国在土耳其的地位,同时也令土耳其人士气大振,他们在有生力量和组织方面一直优于希腊人。此外,柏林的立场证明了这样一个事实,即这次列强不会采取实际行动。1897年3月2日,经过长时间的争论,他们在君士坦丁堡和雅典发表联合照会,提出了土耳其赋予克里特岛自治权、希腊从克里特岛撤军的提议。苏丹也做出了此类承诺,但是无论是在克里特岛还是在希腊,或是在欧洲,已经没人相信他了。至于雅典,皇室和政府拒绝接受这些提议。②

1897年3月15日,希腊开始动员军队,并且在底比斯建立了一个可容纳1万~1.2万人的后备兵营地。土耳其与希腊的紧张对峙以马其顿动乱告终。1889年普查数据显示,在毗邻希腊王国的色萨利,在210平方英里的土地上居住着31.2万人,其中大部分人生活在肥沃的平原上,因此,那里的人口密度非常高,为1415人/平方英里。土耳其人(10%)基本上是地主,犹太人(2%)为城市居民,其余大部分居民是希腊人。1897年4月10日,一支兵力为2500~3000人的希腊志愿兵部队从王国出发攻入色萨利。在突破边境的三个据点并且攻占一系列村庄后,当志愿兵得知土耳其集结大批兵力逼近此地时,他们立即撤退,5天

---

① Ерусалимский А. С. Ук. соч. С. 266.
② Там же.

后撤离土耳其。4月16日,他们再次袭击土耳其边境哨所。希腊政府声明无力阻止这些行动,这成了4月17日夜至18日希腊驻土耳其大使要求签发护照的理由。18日,苏丹向希腊宣战。①

理论上,希腊唯一的优势就是快速动员的能力。然而在过去的20年间,为了应对马其顿、亚美尼亚和克里特岛危机(1880年、1885年、1895年和1896年),土耳其人多次实施局部动员。在改善土耳其军事系统方面,德国军事代表团发挥了巨大作用。② 希腊正规军人数稀少:1892年,正规军为28114人;1893年,由于财政原因,政府被迫压缩正规军规模,其人数缩减为22607人。据推测,经过动员,依靠后备军,希腊军队人数可提升至20万人。应当指出,后备军的训练非常糟糕,无法培养出能力过关的军官和士兵。③ 因此,他们对战争的影响可想而知。1897年4月4日,希腊军队动员完毕,军队人数为66570人,火炮数为136门。与此同时,土耳其军队也在色萨利和伊庇鲁斯集结完毕,军队人数为9.4万人,火炮数为210门。④

不久后,在土耳其的欧洲部分集结了22支野战师,兵力达30万人。⑤ 此外,阿尔巴尼亚非正规骑兵近1.1万人也加入,很

---

① Недзвецкий В. Греко-турецкая война 1897 года...// ВС. 1897. №8. C. 158;160;166-167;Stavrianos L. S. Op. cit. P. 470.
② Недзвецкий В. Греко-турецкая война 1897 года...// ВС. 1897. №9. C. 67-68;То же. // ВС. 1896. №10. C. 146.
③ Albert H. Bickford-Smith, *Greece Under King George*. London:R. Bentley, 1893, pp. 241-245.
④ *A History of the Hellenic Army, 1821-1997*. Athens:Hellenic Army General Staff-Army History Directorate, 1999, pp. 69-70.
⑤ Недзвецкий В. Греко-турецкая война 1897 года...// ВС. 1897. №9. C. 69.

快他们就成了抢劫与杀戮的代名词。土耳其军队开拔了，这支部队装备了马蒂尼－亨利步枪，同时还储备了48万支7.5毫米口径的毛瑟枪和22万支9毫米口径的同系列步枪。在军事行动中重新武装。希腊的海上优势无可非议，拥有3艘炮塔装甲舰、20艘岸防舰及12艘鱼雷艇，然而在军事行动中舰队丝毫未显现出自身的优势。[1] 尽管希腊战舰对沿岸地区的堡垒、港口、铁路实施扫射，却无法切断土耳其军队的运输路线。苏丹的舰队只驶出一次达达尼尔海峡，此后舰队的活动仅限于防守该海峡。[2]

希腊人寄希望于保加利亚人的支持，然而希望破灭了。在军事行动开始之初，斐迪南亲王身处柏林，马歇尔·冯·比伯斯坦明确地向他指出："希腊人将因自己的冒险政策而遭到应得的痛打，除此之外，他们将一无所获。"事实上，保加利亚人也面临着同样的威胁。斐迪南一世故作惊讶地问道："难道他近年来没有全力以赴地……强行镇压国内的民族思想吗？"[3] 土耳其人沉着冷静，集中力量向欧洲边界的某一区域发力。4月18日至19日，土军的优势已然显现，尽管希军的武装——9毫米口径的毛瑟枪明显优于敌军，但是土耳其步兵仍然沿着整个战线向前挺进。4月23日，希军开始撤退。

撤退途中，希军的劣势迅速暴露：缺乏训练有素且在士兵中

---

[1] Недзвецкий В. Греко－турецкая война 1897 года...// ВС. 1897. №10. С. 151; 166－167.

[2] Морская хроника. Морские операции последней греко－турецкой войны.// МС. 1897. №7. С. 13－14.

[3] Ерусалимский А. С. Ук. соч. С. 270.

享有威望的军官，缺乏严格内在组织关联的志愿军立即失去秩序，与其说志愿军是来巩固正规军的，不如说是来瓦解正规军的。战争仅持续了30天。在兵力和数量比上均优于希军的土军，在色萨利和伊庇鲁斯屡次重创希军。5月6日至7日，希军四散而逃，彻底陷入混乱。土军之所以能够取得这些成就，可以说德国军事代表团功不可没。5月17日，土军前进1254米，抵达两国原来的边界。在雅典爆发了反政府运动，乔治一世请求俄国出面调停。土军逼近温泉关，这对希腊首都构成了真正的威胁。①

在此情况下，尼古拉二世致电阿卜杜勒·哈米德，提议停止军事行动，同时表达祝愿，"希望看到土耳其强大、繁荣，能够维持所辖领土的秩序与安宁"。苏丹赞成沙皇的提议，并且在电报回文中表达了自己的希望，"俄国的大力支持将帮助土耳其从既得的成就中获得应得的利益"②。5月20日，经过一系列和谈，希腊与土耳其订立停战协定。此后，列强着手解决克里特岛问题。1897年5月8日和17日，俄国外交大臣穆拉维约夫伯爵与奥匈帝国外交大臣戈洛夫斯基（A. Gołuchowski）伯爵互通书信，达成维持巴尔干半岛现状的秘密协定——《俄奥协定》。这份密约暴露了两国在海峡政策、奥地利驻扎新帕扎尔郡、建立阿尔巴尼亚王国（这是奥地利的提议）的前景等方面存在的严重分歧，但是两国均拥有合作意向并且约定未来将达成更为具体的

---

① Недзвецкий В. Греко-турецкая война 1897 года...// ВС. 1898. №3. С. 53；55；71；Erickson, *Defeat in Detail*, p. 15.

② Киняпина Н. С. Ук. соч. С. 144.

协议。① 戈洛夫斯基渴望尽可能长久地在该地区维持现状。后来，他是这样阐述自己的信条的："第一，应当尽一切可能避免土耳其与巴尔干国家爆发冲突；第二，若爆发此类冲突，应制止它们蔓延。"②

1897 年 5 月，对克里特岛的海上封锁日趋严密，土耳其军队和希腊志愿军被迫撤离该岛。此后，根据英国、俄国、奥匈帝国、德国、意大利和法国的协议，列强出兵海岛。③ 为了维持局势稳定，首次登陆早已发生。1897 年 3 月 24 日，首批俄国部队——第十四步兵团的一个营抵达此地；随后，日托米尔团的一个营和第六山地炮兵连抵达此地实施增援（部队大约每年换防一次）。他们为控制俄国统治区——岛上的 4 个区提供了保障。④ 1898 年夏，一支由 2 名军官和 20 名骑兵宪兵组成的宪兵队在此增援俄国"考察队"，随后一支黑山部队（40 名士兵和 2 名军官）加入，共同保卫在这些区域的 4 个俄国领事馆。这些部队解除了当地居民的武装，重新建立起了统治秩序。⑤

后来，在确保岛上穆斯林居民的生命与财产安全的前提下，苏丹承认克里特岛拥有自治权。在苏丹任命的总督的管辖下，国

---

① Сборник договоров России с другими государствами. 1856 – 1917. М. 1952. С. 303 – 308.
② Бюлов Б. Ук. соч. С. 253.
③ Stavrianos, *The Balkans Since 1453*, p. 471.
④ Русские на Крите. // Разведчик. 1899. №436. С. 171.
⑤ Отфановский К. К. Русские полевые жандармы на острове Крит（из воспоминаний полковника К. К. Отфановского）. // Военная быль（далее ВБ）. Париж. 1967. №84. С. 22 – 23.

际军事力量应确保岛上的和平与安宁。① 俄国最初提名的总督候选人是黑山公国大公的亲戚，但是这一提议遭到了采蒂涅和贝尔格莱德的强烈抵制。因此，尽管土耳其提出反对，俄国与英国还是提名由希腊国王之子乔治王子作为总督候选人，法国与奥匈帝国也拥护这一提议。最终他于1898年11月被任命为克里特岛总督。②

在与希腊的和谈过程中，土耳其要求希腊支付战败国赔款并且割让色萨利全境。最初，第二个条件只得到了德国的支持，然而到了1897年秋，德皇建议苏丹放弃不合理的领土主张。1897年9月，希腊（其利益由欧洲六国大使代表）与土耳其在君士坦丁堡签署了一份初步协约。经过对这份协约条文的最终核定，12月4日，两国签署正式和约。根据和约，土军撤离在军事行动中占领的色萨利领土，仅保留几处战略要塞和一处村庄。当然，这只是象征性的收获。③ 希腊被迫支付军费，其中包括苏丹的军队因军事行动所产生的开支，此笔款项共计100万土耳其磅。此外，希腊还应支付赔款。④

在列强的干涉下，赔款金额从1000万降至400万土耳其磅（9200万法郎）。⑤ 即便如此，这些条款也令希腊濒临金融破产。1898年3月29日，希腊被迫在俄国、英国和法国的担保下举借

---

① Киняпина Н. С. Ук. соч. С. 146.
② Stavrianos, *The Balkans Since 1453*, p. 471.
③ Stavrianos, *The Balkans Since 1453*, p. 471.
④ Недзвецкий В. Греко-турецкая война 1897 года...// ВС. 1898. №3. С. 79.
⑤ Киняпина Н. С. Ук. соч. С. 145.

1.7亿法郎的外债。此后，在雅典成立了一个国际监管委员会，旨在监督希腊政府正确地偿还借款和其他债务。① 在化解了希土危机后，苏丹承诺在马其顿推行改革。战争结束后，阿尔巴尼亚人以斯拉夫居民和塞尔维亚周边地区居民为目标的恐怖活动急剧增加。大部分从前线归来的阿尔巴尼亚人坚信，即使犯罪，自己也可以逍遥法外。② 就这样，可能引发新一轮战争的巴尔干危局暂时得到缓解。

---

① Столетие Министерства иностранных дел. С. 194.
② Албанский фактор в развитии кризиса на территории бывшей Югославии. Документы. М. 2006. Т. 1. (1878 – 1997). С. 45 – 46.

8 欧洲的稳定、远东的动员、
新盟友的结交与失去

    日渐激烈的军备竞赛,特别是在舰队和炮兵领域的竞赛,给俄国的国家预算带来了沉重的负担。1898年3月13日,陆军大臣库罗帕特金提议召开一场关于限制军费开支的国际会议。当然,他首先考虑的便是俄国在军备竞赛中难以紧跟潜在对手步伐的这一事实。此外,他还提出了一项在十年内限制俄国与奥匈帝国野战炮兵武装的协议草案,① 此项提议得到了外交大臣的支持。类似的倡议颇具俄国特色:1868年,俄国主张在彼得堡召开国际会议,商讨爆破枪弹的禁用问题(倡议的发起人恰巧也是陆军大臣米柳京);1874年,主张在布鲁塞尔召开国际会议,确定军事法规及惯例(该倡议因英国的反对未能实现)。② 库罗帕特金的提议得到了穆拉维约夫伯爵的支持,他表示:"现在,我们在远东正要迈出关键的几步,因此向欧洲证明我们维护和平

---

① К истории первой Гаагской конференции 1899 г. // КА. М. - Л. 1932. Т. 1 - 2 (50 - 51). С. 70 - 73.

② Мартенс Ф. [Ф.] Восточная война и Брюссельская конференция 1874 - 1878 г. СПб. 1879. С. 99;103;137;о предложениях конференции см. там же: Приложения №№1 - 2, С. 1 - 36.

的意愿迫在眉睫。"①

在尼古拉二世的倡议下，1899年5月18日，限制舰队、陆军兵力及军备增长的国际会议在海牙召开。7月29日（俄历7月17日），在沙皇诞辰当日，参会各国签署多项文件。27国代表出席会议，其中包括德国、意大利、法国、奥匈帝国、英国、美国、墨西哥、土耳其、中国、伊朗、日本等。尽管在解决主要问题停止军备竞赛方面未找到可行之法，但是会议通过了《国际纷争和平解决公约》（国际仲裁法院）、《陆战法规惯例公约》以及1864年《日内瓦公约》针对伤病者的原则适用于海战的公约②（这些条文1868年编制，但是它们不作为强制性的国际法规③）。1907年6~10月召开了第二次海牙和平会议，44个国家参会，除了第一次参会的国家外，新增了17个中南美国家。此次会议通过了13个公约。1899年和1907年的会议工作，在很大程度上为现代国际法的确立奠定了基础。许多问题依旧悬而未决，只能暂时搁置。讽刺的是，各国代表商定将于1915年再次召开会议。④

1896年5月，清政府特命全权大臣李鸿章抵达莫斯科参加尼古拉二世的加冕仪式。北京方面高度重视此次外事活动。此

---

① История внешней политики России. Конец XIX - начало XX века（От русско - французского союза до Октябрьской революции）. М. 1997. С. 117.

② Международные отношения 1870 - 1918. М. 1940. С. 119 - 122.

③ Мартенс Ф. ［Ф.］ Восточная война и Брюссельская конференция… С. 96.

④ Нольде Б. Э. Вторая《конференция мира》. Очерк. // ВЕ. 1908. №4. С. 490.

前，在修订《马关条约》和归还辽东半岛一事上，俄国向日本施压。借此机会，清政府选派重臣赶赴俄国表达谢意。① 此外，在战败国赔款方面，俄国也向北京方面施以援手。依据1895年7月6日订立的合同，俄国向清政府提供4亿金法郎的贷款，年息4厘（以中国的海关收入为担保）。② 趁李鸿章逗留俄国之机，1896年6月3日，"和平渗透"中国政策的拥护者洛巴诺夫-罗斯托夫斯基和财政大臣维特与李鸿章签署了一项为期15年的中俄防御同盟密约。

根据密约第1款之规定，日本若侵占中国或俄国的领土即触发此约，应立即照约处理。一旦爆发战争，中国应向俄国兵船开放所有口岸，清政府有义务向船队和船员提供全面援助。此外，密约还包含其他可引发严重后果的重要决议。在修建连接符拉迪沃斯托克的西伯利亚铁路方面，彼得堡方面改变了过去沿黑龙江修建铁路的想法，转而谋求借道中国领土。因而密约的第4款规定，北京方面同意接筑一条途经中国领土至符拉迪沃斯托克的铁路，以便战时协助俄国运兵入清。③ 最初，李鸿章断然反对签署特许条款，但是后来他改变了主意。④

维特极力拥护"借满洲之地，接俄国之路"的方案。⑤ 一方

---

① Соловьев Ю. Я. Воспоминания дипломата 1893 – 1922. Минск. 2003. С. 50.
② Русско-китайские отношения 1689 – 1916... С. 67 – 69.
③ Сборник договоров России с другими государствами. 1856 – 1917. С. 292 – 294.
④ Нилус Е. Х. Исторический обзор... Харбин. 1923. Т. 1. 1896 – 1923. С. 18.
⑤ Там же. С. 14.

面，该方案的实施将极大地缩短铁路的里程和修筑的期限；另一方面，在中国的领土上修建铁路改变了西伯利亚铁路的原定使命。维特回忆道："那时，在沙皇亚历山大三世看来，修建西伯利亚铁路完全不是一项政治军事任务，只是一项关乎内政的经济任务。也就是说：沙皇亚历山大三世希望，依靠这条铁路，使俄国与边陲地区——滨海边疆区建立起最短的联系。换言之，在亚历山大三世乃至尼古拉二世眼中，整条西伯利亚铁路只有经济意义，即只具有防御意义，而没有进攻意义，因此，不应将它当作侵占新领地的工具。"① 直到1896年，它才演变为这种工具。维特将"和平渗透"视为经济扩张，但是他显然高估了它的作用。伊兹沃利斯基（А. П. Извольский）客观地指出："作为财政家的维特伯爵认为，唯有物质条件才是在政治中占主导地位的因素。因此，在判定国际形势时，维特伯爵经常犯下严重的错误。"② 这次也是如此。

1896年9月8日（俄历8月27日），两国订立建造、经营贯穿中国东北的铁路合同。这条铁路名为大清东省铁路（简称东清铁路）。华俄银行是"中国东省铁路公司"的奠基者，公司股票只准华俄商民购买，公司总办由清政府选派，该总办可在北京常驻，其公费由公司筹给，总办公馆位置由北京指定（第1款）；至铁轨之宽窄，应与俄国铁轨一律（第3款）；凡该公司建造铁路需用料件、雇觅工人等事，清政府皆须尽力相助，各按

---

① Витте С. Ю. Ук. соч. М. 1994. Т. 2. С. 47.
② Извольский А. П. Воспоминания. М. 1989. С. 84.

市价，由该公司自行筹款给发（第4款）；凡该铁路及铁路所用之人，皆由清政府设法保护（第5款）；凡公司建造、经理、防护等项所需之地，若系官地，由清政府给予，不纳地价；若系民地，按照时价赎买或租赁（第6款）。自该公司路成开车之日起，以八十年为限，所有铁路所得利益，全归俄国专得；或从开车之日起，三十六年后，清政府有权赎回（第12款），但是条件十分苛刻。①

李鸿章不满这些条款，他试图反对在华修建宽轨铁路、反对俄国享有沿铁路运兵的权利，但是最终他还是妥协了，只谈成了禁止俄国士兵在中国东北停留的条件。② 事实上，铁路和出让的领土由华俄银行依据治外法权原则实施管理。在中国境内，当时的银行和铁路有权享有的待遇及设施是：专用船舶；军事安全保障；城乡居民据点；发行纸币；建立学校；海关特权（东清铁路所需货品仅需按2/3的比例支付关税）。无论是战时还是平时，俄国均享有军事运输权。除了这些让步，中国还向俄国兵船开放港口。此项经费由俄国国库承担。在东清铁路运行之处，俄国应向北京支付760万金卢布的补偿款；东清铁路公司股本中的1000股分配方案为俄政府占700股，私人（华俄银行领导人）300股。③

---

① Русско - китайские отношения 1689 – 1916... С. 74 – 77.
② Нилус Е. Х. Исторический обзор... Харбин. 1923. Т. 1. 1896 – 1923. С. 21.
③ История внешней политики России. Конец XIX - начало XX века（От русско - французского союза до Октябрьской революции）. М. 1997. С. 140.

由此可见，俄政府彻底成了这条铁路的主宰并且对其加以控制，尽管在形式上有所伪装。1899~1902年驻日公使伊兹沃利斯基断言："维特伯爵在满洲的事业简直毫无益处，甚至说，这项事业本身就十分危险，对于俄国外交事务尤为致命，可以说，它就是催动俄日战争的根本原因。"① 我们很难驳斥这一评价的正确性。无论是在直接还是在间接意义上，"和平渗透"的逻辑都使俄国政策日渐偏离正轨，最终招致战争。这是维特始料未及的。他力求通过他认为可靠的方式掌控所得的土地。1897年12月，他曾写道："从政治军事角度出发，在征用地带迁入稳定的俄国居民，使其自力更生并且成为巩固铁路周边区域的堡垒，这是非常可取的。"②

当然，组织迁徙是需要资金的。那时，东清铁路尚未赢利。1897年，租界区收入960万卢布，而铁路的修建、经营保障所需开支高达9270万卢布。截至1900年，上述数据分别增至2190万卢布和2.636亿卢布。③ 对于华俄银行的股东而言，这项事业是有利可图的——股票的股息持续上涨。1897年，股息为7卢布50戈比，1898年为13卢布，1899~1900年为15卢布。④ 1903年7月11日，东清铁路（包括南满铁路区段）正式通车，

---

① Извольский А. П. Ук. соч. С. 84.
② Переписка Витте и Победоносцева（1895 – 1905 гг.）. // КА. М. - Л. 1928. Т. 5（30）. С. 99.
③ D. McDonald, *United Government and Foreign Policy in Russia*, 1900 – 1914. Cambridge, Massachusetts: Harvard University Press, 1992, p. 13.
④ Нилус Е. Х. Исторический обзор... Харбин. 1923. Т. 1. 1896 – 1923. С. 20.

若将至旅顺港的支线计算在内，其里程可达 2400 俄里，工程造价 374955598 卢布 12 戈比，未竣工部分造价 57569255 卢布。① 东清铁路每俄里的造价超过了 15 万卢布，而在俄国同类铁路每俄里造价不超过 6 万卢布。②

尽管征用地带的中国元素已被抹除，但仍未达到维特梦寐以求的效果。始建于 1897 年 9 月的哈尔滨成了东清铁路的首府乃至这片区域的行政文化中心。这座城市毗邻松花江，在成为城市之前，这里只散落着三三两两的农家小屋和一家废弃的酿酒厂。1900 年，在义和团运动前夕，已有近 7.5 万名中国人和 5000 名俄国人居住于此。③ 在阿穆尔地区铁路干线空缺、人口稀少的背景下，东清铁路的修筑使西伯利亚铁路的里程大幅缩短，通过投机节约了资金的俄国在中国东北积极兴建铁路。在描述 1896 年合同所引发的后果时，某位对日战争的参与者兼研究员的观点是正确的："当我们的祖国正遭受混乱与无序的侵扰时，我们却在敌对国家修筑了数千俄里的铁路。"④ 与此同时，该合同的签订对外交也造成了严重影响。

俄国承诺捍卫中国领土完整，遏制日本侵略势力卷土重来。此时，蓄意破坏中国领土完整的不只是东京。1883 年，德国太

---

① Там же. С. 123.
② Гурко В. И. Ук. соч. С. 310.
③ D. Wolf, *To the Harbin Station: The Liberal Alternative in Russian Manchuria, 1898 - 1914*. Stanford: Stranford University Press, 1999, pp. 26 - 27, 32, 35.
④ Русско - японская война от начала до Ляояна включительно. Лекции Генерального Штаба полковника Комарова...С. 6.

平洋舰队在中国水域活动，这支舰队由常年停泊在芝罘的4艘舰船组成。起初，德国人将这些军舰视为保护本国臣民及在华利益的工具。必要时，这些舰船可协助陆战队登陆，令地方政府有所忌惮。① 1890年代，德方的活动变得更加活跃，德国的舰队规模也有所扩张。到了1897年，这支舰队已收编2艘旧式装甲舰（1874年建造的）和6艘现代化巡洋舰。② 这足以展现德国的实力。

1897年11月4日，两名德国传教士在山东半岛被杀。德国以这桩命案为借口，出兵侵占胶州湾的青岛港及周边地区。自1895年秋，德国外交界和海军始终在中国寻找港口，最初选定了3个地方：厦门港、大鹏湾和上海附近的舟山群岛。考虑各方因素，柏林放弃了这三个选项，其中最重要的一个原因是德国不愿与英国形成对立。毫无疑问，英国会将德国兴建基地和商港的行为视作对其传统影响区的入侵。青岛具备如下优势：气候条件比南方更有益健康；靠近山东煤田；港口可迅速演变为中国的石油进口中心；依靠这处港湾可以控制通往中国首都的海上通道。这些就是德国人选择留在青岛的原因。1895年，德国向北京提出初步要求，但是遭到了拒绝。③

---

① Морское дело за границей. Германский отряд Тихого океана. // МС. 1883. №3. С. 29；32；35.

② Морская хроника. Морские силы различных держав в китайских водах. // МС. 1898. №4. С. 7.

③ Ерусалимский А. С. Ук. соч. С. 359 – 361；Тирпиц А. Ук. соч. С. 109 – 116；Захват Германией Киао – Чао в 1897 г. // КА. М. 1938. Т. 2（87）. С. 28 – 29.

1897年3月,德国人再次尝试租赁该港口,但是仅实现了向青岛派遣防御草案编制委员会的目标。未等来俄国占领朝鲜港口消息的德国公使认为,至于德国占领胶州湾,可借鉴东清铁路章程的出台。针对该提议,清政府甚至不愿参与讨论,并且再次严词拒绝。① 显然,出于这个原因,1897年8月德皇在彼得戈夫与俄国沙皇会面时表示,愿意将不属于自己的青岛拱手让与沙皇。② 1897年8月10日,霍亨洛埃告知穆拉维约夫:"针对德皇陛下的问题,俄国是否同意胶州湾?沙皇陛下是如此回复的,实际上,俄国对于如何确保自己能够顺利进入上述港湾颇为关心,虽然已经得到了一个更靠北的港口,但是,对于上述港口俄国仍有企图。德皇的问题令沙皇尼古拉感到不适。针对在必要时且在征得俄国海事机关同意的前提下德国舰船能否在胶州湾锚定这一问题,全俄罗斯君主陛下的答复是否定的。"③

尽管俄国不赞成德国占领该港口,但是随后德皇立即命令本国太平洋舰队筹备在青岛过冬的事宜,声称已与俄国海事机关达成一致,然而这一说法纯属子虚乌有。④ 山东命案发生后,柏林方面反应异常,不做任何表面功夫。1897年11月7日,德皇在写给尼古拉二世的信中解释道:"天主教传教使团受我庇护,因此必须惩罚这些中国人。我希望,依据我们在彼得戈夫的私人谈

---

① Захват Германией Киао - Чао в 1897 г. // КА. М. 1938. Т. 2(87). С. 30 – 33.
② Бюлов Б. Ук. соч. С. 77.
③ Захват Германией Киао - Чао в 1897 г. // КА. М. 1938. Т. 2(87). С. 34.
④ Там же.

判,您能赞成我的舰队驶入胶澳,以便我方从那里出发抗击强盗,这是唯一方便的港口。我必向天主教会证明,我有能力保护他们。必须严惩滋事者,造福全体基督徒。"① 事件爆发之初,威廉二世满怀热情地想要"保护基督徒及其仆人和使者"②。即便如此,俄国也不同意德国占领青岛。

1897年11月7日(俄历10月26日),尼古拉二世在电报中表达了自己对遇难者的同情,同时指出:"对于您向胶澳派遣德国舰队的命令,我无法表示赞同或不赞同。近日我才得知,在1895~1896年,我们只是临时接手这个港口。我担心,严厉的惩罚措施将在远东引发焦虑不安的情绪,进而加深中国人与基督徒之间的隔阂。"③ 俄国军舰指挥官收到命令:在任何情况下,都不得参与"德国人的暴力行动,时局只不过是他们行动的借口,他们的所作所为就是为了达到那个大家都心知肚明的目的"④。11月8日,在警告德方俄国舰队可能出兵青岛后,负责德国事务的俄国代办收到了一份颇具和解意味的行动说明。穆拉维约夫报告称:"我们希望德清事件能够和平解决,而且在其他列强的干涉下也不会节外生枝。"⑤

当天,俄国向北京发送相关指示。俄国在强调不支持立即采

---

① Переписка Вильгельма II с Николаем II. С. 21.
② Бюлов Б. Ук. соч. С. 102.
③ Переписка Вильгельма II с Николаем II. С. 21.
④ Захват Германией Киао – Чао в 1897 г. // КА. М. 1938. Т. 2 (87). С. 38.
⑤ Там же. С. 39.

取强制措施后，建议清政府以德方满意的方式尽快对命案展开调查。① 俄国君主在致德皇的电报中所暗含的担忧，很快便得到了证实。1897年11月14日，在海军上将奥托·冯·迪特里希（Otto von Diederichs）的指挥下，由3艘军舰组成的巡洋舰队驶入青岛。从军舰上下来200余人，他们立即切断了电报线路。而后，在海上扫射的威胁下，中国守备军被迫撤离青岛，并且将武器、弹药和仓库留给了德国人。② 次日，清政府宣布愿意按照惯例做出赔偿，措施如下：处决罪犯；给予受害者及其亲属资金补偿；今后若地方官未采取措施预防谋杀案件的发生，将严惩地方官。③

得知德国在山东的行动后，李鸿章火速拜访了俄国驻京使团，以期向自己的俄国盟友寻求帮助，因为他坚信在莫斯科已与俄国结成可抵挡任何列强入侵中国领土的防御联盟。④ 1897年11月16日，负责中国事务的俄国代办报告称："中国人极为震惊，惶恐不安。李鸿章以清政府的名义诚恳地寻求建议与帮助，唯恐德国人使用武力强占该港。"⑤ 清政府求援的态度越来越坚定。当日，李鸿章请求俄国向青岛派遣舰队，从而逼迫迪特里希的舰队撤离中国水域。最初，海军少将杜巴索夫（Ф. В.

---

① Там же.
② Ерусалимский А. С. Ук. соч. С. 370.
③ Захват Германией Киао – Чао в 1897 г. // КА. М. 1938. Т. 2 (87). С. 45.
④ Соловьев Ю. Я. Ук. соч. С. 57–58.
⑤ Захват Германией Киао – Чао в 1897 г. // КА. М. 1938. Т. 2 (87). С. 46.

Дубасов）收到了要求向山东沿岸派遣部分军舰的指令，这给北京留下了极好的印象。然而彼得堡很快便推翻了这一决议，对事件的发展听之任之。清政府无比失望，因为第三国的干预是它摆脱困境的全部指望。①

1897年11月20日，威廉二世发表宣言，宣称：德国在山东海湾的行动与俄国无利害关系，德国期望提高本国在中国的威信。根据德皇的说法，柏林的影响力简直低到令人无法容忍。宣言主要是用来回应尼古拉二世的："无论出于何种原因，显然，德国目前正在遭受清政府的不公待遇。作为君主，我应当通过各种方式彻底纠正这一切。我认为，无论是在欧洲还是亚洲，德国君主都对俄国君主陛下的政策予以支持。现在，在行动前，我想知道俄国君主的观点，即俄国君主是否与自己想法一致，现在对行动计划进行任何变更都是在助长清政府及其民众践踏德国尊严和利益的不正之风。"②

事实上，德国早已采取行动，完全不在意外界的看法。威廉二世在"卑躬屈节"的同时，也暗含威胁的意味。对于彼得堡而言，若试图阻止德国海军及海军陆战队的行动，那么俄德关系恐急剧恶化；反之，若不这样做，那么作为盟友的俄国在中国的威望将一落千丈。最终，作为对北京求援的回应，俄国政府表示只能抵抗日本对中国领土的侵略。不久后，在李鸿章请求俄国为清政府的一笔新贷款做担保时，维特的答复相当冷硬，远非盟友

---

① Там же. С. 51–55.
② Там же. С. 48.

的姿态。他提出的条件是扩大俄国在中国东北和蒙古的权力，修筑东清铁路支线至黄海沿岸地区。① 11月23日（俄历11月11日），外交大臣向沙皇上奏，奏章开篇写道："1895年远东的复杂局势促使我们的海军部门设法在太平洋为我们的海军舰队寻找可靠的基地。此前，我们的军舰一直在日本港口过冬、临时停泊，满足其他需求。"②

洛巴诺夫认为，为了回击德国在山东的行动，俄国陆战队有必要登陆大连湾和关东地区。③ 在回应洛巴诺夫的观点时，沙皇总结了自己对俄国远东政策及海洋问题出路的看法："我始终认为，未来，我们的开放港应当位于辽东半岛或朝鲜湾的东北角。"④

---

① История внешней политики России. Конец XIX – начало XX века（От русско – французского союза до Октябрьской революции）. М. 1997. С. 142.
② Первые шаги русского империализма на Дальнем Востоке（1888 – 1903 гг.）. // КА. 1932. Т. 3（52）. С. 103.
③ Там же. С. 106 – 107.
④ Там же. С. 102.

9　旅顺港的攫取：原因与结果

在相当长一段时间，出海口问题一直困扰着俄国海军。波罗的海、黑海及日本海的出海口无法满足俄国的需求。彼得罗巴甫洛夫斯克－堪察加的出海口距离太远，并且与大陆无紧密联系。受墨西哥湾暖流影响的摩尔曼斯克沿岸地区荒无人烟；科拉半岛及其不冻港人烟稀少，1880年代此地的居民大多来自挪威和芬兰，并且这里不通铁路，煤炭是港口发展必不可少的资源，而最近的煤矿则位于新地岛和斯匹次卑尔根群岛。①

俄国唯一可随意进出大西洋的不冻港——叶卡捷琳娜港在1890年代事实上荒无人烟。1899年，在它西面的海岸上，在一个较大沿海村庄的对面建起了亚历山德罗夫斯克港（摩尔曼斯克），然而由于没有铁路，这个港口迅速衰败了。1910年，在那里仅有374名居民。从科拉半岛的圣角到俄国与挪威接壤的边界，在摩尔曼斯克整条海岸线上（近1500俄里）常住居民仅约3000人672户。亚历山德罗夫斯克地区占地面积为130210平方俄里，1914年这里的人口为12456人。在1917年二月革命爆发

---

① Козлов М. Несколько слов о значении Мурманского берега в гидрографическом и морском отношениях. // МС. 1883. №9. С. 25.

前夕，这里的铁路刚刚建成。① 1890年代，挺进太平洋似乎是最合理的方案。

由于清政府拒绝了俄国的要求，1897年12月1日，尼古拉二世派遣太平洋舰队麾下军舰突袭旅顺港。由此可见，维特的"和平渗透"政策从一开始便是个错误。没有武力的加持，它是行不通的。首先，俄国以保护中国领土完整的名义威胁日本；然后，俄国又为了逼迫清廷就范而打破原则，并且以武力相威胁。俄国舰队一如既往地驻扎在日本长崎，在那里两艘英国巡洋舰警惕地监视着它，因此情况变得复杂起来。一方面，俄国指挥部担心晚于规定时间抵达旅顺港；另一方面，俄国人不愿与英国人发生冲突。

俄国向外放出消息称，舰队将以保护俄国臣民为借口前往朝鲜，因此只有一组军舰被派往旅顺港。但是这个谎言没能骗过任何人，几小时前，英国观察员已经出发并前往关东州沿岸了。先于俄国军舰抵达该城市的英国人曾试图阻止他们进入港口。尽管如此，1897年12月1日，俄国的2艘巡洋舰和1艘炮艇仍旧出现在了港口的驻泊地。不顾俄方警告，英国巡洋舰也立即驶入海港。尽管它只在海港逗留了几个小时，但是这一事实连同英国政府的谎言加速了该事件的结束进程。英国人宣称，他们的军舰在

---

① Из статистики Архангельской губернии（по данным официального отчета）. // Правительственный вестник. 13（26）февр. 1916 г. №35. С. 5; Мурманская железная дорога（Русский железнодорожный путь к незамерзающему морю как важный фактор в Великой войне）. // ВС. 1916. №2. С. 52; 54; Мурманское окно на морской простор. // ВС. 1916. №4 С. 165; 177.

中国港口逗留是为了进行友好访问，在向俄国政府致以友好的问候后便离开了。当时俄国政府对准备租赁基地之事避而不谈。①

俄、英两国在远东的矛盾日益激化，这立即引起了柏林的关注。1897年12月17日，威廉二世会见俄国驻德国大使奥斯滕-萨肯伯爵（Н. Д. Остен-Сакен），并且发表个人见解，认为德、俄两国应在中国问题上团结一致、相互支持。威廉二世说道："为了不将自己的利益与英国的利益捆绑在一起，我决定选择胶州港，其地理位置正处于俄国行动范围的边界。将来，无论与贵国为敌的是日本人还是英国人，他们都将是我的敌人；争端的挑起者无论是哪个国家，只要想以武力阻碍贵国计划的实施，那么德国舰队必将与贵国军舰并肩作战。"② 德国迫切希望在太平洋上推进俄、法、德三国合作。③ 他一再与俄国外交官慷慨地分享自己的理念："对于德俄联合部队而言，日本不足为惧，而英国永远不会下定决心这样做。"④

针对柏林在英俄关系中扮演何种角色的问题，此项政策完全符合比洛的观点："德国应当在两国间不偏不倚地保持中立。德国的政策应当像天平上的指针，而非游移不定、来回摇摆的摆锤。"⑤ 在怂恿邻国"激活"远东的同时，柏林坚信彼得堡、东京、伦敦与北京之间的冲突必将加剧，这迟早会削弱俄国对欧洲

---

① Цывинский Г. Ф. Ук. соч. С. 165 – 167.
② Вильгельм II о занятии царской Россией Порт - Артура. // КА. М. 1933. Т. 3（58）. С. 151.
③ Там же. С. 152.
④ Там же. С. 152；154.
⑤ Романова Е. В. Путь к войне... С. 68.

事务的关注度。在此过程中，德国在欧洲政策天平上的"指针"作用必然会有所加强。

1898年1月4日，清政府畏缩了，接受了柏林的基本要求：向德国出租青岛50年，并附修建防御工事、维持守备之权；以潮位线最大处为起点，建立宽为100里的中立地带，只允许德军驻扎。此后，德国外交部又要求将租期延长至99年。6日，应德国的要求，租期被延长了。① 在双方就租界外的铁路修筑权和矿藏开采特许权问题进行了短暂的谈判后，3月6日，德国强迫清政府接受了为期99年的以青岛湾为中心半径50千米的山东领土租界条约。② 于是，这颗"无楼的珍珠"——提尔皮茨这样称呼青岛③——落入了德国之手。

最终，彼得堡方面（通过行贿）成功地解决了与清政府关系中出现的第一个问题。俄国向清政府官员秘密分发100万卢布，④ 仅李鸿章一人就于1898年3月28日收受了50万两白银。⑤ 1898年3月27日，在德国与清政府签署《胶澳租借条约》的三周后，俄国与清政府签订了为期25年的旅顺港、关东州租地条约，且俄国有权续约。根据该条约，旅顺港享有军港地位，仅向俄国、清政府兵船开放，不向他国兵、商船只开放；至于大连

---

① Захват Германией Киао - Чао в 1897 г. // КА. М. 1938. Т. 2（87）. С. 59 - 60.
② Сборник договоров и дипломатических документов по делам Дальнего Востока... С. 325 - 330.
③ Тирпиц А. Ук. соч. С. 110.
④ Переписка о подкупе китайских сановников Ли - Хун - Чжана и Чжан - ин - Хуана. // КА. М. 1922. Т. 2. С. 286 - 293.
⑤ Там же. С. 292.

湾，除口内一港享有同等待遇外，其余地方面向各国商船开放。此外，俄国还获得了南满铁路的修筑权，通过这条铁路，东清铁路、西伯利亚铁路延伸至旅顺港军事基地、大连港（俄国人称为达里尼港）通商口岸。①

租地条约签署次日，俄国舰队在杜巴索夫（Ф. В. Дубасов）少将的指挥下登陆旅顺港和大连湾。清军不战而退，撤出了俄国所划定的占领区。② 1898 年 3 月 29 日的俄国政府报告中记载："该条约是比邻大国之间友谊的自然结晶和直接产物，两国应竭尽全力维护广阔边境领土的安宁，造福两国治下臣民。在 3 月 15 日的外交活动中，通过了俄国海军和平占领友国领土及港口的决议，这充分地证明了博格多汗③政府完全正确地领会到了与我们达成协议的意义。"④

尼古拉二世盛赞该协议的订立是"兵不血刃的胜利"。于是，自然而然地，威廉二世站在德国的角度对此事进行了评价。3 月 28 日清晨，他造访俄国驻柏林使馆。奥斯滕－萨肯伯爵报告称："就俄国最终取得大连湾和旅顺港的所有权一事，他亲自委托我向我们的神圣君主传达自己的恭贺之情。德皇陛下说道：'您应当知道，我始终都在关注尼古拉皇帝的各种政治成就。我们二人都坚信远东大有可为，这令英国不喜！现在，是时候让英国明白：受

---

① Русско－китайские отношения 1689－1916... С. 78－79.
② Мышлаевский А. З. 1900－1901 гг. Военные действия в Китае. СПб. 1905. Ч. 1. С. 8；Цывинский Г. Ф. Ук. соч. С. 167.
③ 俄国人对清帝的称呼，源自蒙古对清帝的称谓。——译者注
④ Сборник договоров и дипломатических документов по делам Дальнего Востока... С. 339.

贸易野心的驱使，在全球范围内针对所觊觎的各处提出享有特权和优先权的主张是徒劳无益的了。这样，当其他列强未经它的许可而在同一地区谋求利益时，它便不再高呼背叛了。'"①

德国君主的反英言论冗长而尚武，这使俄国外交官在向彼得堡汇报会面情况时不禁感叹："尽管德皇体内流淌着盎格鲁－撒克逊人的血液，但是他对英国的积怨再次令我震惊。听他的口风，可以这样说，他正在寻找变语言为行动的有利时机。"② 显然，德皇在大使馆的谈话中有所保留，当日他决定给尼古拉二世写一封私人信函："我由衷地恭贺您在旅顺港大获全胜。我们俩好好派兵把守渤海湾入口，为自己赢得应有的尊重，特别是在黄种人中间。在朝鲜达成的精彩协议使您成功地平息了日本人的愤怒，我认为，这就是外交的典范，这就是先见之明。在伟大的旅程中，您能实地考察远东问题，这是多么幸福的一件事啊。实话实说，您现在就是北京的主宰。"③

事实上，在与清政府签订条约的前一天，第一批俄国士兵就已登陆旅顺港。他们乘萨拉托夫号运输舰从符拉迪沃斯托克出发抵达此地。在这支陆战队中编入了一个下辖2个营的步兵团、一个装备8门火炮的炮兵连、一支哥萨克部队、半个工兵连和一所有50个床位的野战医院分院。④ 这座城市的守备部队对清政府的

---

① Вильгельм II о занятии царской Россией Порт－Артура. // КА. М. 1933. Т. 3（58）. С. 154.
② Там же.
③ Переписка Вильгельма II с Николаем II. С. 23.
④ Из истории русско－японской войны 1904－1905 гг. Порт－Артур. Сборник документов. М. 2008. Т. 1. С. 46－47.

变故一无所知，因此对他们而言，陆战队的抵达是完全出乎意料的。在这支小型综合部队现身关东州沿岸前，没人清楚他们去往何方、意欲何为。1898年3月17日，在抵达驻泊地后，因中国人对于订立条约有所迟疑，于是俄国步兵不得不在运输舰上逗留了数日。一旦遭到拒绝，俄方部队将武力占领中国领土。① 待镇守那里的2000名清兵撤出后，陆战队第一梯队立即登陆上岸。当地居民迅速瓜分剩余财物，据为己有。此次登陆的参与者写道："根据需要，我们不得不安抚他们，并且保护一众房屋免遭彻底的劫掠与破坏。随后，我们的部队才被放了进来制止盗窃和动乱。"②

尽管进度被打乱了，但是结局没出任何差错。3月28日，基里尔·弗拉基米罗维奇（Кирилл Владимирович）大公在城市海湾入口处的黄金山山顶的旗杆上升起了俄国国旗。几天后，清政府国旗依旧悬挂在俄国国旗旁边，后来才被降下。9天后，俄国陆战队登陆大连。即将撤退的清军部队和当地居民并未做出抵抗。在通往金州的要冲上，俄国侦察队遭遇当地守备部队伏击，但无人员伤亡。③ 除此之外，别无冲突。总而言之，最初中国人对俄国部队占领半岛漠不关心。后来，他们的态度变得积极起来，对人力的需求以及与本国政府相比更为宽松的管理模式，在一定程度上促成了这种转变。④

---

① Соловьев Ю. Я. Ук. соч. С. 60–61.
② Боев И. Порт-Артур. // Разведчик. 1898. №420. С. 953.
③ Дессино. Порт-Артур. // Разведчик. 1900. №489. С. 199.
④ фон Шварц А.［В.］, Романовский Ю.［Д.］. Оборона Порт-Артура. СПб. 1908. Ч. 1. С. 17.

对于许多俄国外交官而言，这样的收获简直出乎意料，以至于有一段时间他们一直开玩笑道：亚瑟港的命名是为了纪念俄国驻北京公使卡西尼。① 事实上，旅顺港名称的由来与1850年代末曾抵达此地的英国水手有关。在鸦片战争时期，旅顺港沿岸仅有数十座农家小屋，绝无城市之规模。② 正如威廉二世所预言的那样，英国对所发生的事件大为不喜。国际争端在所难免。对于俄国租借旅顺港一事，索尔兹伯里政府反应强烈。1898年5月14日，张伯伦（J. Chamberlain）在议会上发表讲话，措辞极为严厉，俄国彻底激怒了阿尔比昂。③ 张伯伦说道："如果与魔鬼进餐，那么你必须随身携带很长的汤勺。"

在这句话中，魔鬼暗指俄国。此外还应明白，在英语中"长勺"的另一重含义是"刺刀"，这样我们就能更清楚地理解他后续的论述了："未来，我们必须在中国与俄国清算，在阿富汗也是如此。英国本应向俄国宣战，但是如果没有盟友，我们就无法重创俄国……如果未来我们打算奉行孤立政策，这正是该国至今所奉行的政策，那么大清帝国的命运走向极有可能与我们的愿望和利益相悖。如果从另一个角度出发，我们决定实施开放政策，以确保我们所有的竞争对手都享有同等的贸易条件，那么我们就不能纵容我们的侵略主义者满世界地给我们招惹是非。同

---

① Дессино. Порт‐Артур. // Разведчик. 1900. №489. С. 33. （亚瑟港即西方人对旅顺港的称呼，俄文为Порт‐Артур，而俄国驻北京公使卡西尼的俄文全名为Артур Павлович Кассини，其中Артур与亚瑟港中的"亚瑟"完全相同，故俄国人借此开玩笑。——译者注）
② Котвич В. ［Л.］, Бородовский Л. Ляо‐дун и его порты... С. 1.
③ 不列颠最早的名称。——译者注

时，我们不应放弃与列强结盟的想法，结盟对象的利益诉求应与我们绝对接近。"①

张伯伦清晰地阐明了英国远东政策的前景。正如英国代理外交大臣所指出的那样："事实上，这是通往与俄国开战之路的重要里程碑。"② 英国媒体开始积极探讨英日联盟问题，与此同时，东京方面率先提出就远东问题进行磋商的提议。③ 在中国海域，英、日与俄、法的海上对抗已初具规模：英国投入了 2 艘装甲舰、3 艘装甲巡洋舰、5 艘防护巡洋舰、1 艘无防护巡洋舰、4 艘单桅纵帆炮舰和 4 艘鱼雷艇驱逐舰；日本投入了 2 艘装甲舰、7 艘防护巡洋舰；法国投入了 1 艘装甲巡洋舰、3 艘防护巡洋舰和 1 艘无防护巡洋舰；俄国投入了 6 艘装甲巡洋舰、1 艘防护巡洋舰、2 艘单桅纵帆炮舰和 2 艘装甲炮艇。英、日舰队在吨位和军备方面占优势，它们拥有更强大、更新型的军舰。以火炮为例，英国舰队拥有 192 门大口径火炮、152 门小型火炮；日本舰队拥有 165 门大口径火炮、205 门小型火炮。④ 尽管俄英关系急剧恶化，但是无论如何尚未演变为军事对抗。英、法 1898 年秋在苏丹爆发的法绍达冲突、1899 年结束的以布尔战争为开端的南非危机断绝了这种可能。无论如何，截至当时，伦

---

① Ерусалимский А. С. Ук. соч. С. 418.
② Grey of Fallodon, *Twenty-five Years*, *1892 – 1916*, vol. 1. New York：Frederick A. Stokes Company, 1925, pp. 37 – 38.
③ Записки графа Хаяси об англо - японском союзе. // ИМИД. СПб. 1913. №5. С. 322.
④ Морская хроника. Морские силы различных держав в китайских водах. // МС. 1898. №2. С. 4 – 6.

敦暂时处于"光辉的孤立"状态，没有能够为它的大陆利益而战的盟友。

出于自身利益考量，彼得堡方面不计划深入被英国视为贸易重心的长江流域。1899年4月16日，俄、英两国缔结条约，在中国划分铁路利益区。借此，两国的对抗在一定程度上有所缓解。双方相互让步：俄国承认长江流域是英国的主要势力范围；作为交易，英国承认中国的"塞外"地区——东北和蒙古是俄国的势力范围。尽管彼得堡与伦敦的关系没有太大的进展，但是俄中关系已然恶化。李鸿章痛斥该条约意图瓜分中国领土；清政府声明，因无大清帝国代表的参与，故俄、英两国私下订立之条约对中国无效。①

亚洲的时局进展引起了维也纳和柏林的广泛关注。自然而然地，英俄关系的恶化也令他们热情高涨。② 德国和俄国先后占领了进京的海上要塞，为了寻找平衡，1899年7月1日，英国向清政府租借威海卫，"租期与俄国租借旅顺港期限相同"③。此时，远东遭遇了罕见的复杂局势，欧洲三大强国——德国、俄国和英国分别占领了北京和日本附近的三处海军基地。与此同时，俄国（旅顺港）与英国（威海卫）的基地针锋相对。正如格雷（E. Grey）所指出的那样："维护中国统一的神圣原则只对日本

---

① Попов А. Англо – русское соглашение о разделе Китая（1899 г.）.// КА. М. – Л. 1927. Т. 6（25）. С. 111 – 134.

② Gyula Andrássy, *Bismarck, Andrássy and Their Successors*. Boston: Houghton Mifflin, 1927, p. 413.

③ Сборник договоров и дипломатических документов по делам Дальнего Востока... С. 352.

适用,而对在日本战胜清政府后宣扬该原则的欧洲列强却不适用。"① 这为未来阴暗的前景埋下了伏笔。东京方面疑心重重,暗流涌动。

---

① Grey of Fallodon, *Twenty-five Years*, *1892–1916*, Vol. 1, p. 24.

10　俄日两国在朝鲜的冲突

日本在中国需要一块利益空间，在朝鲜需要一处安全的战略基地。此时，海岛帝国已然察觉了欧洲列强对于实现这些计划的威胁。石井菊次郎回忆道："新的敌人不是野蛮的部落或者蒙古人，而是世界上最强大、最贪婪的两个国家——德国和俄国。在新形势下，日本不得不赌上一切，冒险铲除新的威胁……唇亡齿寒，如果中国丢掉了领土，那么日本也难逃悲惨的命运。显然，通过西方列强在东方的扩张行动可知，清政府很快就会丢掉领土。"① 中国的局势变化使日本坚信与俄国大战在即。1898 年，欧洲列强和日本的在华政策引发了华人的排外运动。在朝鲜也发生了类似的事情，俄日冲突十分尖锐。

自 1885 年后，俄国外交使团一直在汉城逗留，因此俄国在高宗宫廷的影响力日渐增强。1895 年 10 月 8 日，在日本驻朝鲜公使三浦梧楼子爵策划的政变中，亲俄方针的拥护者、反日政党的领袖闵妃被残忍地杀害了。具有亲日倾向的内侍刺了闵妃几刀，然后将她丢出窗外，而后这个流血不止的女人被淋上了火油，烧成了灰烬。国王无能为力，因为他害怕本国士兵。

---

① Кикудзиро И. Ук. соч. С. 9.

朝鲜的皇家卫队人数不多——仅有近万人。这些军人皆按日本和清政府模式接受训练，主要承担宫廷守卫或护卫省级高官之责。自1888年起，美国人负责指导朝鲜军队的训练事宜；到了1895年，日本教官接手了这项任务。后来，日本人几乎彻底掌控了这支规模不大的朝鲜军队，他们对在首都的全部5个营和分布在各省的8个营中的2个营进行训练，但是不追求达到良好的训练效果。在此期间，朝鲜军人主要发挥警察职能，而其中大部分军人，特别是供职于地方的军人几乎只存在于纸面上。在俄国的坚决抗议下，三浦梧楼被召回日本。在海军上将科尔尼洛夫号巡洋舰抵达仁川后，俄国外交使团的护卫队从陆战队抽调人手，扩充至160人。①

1896年2月11日，高宗与王位继承人一同逃出了受日本人控制的宫殿，藏身于俄国公使馆。在那里，他签署诏书罢黜政府中的亲日派官员。很快，大部分被罢黜的人被百姓杀害了，因为百姓对他们恨之入骨。② 在此，两国签署协议，将朝鲜军队的训练权交给以总参谋部普佳塔（Д. В. Путятой）上校为首的俄国军事代表团。普佳塔上校曾担任总参谋部军事训练委员会高级文员。1896年10月至12月，俄国首批教官队伍已经能够对保卫王宫安全的守备营（800人）进行训练了，这支教官队伍包括2名

---

① Корф Н. А., Звегинцов А. И. Военный обзор Северной Кореи. СПб. 1904. С. 70; В - ъ. Общий очерк Кореи. // МС. 1888. №7. С. 3 - 4; Симонов Д. На досуге в Корее в 1897 г. // ВС. 1901. №11. С. 214; Пак Чон Хе Россия и Корея 1895 - 1898. М. 1993. С. 16; 22; 24 - 30; 56; 63.

② Симонов Д. На досуге в Корее в 1897 г. // ВС. 1901. №11. С. 215.

下级军官、10 名士官和 1 名军医。① 半年后，在从了解远东实际情况、供职于东西伯利亚第三和第十机动部队的精英中选拔出来的俄国专家的指导下，朝鲜士兵的战斗训练和射击训练成果喜人。训练是依据俄式规程进行的。②

1901 年，上述事件的见证者回忆道："那时，我们影响力达到了顶峰。我们的邻国正苦于遭受美国和日本的摆布——前者希望依靠朝鲜的公职人员建立商业企业、投机倒把；后者在釜山、元山及其他许多城市打好基础后，出兵驻守占领区，这引起了朝鲜人的恐慌。此外，它还图谋占领朝鲜的最佳区域以建立本国殖民地。俄国政府的义举则为朝鲜直接参与、影响本国事务奠定了基础。在驻朝军官普佳塔上校的号召下，我们黑龙江沿岸地区的教官赶赴朝鲜。在上校的领导下，训练有条不紊地进行着。三个月后，朝鲜士兵已经很棒了，身手敏捷，技艺高超……"③

在最短的期限内，俄国军官完成了对朝鲜首都 2 个营的训练，这为朝鲜国王返回王宫创造了条件。在 1896 年 2 月底，高宗开始离开公使馆，留宿宫中，然而直到 1897 年 3 月他才彻底回宫。同年 7 月，另一支教官队伍抵达朝鲜。普佳塔计划在三年内打造一支 6000 人的朝鲜精锐部队，在此基础上兵力

---

① Русские инструкторы в Корее（Извлечение из отчета поручиков Афанасьева 1-го и Н. Грудзинского）. // ВС. 1898. №11. С. 34–37；39；42.
② Хабаровск. // Разведчик. 1898. №412. С. 786；Симонов Д. На досуге в Корее в 1897 г. // ВС. 1901. №11. С. 206–207.
③ Симонов Д. На досуге в Корее в 1897 г. // ВС. 1901. №11. С. 204.

可扩充至4万人。① 1896年5月14日,日、俄两国代表在汉城签署了一份关于确保高宗安全返回王宫的协议。② 朝鲜时局的演变趋势令东京寝食难安。对于日本而言,朝鲜半岛是一座天然且唯一的连通大陆的桥梁。从日本国情出发,控制这条要道事关重大。

俄国军界也认识到了这个浅显的事实。1901年,《军事汇编》向读者介绍道:"殖民化问题是关乎日本生存的问题。很难想象,失败将迫使日本永远放弃对朝鲜的图谋,并且最终与新秩序和俄国日渐增强的势力达成和解。后来所发生的那些事情就是教训。为了在朝鲜达到宣传目的,日本人通过实施校园渗透、安排儿童游玩活动、节日庆典、民间娱乐、分发书籍等手段向朝鲜人灌输这样一种思想,即朝鲜、日本两姊妹与清政府弟兄利益完全一致,因此应当和睦相处,共同抵御来自北方的巨熊——俄国的侵害。在某种程度上,这种鼓动性的宣传取得了成功。"③ 当时,朝鲜对其他国家暗藏敌意,特别是在对待欧洲国家上相当传统。④

1898年3月,日本政府试图以承认中国东北是俄国特别利益区为条件,换取彼得堡在朝鲜问题上的让步。最初,俄国拒绝了该提议,但后来妥协了。尽管俄国在朝鲜的影响力持续增强,

---

① Пак Чон Хе. Россия и Корея... С. 57-58.
② Сборник договоров и дипломатических документов по делам Дальнего Востока... С. 146-148.
③ Симонов Д. На досуге в Корее в 1897 г. // ВС. 1901. №11. С. 215.
④ Андо К. Очерки Кореи по японским источникам. // МС. 1882. №6. С. 90-91.

但是很快在朝鲜便出现了有组织的排外抗议活动，并且势头渐盛。1898年3月22日至23日，俄国教官被迫离开朝鲜。显然这种妥协无法令双方满意，因此双方继续就朝鲜问题展开磋商。最终，彼得堡与东京订立协约。4月25日，俄国驻日本公使罗森（Р. Р. Розен）与日本外相西德二郎签署协定，承认朝鲜完全独立且内政不受干涉。与此同时，俄国承诺不妨碍日本在朝鲜的贸易，而电报租让权则由两方瓜分：俄国边境至汉城段归俄国所有；朝鲜海峡至汉城段归日本所有。① 此外，双方还同意在未经协商的情况下不向该国派遣军事教官。② 事实上，这意味着日本已经在朝鲜占据统治地位。在经济方面，日本在朝鲜的影响力已经达到了令俄国难以企及的水平。

1880年代初期，朝鲜的贸易伙伴只有中国和日本。③ 1882年5月21日，朝鲜与美国签订开国通商条约；同年6月6日、30日，朝鲜分别与英国、德国签订此类条约。④ 尽管如此，各项外贸指标几乎保持不变，日本处于领先地位。1886年，日本与朝鲜的贸易额为250万美元。同期，俄国与朝鲜的贸易指标就显得微不足道了，仅为1.4万美元。1898年，情况依旧如此。在朝鲜的进出口额度中，日本占比90%以上。实际上，俄国的

---

① Сборник договоров и дипломатических документов по делам Дальнего Востока... С. 159 – 160.
② Там же. С. 346 – 348.
③ Андо К. Очерки Кореи по японским источникам. // МС. 1882. №6. С. 88.
④ Д. М. Об открытии Кореи для внешней морской торговли. // МС. 1883. №5. С. 68 – 69.

贸易几乎完全局限在朝鲜北部地区。在半岛南部，日本贸易占主导地位。1898年，抵达朝鲜北部港口的俄国船舶共计15艘（2艘帆船和13艘汽轮机船），总装载量为11326吨，占港口进出口量的7.3%。同年，抵达朝鲜北部的日本船舶共计379艘（其中152艘为汽轮机船），总装载量为97103吨，占朝鲜港口货运量的62.5%。1899年，抵达朝鲜北部港口的俄国船舶增至30艘（15243吨，占货运量的7.8%），日本船舶增至551艘（139185吨，占货运量的71.2%）。显然，尽管俄国的贸易指标有了相对增长，但是它们依旧严重地落后于日本的指标。①由此可见，日元在朝鲜备受青睐不无根据。人们乐于在结算时使用它。②

日本外相认为，俄国为了巩固在中国的地位，以便日后有机会插手朝鲜事务，因此需要和平。1900年1月，穆拉维约夫指出："依据1898年协议，我们向日本承诺朝鲜有权保持领土的完整和不可侵犯，试问，若要违背诺言，现在我们能否应付与日本所发生的纠纷？同时应当充分意识到，我们在太平洋沿岸的地位尚无保障，在地位巩固的过程中，我们很容易失去我们通过牺牲和努力换来的一切成果。对于该问题，军事机关已经给出了明确的答复，在目前的条件下，在朝鲜进行任何军事行动，对俄国而言都是艰巨的、昂贵的且几乎徒劳无功的事情。唯有通过加固旅

---

① Корф Н. А., Звегинцов А. И. Военный обзор... С. 74；217；Пак Чон Хе. Русско‐японская война 1904-1905 гг. и Корея. М. 1997. С. 39.

② Гарин Н. По Корее, Манчжурии и Ляодунскому полуострову. СПб. 1904. С. 268.

顺港的防御、修建铁路支线使其与俄国相连，我们才能在远东事务中坚持己见，如有必要，还可给予远东武力支持。"① 与此同时，在列强的侵略下，中国爆发了严重危机。

---

① Царская дипломатия о задачах России на Востоке в 1900 г. // КА. М. - Л. 1926. Т. 5（18）. С. 16.

11 "和平渗透"的结果:
义和团运动与对清战争

1890年,光绪帝成年。甲午战争失败后,他开始倾向于按照日本模式推行改革,这招致了保守者的责难和来自慈禧的质疑,后者在帝国的管理中扮演着举足轻重的角色。1898年9月21日,在光绪帝推行变法的100天后,中国国内爆发政变。迫于慈禧的命令,光绪帝将国家的统治权让与她,而他自己则被软禁了起来,他最亲密的变法战友也遭到了处决。慈禧恢复了自己对大清帝国的绝对统治,然而这根本无益于改善该国局势。1898年,中国出现了抵制洋人的活动,这些活动的核心组织是一个名为"义和拳"(意为"正义与团结之拳")的秘密社团,该组织呼吁从洋人和基督徒手中解放中国。清政府无法通过武力镇压已然兴起的义和团运动,因此希望利用它解决自身的内政与外交问题。在担心权力落入维新派之手的同时,慈禧决定借助秘密社团将洋人赶出中国,而后再镇压他们。

局势不断恶化。自1898年后,中国诸多省份饱受旱灾和洪灾之苦。1898年夏,黄河泛滥导致近20万人死亡,近500万人背井离乡。在此期间,由于无力供养军队,清政府开始缩减军队规模。例如,在河南近70%的士兵被退役。在这个饥饿的国度,他们中的大多数加入了起义者的队伍。① 1898年10月,北京爆发了抵制洋人的运动。在此期间,为了保护公使馆,一支综合部队——50名英国人携带2门速射炮、50名哥萨克和50名俄国水手、50名德国士兵进入京城。但是,1899年3月这支部队离开了北京,这座城市仿佛又归于宁静,大规模的动乱及对"使馆区"长达两个月的包围似乎没留下任何痕迹。②

清政府与各国外交官保持联络,并且装模作样地采取措施保护使团。③ 1900年4月17日,光绪帝在《京报》上发布谕令,严令地方政府遏制暴动和叛乱。④ 与此同时,慈禧在密令中号召:"我下令立即铲除所有洋人——男人、女人和儿童。不要留下任何活口。那样,我们的帝国即可摆脱令人厌恶的崩溃的根源,我的臣民也将重获安宁。"⑤

1900年4月18日,俄国驻京公使向外交部汇报称:"很遗憾,近期义和团运动愈演愈烈。他们从山东省出发进入直隶,涌向北京。在队伍中打头阵的是特使,他们分散地潜入周围的村庄,成功地从当地的居民中招募到了大批拥护者。这些密使宣称自己拥有金刚不坏之身,他们歇斯底里的状态给村民们留下了深

---

① Калюжная Н. М. Восстание ихэтуаней (1898 – 1901). М. 1978. С. 35 – 36.
② Мышлаевский А. З. Ук. соч. СПб. 1905. Ч. 1. С. 16.
③ Попов П. С. Два месяца осады в Пекине. Дневник: 18 мая – 31 июля ст. ст. 1900 г. // ВЕ. 1901. №2. С. 518 – 519.
④ Боксерское восстание. // КА. М. – Л. 1926. Т. 1. (14). С. 10 – 11.
⑤ Сидихменов В. Я. Маньчжурские правители Китая. М. 1985. С. 188.

刻的印象。他们坚信，一旦进入密使们所宣传的那种癫狂状态，自己便可以刀枪不入。在中国北方，迷信和饥荒随处可见，在饥饿的人群中，拳手们看到了促进义和团发展的良机。他们尚未发起大规模的运动，因此很难确定其人数。在首都郊区已经发现数百名义和团成员。很可能，在北京城内也潜伏着他们的追随者。至少，他们的口号已经在这座城市中口口相传。毫无疑问，他们打击的目标是洋人，因此在他们的旗帜上印着'扶清灭洋'字样。"①

他们格外仇恨中国的基督徒，到处对基督徒发动袭击。② 俄国公使馆的一名工作人员回忆道："更别提各类商业企业、铁路公司及其他公司了，它们大肆谋求与中国利益直接相悖的各种特权。传教士——中国人的宗教启蒙者甚至以全面剥削中国、中国的财富和百姓为己任。"③ 面对基督教传教士的活动，面对洋人兴建铁路和搭建电报线路的行径，赤贫的中国百姓毫不掩饰自己的愤恨。他们将天朝农作物歉收和自然灾害归咎于"洋鬼子"。中国这场动乱以1900年5月的义和团运动告终。起义者的旗帜上绘有"拳头"，因此欧美国家也将这场运动称为"拳民起义"。④

1900年5月，"拳民"事实上已攻占北京。在大街小巷的房

---

① Боксерское восстание. // КА. М. – Л. 1926. Т. 1. （14）. С. 9.
② Попов П. С. Два месяца осады в Пекине... // ВЕ. 1901. №2. С. 524.
③ Евреинов Б. Н. Осада Дипломатических Миссий в Пекине май – август 1900 г. // ИМИД. СПб. 1912. №4. С. 125.
④ Сидихменов В. Я. Ук. соч. С. 176 – 177.

屋上，红色布条随处可见，百姓以这种方式表达对起义者的好感。①"拳民"开始攻击洋人和基督徒，并且大肆残害他们。义和团与"白鬼子"之间的斗争演变成了驱逐与外国相关的一切——宗教、书籍、商品、专家、生产工具及各种技术工艺。目击者回忆称："在谁那里一旦发现外国的东西，那么他将遭受毫不留情的迫害。那些抽烟卷、戴夹鼻眼镜、拿外国雨伞、穿外国袜子的人也遭到了惩罚。六名学生因为拥有钢笔和外国书报而失去了生命。"②慈禧政府对所发生的一切心知肚明，在起义者红色旗帜上赫然印着的口号有"顺清灭洋""打基督，平民心""只打洋人和基督徒，绝不碰华人"等。③

政府军未出面制止"拳民"运动，中国首都局势日渐紧张。1900年6月20日，德国公使在中国遇难，此前日本使馆书记官也在中国遇害，他们的尸体都遭到了肢解。事实上，在1900年6月20日至8月14日，自5月起一直被封锁的北京使馆区遭到了围困。直到最后一刻，使团的领袖都无法相信事情发展到了如此地步。④清政府建议各国外交官在24小时内离开北京，甚至同意沿路保护他们、将他们安全送达港口，然而没人相信这些承诺。⑤一位自1895年起便定居北京的俄国外交使团医生指出，从方方面面上讲，"北京的围困事件"完全不合常理：它搞得大

---

① Попов П. С. Два месяца осады в Пекине... // ВЕ. 1901. №2. С. 524.
② Калюжная Н. М. Ук. соч. С. 200.
③ Там же. С. 26.
④ Евреинов Б. Н. Осада Дипломатических Миссий... // ИМИД. СПб. 1912. №4. С. 135.
⑤ Попов П. С. Два месяца осады в Пекине... // ВЕ. 1901. №2. С. 527.

家措手不及,所有人都未曾料到事态进展如此迅速,局面如此残酷,平民百姓已陷入暴怒和绝望。① 尽管如此,上万名起义者仍旧未能占领使馆区。在525名士兵和军官的保护下,近900名欧洲人和美国人及3000名中国基督徒在此避难。② 在此期间,慈禧下令派遣正规军支援"拳民"。③

东清铁路和南满铁路均遭到了起义者的攻击。无论是"使馆城"的外交官,还是众多军人都对此深感意外。通过彼得堡对中国动乱的反应可以看出,俄国对中国当时的局面知之甚少。俄国外交官科罗斯托韦茨(И. Я. Коростовец)回忆道:"说实话,在我部(外交部——引者)电报中所谈及的事务,如俄国在远东的任务、与中国两百年的友谊以及与列强在支持合法的清政府方面所达成的共识都是老生常谈。所有这些论述都未能针对我们的问题给出具体的答复。总而言之,他们有一种莫名其妙的自信和偏见。"④ 当然,动乱是必须遏止的,但是避免与清政府的关系恶化也是十分必要的。因此,俄国进退两难,既不能对骚乱置之不理,也无法过分积极地参与对起义者的镇压。

1900年6月17日(俄历6月4日),穆拉维约夫在向沙皇呈递的奏章中汇报称:"事实上,我们在中国的立场与其他列强

---

① Корсаков В. В. Пекинские события. Личные воспоминания об осаде в Пекине, май – август 1900 года. СПб. 1901. С. XIII.
② Сидихменов В. Я. Ук. соч. С. 190.
③ Пу И(Генри)第一半生的回忆——末代皇帝溥仪回忆录. М. 1968. С. 33.
④ Коростовец И. Я. Россия на Дальнем Востоке. Пекин. 1922. С. 49.

的立场完全不同。首先，我们与中国接壤的边境全长八千余俄里；其次，在满洲修建铁路我们雇了六万余名华人；最后，我们已经与邻国维持了近两个世纪的友好关系。看来，俄国不宜公开领导反清运动，以便在暴动结束后我们能够与天朝恢复睦邻关系。我们在中国的4000兵力决不允许列强在未与我们协商的情况下采取任何政治行动。"① 俄国驻关东州政府的反应与彼得堡方面别无二致。在事件之初，没人想到可能会与清政府发生冲突。旅顺港上流社会，乃至关东州首席长官无不镇定自若，他们正关注着其他事件。

《城市报刊》记者回忆道："1900年5月14日，星期日，五个月前出任关东省总督兼驻军司令和舰队司令的海军中将叶夫根尼·伊万诺维奇·阿列克塞耶夫（Евгений Иванович Алексеев）为旅顺港上流社会举办了上任后的第一场舞会。这场在太平洋沿岸举办的舞会简直妙不可言……在各色灯光的照射下，在从未间断的温柔声浪中，旅顺港、远东和大连湾的权贵勋爵、青年才俊伴着七彩霓虹和氤氲香气纵情享乐，他们喜笑颜开、目光炯炯、肩背挺直……"② 这是个喜庆的日子，中国爆发起义的消息也未能破坏它愉悦的氛围。没人愿意将它视为真正的威胁。天朝长期动荡不安，他们对此早已习以为常。③ 中国的内陆问题并未引发

---

① Боксерское восстание. // КА. М. – Л. 1926. Т. 1. （14）. С. 15.
② Янчевецкий Д. Г. У стен недвижного Китая. Дневник корреспондента 《Нового края》 на театре военных действий в Китае в 1900 году. СПб. – Порт – Артур. 1903. С. 2.
③ Там же. С. 6.

关东州上层的担忧。到了1900年春,旅顺港陷入了困局,毗邻的中国领土瘟疫肆虐。此外,军方还担心与日本发生冲突。由于俄国与日本在朝鲜马山港的让步问题和萨哈林岛的渔业问题上存在较大分歧,两国关系急剧恶化。与此同时,大批中国劳工从南满铁路辞工,离开了这座城市。①

俄国守备部队军官回忆道:"为了应对英、日舰队的突袭,狂热的武装防务运动屡次打破了旅顺港的平静生活。人们坚信此事必将发生,以至于夜间当商船靠近鸠湾或进入塔河湾时被误认为敌舰而触发警报。"② 1900年5月初,俄国打算,若清政府出现问题,则向该国派遣一支兵力不超过100人的小型陆战队。③ 5月29日,一支由海军少将维塞拉戈(М. Г. Весела го)领导的舰队——伟大的西索伊号战列舰、德米特里·顿斯科伊号巡洋舰、普萨德尼克号和盖达马克号鱼雷巡洋舰、高丽人号炮舰以及雷鸣号驱逐舰驶离旅顺港,驶向通往大津的要道——位于海河入海口的大沽。此后,由72名船员组成的部队登陆大沽口。5月31日,这支部队抵达北京,守卫俄国使馆。④ 很快,局面明朗了起来。事实证明,尽量避免动荡的想法是错误的,但是那时很多人都犯下了这个错误。

在英国太平洋舰队司令、海军中将西摩尔的号召下,驻守天

---

① Санников Н. Печилийский отряд и сводная саперная рота этого отряда; с чертежом и 2 - мя рисунками в тексте. // ИЖ. 1903. №6 - 7. С. 841.
② Там же. С. 842.
③ Коростовец И. Я. Ук. соч. С. 12; Дацышен В. Г. Русско - китайская война. Маньчжурия 1900. СПб. 1996. С. 54.
④ Янчевецкий Д. Г. Ук. соч. С. 8.

津港的全体船员和海军陆战队成员组成了一支联合部队：英军915 人、德军 450 人、俄军 312 人、法军 158 人、美军 112 人、日军 54 人、意军 40 人、奥匈军 25 人。6 月 10 日，部队开拔前往北京。在遭到了义和团的连番阻击后，这支部队在距离京城22 千米处被迫后退。26 日，在克服了巨大困难并且遭受了重大损失后，这支部队撤回天津。① 此次出征惨遭失败，勉强支持国际联军的天津洋租界也受到威胁。在此情况下，列强不得不就近从守备部队调派人手支援联军。此后不久，清政府向列强宣战。自然，俄国的旅顺港也无法避开这些事件而独善其身。清政府开始疯狂地加固通往天津的要道和大沽口要塞。

1900 年 6 月 10 日早晨 5 点，阿列克塞耶夫收到沙皇诏书命令他向北京派遣陆战队。在旅顺港的守备部队中，只有东西伯利亚第三旅已做好充分准备，于是它承担起了进军北京的任务。俄国始终疑心日本，因此 11 日仅向大沽口要塞派遣了东西伯利亚第十二步兵团、1 支哥萨克部队和 1 个工兵排辅以 4 门火炮。事实上，阿列克谢耶夫不愿放那支已经做好战斗准备的部队离开旅顺港。17 日，联军攻占大沽口，日本陆军和舰队也参与其中。同日，俄国军舰运送东西伯利亚第九步兵团、50 名哥萨克士兵以及 4 门火炮、4 门机关炮赶赴前方。② 在"北京事件"发生之初，旅顺港的态度十分古怪。阿列克塞耶夫告诫俄国陆战队第

---

① Сидихменов В. Я. Ук. соч. С. 191.
② Санников Н. Печилийский отряд и сводная саперная рота этого отряда; с чертежом и 2 - мя рисунками в тексте. // ИЖ. 1903. №6 - 7. С. 846 - 847; 851 - 852.

一梯队:"你们前往中国是为了达成和平的目的,而非引发军事冲突。关东州条件艰苦,你们在这里服役需要付出巨大的艰辛,拥有坚毅的精神,你们已经证明了自己维护和平的能力。现在你们即将赶赴新阵地承担另一项使命,我坚信,在那里你们也同样优秀,就如同你们在这里一样。你们要坚毅,要忍耐,要严格遵守纪律,不要冒犯平民。谨记,俄国士兵首先是基督徒,因此,对无害之人要怀有仁慈之心。你们的祖先曾屡次证明了这点。"①

这支部队尚未做好应对强势抵抗的准备,并且此前也未接受过相应的训练。远征军的一名成员指出:"关于敌人的信息和概况,我们一知半解、不甚明了。在旅顺港时,在梯队准备启程前,我们以为这次出征无关紧要,只是一次前往北京的愉快徒步,甚至认为无须在天津逗留。我们对清军评价很低,认为他们就是一群勉强装备着燧发枪和弩箭的乌合之众;要塞和堡垒上的枪炮装备完全不值一提,毕竟清军还配备了木制大炮和用于恐吓敌人的龙舟。至于精锐部队,那就更加稀少了,寥寥无几。拳民的武器只有刀剑和长矛,因此不足为惧。带着令人愉悦的错觉,我们启程了,未曾想形势比预想的严峻得多。"② 俄国军队不仅要占领天津,还要守卫天津。在此过程中,俄国军队损失惨重,兵力损失高达 15%,4 名军官、50 名士兵丧生,8 名军官、200

---

① Янчевецкий Д. Г. Ук. соч. С. 83.
② Санников Н. Печилийский отряд и сводная саперная рота этого отряда в Китайскую войну 1900 г.; с 8 – ю рисунками в тексте и 1 картой. // ИЖ. 1904. No1. С. 50.

名士兵负伤。此外,在由海军上将西摩尔率领的联军中,死伤俄军约 200 人。①

1900 年 6 月 21 日,清政府向列强宣战,同时号令全体臣民消灭敌寇,违者将遭到严酷的惩罚。慈禧在懿旨中称:"与其苟且图存,贻羞万古,孰若大张挞伐,一决雌雄?"② 最初,彼得堡将与清政府可能爆发的战争视为可以依靠某些伎俩轻易解决的殖民地争端。"义和拳拳民起义"在很大程度上戳破了这些幻想。为了镇压这场起义,必须动员黑龙江沿岸军区和西伯利亚军区,并且在后者中组建两个军。于 1884 年成立的黑龙江沿岸军区下设 10 个营、10 支哥萨克部队、5 个炮兵连、1 个工兵连、1 个要塞炮兵连。十年后,步兵兵力仅增加了 10 个营。③ 尽管如此,军队的士气仍旧有所提高,他们不惧怕战争了:"揪住蛮子④的辫子打就对了,仅此而已。"⑤

中国东北的局势江河日下。1898 年和 1899 年,在铁路修筑期间,"红胡子"在局部区段实施偷袭;到了 1900 年,袭击变

---

① Там же. С. 90-91.
② Калюжная Н. М. Ук. соч. С. 216.
③ Редигер А. Ф. История моей жизни. Воспоминания Военного министра. М. 1999. Т. 1. С. 316.
④ 19 世纪下半叶至 20 世纪初,俄国人对乌苏里华人的蔑称,从广义上讲包括来自中国东北周边区域的季节性移民和经水路抵达乌苏里的山东劳工。——译者注
⑤ W. Из жизни на Дальнем Востоке. Июнь 1902 г. - март 1903 г. Южно-Уссурийский край, Печилийская провинция, Япония и Южная Манчжурия. // BE. 1904. №4. С. 435.

得普遍起来。地方政府派遣部队援助"拳民"。① 面对危机，维特立即放弃了他所宣扬的"和平渗透"。1900年7月20日（俄历7月7日），他写信给西皮亚金称："我建议，无论如何都要尽可能地集结兵力。损失钱财事小，丧失威望事大。"② 亡羊补牢，为时晚矣。节约开支与"和平渗透"政策使俄国既损失了钱财，也丧失了威望。1898年，东清铁路的守备力量从2000人增至5000人。显然，这股力量不仅不足以保卫铁路，甚至也无法满足铁路沿线的巡查需要。中国东北南部的守备力量尤为薄弱，从铁岭至关东州边界仅有590名守备军，在铁岭、辽阳和营口等大城市也仅有674名守备军（477名步兵和197名骑兵）。1900年6月14、28日和7月4日，俄国政府颁布数条命令，要求将东清铁路的护卫力量增至1.1万名军士。在军事活动爆发后，这自然无法实现。③

当时已有的5支守备部队和5个铁道加强营无法妥善应对当时的状况，因东清铁路建成区段被毁而造成的损失就高达7010万卢布。此时，俄国已经丧失了对东清铁路和南满铁路多数区段的控制权。在7月14日至28日的两个星期内，由恩格罗斯（А. А. Гернгросс）少将及其副手米先科（П. И. Мищенко）上校领导的守备部队的骨干力量被困哈尔滨。恩格罗斯，城市守备部

---

① Нилус Е. Х. Исторический обзор... Харбин. 1923. Т. 1. 1896 – 1923. С. 187；192.

② Письма С. Ю. Витте к Д. С. Сипягину (1900 – 1901 гг.). // КА. М. - Л. 1926. Т. 5 (18). С. 32.

③ Овсяный [Н.] [Р.] 1900 – 1901 гг. Военные действия в Китае. СПб. 1910. Ч. 3. Отдел 1. Северная Манчжурия；Отдел 2. Южно - Манчжурский район. С. 52；244.

队长官设法抵挡了"拳民"的进攻。① 是的，在东北他们不是起义者，而是由地方长官统领的部队。② 妇女和儿童被迫沿松花江撤回安全的哈巴罗夫斯克，因此，城内的俄国公民人数锐减（从5000人降至3000人）。③ 没来得及逃入哈尔滨或关东州的铁路职员，一旦落入清政府之手便会遭到严刑拷打，而后被公开处决。④

东清铁路因"拳民"的进攻而蒙受了巨大损失，因起义所产生的支出和工程费用高达71745878卢布。⑤ 1900年6月13日，俄政府下令从华沙和维尔纳军区向远东调遣3个编入炮兵营的步兵旅；22日，下令动员西伯利亚和黑龙江沿岸军区的后备军，并且要求黑龙江沿岸军区进入战时状态。一星期后，关东州也接到了后备军动员命令。7月5日，俄政府下令从基辅军区和敖德萨军区抽调2个编入炮兵营的步兵旅前往黑龙江沿岸地区执行换防任务。⑥

---

① Суров А. Краткий исторический очерк образования Амурского казачьего войска и настоящее его состояние. // ВС. 1900. №10. С. 354；Соколова А. Воспоминания о погроме в Маньчжурии по линии Восточно-Китайской железной дороги в 1898 году. // ИВ. 1906. Том 106. Вып. 12. С. 817.
② Русско-японская война 1904 – 1905 гг... СПб. 1910. Т. 1. События на Дальнем Востоке, предшествовавшие войне и подготовка к этой войне. С. 12.
③ John W. Steinberg, et al., eds., *The Russo-Japanese War in Global Perspective*, p. 35.
④ Янчевецкий Д. Г. Ук. соч. С. 587.
⑤ Янчевецкий Д. Г. Ук. соч. С. 587.
⑥ Разведчик. 1900. №505. С. 562；№507. С. 602；Овсяный [Н.] [Р.] 1900 – 1901 гг. Военные действия в Китае. СПб. 1910. Ч. 3. Отдел 1. Северная Манчжурия；Отдел 2. Южно-Манчжурский район. С. 4.

7月6日,沙皇颁布诏书下令组建东西伯利亚第五步兵旅,下设4个团;① 9日,沙皇下令组建旅顺港要塞步兵团,该团需在俄国欧洲部分完成组建,而后前往常驻地。② 7月8日,沙皇下令攻入中国东北。7月14日,在这项命令落实前,清军就开始炮击布拉戈维申斯克了。市内一片恐慌,百姓弃城而逃。清军试图沿黑龙江拦截俄国船只。7月20日,西伯利亚军区和谢米列奇耶州开始实施动员。三天后,俄政府决定组建4支在中国活动的部队——第一、二、三步兵团和一支陆战队。黑龙江沿岸军区和西伯利亚军区共召集了101887名预备役士兵,动员了53个营、43个骑兵连和哥萨克部队、18个步兵连和骑兵连。③

显然,这还不够,在与中国接壤的漫长边境线上,绝大部分区域尚未设防。黑龙江沿岸的局势相当凶险。因遭遇清军炮击,在沿河180俄里的范围内通信断绝。早在1885年,曾就建立黑龙江沿岸军事舰队的计划展开过讨论;到了1893年,该计划被重新提起。由于资金短缺,该计划一经提起便被驳回。结果,1900年俄国不得不临阵磨枪,用锅炉钢板充当色楞格号和松花江号汽轮机船的护板,并且在其上安装火炮。这些自制的炮舰在与清军炮手对战的同时,既确保了枪炮子弹的供应,也为沿河进

---

① ПСЗ. Собрание третье. СПб. 1902. Т. 20. 1900. Отделение первое. №18945. С. 860.
② Там же. №18947. С. 864.
③ Овсяный [Н.] [Р.] 1900 – 1901 гг. Военные действия в Китае. СПб. 1910. Ч. 3. Отдел 1. Северная Манчжурия; Отдел 2. Южно - Манчжурский район. С. 3 – 5;13;Никитина К. Осада Благовещенска китайцами в 1900 году (Из воспоминаний). // ИВ. 1910. Том 122. Вып. 10. С. 211 – 212;214 – 215.

入布拉戈维申斯克提供了安全保障。①

此前，由于担心清军可能在黑龙江右岸采取行动，俄方强行驱逐了布拉戈维申斯克的中国人。在这座拥有3万人口的城市中，除后备营外，几乎没有任何兵力和用于武装后备兵员的武器弹药。为了避免侨居俄国的华人向同胞施以援手，俄国当局对他们实施暴力侵害。驱逐行动伴随着殴打和劫掠，大批逃亡者溺水而亡。少数侥幸乘船逃脱的流亡者背负叛徒之名，死在了清军的枪下。即便逃亡者能够活着上岸，上岸后他们也会被处死。其余流亡者被迫泅渡黑龙江，但是成功者甚少。②

局势越发严峻，只有掌控黑龙江才能确保俄国边境的安全，但陆军人数明显不足。以分布在黑龙江沿岸的哥萨克部队为例，在河流左岸从波克罗夫斯克站至扎别洛夫斯基村1800俄里范围内，截至1899年1月1日，该区间的人口为24562人，其中（各年龄段的）哥萨克男子为11363人，哥萨克女子为10568人。③ 甲午战争期间，该地区的防卫工作不得不求助于农民自卫民兵团。依据1900年的规定，年龄在21~45周岁的各阶层男子必须加入民兵团。1900年7月，在该区段组建了32支分队（其中2支队伍是由朝鲜人组成的），共计4131人，然而黑龙江沿岸

---

① Н. Т. Несколько слов об Амурской канонерской флотилии и обороне Амура. // ВС. 1908. №6. С. 206；208；Никитина К. Осада Благовещенска... // ИВ. 1910. Том 122. Вып. 10. С. 223.

② Верещагин А. В. По Манчжурии. 1900 – 1901. Воспоминания и рассказы. // ВЕ. 1902. №1. С. 113 – 114；Соколова А. Воспоминания о погроме в Маньчжурии... // ИВ. 1906. Том 106. Вып. 12. С. 827 – 828.

③ Суров А. Краткий исторический очерк образования Амурского казачьего войска... // ВС. 1900. №10. С. 354.

军区仅收到了26944支步枪。要知道，在事件爆发之初，俄国只打算派遣2个团、1个炮兵连和1支哥萨克部队应付局面。

1900年秋，为了镇压起义，已经沿俄国境内铁路和海路运送10万名士兵。东清铁路和西伯利亚铁路无法提供与清军对战所需的全部运力。自动乱爆发之初至1900年10月1日，俄国沿西伯利亚铁路累计运送人员54410人、马11407匹、货物188200普特。与此同时，从俄国欧洲部分出发沿海路累计运送20000余人、货物百余万普特。最终，俄国向中国东北累计派遣了126个营、118支哥萨克部队和336门火炮，其中大部分兵力和武器来自西伯利亚、外贝加尔及黑龙江沿岸地区，少部分来自俄国欧洲部分。①

欧洲列强联手美、日两国出兵中国镇压起义，这场国际惩罚性征讨的领袖是德国陆军元帅阿尔弗雷德·冯·瓦德西（Alfred Graf Von Waldersee）。8月6日，威廉二世曾在电报中向尼古拉二世提议由瓦德西担此大任。② 1900年7月9日，德皇下令组建德国东亚军团，军团成员多为志愿兵。最初，军团下设8个营、

---

① Записки генерала Куропаткина о русско‐японской войне. Итоги войны. Berlin. 1911. С. 123；132；125 – 126；151；Данилов Н. А. Подготовка в широком смысле воюющих сторон перед войной и обстановка перед сражением под Тюренченом. // Русско‐японская война в сообщениях... СПб. 1906. Ч. 1. С. 5；Иммануэль［Ф.］［Б.］Ук. соч. СПб. 1906. Вып. 1. С. 4；Овсяный［Н.］［Р.］1900 – 1901 гг. Военные действия в Китае. СПб. 1910. Ч. 3. Отдел 1. Северная Манчжурия；Отдел 2. Южно‐Манчжурский район. С. 14；Дацышен В. Г. Ук. соч. С. 56 – 57.

② Боксерское восстание. // КА. М. – Л. 1926. Т. 1. （14）. С. 22.

3个骑兵连和4个炮兵连（军官和士兵1.1万余人，9月扩编7600人）。7月27日，第一批前往中国的德国士兵乘船出发；8月10日，德国最后一艘赶赴中国的运兵船扬帆起航。① 德皇自欺欺人地站在了受辱者的立场上。7月27日，在不来梅港为远征军饯行时，他告诫本国士兵："不要仁慈怜悯，不要留下俘虏！在一千多年前，在匈奴国王艾特泽尔统治时期，匈奴人留下了他们的权力印记，在童话传说中他们的事迹至今仍存。你们也当如此，因你们的事迹，德国人的名字应当被中国铭记千年，以至于无论何时中国人都不敢直视德国人。"②

瓦德西的部下无法彻底执行这些建议，因为主要的军事行动在他们抵达中国（1900年9月27日）前便已结束。陆军元帅本人9月24日抵达大沽口。当时，在渤海湾至北京沿线区域驻守着来自日本、俄国、英国、德国、法国、美国、意大利和奥匈的军官、士兵及海军陆战队队员，其中日军20934人、俄军13234人、英军8353人、德军8178人、法军6757人、美军5608人、意军2541人以及奥匈军494人。③ 在最后几场军事行动中，俄军和德军成功地攻下了渤海湾沿岸的众多要塞。尽管清军拥有大量现代化武器，其中包括机关枪和重型火炮，但是他们

---

① Недзвецкий В. Океанские перевозки германских, английских и американских войск. // ВС. 1901. №4. С. 66 – 67.
② Бюлов Б. Ук. соч. С. 164.
③ Овсяный [Н.] [Р.] 1900 – 1901 гг. Военные действия в Китае. СПб. 1910. Ч. 2. Действия на Печилийском побережье по взятии г. Тянь – Цзина. С. 108 – 109.

依旧无法守住这些要塞。① 此后，联军开始实施惩罚行动并且组织阅兵。②

在军事行动高潮时期，维特主张即使不实施"和平渗透"政策，也应实施限制性军事渗透政策，他提出应当放弃占领北京。1900年7月27日（俄历7月14日），他写道："我们不能轻举妄动，必须极力限制无序范围的扩大化。并且，一旦在我们的地盘（中国东北）上建立起了秩序，我们就打道回府。"③ 但是，无论这项计划多么完美，它终究无法变为现实。7月14日，联军攻占天津。欧洲人的成就迫使慈禧改变态度，向被围困的外国使馆示好。7月20日，她派人送去了西瓜、南瓜、黄瓜、茄子等食品。很快，战火被再次点燃。7月底，在"使馆区"已经能够清楚地听见枪声了。8月14日，联军攻占北京，慈禧连同朝廷官员逃离北京。后来，义和团运动被彻底镇压，中国东北实际上成了俄国的占领区。1900年8月，在占领北京后，俄政府立即声明不打算出兵吞并占领区，并且计划在与清政府达成协议后撤兵。④ 12月22日，联军向清政府驻北京全权代表提交联合照会，提出了对起义者、政府和国家的惩罚纲领。⑤

1901年9月7日，清政府与列强签订了《辛丑条约》。根据

---

① Агапеев А. Бэй – Тан（Из личных воспоминаний）. // ВС. 1902. №1. С. 42 – 46.
② W. Из жизни на Дальнем Востоке... // ВЕ. 1904. №4. С. 445 – 446.; То же. // ВЕ. 1904. №5. С. 8.
③ Письма С. Ю. Витте к Д. С. Сипягину（1900 – 1901 гг.）. // КА. М. – Л. 1926. Т. 5（18）. С. 34.
④ Попов П. С. Два месяца осады в Пекине... // ВЕ. 1901. №3. С. 7; 22.
⑤ Боксерское восстание. // КА. М. – Л. 1926. Т. 1.（14）. С. 46 – 49.

该条约，清政府必须在39年内向列强支付4.5亿海关两的赔款；向柏林和东京派遣"赎罪使团"悼念遇难的外交官，在他们被杀处竖立纪念碑；大规模惩办支持"拳民"的罪人；摧毁大沽口地区的防御工事；推行一系列方便洋人在华行动的改革。① 俄国部队占领中国东北一事引起了日本的极大恐慌。在日本看来，盘踞在中国东北的俄军已然对朝鲜构成了威胁。② 1901年1月22日，日本驻俄公使向俄国外交部提交本国政府照会。东京方面提醒彼得堡方面注意1898年的协议仍在有效期内，因此，日本在中国东北"享有完全特殊的地位，若俄国拒绝声明将撤离该省，我国政府难免有所疑虑"。③

俄国驻日本公使拉姆兹多夫注意到，在此期间，日本人的外交积极性迅速提升。1901年2月22日，伊兹沃利斯基致信外交大臣称："当然了，为了保全利益，日本政府正在努力寻求其他利益国的支持。可以肯定的是，日本外交界正在竭尽全力地煽动包括英国、德国及中国在内的诸多国家抵制我们在满洲的行动。众多迹象表明，东京正在加强自身对动荡的满人朝廷的影响力：毫无疑问，东京必然会在暗中向满人朝廷提供各类资金，而满洲问题也为东京提供了一个充当中国和满人朝廷利益捍卫者的契机。日本政府的近期目标是针对俄国建立一个类似于在甲午战争后逼迫日本放弃辽东半岛主张的联盟。若结盟失败，日本或将放

---

① Русско‐китайские отношения 1689–1916... C. 84–90.
② Накануне русско‐японской войны (Декабрь 1900 г. – январь 1902 г.). // КА. М. 1934. Т. 2 (63). С. 7.
③ Там же. С. 9.

弃各种利益，或将下定决心单打独斗。目前，无法预料日本政府是否拥有足够的勇气选择后者，哪怕是冒着与俄国兵戎相见的风险。"①

---

① Там же. С. 15.

12 战争或合作：彼得堡与东京的抉择

俄国在中国东北的行动所导致的直接后果就是英国与日本关系的复苏。1901年4月16日，日本驻英国公使林董子爵收到指示："日本政府尚未就与英国结盟一事发表最终意见，现委托公使阁下以个人名义与英国政府沟通，了解他们对结盟的态度，以便使日本政府在解决该问题时不受牵制。"① 伦敦方面迫切希望拥有一个区域性的盟友，东京方面需要来自外部的财政和军事支持，而彼得堡方面在撤离中国东北的期限问题上始终含混不清。1901年3月25日，外交大臣拉姆兹多夫正式拒绝了日本政府关于发布俄中关系公告的要求。拉姆兹多夫声明，俄国无法接受第三国干涉彼得堡与北京之间的关系，他补充道："俄国一旦确认满洲的秩序得以重建，清政府在北京重新站稳了脚跟并且有能力保障满洲的安全、把控满洲的局面，若无其他列强的干预，俄国将立即从中国撤军。"②

与此同时，英日两国在伦敦展开协商。1901年6月15日，

---

① Записки графа Хаяси об англо-японском союзе. // ИМИД. СПб. 1913. №5. С. 323.
② Накануне русско-японской войны... // КА. М. 1934. Т. 2 (63). С. 21.

林董通知东京：英国同意结盟。① 拉姆兹多夫不赞成因中国东北问题而激化与日本的矛盾。1901年7月1日，他表明立场："在这件事情上，维护俄国的尊严极为重要。俄军撤离中国领土的理由绝不能是迫于国际复杂局势的压力，或者利益国提醒俄国履行曾做出的庄严承诺，撤退主张应当且只能由帝国政府率先提出。"② 维特和库罗帕特金坚决反对撤退计划。他们认为，无论如何此时尚未形成对俄国有利的条件，因此他们的行动方向十分明确。

1901年8月1日，俄国外交大臣向陆军大臣和财政大臣致密函。他指出："毫无疑问，从政治角度上看，幅员辽阔、物产丰富的中国领土若能划归俄属，这将极大地提升俄国在亚洲各民族中的影响力；若能掌控连接西伯利亚铁路和被太平洋水域铁路支线所贯穿的中国领土，则能减轻在建道路的施工负担，保证俄国在远东地区不折不扣地完成本国的历史使命。毕竟，目前太平洋水域的不冻港已在我们手中。"③ 尽管此类行动的好处显而易见，但是拉姆兹多夫依旧坚决反对将它们付诸实践。

外交领袖认为，在政治上没有"成人之美"一说。在他看来，没有哪个欧洲国家同意以牺牲中国领土为代价扩充俄国领地，遑论日本。④ 拉姆兹多夫向维特和库罗帕特金提问道："在

---

① Записки графа Хаяси об англо-японском союзе. // ИМИД. СПб. 1913. №5. С. 324.
② Накануне русско-японской войны... // КА. М. 1934. Т. 2（63）. С. 31.
③ Там же. С. 33.
④ Там же. С. 34.

当前的军事实力下，俄国在应对日本的挑战时是否胜算十足，占领满洲莫非真能带来如此巨大的军事、战略和财政利益，以至于值得俄国以身犯险？"① 然而，他并未得到明确的答复。外交大臣算错了一件事，在欧洲只有一个国家意图与俄国发生冲突，至少准备与之发生间接冲突。巩固在中国东北和黑海的军事地位、公开声明与殖民地的老对头法国结盟，俄国的这些行动令英国政府如坐针毡。1901年，在坎大哈省陆军元帅罗伯茨的领导下，英国陆军部制订了针对俄、法两国不同版本的作战计划。②

罗伯茨元帅对同时进攻这两个国家持怀疑态度。针对俄国，英国计划在以下4个方向采取行动：中亚，从印度出兵发起进攻；符拉迪沃斯托克要塞和旅顺港；高加索；摧毁黑海水域的俄国商业舰队。此时若采取第一种方案，兵力不足的英印部队（75030人，增援部队不足16000人）在突厥斯坦行军，必将面临因补给困难而导致的各种问题；至于第三种和第四种方案，它们能否成功实施显然取决于土耳其的立场，并且这两个方案实际上未将可能爆发的陆地战纳入考虑范围。于是，就只剩下第二种方案了。此前，符拉迪沃斯托克入选难以攻克的要塞之列，因此旅顺港被英国视为理想的进攻目标，此事英国不打算亲力亲为，而是寄希望于未来的盟友日本。此时，伦敦方面唯恐俄国借助盟友法国的财力加强军力，因此计划威胁法国的殖民地，其目标主要是各大港口，如比塞大港（地中海）、达喀尔港（西非）、马

① Там же. С. 35.
② "Military needs of the Empire in a war with France and Russia," PRO, War Office (WO) 106/48, pp. 1–67.

提尼克港（西印度群岛）、迭戈-苏亚雷斯港（马达加斯加岛）、西贡港（印度支那）、吉布提港（红海）等。①

在伦敦协商期间，日本驻英国公使起草了同盟条约草案，其中包括6点：支持中国"门户开放"；维持中国的领土现状；授予日本在朝鲜的行动自由权；同盟国一方若与在第三国支持下的其他国家爆发战争，另一方应予以援助；双方应长期结盟；同盟的行动范围仅限于远东。②尽管英方对此未提出重大异议，但是自1901年夏双方始终无法从私人协商过渡到国务谈判。1901年8月，日本首相伊藤博文出访欧洲和美国，阐述本国的外交前景。伊藤伯爵认为，若俄国提出的条件可为东京接受，那么日本可与俄国达成协议。并且他不相信日本与英国具有达成协议的前景。正因如此，在对谈判结果毫无期待的情况下，他批准了日本外交官在伦敦与英方展开谈判。③事实上，此前他们曾以协商的名义进行过谈判，但是林董未经授权，因此只能徐徐图之。1901年10月8日，日本驻英公使获得授权；16日，谈判正式开始。④

1901年9月16日（俄历9月3日），伊兹沃利斯基向彼得堡汇报了伊藤博文的行程，同时指出伊藤此行对东京意义重大："尽管此次出行完全是私人行为，但此行的政治意图极为明显，

---

① "Military needs of the Empire in a war with France and Russia," PRO, WO 106/48, pp. 32-33, 52.
② Записки графа Хаяси об англо-японском союзе. // ИМИД. СПб. 1913. №5. С. 323.
③ Кикудзиро И. Ук. соч. С. 37-40.
④ Записки графа Хаяси об англо-японском союзе. // ИМИД. СПб. 1913. №5. С. 325

即旨在近距离了解欧洲内阁的想法。虽然伊藤伯爵已经隐退，但是他在受日本天皇倚重的高官中仍然具有举足轻重的地位，他此行的结果将极大地影响日本外交政策的走向。"① 此前，伊藤博文并未向俄国驻日公使隐瞒自己的观点。这位日本元老的视线主要聚焦在朝鲜，特别是朝鲜北部，即那些可能成为日本殖民对象的领土。为实现该计划，东京必须做出决断，是与俄国结盟，还是与俄国对立。② 11月6日，英方向日方提供了盟约草案。该草案包含4项条款，其内容与日本先前提交的条约草案几乎完全对应，仅有一处例外，即伦敦坚持将英属印度划入联盟的行动范围。③

1901年11月25日~12月4日，伊藤博文访问彼得堡，再次试图与俄国就朝鲜和中国东北的势力范围划分问题达成协议。此时，日本已经做好了向俄国出让关东州的打算，并且期望以此换取俄军撤离中国东北并在那里宣布实行"门户开放"政策的回报。然而，迎接这位日本高官的却是礼貌而冷漠的会晤。④ 针对朝鲜问题缔结新的日俄条约的提议遭到了拒绝。日本起草的条约包含5款：两缔约国承认朝鲜独立；不得利用朝鲜领土实施相互敌对的战略目标；确保朝鲜海峡的通航安全；俄国承认日本在朝鲜的政治自由和工商业自由，其中包括东京有权向朝鲜政府提

---

① Накануне русско‐японской войны...// КА. М.1934. Т.2（63）. С.37.
② Гурко В. И. Ук. соч. С.322.
③ Записки графа Хаяси об англо‐японском союзе.// ИМИД. СПб.1913. №5. С.326.
④ Витте С. Ю. Ук. соч. М.1994. Т.2. С.211.

出建议，在必要时，如为镇压起义可向朝鲜提供军事援助；本条约应取代此前日俄两国就该问题所签署的全部条约。①

12月5日，拉姆兹多夫向尼古拉二世递交了与伊藤博文的谈判报告。在报告中，俄国外交大臣指出，他向日本访客指出其提议完全是"符合日本利益的特惠条款"清单，一旦落实了上述条款，朝鲜的独立将成为一纸空文。拉姆兹多夫称："鉴于俄国与朝鲜半岛相互毗邻，帝国政府无法认同日本的这种安排。"② 俄方提出对应方案。在保持日方所提出的前三款和最后一款不变的情况下，俄方对第四项条款进行明显的改动，并且新增了第五款和第六款（俄方的条约草案共包含七款）。俄国仅承认日本在朝鲜的工商业领域享有特权和行动自由；但是，东京若向汉城提出建议或派遣军队，需预先经与彼得堡协商一致（第四款）。若发兵半岛，日军在岛上的逗留时间必须严格遵守限制，期满务必召回。此外，日军不得在俄朝边境逗留（第五款）。日本在朝鲜所享有之特权，在与中国毗邻之地俄国亦应享有（第六款）。③

伊藤使团的访问以失败告终。尽管如此，他依旧期望与俄国达成协议，并且认为不必急于与英国结盟，然而东京并不支持他的观点。④ 东京方面相信未来无法与彼得堡就朝鲜问题达成一致意见，这种想法并非毫无依据的臆测。12月10日，库罗帕特金

---

① Накануне русско - японской войны...// КА. М. 1934. Т. 2（63）. С. 46.
② Там же. С. 44.
③ Там же. С. 46.
④ Записки графа Хаяси об англо - японском союзе.// ИМИД. СПб. 1913. №5. С. 330 - 331.

曾向拉姆兹多夫阐述过他对该问题的看法："我相信，在先前我所圈定的边界范围内，即使我们一直把持着北满，我们也很有把握避免与日本决裂。因此，在与日本缔结新条约时，我们不应付出太大的代价。彻底放弃朝鲜并且将它让给日本，这种代价实在是太过高昂了。"① 陆军大臣对日本的条约草案提出了新要求。这些要求不但进一步限制了日本在朝鲜的行动自由，同时还扩大了俄国政策在中国东北的影响力。这些内容出现在1901年12月14日（俄历12月1日）经尼古拉二世批准并送往柏林递交给伊藤博文的最终版文件中。②

在前往伦敦的途中，伊藤博文途经德、法两国。他的俄国之行引起了英国的极大不满。英国外交部敦促日本外交部门尽快确定结盟事宜。针对英国人所提供的同盟文件，东京方面略加修改（如使用"大清帝国"替代"清国"，使用"大韩帝国"替代"朝鲜"等），进而将谈判拖延到了11月底。③ 此时，日本没必要再继续耽搁下去了。1902年1月30日，英日两国缔结了为期5年的同盟条约。该条约明确了英国在中国及日本在中国和朝鲜的利益；伦敦和东京承诺，一旦同盟国一方与第三国爆发战争，另一方严守中立（第二款）；如同盟国一方与两个或两个以上的

---

① Накануне русско - японской войны...// КА. М. 1934. Т.2（63）. С. 49.

② Там же. С. 50 - 53.

③ Записки графа Хаяси об англо - японском союзе.// ИМИД. СПб. 1913. №5. С. 328.

其他国家作战，另一方应直接给予军事援助（第三款）。① 由此可见，该条约是旨在对抗俄国及其盟友法国的区域性合作协议。

作为对英日同盟的回应，俄国外交部更倾向于发表声明宣布本国在华政策保持不变。1902年3月17日（俄历3月5日），俄国对英日同盟条约做出官方回应："在对英国政府和日本政府向俄国就此问题发布的友好通告表示认同后，帝国政府对该条约的缔结反应相当平静。中国动乱爆发后，俄国的政治指导方针从未改变：俄国要求友邻中国及朝鲜始终保持独立性和不可侵犯性；俄国希望维持当前的局面，在远东地区彻底实现和平。"② 事实上，对于英日同盟而言，保持立场不变的做法未必是上策。这种做法可能促使英、日外交部门在俄国屯兵中国东北的谈判中采取更为强硬的措施。无论是对因布尔战争而损伤元气的英国而言，还是对结交了欧洲同盟的日本而言，这都极为有利。

据英国专家估算，截至1902年3月25日，日本已部署18.2万名受训士兵应对陆战行动；同时部署了17万名士兵守卫日本群岛。东京自身的运力足以迅速转运3个师团：42000名军官、士兵、17100名担架兵、后备兵、16830匹马。据计算，如有必要，野战部队可集结30万人兵力（这比英国的预测值超出10万人）。伦敦对东京发动战争的财力水平和日军陆战的后勤保障能力给予了高度评价。日本的行动目标极为明确：中国东北、旅顺港和符拉迪沃斯托克。远东地区的俄军兵力约11.2万人，配备

---

① Сборник договоров и дипломатических документов по делам Дальнего Востока... С. 527-530.
② Русско-китайские отношения 1689-1916... Приложение №4. С. 114.

150~180门火炮，其中野战部队6万~7万人，配备130门火炮。[①] 1902年，日本向盟国提交了对俄作战整体规划。第一，若春季或夏季开战，则在陆战队登陆的同时，派兵包围符拉迪沃斯托克和旅顺港要塞，然后迅速挺进哈尔滨，占领东清铁路和南满铁路的重合区间；第二，若在冬季开战，则先派兵登陆辽东半岛，同时包围旅顺港，然后靠近哈尔滨；春季，待沿岸冰雪融化后，派兵登陆并包围符拉迪沃斯托克，同时向哈尔滨发起总攻。[②]

一旦爆发军事行动，东京希望伦敦能够给予财政支持，并且在必要时协助日本实施海上管制、执行舰队护航任务。如有必要，日本愿意协助英军对战法属印度支那。英国人对日本提出的对俄作战计划，特别是冬季作战计划的可行性表示怀疑。令英国人感到疑虑的是日军能否迅速攻占俄国要塞，日本人能否高效地利用铁路实现军队补给（伦敦方面担心俄国骑兵袭击铁路致其瘫痪）。此外，英国人也对距离问题（符拉迪沃斯托克与哈尔滨相距400英里，旅顺港与哈尔滨相距600英里）和双线作战组织问题提出了质疑。[③] 1902年7月，英日两国达成

---

① "Memorandum of the proposed conference between Naval and Military representatives of Great Britain and Japan as to joint action in the event of war," PRO, WO 106/48, pp. 447-449.

② "Memorandum of the proposed conference between Naval and Military representatives of Great Britain and Japan as to joint action in the event of war," PRO, WO 106/48, p. 450.

③ "Memorandum of the proposed conference between Naval and Military representatives of Great Britain and Japan as to joint action in the event of war," PRO, WO 106/48, pp. 451-452.

协议：双方互换情报信息；共同编制英语版和日语版的中国东北、朝鲜及印度支那的地图和参考资料；一旦爆发战争，日本人在使用英国的电报线路时将享受特惠政策。① 至此，伦敦相信日俄战争即将爆发。

在拒绝与日本达成同盟协议后，彼得堡陷入了困境：俄国在中国东北的行动没有从其他列强那里获得实质性的支持。1902年4月7日，迫于英美两国的压力，俄国与清政府订立条约，规定在18个月内俄军分批撤离中国东北：在先前的6个月内，俄军撤离奉天省西南部地区；在中间的6个月内，俄军彻底撤出奉天省；在最后的6个月内，俄军撤离黑龙江。② 事实上，彼得堡不急于履约，至少不打算完全履约。1902年，俄国政府在东清铁路护路队（数千兵力）基础上组建了外阿穆尔军区边防兵团。很快，近2.5万名边防军驻扎此地。③

1903年2月7日，在外交大臣主持召开的特别会议上通过决议，决定采纳陆军大臣库罗帕特金提出的关于俄军不参与控制中国东北及与北京展开谈判的提议。④ 2月10日（俄历1月28日），尽管沙皇批准了关于仅从吉林省南部和奉天省撤兵的奏折，

---

① "The military resources of Russia, and propable method of their employment in a war between Russia and England. Secret," PRO, WO 106/48, p. 436.

② Русско‑китайские отношения 1689 – 1916... С. 91 – 93.

③ Троицкий В. Заамурский округ пограничной стражи на охране железной дороги в кампанию 1904 – 1905 гг. // ВС. 1908. №8. С. 64; 75.

④ Первые шаги русского империализма на Дальнем Востоке (1888—1903 гг.). //КА. 1932. Т. 3 (52). С. 123.

但是俄军还是"无限期地"驻守吉林省和黑龙江省。[1] 远东局势岌岌可危,然而此时尼古拉二世依旧认为俄国有机会在巴尔干大展拳脚。1903年1月18日(俄历1月5日),沙皇亲自确立以下目标:"我们在警惕东方的同时,必须将注意力集中在西方。"[2]

---

[1] Дневник Куропаткина с 17 ноября 1902 по 6 марта 1903 г. // КА. М. 1923. Т. 2. С. 28.
[2] Там же. С. 20.

13　远东抉择的外交背景：从巴尔干到波斯

尼古拉二世密切关注巴尔干局势，这与欧洲动向不无关系。1900年2月7日（俄历1月25日），他批准了外交大臣穆拉维约夫伯爵的奏章。奏章称，"为了维护我们在土耳其东部、中亚、波斯和远东的主要利益"设定下列任务：①说服苏丹终止在博斯普鲁斯海峡修筑防御工程、在黑海沿岸修筑铁路的计划；②与阿富汗恢复直接外交往来；③在里海东岸和突厥斯坦军区继续加强战备工作；④在波斯积极实施工程勘察，筹备修建奥伦堡—塔什干—德黑兰—外高加索铁路；⑤支持俄国在波斯的工商企业的发展；⑥在恩泽利修建港口，在里海地区发展航运和正规的邮电、电报通信；⑦继续加强黑龙江沿岸军区和关东部队的建设；⑧加速武装旅顺港，同时将旅顺港铁路支线接入西伯利亚铁路；⑨在太平洋水域供养一支规模庞大、装备精良的舰队；⑩继续制订博斯普鲁斯海峡的占领计划。[①] 陆军大臣库罗帕特金认为，上述任务的重中之重是"长期军事占领博斯普鲁斯海峡"[②]。

---

① Царская дипломатия о задачах России на Востоке в 1900 г. //КА. М. - Л. 1926. Т. 5（18）. С. 17–18.
② Там же. С. 20.

1900年，奥地利与罗马尼亚续订秘密军事条约。1901年10月，俄国驻维也纳军事代表获取了该条约的文本。事实上，该条约的主要对抗目标是俄国、保加利亚和塞尔维亚。后两个国家作为巴尔干半岛上的国家，显然深受多瑙河君主国的影响。陆军大臣库罗帕特金在收到这一情报后，认为必须与塞尔维亚，特别是与保加利亚订立条约。当时，索非亚与布加勒斯特之间的关系远非和睦。两国之间横亘着多布罗加。无论是罗马尼亚人，还是保加利亚人都希望完全掌控它。两国君主对待彼此态度消极。英国驻保加利亚政治代理人回忆称："如果像卡罗尔国王和斐迪南王子这样两个性格迥然不同的人能够成为朋友，这将非常奇怪。事实上，两位君主相互讨厌，并且都不相信邻国的政策。"①

库罗帕特金认为，与保加利亚结盟可以制衡罗马尼亚，特别是在与德国和奥匈帝国交恶的情况下。陆军大臣准备与塞尔维亚和保加利亚发展类似的同盟关系，但是坚决反对做出以牺牲邻国利益为代价助其实现领土扩张的承诺。外交大臣拉姆兹多夫主持起草与保加利亚结盟的条约草案。然而，在陆军大臣与外交大臣之间产生了严重的分歧。拉姆兹多夫坚持，只有在缔约国中的一方遭到袭击的情况下，军事条约方可生效。此外，外交部提议增加一项条约义务——"采取一切手段避免与土耳其及巴尔干半岛上的其他国家发生冲突"。陆军大臣亲手划掉了这些条款，并

---

① Buchanan, *My Mission to Russia and Other Diplomatic Memories*, vol. 1, p. 65.

且在空白处写道："俄国不能在博斯普鲁斯海峡问题上作茧自缚。"① 这不是对遥远将来的算计。

1902年春，在敖德萨军区司令部、黑海舰队、总参谋部和海军总参谋部作战机关的参与下，海军部主办战略演习。亚历山大·米哈伊洛维奇大公为守方主帅，陆军大臣为攻方主帅，陆军元帅米哈伊尔·尼古拉耶维奇大公、基辅军区司令员德拉戈米罗夫（М. И. Драгомиров）上将、海军部司令均参加演习，阿列克谢耶夫代表总参谋部参加演习。② 先前制订的进攻博斯普鲁斯海峡的模拟方案完全失效。陆军大臣大肆干涉部下乃至向工兵连连长下达指令，并且他针对出现的问题所提出的解决方案震惊了所有人。某位演习参与者回忆道："最终，阿列克谢·尼古拉耶维奇·库罗帕特金令我大失所望，我对这位英勇的突击队长能够更上一层楼完全不抱希望。他时常谈论自己在布哈拉的战绩。在演习过程中，一旦涉及向登陆地提供各类登陆补给时，他总是盛气凌人地表示，这很简单：装载补给物资的汽轮机船全速挺进目标海岸，板车直接抵达汽轮机船下方接收物资，然后再按各部所需分配、转运物资。"③

演习结束后，双方达成共识，认为有必要修改先前制订的博

---

① Валентинов В. Ук. соч. // Военно – исторический сборник. Труды комиссии по исследованию и использованию опыта войны 1914 – 1918 гг. М. 1919. Вып. 2. С. 123 – 124.

② Ельшин А. Я. На суше и на море. Воспоминания. // Морские записки. Издание Общества бывших русских морских офицеров в Америке（далее МЗ）. Нью‐Йорк. 1945. №3. С. 126；128.

③ Там же. С. 127.

斯普鲁斯海峡进攻计划，同时加强对陆战队的训练。同年，沙皇下令在黑海海域建造装甲战列舰，未来它们不仅要在黑海航行，还要执行远航的任务。俄国计划在黑海部署12艘装甲战列舰，同时配备相应数量的巡洋舰和鱼雷艇。按照该计划，截至1903年，需在黑海海域部署2艘装甲战列舰——金口约翰号和叶夫斯塔菲号，以及3艘鱼雷艇。① 伴随着这些计划的实施，海军部的预算连年上涨。1895年为54923509卢布，1896年为57966000卢布，1897年为59902175卢布，1898年为67050000卢布，1899年为83065000卢布，1900年为86628015卢布，1901年为93597666卢布，1902年为98318984卢布。②

1902年初，俄国与保加利亚编制军事协定草案。草案规定：缔约国若遭遇罗马尼亚和奥匈帝国联合进攻，俄保两国将为彼此提供军事援助；缔约国若与上述两国中的一国发生个别冲突，两国将为彼此提供外交援助。此外，若塞尔维亚遭到入侵，两国则应向塞尔维亚提供支援。虽然保加利亚大公斐迪南被任命为巴尔干地区陆军总司令，但是行动计划是由俄国总参谋部一手制订的。保加利亚授权俄国使用自己的港口，同时将舰队和交通工具交由俄国海军调遣。1902年5月，保加利亚大公、科堡王子斐迪南率领索非亚市沙皇解放者纪念碑修筑委员会成员抵达俄国。随行的保加利亚国民议会主席仓科夫（Д. Цанков）向尼古拉二世递交申请，邀请沙皇出席纪念碑的开工典礼。似乎，俄国与保

---

① Петров М. ［А.］ Подготовка России к мировой войне на море. М. －Л. 1926. С. 69；85.
② Огородников С. Ф. Исторический обзор развития... С. 259.

加利亚之间的矛盾冲突已被抛诸脑后。1902 年 5 月 31 日,两国的陆军大臣在彼得戈夫签署协议,同年 7 月双方互换批复文书。协议第三条规定,保加利亚领土具有不可侵犯性。①

在索非亚方面看来,这份文件不仅是两国恢复外交关系后相互亲近的巅峰之作,更是掌控圣斯特凡地区的保障,还可能借机成功突围,在彼得堡的支援下占领杜布鲁贾。② 对于协议条款如此有趣的解读,出乎彼得堡的意料。保加利亚陆军高层着手制订对土作战计划。1904 年初,斐迪南一世批准了包含色雷斯进攻计划的第一版作战方案。直至 1912 年,这份文件都是保加利亚制订未来军事计划的基础。1908~1911 年,随着文件的补充完善,保加利亚人甚至将君士坦丁堡列为军事打击的对象。③

1902 年 8 月,在库尔斯克附近,四大军区——莫斯科军区、维尔纳军区、基辅军区和敖德萨军区集结兵力进行演习。从本质上讲,此次演习具有反奥倾向,演习的任务是击退从西南方向入侵俄国的军队。④ 波斯国王穆扎法尔丁·阿里·沙(Mozaffar ad-

---

① Валентинов В. Ук. соч. // Военно－исторический сборник. Труды комиссии по исследованию и использованию опыта войны 1914－1918 гг. М. 1919. Вып. 2. С. 125－126;Принос към дипломатическата история на България 1878－1925. Под ред. Кесякова Б. Д. София. 1925. Т. 1. С. 20－21.
② Радославов В. България и световната криза. София. 1923. С. 8;31.
③ Крапчански В. Н., Христов Г. Р., Възелов Д. Д., Скачоков И. К. Кратък обзор на бойния състав, организацията, попълването и мобилизацията на Българската армия от 1878 до 1944 г. София. 1961. С. 53;55.
④ Отчет о большом маневре в Курской губернии в Высочайшем присутствии в 1902 году. Южная армия. Киев. 1903. С. 1;45;Отчет о большом маневре в Курской губернии в высочайшем присутствии в 1902 году. Московская армия. М. 1903. С. 2;34.

Din Shah）在应邀观看帝国军事演习时吹捧道："波斯与俄国应当建立牢不可破、永世长存的友谊。"① 在演习结束前，两位君主的目光始终聚焦参演部队，随后他们一同检阅了六支部队。沙皇在评价演习的同时，还发表了一些反英言辞。② 在伊朗，俄国与英国严重对立。俄国外交官在评价两国在该地区的关系特点时措辞如下："极端地互不信任和稍加掩饰的敌意"，迈什德领事馆与大不里士领事馆的对立尤为严重。③ 1897年秋，在达姆施塔特探亲的尼古拉二世接见了英国外交官。在谈话过程中，他相当清楚地阐明了自己对伊朗的看法。沙皇不相信处于附庸地位的弱小缓冲国能够一直存在，期待波斯腐败而软弱的政府成为俄罗斯帝国与大英帝国之间的屏障希望渺茫。因此，在尼古拉看来，尽管俄国不需要新的领土，但是解决问题的最佳途径就是消除在中亚横亘在伦敦与彼得堡领地之间的障碍——波斯。④

1899年初，陆军大臣下令盘点俄国在亚洲及其周边区域的兵力。高加索军区屯兵32万，喀山22万，西伯利亚4万，突厥斯坦和里海东岸地区7.5万，黑龙江和旅顺港沿岸8万，兵力总计73.5万。根据计算，若要彻底保障边疆防御安全，在中亚地

---

① Берар В. Персия и персидская смута. СПб. 1912. С. 285.
② Отчет о большом маневре в Курской губернии в Высочайшем присутствии в 1902 году. Южная армия. Киев. 1903. С. 159 – 161; Отчет о большом маневре в Курской губернии в Высочайшем присутствии в 1902 году. Московская армия. М. 1903. С. 138 – 139.
③ Kalmykow, *Memoirs of A Russian Diplomat*, p. 24.
④ Buchanan, *My Mission to Russia and Other Diplomatic Memories*, vol. 1, p. 169.

区至多能集结12万兵力。一旦开战,俄国计划动员位于突厥斯坦的3个军和驻守高加索的1个军。① 然而,在外里海铁路与俄国欧洲铁路接轨前,在技术层面这项计划无法实现。若以三个星期为限,俄国在阿富汗边境可集结3万~4万兵力;若以40天为限,可集结7.5万~8万兵力。② 1899年5月,外里海铁路与撒马尔罕—安集延铁路(其中一条支线通往塔什干)接轨,部分问题得以解决。1901年3月,梅尔夫—库什卡区段铁路竣工。在中亚,此时俄军后方的处境得到了极大的改善。即便如此,1901年3月前,俄国始终无法解决这条阵线上的核心问题,即塔什干—奥伦堡铁路的修筑问题,直到1906年初这条铁路才全线贯通。

突厥斯坦军区在1900年的作战计划中设定目标为占领马扎里沙里夫、喀布尔、赫拉特和霍罗桑,这完全符合沙皇的心意。然而,这只是总体设想,计划的制订者也承认,军区没有充足的兵力去完成如此庞大的任务。谁都不打算在这条阵线上增派兵力。③ 显然,在阿富汗无法确立任何可行性目标,不但如此,甚至连在那里部署少量兵力也无法做到。此外,部队离开突厥斯坦基地后的供给问题一直悬而未决。最后应当指出,与软弱的政府相比,强硬的政府令两国更为不满,俄英两国不得不针对在第三国发起联合行动的事宜进行协商。但是,对话的提议未得到回复,两国的竞争愈加尖锐。1901年,一位到访德黑

---

① Luntinen, *French Information on the Russian War Plans*, p. 55.
② Luntinen, *French Information on the Russian War Plans*, p. 56.
③ Fuller, *Strategy and Power in Russia*, p. 365.

兰的英国人指出："在这里，人们普遍认为俄国正在将英国赶出波斯。"①

自1870年代起，英国似乎在波斯确立起了稳固的地位。1872年，波斯国王纳赛尔丁（Naser al-Din）与英国金融家路透（Reuter）男爵签署了无限制条件的铁路修筑、森林与矿山开采、矿藏（黄金、白金及其他贵金属除外）开发、路桥建筑及国有银行、电报局、工厂、磨坊开设协议，协议有效期长达70年。此外，路透男爵还租下了波斯海关，租期25年，每年需向国库上缴海关纯收入的60%，向沙赫上缴20%。1889年，英国人拿到了波斯的烟草特许权。事实上，英国人高估了德黑兰的实力。此时，波斯国内爆发了严重的反英运动，甚至对王位构成威胁。② 1892年，受反对者的影响，沙赫废除上述协议，并且向英国支付了50万英镑的赔款。在此后很长一段时间里，波斯的财政陷入混乱。同年，英国首次提议在波斯划分势力范围，而该提议并未得到俄国的支持。

1899年底，俄、英两国开始就向德黑兰提供联合贷款一事展开谈判。此事为两国在波斯保持利益与势力的平衡提供了保障，为彼得堡与伦敦的进一步和解奠定了基础。尽管沙赫政府未对这笔贷款提出异议，但是在布尔战争爆发后谈判被迫终止。③

---

① H. J. Whigham, *The Persian Problem: an examination of the rival positions of Russia and Great Britain in Persia with some account of the Persian Gulf and Bagdad railway.* New York: C. Scribner's, 1903, p. 332.
② Kalmykow, *Memoirs of A Russian Diplomat*, p. 51.
③ Берар В. Ук. соч. С. 280－281.

如此一来，事情变得简单起来。非洲南部的争端突然间成了一笔亏本的买卖，它使英国国库损失近 2.5 亿英镑。① 结果，伦敦的行动尽管暂时却严重受限。索尔兹伯里侯爵在议会发言时指出："其他国家可以放款，但我们不能。下议院始终无法保证印度的贷款，显然，他们也将拒绝向东方需要支援的盟国提供财政援助。然而其他国家可以。任何尝试扭转这种不利处境的行动都是白费力气。真正的朋友是能在他那儿借到钱的朋友。"②

英国的颓势日渐明显，这促使俄国政府倾向于独立行事。1900 年 1 月 26 日，波斯与俄国缔结 2250 万卢布的贷款协议，还款期限为 75 年，年利率为 5%。波斯需以除南部省份外的其他各省的海关收入作为还款担保。债务国一旦违反贷款的还款条例，则需将海关的管理权移交给受俄国控制的波斯信贷银行。此外，在未经俄国许可的情况下，波斯政府在 10 年内不得再与其他国家产生新的长期借款。几乎是在同一时期，俄国以 3.5% 的年利率从法国那里获得了同样金额的贷款，③ 因此，向波斯发放贷款不仅确保了俄国在该国的地位，同时是一次成功的银行投机活动。

19 世纪末期，俄国的金融家和商人成功挤走了英国同行，

---

① Niall Ferguson, *Empire*: *How Britain Made the Modern World*. London: Allen Lane, 2003, p. 276.

② Jennifer Siegel, *Endgame*: *Britain*, *Russia and the Final Struggle for Central Asia*. London: I. B. Tauris, 2002, p. 10.

③ Берар В. Ук. соч. С. 284 – 285；История внешней политики России. Конец XIX – начало XX века（От русско – французского союза до Октябрьской революции）. М. 1997. С. 124.

此事发生在俄国传统的势力范围,即波斯北部。1904年6月20日,财政大臣科科夫佐夫(В. Н. Коковцов)在俄国在波斯的财政、经济政策特别会议上指出:"应当承认,在沙赫政府未提供任何实际保障的前提下,在德黑兰创办波斯信贷银行是俄国企业界在波斯的伟大创举。在地方机构的支援下,这家银行的业务在短期内迅速拓展,规模日渐庞大。为此,俄国国库支出高达1130万卢布,其中波斯信贷银行借贷480万卢布。波斯信贷银行业务范围的持续扩张充分证明了已开展事业的正确性及其金融可行性。此外,这家银行也成了在英国资本运作下建立的波斯帝国银行的劲敌,它成功地打压了后者,这体现出了该机构的政治意义。"[1]

波斯的年外贸总额上升到800万英镑,俄国与波斯之间的贸易额持续上升。如果说,1889~1890年,该国的外贸总额为700万~750万英镑,英国及其印度殖民地所占份额高达400万英镑,而俄国不足200万英镑,那么到了1900~1901年,情况则大为不同。此时,波斯的外贸总额增至800万英镑,其中大英帝国所占份额降至192万英镑(24%),俄国增至450.1万英镑(56.3%)。[2] 结果,这引发了人们对英国的国王银行[3]所发行纸币的信任危机。白银涌入俄国的突厥斯坦,在那里拒收波斯货币。1901年10月,俄国与波斯订立新的贸易协议,该协议于

---

[1] Англо - русское соперничество в Персии в 1890 - 1906 гг. //КА. М. - Л. 1933. Т. 1 (56). С. 50.
[2] Whigham, *The Persian Problem*, pp. 334 - 336.
[3] 此处为俄国通用的对波斯帝国银行(Imperial Bank of Persia)的称呼。

1902年12月获批。根据协议条款,俄国商品的出口税大大降低,反之,俄国鲜少涉足的贸易领域的关税向上浮动。① 在此基础上,俄国在波斯的贸易地位得到了持久的改善。

在波斯,俄国教官接替奥地利人执行军事任务。1878年,在英国人的积极协调下,奥地利教官才得以进驻波斯,执行训练任务。然而在奥地利军官还没做出成绩时,俄国1879年建立的所谓的"哥萨克旅"便已迅速取代了他们。② 1880年代初,"哥萨克旅"既是"自由的哥萨克",又是"一个旅"。最初,这支部队的应征者不多(750人),其中还包括外高加索人。尽管如此,5名俄国教官和几名列兵仍旧无法保证训练达到应有的效果。更准确地说,这支部队应当被称为御前效命的非正规骑兵。但是,19世纪末20世纪初,配备火炮的"哥萨克旅"已然称霸波斯陆军,成为战斗力最强的一支部队了。这支部队驻守德黑兰,听从俄国上校的指挥。③

当年游历波斯的一位俄国旅行家指出:"已故的沙赫纳赛尔丁曾经尝试重振军威,但是他一无所获;现任波斯沙赫口袋空空,故而不再关注波斯军队。沙赫连年累月地拖欠军饷,因此也

---

① История внешней политики России. Конец XIX – начало XX века (От русско-французского союза до Октябрьской революции). М. 1997. C. 126.

② Percy Sykes, *A History of Persia*, vol. 2. London: Macmillan and Co., Limited, 1915, p. 475.

③ Алиханов – Аварский М. В гостях у шаха. Очерки Персии. Тифлис. 1898. C. 222; Косоговский В. А. Из тегеранского дневника полковника В. А. Косоговского. М. 1960. C. 4; 138; Высоцкий. Персидская казачья бригада. // ВБ. Париж. 1967. №87. C. 11.

无法向他们提出任何要求。唯一令沙赫感到欣慰的就是哥萨克旅——1000名骑兵、500名步兵和一支配备8门火炮的炮兵营，这些火炮还是来自我们政府的馈赠。这支部队完全独立，除了沙赫以外，他们不效忠任何人，他们服从俄国上校科索格夫斯基（Коссаговский）的指挥。"① 正是由于这支部队的存在，新任沙赫才能兵不血刃地继承王位，他并没有忘记这一点。俄国在德黑兰的影响力正在增强，然而与英国不同，这没有引发任何不满。里蒂希（П. А. Риттих）通过人格化的手法以旅长为媒介展现了俄国在波斯的影响力："无论我们才华横溢的将军为波斯的社稷做出了多大的贡献，都必须承认波斯人民为他倾倒。我恰好见过科索格夫斯基在下属和百姓中间的样子。在我的印象里，他是众人的主宰，无论是士兵，还是普通百姓都会执行他的意志。"②

英国驻波斯湾商船的完全垄断地位也遭到了挑战。19世纪、20世纪之交，停泊于此的40艘商船中仅有1艘未悬挂英国国旗。1901年，敖德萨直达班达阿巴斯的轮船航线开通。在俄国航运与贸易协会的组织调度下，轮船定期往返于俄国南部与波斯湾之间。每年，该协会可获得20万卢布的国家补贴（其中不包括每海里2卢布的轮船通航补贴）。③ 俄国外交部在1901年的报告中着重强调了在黑海与波斯湾港口之间实现通航的重要意义：

---

① Риттих П. А. Путешествие по Персии и персидскому Белуджистану. // ВС. 1901. №5. С. 186.
② Там же.
③ Погребинский А. П. Государственно - монополистический капитализм в России. М. 1959. С. 60.

"出现在波斯湾南岸和阿拉伯港口的俄国商船旗终将摧毁当地居民的思想观念,即认为在波斯湾只能出现英国元素,英国在波斯湾享有特别统治权。"①

班达阿巴斯港很可能成为连接波斯湾与俄国铁路的终点,各方对该港口的兴趣与日俱增。② 结果,1901 年,俄国轮船向此前只有英国商船进出的班达阿巴斯港输入了价值 2746 英镑的货物。当然,这与英国在该港口的输入额 575000 英镑相比完全不值一提。③ 但是,此事触动了伦敦敏感的神经,因为这意味着俄国对班达阿巴斯起了贼心、英国的完全垄断地位遭到了挑战。这说明旅顺港的悲剧可能重演,有必要打造另一个威海卫实现制衡。法国武官在向本国政府汇报时指出,俄国已经做好了向波斯湾沿岸进发的准备。④ 1901 年和 1903 年,俄国军舰现身波斯湾。瓦良格号和阿斯科尔德号巡洋舰造访阿曼、布什尔港和科威特港,并且悬挂圣安德烈海军旗在波斯湾沿岸港口示威。⑤ 这场旨在表明波斯湾并非英国内海的示威活动取得了圆满成功。⑥

---

① Романова Е. В. Путь к войне... С. 95.
② Siegel, *Endgame*, p. 10.
③ Whigham, *The Persian Problem*, pp. 63, 68, 71; Ментешешвали И. Ш. Закавказье в англо‑русских противоречиях в 1880‑1914 гг. Тбилиси. 2001. С. 42‑44.
④ Luntinen, *French Information on the Russian War Plans*, p. 57.
⑤ Ведомость судам, находящимся заграницею. // МС. 1903. №3. С. 4; Коваленко А. В. На《Варяге》в Персидском заливе в 1901 г. // МЗ. Нью‑Йорк. 1952. №1‑2. С. 53; 60‑61; То же. // МЗ. Нью‑Йорк. 1952. №3. С. 32‑40.
⑥ Козлов Д. Ю. Нарушение морских коммуникаций по опыту действий Российского флота в Первой мировой войне (1914‑1917). М. 2013. С. 130.

俄国在加强对波斯和巴尔干半岛政治干预的同时，也加快了博斯普鲁斯海峡的远征筹备进度。1903年3月至4月，在彼得堡成立了一个新的委员会，普罗托波波夫（А. П. Протопопов）将军出任委员会主席，主席的人选充分地体现了俄国对远征计划的态度。此人是"博斯普鲁斯海峡计划"的拥趸，曾于1881～1888年在巴尔干半岛（希腊、君士坦丁堡）担任军事代表，为实施该计划收集情报。委员会得出以下结论：必须增加敖德萨军区的兵力。在实施远征博斯普鲁斯海峡军事动员的第1天，应调遣3.4万兵力；截至第16天，派遣16万兵力。根据俄国军方的计算，第1天，俄国陆战队在该地区将遭遇1.7万～1.8万名敌军；第16天为21.6万。事实上，这种兵力对比对俄方较为不利。委员会提议：建造12艘可以直逼海岸的小型装甲舰（半数装甲舰在近5年内竣工）和4艘军事运输舰，与轮船公司达成专门的运输协议，在敖德萨港建立常驻登陆营，弹药储备增加一倍，增加水雷储备，建造水雷运输船，完善登陆装备。若要实现上述计划，需花费4100万卢布。①

1901年的英国军事侦察报告指出："在俄国把控黑海门户前，在我们眼中，俄国还是个半发达国家。对于英国而言，俄国是妨碍本国实现志在必得使命的主要障碍。1854年和1878年，英国走在了俄国的前面，这既得益于我们的海上实力和金融实力，也离不开我们的贸易破坏力和领土的不可侵犯性。在相当长一段时间，我们都是俄国最大的敌人。然而，这种不可侵犯性实

---

① Петров М.［А.］Подготовка России...С. 86.

际上已经消失了。当今，在印度西北边界是与阿富汗接壤的西北边界；俄国已经备好战场，在与土耳其开战时，它可以向印度施压，进而阻止英国向苏丹派兵、提供财政或其他支援。"① 1903年8月，敖德萨军区再次组织演习，演习发生在奥恰科夫附近的金布恩沙嘴和黑海沙嘴区域。1903年7月，切什梅号和叶卡捷琳娜二世号战列舰已完成对登陆地的侦察，陆战队应搭乘蒸汽机船运送的舢板进行登陆。② 1903年夏，黑海舰队进行了不间断的演习，其间考察了影响登陆作业的诸类要素，如水雷的铺设、鱼雷攻击的防御及岸防炮的扫射等。最终，1903年8月，在奥恰科夫附近举行了双边演习。③ 演习的目的在于：

第一，打磨黑海舰队在海峡对战英国地中海舰队的作战技能（在第聂伯湾模拟战斗）。其间制订的作战计划耐人寻味：叶卡捷琳娜二世号和罗斯季斯拉夫号战列舰需分别对抗3艘"维多利亚女王级"战列舰，而三圣人号和十二使徒号战列舰对抗2艘同级别的英国战舰。以此类推，对巡洋舰的安排也大致如此：每艘巡洋舰需对抗3艘潜在的敌舰，而果敢号驱逐舰对抗整整8艘英国驱逐舰。

第二，对士兵进行自1896年后被敖德萨军区忽视的登陆战实训，在实战中检验陆战队的组织能力和军区参谋部基于1885

---

① The military resourse of Russia, and propable method of their employment in a war between Russia and England, p. 14, PRO, WO 106/48.
② РГА ВМФ. Ф. 243. Оп. 1. Д. 9722. ЛЛ. 1–2; 4–5.
③ РГА ВМФ. Ф. 243. Оп. 1. Д. 9723. ЛЛ. 1–3.

年的演习经验所制订的《登陆战指南草案》的实用性。①

在演习中制订的作战方案简直是异想天开。按计划，两个登陆梯队——塞瓦斯托波尔陆战队和敖德萨陆战队应在奥恰科夫的锚地汇合，塞瓦斯托波尔陆战队搭乘军舰抵达，敖德萨陆战队搭乘由敖德萨军区参谋部租赁的运输舰抵达。陆战队的运输事项由海军少将涅鲍加托夫负责。②舰队扫射假想敌目标奥恰科夫炮台，而后陆战队开始登陆作业，铺设水雷，击退潜在的英国敌军。③可以说，演习极为失败。舰队无法压制奥恰科夫炮台的炮火，搭载陆战队的舢板存在超员问题和安全隐患（漏水）。此外，军舰误将舢板当成假想敌并且向其开火；陆战队冒着巨大的风险搭乘军舰直接登陆；登陆工具的组装与拆卸耗时较长；船舶跳板结构的承重能力不强，容易断裂；舰队炮手发现岸防部队在火炮操纵方面毫无经验。④

敖德萨部队的转运安排极为糟糕。在军区参谋部的坚持下，上述搭载将士和马匹的交通工具几乎全部超载。之所以如此，是因为先确定陆战队的人数（278 名将军和军官、6573 名士兵、488 只马匹、32 门火炮及其弹药车），而后再按照这一数字调整现有轮船的载重。事实上，卫生设施、粮食和饮水供应几乎未得到保障，多数士兵从未得到食物，他们不得不在生锈的甲板上和

---

① РГА ВМФ. Ф. 243. Оп. 1. Д. 9720. ЛЛ. 6 - 6. об. ; 31; 42.
② РГА ВМФ. Ф. 243. Оп. 1. Д. 9720. Л. 2; 30; Ф. 243. Оп. 1 Д. 9721. Л. 8.
③ РГА ВМФ. Ф. 243. Оп. 1. Д. 9720. ЛЛ. 23; 42.
④ РГА ВМФ. Ф. 243. Оп. 1. Д. 9723. Л. 48; Ф. 243. Оп. 1. Д. 9720. ЛЛ. 23 - 25; 33.

衣而卧。在超载问题和航行速度不同的影响下，搭载着敖德萨部队的5艘舰船从敖德萨出发抵达奥恰科夫耗时36～40小时，而非计划的18～20小时。① 9月1日，陆军军官以观察员的身份参与射击坚德拉岛周边舰队。② 演习的失败是显而易见的，亚历山大三世统治时期所积累的登陆战经验没有派上任何用场，更遑论海陆两军的协同作战。海军军官与陆军军官无休止地相互埋怨，并且将自己的失败归咎于合作伙伴的行动不利。无论如何，远东局势的恶化最终迫使彼得堡方面放弃了包括进击波斯湾在内的某些计划。③

在巴尔干半岛酝酿着另一轮危机。1902年12月，俄国外交大臣穆拉维约夫访问塞尔维亚和保加利亚。他试图说服保加利亚大公斐迪南和塞尔维亚国王亚历山大·奥布廉诺维奇不要采取可能激化该地区紧张局势的行动，同时以塞尔维亚的政策配合俄国的政策。贝尔格莱德的局势令穆拉维约夫最为头疼。④ 早在1891年，拉姆兹多夫曾对亚历山大国王做过这样的评价："这个可怜的男孩尽管有父母双亲，但是在教育方面他与孤儿无异，他很可能成为像他父亲一样的恶棍。"⑤ 回国后，米兰对儿子性格的形成发挥了重要作用。1898～1900年，前国王不仅指挥军队，也统治着国家。自然而然地，社会各界对退位归国的前任君主的情

---

① РГА ВМФ. Ф. 243. Оп. 1. Д. 9720. ЛЛ. 2 – 3; 31 об.
② Отдел Рукописей Российской Государственной библиотеки（далее ОР РГБ）. Ф. 855. Карт. 1. Ед. хр. 31. Л. 18. об.
③ Luntinen, *French Information on the Russian War Plans*, p. 58.
④ Tcharykow, *Glimpses of High Politics*, p. 233.
⑤ Ламздорф В. Н. Дневник 1891 – 1892. М. – Л. 1934. С. 126.

绪都转移到了他的继承者身上。1899年，国王遭遇暗杀，然而暗杀行动并未得逞，此后国王展开报复性镇压。塞尔维亚始终无法摆脱政治危机。从1878年到1903年，塞尔维亚王国陆续更换过20届内阁。①

当亚历山大·奥布廉诺维奇决意迎娶他母亲娜塔莉亚王后的侍女、捷克工程师的遗孀德勒格·玛什（Драга Машин）后，人们对他的不满情绪达到了顶峰。1900年7月23日，不顾众人的谴责，亚历山大与她结为夫妇。最初，各方对这段婚姻的看法并不太糟。某些圈子认为，这段婚姻为孤立被迫留在维也纳的米兰提供了契机，毕竟他反对亚历山大与德勒格结合。在亚历山大下达特赦令后，部分侨居国外的老国王的政敌欣然归国，其中尼古拉二世同意在婚礼上担任男主婚人——这个因素关系重大。②然而，国王夫妇未能维持住这一成就。据奥地利特使披露，对于没来得及进宫道喜或者怀疑她能否诞下王位继承者的所有人，新王后立即展现出了傲慢、邪恶、贪婪和残酷的一面。③

以王后为中心，甚至出现了一个册立她的兄长尼科季姆·鲁涅维茨（Никодим Луневиц）中尉为王位继承人的计划。然而，后者已经因自己不知分寸的行为引发了陆军的抵制。新一代王室的前景堪忧。④国王试图改变人们对自己和德勒格的态度，为此，他以王后的名字命名学校、村庄和部队，甚至让她的生日成

---

① Киняпина Н. С. Ук. соч. С. 106.
② Z. Сербские дела. Письмо из Белграда. // BE. 1900. №11. С. 401.
③ Stavrianos, *The Balkans Since 1453*, p. 452.
④ Иностранное обозрение. // BE. 1903. №7. С. 367.

为公休日。结果，人们对国王夫妇的恨意却不减反增。1901 年 7 月 23 日，米兰的反对派政党——激进分子赢得议会大选。① 在穆拉维约夫访问贝尔格莱德后，俄国外交部最终放弃了邀请国王夫妇来彼得堡做客的计划。在一定程度上，这进一步损害了他们的声誉。② 1902 年 12 月，俄国陆军大臣库罗帕特金访问贝尔格莱德。此间，国王夫妇给他留下了双重印象："国王并不糊涂，但是严重发福、显出老态，并且敏感多疑。有时候，他似乎不太正常，当我关注他时，他大为感动。德勒格是一位不太年轻却很丰满的漂亮女人。她很聪明，拉拢并依靠俄国，对她最好予以安抚。"③ 1903 年 5 月，亚历山大·奥布廉诺维奇被任命为俄国某支部队的首长。

然而，这对于提高塞尔维亚王朝当权者的威望于事无补。1903 年春，塞尔维亚王国危机四伏，局势逐渐失控。1903 年 3 月 23 日，学生在贝尔格莱德示威游行，最终与警察爆发冲突，数人丧生，近百人被捕。塞尔维亚社会对待这些事件的态度无疑是消极的。5 月 19 日，国王下令进行新一届的内阁选举。选举是在警力威胁与行政限制的氛围下进行的，激进派政党拒绝参选。国王希望得到军方的支持；与此同时，在军界德拉古廷·迪米特里耶维奇（Драгутин Димитриевич）上尉策划的阴谋日趋成熟。6 月 10 日至 11 日夜，在米哈伊尔·奥布廉诺维奇

---

① Stavrianos, *The Balkans Since 1453*, p. 453.
② Tcharykow, *Glimpses of High Politics*, p. 234.
③ Дневник Куропаткина с 17 ноября 1902 по 6 марта 1903 г. // КА. М. 1923. Т. 2. С. 16.

(Михаил Обренович)遇害纪念日，28名军官闯入皇宫，击杀亚历山大·奥布廉诺维奇和德勒格。① 当日，德勒格的两位兄长也在宫里中枪身亡。与此同时，首相、陆军大臣、内务大臣及若干名忠于国王的军官在家中遇难。②

6月11日凌晨3点50分，一切都结束了。朝着皇宫行进的部队以友好的口号——"乌拉！"传递着政变胜利的消息，同时响应密谋者的号召高呼："彼得·卡拉格奥尔基维奇（Петр Карагеоргиевич）万岁！"此后，塞尔维亚成立临时政府，其成员包括来自不同党派的6名代表和政变的4名参与者。在议会的全力支持下，彼得·卡拉格奥尔基维奇当选新任国王，同时恢复了1889年宪法。1903年6月24日，侨居国外45年的彼得回归贝尔格莱德，登上王位。1903年9月8日，举行新一届议会选举。在本次选举中，激进分子大获全胜，其领袖尼古拉·帕西奇（Никол Пашич）领导政府。③ 1902年，在《政治自白书》中，他在阐述自己的信念时说道："对我而言，与实现塞尔维亚人的政治自由相比，实现塞尔维亚全体人民的民族自由是更为伟大的理想……只有自由并遵从宪法的塞尔维亚，才能成为团结全体塞尔维亚人的中心，这就是我宣扬激进原则的本意。"④

尽管塞尔维亚改朝换代，但是在该时期，马其顿却是巴尔干

---

① Stavrianos, *The Balkans Since 1453*, pp. 453-454.
② Шемякин А. Л. Убиение генерала Павловича. Как в Белграде расстреливали георгиевского кавалера. // Родина. 2007. №9. C. 65-68.
③ Stavrianos, *The Balkans Since 1453*, p. 455.
④ Шемякин А. Л. Идеология Николы Пашича... C. 191.

半岛的危机中心。20世纪初,按照地理概念和传统划分,在该地区分布着3个土耳其省——塞萨洛尼基、比托拉、科索沃。该地区为欧亚陆路交通的汇合处,当地居民的宗教信仰和种族成分极为复杂。① 我们可以通过该地区主要港口的贸易额判断此地的重要性。1890年,4450艘船舶抵达塞萨洛尼基港口,贸易额高达1.6亿法郎。② 该地区地理条件恶劣,仅有三成的土地适于农业耕种,其余为多林山地,是开展游击行动的理想环境。③ 此地的基督徒与土耳其人不睦已久。但是还应指出,此地的塞尔维亚人、保加利亚人和希腊人摩擦不断,教堂和学校是摩擦的中心。自1898年后,马其顿基督徒与土耳其地主之间的摩擦日渐增多。自土耳其侵占该地后,基督徒以租赁的方式拥有土地,而土耳其地主却连年涨租。农民向马其顿内部革命组织求助,地主向土耳其政府求助。1898~1902年,此类冲突累计爆发132起,遇难者达512人。④

在与土耳其人的冲突中,该地区一股新势力——阿尔巴尼亚人依靠自身强大的实力脱颖而出。在该时期,其人口接近百万,其中穆斯林占70%,东正教信徒占20%(主要集中在南部地区),天主教信徒占10%(在斯库台里地区,今阿尔巴尼亚的斯

---

① Stavrianos, *The Balkans Since 1453*, p. 521.
② В. Н. Военно‐статистические сведения о государствах Балканского полуострова(Военная география и стастика Македонии и соседних с нею областей Балканского полуострова. Составил болгарского Генерального штаба капитан Бендерев). // ВС. 1891. №6. С. 97.
③ Там же. С. 92.
④ *The Other Balkan Wars*, p. 33.

库台地区)①。不同的方言、相互对立的宗教信仰、各自为政的部落氏族使他们一直都无法成为与马其顿对抗的独立势力。"断层的"、多余的山民或是侵扰、劫掠邻邦,或是背井离乡。阿尔巴尼亚的基督徒更喜欢侨居意大利。1901年的人口普查报告显示,仅在西西里岛就居住着近20万讲阿尔巴尼亚语的移民及其后裔。穆斯林偏爱移民君士坦丁堡,这与阿卜杜勒·哈米德二世喜欢少数民族代表而非土耳其人围绕在他周围有关。苏丹的皇家近卫军和驻扎在奥斯曼帝国首都的第一军的成员主要是阿尔巴尼亚人。在相当长一段时间,大维齐尔的职位由阿尔巴尼亚人费里德帕夏担任,他一直庇护着自己的同胞。②

1897年,无论是奥匈帝国还是俄国,对于巴尔干半岛日渐紧张的局势都漠不关心。为了维持现状,两国趋于和解。维也纳和彼得堡都担心半岛上的土耳其影响区局势失控。1902年12月3日(俄历11月20日),俄国发布《政府公告》,其中包含向土耳其提出的改革建议,③ 以及对马其顿事态发展的官方看法:"在谴责斯拉夫民族强行改变受国际条约保护的巴尔干半岛现有秩序各种行径的同时,帝国政府曾屡次表达对马其顿问题的看法。时至今日,帝国政府仍旧坚持己见。因此,我们认为,为了维护塞尔维亚政府和保加利亚政府的利益,在阐明竭尽所能地维

---

① Stevan K. Pavlovich, *A History of the Balkans*, *1804 – 1945*. London: Routledge, 1999, p. 103.
② Stavrianos, *The Balkans Since 1453*, pp. 497, 501–502.
③ Реформы в Македонии 1902 – 1903. Дипломатическая переписка. СПб. 1906. Т. 1. С. 1.

护巴尔干半岛和平、遏制危险的宣传活动的必要性同时,重申对塞尔维亚和保加利亚政府的善意提议颇为合理。"①

1903年2月4日,俄国、奥地利驻土耳其大使发表联合照会,要求土耳其推行改革。② 针对改革方案,2月21日,维也纳与彼得堡经过协商达成一致意见。后来,改革方案得到了德国、英国、意大利和法国的支持。③ 在库罗帕特金看来,俄奥协议"似乎不会带来什么好处"④。他的质疑并非毫无依据。土耳其政府不愿在外界的压迫下实施改革,因此他们急忙宣布:在苏丹的带领下,将推行更大规模的改革。与此同时,依靠阿尔巴尼亚人,土耳其政府发动了一场迫害基督徒的恐怖袭击。局势变得复杂起来,随时可能失控。君士坦丁堡的政策令马其顿解放运动的支持者大失所望,因为他们将局部冲突推上国际舞台的想法受到了威胁。⑤ 最终,在马其顿革命者的协助下,在本国政府的全力支持下,保加利亚民族主义者组织了一场"比托拉地区的伟大革命"——参与革命的某位领袖是如此称呼它的。⑥

1903年6月,保加利亚民族主义者在塞萨洛尼基策划了几场爆炸事件;1903年8月2日,在圣伊利亚日那天,马其顿内部革命组织积极分子在马其顿的比托拉地区组织起义,起义领袖是尼

---

① Там же. С. 2.
② Там же. С. 19.
③ Там же. С. 27 – 30;33.
④ Дневник Куропаткина с 17 ноября 1902 по 6 марта 1903 г. // КА. М. 1923. Т. 2. С. 16.
⑤ *The Other Balkan Wars*, p. 34.
⑥ Радославов В. Ук. соч. С. 9.

古拉·卡列夫（Никола Карев）。8月2日夜至8月3日，8支起义军——750名革命者攻占克鲁舍沃城。此后，近2.6万人加入起义军，其中大多为未经训练且装备欠缺的农民。8月12日，在7门火炮的支援下，1.8万~2万名土耳其士兵发起反攻，确切说是大规模的惩罚行动。8月13日，土耳其人占领克鲁舍沃。起义遭到土耳其政府的残酷镇压——200余座村庄、12000栋房屋被摧毁，数千人遭屠杀，近7万人无家可归，其中许多人被迫逃往保加利亚、塞尔维亚和希腊。① 马其顿起义使巴尔干半岛的局势变得更加紧张。为了安抚该地区，彼得堡和维也纳不得不相互配合。

1903年10月3日，俄奥两国在米尔茨施泰格（奥地利）签署马其顿改革协定，其制定依据为1903年2月21日的改革方案。协定规定：俄、奥两国有权在马其顿诸省设立"民政官"，即改革监督员；重组土耳其宪兵队；在考虑基督徒利益的情况下变更行政结构，重建行政、司法机关；在各省中心地区设立由等量的穆斯林和基督徒组成的混合委员会，在俄、奥两国顾问的指导下处理政治和刑事案件；免除被土军烧毁的居民点一年的课税。两国政府再次要求苏丹"采用更加有效的监管方法"。②

10月3日，俄、奥大使发表联合声明。声明指出："如果说，从一方面看，两国政府完全承认土耳其帝国政府有权力、有责任镇压这场在委员会恶意煽动下爆发的骚乱；那么，从另一方面看，他们不禁对在镇压中遭受暴力和暴行侵害的平民百姓生出

---

① *The Other Balkan Wars*, p. 34.
② Реформы в Македонии 1903 – 1905... СПб. 1906. Т. 2. С. 1.

怜悯之心。鉴于此，我们认为必须向惨剧的牺牲者提供帮助。关于援助丧失一切生产资料的平民，帮助他们回归故土并且在废墟上重建村庄、教堂和学校的具体举措，已在上文条例中向贵国政府提出详细建议，敬请采纳。俄、奥两国政府强烈希望，经过各方的不懈努力，动荡不安的地区能够实现持久的和平。两国政府坚信，上述大公无私的建议将被相关各方悦纳。"① 与此同时，两国政府通过官方渠道将上述要求告知索非亚，当地人民欢欣鼓舞，因为科堡王子必须为马其顿的保加利亚居民提供保护。②

此前，俄、奥两国也将协定计划告知了英国。1903 年 10 月 2 日，英国驻维也纳大使对该计划表示认同，并且提议扩大协定范围。英国官方的反馈信息表明："在英国政府看来，无论哪种方案，只要不受外国人监督并且让完全服从土耳其政府的穆斯林总督去执行，那都不会取得令人满意的结果。"③ 伦敦提出两个备选方案：第一个方案，任命基督徒总督，既不从柏林国会成员国的公民中选出，也不从巴尔干各州的公民中选出；第二个方案，保留穆斯林总督，下设基督徒副总督。④ 10 月 13 日，米尔茨施泰格协定摆在了苏丹面前，协定条款令奥斯曼帝国政府感受到了强烈的冲击。⑤ 10 月 22 日，俄、奥大使向大维齐尔提交新版改革方案，几天后法国也对该方案表示支持。12 月 2 日，阿

---

① Там же. С. 2.
② Там же. С. 2 – 3；6 – 7.
③ Там же. С. 4.
④ Там же.
⑤ Там же. С. 7 – 8.

卜杜勒·哈米德被迫同意欧洲列强的集体要求。①

苏丹在外交中坚持"分而治之"的原则，在内政方面，他力求遵循同样的原则。如果想让彼得堡和伦敦在巴尔干半岛和博斯普鲁斯海峡相互对立，那么不用采取多么特殊的手段，只需挑唆保加利亚人、塞尔维亚人、希腊人和阿尔巴尼亚人在马其顿相互迫害。如此一来，受俄、奥两国监视、始于马其顿的宪兵重组计划很可能毫无建树。截至1905年，马其顿宪兵改革计划应基本完成。列强商定，该计划由1名意大利将军率领25名来自不同民族的军官共同执行，各国分别管理一处行政区域：俄国—塞萨洛尼基，奥匈帝国—斯科普里，意大利—比托拉，法国—塞雷斯，英国—兹拉马。尽管德国未分得特定的行政区域，但是德国人控制着塞萨洛尼基的宪兵军官学院和国家官员培训学校。②1903年12月21日，意大利政府宣布本国候选人埃米利奥·德吉奥迪斯中将担任国际宪兵部队负责人。③

俄日战争时期，在米尔茨施泰格协定的基础上，俄国与奥匈帝国于1904年10月15日在彼得堡秘密签署中立声明。声明规定，缔约一方在与巴尔干半岛以外的第三国爆发冲突时，另一方应保持中立。在维也纳和彼得堡都遵守"针对土耳其事务的既定政策"的条件下，本声明始终有效。④

---

① Там же. С. 9；16 – 18；39.
② Erickson, *Defeat in Detail*, pp. 43 – 44.
③ Реформы в Македонии 1903 – 1905... СПб. 1906 Т. 2. С. 44.
④ Сборник договоров России с другими государствами. 1856 – 1917. С. 333 – 334.

14　对日战争一触即发

1896年4月，马卡罗夫写道："尽管俄国的实力远超日本，但是在远东我们很难发挥出与对手相匹敌的实力。"[1] 这个道理浅显易懂，但是沙皇不愿相信。自1903年后，别佐布拉佐夫（А. М. Безобразов）集团对尼古拉二世外交政策的影响日渐增强。别佐布拉佐夫由退役的禁卫军骑兵上尉摇身一变成了御前大臣。"别佐布拉佐夫派"倡导在中国东北和朝鲜实施不负责任的冒险政策。别佐布拉佐夫认为，这项政策可以挽救西伯利亚的自然资源使其免遭外国资本的劫掠，而俄国也可避免与日本开战。他提议：加强滨海边疆区军队建设；在朝鲜占据主导地位；加紧建设西伯利亚铁路；"建立一家新公司——'东亚实业公司'，以便与日本在商业领域讨价还价。"[2] 事实上，俄国在朝鲜进行林业开采几乎没有任何限制，木材质量优良（75%的木材为落叶松，15%为云杉和冷杉，6%为雪松，4%

---

[1] С. О. Макаров. Документы. М. 1960. Т. 2. С. 215.
[2] Вонлярлярский В. [М.] Мои воспоминания 1852–1939. Берлин. 1939. С. 125；127.

为阔叶树种），木材供应量充足（在布里涅尔朝鲜森林特许权①的支撑下，沿鸭绿江运输的原木总量由2万支增至70万支），同时还存在着大批廉价劳动力。② 因此，令人感到费解的是俄国究竟要与远东邻国进行何种商业谈判，毕竟日本绝不打算与任何国家分享在朝鲜半岛的势力范围。

1898年5月18日（俄历5月6日），尼古拉二世下令出资7万卢布购买中朝边界鸭绿江流域的森林特许权，次日特许权落入俄国政府手中。随后，别佐布拉佐夫集团打算以朝鲜北部的自然资源为掩护大干一场，其中包括部署军队。③ 然而，当军队高层得知该计划时，他们对此并不上心。1902年12月14日，陆军大臣库罗帕特金在与别佐布拉佐夫谈话时，果断地否定了这项计划。库罗帕特金在日记中写道："我警告别佐布拉佐夫，这种行为只会让我们蒙羞。至于朝鲜，我坚决认为，在那里定居的俄罗斯人口应当尽量减少。当我们的人开始遭遇屠杀，我们必须出征，然后就会引发对日战争，这是我最担忧的情况。"④ 然而，别佐布拉佐夫集团已经行动起来了。1903年3月，远东事务委员会负责人阿巴扎（А. М. Абаза）少将在向陆军大臣库罗帕特金汇报时提及尼古拉二世有意向鸭绿江流域增派士兵——从300

---

① 1896年9月，俄国商人布里涅尔从朝鲜政府那里获得了为期20年的日本海中郁陵岛、图们江上游、鸭绿江流域的森林开采特许权。——译者注
② Корф Н. А., Звегинцов А. И. Военный обзор... С. 100–101.
③ Пак Чон Хе Русско-японская война 1904–1905 гг. и Корея. М. 1997. С. 82–84.
④ Дневник Куропаткина с 17 ноября 1902 по 6 марта 1903 г. // КА. М. 1922. Т. 2. С. 12.

人增至600人，后者大为震惊，因为他先前并不知道那里还有俄国士兵。身穿清朝服装的"列兵"伪装成伐木工，把武器藏在手推车上。海军中将阿列克塞耶夫拒绝了这一申请，仅向特许区调派了40名预备役士兵。①

总而言之，库罗帕特金极力反对中国东北活动计划。1903年4月28日，他开启了远东考察之旅。6月8日，库罗帕特金及其随员乘坐阿斯科尔德号和诺维克号巡洋舰前往日本。② 6月9日（俄历5月27日），他在日记中写道："别佐布拉佐夫正在不遗余力地盘剥满洲的财富。但是对于俄国而言，这真是当前的第一要务吗？我们俄罗斯帝国、高加索、西伯利亚拥有更为庞大的自然财富，但是由于缺乏知识、精力和资金，这一切都被弃之不理。有人号召我们去满洲同外国人争夺财富，难道是因为我们的文化水平不足以利用我们眼前的财富吗？谁需要它？俄国？不，完全不是。国内还有许多工作、许多难题及许多比'鸭绿江畔林区事务'重要得多的艰巨使命有待完成。那么，谁将通过这些事务坐收渔利呢？就是那一小撮利用本国或外国资金创办企业的人。"③ 评价正中要害。别佐布拉佐夫曾经承诺1903年通过鸭绿江畔森林特许权可获利500万卢布，1904年为1000万卢布。

---

① Дневник А. Н. Куропаткина. М. 1923. С. 38；44.
② Отчет Военного министра по поездке на Дальний Восток в 1903 году. СПб. 1903. Ч. 1. Осмотры войск, военных учреждений и заведений. С. 1-2.
③ Дневник А. Н. Куропаткина с 27 мая 1903 г. по 6 июня 1903 г. // Российский архив. История Отечества в свидетельствах и документах XVIII - XX вв. （далее РоА）. М. 1995. Т. 6. С. 398.

然而到了1903年底，别佐布拉佐夫组织开采的木材仅能保障一艘轮船所需，由于当时租赁了2艘轮船，第二艘轮船所用木材不得不从美国采购。①

此时，俄国的政策一边倒地向远东方向倾斜。无论是彼得堡，还是帝国偏远地区，对远东的认识都具有片面性。据阿列克塞耶夫所属参谋部的外交委员会证实，阿列克塞耶夫认为必须集中精力拿下中国东北。科罗斯托韦茨（И. Я. Коростовец）回忆道："按照阿列克塞耶夫的观点，确保我们在满洲的地位不受动摇的最佳方案就是与日本达成协议，因为只有日本才会与我们发生严重的对抗。只要在朝鲜问题上做出让步，我们就可以与日本达成协议或者要求日本保持友好中立立场。阿列克塞耶夫称，迟早我们将做出这些让步，但是这将在迫于压力且好处全无的情况下发生。他发起火来，谴责彼得堡故意忽视事实，忽略他的进言。"② 政见不合致使行动混乱。俄国在朝鲜的行动，日本人已有所察觉，毕竟1902年上半年日本就已掌控朝鲜半岛。

日本在汉城、釜山和元山均部署了由1~2个中队组成的小型守备部队（如有必要，可随时动员驻地附近的日本人，将其扩充为联队——1500人并配备5门火炮）。此外，日本还占领了汉城—仁川段（38千米）、汉城—釜山段（550千米）铁路，控制着沿岸39座灯塔。朝鲜72%的对外贸易涉及日本。1900年，日本的舶来品约占朝鲜进口商品总量的80%。即使是在与俄国

---

① Дневник Куропаткина с 21 августа 1903 г. по 27 ноября 1903 г. // КА. М. 1923. Т. 2. С. 86.

② Коростовец И. Я. Ук. соч. С. 48.

接壤的朝鲜北部地区，日方势力依旧占据主导地位。1898~1902年，以平均数计算，每年抵达朝鲜北部开放港口的俄国商船为32.8艘（占朝鲜货物进口量的7.5%），日本商船为539.6艘（占朝鲜货物进口量的66.9%）。①

俄国从中国东北撤军的速度持续放缓，这引起了日本极大的不满。1903年4月21日，在山县有朋位于京都的室兰别墅召开了日本最高领导人会议。与会者就以下问题达成一致意见：①如果俄国拒绝从中国东北撤军，那么日本将提出抗议；②利用日渐激化的中国东北问题，与俄国就朝鲜问题展开谈判；③迫使彼得堡无条件地承认日本在朝鲜的特权；④为了彻底解决问题，作为对俄国在朝鲜问题上所做让步的回报，承认俄国在中国东北的特权。于是，会上通过了"满韩交换"计划，伊藤博文是该计划的积极拥护者。在这项决议通过后不久，当东京方面得知俄国在鸭绿江上的活动时，无论是支持与俄国缔结协议的主和派，还是认为战争是不可避免的主战派的心情都极为沉重。②

1903年6月10日，俄国陆军大臣访问日本。下关是库罗帕特金访日的第一站。在抵达下关的次日，他便发表了自己对远东政策的看法："俄国的兵力和财力极为紧张。即使没有战争，如果我们想再向远东投入大量的兵力和财力，那么就只能削弱我们在西部边境的实力了。我们的敌人玩弄的就是这套把戏。一旦开战，我们就不得不集中大量兵力全力应战。即使战争胜利，在很

---

① Корф Н. А., Звегинцов А. И. Военный обзор... С. 74; 217; Пак Чон Хе. Русско-японская война... С. 39.

② Окамото С. Ук. соч. С. 97-100.

长一段时间，我们西部边境的实力也将大不如前。打下这场胜仗，朝鲜就是我们最大的收获。这块新的领地，在 50、75、100 年后对俄国而言也许是不可或缺的；但是，现在对我们而言，它是需要我们做出巨大牺牲的沉重负担，是导致我们与日本常年产生纷争的根源。毫无疑问，战败的日本一有机会（比如在欧洲战争中）就将在朝鲜袭击我们，那时我们的基地近在咫尺，可以迅速集结所有兵力和物资，因此我们将占据有利地位。"①

此次访问顺利进行。库罗帕特金受到了明治天皇的接见，并且会见了日本陆军的最高级指挥官，他们给俄国将军留下了深刻的印象。日本陆军绝非无能之辈："我可以毫不羞愧地承认，我所见到的杰出的日本将军的水平不比我们差。谨慎而客观地讲，日本的军事实力与欧洲国家不相上下。在防御时，我军一个营可以抵抗日军两个大队；然而在进攻时，我们却不得不派出双倍兵力。日本人不逊于土耳其人，在某些情况下甚至可以为我们打造新的'普列夫纳'和'杜布尼亚克'，② 如果指挥不力，在那里 5~6 个俄国士兵也对付不了 1 个躲在不显眼的战壕里的土耳其人……在战争之初，我们不能出现败绩，这至关重要。否则，日军和全体日本民众都将士气大振。当我军入侵日本时，我们将遭到全民的打击。日本人都是狂热的爱国者，他们勇敢刚毅。现

---

① Дневник А. Н. Куропаткина с 27 мая 1903 г. по 6 июня 1903 г. // РоА. М. 1995. Т. 6. С. 410.
② 第十次俄土战争中土耳其的两处重要据点，易守难攻，俄军付出了惨重代价才攻下两地。——译者注

在，日本学校正在向学生灌输军事爱国主义。"① 在谈判过程中，日本陆军大臣和外务大臣明示库罗帕特金，东京希望日本在朝特权能够得到认可；如此一来，日本也愿承认俄国在中国东北享有特殊权益。② 6 月 30 日，库罗帕特金离开日本，乘巡洋舰前往旅顺港。③ 此次访问令他坚信："近几年，俄国在远东的行动必须以与日本保持和平关系为基础。"④ 7 月 14 日，库罗帕特金离开旅顺港前往哈尔滨，7 月 28 日返回彼得堡。⑤

总体而言，库罗帕特金对远东的俄军实力（如果算上边防部队，此时兵力可达 11.5 万人）感到满意。对此，将军给予高度评价："最后，怀着愉悦的心情指出：远东军已经成功地掌握了近期的实战经验；现在，在英勇而权威的高级将领的指挥下，通过军事训练，他们的水平稳步提升。黑龙江沿岸军区和关东州的年轻部队可以经受住任何战争的考验。"⑥ 陆军大臣之所以给出如此好评，背后的原因相当简单。

远东不是大臣的利益核心。返回彼得堡后，他致信基辅军区司令德拉戈米罗夫（Драгомиров）将军。在信中，他直言：

---

① Там же. С. 418.
② Там же. С. 419 – 421.
③ Отчет Военного министра по поездке на Дальний Восток в 1903 году. СПб. 1903. Ч. 1. Осмотры войск, военных учреждений и заведений. С. 2.
④ Дневник А. Н. Куропаткина с 27 мая 1903 г. по 6 июня 1903 г. // РоА. М. 1995. Т. 6. С. 439.
⑤ Отчет Военного министра по поездке на Дальний Восток в 1903 году. СПб. 1903. Ч. 1. Осмотры войск, военных учреждений и заведений. С. 2.
⑥ Там же. С. 154.

在巡视符拉迪沃斯托克及回程期间,他始终担心在西部阵线可能爆发战争。因此,他随身携带奥匈帝国地图、利沃夫和佩列梅什利要塞平面图、俄国总参谋部编制的奥匈帝国指南。闲暇时,在火车上,他对利沃夫和佩列梅什利要塞周围的环境展开了深入研究,制订了最佳进攻路线,并且在地图上标注了俄军炮兵连的布局。他要求德拉戈米罗夫将军立即向军区参谋部总军需官转交他的方案设想。在确定具体的攻占目标后,再向他反馈信息。① 当时,对于陆军大臣这种徒劳无益的工作,基辅军区司令极为反感。②

有趣的是,库罗帕特金出访期间,正值日本军方对俄关系政策发生松动。1903年6月8日,大山岩元帅在东京主持召开参谋本部部长会议。各部部长一致反对"满韩交换"计划,主张将俄国赶出中国东北和朝鲜两地。日本缺的是时间。据他们估算,在不久的将来,日本极有可能战胜大陆上的敌人,战争赔款到时候足以抵偿军费支出。他们用两句俗语作为结论:"上下一心,其利断金"和"以少胜多"。大山元帅不支持属下的观点,他只说了一句:"你们要记住,俄国是一个强大的国家。"尽管如此,6月22日,元帅向天皇上书《关于解决朝鲜问题的主张》,其中强调了朝鲜对于维护日本安全的重要意义,指出目前日本在该地区占据军事优势,提议以"满韩交换"为基础加速解决朝鲜问题。③

---

① Лукомский А. С. Воспоминания. Берлин. 1922. Т. 1. С. 16.
② Лукомский А. С. Воспоминания. Берлин. 1922. Т. 1. С. 16.
③ Окамото С. Ук. соч. С. 106 - 107.

次日（6月23日），在东京召开帝国议会，会上探讨了外务大臣小村寿太郎的提议。日本外交官声明，在处理与俄国的关系时应遵循四个原则：维护中国和朝鲜的独立性和不可侵犯性，在两国的贸易和工业领域保持均势；彼此承认日本在朝鲜、俄国在中国东北的特权，共同商定特权保护措施；彼此承认在保护本国利益地区或镇压起义的情况下日本和俄国有权向利益地区派遣武装力量，一旦目标达成，部队应立即撤退，维护铁路和电报线路运行秩序的守备部队不受本条款限制；日本享有协助朝鲜实施内政改革的特权。在日本政府内部形成了这样一种观点，即保护本国在朝鲜利益的最佳手段就是限制俄国在中国东北的活动。外务大臣提出的诸项原则中的第1项，清楚地佐证了这个观点。①

在此情况下，小村要求严格遵守上述原则，并且通过以下措辞结束了帝国议会的讨论："如果日本遵循上述原则而与俄国达成协议，那么日本的权益将得到保障。但是很明显，此类条约若想获得俄国的认可，那是极为困难的。因此，我认为重要的是，在谈判伊始日本必须下定决心，为了达成目标不惜一切代价。"② 经过数小时的讨论，帝国议会采纳了小村的计划，决定在朝鲜问题上不做任何让步。但是彼得堡方面也不打算退让，时而展现强硬的立场，时而拖延谈判。

1903年8月12日（俄历7月30日），俄国设立统管阿穆尔

---

① Там же. С. 107–109.
② Там же. С. 109.

州和关东州的远东总督府，侍从将军①阿列克塞耶夫出任总督。总督有权与邻国进行外交谈判，受权统管上述地区的海陆两军。② 在阐明新职位的权责时，沙皇亲自写道："我的远东总督是该地区海陆两军的总司令，他高举俄国旗帜，为我们在太平洋沿岸的正当利益提供可靠保障。"③

在俄国设立总督府的同时，日本驻俄国公使栗野慎一郎男爵向拉姆兹多夫递交俄日协议草案。事实上，这是一份在中国和朝鲜划分势力范围的协议。拉姆兹多夫和阿列克塞耶夫坚决反对该协议。④ 日本提出的在朝鲜让天皇臣民拥有行动自由的提议似乎有些过分，就连保守政策的拥护者维特也有同感。在拉姆兹多夫和库罗帕特金的支持下，维特提议做出些许让步。1903 年 8 月 15 日，他被迫离任。此前不久，8 月 12 日，俄国同意与日本就中国东北和朝鲜问题展开谈判，然而谈判很快陷入僵局。谈判地点定在了东京，这为俄国拖延谈判时间创造了有利条件，俄国公使总是借口需与彼得堡进行磋商。大战前夕，果决的行动是必不可少的。显然，俄国不具备这种优势。

---

① 沙俄时代武职的最高荣誉，阿列克塞耶夫是当时俄罗斯帝国在远东唯一拥有侍从将军头衔的人。——译者注
② ПСЗ. Собрание третье. СПб. 1905. Т. 23. 1903. Отделение первое. №23319. С. 875 – 876.
③ Русско‐японская война 1904 – 1905 гг...СПб. 1912. Кн. 1. Действия флота на Южном театре от начала войны до перерыва сообщений с Порт‐Артуром. С. 61.
④ Русско‐японская война 1904 – 1905 гг...СПб. 1910. Т. 1. События на Дальнем Востоке, предшествовавшие войне и подготовка к этой войне. С. 33 – 34.

在谈判过程中，彼得堡希望在中国东北获得行动自由，为此提议将朝鲜北部地区（以北纬39°线为界）变成中立区。1903年10月30日，日本做出了些许让步。同日，小村男爵向俄国公使罗森转达新的提议。日本愿意承认中国东北是俄国的势力范围，但条件是俄国承认朝鲜是日本的势力范围，中国和朝鲜是独立且不可侵犯的。此时，俄国在中国东北的特殊利益及其在"铁路建设领域"的保护权得到了认可，东京甚至愿意接受在中朝边界两侧50千米内划定中立区的想法。作为交易，日本要求获得可供实现战略目标的朝鲜领土的使用权，但是沿海地区除外，以免对朝鲜海峡和对马海峡的航运造成威胁。12月11日，罗森拒绝了这些提议。东京确信，谈判毫无前途。10天后，日本再次提交协议草案，此次的提议更为严苛，要求必须针对中国东北问题进行磋商。28日，日本政府召开特别会议。会上核准了最高军事委员会的成员班子，调整了军部的地位，此外还通过了加速建成汉城—釜山段铁路的决议。[1] 事实上，这是日本政府组织的一场军事会议。

俄国政客对此一无所知，继续保持以往的行事作风——威胁与拖延相交替。阿列克塞耶夫大力倡导这种处理方法。早在当年9月，总督就曾提议在对日谈判中采取最强硬的态度，斩钉截铁地声明俄国准备动用武力捍卫自己在中国东北的利益。[2] 实际

---

[1] Окамото С. Ук. соч. С. 137–139.
[2] Русско - японская война 1904–1905 гг... СПб. 1910. Т. 1. События на Дальнем Востоке, предшествовавшие войне и подготовка к этой войне. С. 36.

上,面对日本人的一系列挑衅(特别是在济物浦发生的俄国海军遇袭受伤事件),阿列克塞耶夫不敢进一步展现俄国的实力。①

在彼得堡外交使团新年招待会上,尼古拉二世在与日本特使谈话时指出:"我们的耐心是有限的。"② 与此同时,1903年12月底,在沙皇组织召开的远东问题特别会议上,已经通过了向日本让步的决议。据库罗帕特金证实,尼古拉二世表示:"开战,当然是不可能的。时间是俄国最好的盟友,每年我们都会变得更加强大。"③ 很久以前,关于时间因素,东京曾得出过相似的结论。

1903年7月,日本参谋本部着手制订朝鲜侵略计划。8月,日本人开始集中收集朝鲜、中国东北和俄国的情报。④ 12月底,他们开始派遣北京的谍报组织深入中国东北,伺机破坏东清铁路。⑤ 这立即对"红胡子"的活动产生了刺激,同时也使由外阿穆尔军区边防兵团(2.5万人)负责监管的2377俄里的东清铁路的处境变得更加复杂。⑥ 显然,这些兵力不足以应对当时的局面。在日本人的参与下,"红胡子"为祸关东,俄国甚至必须派遣军队与之抗衡。⑦ 旅顺港附近的电报线路遭到破坏,边防哨所

---

① Там же. С. 56.
② McDonald, *United Government and Foreign Policy in Russia*, p. 72.
③ Дневник А. Н. Куропаткина... С. 114.
④ Инабу Ч. Из истории подготовки Японии... // РЯВ. С. 42.
⑤ Когда японцы открыли военные действия? // Вестник русской конницы (далее ВРК). 1910. №2. С. 57.
⑥ Троицкий В. Заамурский округ пограничной стражи... // ВС. 1908. №8. С. 64; 75.
⑦ Третьяков Н. 5-й Восточно-Сибирский полк на Кинджоу и в Артуре. // ВС. 1909. №1. С. 55-56.

遭遇袭击。① 铁路全线增设防御工程；桥梁附近增设防御阵地，甚至还配备了火炮。② 在辽阳战役爆发前，为了加强哨所防御，又调来了27个步兵连。③

威胁与让步并举，对于可能发生军事对抗毫无准备——这导致事态的发展与俄国的期望渐行渐远。1904年1月12日，东京召开帝国议会，与会者得出一致结论：与俄国谈判完全没有任何希望，但是多艘战舰即将竣工，投入运行尚需时间。④ 1904年1月13日（俄历1903年12月31日），日本向俄国下达最后通牒，但是没有明确规定答复日期。此时，无论是在朝鲜还是在中国东北，东京均要求彼得堡让步，并且呼吁维护中国领土的不可侵犯性。⑤ 阿列克塞耶夫极力主张采取军事行动回应日本的无理要求，但是出于某种原因，1月16日他申请亲自前往彼得堡汇报情况。对于远东的事态走向，他并不担心。⑥ 此时，局势日渐紧张。时任驻日海军武官的鲁辛上将回忆道："整个1903年都令人惶恐不安。"

夏天，日本12支陆军部队、1个近卫师团全部完成紧急集

---

① D. W. Письма с Дальнего Востока. // ВЕ. 1904. №8. С. 497.
② Троицкий В. Заамурский округ пограничной стражи... // ВС. 1908. №9. С. 67.
③ Троицкий В. Заамурский округ пограничной стражи... // ВС. 1908. №10. С. 31.
④ Окамото С. Ук. соч. С. 140.
⑤ История внешней политики России. Конец XIX - начало XX века（От русско - французского союза до Октябрьской революции）. М. 1997. С. 159 - 160.
⑥ В штабе адмирала Е. И. Алексеева（Из дневника Е. А. Плансона）. // КА. М. - Л. 1930. ТТ. 4 - 5（41 - 42）. С. 159.

合演练、核查动员及局部动员,全体预备役士兵已整编入伍。实际上,日本在很大程度上已完成军事动员。① 应当指出,民众拥护动员并且渴望入伍,期望赶赴大陆与俄国人搏杀。此时,日本国内的好战情绪高昂。② 日本的军事教育体系、日军的状态和训练水准给观摩1903年秋季演习的俄国军事观察员留下了深刻印象。他的报告结论被刊于1904年1月出版的《军事汇编》,它听起来更像是警告:"从士兵到元帅,整个军队狂热且匆忙,也许有时这并不合理,但是这种状态坚定且持久。迄今为止,在艺术领域,日本人巧妙地借鉴邻邦,他们稍加改进便能使其呈现出一种全新的、完美的状态……日本人能否将战争的艺术提升至如此高度呢,只有公正的未来才能给出准确且权威的答案。"③

1903年12月初,鲁辛向旅顺港汇报称,现役日本舰队每天都往返于基地和佐世保进行射击和机动航行演练。1904年1月13日,他汇报称,日本政府已租赁40艘汽轮机船,其中7~10艘(排水量为3万吨)用于满足舰队需求,其余轮船(排水量为9万吨)为陆军所用,足以同时运载2个师团的兵力。此外,日本还关闭了驶向澳大利亚、印度、欧洲和美洲的轮船航线。据俄国海军武官估算,一旦开启军事行动,这些轮船可供调遣,其

---

① Русин А. И. Письма и заметки о флоте. // МЗ. Нью-Йорк. 1945. №1. С. 2.
② Сакурай Т. Живые ядра. Очерк боевой жизни японской армии под Порт-Артуром. СПб. 1909. С. 8.
③ Сипигус. Из Японии. // ВС. 1904. №1. С. 216.

吨位足以运载 4 个师团的兵力。①

大批日本民众离开俄国。1904 年 1 月 13 日,旅顺港的日本商户开始抛售商品,陆续停业。20 日,东西伯利亚步兵师的 7000 名军官和士兵离开要塞,被送往鸭绿江。28 日,远东总督收到俄国驻东京武官的电报,得知日本正在进行军事动员。30 日,旅顺港要塞收到动员令,要求守备部队和舰队做好战前准备,同时密切关注俄、日战舰和运兵船的动态。2 月 5 日,日本平民撤离旅顺港,② 末班轮船被急于撤离的日本平民挤得水泄不通。这一幕引人深思,但是令人震惊的是此事并未引起当局的不安。③

1903 年 12 月底,驻日陆军武官和海军武官商定,轮流向旅顺港发送电报(以免引起不必要的担忧)。电报停发,则代表警报。1904 年 2 月 4 日,鲁辛经日方批准发出了最后一封电报,告知俄方全体日本专家和部分预备役士兵已经加入舰队。④ 6 日,鲁辛试图通知彼得堡日本已经开始总动员。⑤ 警报不只来自东

---

① День 26 января (8 февраля) 1904 г. в Порт - Артуре. // МЗ. Нью - Йорк. 1944. №1. С. 13.
② Francis McCullagh, *With the Cossacks*; being the story of an Irishman who rode with the Cossacks throughout the Russo-Japanese War. London: Eveleigh Nash, 1906, pp. 29 - 33.
③ Заев А. Н. Начало войны с Японией. По впечатлениям и воспоминаниям мичмана с миноносца в Порт - Артуре. // МЗ. Нью - Йорк. 1944. №1. С. 38.
④ Русин А. И. Письма и заметки о флоте. // МЗ. Нью - Йорк. 1945. №1. С. 2.
⑤ Из предыстории русско - японской войны: Донесения морского агента в Японии А. И. Русина (1902 - 1904). Вводная статья, подготовка текста и комментарии В. А. Петрова. // Русское прошлое. СПб. 1991. № 6. С. 86.

京。1月中旬，停泊在芝罘的扎比亚卡号警卫舰的指挥官曾收到英国友人的警告：近期，日本人将对俄国舰队进行鱼雷攻击。不相信无线电技术的他立即起锚赶赴基地，向总督传递这一情报。总督指责指挥官危言耸听，并且责备他未经允许离开驻地。①

1904年2月2日，俄国对日本的要求做出回应。彼得堡同意与日本订立协议并且做出让步，但是为时已晚。② 尽管如此，俄国仍未完全妥协。俄国虽然放弃了在朝鲜划定中立区的要求，承认日本在动乱时期有权向半岛派兵，同意未来贯通中国东北和朝鲜的铁路，但是要求东京在协议中保留"不利用朝鲜领土实现战略目的"以及"放弃对满洲沿岸的特殊利益诉求"的措辞。③

2月4日（俄历1月22日），电报从俄国首都发出；5日，电报从总督府发出。这份照会被日本电报局延迟派送，直至8日才送达东京。2月5日，日本宣布与俄国断绝外交关系。当俄国公使罗森男爵问道断交是否意味着开战时，日本外务大臣小村男爵否认道："噢！不，暂时不会开战。"④ 同时，小村男爵认为，天皇之所向陆军和海军颁发诏令，这与彼得堡在朝鲜和中国东北

---

① Дудоров Б. П. Вице - адмирал А. И. Непенин（опыт биографии）. // МЗ. Нью - Йорк. 1956. №4. С. 19.

② Свечин А. ［А.］ Романовский Ю. Д. Ук. соч. С. 8.

③ Русско - японская война 1904 - 1905 гг... СПб. 1910. Т. 1. События на Дальнем Востоке, предшествовавшие войне и подготовка к этой войне. С. 69 - 70.

④ Русско - японская война 1904 - 1905 гг... СПб. 1912. Кн. 1. Действия флота на Южном театре от начала войны до перерыва сообщений с Порт - Артуром. С. 168.

问题上的立场及谈判延误密切相关。诏令的措辞毫不含糊地表明后续的行动方向:"中国和朝鲜领土的完整与日本的独立生存关系密切。因此,为了我们的独立和生存,在确保行动自由后,我下令终止与俄国的谈判。我衷心地希望,我们的臣民以忠诚和英勇实现我们的目标,维护帝国的荣耀。"①

2月6日(俄历1月24日),日本驻俄国公使栗野男爵向拉姆兹多夫递交断交照会和本人的辞呈。按照计划,日本使团将于2月10日离开彼得堡。② 日本公使甚至向俄国外交官保证,战争大概是可以避免的。拉姆兹多夫对此深信不疑。次日,他致信陆军大臣:"陛下几乎不会宣战,因为这完全不符合俄国的利益。但是,我很担心,我们在远东的勇士们注意不到某个突发的、能够轻易引发真正战争的军事事件,此时完全不会发表任何庄重的战争宣言。"③ 2月8日,在日本宣布与俄国断绝外交关系的第二天,尼古拉二世在日记中写道:"早晨,我开会讨论了日本问题,决定不能率先发动战争。"④

显然,日本可以自行选择开战时机的想法在彼得堡没有市

---

① Описание военных действий на море в 37 – 38 гг. Мейдзи (в1904 – 1905 гг.). Составлено Морским Генеральным Штабом в Токио. СПб. 1909. Т. 1. Военные действия против русской эскадры в Порт – Артуре. С. 13.

② Русско - японская война 1904 – 1905 гг... СПб. 1910. Т. 1. События на Дальнем Востоке, предшествовавшие войне и подготовка к этой войне. С. 78.

③ Русско - японская война 1904 – 1905 гг... СПб. 1912. Кн. 1. Действия флота на Южном театре от начала войны до перерыва сообщений с Порт - Артуром. С. 174.

④ Дневники Николая II. 1894 – 1918. М. 2011. Том 1. 1894 – 1904. С. 787.

场。军界是个例外，但是他们的意见并未受到重视。①沙皇庞大的计划使俄国的政策和战略陷入僵局。找准一个方向投入全部资源，这样的俄罗斯帝国是强大的。若兼顾多个目标，那将一事无成。俄国的政策同时在多个方向上发力，因此不可避免地与英国和日本产生了利益冲突。在风云变幻的复杂时局下，如果说东京的利益重心在朝鲜，那么伦敦的利益重心则在波斯，特别是波斯南部地区。1903年11月，伦敦再次向彼得堡提议瓜分亚洲：将阿富汗和西藏划入英国势力范围；将波斯一分为二——北部划入俄国势力范围，南部划入英国势力范围。作为交易，英国承认俄国在中国东北的既有权益。该提议遭到拒绝。

虽然彼得堡方面对阿富汗和西藏兴味索然，但是他绝对不会放弃进入波斯湾的机会，包括按照旅顺港的模式修筑铁路、建立海军基地。②基于英国在华利益角度，就重要性而言，中国东北不如长江、黄河流域的内地省份。日本的想法与英国类似。然而，为了确保自身在朝鲜的统治地位，日本必须在中国东北击败俄国。这正中英国下怀，因为一旦战败，俄国在通往印度的要道——波斯的地位将被削弱，这是不可避免的。在这些利益国的算计下，俄国在中国东北乃至朝鲜的利益都是虚无缥缈的，那些最终导致与英、日、清关系恶化的政策毫无用武之地。

---

① Русско‑японская война 1904–1905 гг...СПб. 1912. Кн. 1. Действия флота на Южном театре от начала войны до перерыва сообщений с Порт‑Артуром. С. 175.

② История внешней политики России. Конец XIX‑начало XX века（От русско‑французского союза до Октябрьской революции）. М. 1997. С. 126；128–129.

1904年2月5日（俄历1月23日）夜，日军司令部命令第十二师团登陆朝鲜。6日清晨，日舰在朝鲜湾俘虏了俄国商船叶卡捷琳诺斯拉夫号。同日，隶属于东清铁路航运公司的奉天号运输船和2艘捕鲸船——米哈伊尔号和尼古拉号遭遇拦截，随后驶向日本港口。① 国际法规定，不得扣押在宣战前驶离敌国港口的船舶。② 在向拉姆兹多夫呈递日俄断交诏书前，甚至在日本驻俄公使栗野慎一郎得知此事前，这些敌对行动便已经悄然发生。2月8日，日本人占领了位于马山和釜山（朝鲜）的俄国电信局。③ 日本决定在完成战备工作后立即展开军事行动，而它的对手却不是这样打算的。时间确实是俄国的盟友，同时也给予其教训。

---

① Адариди К. Начало войны 1904－1905 года в освещении японского юриста. // Разведчик. 1908. №917. С. 363；Описание военных действий на море в 37－38 гг... СПб. 1909. Т. 1. Военные действия против русской эскадры в Порт－Артуре. С. 32. ; То же. СПб. 1910. Т. 3. Действия против русской Владивостокской эскадры. С. 2.
② Селецкий Г. 646 дней в плену у японцев. СПб. 1910. С. 17.
③ Русско－японская война 1904－1905 гг... СПб. 1910. Т. 1. События на Дальнем Востоке, предшествовавшие войне и подготовка к этой войне. С. 79.

第二部分

战 争

15　战前：陆军、海军及战区状况

1904年初，俄国舰队包括14艘装甲战列舰（8艘在建，其中5艘为"博罗季诺级"的最强战舰，原计划1905年投入运行）、3艘岸防装甲舰、6艘一等装甲巡洋舰、8艘一等防护巡洋舰（3艘在建）、5艘二等巡洋舰、14艘炮舰（1艘在建）、9艘鱼雷巡洋舰、31艘鱼雷艇（13艘在建）、3艘鱼雷艇驱逐舰（1艘在建）。在绝对数量上，俄国舰队的实力远超日本舰队。日本舰队的主体包括6艘最新型装甲战列舰和6艘装甲巡洋舰（不久后又增加2艘），即所谓的"六六舰队"。日本舰队实力分布均衡，同类型军舰实力在俄国之上，在航速方面领先俄国舰队2节。同时，日本舰队在装甲和大口径火炮方面也占据优势（日本装甲舰的船舷装甲平均覆盖率为60%，俄舰约33%；日本舰队218门火炮，俄国舰队146门）。此外，日本还拥有6艘岸防装甲舰、7艘一等巡洋舰、11艘二等巡洋舰、8艘炮艇、4艘鱼雷巡洋舰、47艘鱼雷艇。[①]

俄国舰队分布在四个相互独立且相距较远的海上战区——波

---

① Золотарев В. А. , Козлов И. А. Русско‑японская война 1904–1905 гг. Борьба на море. М. 1990. С. 46；54.

罗的海、地中海、黑海和太平洋。分布在太平洋上的俄国舰队收编了7艘装甲战列舰、4艘一等装甲巡洋舰、5艘一等防护巡洋舰、2艘二等巡洋舰、6艘炮舰、25艘舰队驱逐舰、10艘鱼雷舰、2艘鱼雷巡洋舰、2艘鱼雷艇驱逐舰。1艘装甲战列舰、2艘一等巡洋舰、1艘二等巡洋舰、7艘舰队驱逐舰、4艘鱼雷艇和3艘运输舰，在海军中将维列尼乌斯（А. А. Вирениус）的率领下正赶赴远东。① 在军事行动爆发前，他们未能及时赶到。马卡罗夫曾试图说服海军部将这些战舰送到远东，然而它们却返航驶向吉布提。② 没错，最初这是一个明智的想法，即利用维列尼乌斯的舰队拦截从欧洲出发向敌方输送军用物资的船舶。维列尼乌斯扣押了3艘英国轮船，但是在伦敦的强烈抗议下不得不将它们释放，而后维列尼乌斯舰队返航波罗的海。③

与此同时，日本在意大利采购的2艘装甲巡洋舰已经从地中海起航驶向日本。1904年4月，它们顺利抵达日本沿岸港口。于是，在突击力方面，日本舰队在远东占了上风，日本的装甲战列舰和装甲巡洋舰共14艘，俄国为12艘。在装甲舰的航速方面，俄国为16~18.5节，日本为18~18.25节，因此日本的装甲舰队具有速度优势。在舰队的火炮装备方面，两国不相上下。俄国装甲舰队拥有20门12英寸口径、8门10英寸口径、82门6英寸口径的舰炮；日本有24门12英寸口径和84门6英寸口径

---

① Официальный отдел. Ведомость судам, находящимся в заграничном плавании. // MC. 1904. №1. C. 1 – 7.
② С. О. Макаров. Документы. М. 1960. Т. 2. С. 566 – 567.
③ Золотарев В. А., Козлов И. А. Ук. соч. С. 133.

的舰炮。在此情况下，俄国在旅顺港仅部署了1艘装甲巡洋舰（配备2门8英寸口径和8门6英寸口径的舰炮）；而日本却能集中动员8艘装甲巡洋舰，其上共配备1门10英寸口径、30门8英寸口径和106门6英寸口径舰炮。① 在以下方面日本同样处于优势地位：一、二等巡洋舰（12对7），炮舰（8对6），鱼雷舰队（28艘舰队驱逐舰、19艘鱼雷艇、19艘鱼雷艇驱逐舰对2艘鱼雷巡洋舰、24艘舰队巡洋舰、10艘鱼雷艇和鱼雷艇驱逐舰）。②

俄国在远东的海军兵力主要分布在介于符拉迪沃斯托克与旅顺港之间的海面上，两地之间隔着对马海峡、日本海和黄海，且无中转基地。俄国在符拉迪沃斯托克部署了3艘一等装甲巡洋舰、1艘一等防护巡洋舰，在朝鲜的济物浦（今仁川）部署了1艘一等巡洋舰。拥有自己的造船基地，这是日本的一大优势。无论是符拉迪沃斯托克还是旅顺港，都不具备这一优势。俄国两大海军要塞与日本海岸相距甚远，因此无法成为合适的对日作战基地。旅顺港距离日本则更为遥远，对此提尔皮茨曾一针见血地指出："升旗是件非常容易的事情，但是如果想要不失颜面地降旗，有时需要付出颇为昂贵的代价。"③

为了维护自己旗帜，俄国已经付出了昂贵的代价。当时，旅

---

① Русско‐японская война 1904–1905 гг... СПб. 1912. Кн. 1. Действия флота на Южном театре от начала войны до перерыва сообщений с Порт‐Артуром. С. 2–4.
② Там же. С. 4–14.
③ Тирпиц А. Ук. соч. С. 233.

顺港海军基地只能控制北京—天津的海路门户，对岛国日本的海上交通要道却无可奈何。1900年2月27日，海军中将特尔托夫（П. П. Тыртов）写道："毋庸置疑，旅顺港对于我们控制北京和中国北部地区具有至关重要的战略意义。通过旅顺港掌控北海湾，我们就能成为那里的主宰。但是就制衡日本而言，其战略意义微乎其微（几乎可以忽略），这与日本鞭长莫及的地理位置及朝鲜南部的绝佳海湾不无关系。朝鲜南部海湾不仅可供敌国舰队长期停泊，还可切断相距1100海里的符拉迪沃斯托克与旅顺港之间的各种联系。"①

至于南满俄国要塞的筹建问题，最初各部意见不一、各行其是。由于财政部厉行节约，在大战来临之际，无论是陆地阵线还是海上阵线均未彻底完工。俄国舰队的一位军官回忆称："俄国的这个据点，在我们拿下它的时候就是这种半损毁状态，而日本人就是这样把它还给中国的。"② 在1894年11月的袭击中，城市损毁得并不严重——袭击只持续了5个小时左右。然而在《马关条约》修订后，日本军队在撤离城市和港口前搬空了一切有用之物。③ 匆忙间，无法带走的就使其彻底报废。④

1898年3月14日，在占领要塞后，杜巴索夫少将立即向特

---

① Царская дипломатия о задачах России на Востоке в 1900 г. //КА. М. - Л. 1926. Т. 5（18）. С. 20.
② Цывинский Г. Ф. Ук. соч. С. 169.
③ Геф. Ук. соч. // Разведчик. 1898. №392. С. 352.
④ Котвич В.［Л.］, Бородовский Л. Ляо-дун и его порты... С. 28.

尔托夫中将汇报称："目前整个防御工事系统只剩下了一堆砂土、石料，必须将现存的大部分防御工事清理至最初的地基状态，我们才能加以利用。"① 杜巴索夫完全清楚俄国在此建立海军基地的前景："想要旅顺港，就必须守住大连湾，后者是敌军实现战略登陆的绝佳海湾，因此必须同时加强大连湾的陆防和海防，并且防御工事的覆盖程度不应低于旅顺港。"② 太平洋舰队司令提醒海军部高层注意：除了把控通往北京的海航路线外，旅顺港别无用处。由于旅顺港远离日本海岸（距离对马海峡 550 海里）、朝鲜西部海岸（350 公里）及符拉迪沃斯托克且无中转基地，旅顺港无法完成其他使命且易攻难守，同时还拉长了俄国舰队在远东的海上交通线路。③ 杜巴索夫在报告结尾处写道："即使旅顺港接入西伯利亚铁路，那也无法消除这些劣势。只有在铁路网络得到重大发展的情况下，这种连接才是有效的，但这不是一蹴而就的。辽东半岛地势狭长，敌军一旦从海上发起进攻，这种连接将被切断。"④

为了在内港入口处制造出防御工事完备的假象，俄军在中国陈旧的炮台上，也就是说在废墟上架起了几门火炮。几天后，坦波夫号和彼得堡号汽轮机船运送 8 门 9 英寸口径的迫击炮、6 门 6 英寸口径的迫击炮和 6 门 57 毫米口径的速射炮抵达此地。安

---

① Из истории русско - японской войны 1904 - 1905 гг. Порт - Артур. Сборник документов. М. 2008. Т. 1. С. 43.
② Там же.
③ Там же. С. 45.
④ Там же. С. 46.

装这些火炮需要9.2万卢布,然而财政部拒绝拨付此笔款项。陆军大臣只能依靠部门内部借贷,即挪用其他款项解决该问题。①1898年5月8日,杜巴索夫向库罗帕特金提出了加强旅顺港和大连湾防御的构想。② 4天后,陆军大臣做出回应:沙皇下令只对旅顺港加强防御,在其防御阵地部署150门火炮。③

1898年11月,在这些阵地上仅有7座炮台,其上架设了32门火炮。按计划,截至1899年1月,其数量需增至21座和110门。在规定期限内,俄国未能彻底完成该计划,但是已经安装了102门火炮。④ 基地偏远的位置和财政问题都影响着计划的实施。尽管如此,加强远东阵地势在必行。1899年1月,200门火炮抵达符拉迪沃斯托克,279门火炮抵达旅顺港。⑤ 事情进展得格外缓慢,有时被严重拖延。此时,彼得堡竟然有空关心守备部队的精神生活:1899年初,尼古拉二世下令向旅顺港剧院运送首都皇家剧院多余的服装,共计1008套。⑥

城内兵营不足,士兵不得不拥挤地生活在散落于金州附近的35座"营班"——中国的土坯营房里。⑦ 最初,预计在"营班"

---

① Тимченко – Рубан Г. И. Нечто о Порт – Артуре и вообще об организации крепостной обороны. СПб. 1905. С. 2;41.
② Из истории русско – японской войны 1904 – 1905 гг. Порт – Артур. Сборник документов. М. 2008. Т. 1. С. 63 – 64.
③ Там же. С. 64.
④ Там же. С. 72 – 74.
⑤ Luntinen, *French Information on the Russian War Plans*, p. 54.
⑥ Разведчик. 1899. №430. С. 42.
⑦ Дессино. Порт – Артур. // Разведчик. 1900. №489. С. 200.

中安排守备部队7000人，后来安排了1万人。① 在中国部队撤退后，这些建筑多被当地百姓损毁，当务之急是完成对它们的翻修。密集的居住条件、劣质的水源及恶劣的气候导致病患急剧增加，其中传播最广的疾病当属痢疾和伤寒。② 当地既没有军营、官邸，也没有排水工程。随着守备部队的增加，饮用水和粮食甚至出现了短缺，因此不得不从日本和芝罘进口。③ 此外，城内甚至没有合适场地用来开设医院。1898年5月15日，一家预计可容纳200名士兵和10名军官同时住院治疗的医院从敖德萨出发，搭乘弗拉基米尔号轮船赶赴旅顺港；26日，医院抵达该市，由于没有合适的场地，直到8月中旬医院才开始诊治病患。最终，医院仅设置了100个床位。按照该院医生的说法，痢疾在这里是一种流行病。④

1901年，已建成可供15个连、1支哥萨克部队、1个炮兵连、2个军需部门使用的营房，35间军官宿舍、8间带厨房和面包房的食堂、3间旅顺港综合性医院也陆续竣工。当年年底，在旅顺港和大连已开设可同时收治400名士兵和20名军官的综合性医院，每家野战应急医院也可同时收治200名士兵和10名军官。部队从茅草房和"营班"搬入军营，此后部队的病患数量急剧减少，但仍处于较高水平。1901年，关东守备部队共有士

---

① Котвич В. ［Л. ］, Бородовский Л. Ляо‐дун и его порты...С. 30.
② Дессино. Порт‐Артур. // Разведчик. 1900. №489. С. 200.
③ Коростовец И. Я. Ук. соч. С. 6.
④ X‐г. Госпиталь в Порт‐Артуре. // Разведчик. 1899. №469. С. 854–855.

兵 14280 人、军官 322 人，其中染病人数高达 8060 人，死亡人数为 181 人。和过去一样，痢疾（8.638%）、各类胃肠疾病（3.607%）、伤寒（1.016%）和性病（5.558%）仍是最常见的疾病。由于卖淫活动实际上不受政府管控，最后一种疾病在当地居民中间迅速传播。在部队从茅草房和"营班"迁出前，与之斗争几乎是不可能的。①

至于胃肠疾病，那是气候条件与淡水不足共同引发的慢性疾病。② 唯一的河流和一处小型淡水湖泊中的水源无法饮用。湖泊是在海湾分隔下形成的，水中含盐，因此既不适合饮用，也不适用于军舰锅炉。③ 市内唯一的蓄水池是由法国工程师在 1887 年建造的。随着人口的增长，它逐渐无法满足人们的需求了。结果到了 1902 年，经过专业工厂特殊处理的淡化海水成了市内俄国居民（17709 人，军人除外）唯一的饮水来源，这家工厂每日可处理好 2 万桶（246000 升）饮用水。有些富裕的居民则采购从日本进口的矿泉水。直至 1902 年底，海军和陆军调拨资金修建了几座蓄水池，在一定程度上缓解了居民饮水困难问题。④

---

① Всеподданнейший отчет командующего войсками Квантунской области за 1901 г. Б. м. б. г. С. 3；5 - 6；11 - 12.
② Хвостов А. Русский Китай. Наша первая колония на Дальнем Востоке. // ВЕ. 1902. №10. С. 655.
③ Берг В. Ф. Воспоминания о Порт - Артуре. // Военно - исторический вестник（далее ВИВ）. Париж. 1954. №4. С. 16.
④ Тиреер. Порт - Артур и его интересы до учреждения наместничества. // ВС. 1904. № 1. С. 188；192；фон Шварц А. ［В.］, Романовский Ю. ［Д.］ Оборона Порт - Артура. СПб. 1908. Ч. 1. С. 31.

在占领旅顺港的同时，俄国还收获了一座气候恶劣、潮湿、通过官道与中国东北相连的半岛。每至春、秋时节，官道难行，畜力运输受阻。① 中国的村落主要是依靠羊肠小道或牲口行走的小路相互连接，这些道路绝不适合双轮推车和四轮大车。② 1898～1902年，俄国政府不得不在关东州修建5条公路，其中不包括通往旅顺港要塞及旅顺港、大连湾、金州、貔子窝市内街区的公路。③ 海军基地的选址也不理想。军港入口狭窄，大型舰船只能在涨潮时进港，这与德国威廉港的海军基地非常相似。④ 由于水位较低，港内大部分区域不适合舰船泊驻，在旅顺港东部建造了以石砌岸壁为码头的人工水域，唯有此处可供远洋舰和装甲舰靠岸停泊。⑤

然而，东部水域大部分区域水位较浅，涨潮和退潮的水位落差可达396.5厘米。在水位下降时，停泊在此的装甲舰深陷泥潭，由于水底淤泥堆积，排除了舰船受损的风险。港口其他区域面积较小，同时至多容纳10艘中型舰船。尽管港口西部相对开阔，可惜水位深度欠佳。旅顺港唯一的优势就是几乎绝对挡风，即使港外狂风暴雨，港内锚地也近乎风平浪静。若整修港口且使之达到可接受水平，则需投入一定的时间和金钱。1901年，在

---

① Дебогорий－Мокриевич Л. ［И.］ Квантунские грунтовые дороги.// ИЖ. 1909. №4. С. 461.
② Котвич В. ［Л.］, Бородовский Л. Ляо－дун и его порты...С. 36.
③ Дебогорий－Мокриевич Л. ［И.］ Ук. соч.// ИЖ. 1909. №4. С. 462.
④ Вильсон Х. Ук. соч. С. 300.
⑤ Кван－тонгский полуостров летом 1898 года.// МС. 1900. №7. С. 61－62.

港内西部水域开始了疏浚工程，施工效率相当之高（一年半内，27万立方俄丈的砂土被推入海中），即便如此，在战争爆发前依旧未能竣工。①

各部门在远东政策问题上的分歧影响了辽东半岛的发展，但是在俄国占领此地最初的一年半除外。1898年4月26日（俄历4月14日），沙皇颁布了《关东半岛陆军部和海军部相互协作准则》，其中特别指出："太平洋舰队司令对关东半岛的海、陆两军享有最高指挥权。"② 1899年9月25日（俄历9月13日），沙皇下达258号命令，颁布《暂行关东州统治规则》。关东州首席长官阿列克塞耶夫中将已总揽租借地的陆军（有权指挥远东军区）、海军（有权指挥太平洋舰队及军港）和民事大权（有权主管高加索地区的民政部门，同时拥有某些附加权力）。

但是，在《暂行关东州统治规则》中还包括以下条款："将在建的达里尼市③确定为俄国财政部特别直辖市，并定位为自由港；铁路管理权另行规定。"④ 后来，大连商港和南满铁路归维特的亲信、东清铁路总工程师尤格维奇（А. И. Югович）管辖，然而他长期居住在距离此地600俄里的哈尔滨。维特既不厚待军方，也不赏识他们的计划。结果，在俄国驻华的前沿阵地出

---

① Тиреер. Порт‐Артур и его интересы... // ВС. 1904. №1. С. 180–181.
② ПСЗ. Собрание третье. СПб. 1901. Т. 17. 1898. Отделение первое. №15890. С. 859.
③ 大连被沙俄占领时期的名称，俄语"Дальний"意为"遥远的"。——译者注
④ Дессино. Порт‐Артур. // Разведчик. 1900. №489. С. 201.

现了两权并立、相互对立的情况。①

1898年，大连湾是一处拥有不到百户人口的滨海小村庄，而非一座城市。财政部下定决心在那里创建俄国在太平洋地区的核心商区，不达目的誓不罢休。在不远的将来，他们希望将那里建设成可与香港、上海或旧金山比肩的发达城市。②最初，财政部就为特辖市划拨了92平方俄里的土地！③财政大臣计划通过向私人售卖土地收回城市建设资金。④1902年4月9日，维特签署土地拍卖组织规程。⑤繁荣的景况未能如期而至，而维特所领导的财政部也未曾披露过这座城市的建设支出。时至1903年，财政部首次公开"大连港口、城市建设工程第一阶段施工总成本"为1885万卢布。

此外，在施工总成本中还包括其他支出。完工后，这些支出应达到5700万卢布；1904年工程进度已完成3/4，用于大连的实际支出约为4300万卢布，这比财政部公布的数字的2倍还多（1911年6月，从东省铁路公司达里尼分公司的账户上

---

① Тимченко - Рубан Г. И. Нечто о Порт - Артуре... С. 97；103；Коростовец И. Я. Ук. соч. С. 2；Величко К. И. Русские крепости в связи с операциями полевых армий в мировую войну（критико - стратегический очерк по архивным материалам и воспоминаниям）. Л. 1926. С. 30.

② Боев А. Талинван. // Разведчик. 1899. №451. С. 514.

③ Русско - японская война 1904 - 1905 гг... СПб. 1912. Кн. 1. Действия флота на Южном театре от начала войны до перерыва сообщений с Порт - Артуром. С. 35.

④ Нилус Е. Х. Исторический обзор... Харбин. 1923. Т. 1. 1896 - 1923. С. 166.

⑤ Временные правила о продаже и отдаче в аренду с торгов участков в гор. Дальнем. // Правительственный вестник. 11（24）мая 1902 г. №104. С. 1 - 2.

核销了 44857508 卢布 71 戈比）。俄国对这座港口寄予厚望，它应当成为西伯利亚铁路和东清铁路的终点。按照最佳的情况设想，此地能够从荒芜之地迅速演变为一座拥有 40 万人口的城市。维特从港口和行政区入手打造自己最欣赏的产物，修建某种具有"中式哥特风"、混搭式的华丽建筑。旅顺港《新边疆报》对大连的建筑评价道："俄国高官在浪漫主义领域飞奔的古怪念头。"①

维特本人就是一个浪漫主义者，他为这座城市选定了名称和建造者。他对大连毫不吝啬。② 按照设想，这座城市将成为俄国在远东颇具影响力的经济和贸易中心。然而无论是在经济领域还是贸易领域，它都难堪大用。1864 年，俄国轮船首次进入松花江驶向吉林。除船员外，船上还搭载着即将与中国地方政府进行谈判的俄国代表及 25 名士兵；其后拖着一艘载有 5000 普特原煤的驳船。借此机会，俄国人对松花江的航道和地形进行了首次评估。当时，近 10 万人定居吉林。③ 1896 年，第一艘俄国内河货

---

① Тиреер. Порт‑Артур и его интересы...// ВС. 1904. №3. С. 191；193；Тимченко‑Рубан Г.［И.］Нечто о Порт‑Артуре и вообще об организации крепостной обороны. // ВС. 1905. №6. С. 113；120；125‑126；Высочайше утвержденное положение Совета министров о производстве с Обществом Китайской Восточной железной дороги расчета по отошедшей к Японии части названной железной дороги, по морскому пароходству этого Общества и по устройству им гор. Дальнего и порта в этом городе. // ИМИД. СПб. 1912. №2. С. 52.

② Нилус Е. Х. Исторический обзор... Харбин. 1923. Т. 1. 1896‑1923. С. 160.

③ Н. Щ. Плавание по Сунгари в Манджурию до города Гирина. // МС. 1866. №5. С. 37‑38；46‑47.

轮进入松花江；1881年，第一艘俄国海轮抵达营口。然而，1894年，在中国东北唯一的开放港仅停泊了6艘轮船。不久前，1891年曾有116艘德国货轮抵达此港。① 从经济学角度看，半岛计划是个"难产的死胎"，它是"目的与手段南辕北辙"的政治产物。②

俄国在大连投入了大量资本。同时代人写道："在对行政区的建筑优势表示怀疑的同时，必须对工程的成就做出公正评价：那里的房屋如雨后春笋般地冒了出来。"③ 英国《每日邮报》通讯员对这位工程师进行了回应，他讽刺道："与美国像蘑菇一样生长的城市相比，大连从萌芽到成熟的成长速度要快得多。这座城市的根基是某个人的想法，这座城市也是那个人一句话就能建成的。"④ 这座城市分为三个部分：行政区、欧洲贸易区和中国贸易区。1902年，维特造访此地，对所见所闻甚是满意："街道已铺成了公路，房屋四周花园林立，排水系统已经建成，供电和临时供水系统也已就位。房屋由石材修砌而成，大多是双层建筑，风格各异。"⑤ 财政大臣格外关注城市建筑问题，明令禁止在欧洲区建造土房、木屋。⑥ 在港口区域已建成3座防波堤坝，

---

① Дацышен В. Г. Ук. соч. С. 36.
② Русско - японская война от начала до Ляояна включительно. Лекции Генерального Штаба полковника Комарова... С. 28.
③ Тиреер. Порт - Артур и его интересы... // ВС. 1904. №3. С. 195.
④ Норригаард Б. В. Ук. соч. С. 8.
⑤ Нилус Е. Х. Исторический обзор... Харбин. 1923. Т. 1. 1896 - 1923. С. 163.
⑥ Временные правила о продаже и отдаче в аренду с торгов участков в гор. Дальнем. // Правительственный вестник. 11 (24) мая 1902 г. №104. С. 2.

为此进行了大规模的疏浚工程。此外，在港口沿岸和防波堤坝处已加筑了混凝土护面，起重船、拖船、驳船和浮桥也已进驻港口。① 维特希望将港口打造成中国东北主要的贸易门户："作为贸易城市，大连未来的成就，在很大程度上将取决于满洲沿东清铁路运至此地的货物量。"②

事实证明，这些希望是不切实际的，大连没有发展起来："维特这样的大臣，像魔术师一样在光秃秃的土地上建起了整座城市，但是他没有实力让人搬进来，哪怕是他寄予厚望的那些人。"③ 在这座港口设施配套完备的城市中几乎没有平民。在国有住房中居住的都是铁路员工和建筑工人。截至1903年，市内尚未建成一处私人住宅，仅有15家俄国商铺和75家日本商铺开门营业。在此情况下，为了拉动城市贸易，规划开设一家不受俄国天主教会管控的天主教社区，并且允许犹太人在那里定居。④ 然而，这于事无补。1903年9月，造访大连的英国记者称："那就像一座死城。我们在那里只能看见士兵和公职人员。士兵在街道上缓慢地行走着，如果不遇见迎面走来的行人，他的脚步声将逐渐远去直至消失。"⑤ 1904年5月26日，关东州要塞司令斯捷谢利（A. M. Стессель）下达指令，要求俄国民众——约400人

---

① Русско‑японская война 1904–1905 гг... СПб. 1912. Кн. 1. Действия флота на Южном театре от начала войны до перерыва сообщений с Порт‑Артуром. С. 35–36.
② Нилус Е. Х. Исторический обзор... Харбин. 1923. Т. 1. 1896–1923. С. 165.
③ Норригаард Б. В. Ук. соч. С. 10.
④ Тиреер. Порт‑Артур и его интересы... // ВС. 1904. №3. С. 196–197.
⑤ McCullagh, *With the Cossacks*, p. 5.

集体撤离大连。①

一名曾在旅顺港工作的外交官回忆道:"大连……最初是维特最欣赏的结晶,更确切地说,它也是那群受到他的启发渴望创建俄罗斯殖民帝国的人最欣赏的产物。因此,大连成了政府特殊关照、慷慨解囊的对象。与此同时,隶属陆军部管辖的旅顺港却成了被刻意忽视但又无法躲避的邪祟。在大连,城市设施日趋完善,公路和排水系统完备,甚至还规划了公园,但是除了官员(主要是波兰官员),几乎没有任何居民。所有居民——俄国人和中国人都聚集在旅顺,拥挤地生活在中国的房子和窝棚里。"② 1901年,阿列克塞耶夫在向沙皇上书时指出:"由于关东州的物价高昂,军官的物质条件,特别是军官家庭的物质条件无法令人感到完全满意。"③

在俄国政府入驻旅顺港后,其人口迅速增长。1898年,旅顺港人口总量约为7000人。④ 当时,旅顺港是关东州社会生活的中心,而守备部队集会则是旅顺港的中心。来访的艺术家在这里表演,戏剧演出也在这里上演。⑤ 1899年,在该市居住着995名俄国人,其中仅有131名女性。后来,城市的人口结构日趋正

---

① Материалы к истории осады крепости Порт - Артур (Дневник инженер - штабс - капитана В. В. Сахарова). // ВС. 1907. №1. С. 218.

② Коростовец И. Я. Ук. соч. С. 52.

③ Всеподданнейший отчет командующего войсками Квантунской области за 1901 г. С. 4.

④ Русско - японская война 1904 - 1905 гг... СПб. 1910. Т. 1. События на Дальнем Востоке, предшествовавшие войне и подготовка к этой войне. С. 151.

⑤ Хвостов А. Русский Китай… // ВЕ. 1902. №11. С. 191.

常。1904年初，旅顺港的居民总量（军人除外）达到42465人，其中女性为4297人，儿童为3455人，俄国居民为17709人，中国居民为23494人。与大连不同，旅顺港不只存在国有住房。到了1903年，此地共有房屋3263栋（其中私人住宅360栋）、公寓5186套。1899年初，在旅顺港有400余家中国店铺；截至1904年初，市内共有1712家工业贸易企业、700家贸易商店和商业企业及895名走街串巷的货郎，甚至还有160名车夫（在大连仅有2名）。之所以如此，原因很简单：带肩章的人是关东半岛商品和服务的消费主力。维特曾幻想在中国实现"经济的和平渗透"，却陷入了国库埋单的死循环。"商业与军大衣无法共存"的教条明显不符合现实。无论是在俄国还是在遥远的关东州，都是如此。①

显然，没人愿意承认这件事。尽管大连是南满铁路的终点，但是90%的旅客还会沿着大连—旅顺港"支线"继续前进。这令某些人大为不满。1902年，东省铁路公司收到上级指令，要求公司在关东—长崎和关东—符拉迪沃斯托克航线上运行的所有轮船在大连卸货，不得前往旅顺港。② 在俄国人主关东州之初，殖民政策拥护者就清楚地知道：这里的粮食储备明显不足。③ 英国1901年的军事侦察报告显示："要塞的粮食供应必须完全依靠

---

① фон Шварц А. ［В.］, Романовский Ю. ［Д.］ Оборона Порт－Артура. СПб. 1908. Ч. 1. С. 22；25；Экономическое значение войск для городов. // Разведчик. 1895. №221. С. 221；Тиреер. Порт－Артур и его интересы... // ВС. 1904. №1. С. 188.

② Тиреер. Порт－Артур и его интересы... // ВС. 1904. №1. С. 188.

③ Геф. Ук. соч. // Разведчик. 1898. №392. С. 350.

海运和满洲铁路。"① 俄国驻太平洋海军基地从中国东北以外的中国港口、符拉迪沃斯托克和日本采购面包、鱼肉、蔬菜、木材、干草、燕麦等各类物资。因此,物资运送主要依靠海上运输。1902 年 1 月 1 日至 12 月 1 日,经大连转运,旅顺港城区接收各类海运物资累计 38568 吨 66904 件。要知道,转运和使用"支线"都是需要花钱的。② 1903 年,800 艘商船抵达大连,其上装载着 1800 万普特(合计 288000 吨)的货物,其中煤炭和茶叶占据较大的进口份额!③

至于舰队士兵所需的主食黑面包,进口货简直与俄国原产食品不是一回事!更糟糕的是,在港口深度增加后,运输舰直接停靠在了防波堤坝附近。这样,敌人就能藏身运输舰,待其停靠后直接登陆旅顺港,进而占领铁路枢纽。尽管俄国军方曾考虑过一旦战争爆发港口存在被摧毁的可能,并且屡次申请加强对大连的防御,然而在战争爆发后俄国才着手建立海军防御。后来,虽然建成 2 座可架设 4 门火炮的炮台,但是在日军登陆前夕弹药才被运到貔子窝附近。④ 事实上,海军基地的选址并不理想。

---

① "The military resources of Russia, and propable method of their employment in a war between Russia and England. Secret," PRO, WO 106/48, p. 11.
② Дессино. Порт‑Артур. // Разведчик. 1900. №489. С. 200; Тиреер. Порт‑Артур и его интересы... // ВС. 1904. №3. С. 196‑199.
③ Русско‑японская война 1904‑1905 гг... СПб. 1912. Кн. 1. Действия флота на Южном театре от начала войны до перерыва сообщений с Порт‑Артуром. С. 36.
④ Русско‑японская война 1904‑1905 гг... СПб. 1912. Кн. 1. Действия флота на Южном театре от начала войны до перерыва сообщений с Порт‑Артуром. С. 39‑40.

1872年，托特列边（Э. И. Тотлебен）① 指出："目前，只有在掩护守备部队和战争物资的地方储存足够的炸弹，要塞炮兵连才能与攻城炮兵连一较高下，我们才能在要塞打持久战。"② 19世纪末，这位俄国筑城工事巨擘已享有极高的威望，可惜他的影响力仅限于军事工程圈。在修筑旅顺港要塞时，显然受到了其他重要因素的影响。要塞建设者回忆道："财政问题迅速凸显，它凌驾于其他问题之上，陆军大臣已提交用以核算海军基地实施陆上防御所急需物资的必要数据，当时他不得不极力压制自己的需求。"③ 事实上，自1856年以后，俄罗斯帝国已将海防组织工程完全交由陆军部负责。④ 但是，这个远离俄国领土的滨海新要塞的防御系统恰好成了财政部厉行节约的"靶子"。

为了确保要塞的海防实力，需要部署42门10英寸口径的火炮（根据要塞的实际计划，申请部署22门，最终批准10门）、96门6英寸口径的火炮（申请部署36门，最终批准20门）、56门11英寸口径的卡内特式火炮、28门9英寸口径的火炮、28门6英寸口径的火炮（重190普特）、128门57毫米口径的速射炮、89门11英寸口径的臼炮、14门9英寸口径的海防迫击炮。上述

---

① 俄国上将工程师，在克里米亚战争期间，托特列边为塞瓦斯托波尔的防御工程做出了杰出贡献，1863～1877年担任俄国工程部队总监察长，1876年出任黑海岸防总指挥官。——译者注
② Величко К. Крепости и крепостные железные дороги. // ИЖ. 1898. №1. С. 17.
③ Тимченко‐Рубан Г. [И.] Нечто о Порт‐Артуре и вообще об организации крепостной обороны. // ВС. 1905. №3. С. 91.
④ Тимченко‐Рубан. [Г. И.] Порядок заведывания в России обороны берегов с суши. // ИЖ. 1898. №6‐7. С. 801.

装备及其安装支出预计1141.3万卢布，弹药支出预计3170.2万卢布，因此仅要塞海防炮兵装备所需的国库支出便高达4311.5万卢布（装甲战列舰耗资600万卢布）。① 要塞陆地阵线防御性工程（其中包括修筑公路和要塞铁路）的造价预计1000万卢布，海上为800万卢布。上述数据不包含炮兵装备和军港建设支出。② 要塞炮兵部队12752人（9个营）部署如下：为每门海防炮配备12名炮兵（海防炮总计481门），陆战炮配备8名炮兵（陆战炮总计850门）。在此基础上加上31个步兵营（24800人）和辅助部队，要塞守军应增加至3.8万人。文章指出："我们滨海要塞的驻陆边防部队的兵力绝不能少于3.5万人，由此可见，可能遭遇陆路袭击的滨海要塞的守军规模与陆地要塞近乎齐平。"③

1899年，上校工程师韦利奇科（К. И. Величко）奉命进驻旅顺港编制要塞修筑计划。他在那里的见闻给他留下了极为恶劣的印象。他写道："如此地势，如此土壤和地表特性，我们在任何一处要塞都不曾遇到。跌宕起伏的地势、圆锥形的孤峰将众多陡峭而绵延的山脉分隔开来，因此我们需要布置大量的防御工事，以便它们相互掩蔽、相互支援，形成火力联系。此外，在深谷处存在许多交叉阵地，在此需增设炮台、掩体和暗堡。"④ 对潜在危

---

① Буйницкий Н. Об устройстве приморских крепостей. // ИЖ. 1899. №4. С. 449–450；Тимченко‑Рубан Г. И. Нечто о Порт‑Артуре... С. 3.
② Буйницкий Н. Ук. соч. // ИЖ. 1899. №7. С. 867.
③ Буйницкий Н. Ук. соч. // ИЖ. 1899. №4. С. 456.
④ фон Шварц А. [В.] Влияние данных борьбы за Порт‑Артур на устройство сухопутных крепостей. // ИЖ. 1907. №1. С. 16.

险的准确认知也无力回天，毕竟从一开始缩减陆地阵线已成定局。陆军高层对此无能为力，只能劝导建筑者"不要惧怕制高点"，应当"通过正在建造的防御工事"来弥补地形上的不足。①

依据沙皇批准的要塞建设计划，关东州守备部队不得超过11300人。这样，守卫半岛既不至于引发"危险的政治关系"，其开支也不至于太过高昂。1900年1月31日，计划获批。此时，关东州的兵力已达到计划所规定的上限。②增兵计划与财政大臣的立场相悖。维特认为，拥有1.2万兵力的守备部队足以掌控关东州，因此他极力反对要塞增兵计划和俄军在太平洋地区的发展计划。③减员计划同时波及符拉迪沃斯托克，甚至还抑制了符拉迪沃斯托克防御发展计划的实施。在抵达旅顺港前，韦利奇科视察了这座要塞，并且按照库罗帕特金的指示尽可能地削减了要塞的守备兵力。④尽管旅顺港很早便开始了防御工程施工，但是，1899年，受资金链断裂的影响，工程长期中断。结果，在大战爆发之际，要塞甚至连初步防御计划都未达成。

维持要塞运转需要1500万卢布，"陆上军用设施"（营房、仓库、医院、学校、教堂等）需要1204.7万卢布，港口设施需要3242.4万卢布，要塞、城市及港口施工需要5947.10万卢布。

---

① Тимченко‑Рубан Г. И. Нечто о Порт‑Артуре... С. 5.
② Тимченко‑Рубан Г. ［И.］ Нечто о Порт‑Артуре и вообще об организации крепостной обороны. // ВС. 1905. №3. С. 93；98.
③ Царская дипломатия о задачах России на Востоке в 1900 г. // КА. М.‑Л. 1926. Т. 5（18）. С. 24.
④ Авилов Р. С., Аюшин Н. Б., Калинин В. И. Владивостокская крепость... Владивосток. 2013. Ч. 1. 《Назло надменному соседу》1860—1905 гг. С. 158.

事实上，截至1904年，已向要塞发放的陆防资金为4235530卢布，海防资金为1333000卢布，即所需资金的1/3左右。此外，向陆上非防御性工程拨款5519544卢布，港口非防御性工程拨款11699845卢布。因此，资金缺口高达3801.6万卢布。① 在1904年以前的五年里，俄国政府平均每年向各大要塞共拨款800万卢布，用于支持"防御性和非防御性工程",② 其中旅顺港每年平均分得150万卢布，仅在1902年增加了40万卢布。③

在此情况下，要塞守备部队只能相机而动。中国原有的防御工事质量欠佳，因此无法直接使用。总参谋部亚洲支部以潜在敌人的炮兵连无6英寸以上口径的火炮为由，坚持仅需修筑可抵抗此口径火炮进攻的防御工事。④ 这绝非明智之举，此时没什么事情能够阻止日本购买更大威力的攻城炮。缩减要塞的必要开支导致要塞通道的水雷防御系统薄弱，已铺设的水雷防御能力明显不足。⑤ 要塞的海防很难得到认可，显然它并不成功。按照韦利奇科的设计，需在此架设140门火炮，然而最终决定缩减至124

---

① Тимченко‑Рубан Г. [И.] Нечто о Порт‑Артуре и вообще об организации крепостной обороны. // ВС. 1905. №4. С. 75；85；107；То же. // ВС. 1905. №6. С. 112–113.

② Ивков Д. Исторический очерк Главного Инженерного Управления за время его существования с 24 декабря 1862 г. по 20 декабря 1913 г. // ИЖ. 1915. №1. С. 20.

③ Русско‑японская война 1904–1905 гг...СПб. 1910. Т. 1. События на Дальнем Востоке, предшествовавшие войне и подготовка к этой войне. С. 487.

④ фон Шварц А. [В.], Романовский Ю. [Д.] Оборона Порт‑Артура. СПб. 1908. Ч. 1. С. 40；54.

⑤ Филимонов И. Г. Дефекты минной обороны в минувшую кампанию 1904—1905 годов. // ВС. 1907. №1. С. 144.

门，即每俄里大约部署6门火炮，当时普遍认为该指标的设定"颇为合理"①。尽管如此，这项目标也未彻底实现。大战爆发前，在海防阵线上的22座炮台只架设了112门火炮。除数量指标外，还应考虑质量指标。在射击机动舰时，9英寸和11英寸口径的迫击炮（总计33门）完全无效，而57毫米和37毫米口径的速射炮也是如此。事实证明，唯有10英寸和6英寸口径的舰炮才能打击敌舰，然而此类舰炮仅有25门。②

按计划，陆上防御分为2道防线：外部防线（22俄里）和内部防线（约6.5俄里）。其中在外部防线上计划建造8座堡垒、9处防御工事、6处永久性炮台和4座多面堡，内部防线为4座多面堡。最初，计划在此架设399门火炮和48挺机枪。这些防御工事和武器装备只适用于抵制敌军的快速进攻，应对正常的围攻却收效甚微。1903年，在旅顺港陆地的炮台上仅有280门火炮可投入使用。因此，在战争爆发后，俄军不得不火速调运武器、弹药。1904年7月21日，在旅顺港要塞已架设518门火炮和29挺机枪。远程重型火炮数量不足、要塞迫击炮几乎完全缺失（后来从海上调来了8门9英寸口径的迫击炮），这对要塞防御造成了极为不利的影响。此外，弹药储备也不充足（每门10英寸口径的舰炮仅储备了150枚炮弹）。③

---

① фон Шварц А. [В.]，Романовский Ю. [Д.] Оборона Порт‐Артура. СПб. 1908. Ч. 1. С. 93‐94.

② Соломонов. Из материалов по артиллерийской обороне Порт‐Артура. // ВС. 1907. №2. С. 146‐148.

③ фон Шварц А. [В.]，Романовский Ю. [Д.] Оборона Порт‐Артура. СПб. 1908. Ч. 1. С. 97；99；101；102；104.

尽管资金短缺，然而在战争爆发前旅顺港的防御工程已完成50%左右。这意味着，在要塞的陆地阵线上已围绕老城区建起了中央保护区；拟建的6处永久性堡垒，1处竣工，3处大体完工，1处在建，1处破土动工；7处临时性防御工事，1处竣工；4处永久性炮台有3处竣工；要塞的所有前哨均设防。① 在资金紧张的情况下，取得上述成果实属不易。在此期间，要塞的建设者把握住了偶然出现的机会。1900年，在义和团运动期间，同盟国趁机强占了天津军火库——清政府最大的军械仓库，并且以收缴战利品的名义清缴军火。②

由于军火库被俄军占领，同盟国承认俄军享有对军火库及其储备物资的处置权。③ 旅顺港行政当局设法从那里运走了铁甲、钢带、板材、铸铁制品、铅、锡、火药、沉底水雷及其他诸多物资。后来在修筑要塞时，这些物资都派上了用场。当时的工程报表显示，建材价格低得惊人（例如，铁甲护板为0.75戈比/普特）。④ 由于资金短缺，要塞未制订粮食和饲料保障计划。这并不稀奇，因此在战争爆发后必须囤积后备粮草。由于时间仓促，要塞甚至无法充分利用辽东半岛上的资源。⑤

面对如此境遇，军事当局自然也没钱加固辽东半岛的"门

---

① фон Шварц А. [В.] Влияние данных... // ИЖ. 1907. No1. С. 19; 24.
② Тимченко-Рубан Г. [И.] Нечто о Порт-Артуре и вообще об организации крепостной обороны. // ВС. 1905. No4. С. 102.
③ Янчевецкий Д. Г. Ук. соч. С. 209.
④ Тимченко-Рубан Г. [И.] Нечто о Порт-Артуре и вообще об организации крепостной обороны. // ВС. 1905. No4. С. 102.
⑤ фон Шварц А. [В.], Романовский Ю. [Д.] Оборона Порт-Артура. СПб. 1908. Ч. 1. С. 130–134.

户"——金州地峡。根据1898年5月7日的《续订旅大租地条约》，在俄国租借半岛后，金州城自治并由中国地方政府管辖。在俄军抵达前，金州是关东的行政中心，为了避免激怒清政府，俄国决定做出让步。① 1900年6月，在镇压了义和团运动后，俄国守备部队进驻金州。那时，野战防御工事——2座多面堡和12座炮台的修筑工程才开始缓慢推进。事实上，早在1898年，杜巴索夫就曾提议加固金州地峡的防御工事，后来该建议被屡次提出。由于建筑资金短缺，加之后来认为在后方存在完全暴露的大连，加强地峡防御毫无意义，于是此事就此作罢。②

韦利奇科提议务必重视大连和金州的防御，两地的防御可能覆盖整个半岛。③ 1900年，他提出警告："大连港商业化程度越高，码头、煤炭等港口设施服务范围越广，那么它就越能为敌人所用。"④ 关于攻城部队可能利用大连—旅顺港铁路一事，韦利奇科深感不安。这些疑虑被一句简单的解释直接驳回了，即舰队必将保障大连的安全。财政部已向舰队投资上亿卢布，因此认为耗资3000万卢布建立防御区是完全多余的，同时在大连仍未设防。⑤

维特竭尽所能地限制舰队经费。1898～1903年，海军部申

---

① Дессино. Порт‐Артур. // Разведчик. 1900. №489. С. 199.
② Тимченко‐Рубан Г. И. Нечто о Порт‐Артуре... С. 43；фон Шварц А. В. Укрепление Киньчжоуской позиции. // ИЖ. 1906. №1‐2. С. 6‐7.
③ фон Шварц А.［В.］, Романовский Ю.［Д.］ Оборона Порт‐Артура. СПб. 1908. Ч. 1. С. 54.
④ Там же. С. 55.
⑤ Там же. С. 56‐57.

请2.01亿卢布建设太平洋舰队。在对该申请做出答复时,维特声称,财政部已拨付5亿卢布修筑西伯利亚铁路。为了做出折中的决策,尼古拉二世甚至亲自出马。最终,财政部虽然同意拨款1.94亿卢布,但将造船期限延长至1905年,同时缩减了拟建船舶的数量。① 1903年2月28日(俄历2月15日),陆军大臣在向沙皇汇报时听到了一个令人震惊的表述:"陛下对我说,他承认远东危在旦夕,与其说这是日本人造成的,不如说这归咎于陆军部和财政部代表的相互拆台。现在,他完全支持陆军部。"②

但是,现在做什么都晚了。1903年5月,库罗帕特金曾提出过自己的见解:"除了在旅顺港修筑防御工事外,务必尽快在金州阵地建造防御工事(城防堡垒)……目前,大连是关东州的薄弱环节,它就是将来给敌人准备的军事基地,我们必须想清楚:怎样才能避免大连轻而易举地被敌人拿下?因此,最好盘活大连,而不在那里修筑像旅顺港一样的防御工事。"③ 受战前节约举措的影响,俄国在远东没有合适的船舶维修基地。

由于没有合适的船舶维修基地,舰队的战舰必须定期从太平洋赶赴波罗的海,此行长途跋涉且费用不菲。例如,1902年,伟大的西索伊号和纳瓦林号战列舰、德米特里·顿斯科伊号和纳希莫夫上将号巡洋舰就从符拉迪沃斯托克起航前往喀琅施塔得进

---

① Папастратигакис Н. Большая военно-морская стратегия России в начале русско-японской войны. // РЯВ. С. 123.
② Дневник Куропаткина с 17 ноября 1902 по 6 марта 1903 г. // КА. М. 1923. Т. 2. С. 31.
③ Дневник А. Н. Куропаткина с 27 мая 1903 г. по 6 июня 1903 г. // РоА. М. 1995. Т. 6. С. 404.

行养护。为满足这 4 艘战舰航行所需的物资需求（煤炭、燃油、水、粮食），国库累计拨款 50 万卢布。① 早在 1895 年 5 月，《马关条约》修订危机告一段落，在太平洋舰队司令员和指挥官会议上，有人提议将符拉迪沃斯托克港打造成一流港口，并且开设一家能够按照各型号舰船、火炮需求制造大型部件的兵工厂。此外，还有人提议在此建造鱼雷艇，因为从波罗的海出发的鱼雷艇经过漫长的航行（约 14000 英里）后机件磨损严重且无处可修。②

十年期间，这些未发生重大变化。日本拥有 4 处船坞（2 处针对大型舰船，1 处针对鱼雷艇，1 处针对 100 吨举力的小型浮船坞）。③ 在俄国远东唯一可对大型舰船进行复杂检修的地方就是符拉迪沃斯托克。坐落于此的尼古拉皇太子码头有能力接收装甲战列舰和装甲巡洋舰。④ 在那里还有维修团队——港务公司，有近 700 名俄国工人。旅顺港的船坞可接收排水量低于 6000 吨的船舶。此外，在大连也修筑了 2 处船坞，它们可接收排水量低于 1500 吨的船舶。另外，在符拉迪沃斯托克和旅顺港各有 1 处在建的针对大型船舶的船坞，预计将于 1906 年竣工。⑤ 由于旅

---

① Казьмичев Б. Вторая Тихоокеанская эскадра. // Возрождение. Париж. 1964. №155. С. 53.
② С. О. Макаров. Документы. М. 1960. Т. 2. С. 187 – 188.
③ Русско - японская война 1904 - 1905 гг. . . СПб. 1912. Кн. 1. Действия флота на Южном театре от начала войны до перерыва сообщений с Порт - Артуром. С. 21.
④ Костенко В. П. На 《Орле》 в Цусиме. Воспоминания участника русско - японской войны на море в 1904 - 1905 гг. Л. 1955. С. 38.
⑤ Дмитриев Н. , Колпычев В. Иностранные судостроительные заводы. // МС. 1909. №5. С. 118.

顺港的船坞过窄、过小，装甲舰和巡洋舰无法驶入。如此看来，舰队在主基地并无维修基地可用。① 顺便说一句，这便说明了装甲巡洋舰成群结队地驻泊在符拉迪沃斯托克的缘由，在那里进行日常维修价格低廉且更为便捷。经济原因导致兵力分散。②

俄国驻远东的海上要塞内既无弹药厂，也无铸造厂；滨海地区的本地煤炭不合适船用；储备物资的补充基本依靠海运，一旦战争爆发，只能依靠铁路运输填补物资消耗。③ 在此情况下，战备问题、首次遭遇袭击的反应对俄国而言至关重要。海军上将阿列克塞耶夫认为，一旦断绝外交关系，俄国有必要立即发动海上军事行动，并且阻止大批日军登陆。④ 1903 年 9 月 28~30 日，太平洋舰队进行了阻止日本登陆辽东半岛的模拟演习。准备不足、行动不力，他们暴露了俄国国防的重大缺陷。⑤

身处喀琅施塔得的海军中将马卡罗夫已然看清了近期事态发展的前景。1904 年 1 月 22 日，他写信给海军上将阿列克谢·亚历山德罗维奇大公试图说服他尽快向远东调运岸防炮穿甲弹被帽，他指出："与日本开战是不可避免的，也许近期就会翻脸。

---

① Русско‑японская война 1904‑1905 гг... СПб. 1912. Кн. 1. Действия флота на Южном театре от начала войны до перерыва сообщений с Порт‑Артуром. С. 45‑46.
② Дудоров Б. П. Вице‑адмирал А. И. Непенин... // МЗ. Нью‑Йорк. 1956. №4. С. 16.
③ Русско‑японская война 1904‑1905 гг... СПб. 1912. Кн. 1. Действия флота на Южном театре от начала войны до перерыва сообщений с Порт‑Артуром. С. 25.
④ Rosen, *Forty Years of Diplomacy*, vol. 1, p. 240.
⑤ Черкасский М. Военные идеи личного состава русского и японского флотов в 1903‑1905 гг. // МС. 1914. №7. С. 76‑78.

我们的舰队已经在符拉迪沃斯托克和旅顺港做好了准备。与敌人的热战即将爆发，这场极为艰难的战争对俄国而言具有决定性意义。为了确保俄国获胜，一切能够加强我们舰队实力、提高攻防能力的物资都应派上用场。俄国需要这场胜利，为此已经投入了太多。"① 情况格外糟糕。太平洋舰队在军舰上仅有一套完整的弹药储备。此外，还有一套弹药不足，12英寸和10英寸口径的舰炮弹药缺失50%，6英寸口径的缺失60%，75毫米口径的缺失100%。战前，4艘轮船承担起了弹药运输任务，但是其中1艘被日本人截获，1艘被迫返航，仅有2艘抵达旅顺港。②

马卡罗夫相信自己。与俄国舰队的其他海军上将相比，他是与众不同的，因为他完全掌握了无条件地转达上级命令的艺术。③ 他的副官回忆道："他个性鲜明（对此我万分钦佩），对例行公事的作风深恶痛绝，相应的，他也憎恨惯用的公文手法——'继续驱赶野兔'，即为了逃避解决问题的责任而在文件上写下相应的字句（尽管毫不拖沓），然后将文件转发别处，提请'参考或给出结论'。"④ 俄国官僚主义这一不可磨灭的特征，对于海军将领而言是完全陌生的。"战前他时常念叨着：我不明白，我

---

① С. О. Макаров. Документы. М. 1960. Т. 2. С. 142.

② Русско‑японская война 1904‑1905 гг...СПб. 1912. Кн. 1. Действия флота на Южном театре от начала войны до перерыва сообщений с Порт‑Артуром. С. 46.

③ Семенов В. Адмирал Степан Осипович Макаров. // ВЕ. 1910. №3. С. 62.

④ Семенов В. [И.] Расплата. СПб. 1907. ЧЧ. 1（Порт‑Артур）‑2（Поход Тихоокеанской эскадры）. С. 2.

们怎么能安心地睡大觉呢，俄国正面临严峻的危机。"① 毫不奇怪，在海军部许多人对马卡罗夫不怀好意，因此在开战前各方仍在争论修筑俄国远东要塞的拨款问题，这也就不足为奇了。1904年2月6日，在日军发动进攻的几天前，一列载有鱼雷装备的火车离开圣彼得堡驶向旅顺港。②

---

① фон Нидермиллер А. Г. От Севастополя до Цусимы. Воспоминания. Русский флот за время с 1866 по 1906 гг. Рига. 1930. С. 117.
② Тимченко - Рубан Г. ［И.］ Нечто о Порт - Артуре и вообще об организации крепостной обороны. // ВС. 1905. №4. С. 88.

16 开战

天皇麾下海军军官冲向战场。1904年1月26日,晓号舰队驱逐舰指挥官在日记中写道:"我坚信,在海上我们能够痛击俄国人。也许他们也是好士兵,但是他们没有实战经验,因而他们的舰队也不足为惧。"① 这份对敌人的评价与真相并无太大出入——太平洋舰队进入了"武装预备役"状态,驻守港口;其余军舰战前每年的出海天数不超过20天,其余时间都在基地度过。事实上,基地被舰员当成了水上营房。"打消积极性"是远东总督特有的管理手段,其实质就是费尽心机地打压自己的部下。即使是高级指挥官也不能与之意见相左,否则便不可原谅,因此他周围满是阿谀奉承之辈。加之,军官时常从一艘战舰轮值到另一艘,因此这就清楚地解释了在舰员队伍充足的情况下阿列克塞耶夫却无法在远东打造一支充满战斗力的舰队的原因了。②

俄国舰队停泊在了外锚地。军事行动一旦开始,舰队能迅速投入战斗,无须顾及涨潮或落潮,无须考虑内港通道是否可用。但是,这显然也留下了许多隐患。1904年2月8日(俄历1月

---

① «Акацуки» перед Порт‑Артуром. Из дневника японского морского офицера Нирутака. СПб. 1905. С. 4.
② Семенов В. [И.] Ук. соч. СПб. 1907. ЧЧ. 1–2. С. 37;124.

26日），马卡罗夫在写给海军大臣阿韦兰（Ф. К. Авелан）的信中指出："军舰在开放的锚地停泊将为敌人提供夜袭的可乘之机。无论如何警惕防范，也不能阻止如狼似虎的敌人在夜间出动大量的鱼雷艇乃至汽艇向我军舰队发起猛攻。对我们而言，这种袭击的后果十分严重，因为防护网无法覆盖整个船舷，此外，在很多军舰上还没有加装防护网。每天夜间，停泊在旅顺港开阔锚地的舰船务必加强警戒，派出巡逻舰巡逻，同时警惕鱼雷袭击。"①

　　俄国司令部的举动出乎意料的草率。自1903年夏天以后，旅顺港和符拉迪沃斯托克时常收到关于日本进行军事动员、日军开展运输舰登陆训练的消息，自9月以后还收到了日本计划登陆朝鲜的消息。② 1903年12月底，阿列克塞耶夫恳请尼古拉二世批准在西伯利亚省和远东进行军事动员并且宣布上述地区（包括中国东北）进入战时状态，立即戒严符拉迪沃斯托克和旅顺港，但遭到了沙皇的反对。1904年1月8日，沙皇批准了这些举措，但是占领鸭绿江除外。4天后，陆军大臣通知总督只允许宣布符拉迪沃斯托克和旅顺港进入战时状态，但是不允许在西伯利亚进行动员。总督手握重权，却不急于使用。他一直在等待，并且于1月17日再次申请占领鸭绿江阵地。22日，申请获批，同时总督还接到了在不戒严的情况下提高部队战备等级的命令。

---

① С. О. Макаров. Документы. М. 1960. Т. 2. С. 557.
② Русско‐японская война 1904–1905 гг... СПб. 1910. Т. 1. События на Дальнем Востоке, предшествовавшие войне и подготовка к этой войне. С. 332.

23日，总督接到了符拉迪沃斯托克的戒严命令。①

在此，不得不探讨一下战争的突发性。敌对行动突然爆发。1904年2月7日，当俄、日断交的消息传出后，阿列克塞耶夫欣喜若狂，他明白战争已经开始了："但愿能结结实实地抽他们耳光，这总比无休止的纠缠要好。"② 事实上，一切仅限于此，旅顺港的守备部队和舰队没接到任何指令。继1903年9月的演习后，直到1904年2月1日，俄国舰队才执行了当年的首次出海任务，并于一昼夜后返航。在接到阿列克塞耶夫的命令前，谁也不敢加强防御，直到2月10日，总督才下令要求这样做。③ 此前，总督对待防御态度敷衍。

加强防御的举措包括两艘巡洋舰必须从黄昏到日出不间断地执勤，执勤舰应当随时做好出海的准备。自2月1日以后，出海的仅有执勤的鱼雷舰，航行距离不到20英里并且开着军用照明（探照灯）。④ 2月2日，军舰加装了防雷网，此后每天夜间进行反鱼雷攻击演习。⑤ 尽管指挥舰员常守在舰炮周围执勤，但是演习无法提高他们的警惕性，他们很快就适应了演习节奏，何况每

---

① Русско－японская война 1904－1905 гг... СПб. 1912. Кн. 1. Действия флота на Южном театре от начала войны до перерыва сообщений с Порт－Артуром. С. 138－140.

② В штабе адмирала Е. И. Алексеева... // КА. М.－Л. 1930. ТТ. 4－5 (41－42). С. 7.

③ Заключение следственной комиссии по делу о бое 28 июля. // МС. 1917. №3. С. 5.

④ Русско－японская война 1904－1905 гг... СПб. 1912. Кн. 1. Действия флота на Южном театре от начала войны до перерыва сообщений с Порт－Артуром. С. 156－159.

⑤ Заев А. Н. Ук. соч. // МЗ. Нью－Йорк. 1944. №1. С. 37.

次演习都选在同一时间,这毫无意义,只会让驻泊在锚地的军舰上的舰员感到疲乏。"在舰员准备充分且合理作业的情况下,鱼雷及其伴侣鱼雷艇在行家手中威力惊人,这与我们先前想象的一样。"在总结上述武器在甲午战争中的应用时,维特捷夫特(В. К. Витгефт)如是说。① 到了 1903~1904 年,俄国舰队似乎忘记了这个真理。

日本人频繁出海,其中包括关东州地区。"嗯,我们已经对这些地方了如指掌了!"1904 年 2 月 2 日,晓号驱逐舰指挥官在日记中写道:"整个冬天我们都在那里,至少去过 20 次了。每处海湾、每座灯塔我都如此熟悉,仿佛它们就是日本的。"②

与此同时,日本舰队还掌握了俄国舰队的作业情报。自 2 月 6 日起,日本人迅速撤离旅顺港和大连。商贩低价抛售货品,商铺附近人头攒动。8 日晚,关东州的日本居民跟随领事抵达芝罘,随后登上了一艘英国轮船,这艘轮船还经过了俄舰阵地。③ 奇怪的是,此事并未引起舰队的不安。日本人的离去未对驻军的生活造成任何影响。④

夺取制海权是后续战役取胜的决定性条件,因此日本军部决定利用俄国兵力分散且备战不足的缺点大做文章。2 月 6 日,日

---

① Действия минами в нынешнюю японско - китайскую войну(Извлечение из сообщения кап. 1 р. Витгефта). // МС. 1895. №5. С. 21.
② 《Акацуки》перед Порт - Артуром... С. 7.
③ Русско - японская война 1904 - 1905 гг... СПб. 1912. Кн. 1. Действия флота на Южном театре от начала войны до перерыва сообщений с Порт - Артуром. С. 179 - 180.
④ фон Шварц А. [В.], Романовский Ю. [Д.] Оборона Порт - Артура. СПб. 1908. Ч. 1. С. 146.

本舰队离开了佐世保基地。水手们兴高采烈，其中一名水手在日记中写道："我提前为每个俄国佬的死亡而感到开心，我是如此痛恨这个民族，因为他们阻挡了大日本帝国的强盛之路。"① 联合舰队司令官东乡平八郎大将认为俄国大型战舰可能藏身大连，因此他将鱼雷艇部队一分为二，一支进攻旅顺港，另一支进攻大连。② 执行突击的鱼雷艇总计 10 艘。③ 鱼雷艇指挥官接到命令，要求他们锁定装甲舰和巡洋舰发动鱼雷袭击。④ 部署在旅顺港港外锚地的俄国军舰为日本人执行这项命令提供了便利。

此时，俄国军舰呈 4 列交错停泊，灯火通明，舷窗紧闭，小口径舰炮也已装弹完毕。⑤ 实力最强的军舰部署在一线——外海，射击扇面覆盖其余区域的 3/4。⑥ 在"袭击之夜"，不久前出海并返航的列特维赞号和胜利号战列舰正在明亮的电灯下从运煤驳船上卸煤。⑦ 在行动前，日军指挥官收到了简短而明确的指令："按照既定的计划发动进攻。祝您圆满成功。"⑧ 未在通往旅

---

① 《Акацуки》перед Порт–Артуром... С. 10.
② Там же. С. 13.
③ Описание военных действий на море в 37–38 гг... СПб. 1909. Т. 1. Военные действия против русской эскадры в Порт–Артуре. С. 54.
④ 《Акацуки》перед Порт–Артуром... С. 14.
⑤ Русско–японская война 1904–1905 гг... СПб. 1912. Кн. 1. Действия флота на Южном театре от начала войны до перерыва сообщений с Порт–Артуром. С. 179.
⑥ Ненюков Д. [В.] Вероломное нападение японцев на Порт–Артурскую эскадру. // Морской журнал. Прага. 1929. №1 (13). С. 10.
⑦ Иениш Н. В. Война с Японией надвигается. Адмирал Старк проявляет дипломатическую энергию. // ВБ. Париж. 1965. №75. С. 9.
⑧ Описание военных действий на море в 37–38 гг... СПб. 1909. Т. 1. Военные действия против русской эскадры в Порт–Артуре. С. 49.

顺港的要道上铺设水雷，要塞和舰队因此遭遇了最致命的打击。1904年2月9日晚，在城市灯光、灯塔及俄国舰船探照灯的指引下，敌人轻而易举地抵达我们的舰队基地附近。每天2艘军舰执勤，并且他们还会派出汽艇拦截、检查从海上驶来的船舶。① 此时，舰队绝大多数的军官既不相信可能与日本开战，也不相信日本人胆敢"以一流舰队侵犯世界上最大的帝国"。②

袭击的参与者回忆道："灯塔闪闪发亮，整座城市灯火辉煌，其中最明亮的地方就是舰队所处的位置，尽管现在我还无法通过望远镜看到那里。真的，这些愚蠢的俄国佬没有任何觉察，他们安然入睡、愚蠢地祈祷，像往常一样将自己交托给上帝并且寻求他的庇护。'好吧，'我心想，'今夜就让我们成为你们的上帝吧。'"③ 2艘俄国鱼雷艇在远海要道巡逻，这显然不够。况且，对于巡逻舰而言，重点不在于数量，而在于如何作业。在巡查过程中，巡逻舰不仅开着航行灯，同时还要执行"不动用作战武器、按照路程节约原则巡航，一旦发现任何情况务必以最快航速返回锚地报告信息"的指令。④ 日本的鱼雷艇与俄国的鱼雷艇擦肩而过，日本人认为自己没被发现。事实上，巡逻舰指挥官正在执行先前收到的指令。在发现日本的鱼雷艇后，俄舰加速冲

---

① Там же. С. 55.
② Келлер П. Ф. Две параллели и вывод. // Морской журнал. Прага. 1937. №8（116）. С. 3.
③ 《Акацуки》перед Порт‐Артуром... С. 23.
④ Русско‐японская война 1904‐1905 гг... СПб. 1912. Кн. 1. Действия флота на Южном театре от начала войны до перерыва сообщений с Порт‐Артуром. С. 179.

向旅顺港。在敌人发动进攻的同时,他们刚好赶到。①

结果,就像期待已久的事情通常会发生一样,战争突然爆发了。开战不久,斯捷谢利(А. М. Стессель)将军在一封私人信件中写道:"关于这场即将到来的战争,26 日那天我们未做任何讨论。虽然所有人都确信大战在即。"② 海军和陆军波澜不惊。舰队司令官斯塔尔克(О. В. Старк)中将的夫人为了庆祝自己的命名日举办了一场舞会,同时邀请了诸多海军军官。当日,舰队暂停演习,据说是为了筹备新一轮的演习。最初的几声炮响被误以为是演习的例行警报。③ 从军官的角度看,它们不可能是别的,毕竟当时还未宣战。④ 对于阿列克塞耶夫下令要求执行的那些措施,舰队并未严肃对待,认为那是高层刁钻古怪的要求,现在他们必须为此付出代价。⑤ 陆军的情况也差不多,警报拉响后,部队慌忙出动,有的没配枪弹,有的带着哨兵的装备。⑥

突袭持续了 17 分钟,从 23:33 到 23:50,而俄军的反击则

---

① Описание военных действий на море в 37 – 38 гг... СПб. 1909. Т. 1. Военные действия против русской эскадры в Порт – Артуре. С. 55;59.
② Письмо ген. А. М. Стесселя ген. В. Г. Глазову о начале русско – японской войны. // КА. М. – Л. 1926. Т. 3(16). С. 219.
③ Описание военных действий на море в 37 – 38 гг... СПб. 1909. Т. 1. Военные действия против русской эскадры в Порт – Артуре. С. 59.
④ Побилевский Н. Дневник артурца. 27 января – 23 декабря 1904 года. // ВС. 1910. №1. С. 71.
⑤ Келлер П. Ф. Ук. соч. // Морской журнал. Прага. 1937. №8(116). С. 3.
⑥ фон Шварц А.[В.], Романовский Ю.[Д.] Оборона Порт – Артура. СПб. 1908. Ч. 1. С. 148.

开始于 23：47，也就是说只反击了 4 分钟。① 当时完全没有秩序可言，最初炮兵放弃开火，认为这是个误会并且将敌军的鱼雷舰当成了我军的。② 探照灯信号操作笨拙，甚至找不到敌军的鱼雷艇。所有军舰乱射一通，一线军舰竟然没被己方的炮弹击中简直就是奇迹。旗舰彼得罗巴甫洛夫斯克号没能立即搞清状况，误以为发生了骚乱，因此不断发出停火信号。③ 事实证明，大多数的海防炮台是无用的摆设，由于压缩机缺油（正在计划更换），大口径的重型火炮无法射击。④ 2 月 10 日，总督府军事办公厅厅长普兰逊（Г. А. Плансон）在日记中写道："日军的突袭出乎所有人的意料。总而言之，谁也没想到日本是如此蛮不讲理，毕竟日本公使尚未离开彼得堡，我们的人也未离开东京。"⑤

夜袭导致 1 人中弹身亡、6 人溺水毙命、6 人在医院葬身火海，32 名水手在爆炸中中毒。⑥ 此次袭击，日本仅损失了 1 艘鱼雷艇。相比之下，俄国舰队损失惨重：停泊在旅顺港的外停泊地的帕拉达号巡洋舰和 2 艘俄国装甲战列舰列特维赞号、皇太子号

---

① Денисов Б. Использование торпедного оружия в русско - японскую войну. // МС. 1935. №11. С. 13.
② Подгурский Н. Из воспоминаний об осаде Порт - Артура. // ВС. 1906. №4. С. 178.
③ Ненюков Д. [В.] Вероломное нападение... // Морской журнал. Прага. 1929. №1（13）. С. 11 - 12.
④ Иениш Н. В. Война с Японией надвигается... // ВБ. Париж. 1965. №75. С. 12.
⑤ В штабе адмирала Е. И. Алексеева... // КА. М. - Л. 1930. ТТ. 4 - 5 （41 - 42）. С. 163.
⑥ Русско - японская война 1904 - 1905 гг... СПб. 1912. Кн. 1. Действия флота на Южном театре от начала войны до перерыва сообщений с Порт - Артуром. С. 217.

受损严重。① 在被炮弹击穿后，皇太子号船身进水，船体侧倾18度。如果侧倾角再增加2度，战舰极有可能发生侧翻。② 日本舰队的行动高效、专业。在向东京汇报时，东乡表示："在作战时我们士气高涨，仿佛这场战斗是在演习中发生的一样。"③ 在17分钟内，8艘日本鱼雷艇累计发射16枚鱼雷。次日，在港内锚地的浮体上发现了其中3枚。④

第二次和第三次袭击分别发生于2月9日00：30和00：50，尽管后两次袭击均被舰队击退，但是第一次突袭所造成的损失相当巨大。⑤ 正如舰队某位军官所指出的那样："在港口修复巨型装甲舰上巨大缺口的可能微乎其微。"⑥ 在旅顺港没有干码头，在此维修受损军舰几乎是不可能的。马卡罗夫一语成谶："如果现在我们不将舰队停在港内锚地，等到遭遇首次夜袭后我们也必须这样做，此时我们必须为这个错误付出沉重的代价。"⑦ 2月9日上午，日本舰队在旅顺港附近扣押了载有要塞物资的满洲号轮

---

① 《Акацуки》перед Порт‐Артуром...С. 36.

② фон Шварц А. ［В.］, Романовский Ю. ［Д.］ Оборона Порт‐Артура. СПб. 1908. Ч. 1. С. 148.

③ Русско‐японская война. Официальные донесения японских главнокомандующих сухопутными и морскими силами. СПб. 1908. Т. 1. С. 7.

④ Денисов Б. Использование торпедного оружия...// МС. 1935. №11. С. 13.

⑤ Русско‐японская война 1904‐1905 гг...СПб. 1912. Кн. 1. Действия флота на Южном театре от начала войны до перерыва сообщений с Порт‐Артуром. С. 202‐204.

⑥ Подгурский Н. Из воспоминаний об осаде Порт‐Артура. // ВС. 1906. №4. С. 185.

⑦ С. О. Макаров. Документы. М. 1960. Т. 2. С. 558.

船，2.7万枚炮弹和80万份肉罐头落入敌手。①

1904年2月9日（俄历1月27日），在得知舰队遇袭后，尼古拉二世颁布对日宣战诏书，其中指出："珍念维持和平的重要性，为巩固远东的和平倾尽全力。出于维护和平的目的，我同意日本政府所提出的修订帝国间有关朝鲜问题的现存协约。但未及交涉终了，日本甚至不待受理俄国政府最终答复，便照会终止交涉并断绝与俄国的外交关系。日本政府未提前通告断交，便令本国鱼雷艇突袭我驻扎在旅顺港要塞锚地的舰队。我接到远东总督关于此事的报告后，即刻命令以武装力量回击日本的挑衅。"②

2月10日，东京正式宣战。③ 明治天皇诏书将两国的矛盾和战争爆发的原因归咎于彼得堡的政策，因拖延耽搁导致朝鲜、中国东北协议签署受阻："帝国之重在于保全朝鲜，此非一日之故。不仅因两国累世之关系，实朝鲜之存亡关系帝国安危。然俄国不顾其与清国名约以及对列国累次宣言，已然占据满洲，且益加巩固其地位，终欲吞并之。若满洲归俄国领有，则无由支持保全朝鲜，远东之和平亦根本无望。故朕值此之机，殷切期望通过妥协解决时局问题，以维持恒久和平，我有司向俄国提议达半岁之久，屡次交涉，然俄国丝毫不以互让精神应对。旷日持久，徒

---

① Русско－японская война 1904－1905 гг... СПб. 1912. Кн. 1. Действия флота на Южном театре от начала войны до перерыва сообщений с Порт－Артуром. С.
② ПСЗ. Собрание третье. СПб. 1907. Т. 24. 1904. Отделение первое. №23936. С. 78.
③ Описание военных действий на море в 37－38 гг... СПб. 1909. Т. 1. Военные действия против русской эскадры в Порт－Артуре. С. 14.

然迁延时局之解决，表面倡导和平，暗中扩张海陆军备，欲使我屈从。足见俄国自始毫无爱好和平之诚意。俄国既不容帝国之提议，韩国之安全方濒危急。事既至兹，帝国原本欲依和平交涉求得将来之保障，近日唯有求诸旗鼓之间，此外别无他途。"① 于是，1904～1905年的俄日战争就这样爆发了。

---

① Там же. С. 15.

17　双方的计划、俄国战争机器的优势与劣势

日本首批被俘军官中的一位说道："我们知道，俄国是个强大的国家并且资源比日本丰富，但是俄国的强大限于欧洲，在这里，在亚洲大陆这边，俄国不如我们。"① 俄国将军队从欧洲调派至亚洲需要时间。日本的行动计划正是以最大限度地利用时局为日本创造的这种优势为基础的。东京清楚日本无法进行持久战，无论是物力、财力还是人力，国家都负担不起持久战的消耗。据参谋本部预测，日本获胜的概率为50%；据海军军令部预测，在海上取胜或将付出折损半数军舰的代价。在战争开始前，日本的军事领导层和政府甚至已经开始思考应当如何结束战争了。②

一支训练有素、装备精良且拥有40万兵力的陆军，其中不乏参加过甲午战争的军官和士兵，计划被派往中国东北执行登陆计划。按计划，在登陆后他们应当迅速击溃俄国驻守在辽阳以南的兵力，同时占领防御工事尚未完工的旅顺港。在战争的第一阶

---

① Русско - японская война 1904 - 1905 гг... СПб. 1912. Кн. 1. Действия флота на Южном театре от начала войны до перерыва сообщений с Порт - Артуром. С. 58.

② Окамото С. Ук. соч. С. 142.

段，俄国陆军的有生力量逊于日本，从符拉迪沃斯托克到旅顺港俄军兵力不足13.3万。日本人计划在俄国增援部队到达前消灭这些兵力。一旦日本人的计划成功实现，到时他们将占领哈尔滨，切断哈尔滨与符拉迪沃斯托克之间的联系，那时俄国基本再无翻身的可能。

西伯利亚铁路的起点塞兹兰与辽阳相距6968俄里。那时，从莫斯科到符拉迪沃斯托克的特快列车全程需要走14天。运送陆军部队需要96列火车，从莫斯科到哈尔滨的陆军专列全程需要走30天。理论上，通过单线铁路运送陆军耗时45天；实际上则需要50~60天，甚至可达69天。军用补给列车在路上所需的时间更长，为2~2.5个月。战争之初，每日仅有4趟军用列车发车，沿西伯利亚铁路驶向东方，其中还搭载着军用物资（在战争结束时，每日的发车数量增加了4~5倍）。东清铁路自身也存在一定的问题。1904年5月，其通过能力①仅为9对列车，其中军用列车占5对。7月14日，这条铁路的通过能力增至最大，上述数据变为12对和8对。

铁路通过能力的提升耽误了尚未完全竣工、长度为1442.25俄丈（3077.18米）的兴安岭隧道的施工进度。兴安岭隧道修筑环境异常艰苦，花岗岩山体、复杂的通风条件和低温。战争爆发2天后，第一列军用列车通过隧道。在军事行动期间，隧道仍在继续施工。由于积冰严重，为了清除隧道里的冰层，每日

---

① 铁路的通过能力指的是铁路在单位时间内（通常指一昼夜）能通过或接发的最多列车对数、车辆数或吨数。——译者注

必须将火车推入隧道。此时，尚未竣工的还有环贝加尔湖铁路，这里的施工条件因永久冻土层、大量花岗岩和无林区域的存在变得极为复杂。1903年底的铁路状况基本排除了每日通行3对列车的可能。解决贝加尔湖沿线交通拥堵的唯一办法就是建立跨湖交通。

大型破冰船贝加尔湖号和安加拉号每昼夜运行2.5航次，每航次运载28节车厢和2300人。采购轮渡、修筑专用码头耗资6744340卢布（这与远东陆军每年的军需支出相当），虽然最初计划支出300万卢布。4月中旬至12月末，每年至多可在湖上航行7个月。若天气正常，渡湖需7个小时，但是秋季时常刮起强风，每月可能有3~4天无法通航。1904年1~2月，天气极为寒冷，破冰船甚至被冻住了。此时既无法使用轮渡运输军用列车，它们也无法在1904年2月直接铺设在冰面上的临时支线上行驶，因为蒸汽机失灵了。为了减轻重量，从列车上卸下了蒸汽锅炉，然后拉动机车在贝加尔湖的冰面上滑行。由于在冰面上屡次形成裂痕和冰窟，不得不经常移动临时支线。

后来，乘坐军用列车的部队下车了，一些人步行前进，一些人乘坐马牵引的货车前进，彼此间相距数十米。此外，还有部分人员和货物依靠雪橇运输。为了解决部队的餐饮和取暖问题，直接在冰面上建起了一座中转站——巨大而温暖的木制营房，在那里发放免费的开水和小吃。截至1904年3月14日，从贝加尔湖西岸已累计向东岸运输1300节车厢。自5月以后，贝加尔湖号沿着在冰冻的湖面上凿出的专用航道航行，流冰期过后，几乎湖上所有的轮船都加入了运输行列。1904年8月，环贝加尔铁路交付使用，未通车距离缩短至 80 俄里，这为部队的分批运输创造了可能。1904 年晚秋，这条铁路彻底竣工。①

最初，俄国陆军总司令并未制订任何作战计划。为了打败日本人，他认为必须组建一支规模在 6 个军左右的陆军部队。这构成了库罗帕特金总体计划——向尼古拉二世阐述的战争思想的基础。据颇受其弟瓦西里·古尔科（В. И. Гурко）将军照拂的弗拉基米尔·古尔科（Вл. И. Гурко）证实：总司令提议逐渐从中国东北撤兵，避免在中国东北内部发生冲突，然后集结兵力发起反攻，最终陆战队登陆日本甚至生擒日本天皇。② 总而言之，库罗帕特金制订的不是作战计划，而是局势发展轮廓。在他看来，制订总体作战计划"相当容易"。1904 年 2 月 15 日（俄历 2 月 2 日），他在奏章中对总体作战计划做了陈述。

---

① Кравченко Н. На войну! Письма, воспоминания, очерки военного корреспондента. СПб. 1905. С. 10；12；История русско‐японской войны. СПб. 1909. Т. V. С. 1200；1203；1206；Русско‐японская война 1904‐1905 гг... СПб. 1910. Т. 1. События на Дальнем Востоке, предшествовавшие войне и подготовка к этой войне. С. 690‐694；Свечин А. ［А.］，Романовский Ю. Д. Ук. соч. С. 16‐17；Нилус Е. Х. Исторический обзор... Харбин. 1923. Т. 1. 1896‐1923. С. 109‐110；Dowbor Musnicki J. Moje wspomnenia. W. 1936. S. 75；Теттау ［Э.］ Восемнадцать месяцев в Манчжурии с русскими войсками. СПб. 1907. Ч. 1. С. 19；22；Боткин Е. С. Свет и тени русско‐японской войны 1904‐5 гг. (Из писем к жене). СПб. 1908. С. 4；Грулев М. Забайкалье (Материалы для военно‐статистического обозрения). // ВС. 1898. №10. С. 458；Янушкевич Н. ［Н.］ Организация и роль интендантства в современных армиях на войне. // ВС. 1910. №4. С. 152.

② Гурко В. И. Ук. соч. С. 346；Редигер А. ［Ф.］ Ук. соч. М. 1999. Т. 1. С. 376；В. А. ［пушкин］ Куропаткин... С. 6‐8；Теттау Э. Куропаткин и его помощники. СПб. 1913. Ч. 1. С. 33.

1. 舰队争夺制海权。

2. 日军的登陆与我军的对抗。

3. 在集结足够的兵力前,开展防御工作和广泛的游击战。

4. 转向反攻:

a 从满洲驱除日本人;

b 从朝鲜驱除日本人。

5. 登陆日本。击败日本本土部队。与民族起义做斗争。①

库罗帕特金对作战计划的介绍令苏霍姆利诺夫(В. А. Сухомлинов)记忆犹新。据他回忆,总司令的计划无论是逻辑性还是杜撰细节的丰富性都令人叹为观止:"合情合理地、一环扣着一环地向前推进,最后将行动目标过渡到日本诸岛,结语简洁而引人入胜:'天皇被俘!'"② 俄国某位批评家将库罗帕特金与苏沃洛夫(Суворов)进行了对比。在远征意大利前,苏沃洛夫在拒绝奥地利宫廷事务大臣的计划时说道:"我以穿越阿达河为行动的起点,并且将在神喜悦的地方结束我的征程。"批评家指出:"苏沃洛夫清楚地知道行动开始的地点和方式,却不知道它的终点在哪里;而库罗帕特金清楚地知道战争是如何结束的,

---

① Русско‐японская война 1904‐1905 гг... СПб. 1912. Кн. 1. Действия флота на Южном театре от начала войны до перерыва сообщений с Порт‐Артуром. С. 100.

② Сухомлинов В. [А.] Воспоминания. Берлин. 1924. С. 151.

却不知道它应当如何开始,这就是库罗帕特金与苏沃洛夫作战计划的主要区别。"①

受对西伯利亚铁路通过能力保守估计的影响,俄国的作战计划自然而然地倾向于战事拖延策略。按计划,陆军应撤退至北部铁路附近,依靠增援部队逐渐扩张规模,然后从中国东北山区转移至辽阳的平原地区,继而发动反攻。1903年,远东总督府参谋部制订了3套作战计划——对日作战计划、对清作战计划和与两个邻国同时开战的作战计划。使哈尔滨成为向俄国驻中国东北部队提供补给的中转基地,在辽阳集结部队是上述计划实现的基础。②

概括地讲,大约在战争爆发前十年,俄国的行动计划大体成型。1895年,在向日本下达修订《马关条约》的最后通牒时,行动原则就已基本确立。那时,日本人位于中国东北的南部,在那里没有现代化通信手段。若当时爆发军事行动,按计划,俄国陆军将在吉林北部地区集结。一旦敌军深入北方,那么他们将立即失去数量和补给优势。在铁路施工取得成效后,这些计划也屡次随之变更。最初,计划在中国东北集结6支预备役部队。据当时推断,只有在俄国与德国、奥匈帝国爆发战争的前提下,日本才会出动。

在义和团运动爆发和日本陆军增兵与动员计划顺利实施

---

① Теттау Э. Куропаткин и его помощники. Спб.1913. Ч.1. С.34.
② Флуг В. План стратегического развертывания войск дальнего Востока в случае столкновения с Японией, 1903 года, освещении труда Военно‐Исторической комиссии. // ВС. 1910. №12. С.54;56–57.

后，俄国决定用两支陆军部队——第十军和第十七军替代两支预备役部队。在战争期间，预备役部队的数量又缩减了2个。军队的运输和集结都需要时间。在战争的第一阶段，俄国陆军的有生力量不如日本，从符拉迪沃斯托克到旅顺港共有13.3万兵力。除去两个要塞的守备部队，分散在营口至鸭绿江沿岸的野战部队仅有7.3万兵力，分布在辽阳的仅有3万兵力。若以惯用的行动逻辑进行分析，则意味着为了争取时间俄军需要向中国深处撤退。俄国推算，转折点将出现在战争的第二阶段。这些推算是在低估了日本的动员能力的前提下进行的。①

第一阶段的行动仅限于防御，计划在朝鲜建立小规模的阻截队，进而与日本人展开积极的游击战。该方案是在参考了布尔人对抗英国人的经验后得出的，然而俄国人却完全忽略了一个明显的事实，即当时俄国在朝鲜尚未赢得当地民众的普遍支持，大部分朝鲜民众受日本人的操控。这远非俄国指挥部犯下的最危险的错误，更可怕的是他们严重低估了日本的动员能力。据俄国指挥部估算，针对陆地战，日本可动员的陆军（35.8万人，其中21.7万人为预备役士兵）兵力不超过20万人，至多25万人，因此便排除了日本人在中国东北和旅顺港阵线同时行动的可能。事实上，在战争过程中，日本累计动员110余万人，前线的陆军

---

① Свечин А. ［А.］, Романовский Ю. Д. Ук. соч. С. 37；40；Свечин А. ［А.］ Тактические уроки русско‐японской войны. СПб. 1912. С. 4；11.

兵力始终保持在50万人左右。①

与此同时，日本人也犯下了严重错误，他们低估了俄国铁路的运输能力和旅顺港的防御潜力。无论是他们还是他们的敌人，都将面临令人恼怒的意外。战前严重的失算在战争中阴差阳错地使敌人的计划濒临崩溃。此外，俄国的计划还有一处重大缺陷，即使陆地大获全胜并且在海上也彻底地摧毁了日本舰队，由于没有足够的运输舰，俄国也无法在日本诸岛展开军事行动。在此情况下，无论是在海上还是陆地上，对士兵和水手的训练、对部队和舰队的指挥质量都将起到决定性的作用。在此方面，精心模仿英、德两国教育与管理体系的日本优势显著。

至于俄国的军事体系，已然显现出了改革后的全部弊端，在1877～1878年俄土战争中便已初见端倪。在1877～1878年战争期间担任多瑙河陆军部队武官的阿瑟·韦尔斯利（Arthur Wellesley）上校，对1904年的俄国评价道："当然，随着时间的推移，在科学组织战争方面，它或多或少取得了一些进步，但是，即使是现代化的舰队和装备精良的陆军本身也无法确保胜利，因为最近发生的事件已经明确地证明了这件事……显然，目前在远东发生的事件证明，尽管俄国经历了上次与土耳其的战争，但是它未能从中吸取教训，因此，与1877年的对土战争一

---

① Bruce W. Menning, "Miscalculating One's Enemies: Russian Intelligence Prepares for War," in David Wolff, et al., eds., *The Russo‑Japanese War in Global Perspective: World War Zero*, vol. 2. Leiden: Brill, 2007, pp. 59–61.

样，1904年的对日战争它依旧准备不足。"① 对于装备颇为精良且自1904年夏天以后在兵力方面不弱于日本的俄国陆军而言，在"野战"中的这种准备不足主要表现在三个方面。第一，"拆分部队"，也就是说将赶赴前线的部队分散成若干分队，结果用某位参战者的话来说，最后形成了"由各分队组成的'大杂烩'"。第二，低估了参谋部对大型军事队伍指挥与管理的重要性，进而导致部队管理失控。第三，高估了预备役部队的能力，在动员阶段对他们的协调不够重视。

究其本质，俄日战争是对依托于1874年改革而形成的庞大预备役部队的首场考验。1877~1878年的俄土战争绝不能与之相提并论。那时候除了1876年的局部动员外，从军队的动员到集结乃至开战，中间几乎用了3年时间。这段时间足以从应征入伍者中选拔人才组建作战部队。在对日战争中没有类似的机会。例如，1904年5月经过动员的陆军第十军仅有10天的备战时间；同年7月初和7月末分别经过动员的陆军第十七军和西伯利亚第五军仅有两星期的备战时间。② 在战争过程中，备战期限才被逐渐拉长：陆军第十六军1904年10月23日接受动员，11月27日启程赶赴前线，准备时间略超一个月。③ 与此同时，动员活

---

① Frederick Arthur Wellesley, *With the Russians in Peace and War*; recollections of a military attaché. London: E. Nash, 1905, p. 111.
② Куропаткин А. Н. Отчет генерал-адъютанта Куропаткина. Варшава. 1906. Т. 4. С. 182-185.
③ Адариди К. Юрьевцы в составе действующей армии с 5-го января по 19-е февраля 1905 г. // ВС. 1906. №1. С. 77-78.

动像过去一样，组织得极为糟糕。① 动员推进缓慢，不管怎样，最初没人着急。与亚洲敌人的殖民地战争不用付出太多努力。② 乱糟糟的部队，彼此互不习惯的军官和士兵，时常在不熟悉且不习惯的环境中"从车上跳下来"直接投入战斗，因此往往无法收获良好的战果。结果，在付出了损兵折将的代价后，不得不在前线进行调整。

关于训练对部队素质的影响，我们可以通过一些简单的事实加以判断。1877~1878 年，应征入伍者大多是在军旗下长期服役并且熟悉武器的士兵。1904~1905 年，陆军的情况与前者不同，35~40 岁预备役士兵的比例持续上涨：战争开始时为 30%，辽阳战役时为 53%，沙河战役时为 57%，奉天战役时为 72%，战争结束时为 58%。③ 俄国的应征年龄始于 21 周岁，当时的服役期限为 5 年。这意味着，大部分应征参加对日战争者是在别丹式步枪的旗帜下服役的，因此他们对于新式武器——在 1893~1895 年改装的莫辛系列连发步枪不甚了解。大多数 40 岁左右的预备役士兵根本不适合服兵役。④

轻武器，尤其是机枪的优点未受到重视。几乎全军战士都未能正视这种新型武器的优点。1900 年初，德拉戈米罗夫将

---

① Адариди К. М. Пережитое. 1903 - 1905 гг. Русско - японская война. // ВИВ. Париж. 1968. №31. С. 5 - 7.
② Рябинин А. А. На войне в 1904 - 1905 гг... С. 7 - 8.
③ Свечин А. [А.], Романовский Ю. Д. Ук. соч. С. 28; Свечин А. А. Предрассудки и боевая действительность. М. 2003. С. 174.
④ Оболенский В. В. Записки о войне офицера запаса. М. 1912. С. 6.

军在《侦察兵》(Разведчик)杂志上发表了一篇题目颇有特色的文章《您的刺刀将对它做些什么呢?》。某家法国报社寄给他的文章也是如此命题的,其中附上了一张照片:英国射击场内被柯尔特机枪从 1097 米、914 米、731 米和 457 米处射中的靶子。射击是在没有瞄准的情况下进行的,但是在不少靶子上出现了斑驳的弹孔。在射出的 2250 发子弹中,1220 发上靶,命中率为 54.22%。

基辅军区司令员依旧固执己见,轻武器可怕的威力并未使他信服:"那些接受过刺刀训练的人也能平静地完成射击;那些只接受过射击训练的人不愿适应刺刀,通常完全无法适应它。他太过期望敌人的子弹不会打在自己身上,否则事情就变得尴尬了。在战斗中消灭他人,自己却不冒着死亡的危险,这是不行的,这种自我保全是令人不愉快的。这简直就是抓住飞禽在它的尾巴上撒盐①。"② 在与布尔人和马赫迪派的战争中,英国人使用了机枪。这令俄国人相信这种武器只能用于防御。与此同时,在镇压义和团运动的战斗中,俄国军队首次使用机枪,但是效果显著。③ 此次经验依旧未被及时地重视起来。

1901 年春,俄军成立了 5 个机枪连,每个机枪连拥有 8

---

① 此处为俄语俗语"ловить птицу насыпанием соли на хвост"的直译,表示激怒某人、引发某人强烈的反感。——译者注
② Драгомиров М. Что сделает ваш штык против этого? // Разведчик. 1900. №481. С. 481.
③ Санников Н. Печилийский отряд и сводная саперная рота этого отряда; с чертежом и 2-мя рисунками в тексте. // ИЖ. 1903. №6-7. С. 873-874.

挺机枪，其中1个机枪连隶属于东西伯利亚第三步兵旅，另外4个分别隶属于华沙军区第四、第六、第八和第十六步兵师。① 因此，军事行动爆发之初，在远东仅有1个机枪连和8挺机枪。最初的冲突向双方展现了这种武器在防御中的强大效力。② 在金州守卫战中，舰队开始向陆军移交从军舰上拆下来的机枪。③ 在两军交战之际，俄国被迫弥补先前的过失。1904年，俄国陆军部采购了246挺马拉枪（仅收到16挺）、411挺车载机枪（仅收到56挺）。山地炮的情况则好些，预订240支，实收112支。④

1905年，44个机枪连和31支骑兵-机枪队在俄国欧洲地区接受训练，他们所配备的是莫辛-纳干步枪（轻机枪）。除了4个机枪连外，剩下的机枪部队均被派往中国东北。在奉天战役开始前，他们全数抵达并且加入陆军。⑤ 此外，1905年在作战地区又组建了10支机枪分队，其中调用了符拉迪沃斯托克要塞12挺坦克机枪中的2挺。在骑兵团中组建了若干支配备着莫辛-纳干步枪的骑兵-机枪队。⑥ 选择莫辛-纳干步枪是极为失败的，实际上，它只有一个优点——轻便（8.2千克），其余的满是缺点：

---

① Федоров С. Пулеметные вопросы. // ВС. 1909. №7. С. 131.
② Куропаткин А. Н. Записки генерала Куропаткина о русско-японской войне. Итоги войны. Berlin. 1911. С. 281.
③ Третьяков Н. 5-й Восточно-Сибирский полк... // ВС. 1909. №2. С. 74.
④ Куропаткин А. Н. Записки... С. 281.
⑤ Федоров С. Пулеметные вопросы. // ВС. 1909. №7. С. 135.
⑥ Федоров В. Г. Оружейное дело на грани двух эпох（Работы оружейника 1900–1935）. М. 1939. Ч. 2. С. 4.

手提机枪的组装和拆卸极为烦琐，存在大量不可更换的部件，经常卡壳，在密集的射击中也不可靠。①

俄国的山地炮集中部署在了高加索地区、敖德萨和基辅军区。如此部署是因为当时预测作战区域可能位于小亚细亚、喀尔巴阡山脉和博斯普鲁斯海峡。因此，直至1903年底才提出为在中国东北的部队配备山地炮的问题就不足为奇了。当时，司令部对速射野战炮更感兴趣。② 结果，俄国驻中国东北南部的部队几乎没有山地炮。第三集团军军需部长阿列克谢耶夫将军认为，山地炮的缺失导致俄国部队在山区作战疲软无力，而机枪的意义在防御中已经彻底显现："有时候，这种可怕的武器能够完全歼灭攻击我们的敌人。"③

步兵对抗潜在敌人的战术训练水平不高。野战炮兵同样存在问题。④ 虽然俄国炮兵拥有新式的速射野战炮，但是他们从未接受过隐蔽阵地的射击训练。更有甚者，以陆军第十六军为例，在开往中国东北的列车上，他们收到了新型武器。⑤ 无论是高层指挥官还是炮兵军官，都不了解新型武器的状况和威

---

① Конно - пулеметчик. Еще о пулемете в коннице. // ВРК. 1910. №12. С. 547–549.

② Русско - японская война 1904–1905 гг... СПб. 1910. Т. 1. События на Дальнем Востоке, предшествовавшие войне и подготовка к этой войне. С. 553–554.

③ ОР РГБ. Ф. 855. Карт. 1. Ед. хр. 34. Л. 42.

④ Great Britain War Office General Staff, *The Russo - Japanese War*, part 1. London: Printed for H. M. S. O. By Harrison and Sons, 1906, p. 29.

⑤ Адариди К. М. Пережитое... // ВИВ. Париж. 1968. №31. С. 7.

力。战前没人对这些问题给予应有的关注。① 结果在打了几场败仗后，俄国人开始钻研新的作战方法。在谢尔盖·米哈伊洛维奇大公的领导下，在最短的时间内重新对满洲集团军的炮兵连进行了培训。结果在瓦房沟附近，俄国的炮兵让敌人大惊失色。埋伏在大石桥附近的西伯利亚陆军第一军甚至能以76门火炮压制日军186门火炮的火力进攻，同时掐断日本步兵进攻俄军阵地。②

---

① Нечволодов ［П. П.］ Отрывки из моих воспоминаний. // Артиллерийский журнал. Орган правления русских артиллеристов во Франции. Париж. 1927. №4. С. 4.
② Майдель И. Воспоминания о Великом Князе Сергии Михайловиче. // Артиллерийский журнал. Орган правления русских офицеров - артиллеристов во Франции. Париж. 1930. №10 - 11. С. 11; Ипатьев В. Н. Жизнь одного химика. Воспоминания. Нью - Йорк. 1945. Т. 1. С. 284.

18 国际局势、军事行动的开端和马卡罗夫的牺牲

沙皇尼古拉二世对远东爆发军事行动的第一反应就是希望战争能够得到一劳永逸的结局,其结果就是日本被彻底削弱,"从而使其不再拥有部队和舰队"。作为未来和约条款方案,彼得堡就拒绝履行与日本以平等关系签署的1875年和约和吞并对马岛问题展开了讨论。1904年2月18日(俄历2月5日)颁布的宣战诏书指出,俄国不仅是为了本国的荣誉和尊严而战,更是为了太平洋的"统治权"而战。在因这种语气而感到惶恐不安的拉姆兹多夫的干预下,外国政府才听到了如下解释,这句话意指"应当以世界强国的姿态统治本国的太平洋沿岸地区"①。总体而言,1904年初的国际局势对俄国有利。

1904年2月13日,清政府宣布中立,这尤为重要。在战争爆发后的前几天,清政府在渤海地区积极调动部队,在辽河和蒙古聚集兵力,这引起了俄国司令部的恐慌。俄国司令部担

---

① История внешней политики России. Конец XIX - начало XX века (От русско - французского союза до Октябрьской революции). М. 1997. С. 164; Fuller, *Strategy and Power in Russia*, p. 375.

心,在辽东沿岸冰层融化后,日本陆战队将登陆辽东,届时清政府将调派陆军支持日本。① 开战后,俄国外交界几乎立即获得了德国善意中立的保证,巴尔干半岛的俄奥关系也得到了调节。所有与俄国接壤的国家,如瑞典、奥匈帝国、罗马尼亚、土耳其和波斯都保持中立。法国政府对俄国和日本代表交代道:"谨记,法国与俄国是盟友,还应牢记法国与日本也不是敌人。"②

彼得堡无法指望盟友巴黎提供武装支持,事实上彼得堡也不需要,因为英日同盟条约即将生效。日本的拥护者英国和美国坚决要求限制冲突的范围,客观而言这对于拥有巨大军事潜能的俄国更为有利。③ 没有多少人对它将凯旋表示怀疑。1904年初,伦敦甚至在两种猜测之间摇摆不定,日本将要遭受哪种失败,会不会是彻底而毁灭性的失败?英国首相亚瑟·贝尔福认为,无论结局如何,无论是作为法国的盟友,还是作为对印度的潜在威胁,或是作为对波斯具有显著影响的国家,抑或是欧洲和平的潜在破坏者,俄国的实力都将减弱。④ 这些想法很快便得到了证实。我们的军事行动相当失败。

---

① Русско‐японская война 1904‐1905 гг... СПб. 1910. Т. 2. Ч. 1. От начала военных действий до боя под Вафаньгоу 1 июня. С. 30‐31.
② Русско‐японская война 1904‐1905 гг... СПб. 1910. Т. 1. События на Дальнем Востоке, предшествовавшие войне и подготовка к этой войне. С. 81‐83.
③ История внешней политики России. Конец XIX‐начало XX века (От русско‐французского союза до Октябрьской революции). М. 1997. С. 169‐170.
④ Романова Е. В. Путь к войне... С. 81‐82.

在战争的第一阶段，日本人夺得了海上优势，这让他们的部队获得了登陆朝鲜的机会。1月16日，高宗向沙皇宣布，一旦日本与俄国爆发战争，朝鲜将保持中立。没人愿意尊重这种中立，因为朝鲜自身也无力捍卫它。① 2月6日，3艘载着陆战队先遣部队的运输舰从佐世保出发前往半岛沿岸，执行护航任务的是联合舰队第四战队（4艘巡洋舰和1艘无防护巡洋舰），这是海军少将瓜生外吉的舰队。② 2月7日，这支舰队封锁了济物浦。此时，瓜生的舰队扩大至1艘装甲舰、5艘一等和二等巡洋舰、8艘舰队驱逐舰。俄国的警卫舰瓦良格号巡洋舰和高丽人号炮舰，连同松花江号轮船都与外界断了联系。在驱逐舰的掩护下，日本运输舰开始向半岛沿岸运兵。

1904年2月9日，瓦良格号指挥官海军上校鲁德涅夫（В. Ф. Руднев）收到瓜生发来的开战公告和要求瓦良格号离港的最后通牒。如若不然，日本舰队将进攻停泊在济物浦港内锚地的俄国舰船。在突围未果并且与日本舰队搏击35分钟后，瓦良格号和高丽人号撤回港内，瓦良格号被击沉，高丽人号和松花江号轮船被凿沉。敌人未耗损一兵一卒。俄国驻汉城使团、舰队船员及一支小型护卫队被疏散至法国、英国和意大利的巡洋舰上，而后分别前往新加坡、上海、香港和西贡，再从那里返回俄国。在

---

① Русско - японская война 1904 - 1905 гг... СПб. 1912. Кн. 1. Действия флота на Южном театре от начала войны до перерыва сообщений с Порт - Артуром. С. 291.
② Описание военных действий на море в 37 - 38 гг... СПб. 1910. Т. 2. Совместные действия флота и армии под Порт - Артуром. С. 3; 7.

英国使团的监督下，24 名重伤水手留在了红十字会医院。① 在军事行动的第一阶段，济物浦成了日军补给的主要据点。②

2月9日，东乡平八郎率领由 6 艘装甲战列舰、5 艘装甲巡洋舰和 4 艘两个等级的巡洋舰组成的舰队出现在旅顺港附近。海军大将希望利用鱼雷艇发动夜袭并且在俄国基地外停泊港歼灭俄舰。三笠号旗舰发出指示："皇国兴废在此一战，诸君当需愈加奋力。"③ 然而在与俄国舰队和海防炮对决时，东乡未能取胜，由于忌惮俄国鱼雷艇的袭击，他不得不率领舰队撤回后方。④ 战斗持续了近 40 分钟，俄方也未获得巨大的成功。日本人 14 次命中俄国战列舰，但是未对其构成重创，没留下一处漏水点。然而，塞瓦斯托波尔号和波尔瓦塔号战列舰却撞到了一起，后者被撞出了一个窟窿。最重要的是，日本人未能及时摧毁受损舰船，彻底歼灭不容忽视的敌人——停泊在旅顺港的舰队。⑤

---

① Русско - японская война. Официальные донесения японских главнокомандующих сухопутными и морскими силами. СПб. 1908. Т. 1. С. 7 - 8; Описание военных действий на море в 37 - 38 гг... СПб. 1909. Т. 1. Военные действия против русской эскадры в Порт - Артуре. С. 38; 43; 46 - 47; Русско - японская война 1904 - 1905 гг... СПб. 1912. Кн. 1. Действия флота на Южном театре от начала войны до перерыва сообщений с Порт - Артуром. С. 295 - 315.

② Great Britain War Office, *The Russo - Japanese War*: *Reports from British Officers Attached to the Japanese and Russian Forces in the Field*, vol. 1. London: H. M. Stationery Off., 1908, pp. 3 - 5.

③ Золотарев В. А., Козлов И. А. Ук. соч. С. 83.

④ Описание военных действий на море в 37 - 38 гг... СПб. 1909. Т. 1. Военные действия против русской эскадры в Порт - Артуре. С. 62 - 67.

⑤ Русско - японская война 1904 - 1905 гг... СПб. 1912. Кн. 1. Действия флота на Южном театре от начала войны до перерыва сообщений с Порт - Артуром. С. 243 - 245; 264 - 265.

未讨到便宜的日本人将行动的目标转向符拉迪沃斯托克的巡洋舰队。开战前，要塞远未达到最佳状态，要塞的岸防阵线无法全面掩护要塞与海洋之间的各条要道。① 战争爆发时，在此停泊着3艘一等巡洋舰（俄罗斯号、留里克号和格罗莫鲍伊号）、勇士号轻型巡洋舰、被改装为巡洋舰的列那号运输舰及10艘鱼雷艇。② 符拉迪沃斯托克的寒冬已然到来。1903年底，这些舰船便开始筹备过冬：铺盖防寒物资、在过道铺设木板、使用木盾遮蔽炮架等。③ 1904年初，一切都发生了变化。自1月15日以后，煤炭和弹药被运到了船上，而一切非必要物资和易燃品都被送到了岸上。2月9日晚，舰队已完成作战准备，和平时期的白色军舰被粉刷成了战时的黑色。④

战前俄国舰队的海上作战计划可谓五花八门，然而在维护海上霸权和阻止敌舰自由往返朝鲜沿岸方面，它们的目标是一致的。⑤ 在旅顺港遇袭后，阿列克塞耶夫上将立即命令巡洋舰队出海并且加入太平洋舰队。⑥ 这条命令完全未得到执行。2月10

---

① Русско - японская война 1904 - 1905 гг... СПб. 1910. Т. 1. События на Дальнем Востоке, предшествовавшие войне и подготовка к этой войне. С. 528 - 529.
② Описание военных действий на море в 37 - 38 гг... СПб. 1910. Т. 3. Действия против русской Владивостокской эскадры. С. 1.
③ Иванов - Тринадцатый К. На Владивостокском отряде крейсеров. // ВБ. Париж. 1965. №75. С. 33.
④ W. На отряде крейсеров. // Армия и флот. 1914. №2. С. 4 - 5.
⑤ Русско - японская война 1904 - 1905 гг... СПб. 1912. Кн. 1. Действия флота на Южном театре от начала войны до перерыва сообщений с Порт - Артуром. С. 65 - 91.
⑥ Дудоров Б. П. Вице - адмирал А. И. Непенин... // МЗ. Нью - Йорк. 1956. №4. С. 17.

日，在海军少将耶森（К. П. Иессен）的指挥下，巡洋舰驶入日本海并且击沉了2艘日本商船。14日，在避开敌舰后，它们成功返回符拉迪沃斯托克。① 2月12日，日本舰队出现在俄罗斯岛附近，但未贸然进入炮火射程。10天以后，上村彦之丞率领5艘装甲巡洋舰和2艘轻型巡洋舰再次靠近该岛，同时向防御工事开火，但收获不大。② 在日本海上的行动未对日本外贸的主营业务构成威胁。1902年，横滨、神户和大阪3个港口的贸易额为4.74亿日元。换言之，这三个港口占日本帝国外侧诸岛——太平洋沿岸外贸总额的90%。③ 到访横滨的船舶最多，船舶进港数量日均14.5艘，神户为14艘，大阪为1.5艘，分别占日本港口船舶日均进港总量的43%、41%和5%。④

尽管俄国巡洋舰取得了偶然的成功，却未能成功阻断敌人的军事运输。这立即对朝鲜的局势构成了影响。2月18日，日本中队登陆镇南浦港。3月29日，此地已成为2个步兵师团的登陆地和据点。⑤ 2月27日，日本人已完成对第一军第三师团和驻

---

① Описание военных действий на море в 37–38 гг... СПб. 1910. Т. 3. Действия против русской Владивостокской эскадры. С. 3–4.

② Авилов Р. С., Аюшин Н. Б., Калинин В. И. Владивостокская крепость... Владивосток. 2013. Ч. 1. «Назло надменному соседу» 1860–1905 гг. С. 222–223.

③ Егорьев В. Е. Владивостокский отряд крейсеров в русско-японскую войну. // МС. 1937. №3. С. 128.

④ Егорьев В. Е. Операция Владивостокского отряда крейсеров в июле 1904 г. // МС. 1937. №4. С. 9.

⑤ Русско-японская война 1904–1905 гг... СПб. 1912. Кн. 1. Действия флота на Южном театре от начала войны до перерыва сообщений с Порт-Артуром. С. 124.

济物浦的第十二师团转运，汉城被占领了。① 事实上，在即将开战之际，日本驻半岛的军事机构已经颇具规模。为了进行深度侦察，米申科（Мищенко）将军奉命率领骑兵部队潜入半岛，外贝加尔骑兵旅（12 支哥萨克部队、6 门火炮）——赤塔哥萨克第一军、阿尔贡哥萨克第一军、外贝加尔哥萨克第一炮兵连是这支队伍的中坚力量。随着东西伯利亚第十五步兵团骑射部队的加入，这支队伍又壮大了。利涅维奇为米申科设定的目标是歼灭敌军骑兵部队，同时应避免"我们人数本就不多的骑兵队在战斗的第一阶段就被击垮"。米申科行事谨慎，将人数本就不多的部队分为若干个侦察组，并且极力避免发生冲突。②

与此同时，俄国舰队损失不断。1904 年 2 月 11 日，叶尼塞号布雷舰被调往大连湾。由于大连湾并未设防，为了对抗潜在的敌军陆战队，高层决定在港口要道布置水雷阵地。尽管海上风雪交加，但是极端严峻的局势迫使布雷舰加紧作业。2 月 10 日，320 枚水雷被运上布雷舰。11 日傍晚，大连湾基本已被水雷覆盖，此时的叶尼塞号还存有 82 枚水雷，指挥官决定次日继续布雷。布雷过程中，被狂风吹离阵地的己方水雷击中舰船，爆炸随之而来，同时还引爆了舰上的弹药。布雷舰在 15 分钟内沉入水中。博雅林号巡洋舰率领 4 艘鱼雷艇奉命前来救援，由于没有水

---

① Описание военных действий на море в 37 – 38 гг... СПб. 1910. Т. 2. Совместные действия флота и армии под Порт – Артуром. С. 7 – 10.
② Матковский А. Конница в русско – японскую войну. // ВС. 1911. №2. С. 28 – 31.；Гершельман Ф. Конница в Японской войне и в былые времена. // ВС. 1911. №6. С. 74.

367

雷分布图，博雅林号不幸触雷，它以15度倾斜角栽入水中，海水灌入舷窗，船员弃舰撤离。此时，它仍旧浮在海面，暴风雪过后第三日才沉入海底。训练不足导致船员和指挥官能力欠佳，2艘重要的舰船也因此折损。① 2月28日，在日本人的威压下，停泊在上海的警卫舰满洲人号炮艇被迫解除武装。与清政府的谈判持续到3月初，此后该炮舰被解除了武装，在缔结和约后它才驶离上海。②

2月18日，海军中将马卡罗夫被任命为太平洋舰队司令，升为上将，拥有舰队和太平洋港口的指挥权。③ 在得知这一消息后，总督离开了旅顺港。离任前，他在奉天将马卡罗夫到任前的舰队指挥权交给了海军中将斯塔尔克（О. В. Старк），并且指示后者务必保全舰队战舰，特别是装甲舰。④ 对于海上局势的掌控，日本军部信心不足。为了巩固初期的战果，东乡决定组建一支由5艘装载着石渣的运输舰组成的船队，按计划，它们应当在旅顺港出口处自爆沉底。如果日本人的计划成功了，那么俄国舰队将被困在港内。由于航道地形狭长且水位低浅，俄国舰队可能长期无法脱困。这支船队的船员是从志愿者中选拔出来的。2月

---

① Русско - японская война 1904 - 1905 гг... СПб. 1912. Кн. 1. Действия флота на Южном театре от начала войны до перерыва сообщений с Порт - Артуром. С. 335 - 351.

② Там же. С. 331 - 334.

③ С. О. Макаров. Документы. М. 1960. Т. 2. С. 563.

④ Русско - японская война 1904 - 1905 гг... СПб. 1912. Кн. 1. Действия флота на Южном театре от начала войны до перерыва сообщений с Порт - Артуром. С. 389 - 391.

23 日和 24 日，企图冲入航道的船队被击溃了。①

1904 年 3 月 8 日，马卡罗夫抵达旅顺港，接替了毫无主见的斯塔尔克。在等候指挥权正式交接的同时，他巡视诸舰并且在阿斯科尔德号巡洋舰上升起了自己的旗帜。他的到来及他愿意以舰为家的表态令海军将士士气大增。所有人都期待他能放弃"保全舰队"的战略并且进行积极的反攻。颇具象征意义的是，当日装甲战列舰列特维赞号驶入港内锚地的东部水域。② 在敌舰袭击期间，它被迎面发射的炮弹击中，留下了一处约 3.7 米 × 10 米的缺口，进水约 1500 吨。经过长时间的搁浅，这艘俄国顶级战舰成了一处固定的目标，同时还妨碍其他舰船的自由进出。③

列特维赞号的维修与脱浅都极为成功。军事行动的经验交流与培训在很大程度上归功于马卡罗夫。他设法鼓舞俄国舰队的士气，并且组织维修受损舰船。④ 随他一同到来的还有波罗的海船厂的工人，通过他们的努力，维修进度明显加快。⑤ 此时，必须加快进度。春天日益临近，4 月沿岸的冰雪即将消融，来自日本陆战队的威胁成倍增加。⑥ 马卡罗夫与前几任司令官不同，舰队

---

① Там же. С. 395；399 – 401.
② Семенов В. ［И.］Ук. соч. СПб. 1907. ЧЧ. 1 – 2. С. 61 – 62.
③ Зборовский И. Подъем эск. брон. «Ретвизан». // ВБ. Париж. 1957. №25. С. 16 – 17.
④ С. О. Макаров. Документы. М. 1960. Т. 2. С. 639 – 652.
⑤ Берг В. Ф. Воспоминания о Порт – Артуре. // ВИВ. Париж. 1954. №4. С. 19.
⑥ Русско – японская война 1904 – 1905 гг... СПб. 1912. Кн. 1. Действия флота на Южном театре от начала войны до перерыва сообщений с Порт – Артуром. С. 439.

的某位军官回忆道:"权力和指挥权在他手中不是体现暴政、残酷、专横或侮辱的工具。"①

战争开始前,旅顺港的工匠不足百人,辅助工作雇中国人完成,在响起了战争的第一声炮响后,中国人就离开了。1904年2月12日,波罗的海船厂接到命令,向旅顺港派遣200名经验丰富的工匠。3月29日,工匠抵达旅顺港,直至要塞投降那日,他们一直在船上作业。正是在他们的努力下,在被困时期受损的皇太子号、列特维赞号、胜利号、塞瓦斯托波尔号装甲战列舰及巴扬号一等装甲巡洋舰才得以修复。舰船水下的漏洞必须借助沉箱②进行修补,这些木制沉箱需要预先在岸上制作出来,然后再将其拖拽到舰船受损一侧。这项工作极为艰巨,需要全天候轮班进行。列特维赞号在67天内修复完毕。在该小组和奥布霍夫兵工厂匠人小组的共同努力下,旅顺港战时的维修能力大幅提高,后来惠及要塞的陆上阵线。③

在完成对受损舰船的维修前,马卡罗夫设想动员舰队的鱼雷艇和巡洋舰力量并且使之相互配合,进而形成一支在海军少将耶

---

① Шмитт В. П. Адмирал С. О. Макаров в Порт - Артуре. // МЗ. Нью - Йорк. 1944. №1. С. 46.
② 法语 caisson,此处意指在船舶维修过程中针对船体水下部分发挥局部排水作用的盒子。
③ Подгурский Н. Из воспоминаний об осаде Порт - Артура. // ВС. 1906. №5. С. 203 - 207;Дмитриев Н., Колпычев В. Иностранные судостроит ельные заводы. // МС. 1909. №5. С. 118; А. Н. [емитц] Беглый очерк морских операций русско - японской войны. // МС. 1912. №4. С. 155; А. Н. Беглый очерк... // МС. 1912. №7. С. 127;Зборовский И. Ук. соч. // ВБ. Париж. 1957. №25. С. 15 - 16.

森领导下出海的符拉迪沃斯托克巡洋舰分队——它们应对敌国舰队有所牵制。所做的一切都是为了阻碍敌军登陆关东。舰船维修完毕后,马卡罗夫计划与东乡展开争夺制海权的决战。① 俄国和日本的轻型部队在关东要道上多番较量,双方各有胜负。3月9日至10日,果敢号和守卫者号驱逐舰在旅顺港要道巡航。后者在与敌人力量悬殊的战斗中失事,马卡罗夫率领诺维克号和巴扬号一同营救该舰成员,但是并未成功。② 战斗结束后,敌人试图扣留该舰,但是一名俄国舰员怒吼着打开了通海阀,舰船沉没了。日本人搭救了其中的三名船员。③

太平洋舰队的动员活动正在悄悄地进行。与此同时,日本人再次企图封锁旅顺港出口。第二次尝试发生在1904年3月27日,最终被俄国舰队和海防炮击退。3月10日和12日,日军炮击内港——埋伏在老铁山山脊开火,依旧无功而返。炮兵的对决未给双方带来特别的损失。④ 与之相比,水雷战更加高效,日本人的手段更为高明。在战争之初由于缺乏明确的作战计划,相应地在布雷作业中各方也不够协调,对俄国舰队的行动造成了消极的影响。最初,俄军手中甚至没有己方的雷区地图,博雅林号因此遇难。在防御过程中,俄方舰船累计交付1066枚水雷,日方

---

① Золотарев В. А., Козлов И. А. Ук. соч. С. 97.
② Русско－японская война 1904－1905 гг... СПб. 1912. Кн. 1. Действия флота на Южном театре от начала войны до перерыва сообщений с Порт－Артуром. С. 465－466.
③ Селецкий Г. 646 дней... С. 87; 127－131.
④ Русско－японская война 1904－1905 гг... СПб. 1912. Кн. 1. Действия флота на Южном театре от начала войны до перерыва сообщений с Порт－Артуром. С. 439－440; 475－479; 492－494; 503－510.

为1300枚。① 当然,数字没有决定性意义。与俄国的水雷阵不同,日本的具有进攻性特征,因为它们是用来限制俄国舰队驶入公海的。此外,正是水雷武器帮助天皇的舰队取得了巨大的成就。1904年4月13日,在舰队出海途中,马卡罗夫乘坐的彼得罗巴甫洛夫斯克号装甲战列舰触雷爆炸,这是日本布雷舰在当日前夜悄悄布下的,马卡罗夫当场毙命。②

"没收到任何危险预警,舰队在海防炮的掩护下航行,日舰与我们保持着距离,然后我们收到了用餐指令,马卡罗夫的司令部在舰桥上集合。在这里发生了爆炸,'威力令人难以置信'。"③ 在空中升起了巨大的火浪,烟柱是船高的二倍有余,几秒钟后爆炸再次袭来,主力炮塔被毁,随后装甲舰向一侧倾斜,海水迅速灌入其中,此时舰尾的螺旋桨仍在旋转,摧残并杀害企图逃生的人们。④ 这艘巨舰在1.5分钟内沉没,只有7名军官和73名水兵幸免于难,30名军官和624名水兵葬身海底。⑤ 看到这一幕的记者描述道:"舰队仿佛被冻在了原地,没发出丝毫声响,没有任何

---

① Денисов Б. Минная война у Порт - Артура в 1904 г. // МС. 1935. №6. С. 87;94 - 95.
② «Акацуки» перед Порт - Артуром... С. 106 - 109.
③ Великий Князь Кирилл Владимирович. Гибель «Петропавловска». // Армия и флот. 1914. №6. С. 2.
④ Русско - японская война 1904 - 1905 гг... СПб. 1912. Кн. 1. Действия флота на Южном театре от начала войны до перерыва сообщений с Порт - Артуром. С. 543 - 544.
⑤ Семенов В. [И.] Ук. соч. СПб. 1907. ЧЧ. 1 - 2. С. 100 - 101;Шмитт В. П. Адмирал С. О. Макаров в Порт - Артуре. // МЗ. Нью - Йорк. 1944. №1. С. 56.

轻微的动作。"① 胜利者号装甲舰几乎同时触雷，但不致下沉，最终返回港口。②

在胜利号被炸得发生侧倾后，舰队和炮台方从最初的震惊中回过神来。③ 惊慌失措间，俄国军舰和海防炮兵连将爆炸归咎于敌方的潜艇进攻，于是开始胡乱射击水中一切可疑的对象。未造成更多的损失，这真是个奇迹！次日，在清扫航道时，一枚日本水雷出现在众人面前。④ 在观看彼得罗巴甫洛夫斯克号沉没场景时，日本布雷军官的第一反应是："杀死马卡罗夫上将才是我们的头等大事。"⑤ 与海军上将一同殒命的还有其司令部的指挥官和大批军官，以及伟大的军旅画家韦列夏金（В. В. Верещагин）。⑥ 参与救援的盖达马克号鱼雷艇找到了马卡罗夫的大衣，⑦ 舰队士气低沉。⑧ 俄国水兵抱怨道："连个领头的都没了。"⑨

马卡罗夫去世后，远东总督接管了舰队的指挥权。事实

---

① Кравченко Н. На войну!... С. 86.
② С. О. Макаров. Документы. М. 1960. Т. 2. С. 638 – 639.
③ Кравченко Н. На войну!... С. 88.
④ Подгурский Н. Из воспоминаний об осаде Порт – Артура. // ВС. 1906. №5. С. 228 – 229；Побилевский Н. Дневник артурца... // ВС. 1910. №1. С. 84.
⑤ «Акацуки» перед Порт – Артуром... С. 111.
⑥ Русско – японская война 1904 – 1905 гг... СПб. 1912. Кн. 1. Действия флота на Южном театре от начала войны до перерыва сообщений с Порт – Артуром. С. 546.
⑦ Кравченко Н. На войну!... С. 92.
⑧ фон Шварц А.［В.］, Романовский Ю.［Д.］Оборона Порт – Артура. СПб. 1908. Ч. 1. С. 162.
⑨ Семенов В.［И.］Ук. соч. СПб. 1907. ЧЧ. 1 – 2. С. 104.

上，舰队的指挥权应当由海军上将斯克里德罗夫（Н. И. Скрыдлов）接管，然而后者在日军对要塞实施陆地封锁前未能抵达旅顺港。维特捷夫特成了舰队真正的指挥官。据他的下属描述："他是个善良的人，工作起来不知疲倦。"虽然他本身也是一名勇敢的军官，但是他不具备前任司令官的特质。① 没有特殊情况，他不愿率领舰队冒险出海。与此同时，他拘谨地接受了海军上将阿列克塞耶夫的命令，后者要求放弃海上的积极行动，转而加强要塞防御。虽然日本人也存在某些过失，然而在管理方面占据优势，因此制海权——赢得这场战争胜利的最重要条件仍旧掌控在日本手中。此时，俄国舰队依旧保持着庞大的规模。对于派遣陆战队登陆辽东半岛一事，东乡平八郎犹豫不决。

战争爆发之初，防御工事迅速出现在通往旅顺港的陆上要道附近。1904 年 1 月，大多数堡垒和防御工事尚未完工，防御阵地尚未封闭。因此，旅顺港要塞实际上无自保之力。② 在俄国军舰遭遇夜袭后，在此立即展开了热火朝天的工作，可惜有时候这些工作毫无用处。由于缺乏要塞动员计划，建筑施工毫无章法，正如某位英国战地记者指出的那样："场面极度混乱。"③ 匆忙间，旅顺港要塞的某些事宜无法依据原则进行，例如观察员的装

---

① Из истории русско‐японской войны 1904 – 1905 гг. Порт‐Артур. Сборник документов. М. 2008. Т. 2. С. 555.
② фон Шварц А.［В.］, Романовский Ю.［Д.］Оборона Порт‐Артура. СПб. 1908. Ч. 1. С. 150.
③ фон Шварц А. Влияние борьбы за Порт‐Артур на устройство сухопутных крепостей. // ИЖ. 1907. №1. С. 35.

甲头盔、火炮的防弹炮塔尽管缺失，但没有替代品；与此同时也无法为防守部队建造舒适的掩体。① 2月至3月，每日有1.2万人在修筑防御工事。②

在旅顺港封锁期间，日本舰队12艘军舰触雷折损，其中令他们最为痛心的损失是5月15日因触碰阿穆尔号布雷舰所布置的水雷而沉没的两艘装甲战列舰——八岛号和初濑号。俄国首次体会到了远离日本及其海军基地的好处。第一艘战列舰几乎在50秒内沉没，完全重复了彼得罗巴甫洛夫斯克号的命运。水雷爆炸引爆了弹药箱，在装甲舰上空腾起了一朵黑云，随后发生了第二次爆炸。当两朵黑云散去后，初濑号只剩下舰首还未沉入水中。③ 最初，维特捷夫特不相信日本装甲舰失事，甚至下令复核情报。旅顺港上下欢欣鼓舞，尽管如此，除鱼雷艇外俄国舰队依旧原地待命。④

爆炸后18小时，在向日军基地沿岸拖拽的途中，第二艘受损的战列舰沉没了。爆炸发生在俄国海军眼前，在旅顺港正前方，原本由3艘装甲战列舰和2艘轻型巡洋舰组成的敌军舰队瞬间只剩1艘一等巡洋舰完好无损。但是，即便如此，维特捷夫特

---

① Подгурский Н. Из воспоминаний об осаде Порт‐Артура. // ВС. 1907. №3. С. 217.
② фон Шварц А. Влияние борьбы за Порт‐Артур... // ИЖ. 1907. №1. С. 47.
③ Кефели Я. И. Взрыв и гибель «Хатузе». // ВБ. Париж. 1953. №4. С. 15‐16.
④ Русско‐японская война 1904‐1905 гг... СПб. 1913. Кн. 2. Действия флота на Южном театре от перерыва сообщений с Порт‐Артуром до морского боя 28 июля (10 августа) в Желтом море. С. 36‐37.

依旧不敢违抗总督的命令，趁此良机出海围剿日本舰队。① 日本舰队陷入恐慌，发了疯似的向水面开火，与俄国军舰失事的场面并无二致。② 埃森（Н. О. фон Эссен）回忆道："日本舰队惊慌失措，也许认为附近有潜水艇，因此迅速逃离，并且朝着周围的水面射击。"③ 片刻之后，受损的敌军战列舰只剩下一艘，慢慢地纠正倾斜并且向东移动。在此情况下，只有14艘鱼雷艇驶出内港，却不敢发动进攻，因为敌军的3艘巡洋舰紧贴八岛号航行。④ 最终，八岛号被拖走了，并且在俄军哨所目之不及的地方沉没了。在遭受了这些损失后，日本舰队实力大幅下降。同日，即5月15日，日本两艘装甲巡洋舰相撞，结果其中的一艘吉野号沉没了。⑤ 东乡不得不向天皇汇报称："今天是我们舰队最不幸的一天。"⑥

---

① Описание военных действий на море в 37 – 38 гг... СПб. 1909. Т. 1. Военные действия против русской эскадры в Порт – Артуре. С. 163 – 165；Семенов В. ［И.］Ук. соч. СПб. 1907. ЧЧ. 1 – 2. С. 127.
② фон Шварц А. ［В.］，Романовский Ю. ［Д.］Оборона Порт – Артура. СПб. 1908. Ч. 1. С. 187.
③ Из истории русско – японской войны 1904 – 1905 гг. Порт – Артур. Сборник документов. М. 2008. Т. 2. С. 560.
④ Там же.
⑤ Описание военных действий на море в 37 – 38 гг... СПб. 1909. Т. 1. Военные действия против русской эскадры в Порт – Артуре. С. 160；168 – 169.
⑥ Русско – японская война. Официальные донесения японских главнокомандующих сухопутными и морскими силами. СПб. 1908. Т. 1. С. 55.

19　库罗帕特金出任总司令、朝鲜失守

在马卡罗夫悲剧性死亡前，俄国陆军部队的指挥权发生了变动。1904年2月21日（俄历2月8日），陆军大臣库罗帕特金出任满洲集团军总司令。25日，沙皇向其颁发嘉奖诏书，历陈其自1898年担任陆军大臣以后领导陆军部取得的各项成就，同时授予他圣亚历山大·涅夫斯基钻石勋章。沙皇在诏书中指出："您的功业尚未圆满。号召英勇的部队保卫俄罗斯的荣誉与尊严及其在远东主权的时刻即将来临。出于对您卓越军事天赋、战略修养及丰富战斗经验的认可，朕属意将当前在满洲对抗日军的陆军交由您全权指挥，故解除您陆军大臣之职。"①

尼古拉二世的选择几乎无可指摘，这是一位英勇的军官，在远征突厥斯坦和土库曼斯坦时期、在俄土战争中声名鹊起；在穿越巴尔干期间，他成了斯科别列夫（М. Д. Скобелев）的参谋长。后者声望惠及了他。他关爱士兵，巧妙而明显，因此许多人喜欢他。② 正如1897年俄国武官评价的那样，库罗帕特金"极为聪敏、野心勃勃，他的名声很好，梦想着自己能与苏沃洛夫和

---

① Русское военное обозрение. Война с Японией. Официальные документы с 26 - го января по 18 февраля. // ВС. 1904. №3. С. 287.
② В. А. ［пушкин］Куропаткин... С. 37.

斯科别列夫齐名，为此他竭尽全力"①。陆军军官认为他出类拔萃，他的一切都是依靠个人才能取得的。马丁诺夫（Е. И. Мартынов）将军指出："在担任陆军大臣期间，库罗帕特金展现出来的军人作风、对军官和士兵的关怀进一步提升了他在军队中的知名度。"②

在很长一段时间里，部队爱戴并且信任库罗帕特金。显然，邓尼金是正确的，他断言："应当承认，选择库罗帕特金不仅是君主的过失，也是全俄罗斯的过失。"③ 1904年2月28日，在调令下达一星期后，伴随着掌声和"乌拉"的欢呼声，库罗帕特金离开了圣彼得堡。首都各界热烈欢送，仿佛他已经赢得了胜利。④ 3月15日，将军抵达辽阳。最初，他对当地的局面颇为满意。4月10日在向维特汇报时，库罗帕特金表示："在熟悉当地各项事务的同时，遍访陆军部队。物资不错，颇为充足，当然还远远不够。但是，军队的状态已经相当不错了。日本人正在拖延，尚未采取果决的行动，我们正好可以抓住机会增强实力、积极备战。东清铁路进展顺利，军用列车在南部支线的日通过量很

---

① C. van Dyke, *Russian Imperial Military Doctrine and Education*, 1832 – 1914. New York: Praeger, 1990, p. 116.
② Мартынов Е. И. Из печального опыта русско – японской войны. СПб. 1906. С. 15.
③ Деникин А. И. Путь русского офицера. М. 1990. С. 110.
④ Рерберг Ф. П. Исторические тайны великих побед и необъяснимых поражений. Записки участника русско – японской войны 1904 – 1905 гг. , члена Военно – Исторической Комиссии по описанию русско – японской войны. 1906 – 1909 гг. Мадрид. 1967. С. 79.

快就能达到 7 对，然后 9 对，然后 12 对。铁路工程扎实稳固。"①

与此同时，这位陆军司令几乎立即与远东总督——帝国在远东名义上的海、陆两军总司令对立。这种矛盾是沙皇任命库罗帕特金的必然结果。2月17日（俄历2月4日），尼古拉二世致电阿列克塞耶夫："我认为，任命步兵上将库罗帕特金将军为陆军司令行使统领陆军之权，任命海军上将马卡罗夫为舰队司令行使统领海军之权，对您大有裨益。"②3月9日，沙皇在诏书中做出如下指示："在遵循总督总体指示的前提下，您可以自行确定军事行动方针。"③在作战的基本原则方面，库罗帕特金与阿列克塞耶夫持有不同观点，两权并立使局面变得更加复杂。库罗帕特金认为，在增援部队抵达前必须坚持被动防御。与之相反，阿列克塞耶夫要求满洲部队积极行动，吸引并牵制日本陆军，阻止他们跨过鸭绿江、进犯旅顺港。

俄国骑兵部队在朝鲜的行动收效甚微。在越过鸭绿江后，俄国骑兵遭遇了朝鲜士兵的强烈抵抗，同时他们未得到当地居民的支持。④此外，朝鲜百姓经常替日本人做事。⑤兵力稀少并且时

---

① Переписка С. Ю. Витте и А. Н. Куропаткина в 1904 – 1905 гг. // КА. М. – Л. 1927. Т. 6（19）. С. 66.
② Русско - японская война 1904 – 1905 гг... СПб. 1910. Т. 2. Ч. 1. От начала военных действий до боя под Вафаньгоу 1 июня. С. 29.
③ Там же.
④ Агапеев В. Разведка летучего отряда на протяжении 2000 верст. // ВС. 1908. №10. С. 154.
⑤ Гамильтон Я. Ук. соч. СПб. 1906. Т. 1. С. 65.

常撤退,严重地影响了那些本就摇摆不定的朝鲜人对俄国的信心。①1904年2月和3月,在朝鲜活动的整个骑兵旅竟然无法确定前方究竟是哪支日本部队及其兵力状况,因此无法向参谋部提供准确的情报。②2月21日,日本步兵中队占领平壤。27日,在部分市民的协助下,日军掌控该市。③ 随后,日本骑兵中队抵达该市,俄国司令部对此竟然一无所知。④

3月底,冰雪消融,坚硬的冻土化为一地泥泞,在那里没有公路,河流泛滥。⑤ 米申科的骑兵部队——2000柄马刀和6门火炮——仅与日本人发生了小规模的冲突。在此过程中,敌军损失极少,仅有个别几人毙命、数人负伤。⑥ 黑木男爵的第一军(3.5万兵力、128门火炮)盘踞朝鲜半岛。事实上,米申科的部队在朝鲜毫无用武之地,最终被调离鸭绿江。与此同时,阿列克塞耶夫与库罗帕特金之间的争端以采取姑息方案告终。

为了维持界江鸭绿江附近的骑兵屏障,抽调陆军中将扎苏里奇(М. И. Засулич)的"东满"支队(2.5万兵力、78门火炮)在此防守。大多数士兵刚刚应征入伍,对日本人缺乏了解。

---

① Русско - японская война 1904 - 1905 гг... СПб. 1910. Т. 2. Ч. 1. От начала военных действий до боя под Вафаньгоу 1 июня. С. 68.
② Винекен А. Японская кавалерия в минувшую кампанию 1904 - 1905 гг. // ВРК. 1910. №1. С. 12.
③ Great Britain War Office, *The Russo - Japanese War*, p. 8.
④ Русско - японская война 1904 - 1905 гг... СПб. 1910. Т. 2. Ч. 1. От начала военных действий до боя под Вафаньгоу 1 июня. С. 75.
⑤ Линда К. Тюренчен (Операции на Ялу в апреле 1904 г.). Вильна. 1908. С. 3 - 4.
⑥ Матковский А. Конница в русско - японскую войну. // ВС. 1911. №2. С. 30 - 33.

西伯利亚步枪手是个例外，他们服役已久且在1900年接触过日本人。他们对敌人的素质给予了极高的评价。在九连城区域，俄军开始修筑防御阵地。鸭绿江右岸地势高耸，左岸低矮，黏土层近2米厚。战斗来临前，只来得及构筑炮兵掩体和带胸墙的步兵掩体。在部队挖掘战壕的同时，新兵也在接受训练。3月31日，米申科仓促返回。此时，江上开始出现流冰，部队的渡江日期推迟到了4月2日。次日，日本人进驻鸭绿江另一侧的朝鲜城市。实际上，俄国人未收到任何消息，无论是朝鲜人还是中国人都不能为他们提供可靠的情报。此外，对敌方的偷袭也未见成效。此时，敌人留出的准备时间基本耗尽。①

部队躲入挖好的战壕，火炮掩体准备就绪，同时在后方的山丘底部搭起了帐篷营地。此时，对岸的侦察队已经完全摸清了俄军的炮台位置，因此无须谈论隐蔽问题。②日方的防御阵地极为坚固，一处接一处的丘陵，丘陵前方是一处宽约2千米的开阔沙地，还有一条宽约100米而难以穿越的河流。在日本人眼中，与俄国人的首次交锋意义重大，首战告捷将提振士气，表明日本人能够战胜新的敌人。③ 扎苏里奇严格执行避免与敌军发生严重冲突、制止敌军前进的命令。他向下属解释称，日后的战斗用不上

---

① Цабель С. А. Полевые позиции, укрепленные в первый период русско-японской войны (Краткое описание и планы). // ИЖ. 1907. №11 – 12. С. 1521 – 1522; Краснов П. Русско-японская война. Восточный отряд на реке Ялу. Бой под Тюренченом. СПб. 1911. С. 6 – 11.
② Ше - ин М. Пролог к Тюренченскому бою (Из жизни орудийной батареи в русско-японскую войну). // ИВ. 1904. Том 97. Вып. 7. С. 150 – 151.
③ Гамильтон Я. Ук. соч. СПб. 1906. Т. 1. С. 57; 67; 80.

预备役士兵,因此他打算"谨慎作战"①。扎苏里奇将手中的兵力化整为零,使其在鸭绿江沿岸150俄里长的阵线上分散驻扎、观察敌情。②当然了,他的兵力不足以覆盖鸭绿江整个流域。

由卡什塔林斯基(Н. А. Кашталинский)少将领导的俄国前卫部队驻守鸭绿江沿岸前线,阵线长度为38~40千米;扎苏里奇率领主力部队驻守在遥远的后方。结果,日军以4万兵力配以大量火炮(20门120毫米克虏伯榴弹炮和72门野战炮)打压俄军的6000兵力和30门火炮。4月30日上午,日军开始全面渡江。在日军3个师团的主攻方向上,俄军仅有2个连与之对抗。与俄方的2个炮兵连对抗的攻方完全占据炮战优势。很快,攻方主导战局。日军炮轰暴露在开阔阵地上的俄军炮兵掩体。这个过程不过短短几分钟。当俄军试图将火炮转移到备用阵地时,无论是炮兵还是马匹都被炸死了。日军步兵强渡鸭绿江,袭击俄国步枪兵。在此过程中,日军的损失微不足道——死伤不足300人。与此同时,日军在距离九连城8俄里左右的河流上搭起了一座木制浮桥,两个步兵联队借桥渡河。他们在俄军阵地附近实施侦察。后来,日军又搭起了4座浮桥。虽然俄国炮兵试图阻止日军搭桥,但未能如愿。

5月1日清晨,黑木为桢彻底包围了九连城,进而发起攻

---

① Линда К. Тюренчен... Приложение №5. Выдержки из рапорта генерал-лейтенанта Засулича командующему Манчжурской армией от 13 мая 1904 г. №120. С. 53.

② Комаров. Бой под Тюренченом и Вафангоу. // Русско-японская война в сообщениях... СПб. 1906. Ч. 1. С. 30.

势。火拼异常激烈，防御部队累计射出了 80 万颗子弹，每挺机枪平均发射 4 万颗子弹。在扫荡所有物资后，西伯利亚步枪兵被迫撤退。掩护他们撤退的是处境极为艰难的炮兵连和机枪队。步枪兵不得不在炮火中突围而出。炮兵和机枪手损失惨重。俄军残部在"上帝保佑沙皇"的军乐声中发动了刺刀战，但日军拒不迎战，在包围他们后开枪扫射。旅长和校官战死后负责组织进攻的神甫负伤，32 名军乐师死伤 16 人。① 扎苏里奇的部队损失 63 名军官、2324 名士兵以及 22 门火炮、8 挺机枪。日军炮兵损失为零，有生力量累计死亡率不足俄军的 2/5——38 名军官、938 名士兵。②

4 月 20 日（俄历 4 月 2 日），库罗帕特金在日记中写道："没有乘胜追击，这是日本人的一大失误。否则，很可能彻底击垮我们的部队。"③ 似乎一切都在按计划进行。4 月 28 日，将军致信陆军大臣："日本人在鸭绿江附近行动起来了，我愉快地期待着他们进入满洲，甚至愿意为他们搭建一座'金桥'，只是希

---

① Комаров. Бой под Тюренченом и Вафангоу. // Русско - японская война в сообщениях... СПб. 1906. Ч. 1. С. 32；Гамильтон Я. Ук. соч. СПб. 1906. Т. 1. С. 72；83；97；101；Линда К. Тюренчен... С. 13. ；Краснов П. Ук. соч. С. 30 – 33；37；54；Сражение под Тюренченом 18 - го апреля 1904 года（По официальным источникам）. // ВС. 1906. №4. С. 39 – 47.

② "Losses at the batlle of Ya - lu," *The Russo - Japanese War*, Complied by the General Staff, War Office. London, 1906, Part 1, Appendix C, p. 13a.

③ Дневник А. Н. Куропаткина (31 марта – 21 ноября 1904 г.). // КА. М. 1935. Т. 1 (68). С. 77.

望他们谁也回不去故乡。"① 然而,陆军首战失利,这极大地振奋了日军的士气。战后,黑木为桢在报告中指出:"亲王和其他军官大受鼓舞,部队士气大振。"② 这场战役彻底颠覆了日本人对俄国陆军的印象,俄军的表现令人唏嘘。③

---

① Русско‐японская война 1904–1905 гг... СПб. 1910. Т. 2. Ч. 1. От начала военных действий до боя под Вафаньгоу 1 июня. С. 138.
② Линда К. Тюренчен... Приложение №4. Донесение генерала Куроки, командующего 1‐й армией, от 1 мая 1904 г. С. 50.
③ Рябинин А. А. На войне в 1904–1905 гг... С. 7.

20 关东州和旅顺港战役的开端、日军夺得制海权

日本军部在得知马卡罗夫逝世的消息后，决定着手登陆辽东半岛。九连城大捷——与欧洲军队的首次较量提振了日军获胜的信心。按计划，从广岛向辽东转运陆军大将奥保巩的第二军需要动用 80 艘运输舰。在此过程中，四五艘运输舰结为一组在军舰的掩护下前进。① 1904 年 5 月 3 日，日本海军大将再次试图使用运输舰封锁旅顺港出口。这次动用了 10 艘轮船，但是依旧未能成功。② 尽管如此，海上航行仍在继续。5 月 6 日，奥保巩的部队开始登陆貔子窝，③ 此地距离大连 60 千米。33 艘搭载着陆战队的运输舰和掩护它们的军舰在靠岸前夕已被俄军的瞭望哨发现，但俄国舰队未采取任何措施拦截日本船队。④

---

① Русско - японская война 1904 - 1905 гг... СПб. 1910. Т. 2. Ч. 1. От начала военных действий до боя под Вафаньгоу 1 июня. С. 214 - 215.
② Русско - японская война 1904 - 1905 гг... СПб. 1912. Кн. 1. Действия флота на Южном театре от начала войны до перерыва сообщений с Порт - Артуром. С. 502 - 599.
③ 今普兰店皮口。——译者注
④ фон Шварц А. ［В.］, Романовский Ю. ［Д.］ Оборона Порт - Артура. СПб. 1908. Ч. 1. С. 173 - 174; Русско - японская война 1904 - 1905 гг... СПб. 1913. Кн. 2. Действия флота на Южном театре от перерыва сообщений с Порт - Артуром до морского боя 28 июля (10 августа) в Желтом море. С. 6 - 7.

在很长一段时间里,库罗帕特金既未收到与所发生事件相关的详细信息,也未收到日军登陆的情报。直至5月12日,在确认日军登陆后,库罗帕特金甚至将其视作佯攻。① 13日,日军3个师团携火炮完成登陆。此次登陆意在确保日本舰队的海上航行更为安全稳妥,在漫长的白天一举占领并控制大连及其现有港口。②

日本陆军渴望战斗,战士们梦想着为当年被迫修订《马关条约》报仇雪恨。某位日本军官写道:"十年来,我们一直在等待洗刷屈辱的时机!当不可战胜的帝国陆军再次登陆这片土地时……沉眠地下的数千英灵向到来的同志们致意,他们的英魂似乎无法在这片被撕裂的土地上寻求安宁。"③ 摆在奥保巩面前的任务是切断旅顺港与辽阳之间的铁路联系。几天后,他轻而易举地完成了这项任务。5月16日,他统率的16个大队的先遣部队遭遇3支东西伯利亚步枪兵团,结果迫使对方向辽东半岛的门户——金州地峡方向撤退。④ 随后,他们折返俄国陆军满洲集团军后方,第二军也向此地进发。

金州地峡与旅顺港相距约60俄里,与大连相距约20俄里。地峡宽约3俄里,每侧浅滩宽约2俄里。退潮时,浅滩范

---

① Русско - японская война 1904 - 1905 гг... СПб. 1910. Т. 2. Ч. 1. От начала военных действий до боя под Вафаньгоу 1 июня. С. 204.
② Great Britain War Office General Staff, *The Russo - Japanese War*, part 2, pp. 8, 10.
③ Сакурай Т. Ук. соч. С. 6.
④ Русско - японская война 1904 - 1905 гг... СПб. 1913. Кн. 2. Действия флота на Южном театре от перерыва сообщений с Порт - Артуром до морского боя 28 июля (10 августа) в Желтом море. С. 45 - 57.

围扩大2倍——4~8俄里。在占据优势高地的俄军阵地前方是被3.5俄里城墙所包围的金州城。① 俄军阵地位于向北倾斜的缓坡与向南倾斜的陡坡的坡顶交会处（金州南山）。在坡顶处可清楚地看到长约5俄里的山谷，2.5万人口的城市是射击的唯一障碍。此处防御阵地方方正正，设有四个大门——南门、北门、西门和东门。② 俄国在地峡的防御工事竣工于1900年，由于养护不当已经衰败，③ 弹药库进水，沟渠堵塞，城墙倒塌。工程师冯施瓦茨（А. В. фон Шварц）大尉在递交给远东总督的报告中指出："关东的钥匙已经生锈了，大门已经完全敞开了。"④

尽管库罗帕特金在造访远东期间曾下令要求确保防御工事完好无损、长期可用，但是由于缺乏资金，事情就变成了这样。1903年，旨在实现该目标的拨款由计划的1.9万卢布降至5000卢布。⑤ 因此，在战争爆发前，战壕和炮台都荒废了，其中仅有两处掩体上面架着两根杆子、撒了些土作为掩护。⑥ 在前往旅顺

---

① Третьяков Н. 5 - й Восточно - Сибирский полк... // ВС. 1909. №1. С. 59.
② фон Шварц А. В. Укрепление Киньчжоуской позиции. // ИЖ. 1906. №1 - 2. С. 2；4.
③ Третьяков Н. 5 - й Восточно - Сибирский полк... // ВС. 1909. №1. С. 59.
④ Русско - японская война 1904 - 1905 гг... СПб. 1910. Т. 1. События на Дальнем Востоке, предшествовавшие войне и подготовка к этой войне. С. 515.
⑤ Русско - японская война 1904 - 1905 гг... СПб. 1912. Кн. 1. Действия флота на Южном театре от начала войны до перерыва сообщений с Порт - Артуром. С. 33.
⑥ фон Шварц А. В. Укрепление Киньчжоуской позиции. // ИЖ. 1906. №1 - 2. С. 6.

港的途中，海军上将马卡罗夫在此停留时强调必须加强地峡防御。① 然而随着战争的爆发，地峡防御工程才再次动工。② 在日本陆战队登陆前，工程无法竣工。

开工时间恰逢寒冬腊月，寒风冷雪浇灭了当地居民外出劳动的意愿，召集百姓参与挖掘工程十分困难，他们纷纷逃离辽东。③ 最初，每日只能召集 50~60 人参加施工，此外工人还消极怠工。④ 因此，使用中国劳力无法解决问题。施工条件极度恶劣，铁锹挖不动土，洋镐数量不足。⑤ 在极短的时间内，东西伯利亚第五军指挥员特列季亚科夫（Н. А. Третьяков）上校组织完成了堑壕挖掘、铁丝网架设工程，并且在多处理了地雷。在施工过程中征用了近 5000 名中国苦力。⑥ 与此同时，饮用水问题也得到了解决——地峡饮用水稀少。在一个半月里已成功找到水源并且挖掘了 5 口水井——足以保障 12000 人的饮

---

① Русско‑японская война 1904‑1905 гг... СПб. 1912. Кн. 1. Действия флота на Южном театре от начала войны до перерыва сообщений с Порт‑Артуром. С. 429‑430.
② фон Шварц А. В. Укрепление Киньчжоуской позиции. // ИЖ. 1906. №1‑2. С. 6‑7.
③ Русско‑японская война 1904‑1905 гг... СПб. 1910. Т. 1. События на Дальнем Востоке, предшествовавшие войне и подготовка к этой войне. С. 516.
④ фон Шварц А. В. Укрепление Киньчжоуской позиции. // ИЖ. 1906. №1‑2. С. 11.
⑤ Третьяков Н. 5‑й Восточно‑Сибирский полк... // ВС. 1909. №1. С. 57‑59；61‑63.
⑥ фон Шварц А. В. Жизнь и мысли. Дела и встречи. // Архивы русской эмиграции. Буэнос Айрес. 1950. Т. 2. С. 106‑108；Из истории русско‑японской войны 1904‑1905 гг. Порт‑Артур. Сборник документов. М. 2008. Т. 2. С. 19.

水需求。① 最后，在极短的期限内，该军收到 8 万卢布的资金，但是只来得及使用 6.3 万卢布。②

炮兵装备相对较好：4 门 6 英寸口径的火炮、4 门 6 英寸口径迫击炮，以及从清政府手中缴获的 87 毫米口径火炮、俄国速射炮和活塞炮共计 14 门。③ 从清政府手中缴获的火炮是 1900 年的战利品，这些火炮产自德国，尽管有些过时，但是威力颇大。问题在于适用此种火炮的炮弹储备明显不足，每门火炮仅储备了 40 颗炮弹。此外，还在阵地上部署了 10 挺机枪。斯捷谢利将军调派东西伯利亚第五军步枪兵团——3500 名兵力赶赴金州城和地峡执行防御任务。由于金州城城墙敦厚，被野战炮击毁的可能性极低。面对城防工事，日本步兵很可能纠集兵力发起进攻，因此俄军决定将金州城作为前沿阵地。步枪兵团下设 11 个连，3 个驻守城内，其余 9 个沿着未竣工的防御阵线分散设防。显然，斯捷谢利不打算在这处完美的阵地上耗费大量兵力加强防御。陆战队在后方步步紧逼，而舰队却无动于衷，故金州危矣。④

在司令部看来，步枪兵团不必忧心，因为日本人不可能向整条阵线同时发起进攻，他们必将选出一个攻击目标。出于某种原因，日军不愿"遵循"该计划，他们的行动以非同寻常的刚毅著

---

① фон Шварц А. [В.], Романовский Ю. [Д.] Оборона Порт-Артура. СПб. 1908. Ч. 1. С. 213.

② фон Шварц А. В. Укрепление Киньчжоуской позиции. // ИЖ. 1906. №1-2. С. 45.

③ фон Шварц А. [В.], Романовский Ю. [Д.] Оборона Порт-Артура. СПб. 1908. Ч. 1. С. 215.

④ Третьяков Н. 5-й Восточно-Сибирский полк... // ВС. 1909. №1. С. 59; 61-63.

称。5月25日,在3艘从海湾一侧扫射俄军阵地的炮舰的支援下,奥保巩率军(35000人,配备198门野战炮和48挺机枪)突袭金州阵地。防御工事难以承受舰炮的摧残。此时,俄军阵地共有3800人、57门要塞炮和10挺机枪。他们的后方是傅克(А. В. фон Фок)将军领导的东西伯利亚第四步枪兵师——13700人。后来,海狸号炮舰加入战斗,在一段时间内火力支援俄军防御。① 日军不计损失,持续进攻。在兵力方面,日军以量取胜——有生力量23∶1,火炮2.5∶1,这些优势使奥保巩可以放手一搏。②

战局激烈。当日的战役以日军战败告终,日军损失惨重。次日,日军再度发起进攻,每个俄军都遭遇了一个日军师团的袭击。在金州战役持续的两天内,日本陆军的用弹量竟然超过了甲午战争。在此过程中,特列季亚科夫既未得到手握4万兵力的斯捷谢利的支援,也未得到在后方指责他是懦夫的傅克的支援,因此被迫撤兵。③ 总而言之,傅克与特列季亚科夫关系淡漠,经此一战,他们的关系已经到了无可缓和的境地。④ 黄昏时分,在阵地剩余志愿兵的掩护下,俄军撤离阵地。在黑暗中,恐慌是不可避免的。不时发出"日本骑兵!"的叫喊声加重了队伍的恐慌情绪。在步枪兵指挥官整顿纪律后,特列季亚科夫命令军乐团演奏

---

① Русско‐японская война 1904‐1905 гг... СПб. 1913. Кн. 2. Действия флота на Южном театре от перерыва сообщений с Порт‐Артуром до морского боя 28 июля (10 августа) в Желтом море. С. 70‐75.
② фон Шварц А. В. Атака и оборона Киньчжоу. // ИЖ. 1906. №3. С. 217;240.
③ фон Шварц А. [В.], Романовский Ю. [Д.] Оборона Порт‐Артура. СПб. 1908. Ч. 1. С. 256.
④ Фок А. В. Киньчжоуский бой. // РС. 1910. Том 142. Вып. 4. С. 109‐110.

进行曲,此后队伍变得井然有序。在防守过程中,西伯利亚步枪兵累计损失450人;在撤退过程中,该军累计损失650人(特列季亚科夫本人认为,该军损失了1500名步枪兵和75名军官)。日军739人死亡,5459人负伤。① 俄军的阵地炮几乎都未带走,部分火炮已被炸毁,火炮的炮闩几乎都被拆了下来。②

日本陆军虽然遭受了前所未有的损失,但胜利地进驻了辽东半岛。尽管明知俄军在撤退途中没有在中间阵地设防的可能,但是日军未乘胜追击。在黑暗中,各支队伍混成一片,其间多次走火、相互射击。③ 俄军如此迅速地放弃了金州,这个消息完全出人意料。5月26日,撤离大连港的命令突然下达。④ 如此看来,谁也不打算捍卫这座城市,这座城市的沦陷是不可避免的,俄国人听之任之。可惜,俄军未能正确地安排撤退事宜。尽管防波堤坝被部分炸毁、起重装置遭到破坏、码头的闸门被海水淹没、部分房屋起火,但是损坏并不严重,日军很快便修复了。⑤ 大连的军营和仓库状况良好,火车站和电报局也是如此,此时它们已归

---

① Третьяков Н. 5 - й Восточно - Сибирский полк. . . // ВС. 1909. №2. С. 74 - 85; То же. // ВС. 1909. №3. С. 83; Bruce W. Menning, *Bayonets Before Bullets*: *The Imperial Russian Army*, *1861 - 1914*. Bloomington: Indiana University Press, 1992, p. 160; Из истории русско - японской войны 1904 - 1905 гг. Порт - Артур. Сборник документов. М. 2008. Т. 2. С. 19.

② фон Шварц А. [В.], Романовский Ю. [Д.] Оборона Порт - Артура. СПб. 1908. Ч. 1. С. 256.

③ Материалы к истории осады крепости Порт - Артур (Дневник инженер - штабс - капитана В. В. Сахарова). // ВС. 1907. №1. С. 218.

④ Норригаард Б. В. Ук. соч. С. 13.

⑤ фон Шварц А. [В.], Романовский Ю. [Д.] Оборона Порт - Артура. СПб. 1908. Ч. 1. С. 219; 252 - 253.

日本人所有。①

日军急需的铁路和港口维修车间，甚至为大连提供照明用电的发电机都未销毁。日军将部分发电机送到了阵地上，为那里的探照灯供电。②匆忙间，俄军弃港而逃，舰船已转移至旅顺港；铁路机车也向那里进发，后来才发现俄国居民还未撤离。结果，近400人（男人、女人和儿童）步行撤退，他们雇佣苦力搬运部分家什、行李。③前一天，日本炮舰摧毁了部分铁路，这使情况变得复杂起来。夜间，铁路修缮完毕并恢复通行，最后几批撤离者登车。④显然，由于铁路通车较晚，日军截获200余节车厢，包括客运车厢、货运车厢。在撤退途中，俄国部队在铁路桥上制造了多起爆炸。⑤

日军占领城市和港口后，乃木希典大将率领第三军在此登陆，野津道贯大将率领第四军登陆大孤山。日本第一军、第二军和第四军奉命对抗俄国驻中国东北的兵力，第三军奉命攻占旅顺港。1894年，乃木大将曾经攻占旅顺；现在，他收到指示——迅速突击拿下此地，而后增援主力部队。此时，要塞防御成了关

---

① Русско‐японская война. Официальные донесения японских главнокомандующих сухопутными и морскими силами. СПб. 1908. Т. 1. С. 159.
② Кватц В. Бой на «Зеленых горах». // Братская помощь. Иллюстрированный, военно‐общественный журнал（далее БП）. М. 1909. №1. С. 26.
③ Материалы к истории осады крепости Порт‐Артур（Дневник инженер‐штабс‐капитана В. В. Сахарова）. // ВС. 1907. №1. С. 218.
④ фон Шварц А. ［В.］, Романовский Ю. ［Д.］ Оборона Порт‐Артура. СПб. 1908. Ч. 1. С. 252.
⑤ Русско‐японская война. Официальные донесения японских главнокомандующих сухопутными и морскими силами. СПб. 1908. Т. 1. С. 159.

乎战争结局的首要因素。5月10日，库罗帕特金对此发表了自己的观点："应当尽早调集兵力，然后全力前进。在秋天到来前，决定性的战役不会爆发。同时，应当确保旅顺港拥有完善的防御工事及满足16个月所需的物资储备。"①

5月27日，维特捷夫特召开海军将领会议。会上通过决议：留守海港，等待恰当时机突围返回符拉迪沃斯托克。②如何确定这个时机是个悬而未决的问题。此时，舰队司令得到承诺：很快，要塞就将获得陆军的支援，基地的危机也将随之解除。③金州和大连的接连失守引发了总督对旅顺港和舰队命运的担忧。阿列克塞耶夫认为，要塞充其量只能支持两三个月。6月4日，总督致电库罗帕特金，命令他采取最果决的措施吸引敌军兵力，让日军远离旅顺港，然而库罗帕特金却不愿采取积极的行动。库罗帕特金的行为很好理解。当时，日本拥有三支陆军——黑木为桢的第一军、奥保巩的第二军、野津道贯的第四军，共计11.5万兵力；而满洲集团军兵力不足9万。俄国陆军阵线过长，其兵力零散地分布在140俄里的山区沿线阵地和200俄里辽阳至瓦房店的铁道线附近，此外再无后备兵力。向前推进只能使陆军部队从瓦房店站出发沿铁道线继续前进150俄里。④

---

① Дневник А. Н. Куропаткина（31 марта – 21 ноября 1904 г.）.// КА. М. 1935. Т. 1 (68). С. 78.
② Русско - японская война 1904 – 1905 гг... СПб. 1913. Кн. 2. Действия флота на Южном театре от перерыва сообщений с Порт - Артуром до морского боя 28 июля（10 августа）в Желтом море. С. 94 – 95.
③ Там же. С. 110 – 111.
④ Сапожников. Бой под Вафангоу.// ВС. 1907. №5. С. 36 – 38；40.

库罗帕特金并未掌握多少关于日军的可靠情报。除了一些未经证实的传言和自相矛盾的情报外，大批骑兵——7个哥萨克军几乎未向他提供任何信息。① 远东总督和陆军司令摇摆不定、意见不一，结果，面对威胁谁也找不出相应的破解之法。② 6月6日，为了搭救旅顺港，总督阿列克塞耶夫命令库罗帕特金即刻转守为攻。当日，满洲集团军司令命令西伯利亚陆军第一军司令施塔克尔贝格（Г. К. фон Штакельберг）在瓦房沟附近集结兵力，并于6月10日前集结完毕。6月7日，施塔克尔贝格收到司令冗长的指令——进攻的终极目标就是夺回金州阵地。实际上，对于在此阶段发动进攻，库罗帕特金持反对意见，因此他采取了治标之道——命令进攻部队保存实力，打压敌军弱势兵力，避免与敌军优势兵力作战。③

施塔克尔贝格并未掌握关于日军的任何情况，俄国部队盲目冒进。上至将军本人、参谋部军官，下至普通士兵都信心满满地认为日军经不住打击，很快就会向沿岸地区撤退。④ 在既没有地图也不了解地形的情况下，西伯利亚陆军第一军频频出错。随军的法国记者描述道：“军舰就这样启航了，既没有指南针，也没

---

① Русско - японская война 1904 - 1905 гг... СПб. 1910. Т. 2. Ч. 1. От начала военных действий до боя под Вафаньгоу 1 июня. С. 269 - 270.
② Стейнберг Дж. В. Причины поражения русской армии в русско - японской войне: оперативная точка зрения. // РЯВ. С. 237.
③ Русско - японская война 1904 - 1905 гг... СПб. 1910. Т. 2. Ч. 1. От начала военных действий до боя под Вафаньгоу 1 июня. С. 362 - 363.
④ Нодо Л. Они не знали (Ils ne savient pas...) Письма военного корреспондента газеты «Le Journal» о русской армии в кампанию 1904 г. М. 1905. С. 6.

有了解这片未知海域的舵手。这哪是航海啊!"① 起初,军团的先锋部队萨姆索诺夫(А. В. Самсонов)少将统帅的骑兵队击退了敌军的骑兵侦察分队。此时,俄国骑兵队状态不佳,日夜兼程和粮食短缺令他们疲惫不堪。此外,萨姆索诺夫无从获取有效的情报。6月7日,他的哥萨克部队已与日军结下了梁子。此后,日军向先锋部队不断施压。②

6月14日,在距离旅顺港135千米、距离辽阳225千米的瓦房沟附近5千米处的得利寺村,施塔克尔贝格的部队(26个营、19支哥萨克部队、96门火炮)遭遇了奥保巩的第二军(48个大队、216门火炮)。③ 这场以铁路为中心、发生在距离前线12千米处的战役完全是由日军发起的。起初,三路日军发起进攻,一路深入俄军右翼迂回包抄。④ 俄军阵地准备不足的缺点顿时暴露。俄国部队仅有几天时间(5月27日至6月1日)加强防御。无论是劳动力还是洋镐等挖掘工具都颇为匮乏。竣工的步兵掩体仅有半数为立射掩体,其余均为跪射掩体。⑤

在多石土质地带,无论如何,战壕的挖掘进度都不会太快。炮台位于高地上方,炮兵阵地开阔空旷,炮兵掩体深度欠佳,并

---

① Там же. С. 8.
② Русско - японская война 1904 - 1905 гг... СПб. 1910. Т. 2. Ч. 1. От начала военных действий до боя под Вафаньгоу 1 июня. С. 361 - 362; 379 - 381.
③ Русско - японская война 1904 - 1905 гг... СПб. 1913. Кн. 2. Действия флота на Южном театре от перерыва сообщений с Порт - Артуром до морского боя 28 июля (10 августа) в Желтом море. С. 199.
④ Стейнберг Дж. В. Причины поражения... // РЯВ. С. 240.
⑤ Русско - японская война 1904 - 1905 гг... СПб. 1910. Т. 2. Ч. 2. Бой под Вафаньгоу и военные действия у Ташичао. С. 25 - 26.

且缺少炮兵撤退的坡道。依据司令的命令，为了保存实力，俄军在战斗中仅投入部分兵力，用以对抗日军的优势兵力。在山地炮方面，日军立即占据了绝对优势（俄方阵地仅有4门山地炮——1901年从清政府处缴获的战利品），日本炮台的隐蔽也堪称完美。部署在明处的俄国炮台很快就被敌人的炮火淹没了。① 日军的火力格外密集。在硝烟弥漫的战场上，俄国炮兵不得不浪费时间试探敌军的位置。在这场决斗中，俄军的结局早已注定。②

在这场战争中，日军通常采用防御行动。对进攻部队的炮火支援通常在1千米处中断，以防己方步兵受到"友军炮火"的伤害。在扫射结束前，日军经常停顿片刻，而后向进攻者发动猛烈的炮火袭击，同时己方步兵也发动反攻。③ 在瓦房沟战役中，他们正是如此。6月15日上午，施塔克尔贝格向日军发起反攻，进攻一直持续到日本包抄部队出现前，后者的出现对铁路构成了断交威胁。④ 先前骑兵侦察队发回了敌军正在逼近的情报，但是军团参谋部未加理会。⑤ 从骑兵报告敌情到派兵增援，其间过了

---

① Цабель С. А. Полевые позиции, укрепленные в первый период русско-японской войны（Краткое описание и планы）. // ИЖ. 1907. №11-12. С. 1523-1524；Сапожников. Бой под Вафангоу. // ВС. 1907. №5. С. 40；45；49；М. Х. 3-й Восточно-Сибирский стрелковый полк в бою под Вафаньгоо 1-го и 2-го июня 1904 г. // ВС. 1910. №10. С. 61.

② Русско-японская война 1904-1905 гг... СПб. 1910. Т. 2. Ч. 2. Бой под Вафаньгоу и военные действия у Ташичао. С. 28.

③ Употребление в бою полевой артиллерии по опыту русско-японской войны Статья лейтенанта 5-го батальона крепостной артиллерии Виктора Каянека из «Streffleur militarische Zeitschift». // ВС. 1912. №7. С. 109；111.

④ Стейнберг Дж. В. Причины поражения... // РЯВ. С. 240.

⑤ Great Britain War Office, The Russo-Japanese War, vol. 3, p. 156.

近四个半小时。①

此时，日军已完成防御工事的加固，并且挖好了壕沟。在准备就绪的前线阵地上，日军等来了俄国步兵缺乏准备的攻击。此后，日军发起进攻。临近中午，施塔克尔贝格下令撤退。在这场战役中，俄军损失124名军官、死伤3348名士兵，日军损失兵力1163人。在沿着唯一的坡道撤退时，一门火炮被击毁了，这挡住了其他人的退路。俄军在战场上留下了17门火炮。撤退过程极为糟糕。在黑暗中，步兵部队误将哥萨克侦察队当作敌军并且发起攻击。结果，在朝自己人开火的同时，也造成了一时难以平复的恐慌。幸运的是，日军并未追击。②

美国现代历史学者对此做出了恰当的评述："当俄国人就大战略争论不休时，日本人有条不紊地抓住了主动权，并且毫不犹豫、毫不动摇地追求自己的战略目标，这正是他们取得胜利的决定性因素。"③ 在瓦房沟战役后，日军又对俄军发动了一系列袭击，将他们赶出了中国东北的南部山区。无论在哪里，日军几乎都采用了同样的战术——前线猛攻配合大量兵力的迂回包抄；而俄军却不知变通，在防御阵线上始终均分兵力，将主动权让给敌人。因此，日军能够在主攻方向上集结兵力。俄军的反攻就像在

---

① Комаров. Бой под Тюренченом и Вафангоу. // Русско-японская война в сообщениях... СПб. 1906. Ч. 1. С. 47.
② Сапожников. Бой под Вафангоу. // ВС. 1907. №5. С. 49；62；М. Х. 3-й Восточно-Сибирский стрелковый... // ВС. 1910. №10. С. 62；65-66.
③ Стейнберг Дж. В. Причины поражения... // РЯВ. С. 234.

库尔斯克的演习中一样,从不借助地形优势,而是一味地使用密集的作战队形。结果,他们不得不撤退。①

在这些冲突中,最重要的一场战役当属 7 月 23~24 日爆发的大石桥战役。库罗帕特金认为,尽管此处阵地防御完备,但是在此进行决战对俄军不利。② 在山上的优势高地建有多面堡、多层掩体、机枪和火炮阵地,在后方有专用通道和桥梁。③ 控制大石桥意味着掌控通向营口的铁路交通,营口是可与旅顺港保持直接联系的唯一港口,此时这种联系岌岌可危。作战双方都很坚毅,战士的表现无懈可击,俄军步兵顽强地抵抗日军的炮火,甚至发动了刺刀战。日军虽被击退,但俄军被迫撤退。在灼人的烈日下,撤退异常艰辛。与此同时,他们时常面临缺水的问题。在士兵中间首次爆发了愤怒的情绪:"无论我们如何坚持,他们还是会下令撤退。"④

在大石桥战役中,双方损失相对较小,俄军累计折损 44 名军官、1006 名士兵,日军损失 66 名军官和 1123 名士兵。⑤ 当然了,双方的死伤人数无法体现出这场战役的意义。撤退造成的诸多后

---

① Русско - японская война от начала до Ляояна включительно. Лекции Генерального Штаба полковника Комарова... С. 65; 67; 74.
② Дневник А. Н. Куропаткина (31 марта - 21 ноября 1904 г.). // КА. М. 1935. Т. 1 (68). С. 84.
③ Русско - японская война 1904 - 1905 гг... СПб. 1910. Т. 3. Ляоянский период. Ч. 1. Обстановка в первых числах июля. Июльские бои. Перерыв военных действий в период дождей. С. 68 - 69.
④ Рябинин А. А. На войне в 1904 - 1905 гг... С. 17; 22 - 24; 31; 38 - 40.
⑤ Русско - японская война 1904 - 1905 гг... СПб. 1910. Т. 3. Ляоянский период. Ч. 1. Обстановка в первых числах июля. Июльские бои. Перерыв военных действий в период дождей. С. 90 - 91.

果对战争的进程产生了重大影响。在营口失守后，东乡平八郎宣布自6月26日起彻底封锁通往旅顺港的海上要道。① 尽管如此，由于在中国东北山区陆军决战尚未爆发，日本的战前行动计划未能完全实现。此时，俄军司令正在加固辽阳的防御工事，并且计划依靠防御拖垮大山岩，使日军精疲力竭，而后俄军转入反攻。

6月16日，库罗帕特金指出："在与旅顺港合作前，如果日军决定调动全部兵力进攻满洲集团军，以便将我们赶出南满，那么我将乐见其成。我们将进入山谷，在那里笨拙的大车将使我们受益，在山中部署的火炮也不再是我们沉重的负累，那些我们无法建造的大型车辆也没了用处。在山谷中，我们的部队能够更加自由地呼吸，我们的骑兵也能够发挥自己的优势。日军的通信线也将延长。"② 俄国司令准确地描述了在平原上展开行动的全部优势，剩下的事情就是要如何利用它们了。

在此情况下，日本的成败就取决于乃木希典能否在两国陆军爆发决定性战役前占领旅顺港了。此外，日军还应解决俄国舰队威胁日本海上交通线的问题，这是东乡平八郎一直无法解决的难题。距离旅顺城市20千米的青山和16千米的狼山就是所谓的"山隘阵地"——远离城市的要冲。在战争爆发前，由于经济原

---

① Русско‑японская война. Официальные донесения японских главнокомандующих сухопутными и морскими силами. СПб. 1908. Т. 1. С. 62；Русско‑японская война 1904‑1905 гг... СПб. 1913. Кн. 2. Действия флота на Южном театре от перерыва сообщений с Порт‑Артуром до морского боя 28 июля（10 августа）в Желтом море. С. 116‑117.

② Дневник А. Н. Куропаткина（31 марта‑21 ноября 1904 г.）.// КА. М. 1935. Т. 1（68）. С. 83.

因未在此处设防。在傅克将军的倡议下，1904年4月，俄国对"山隘阵地"进行了勘察。金州失守和大连撤军给部队留下了严重的心理阴影，因为士兵们看到了防御工事的修筑过程并且坚信它们是坚不可摧的。

在要塞修筑坚固可靠的防御工事需要一定时间。6月14日，俄军司令部决定在青山设防，于是开始在阵地上修筑防御工事，一切都要从零开始，因为既没有掩体，也没有协助炮兵连直达优势阵地的道路。在日军发动攻击前，工程持续推进。7月26~28日，在"山隘阵地"发生激战，47名军官和2066名士兵战死。7月28日黎明，俄军撤退，在阵地上留下了5门被击毁的火炮。经过48小时的鏖战，部队撤入狼山。此地几乎未设防，只有几处隐蔽在一人多高的高粱和玉米地里的堡垒和掩体。在这里什么也做不了。7月29日，日军发起进攻。在日军猛烈而高效的攻击下，本就准备不充分的俄军阵地陷入混乱。30日清晨，冒着敌军制造的枪林弹雨，俄国部队开始撤退。日军夺得通往要塞的要冲。在狼山日军便可看到前方俄国的防御工事。①

身处乃木希典阵营的英国军事记者认为，倘若俄国人有机会加强要冲的防御，那么旅顺港将变得难以靠近。② 维特的节约政策抹杀了这种可能。几天后，临时建成、由5个军分别把守的俄

---

① фон Шварц А. [В.], Романовский Ю. [Д.] Оборона Порт－Артура. СПб. 1908. Ч. 1. С. 259；265；270；298；364；367；373；380；382；Кватц В. Бой на «Зеленых горах». // БП. М. 1909. №1. С. 28.；То же. // БП. М. 1909. №3. С. 20.

② Бартелетт Э. Порт－Артур. Осада и капитуляция. СПб. 1908. С. 44.；Норригаард Б. В. Ук. соч. С. 40.

军防御阵地全部沦陷（西伯利亚第五军损失惨重）。由于这些阵地没有重兵把守，它们只能拖延要塞被攻占的时间。日军逼近旅顺港要塞外围的防御工事。在此，他们大失所望。要塞的备战水平远高于侦察队所报告的水平。在东西伯利亚第七步枪兵师师长孔德拉坚科（Р. И. Кондратенко）中将的全力推进下，要塞的防御达到了极高的水准：依靠无准备的突袭猛攻，则绝无制胜的可能。① 在要塞的陆地防线上，部署396门火炮和48挺机枪，后备移动式火炮60门。②

俄国巡洋舰符拉迪沃斯托克分舰队的行动严重地影响了日军的围困计划，尽管最初它们的行动并未取特别的成就。5月15日，分舰队遭受巨大损失。耶森搭乘勇士号巡洋舰出海侦察，该舰在大雾中迷失了方向，并且在符拉迪沃斯托克西南方向20海里处触礁。直到6月15日，该舰才成功脱险返回港口，后来它不再参加任何战斗。③ 此后，海军上将别佐布拉佐夫短期接管了巡洋舰队的指挥权。分舰队频繁出海，这对日本的航运构成了严重威胁。例如，1904年6月12日至19日，在远征朝鲜海峡时，符拉迪沃斯托克分舰队击沉了2艘日本运输舰（其上运载着士兵和军用物资），迫使1艘运输舰触礁，截获并扣押了1艘英国

---

① Третьяков Н. 5 - й Восточно - Сибирский полк... // ВС. 1909. №3. С. 88 - 94；То же. // ВС. 1909. №4. С. 80 - 81；Побилевский Н. Дневник артурца... // ВС. 1910. №3. С. 63 - 64；Письмо ген. А. М. Стесселя ген. В. Г. Глазову... //КА. М. - Л. 1926. Т. 3（16）. С. 219.

② фон Шварц А. Влияние борьбы за Порт - Артур... // ИЖ. 1907. №1. С. 43.

③ Описание военных действий на море в 37 - 38 гг... СПб. 1910. Т. 3. Действия против русской Владивостокской эскадры. С. 38.

轮船。此外，随着被击沉的运输舰一同葬身海底的还有一批本应被送到乃木希典手中的重型火炮——11英寸（280毫米）口径的攻城榴弹炮。就这样，乃木希典也失去了在几个月内迅速摧毁俄国长期防御工事的机会。① 此后，日本司令部决定，为军用物资运输舰配备护航舰。②

尽管如此，日本的海上运输安全依然无法得到保障。7月17日至8月1日，俄国巡洋舰队再次出海。俄舰穿越津轻海峡进入太平洋，而后抵达东京湾海域。途中，舰队击沉了几艘日本纵帆船，扣押了2艘英国货船和1艘德国货船并且上船搜查军事违禁品。当俄国舰队遇到近海航行的京都丸轮船时，并未将其击沉，因为船上的50余名乘客多为女性。8月初，俄国巡洋舰队累计击沉敌军的7艘轮船和4艘帆船，扣押并俘虏英国、德国轮船各一艘。③ 在积极出动期间，被巡洋舰队击沉的运输舰的总载重能力高达20000吨，另有10艘战利舰被运至符拉迪沃斯托克，载重量合计16000吨。④

俄国巡洋舰队的行动对日本的外贸造成了恶劣的影响，业界认为它不再安全。为了满足军事需要，日本大肆动员运输舰队，因此中立船队承担起了90%的贸易运输工作。⑤ 来自欧洲

---

① Золотарев В. А. , Козлов И. А. Ук. соч. С. 123.
② Сеппинг Райт С. Т. С адмиралом Того. Описание семимесячной действительной службы под его командой. СПб. 1907. С. 32.
③ Описание военных действий на море в 37 - 38 гг... СПб. 1910. Т. 3. Действия против русской Владивостокской эскадры. С. 53 - 54.
④ Свечин А. А. Предрассудки... С. 166.
⑤ Там же.

和美国的物资尤为重要。为了实现海上拦截，俄国政府曾组织远程封锁。志愿舰队的 2 艘轮船彼得堡号和斯摩棱斯克号被改装成辅助巡洋舰，穿越博斯普鲁斯海峡和达达尼尔海峡。由于海峡禁止军舰通航，船上的武器装备被隐藏了起来。它们驶入印度洋，在那里逗留了 3 个月，累计拦截并搜查了 19 艘轮船。后来，来自波罗的海的 4 艘辅助巡洋舰——顿河号、乌拉尔号、捷列克号和库班号在大西洋加入了它们的战斗行列。从整体上看，俄国辅助巡洋舰的收获欠佳。在中立国家，特别是英国的抗议下，俄国被迫终止了对日本远程封锁。巡洋舰队累计搜查 50 艘轮船，英国轮船居多，其中 5 艘被击沉、4 艘被扣押，其余的均被放行。①

无论如何，俄国巡洋舰战争对中国东北前线的进程，特别是旅顺港的围困进程产生了重大影响。在密集围攻开始前，要塞人口总计 47016 人，其中战斗人员 34503 人、非战斗人员 4189 人、伤员病号 2324 人、关东州舰队舰员 3500 人以及由当地居民和港口工人构成的 13 个社区的平民 2500 人。② 要塞现役火炮 646 门、机枪 62 挺。乃木希典的第三军拥有兵力 8 万余人、火炮 474 门。此时，日军士气高涨。在审视中国东北时局后，乃木将军胜券在握，决定即刻开战，无须等待新的攻城炮的到来。③ 攻占金州令日军备受鼓舞。为了见证凯旋的时刻，日本议员和外国代表搭乘

---

① Золотарев В. А., Козлов И. А. Ук. соч. С. 131 – 143.
② фон Шварц А. [В.], Романовский Ю. [Д.] Оборона Порт-Артура. СПб. 1908. Ч. 1. С. 120.
③ Семенов В. [И.] Ук. соч. СПб. 1907. ЧЧ. 1 – 2. С. 178.

满洲丸号轮船抵达战场。① 8月7日，日军开始扫射俄国前线阵地，而后对大孤山和小孤山高地发动攻击。在不计损失的强攻下，8月9日夜，日军最终占领高地。② 在进攻过程中，日军损失8000余人，部队精疲力竭，需要喘息。③

在大孤山和小孤山被攻占后，旅顺港的港内锚地进入了日军远程炮的射击范围。尽管港口被群山包围，但是在针对水域的连贯射击面前，军舰在基地停泊将变得毫无意义。④ 1904年5月17日，在乘坐末班火车离开旅顺港前，阿列克塞耶夫下令调遣舰员和舰炮保卫要塞的陆防阵线。结果，装甲舰被拆除了大量6英寸口径的舰炮，舰员人数也遭到了削减。在经历了三个月的停航后，舰船性能大打折扣。为了协同作业，俄国舰队只能将航速保持在14节左右，此时日本舰队的航速已达18.3节。由此可知，日本舰队在航速方面更胜一筹。⑤ 5月底，斯捷谢利邀请维特捷夫特登上高地。在那里，斯捷谢利指出：一旦高地失守，内停泊港将无法再为俄国舰船提供可靠的容身之地了。此后，舰队司令率领参谋部的军官和军舰指挥官重登此山，同时提出要求，希望舰炮能够阻挠日军的进攻。⑥

6月22日，总督告知维特捷夫特，根据他所掌握的情况，

---

① Норригаард Б. В. Ук. соч. С. 19.
② Семенов В. ［И.］ Ук. соч. СПб. 1907. ЧЧ. 1 – 2. С. 178.
③ Норригаард Б. В. Ук. соч. С. 29.
④ Семенов В. ［И.］ Ук. соч. СПб. 1907. ЧЧ. 1 – 2. С. 178.
⑤ William McElwee, *The Art of War: Waterloo to Mons*. London: Weidenfeld and Nicolson, 1974, p. 289.
⑥ фон Шварц А. ［В.］, Романовский Ю. ［Д.］ Оборона Порт – Артура. СПб. 1910. Ч. 2. С. 40 – 41.

此时日本在海上只有 3 艘装甲战列舰，其余的不是被击沉了，就是在码头维修。除此之外，据他所知，日本已损失了 22 艘鱼雷艇和 10 艘加强雷击舰，并且多艘巡洋舰受损。因此，阿列克塞耶夫认为，现在正是出海突围、返回符拉迪沃斯托克的绝佳时机。① 23 日，维特捷夫特率舰队驶出旅顺港并且遇到了日本舰队——4 艘装甲舰和 4 艘装甲巡洋舰，据传正在维修的富士号和晓号及几乎沉没的敷岛号战列舰赫然在列。鉴于日舰在航速上占据优势，维特捷夫特决定立即返航。在旅顺港沿岸水域，塞瓦斯托波尔号战列舰触雷。夜间，被迫在白狼湾停泊的战列舰击退了日本鱼雷艇的进攻。次日清晨，战列舰被驳船拖回港内锚地。原本用于维修列特维赞号的沉箱现在被移至塞瓦斯托波尔号附近，维修时间预计不少于 4 个星期。此前，俄国舰队并无出海计划。此次失利招致总督的非难，他谴责维特捷夫特未遵循突围指令。②

7 月 3 日，布拉科夫中尉号驱逐舰突围进入被围困的要塞。他传达了阿列克塞耶夫的最新指令："谨记，只要舰队能够安全地停留在旅顺港内，那么就按兵不动。否则，请提前出海，如果可能的话，不要参加战斗，直接返回符拉迪沃斯托克。"③ 无论从何种角度看，这都是一条奇怪的指令。即便如此，舰队司令依

---

① Ильин Н. К 50 - летию начала русско - японской войны. // МЗ. Нью - Йорк. 1955. №1. С. 8 - 9.

② Русско - японская война 1904 - 1905 гг... СПб. 1913. Кн. 2. Действия флота на Южном театре от перерыва сообщений с Порт - Артуром до морского боя 28 июля (10 августа) в Желтом море. С. 164 - 169；179 - 182；212.

③ Семенов В. [И.] Ук. соч. СПб. 1907. ЧЧ. 1 -2. С. 177.

然试图执行总督的命令。维特捷夫特不相信舰队能够突围成功，因为他了解舰队的实力。他担心敌军的鱼雷艇在对马海峡发动进攻。尽管如此，他依旧打算履行职责。7月5日，维特捷夫特在对阿列克塞耶夫做出回应时指出："我不应承受任何指责。我做事诚实，如实汇报事态进程。至死，我都要努力保持诚实。对于舰船遇险，我问心无愧。上帝终将宽恕我。日后，一切都将真相大白。"①

无论如何，离开旅顺港是必然的。8月9日，日本陆军开始使用远程炮轰击停泊在港内的舰船。尽管敌人未能瞄准这片区域的任何目标，但是依旧达到了自己的目的：列特维赞号被击中7次，波尔塔瓦号被击中2次。尽管未遭重创，但是等待确实失去了意义。② 8月10日，皇太子号旗舰发出信号："舰队听令，沙皇谕旨，驶往符拉迪沃斯托克。"③ 在舰队司令与舰长会议上，多数将领支持总司令的观点，反对离港。维特捷夫特本人公开表示："预感自己将要死去，无法领导舰队。"④ 他率领6艘装甲战列舰、1艘装甲巡洋舰、2艘一等甲板装甲巡洋舰、1艘二等巡洋舰和8艘舰队驱逐舰驶离旅顺港。据推测，为了协助太平洋舰队突围并且在海上吸引日本舰队的部分火力，符拉迪沃斯托克巡

---

① Ильин Н. К 50 - летию начала русско - японской войны. // М3. Нью - Йорк. 1955. №1. С. 9.

② Русско - японская война 1904 - 1905 гг... СПб. 1913. Кн. 2. Действия флота на Южном театре от перерыва сообщений с Порт - Артуром до морского боя 28 июля（10 августа）в Желтом море. С. 320 - 321.

③ Семенов В.［И.］Ук. соч. СПб. 1907. ЧЧ. 1 - 2. С. 184.

④ Из истории русско - японской войны 1904 - 1905 гг. Порт - Артур. Сборник документов. М. 2008. Т. 2. С. 578.

洋舰分舰队即将出海。由于无法与符拉迪沃斯托克取得直接的联系，俄国舰船无法协同作业。执行封锁任务的日本舰队构成是4艘装甲战列舰、4艘装甲巡洋舰、8艘两个等级的巡洋舰和18艘舰队驱逐舰。①

舰队的离去为旅顺港的守军带来了喜悦和希望——他们认为，在波罗的海增援部队抵达前，作为战斗力量的舰队在符拉迪沃斯托克将得以保全。② 维特捷夫特的舰队以12~13节的航速前进着。③ 提速是不可能的，离港不久，俄国军舰接连发生故障。皇太子号率先出现操舵装置失灵的问题，列特维赞号随后也出现了同样的问题。这与军舰长期停泊不动有关。在此期间，大部分炮兵也没有机会练习射击，因此他们的训练水平必然有所下降。④ 由于舰员曾被派往陆地防线参加防御，全员回归显然是不现实的，舰员空缺只能依靠在旅顺港停留的舰船船员补齐。⑤ 出征前，列特维赞号战列舰尚未修理完毕，此前舰体在吃水线下中弹。离开旅顺港时，在战列舰的艏舱中有500吨水，在压载舱中也有500吨水。⑥ 当然，这一切都对舰队的航速造成了

---

① Золотарев В. А., Козлов И. А. Ук. соч. С. 106.
② фон Шварц А. ［В.］, Романовский Ю. ［Д.］ Оборона Порт - Артура. СПб. 1910. Ч. 2. С. 40.
③ Семенов В. ［И.］ Ук. соч. СПб 1907. ЧЧ. 1 - 2. С. 187.
④ Иениш Н. ［В.］ Шангтунский бой 28 июля 1904 г. (по наблюдениям с палубы эскадр. Миноносца «Беспощадный»). // ВБ. Париж. 1963. №60. С. 17.
⑤ Русско - японская война 1904 - 1905 гг... Пгр. 1915. Кн. 3. Морское сражение в Желтом море 28 июля (10 августа) 1904 г. Захват японцами миноносца «Решительный» в Чифу. С. 29.
⑥ Иениш Н. ［В.］ Шангтунский бой... // ВБ. Париж. 1963. №60. С. 21.

影响。

  舰队武装水平也不均衡。根据书面数据，俄国舰队拥有 106 门 6 英寸口径的火炮，事实上，其中 22 门已支援陆防阵线，6 门无法使用。日本战舰拥有 138 门 6 英寸口径的火炮，而维特捷夫特的舰队实际上仅拥有 78 门。总体而言，在中型和重型火炮方面，东乡平八郎以 182 门舰炮力压俄舰的 104 门舰炮。① 俄国以 15 门 12 英寸口径的舰炮（其中 1 门架设在塞瓦斯托波尔号上的舰炮无法使用②）对战日本 16 门同口径的舰炮，以 8 门 10 英寸口径的舰炮对战日本 2 门同口径的舰炮。此外，日本舰队还架设了 12 门 8 英寸口径的舰炮，俄国舰队没有此类舰炮。③ 由此可见，尽管俄国军舰在中口径舰炮、航速和装甲方面不如敌人，但是在小口径舰炮方面占据优势。俄国舰队在三个半小时内驶出外港。④ 俄国军舰于 10∶30 驶出内港，日本巡逻舰立即发现了这一情况，一个小时后，两国舰队针锋相对。⑤

  日本舰队由 4 艘装甲战列舰和 2 艘装甲巡洋舰组成。在发现情况后，东乡立即调派 1 艘装甲舰、几艘巡洋舰和鱼雷艇增援。

---

① Подгурский Н. Из воспоминаний об осаде Порт – Артура. // ВС. 1906. №11. С. 145.

② Русско – японская война 1904 – 1905 гг... Пгр. 1915. Кн. 3. Морское сражение в Желтом море 28 июля（10 августа）1904 г. Захват японцами миноносца «Решительный» в Чифу. С. 30.

③ Золотарев В. А., Козлов И. А. Ук. соч. С. 106.

④ Русско – японская война 1904 – 1905 гг... Пгр. 1915. Кн. 3. Морское сражение в Желтом море 28 июля（10 августа）1904 г. Захват японцами миноносца «Решительный» в Чифу. С. 32.

⑤ Семенов В. ［И.］ Ук. соч. СПб. 1907. ЧЧ. 1 – 2. С. 187.

战前，俄国战列舰屡次出现操控失灵。12：20，日进号巡洋舰开火，①随后日舰投入战斗，俄国的皇太子号和日本的三笠号旗舰吸引了大量火力。这是一场炮手之间的决战，双方各有输赢。战争爆发之初，无论是日本舰队成员还是俄国舰队成员，训练水平基本一致；在军事行动中，他们的水平也同步提升。经过两小时的激战，14：30双方停火散开。16：30，东乡平八郎舰队凭借速度优势赶超维特捷夫特舰队；16：45，双方再次开战，俄国舰队占上风。②与敌人的火力相比，俄国舰队的火力毫不逊色。③日本旗舰三笠号战列舰中弹22次，受损严重，所有舰炮近乎报废。此外，俄国炮兵还成功击中了晓号和富士号战列舰。④此时，日本舰队的弹药储备基本见底，东乡也做好了撤退的准备。

法国观察员、这场战争的研究者对战役的决定性时刻进行了如下描写："在满目疮痍的指挥室中，这位领袖看见了保持阵型不变的俄国舰队正在加强火力，他看见了军舰受损的甲板以及跟随在他后面、受损格外严重的三笠号。他仿佛看见了彻底放弃了

---

① Русско‑японская война 1904–1905 гг... Пгр. 1915. Кн. 3. Морское сражение в Желтом море 28 июля（10 августа）1904 г. Захват японцами миноносца «Решительный» в Чифу. С. 36；39–40.
② Семенов В.［И.］Ук. соч. СПб. 1907. ЧЧ. 1–2. С. 187–189.
③ Русско‑японская война 1904–1905 гг... Пгр. 1915. Кн. 3. Морское сражение в Желтом море 28 июля（10 августа）1904 г. Захват японцами миноносца «Решительный» в Чифу. С. 48.
④ Описание военных действий на море в 37–38 гг... СПб. 1909. Т. 1. Военные действия против русской эскадры в Порт‑Артуре. С. 215–216；Золотарев В. А., Козлов И. А. Ук. соч. С. 108–110.

撤退想法的海军上将维特捷夫特正在靠近自己，为了挽救战争的命运、捍卫俄国的荣耀，他勇敢地投身战斗，决心与舰队共赴黄泉。海军大将东乡预见到了即将发生的、近在眼前且不可避免的血腥冲突，一部充满鲜血和死亡的悲剧。也许双方都将遇难，但是到了那时，现在正准备从利巴瓦起航的俄国舰队就可以在这片海域自由航行了……他即将下达准备撤退的命令。此时此刻，海军大将东乡突然悲从中来，他意识到自己的舰队已经是强弩之末，然而俄国舰队也同样备受煎熬。"①

俄国舰队司令站在舰桥上，拒绝返回指挥室。面对询问，海军上将回应称：自己死在哪里都一样。战役的决定性时刻就这样到来了。18：00，一发12英寸的炮弹击中舰桥。巨大的冲击力将维特捷夫特炸得粉碎，只剩下一条腿。舰队的领航员和信号副官中弹身亡，参谋长和数名军官负伤。5分钟后，皇太子号的指挥室受损，大副和总舵手死亡，舰长和多位高级军官负伤。旗舰彻底失控，开始发生偏转，但是无人发出"旗舰失控"的信号。列特维赞号装甲战列舰挺身而出、扭转局势，它向三笠号发动猛攻，吸引敌舰炮火。②

列特维赞号舰长辛斯诺维奇（Э. Н. Щенснович）上校一直

---

① Оливье Э. Уроки морских войн Дальнего Востока и испано - американской. СПб. 1907. С. 90.

② Семенов В. ［И.］ Ук. соч. СПб. 1907. ЧЧ. 1 - 2. С. 192; Русско - японская война 1904 - 1905 гг... Пгр. 1915. Кн. 7. Морское сражение в Желтом море 28 июля （10 августа） 1904 г. Захват японцами миноносца «Решительный» в Чифу. С. 49 - 50.

期待着能够亲自摧毁敌人的旗舰。① 现在，实现这个愿望的机会恰好摆在了他的面前。东乡舰队集中火力攻打该舰。黄海海战的亲历者证实，当时的炮火极为密集："有时候，列特维赞号连同它的桅杆完全消失在了由水柱、烟幕和浮沫组成的巨型'穹顶'下。"② 尽管日舰的重型炮弹未击中列特维赞号，但是在空气中爆炸的弹壳碎片击中了指挥室。辛斯诺维奇负伤，头部伤势较轻，腹部严重受伤。列特维赞号战列舰停止了进攻。后来，没人愿意继续冒险。与此同时，日舰也暂停了对俄国旗舰的炮击。三笠号原地转弯，其他日舰紧随其后。③

与此同时，俄国舰队的部分战舰自发地追随本国旗舰，并且避免与皇太子号相撞。俄方阵型大乱，日方立即把握机会采取行动。④ 转弯后，日本舰队再次阻挡俄国舰队向北航行。⑤ 作为相互配合且步调一致的作战单位，日本舰队的实力远超俄国。这场战役的参与者伊耶尼什（Н. В. Иениш）中尉回忆道："我们失败的真正原因完全不是物资匮乏或伤亡惨重，而是舰队完全缺乏组织，不是日本人打败了我们，是我们自己害死了自己。"⑥ 在这场战役中，双方未损失一艘军舰，但是日本人赢得了胜利，俄

---

① Иениш Н.［В.］Шангтунский бой...// ВБ. Париж. 1963. №60. С. 16.
② Там же. С. 21.
③ Там же.
④ Из истории русско‐японской войны 1904‐1905 гг. Порт‐Артур. Сборник документов. М. 2008. Т. 2. С. 585.
⑤ Описание военных действий на море в 37‐38 гг... СПб. 1909. Т. 1. Военные действия против русской эскадры в Порт‐Артуре. С. 214.
⑥ Из истории русско‐японской войны 1904‐1905 гг. Порт‐Артур. Сборник документов. М. 2008. Т. 2. С. 640.

国舰队被迫撤退。这正是日本海军大将战前设定的目标,但是他的计划未涉及作战的风险。也就是说,一旦战败,他将失去制海权,进而导致战争失败。在俄国军舰出海的前一天晚上,日本人在旅顺港附近埋伏了水雷。东乡计划逼迫维特捷夫特舰队返航,俄国舰队一旦触雷,他将派遣鱼雷艇巩固胜果。①

如果说日本司令的计划未能完全实现,那么已经阵亡的俄国舰队司令的计划则满盘皆输。18:05,俄国舰队彻底陷入混乱。皇太子号发出信号:"海军上将向海军少将乌赫托姆斯基(П. П. Ухтомский)大公移交指挥权。"然而身处佩列斯韦特号装甲战列舰的海军少将所读到的信息却是"海军上将移交指挥",之后便没了下文。经过多次修正后,海军少将乌赫托姆斯基在佩列斯韦特号上发布指令:"跟我走。"由于军舰的桅杆已经被压断,信号装置只能捆绑在舰桥的扶手上,几乎没人注意到它。战列舰"在不同的时刻"纷纷掉头返航,"毫无章程"。海战结束后,由于俄国舰队缺乏统一的指挥系统和可靠的通信渠道,某些舰船的返航目的地是舰长自行决定的。②

关于这场海战,日本的官方说法是:"他们的军舰,在队形

---

① McElwee, *The Art of War*, p. 290.
② Семенов В. [И.] Ук. соч. СПб. 1907. ЧЧ. 1 – 2. С. 192 – 193; Русско - японская война 1904 - 1905 гг... Пгр. 1915. Кн. 3. Морское сражение в Желтом море 28 июля (10 августа) 1904 г. Захват японцами миноносца «Решительный» в Чифу. С. 51 – 56.

遭到破坏后似乎失去了明确的目标，开始各行其是。"① 在这场战役中，日军累计损失170人，② 没有一艘军舰被击沉，但是能够挑战日本舰队制海权的俄国主力舰队遭到了灭顶之灾。俄国舰队狼狈逃窜，佩列斯韦特号、胜利号和波尔瓦塔号战列舰在权力号鱼雷艇的护卫下退入旅顺港。部分战列舰和巡洋舰迷失了方向，它们沿着各自的航线航行。8月11日清晨，列特维赞号、塞瓦斯托波尔号战列舰连同帕拉达号巡洋舰、无畏号和机敏号鱼雷艇一同加入了停泊在旅顺港附近的舰队残部。③ 俄国战舰从不同方向驶向旅顺港，船体上留下了许多清晰可见的被敌军炮弹击中的痕迹。④

守军军官在日记中写道："今天早上，在经历了一场大战后，我们的舰队返航了。它们的状况惨不忍睹。佩列斯韦特号和列特维赞号受损严重。佩列斯韦特号的一个发动机被摧毁，2门10英寸口径的火炮被击毁，右舷分布着多处弹孔。其余军舰或多或少负了伤，几乎不再适合继续作战了。"⑤ 尽管俄国军舰返回了自己的基地，但是在那里它们不仅无法得到全面的维修，而且在日本陆军的火

---

① Описание военных действий на море в 37 - 38 гг... СПб. 1909. Т. 1. Военные действия против русской эскадры в Порт - Артуре. С. 214.

② Русско - японская война. Официальные донесения японских главнокомандующих сухопутными и морскими силами. СПб. 1908. Т. 1. С. 94.

③ Русско - японская война 1904 - 1905 гг... Пгр. 1915. Кн. 3. Морское сражение в Желтом море 28 июля (10 августа) 1904 г. Захват японцами миноносца «Решительный» в Чифу. С. 56 – 58.

④ фон Шварц А. [В.], Романовский Ю. [Д.] Оборона Порт - Артура. СПб. 1910. Ч. 2. С. 42.

⑤ Материалы к истории осады крепости Порт - Артур Дневник инженера - штабс - капитана В. А. Сахарова. // ВС. 1907. №2. С. 210.

力范围内。最终，在旅顺港内停泊了5艘战列舰、1艘装甲巡洋舰和4艘鱼雷艇，其余军舰则驶入了中立港并且遭到羁押。只有诺维克号轻型巡洋舰试图突围至符拉迪沃斯托克，它从太平洋方向绕过了日本诸岛，但是在萨哈林岛南部海岸遭遇了2艘日本巡洋舰，被迫与之交火，结果受损严重，在阿尼瓦湾附近沉没。在途经日本人在旅顺港入口处布置的水雷阵时，俄国军舰未遭遇重大损失。塞瓦斯托波尔号战列舰因受损严重仍在海面漂浮，随后接受了维修。日本鱼雷艇的进攻持续到深夜，但是并未成功。①

8月12日，海军上将耶森率领俄罗斯号、留里克号和格罗莫鲍伊号巡洋舰驶离符拉迪沃斯托克，对于此时的旅顺港舰队他们已经无能为力。② 俄国军舰适合在世界海洋上执行单舰截击任务，而非炮战。它们行动半径大、装甲薄、船舷高、便于海上航行，但是它们也是庞大且便于炮火打击的目标，并且没有掩体。日本的装甲巡洋舰是战前采购的，虽然在体积和续航力方面不如俄国战舰，但是装甲、航速（20~21.5节对18~19.8节）和舰炮的隐蔽性能更佳。③ 8月14日，在朝鲜海峡，俄国舰队遭遇了海军中将上村彦之丞的4艘装甲巡洋舰。经过长时间的激战，在留里克号失事后，俄国舰队被迫逃离。在操舵装置受损后，留里

---

① Описание военных действий на море в 37-38 гг... СПб. 1909. Т. 1. Военные действия против русской эскадры в Порт - Артуре. С. 218-223；245；Золотарев В. А.，Козлов И. А. Ук. соч. С. 110-111.

② Описание военных действий на море в 37-38 гг... СПб. 1910. Т. 3. Действия против русской Владивостокской эскадры. С. 70.

③ Егорьев В. Е. Владивостокский отряд крейсеров...// МС. 1937. №3. С. 117；123.

克号失控，最终被日舰击沉。这是战争期间唯一被舰炮摧毁的装甲舰。8月16日，其余战舰返回符拉迪沃斯托克，并且终止了针对海上交通线的各种行动。①

在行动期间，这支俄国巡洋舰分队累计摧毁了15艘日本船只、2艘运载军用物资的外国货轮，扣押并占有了5艘货轮。② 自1904年下半年起，在符拉迪沃斯托克阵线上，敌人集中力量进行水雷战，特别是在1905年，水雷战格外活跃。和平时期水雷储量不多，它们在旅顺港应用得更广。在扩充军火库方面，双方都需要时间。1904年全年俄方舰队累计部署了326枚水雷，1905年部署了1117枚。日本人也是如此，1904年他们在符拉迪沃斯托克附近部署了75枚水雷，1905年这项指标增至715枚。③ 尽管俄国舰队屡战屡败，日本舰队几乎完全夺得了制海权，但是与过去一样，它们依旧是日本舰队的威胁，后者对于龟缩在旅顺港里的它们依旧无可奈何。此外，对于东京而言，波罗的海舰队准备增援太平洋第一舰队，这已经不是什么秘密了。因此，乃木希典大将的第三军再次担负起了加速攻占旅顺要塞的使命。

此前，日军通过发放传单的方式劝降守备部队，同时散播日军辽阳大捷的消息。8月16日，日军以乃木希典和东乡平八郎

---

① Описание военных действий на море в 37 – 38 гг... СПб. 1910. Т. 3. Действия против русской Владивостокской эскадры. С. 73 – 74; 80.
② Золотарев В. А., Козлов И. А. Ук. соч. С. 129.
③ Денисов Б. Минная война у Владивостока 1904 – 1905 гг. // МС. 1935. №10. С. 27 – 28.

的名义向驻旅顺港的俄国陆军和海军司令部提交正式提案,提议在日军发动猛攻前进行投降谈判。① 参谋总长传达了日本天皇的劝降命令。② 一名日本陆军少佐举着白旗穿越前线,将其送到俄军手中。③ 这位日本军官是乃木希典参谋部的山冈少佐。严格地讲,山冈少佐向斯捷谢利的参谋长列伊斯(В. А. Рейс)上校转交了两封信。在第一封信中,日军总司令代表天皇提议允许妇女、儿童、神职人员和外国居民离开要塞。④ 第二封信的作者是乃木和东乡,其中表达了对旅顺港英勇守军的敬意和亲切保证,同时指出要塞必将沦陷——只不过是时间问题,他们相信这一天即将到来。

在第二封信的结尾处,日军司令直白地威胁道:"若我军以武力占领要塞,那么我军将严格履行开明国家的战争法条例。要塞根据提前约定的完整流程投降与屈从武力毫无章法的投降差异巨大。阁下作为军人应当明白,在后一种情况下,在国际法范围内,战胜方不得不使用残酷的手段。"⑤ 尽管俄国司令部做出答复的最后期限是8月17日上午10点,但是斯捷谢利中将、旅顺

---

① Материалы к истории осады крепости Порт‑Артур Дневник инженера‑штабс‑капитана В. А. Сахарова. // ВС. 1907. №2. С. 211–213.
② Русско‑японская война. Официальные донесения японских главнокомандующих сухопутными и морскими силами. СПб. 1908. Т. 1. С. 350.
③ Побилевский Н. Дневник артурца... // ВС. 1910. №3. С. 68.
④ Русско‑японская война 1904–1905 гг... Пгр. 1916. Кн. 4. Действия флота на южном театре и действия морских команд при обороне Порт‑Артура после морского сражения в Желтом море 28 июля (10 августа) 1904 г. до конца осады крепости. С. 49–51.
⑤ Описание военных действий на море в 37–38 гг... СПб. 1910. Т. 2. Совместные действия флота и армии под Порт‑Артуром. С. 104.

港要塞司令斯米尔诺夫、海军上将乌赫托姆斯基几乎立即写信驳回了该提案。8月16日,乃木希典收到回信:"交出旅顺港要塞的提议与旅顺港的处境完全不符,无益于捍卫俄国的荣誉和尊严,因此我们没必要进行谈判。"① 斯捷谢利以指令的形式向守备部队通报了日军的劝降提议和他的答复。② 在第二封回信中,俄方简洁而礼貌地拒绝了日方所提出的允许妇女、儿童等人离开要塞的提议。司令部担心,告别的场景将对守军产生负面影响。③ 俄国部队继续积极抵抗日军;因屡次偷袭失利,日军损失惨重。④

8月19日上午6点,日军炮轰俄国要塞,随后大举进攻角山。对于日军而言,占领角山意义重大。各种口径的火炮齐聚阵前,炮火格外密集。⑤ 此地防御工事薄弱,因此退敌能力有限。角山后方的高山(日本史称"二〇三高地")防御坚固,即使是6英寸口径的火炮也无法对守备部队造成严重的伤害。二〇三高地是控制城市和港口的优势高地,是瓦解俄军防御的关键。⑥ 在岩崖上修筑防御工事是一项浩大的工程,各处都需要开山劈石。

---

① Там же. С. 105.
② фон Шварц А. [В.], Романовский Ю. [Д.] Оборона Порт - Артура. СПб. 1910. Ч. 2. С. 91.
③ Русско - японская война 1904 - 1905 гг... Пгр. 1916. Кн. 4. Действия флота на южном театре и действия морских команд при обороне Порт - Артура после морского сражения в Желтом море 28 июля (10 августа) 1904 г. до конца осады крепости. С. 53 - 54.
④ Норригаард Б. В. Ук. соч. С. 99.
⑤ Подгурский Н. Из воспоминаний об осаде Порт - Артура. // ВС. 1908. №3. С. 251.
⑥ Третьяков Н. 5 - й Восточно - Сибирский полк... // ВС. 1909. №7. С. 115.

修筑胸墙和掩体所需的土方需要依靠驴、骡拉上山。① 当日,俄国舰队召开舰长会议。会上通过决议:留守基地,在海防炮的掩护下行动,抽调水兵支援守备部队,以舰炮火力支援要塞防御。②

8月20日,日军发起总攻,并于当日占领角山。日军以异常猛烈的炮火摧毁了俄军土木防御工事。这正是对战前节约的"回报"。防守部队死伤约1100人,进攻部队死伤约1600人。阵地上散落着被击毁的武器——2门火炮、4门6英寸口径的野战炮及2门120毫米口径的榴弹炮。③ 日本步兵在进攻中毫不惜命,他们用勇气和坚毅弥补了因急于求成导致的战前准备不足。④ 在强攻过程中,先前取胜的日本陆军第六旅团损失兵力2100人,下属的两个联队仅剩448人。⑤ 经过三天的连续炮击,第三军的弹药储备几近枯竭,这加速了日军的折损。⑥ 8月23日夜,日军夜袭失败,拒绝出战的第八联队被押回后方接受惩罚。第八联队的士兵被迫接受6~8个小时的操练,不久后该联队被

---

① Костюшко. Ноябрьские бои на Высокой горе под Порт‐Артуром. // ИЖ. 1909. №3. С. 253;256.
② Русско‐японская война 1904‐1905 гг... Пгр. 1916. Кн. 4. Действия флота на южном театре и действия морских команд при обороне Порт‐Артура после морского сражения в Желтом море 28 июля (10 августа) 1904 г. до конца осады крепости. С. 4‐6.
③ фон Шварц А. [В.], Романовский Ю. [Д.] Оборона Порт‐Артура. СПб. 1910. Ч. 2. С. 117‐118;200.
④ Сакурай Т. Ук. соч. С. 202;214.
⑤ Бартелетт Э. Ук. соч. С. 70.
⑥ Бартелетт Э. Ук. соч. С. 87.;фон Шварц А. [В.], Романовский Ю. [Д.] Оборона Порт‐Артура. СПб. 1910. Ч. 2. С. 199.

遣散了，部分士兵被迫前往大连充当装卸工人。①

强攻于8月24日结束，攻城部队收效甚微但损失惨重，他们被迫由进攻转向包围。② 据第三军参谋部统计，日军在战斗中死伤14000人。③ 在夏日的阳光下，俄军阵地前尸体堆积如山，弥漫在城市中的臭味让人无法呼吸。④ 在阵地上，尸臭味完全令人无法忍受，即使向日军分发浸透着氨水的毛巾也于事无补。在某些区域，每一个半小时必须轮岗一次。⑤ 俄国守军损失近3000名兵力。⑥ 显然，如若没有舰炮（向陆防阵线调派的1门6英寸口径、10门75毫米口径、9门47毫米口径和8门37毫米口径的火炮）和抽调上岸的舰员（21名军官和2246名士兵）的协助，保持防御是不可能的。⑦

围困要塞需要大量的物资和援兵。此时有的、完善的交通基础在很大程度上解决了乃木的难题，否则要塞的围困计划将难以实现，甚至无法实现。大连——维特"最欣赏的结晶"——依旧未受到保护。战争开始前，港口刚刚装配一新，日本攻城部队

---

① Бартелетт Э. Ук. соч. С. 115.
② Описание военных действий на море в 37 - 38 гг... СПб. 1910. Т. 2. Совместные действия флота и армии под Порт - Артуром. С. 106 - 116.
③ Great Britain War Office, *The Russo - Japanese War*, vol. 2, p. 376.
④ Подгурский Н. Из воспоминаний об осаде Порт - Артура. // ВС. 1908. №3. С. 258.
⑤ Бартелетт Э. Ук. соч. С. 89.
⑥ фон Шварц А. [В.], Романовский Ю. [Д.] Оборона Порт - Артура. СПб. 1910. Ч. 2. С. 198.
⑦ Русско - японская война 1904 - 1905 гг... Пгр. 1916. Кн. 4. Действия флота на южном театре и действия морских команд при обороне Порт - Артура после морского сражения в Желтом море 28 июля (10 августа) 1904 г. до конца осады крепости. С. 65 - 68; 103.

和舰队享受到了它所带来的便利。正如英国记者所指出的那样，攻方"条件优越、优势明显"①。从长崎出发的运输舰抵达大连仅需48小时，物资装卸需12小时。货运列车每日两班，早晚各一班。仅需3小时便可抵达攻城军队的物资分配站。②乃木的增援部队从大连登陆中国，5小时后他们便出现在了旅顺港附近的战壕中。③从要塞返回港口时，列车上搭载着伤员。对于日本而言，大连这座城市已然成了一座大型医院兼后方仓库。轻伤伤员占据着所有未受损的房屋，重伤伤员则被直接送回了日本。18艘医院船在大连—长崎线上往来穿梭。④

某位战时在东乡平八郎的舰队停留7个月并且在乃木希典占领大连后造访过那里的英国人指出："日本人认为，使大连湾变得坚不可摧，这绝非难事。港湾中停泊着许多船舶、炮舰、巡洋舰、辅助巡洋舰、运输舰和医院船，即便如此，港内还有很多空位。"⑤ 如果没有配套的港口设施，日军便无法装卸11英寸口径、不可拆卸的克虏伯攻城炮。日军拥有24门此口径的迫击炮，其中18门部署在了旅顺港附近。⑥ 至于重达30吨的280毫米口径的重型迫击炮，若无起重装置和铁路的协助，其装卸和运输几

---

① Джемс Д. Осада Порт - Артура. // ВС. 1907. №1. С. 200；Бубнов М. Порт - Артур. // МС. 1907. №4. С. 2 - 3.
② Бартелетт Э. Ук. соч. С. 214；216.
③ Врангель Ф. Английский корреспондент на японской эскадре. // МС. 1906. №1. С. 19.
④ Бартелетт Э. Ук. соч. С. 9；208. ；Норригаард Б. В. Ук. соч. С. 129.
⑤ Врангель Ф. Ук. соч. // МС. 1906. №1. С. 19.
⑥ фон Шварц А. ［В. ］, Романовский Ю. ［Д. ］Оборона Порт - Артура. СПб. 1910. Ч. 2. С. 292.

乎无法实现。① 日本的陆军基地安插在青山与狼山的过渡地带，这是可以躲避俄军侦察且距离围困阵线最近的地方。②

日军从大连陆续运来了攻城炮所需的弹药以及修筑阵地设施——掩体、11英寸口径迫击炮的地基等所需的全部物资。③ 按照设计，俄国要塞的防御体系至多只能抵御6英寸口径火炮的进攻，因此它们难以招架这些重型火炮。④ 乃木的第三军获得了修筑攻城炮场和旅顺港临时铁路所需的一切物资，所有重型武器被运至包围圈外围。日军的物资集散重地与俄军堡垒相距仅3千米左右。⑤ 物资被分装在手推车上，而后由士兵推走。与此同时，被围困的守备部队也在紧锣密鼓地调运物资，每日近2000匹马参与运输。⑥ 因此，淡水和草料时常供应不上！

击退日军的攻击，只能拖延要塞沦陷的时间。必须对阿列克塞耶夫做出应有的评价，总督对当前的局势洞若观火。8月31日，他致电乌赫托姆斯基，在谴责旗舰返回旅顺港的同时，还批驳了8月19日舰长会议的决议："你们决定留在旅顺港，这将使舰船遭遇无法挽回的损失，它们将落入敌手。因此，返港后务必竭尽全力筹备突围至符拉迪沃斯托克的事宜。这正是陛下的指示，迄今依然有效。"阿列克塞耶夫要求乌赫托姆斯基传达自己的命令并且尽快离开旅顺港，同时任命海军上校韦林（Р. Н. Вирен）

---

① Джемс Д. Осада Порт - Артура. // ВС. 1907. №1. С. 200.
② Бартелетт Э. Ук. соч. С. 44.
③ Норригаард Б. В. Ук. соч. С. 157.
④ Джемс Д. Осада Порт - Артура. // ВС. 1907. №1. С. 200.
⑤ Бартелетт Э. Ук. соч. С. 143.
⑥ Бубнов М. Порт - Артур. // МС. 1907. №4. С. 2 - 3.

担任战列舰、巡洋舰舰队司令。①

在接到旅顺要塞进攻失败的消息后,大山岩决定进攻驻扎在辽阳附近的满洲集团军。战争继续,尽管日军取得了一系列胜果,但是他们迅速占领中国东北南部的计划几乎完全落空了。日本需要迅速取胜并且给俄国陆军造成致命的打击,以此颠覆两国陆军兵力在大陆的平衡状态,使和谈问题变得迫在眉睫。1904年7月,在启程前往中国东北时,总司令大山岩对时任海军大臣的山本权兵卫男爵说道:"我将做好准备迎接满洲会战,但是我期望你能告诉我战争停止了。"② 现在,日本参谋本部计划切断库罗帕特金与俄国之间的通信线路。③

---

① Русско - японская война 1904 - 1905 гг. . . Пгр. 1916. Кн. 4. Действия флота на южном театре и действия морских команд при обороне Порт - Артура после морского сражения в Желтом море 28 июля (10 августа) 1904 г. до конца осады крепости. С. 7.
② Окамото С. Ук. соч. С. 142.
③ Гамильтон Я. Ук. соч. СПб. 1907. Т. 2. С. 45.

21 辽阳：本该决出胜负的会战

在辽阳附近，俄日两军开始对峙：库罗帕特金麾下15万兵力、483门火炮，大山岩麾下13.5万兵力、592门火炮。俄国的骑兵兵力是日本的三倍之多，步兵兵力多31个营。会战爆发前，西伯利亚第五军和陆军第一军抽调16个营和24门火炮增援满洲集团军。① 敌军失去了后方的距离优势，它与日本相距1200余千米，其中近1000千米为海路。截至此时，日方海上运输安全尚无保障，并且从辽东半岛、朝鲜半岛登陆地到日军后方多是条件恶劣的土路，若调用已掌控的南满铁路，则需准备大量符合俄国轨距标准的机车。②

俄军在充分部署的阵地上展开防御。他们坚信集团军司令一定能将敌人引入陷阱。某位军官回忆道："对于在这个中国城镇周围部署的防御工事，将士们信心满满。历经数月，上千名工人在此挖掘的底部插满尖锐木桩的陷阱、遍布各处的铁丝网必将阻

---

① Данилов Н. А. Ляоянская операция. // Русско‐японская война в сообщениях... СПб. 1906. Ч. 1. С. 89；91.
② Русско‐японская война 1904‐1905 гг... СПб. 1910. Т. 3. Ляоянский период. Ч. 1. Обстановка в первых числах июля. Июльские бои. Перерыв военных действий в период дождей. С. 1‐2.

止敌军靠近堑壕和辽阳城墙。"① 阵地后方是烟台矿区,② 这对于保障铁路运输能力尤为重要,矿区日均开采1.5万普特(240吨)原煤。③ 3月底至6月,在这三个月里,整座城市都在积极设防,通往辽阳的要道已被两条防御带覆盖。④

首先是绵延14俄里、以太子河为界的核心阵地,其防御非常牢固。在城防工事外围,俄军还构筑了三道防线。第一道防线部署了8座堡垒(2个连驻守1座)和8座棱堡(1个连驻守1座),碉堡之间依靠堑壕相连,配备208门野战炮的21个炮兵连驻守此道防线。在防御工事前方,或架铁丝网,或挖陷阱,或埋地雷。第二道防线位于城市南墙前方俄军阵地的左翼,其上部署2座堡垒、4座棱堡、5座眼镜堡以及3座架设着19门火炮的炮台。第三道防线位于跨河大桥右翼,其上部署2座堡垒、2座眼镜堡以及5座架设着36门火炮的炮台。⑤ 所有长期防御工事都被很好地隐蔽了起来,因此日军无法轻易确定打击目标。为了方便射击,防御工事前方区域已被清理干净。⑥ 在探明日军火炮的威力后,在阵地前方增设防御工事——躲避敌军炮火袭击的可

---

① Гасфельд Н. Пол века. Воспоминания бывшего офицера французской службы. Париж. 1950. С. 46.
② 抚顺煤矿的支矿。1899年,部分矿区被东清铁路公司的俄国人租采。——译者注
③ Русско - японская война 1904 - 1905 гг... СПб. 1910. Т. 3. Ляоянский период. Ч. 1. Обстановка в первых числах июля. Июльские бои. Перерыв военных действий в период дождей. С. 11.
④ Цабель С. А. Ляоян. Мукден. Тьелин (Краткое описание и планы укреплений позиций). // ИЖ. 1907. №6 - 7. С. 721.
⑤ Там же. С. 720 - 721.
⑥ Great Britain War Office, The Russo - Japanese War, vol. 2, p. 627.

靠掩体。此外还修筑了以堑壕为主体的前沿阵地，俄军在此的主要任务是抵制日军的首轮进攻、确定他们的主攻方向。① 这是一套强大的防御体系。对于日军"敢于夺取辽阳"，众人表示怀疑。②

日军司令，作为德国军事理论的一贯支持者，计划绕开俄军阵地，包围俄国陆军，切断他们唯一的补给线路——铁路。受色当战役的启发，日军不打算正面攻击防御工事，进行无意义的战斗。另一方面，俄军的管理体制极大地削弱了自身的优势。库罗帕特金在前线部署了64%（128个营）的兵力，侧翼部署了5%（10个营）的兵力，其余兵力完成其他作战任务。③ 在战斗打响前，总司令又将61个营、30支哥萨克部队连同136门火炮、8挺机枪划入后备部队。米申科的骑兵部队和陆军第十七军对阵地的侧翼实施近程防御，另有8支部队对阵地侧翼实施远程防御。此外，部分兵力被划入城防部队，负责守卫公路、兵站、信鸽邮递站点。俄军后备部队的管理体制极为混乱，各级指挥官均可向后备部队发号施令。这一切都增加了军队管理的难度。④ 后来，桥头堡的防御突然出现了缺口。8月17~18日，太子河暴发洪

---

① Цабель С. А. Ляоян. Мукден. Тьелин... // ИЖ. 1907. №6 - 7. Там же. С. 721 - 723.

② Любицкий А. Воспоминания из русско - японской войны 1904 - 1905 гг. СПб. 1906. С. 73.

③ Данилов Н. А. Ляоянская операция. // Русско - японская война в сообщениях... СПб. 1906. Ч. 1. С. 91.

④ Троцкий В. Боевое употребление артиллерии в Ляоянском бою. // ВС. 1911. №9. С. 72 - 73.

水，浅滩被淹，先前竣工的7座桥梁中的4座被毁，① 结果陆军第十军与主力部队失去了联系。可怕的酷热紧随其后，脱水、中暑的病患加重了卫生系统的负担。②

8月25日，大山岩发动进攻，长期战役就此拉开帷幕。库罗帕特金始终担心俄军遭遇围困，他一再表明消极防御的立场，这相当于将战争的主动权完全让给了大山岩。双方在辽阳附近展开了顽强且血腥的战斗。俄军坚守阵地，日军勇猛进攻，双方不计损失地投入战斗。尽管进攻部队损失惨重，却无法突破防线。进攻过后，在通往俄军堑壕的要冲上尸横遍野、伤者无数。③ 英国随军（日军）观察员表示，这是令人绝望的一天。④ 日军的处境颇为艰难，参谋部担心俄军可能发起反攻。⑤ 8月30日傍晚，局势明朗了起来，俄军不会撤退，因为西伯利亚第一军已经击退了所有的进攻。与此同时，大山岩的参谋部收到情报，称库罗帕特金准备撤出辽阳。后来事实证明，这就是无稽之谈，但是日军司令部还是决定远距离迂回包抄俄军阵地。此前，日军第十二师

---

① Русско‑японская война 1904–1905 гг... СПб. 1910. Т. 3. Ляоянский период. Ч. 3. Ляоянское сражение и отступление русской армии к г. Мукдену. С. 8–9.

② Данилов Н. А. Ляоянская операция. // Русско‑японская война в сообщениях... СПб. 1906. Ч. 1. С. 87.

③ Н. З. Бой под Ляояном 17 и 18 августа 1904 года. (Воспоминания 11‑летнего добровольца). К 30‑й годовщине войны. // Артиллерийский Вестник. Орган связи всех русских артиллеристов за рубежом. Белград. 1934. №12. С. 1–4.

④ Great Britain War Office, *The Russo–Japanese War*, vol. 1, p. 240.

⑤ Гамильтон Я. Ук. соч. СПб. 1907. Т. 2. С. 58.

团已被调往太子河右岸。①

按计划,日军第十二师团应当潜伏在俄军后方和侧翼,同时与黑木为桢的第一军保持联系。此时,黑木的部队正在进行深入包抄辽阳的危险行动。日军在太子河附近仅安插了一个近卫师团和一个步兵旅团。前几日,两者大败。② 第十二师团的兵力损失相对较小,此时大山岩参谋部对它寄予厚望。③ 尽管俄军在防守方面大获全胜,但是他们难以为继,防御压力接近极限。④ 8月30日夜间,该师团几乎是在俄军巡防部队(其阵地与太子河相距7~8千米)的眼皮下暗渡了太子河。此时,日军的运兵船极有可能遭到攻击。第十二师团的到来使侧翼和后方极度脆弱的黑木为桢得到了可靠的掩护。⑤ 他们顺利地完成了任务。⑥ 为了掩护第十二师团渡河,日军总司令向前线施压。

为了在前沿阵地牵制俄军,大山岩打造了一处强大的火炮阵地猛攻西伯利亚第一军和第三军——234门野战炮和山地炮、72门重炮对战俄军的82门野战炮。8月31日上午,日军开始战前炮火准备。为了支援步兵攻击,日本炮兵对火炮火力进行了巧妙的集中。步兵一如既往地走在前列,不计死伤损失。由

---

① Троцкий В. Боевое употребление артиллерии в Ляоянском бою. // ВС. 1911. №10. С. 61.
② Гамильтон Я. Ук. соч. СПб. 1907. Т. 2. С. 96.
③ Там же. С. 58.
④ Русско－японская война 1904－1905 гг... СПб. 1910. Т. 3. Ляоянский период. Ч. 3. Ляоянское сражение и отступление русской армии к г. Мукдену. С. 79－80.
⑤ Гамильтон Я. Ук. соч. СПб. 1907. Т. 2. С. 100－101.
⑥ Great Britain War Office, *The Russo－Japanese War*, vol. 1, p. 418.

于进攻部队与炮兵之间缺乏联系,情况变得较为糟糕,前者时常被后者击中。两天内,两个俄国军团累计损失兵力6239人,日军损失11899人。① 尽管勇敢而顽强的进攻部队被再次击退,但是冗长的前线和空虚的后备力量使俄军难以保持胜果。② 在8月31日的作战过程中,库罗帕特金决定从前沿阵地撤至核心阵地,同时缩减阵线长度——由24俄里缩减至14俄里。9月1日夜,俄军相继撤退,疲惫不堪的日军并未展开追击。③ 尽管日军已然逼近,但是俄军此次撤退依旧秩序井然。④ 依据作战部署,此次撤退应当是佯退,库罗帕特金希望将敌人引入俄军的主防阵地。⑤

虽然俄军战士们对此次撤退有些不满,但是核心阵地牢不可破的防御又令他们倍感安心。与此同时,辽阳俄国街区的居民陆续离开了这座城市。⑥ 他们的决定是正确的,自8月30日起,医院和部分铁路设施被光明正大地运往了北方城市。⑦ 9月1日

---

① Гамильтон Я. Ук. соч. СПб. 1907. Т. 2. С. 61 – 63; 65.
② Русско – японская война 1904 – 1905 гг... СПб. 1910. Т. 3. Ляоянский период. Ч. 3. Ляоянское сражение и отступление русской армии к г. Мукдену. С. 81 – 83.
③ Гамильтон Я. Ук. соч. СПб. 1907. Т. 2. С. 67 – 68.
④ Данилов Н. А. Ляоянская операция. // Русско – японская война в сообщениях... СПб. 1906. Ч. 1. С. 186.
⑤ Русско – японская война от начала до Ляояна включительно. Лекции Генерального Штаба полковника Комарова... С. 79.
⑥ Любицкий А. Воспоминания... С. 84.
⑦ Русско – японская война 1904 – 1905 гг... СПб. 1910. Т. 3. Ляоянский период. Ч. 3. Ляоянское сражение и отступление русской армии к г. Мукдену. С. 87.

13：30，日军开始炮击这座城市，主要目标是华人街区和车站。① 起初，日军使用榴弹炮和野战炮进行射击，但是很快他们便动用了攻城炮。炮弹击中了弹药库，引起了爆炸，熊熊大火冲天而起。为了避免阵地部队误以为这是来自后方的密集步枪炮火，守城部队不得不通过电话将敌军的行动告知前线。②

当日，俄军司令在日记中写道："部队英勇作战。日军的每次进攻都以战败收场，且伤亡惨重。他们的尸体遍布我军阵地要冲。陷阱里堆满了尸体。我们缴获了多门火炮，日本人的军鞋也被我们收缴了。有时甚至进行刺刀战。17日，日军突袭伊万诺夫的第三军；18日，施塔克尔贝格的第一军被突袭。两日，我军死伤7000余人。尽管如此，我军依旧士气高昂，反攻指日可待，黑木为桢率领残部向太子河右岸的施官屯村逃窜。第十七军兵力太过薄弱，无法拦截这支部队。这绝不可能是战略包抄。"③

在俄国陆军参谋部出现传言，蒙受巨大损失的日军准备撤至海城。④ 在库罗帕特金看来，实施决定性反攻计划的关键时刻到了。9月1日，正值色当战役纪念日，黑木将军的第一军——

---

① Данилов Н. А. Ляоянская операция. // Русско‑японская война в сообщениях... СПб. 1906. Ч. 1. С. 191.
② Русско‑японская война 1904‑1905 гг... СПб. 1910. Т. 3. Ляоянский период. Ч. 3. Ляоянское сражение и отступление русской армии к г. Мукдену. С. 145.
③ Дневник А. Н. Куропаткина (31 марта‑20 ноября 1904 г.). // КА. М. 1935. ТТ. 2‑3 (69‑70). С. 104.
④ Данилов Н. А. Ляоянская операция. // Русско‑японская война в сообщениях... СПб. 1906. Ч. 1. С. 194.

24000名兵力、60门火炮——潜入了辽阳阵地的大后方。这种迂回战术完全出乎俄军司令部的意料。① 9月1日，辽阳遭到日军的连续炮击，俄军撤退的节奏加快了。铁道营的士兵冒着日军的炮火，从铁道支线尽头拉出了2列装载着火棉和火药（1500普特）的列车并且将它们停在了车站北侧的铁道上，物资得以保全。②

据满洲集团军参谋部估算，敌军在阵地外围部署了3万~3.5万名兵力。库罗帕特金决定利用黑木为桢与大山岩主力部队失联的劣势以及自身的兵力优势，集中火力打击日本第一军。为此，他召集了5.7万名步兵和5000名骑兵——92个步兵营、4个工兵营、79支哥萨克部队和骑兵连，动用了352门火炮。③ 8月31日，日军的进攻被尽数击退，撤离核心阵地，总参谋部相信，胜利的号角即将吹响。④

9月1日，俄军司令三言两语地表达了自己对战局的看法："今日集合，明日逼近，后日进攻！"⑤ 事实上，他对俄军的实力完全没有信心，弹药消耗量高得惊人。战斗打响前，除炮台和炮场的弹药储备外，辽阳站还有近10万发的弹药储备。截至8月31日傍晚，仅剩2.4万颗炮弹。一旦发起进攻，俄军

---

① Керсновский А. А. История русской армии. М. 1994. Т. 3. С. 71.
② Русско‑японская война 1904‑1905 гг... СПб. 1910. Т. 3. Ляоянский период. Ч. 3. Ляоянское сражение и отступление русской армии к г. Мукдену. С. 146‑147.
③ Троцкий В. Боевое употребление артиллерии в Ляоянском бою. // ВС. 1911. №10. С. 70; 74.
④ Нодо Л. Они не знали... С. 27.
⑤ Керсновский А. А. История русской армии. М. 1994. Т. 3. С. 71.

可能面临弹药短缺的问题，司令下令即刻准备从哈尔滨调运物资。① 9月2日，俄军93个营集结完毕准备反攻，但是日军抢在了库罗帕特金的前面率先发动进攻。辽阳后方的低矮山脉成了黑木为桢的第一军与施塔克尔贝格的西伯利亚第一军争夺的焦点。② 严格地讲，这里由两三处高六七十米的多岩山丘组成，它们耸立在"将整个平原（宽1.5~2千米）围得密不透风的高粱地的上方"③。

刚刚抵达烟台站的第五十四步兵师遭遇了黑木为桢的先头部队。俄军的这支部队是由一群完全没有任何作战经验且刚刚应征入伍的新兵组成的，尼古拉耶夫斯基学院④教授奥尔洛夫（Н. А. Орлов）少将担任师长。征兵期间，俄国陆军对于在动员期间组成的编队的训练和协调并未给予足够的重视，甚至连士兵的训练时间也无法予以保证。在该领域具有绝对权威的卢科姆斯基（А. С. Лукомский）中将指出："在国内各军区的动员行动中，准备最充分且训练效果最佳的当属基辅军区和华沙军区，维尔诺军区、彼得堡军区和莫斯科军区差强人意，其他军区令人大

---

① Русско‐японская война 1904‐1905 гг... СПб. 1910. Т. 3. Ляоянский период. Ч. 3. Ляоянское сражение и отступление русской армии к г. Мукдену. С. 174.

② Свечин М. Стратегический очерк русско‐японской войны от начала кампании до сражения под Ляояном включительно. // ВС. 1907. №4. С. 66‐67.

③ Гамильтон Я. Ук. соч. СПб. 1907. Т. 2. С. 124.

④ 全称为尼古拉耶夫斯基参谋部军事学院，是沙俄时代专门培养高级军官的教育机构。——译者注

失所望。"①

在动员过程中,后备旅被编入不同的师,师的规模至少扩大了2倍。日本情报机关数据显示,在军旗下服役十年及以上的俄国预备役士兵竟然只接受过三个月左右的训练,这不足以令他们做好战斗准备。② 事实上,日本人错了。1904年春夏两季,俄国预备役士兵的训练期限还不及三个月。此外,在漫长的旅途中指挥官无法获得应有的锻炼,军事训练、指挥演练无从开展。与此同时,大量抵达战区的军官,从连长到旅长只能在赶赴前线的途中了解部队情况。上述情况极为普遍,只有少数例外。③ 如果司令部未给下属分派任务,那么在赶赴前线的途中无所事事的人们只能自己找些乐子,打牌、酗酒在军用列车中都有自己的市场。④

在辽阳"下车"直接参战的第五十四步兵师无法发挥自身的作战实力,这不足为奇。作为尼古拉耶夫斯基学院研究苏沃洛夫远征意大利军事行动的专家,第五十四步兵师师长无论局势如何都格外推崇进攻。1895年,他曾坚定地表示:"每支队伍的领袖都应优先考虑进攻行动,因为进攻能使成就达到最大化。只有在个别情况下,我们才应防守,但那也是暂时的。进攻需要坚强的意志、勇于承担责任的精神,甚至在对敌作战优越性存疑的情

---

① Лукомский А. С. Ук. соч. Берлин. 1922. Т. 1. С. 21.
② Гамильтон Я. Ук. соч. СПб. 1906. Т. 1. С. 274.
③ Редигер А. [Ф.] Ук. соч. М. 1999. Т. 2. С. 201.
④ Гусев С. Я. Из дневника корпусного контролера (В русско‑японскую войну 1904–1905 гг.) // ВС. 1910. №10. С. 229.

况下也不应放弃进攻。逃避责任的人自然倾向于防守。当然，应当考虑战区的地形特征，但是最重要的数据还是我军和敌军的有生力量。果断坚毅的决定可以提振我军的士气，打压敌军的士气；在很大程度上，这将抵消地形的弊端。"①

这也许就是奥尔洛夫在中国东北的行动准则，然而他忘记了自己所领导的部队在训练水平和协调能力方面与苏沃洛夫所领导的在进攻中"可无视地形弊端"的部队大有不同。在增援部队赶到前，倾盆大雨从天而降。参战士兵回忆称："高粱地化为绵延不断的沼泽，周围泥泞不堪、无路可走，除了缓步前行外，别无他法。"② 未弄清状况的奥尔洛夫部队匆忙地奔向了这片泥潭。格鲁阿（Б. В. Геруа）少将回忆道："这是一支没打过仗且不年轻的队伍，在烟台站刚下火车，他们便被派去反击躲在高粱地里的日军了。我们留着大胡子的奔萨人，在开阔的田野里长大的孩子们，在这里彻底地迷路了。面对日军的榴霰弹，他们瑟瑟发抖。队伍被打散了，后来他们在烟台艰难地会合了。"③

由一群35~40岁且没上过战场的预备役士兵组成的第五十四师被指派了一项难度极高的任务，④ 这是一个错误，与普通的战败相比其后果更为严重。在占领高地后，上午奥尔洛夫在将队

---

① Орлов Н. А. Употребление в бою трех родов оружия, по итальянскому уставу. // Разведчик. 1895. №233. С. 309.
② Комаровский. Воспоминания верхнеудинца о русско‐японской войне. // ВРК. 1911. №7. С. 267.
③ Геруа Б. В. Ук. соч. Париж. 1969. Т. 1. С. 158.
④ 掩护烟台矿区满洲集团军的左翼。——译者注

伍排成一列长约 3 千米的纵队后便带队离开了。① 进攻的参与者回忆道:"伸手不见五指的黑夜降临了。高粱地里漆黑一片,无法确定方向,无法保持联络,无法进行作战指挥。尽管如此,他们依旧努力地向前行进。疲倦的人们在高粱地里前进:有人被绊住,有人跌倒,有人落后,有人掉队……"② 奥尔洛夫的指挥水平令人失望。从远处观察这场战役的英国武官指出:"他们没有采取任何措施掩护先头部队或侦察兵的进攻,甚至允许先头部队在两排山丘之间草木稀疏的低矮丘陵和峡谷中呈紧密队形行进。在这里,俄军被打得溃不成军,最终被彻底击退。"③

9 月 7 日,库罗帕特金在日记中写道:"在高粱地里我军彻底战败了,他们互相开火,互相拼刺刀。"④ 第五十四师损失惨重,奥尔洛夫也负伤在身。目击者称:"预备役士兵逐渐分散开来,起初还相对有序地向后撤退,很快,他们的队伍就彻底溃散了。"在拼杀的过程中,日军仅损失了 181 人,俄军损失了 1502 人,这主要归咎于俄军自己人相互射击。部队完全迷失了方向,在撤退途中向四周开火,奥尔洛夫部队的 12 个营在战场上全军覆没,此事给满洲集团军上下造成的精神负担远比它的实际后果更为严重。⑤

---

① Гамильтон Я. Ук. соч. СПб. 1907. Т. 2. С. 124.
② Русско‑японская война 1904‑1905 гг... СПб. 1910. Т. 3. Ляоянский период. Ч. 3. Ляоянское сражение и отступление русской армии к г. Мукдену. С. 214.
③ Гамильтон Я. Ук. соч. СПб. 1907. Т. 2. С. 124.
④ Дневник А. Н. Куропаткина (31 марта – 20 ноября 1904 г.) // КА. М. 1935. ТТ. 2‑3 (69‑70). С. 105.
⑤ Свечин А. [А.], Романовский Ю. Д. Ук. соч. С. 224‑225.

当然，这场战役给敌军留下了截然不同的印象。汉密尔顿指出："陆军参谋本部认为，这是天降福泽，因为日军在那里备受威胁且作战武器质量欠佳。参谋本部断定，奥尔洛夫部队全都是预备役士兵。令人摸不着头脑的是，第一次进入这片复杂地区的日军，在俄军刚刚决定离开掩体时，便能出其不意地拦截他们并且轻而易举地击破他们的计划，毕竟俄军应当对此处的地形了如指掌。"①

结果，在这场进攻后，俄军乱作一团。在近邻的后方，没人知道附近发生了什么，敌人在哪里。② 第五十四师曾被戏称为"奥尔洛夫快马"。将部队士气和战斗能力提升至最佳状态需要一定的时间。为此，库罗帕特金派遣斯塔里查（М. С. Столица）中将整顿第五十四步兵师的秩序，后者对此非常抵触。1904 年 8 月末，这项任务对他而言几乎是无法完成的："我想，部下会说：这就是送来了一条狗！但是，我相信他们无法变得像狗一样：军官们什么都不知道，也不想知道；士兵们几乎都是预备役士兵，尽管有些人长期在役。总而言之，这不是俄国部队……现在我正逐渐向他们渗透基督教的信仰，但是这真的很难。"③ 经过差不多一个月的训练磨合，适应特殊作战条件的第五十四师在不计兵力损失的情况下已经能够发动进攻了。④

---

① Гамильтон Я. Ук. соч. СПб. 1907. Т. 2. С. 125.
② Нодо Л. Они не знали... С. 28.
③ Баланин Д. Тяжелые годы（из писем покойного ген. - майора М. С. Столицы）// ВС. 1908. №7. С. 76.
④ Там же. С. 77.

会战期间，与奥尔洛夫部队一同执行任务的还有萨姆松诺夫（А. В. Самсонов）中将的骑兵部队，配备了6门火炮的19支哥萨克部队。他们驻守矿区前方高地，捍卫具有战略意义的重要阵地，但是无法掩护阵地两翼。萨姆松诺夫一直坚持到晚上，然后被迫撤退，因为他发现由于两翼空虚，部队已经被日军包抄了。① 各级指挥机构的连番失误导致俄军失去了被库罗帕特金视为反攻基础的烟台矿区和一系列重要的山区据点。② 奥尔洛夫溃败的消息传出后，库罗帕特金已经在考虑撤退的问题了。③ 俄军后方和左翼极有可能遭到敌军的袭击。在奥尔洛夫战败后，西伯利亚步枪兵团赶赴平原，与占领平原附近山脉的日本步兵对峙。④

烟台高地距离南满铁路仅12俄里，高地失守立即威胁到了俄军的通信。⑤ 在西伯利亚第一军的坚守下，烟台站得以保全。⑥ 施塔克尔贝格接到的命令非常"符合库罗帕特金的风格"：占领并驻守烟台站，"尽可能避免与日军的优势兵力作

---

① Гершельман Ф. Конница в Японской войне и в былые времена. // ВС. 1911. №6. С. 85 – 86.
② Дневник А. Н. Куропаткина（31 марта – 20 ноября 1904 г.）// КА. М. 1935. ТТ. 2 – 3（69 – 70）. С. 105.
③ Любицкий А. Воспоминания... С. 97.
④ Свечин М. Стратегический очерк русско – японской войны... // ВС. 1907. №4. С. 67.
⑤ Данилов Н. А. Ляоянская операция. // Русско – японская война в сообщениях... СПб. 1906. Ч. 1. С. 210.
⑥ Русское военное обозрение. Война с Японией. Официальные документы с 13 августа по 10 сентября. // ВС. 1904. № 10. С. 201 – 202.

战"①。尽管如此，日军依旧无法取得重大突破，切断满洲集团军与铁路的联系。异常密集的战斗和冗长的交通线导致日军的弹药储备几近枯竭。炮兵连向西伯利亚人提供了极大的帮助。9月1日，近100门速射炮炮击日军阵地。②

野战炮的弹药消耗量急剧攀升，辽阳仅存的弹药储备约2.6万枚炮弹被消耗一空。炮场上的弹药数量时常发生变动，因此无法确定其储量。此时已无法指望施塔克尔贝格成功退敌，因为他已经开始撤退了。满洲集团军需要增援，但是库罗帕特金手中没有可调用的后备兵力。③ 另一边，黑木为桢的处境同样艰难，假如俄军拥有较高的指挥水准，他将陷入复杂的困局。在意识到局势的复杂性后，大山岩加强了对俄军防御阵地的攻势。日军的进攻被全线击退。即便如此，由于俄军火炮弹药储量不足（弹药的消耗速度令陆军总司令惊诧不已，某些火炮的射击发数为800发，而非原定的400发。此外，装载了16万颗炮弹的列车未能及时赶到），生怕敌军突破左翼阵线的库罗帕特金撤销守城命令，并且于9月3日傍晚命令俄军全线撤退。④ 集团军向奉天撤退，"在那里集结、补员，以便再战"。⑤

---

① Троцкий В. Боевое употребление артиллерии в Ляоянском бою. // ВС. 1911. №11. С. 62.
② Гамильтон Я. Ук. соч. СПб. 1907. Т. 2. С. 127.
③ Русско－японская война 1904－1905 гг... СПб. 1910. Т. 3. Ляоянский период. Ч. 3. Ляоянское сражение и отступление русской армии к г. Мукдену. С. 246.
④ Дневник А. Н. Куропаткина（31 марта－20 ноября 1904 г.）. // КА. М. 1935. ТТ. 2－3（69－70）. С. 104；106.
⑤ Данилов Н. А. Ляоянская операция. // Русско－японская война в сообщениях... СПб. 1906. Ч. 1. С. 229.

这是一个艰难的决定。在战斗中,库罗帕特金屡次变更作战任务,有时甚至朝令夕改,这不可避免地引发了混乱。① 现在,一项庞大的撤退任务摆在了司令部面前。辽阳火车站 7 条轨道中的 5 条被卫生列车和未卸载的货车占据着,5000 节此类车厢被运往奉天。② 波洛夫佐夫(П. А. Половцов)直言:"我们在辽阳的胜利变成了失败。他(库罗帕特金——引者)再也没有那样的机会了,并且满洲集团军再也不会取得辽阳那样卓越的战绩了。总司令失去了陆军的信任。"③ 那些继续信任他的人越发相信战事即将出现转机,然而转机并未出现。④ 概括地说,这正是当时军官群体心理的真实写照。军队中受过良好教育的群体惊慌失措。在撤出辽阳时,总参谋部的一位军官在看到不计其数的辎重列车消失在地平线上时,反复地念叨着:"你们看,你们看……这就是色当。"⑤

事实上,北上转移井然有序,并未爆发恐慌和动乱。⑥ 在从主阵地的桥头堡向辽阳城撤退时,俄军炸毁了太子河上的桥梁和

---

① Русско - японская война от начала до Ляояна включительно. Лекции Генерального Штаба полковника Комарова... С. 103.
② Караульщиков Л. А. Русско - японская война. Военные сообщения и железнодорожные войска. // ИЖ. 1906. №. 6 - 7. С. 715.
③ P. A. Polovtsoff, *Glory and Downfall*: *Reminiscences of A Russian General Stuff Officer*. London: G. Bell, 1935, p. 65.
④ Рябинин А. А. На войне в 1904 - 1905 гг... С. 53.
⑤ Грулев М. [В.] В штабах и на полях Дальнего Востока: Воспоминания офицера Генерального штаба и командира полка о русско - японской войне. СПб. 1908. Ч. 1. С. 282.
⑥ Любицкий А. Воспоминания... С. 99.

渡口，卸下了河上的浮桥。① 尽管如此，此时撤退的辎重部队和炮兵连也需承受极大的风险。9月4日至5日晚上，俄军开始向奉天撤退。② 9月5日13：30，伤员、机车、电报设施全数转移，铁道兵和工兵开始拆除枕轨。中午，日军开始炮轰辽阳站。③ 尽管出现了恐慌的迹象，但是危机很快就过去了。之所以如此，至关重要的因素在于：撤退途中，部队和支队保持原班人马，领导他们的指挥官也是与之相熟的军官。俄军的一阵炮火反击迫使日军的火炮保持沉默。秩序得以恢复，撤退继续进行。④

观看俄军撤退过程的劳恩施泰因（E. A. von Lauenstein）中校惊异于俄国步兵的自制和秩序，他们在桥上纹丝不动地站了两个小时，炮兵连和辎重部队就在他们面前走过。中校认为，德国军队做不到这一点。⑤ 撤离时，铁道队特种兵有序地摧毁了铁路。⑥ 8月25日，俄军撤至浑河。⑦ 撤退部队未遭到追击。与前

---

① Русско-японская война 1904–1905 гг... СПб. 1910. Т. 3. Ляоянский период. Ч. 3. Ляоянское сражение и отступление русской армии к г. Мукдену. С. 265–266.
② Свечин М. Стратегический очерк русско-японской войны... // ВС. 1907. №4. С. 69.
③ Данилов Н. А. Ляоянская операция. // Русско-японская война в сообщениях... СПб. 1906. Ч. 1. С. 229；242.
④ Русско-японская война 1904–1905 гг... СПб. 1910. Т. 3. Ляоянский период. Ч. 3. Ляоянское сражение и отступление русской армии к г. Мукдену. С. 288.
⑤ В. А.［пушкин］Куропаткин... С. 101.
⑥ Троицкий В. Заамурский округ пограничной стражи... // ВС. 1908. №10. С. 31.
⑦ Данилов Н. А. Ляоянская операция. // Русско-японская война в сообщениях... СПб. 1906. Ч. 1. С. 244.

线俄军激战到最后一刻且胜负未决的黑木部队,现在不得不奉命监视俄军撤退。① 9月4日至8日,俄军在撤退途中没见到日军的一个骑兵,没听到日军的一声枪响。这真是一次"巨大的成功",在泥泞难行的道路上,满洲集团军的主力部队在行军途中陷入混乱,失去了秩序与安定。②

在辽阳会战中,日军损失了23000人,俄军损失了16000人。大山岩虽未实现自己的围攻计划,却成功地逼退了俄军。1904年秋随俄军出征的德国观察员凯梅勒(Kaemmerer)将军回忆称:"全世界,至少是盎格鲁-撒克逊世界,期待辽阳变成第二个色当。在这场被中断了的战役中,日军虽然获得了胜利,却未抓到一名俘虏、未缴获一件战利品。这是一场吞噬了2万条生命却毫无结果的消极胜利。日本无法经常赢得这样的胜利,但俄国可能继续遭遇这样的失败。"③

德国军官的观点基本正确,尽管他弱化了日军的成就和俄军的损失。撤退和战败,即便只是战术也无法赢得战争的胜利。库罗帕特金的计划,击垮日军、解封旅顺港的计划全都化为了泡影。战争最终变成了一系列的防御战和撤退行动,这一事实严重地打击了俄军的士气。尽管如此,俄军依旧顺利地撤退到了奉天北部70千米处。在增援部队抵达前,战斗力被严重削弱的日军

---

① Гамильтон Я. Ук. соч. СПб. 1907. Т. 2. С. 127;132.
② Русско‐японская война 1904‐1905 гг... СПб. 1910. Т. 3. Ляоянский период. Ч. 3. Ляоянское сражение и отступление русской армии к г. Мукдену. С. 291‐292.
③ Иностранное военное обозрение. Недзвецкий В. Указания относительно японской армии. // ВС. 1905. №2. С. 242.

无法乘势北上。

俄军总司令对麾下纪律严明的部队充满信心。1904年9月16日，他汇报称："未来部队也将保持忘我奉献的作风，对此我满怀信心。当时尽管形势艰难，但是撤出辽阳确有必要。"① 这些言辞竟未遭到质疑。的确，所有的回忆录作者几乎都注意到了俄国士兵的高尚品德、面对失败时出色的承受能力。另一位德国军官泰陶（E. Tettau）少将在观察俄军在九连城战役后的表现时，率先发现了这种品质："应当指出，他们没有给人留下打了败仗的印象。此时，我们首次发现，后来经常注意到，俄国士兵很快就能适应并接受战败的阴影和影响。他们能够迅速地从打击中恢复过来。战败一周后，他们一切如常，仿佛什么也没发生过一样。"②

据泰陶证实，辽阳会战后发生了同样的事情："俄军的精神风貌，显然再次恢复如初。自撤离辽阳以后，仅过去了一个星期，俄军便又重新振作了起来。很难看出，这支军队在不久前刚刚脱离险境。"③ 普斯科夫军团指挥官格鲁列夫（М. В. Грулев）回忆道："在撤离辽阳、进驻新阵地的几天后，我军便迅速地恢复了常态。这种恢复不仅是物质层面的——两个新的军（来自的俄国的第一军和第六军）的增援、弹药物资的补给，更是精神层面的，他们迅速地遗忘了辽阳的撤退行动，更不相信自己遭

---

① Русское военное обозрение. Война с Японией. Официальные документы с 13 - го августа по 10 - е сентября. // ВС. 1904. №10. С. 214.
② Теттау Э. Восемнадцать месяцев... Спб. 1907. Ч. 1. С. 115.
③ Теттау Э. Куропаткин и его помощники. СПб. 1914. Ч. 3. С. 105.

遇了祸端。但是事实是，最终日军将我们赶出了辽阳阵地，并且站在了我们的地盘上。"① 1904 年末，在沙河战役失败后，俄军的心态也是如此。② 能够挫伤俄军士气的唯有一事，即对领导阶层的不信任。总司令令人不解的行为加深了众人的不信任感。

第一次世界大战后，柏林军事学院毕业生、德国将军汉斯·冯·塞克特（Johannes von Seeckt）总结了自己指挥军队的经验："最重要的问题是行动。行动分为三个阶段：因思想而萌生的决策、命令或准备执行、执行。这三个阶段均受意志支配。意志植根于品格，对于行动者而言，品格远比智慧重要。缺乏意志的智慧毫无价值，缺乏智慧的意志危在旦夕。"塞克特的理论完美地阐述了库罗帕特金"不知疲倦"的行动的走向与结局。第二军某位军官回忆道："主事人的意志处于左摇右摆的不稳定状态。因此，消极的防御指令、加强阵地防守的命令以及准备迎击敌军进攻的嘱托，时常与号召部队英勇向前的进攻计划、克敌取胜的宏伟设想同时发布。所有这些使军队的行动变得慌乱、琐碎，使进攻前的准备工作变得杂乱无章。"③

---

① Грулев М. ［В.］В штабах и на полях... СПб. 1909. Ч. 2. С. 3.
② Сестра Нина. Шахэ. Как было. // ВЕ. 1909. №9. С. 123.
③ Новицкий В. Ф. От Шахэ к Мукдену（от наступления － к обороне）. Критико－историческое исследование зимнего периода манчжурской кампании 1904－1905 гг. СПб. 1912. С. 14.

22 辽阳之后：旅顺港和沙河

辽阳会战以日军胜利告终，然而这种胜利完全不是大山岩元帅所期待的。日军的时间依旧紧迫，敦促乃木希典大将尽快占领旅顺港以便增援中国东北行动的命令再次下达。旅顺港的局势不断恶化。自9月17日以后，马肉取代了牛肉、猪肉和罐头肉被端上了守备部队的餐桌，最初每周4顿荤菜。① 9月19日，日军向要塞发起了第二轮进攻，11英寸口径的迫击炮首次登场。对于守城部队而言，这些迫击炮的出现完全出乎意料且令人不快。现在，日军的炮弹能够打到要塞中的任何掩体，不仅如此，舰队的安全也遭到了严重的威胁。②

日军强攻的目标是长山、高山及覆盖其上的"自来水"堡垒和"沙鸡"堡垒。图谋强攻的日军火力异常强大，每分钟射向堡垒的炮弹超过70发。③ 某位要塞守军在9月20日（俄历9

---

① Русско - японская война 1904 - 1905 гг... Пгр. 1916. Кн. 4. Действия флота на южном театре и действия морских команд при обороне Порт - Артура после морского сражения в Желтом море 28 июля（10 августа）1904 г. до конца осады крепости. С. 109.

② Из истории русско - японской войны 1904 - 1905 гг. Порт - Артур. Сборник документов. М. 2008. Т. 2. С. 432.

③ фон Шварц А.［В.］, Романовский Ю.［Д.］Оборона Порт - Артура. СПб. 1910. Ч. 2. С. 257.

月7日）的日记中写道："高山和长山湮没在了炮火的阴霾中，爆破弹黑色的烟柱时而穿透战场上经久不散的浓烈白烟。长山上似乎一颗石子都没有，这里就是人间炼狱。"① 日军的首次袭击被击退了，并且损失了大量兵力。然而，进攻仍在继续。乃木希典打算采用人海战术拖垮俄军，结果，9月20日日军攻陷堡垒。此后，日军顺利地占领了长山。现在，俯瞰全城和内港的高山——要塞防御的关键——已经进入了日军的直线射击范围。在长山阵地，日军可对高山阵地及其要冲和后方进行平行扫射。为了拿下高山阵地，日军发动了多次强攻。9月21日，日军在一天内向高山阵地发动了五次进攻。9月22日，战斗暂停。此番厮杀日军损失7500人，守军损失1500人。②

在最后一轮决定性的进攻中，野战炮发挥了巨大作用。部署在高山阵地的两门野战炮成功地截击了日军前仆后继的进攻部队。③ 当时，驻守高山阵地的波德古尔斯基（Н. К. Подгурский）中尉和一支水兵部队大放异彩，他们配备的"手雷"——"制

---

① Побилевский Н. Дневник артурца...// ВС. 1910. №5. С. 45.
② Джемс Д. Осада Порт‐Артура.// ВС. 1907. №1. С. 210；Материалы к истории осады крепости Порт‐Артур（Дневник инженер‐штабс‐капитана В. В. Сахарова）.// ВС. 1907. №3. С. 247‐248；Подгурский Н. Из воспоминаний об осаде Порт‐Артура.// ВС. 1909. №2. С. 209；фон Шварц А. ［В.］ Романовский Ю. ［Д.］ Оборона Порт‐Артура. СПб. 1910. Ч. 2. С. 270；276；Menning, *Bayonets Before Bullets*, p. 168.
③ Русско‐японская война 1904‐1905 гг... Пгр. 1916. Кн. 4. Действия флота на южном театре и действия морских команд при обороне Порт‐Артура после морского сражения в Желтом море 28 июля（10 августа）1904 г. до конца осады крепости. С. 115.

式手榴弹"杀敌无数。① 最初，这种武器在日军中广泛应用，在近身搏杀中，它们的威力给守军留下了深刻的印象，它们的出现有时甚至引起了俄军的恐慌。不久后，要塞开始生产这种武器，日产量达 1000 枚，后来转为全天生产，日产量高达 2500 枚。② 手榴弹的原材料为中国老式火炮的炮弹、47 毫米口径火炮报废的弹壳。它们在高山阵地得到了重用。③ 经过 3 天的激战，日军死伤无数，清理尸体的工作在夜间交由华人进行。白天，日军向他们开火。华人用了五六天的时间才将阵地清理完毕。尸体的腐臭味让高山阵地的守军感到窒息。④

1904 年 10 月 2 日，日军动用 11 英寸口径的攻城炮轰击旅顺港，3 号堡垒率先成了日军的主攻目标。某位要塞守军回忆称："尽管这些炮弹中的大多数没有爆炸，但是，一旦爆炸，威力骇人。如此局面，加上我军从辽阳撤退的消息，使旅顺港'阴云密布'。唯有迅速赶到的陆军才能拯救旅顺港，显然，我们的军队短时间内无法抵达。"⑤ 很明显，面对这种武器的攻击，守备部队无处可藏，只能用洋镐深挖岩层。⑥ 与此同时，一场针对俄

---

① Третьяков Н. 5-й Восточно-Сибирский полк... // ВС. 1909. №7. С. 128-129.
② Бортновский А. Ручные гранаты по опыту русско-японской войны. // ВС. 1910. №1. С. 90.
③ Подгурский Н. Из воспоминаний об осаде Порт-Артура. // ВС. 1908. №2. С. 95-97.
④ Костюшко. Ноябрьские бои... // ИЖ. 1909. №3. С. 257；Третьяков Н. 5-й Восточно-Сибирский полк... // ВС. 1909. №8. С. 53.
⑤ Бубнов М. Порт-Артур. // МС. 1907. №3. С. 6.
⑥ Третьяков Н. 5-й Восточно-Сибирский полк... // ВС. 1909. №8. С. 57.

国增援部队、来势汹汹的地雷战已经拉开了帷幕。

当日,库罗帕特金清楚地意识到,在旅顺港失守前,等待大山岩再次进攻设防的奉天阵地毫无意义,因此他决定由防守主动转向进攻。1904年9月25日,环贝加尔湖铁路竣工,增援部队增强了对满洲集团军的支援力度。库罗帕特金麾下9个军共有195000名兵力、678门火炮和32挺机枪。① 9月中旬,进攻准备基本完成。此次的进攻目标是占领太子河右岸,即收复烟台矿区和辽阳。② 据俄国情报机关反馈的信息可知,日本人在城市北部建立了两道防御阵线。战俘报告称,受酷寒气候影响,日军患病率攀升。③ 10月2日,俄军司令在下达命令时指出:"是时候迫使日军遵从我们的意愿了,因为现在满洲集团军足够强大……"④

在向部队宣读命令后,战士们满怀热情地接受了它,军中士气大振。⑤ 进攻的另一层用意在于协助友军解围旅顺港。⑥ 10月5日(俄历9月22日),库罗帕特金在日记中写道:"今日清晨,我为胜利祈祷,恳求上帝赐我智慧。必须取胜,必须尽快搭救旅顺港。所有的英雄主义都有其局限性。守备部队已死伤14000人,弹药匮乏。为了将弹药和粮食送入要塞,我想尽了办法,但

---

① Menning, *Bayonets Before Bullets*, p. 179.
② Русско - японская война 1904 - 1905 гг... СПб. 1910. Т. 4. Шахэ - Сандэпу. Ч. 1. Сражение на реке Шахэ. С. 46.
③ Там же. С. 76.
④ Дневник А. Н. Куропаткина (31 марта - 20 ноября 1904 г.) // КА. М. 1935. ТТ. 2 - 3 (69 - 70). С. 114.
⑤ Врангель П. Н. В тылу японцев во время боев при Шахэ. // ИВ. 1909. Том 118. Вып. 11. С. 544.
⑥ Любицкий А. Воспоминания... С. 121.

是奏效的仅是一小部分。"① 当日，俄军发动进攻，在沙河开辟战局。心情愉悦的士兵们勇往直前，希望彻底告别那段撤退的历史。许多军官对胜利提出质疑。他们认为，若想取胜，必须得到增援部队的支援，同时补足损失惨重的指挥官队伍。② 日本人也在怀疑，到最后他们也无法断定，俄军能否冒险抓住这次机会。③

大山岩手下共有15万兵力和648门火炮可供调配。库罗帕特金将部队分为两支队伍——西部集团和东部集团。按计划，前者应当以正面进攻的形式牵制驻守铁路沿线平原地区的日军兵力，而后者应当绕过沙河上游山脉打击驻守山区的黑木部队，同时深入敌军后方挺进辽阳。由此可见，当时库罗帕特金正在谋划自己的"色当战役"。在计划实施过程中，主、客观障碍并存。由于缺乏对山区地形的研究并且没有可靠的地图，俄军无法选定理想的主攻方向。在陌生地区作战要求高级指挥官彼此密切联系并且具有一定的决策权，然而无论是前者还是后者俄军将领都不具备，于是这立即阻碍了这次军事行动的进程。④

最初，日军迅速撤离前线阵地，与主力部队会合。燃烧的日军仓库令参加这场战役的俄国士兵喜上眉梢。⑤ 进攻部队并未进行有力的追击。按照作战计划，俄军应巩固已占领的中间屏障

---

① Дневник А. Н. Куропаткина（31 марта – 20 ноября 1904 г.）// КА. М. 1935. ТТ. 2 – 3（69 – 70）. С. 114.
② Гусев С. Я. Из дневника корпусного контролера... // ВС. 1910. №11. С. 225.
③ Great Britain War Office, *The Russo-Japanese War*, vol. 1, p. 433.
④ Menning, *Bayonets Before Bullets*, p. 184.
⑤ Врангель П. Н. В тылу японцев во время боев при Шахэ. // ИВ. 1909. Том 118. Вып. 11. С. 550.

（沙河），进攻幅度每昼夜不超过 5 千米。① 与过去一样，地图的准备情况依旧十分糟糕，地图短缺的问题不仅困扰着作战部队，甚至也困扰着总参谋部。② 令人惊讶的是，即便如此，10 月 8 日俄军竟然再次控制了整个沙河河谷。当日，俄军的进攻部队意外地进入了日军的防御阵地。③ 山区的防御格外坚固。在缺乏山地炮、野战炮掩护的情况下，没有战区地图的西伯利亚步枪兵不得不服从总司令的指挥，在难以通行的地带顶着敌军的炮火发动进攻。由于身处峡谷，施塔克尔贝格的东部集团无法发挥自身的兵力优势，于是停止了进攻。借此机会，大山岩变更部署，发动反攻。10 月 10 日至 17 日，沙河会战进入第二阶段。④

此时，俄军的西路集团在平原上遭到了两路日军的围攻。俄军开始撤退，此后库罗帕特金向施塔克尔贝格下达了撤退指令。在平原上爆发了激烈的战斗，其中发生在双峰山和万宝山的战役尤为惨烈。该地区的山脉地形独特，支脉向西延伸，山丘高耸于平原之上。10 月 16 日上午，日本第一军占领万宝山，⑤ 俄军沙河阵地进入日军炮击范围。10 月 17 日，在 5 个团的支援下，普季洛夫（П. Н. Путилов）中将率领东西伯利亚第二步枪兵旅攻入万宝山，歼灭日本守军，缴获 14 门火炮和 1 挺机枪。日军死

---

① Левин Н. М. Атака Путиловской сопки. Эпизод из сражения на реке Шахэ русско-японской войны 1904–1905 гг. М. 1939. С. 10–11.
② Русско-японская война 1904–1905 гг... СПб. 1910. Т. 4. Шахэ–Сандэпу. Ч. 1. Сражение на реке Шахэ. С. 142.
③ Гамильтон Я. Ук. соч. СПб. 1907. Т. 2. С. 196.
④ Menning, *Bayonets Before Bullets*, p. 184.
⑤ Левин Н. М. Ук. соч. С. 12–13.

亡 1500 人，俄军伤亡近 3000 人。奉库罗帕特金之命，俄军并未乘胜追击。为了庆贺胜利，俄国人将此地命名为"普季洛夫山"①。

在反击中，日军动用了 11 英寸口径的迫击炮，因而大获全胜。无人料到，野战部队在战斗中，特别是在山区会使用攻城炮。重型炮弹直接摧毁了俄军的野战工事。② 俄国的重型炮也加入了战斗，但是效果奇差。与其说炮击发挥了实际作用，不如说它带来了精神慰藉，因为日军并无人员伤亡。③ 在战斗持续的两周内，尤赫诺夫斯基步兵团伤亡格外惨重。兵力损失招致愤怒情绪，华人成了宣泄的出口，但凡可疑便被当作间谍羁押起来。会战结束前，经常抓捕此类"间谍"。④ 他们的命运十分悲惨，通常无须任何审判便可随意处决。⑤ 俄军转入进攻后，阵地局势趋于平稳。俄、日两军精疲力竭。最终，俄军损失 41351 人，其中 11000 人丧生；日军损失 20000 余人，其中近 4000 人丧生。⑥ 在沙河会战中，俄军累计损失 43 门火炮和 60 辆弹药车。⑦

库罗帕特金的计划再次落空，进攻沙河并未缓解旅顺港的困

---

① Там же. С. 25 – 26.
② Гусев С. Я. Из дневника корпусного контролера... // ВС. 1910. №12. С. 181.
③ Полторацкий А. Бой у Бенсиху в цонце сентября 1904 г., по японским сведениям. // ВС. 1914. №4. С. 93.
④ Гусев С. Я. Из дневника корпусного контролера... // ВС. 1910. №11. С. 231；235.
⑤ Оболенский В. В. Записки о войне... С. 64.
⑥ Menning, *Bayonets Before Bullets*, p. 184.
⑦ Русско – японская война 1904 – 1905 гг... СПб. 1910. Т. 4. Шахэ – Сандэпу. Ч. 2. Зимний период кампании и сражение при Сандепу. С. 17.

境。在遭遇重创后，俄军总司令再次回归传统——观望策略，着重加强奉天的防御工事。1904年4月至6月，俄军曾在这里积极设防；在撤离辽阳后，防御活动变得更加活跃。① 库罗帕特金谋划着在这里得到增援，凭借优势兵力对抗日军未来的进攻，并且在击退进攻部队后转入反攻。这一计划正中敌军下怀。在沙河会战中，日军已然出现了弹药短缺的问题。日本曾试图增加国内的弹药产量，但是并未成功，因此只能从国外订购。无论是完成订单还是向作战部队交付弹药都需要时间。② 与此同时，日军也在积极加强位于奉天前方的防御阵地，修筑多处可部署多排步枪火力的堡垒，并且在其前方铺设障碍物。③ 库罗帕特金的观望策略帮助大山岩摆脱了弹药危机，同时加快了乃木希典攻占旅顺港的进程。

1904年10月23日和26日，尼古拉二世连续发布任职命令，任命库罗帕特金将军为陆军总司令，满洲集团军一分为三：步兵上将利涅维奇（Н. П. Линевич）领导第一集团军，比尔德林格（О.-Ф. К. Гриппенберг）领导第二集团军，骑兵上将考尔巴尔斯（А. В. Каульбарс）领导第三集团军。此前，三人分别担任阿穆尔沿岸军区、维尔纳军区和敖德萨军区的司令。④ 10月25日，

---

① Цабель С. А. Ляоян. Мукден. Тьелин（Краткое описание и планы укреплений позиций）. // ИЖ. 1907. №6-7. С. 725.
② Окамото С. Ук. соч. С. 146-147.
③ Русско-японская война 1904-1905 гг... СПб. 1910. Т. 4. Шахэ-Сандэпу. Ч. 2. Зимний период кампании и сражение при Сандепу. С. 2.
④ Русско-японская война. Из дневников А. Н. Куропаткина и Н. П. Линевича. Л. 1925. С. 57；Куропаткин А. Н. Отчет... СПб. 1906. Т. 3. С. 31.

阿列克塞耶夫被免去远东总督之职。离任前，他正在研究沙皇提出的在战争胜利后将中国东北并入俄国的计划（1905 年，西伯利亚人口为 5760169 人①）。当时普遍认为，这种补偿已经足够了，因为日本定然不愿支付赔款。直至 10 月 23 日，阿列克塞耶夫依然坚持将赔款条件写入未来的和约。②

总督离任后，司令部正式接管了海、陆两军的指挥权，库罗帕特金成了俄国远东军事力量的唯一指挥者。日本军部再次敦促乃木希典尽快占领旅顺港。日本炮兵中队的活动日益活跃，针对内港的炮击精度也日益提升。10 月 9 日至 31 日，日军 11 英寸口径的火炮 41 次击中俄舰，120 毫米和 6 英寸口径的火炮 26 次击中俄舰。10 月 30 日，悬挂着红十字会旗帜的安加拉号医院船被日军 2 发直径为 11 英寸的炮弹击沉。③ 当日，日军向要塞发动第三轮进攻。英国驻守备部队参谋部的一名军官指出："对旅顺港的第三轮进攻，简直是一场可怕的悲剧。相比之下，之前的进攻只是摩擦与前奏。"④

在几周的时间里，日本军官和士兵一直在等待进攻俄国要塞

---

① М － ч А. Племенной состав и численность населения Сибири. // ВС. 1907. №1. С. 182.

② В штабе адмирала Е. И. Алексеева... // КА. М. － Л. 1930. ТТ. 4 － 5（41 － 42）. С. 199 － 200.

③ Русско － японская война 1904 － 1905 гг... Пгр. 1916. Кн. 4. Действия флота на южном театре и действия морских команд при обороне Порт － Артура после морского сражения в Желтом море 28 июля（10 августа）1904 г. до конца осады крепости. С. 150；164 － 165.

④ Джемс Д. Осада Порт － Артура. // ВС. 1907. №3. С. .

的命令。① 11月3日,"扶桑国"庆贺天皇诞辰,乃木的第三军奔赴前线,以期为天皇献礼。② 10月30日,日军开始进行炮火准备。在炮战中,日军同时动用了摧毁长期防御工程的爆破弹,清空俄军步兵堑壕的榴霰弹以及破坏力强大、直径为280毫米的巨型榴弹。③ 当日,1800余颗直径为11英寸的炮弹向要塞飞去。在第三轮进攻中,日军的重型炮累计发射2万余颗炮弹。日方阵营的开炮场面骇人听闻。"数以千计的炮弹、数以万计的弹片爆裂开来,烟雾弥漫,整片区域仿佛披上了一层蓝色的毛毯,压制了所有明亮的色调,柔化了所有尖锐的线条,它们在山地峡谷中聚合,仿佛是傍晚的薄雾。缠结错杂的白烟、淡红色的尘柱时刻不停地闪烁着,在它们温柔的遮蔽下,在金色和铜色的掩映下,阳光不再刺眼,到处都是斑斓的色彩。"④ 乃木参谋部所在阵地的景象是:"大火仿佛将山丘吞没了一般。"⑤

阵地上的幸存者留下了更多平淡的回忆。要塞的保卫者表示,日军的攻城炮使我们的防御工事变成了一堆"碎屑、砂土、铸铁、石块和死尸"⑥。尽管如此,令攻城部队吃惊的是,他们的突击部队遭遇了密集的射击,⑦ 步兵死伤极多。⑧ 他们仍未放

---

① Бартелетт Э. Ук. соч. С. 179.
② Норригаард Б. В. Ук. соч. С. 170.
③ Бартелетт Э. Ук. соч. С. 185.
④ Норригаард Б. В. Ук. соч. С. 171.
⑤ Бартелетт Э. Ук. соч. С. 185.
⑥ Из истории русско - японской войны 1904 - 1905 гг. Порт - Артур. Сборник документов. М. 2008. Т. 2. С. 153.
⑦ Норригаард Б. В. Ук. соч. С. 172.
⑧ Бартелетт Э. Ук. соч. С. 188 - 189.

弃进攻，经过两天血腥的搏杀，日军终于在距离俄国堡垒最近的两个要冲上站稳了脚跟。此后，他们不得不继续围困要塞。那块被占领的阵地从日军那里获得了一个颇为生动的名称——"血坡"①。11月27日，负伤的208名军官和5933名士兵在那里集合。尸体的清理工作和伤员的搜寻工作在当日未能结束。此时，乃木已经无力发动进攻。② 第三轮进攻的失败不仅威胁到了大山岩部队的安危，并且东京认为，这可能打破海上力量的平衡。日本首都收到消息，从波罗的海派往远东的俄国舰队已经驶入印度洋。

---

① Из истории русско - японской войны 1904 - 1905 гг. Порт - Артур. Сборник документов. М. 2008. Т. 2. С. 154.
② Джемс Д. Осада Порт - Артура. // ВС. 1907. №3. С. 212.

23 第二太平洋舰队的决策、组建和起航及赫尔事件

在俄国舰队仍停泊旅顺港、日军尚未占领的情况下,海军增援部队的抵达速度事关重大,因为它很可能改变海上争霸的最终结果。然而,这场战争打得俄国措手不及,受时局影响,俄国难以把控时间因素。① 与此同时,航程相对较短的路线方案(塞瓦斯托波尔—达达尼尔海峡—苏伊士运河—新加坡—旅顺港)也无法实现。苏丹拒绝放行俄国军舰,毕竟他不想帮助自己的宿敌。此外,君士坦丁堡拥有一个完美的借口:英国不断威胁土耳其,如若违反国际海峡制度,将封锁达达尼尔海峡。②

在此情况下,即使能够穿越黑海海峡,俄国军舰也不必指望穿越苏伊士运河。抽调波罗的海舰队部分军舰出征远东的筹备计划是海军上将斯克雷洛夫(Скрыдлов)在1904年4月动身前往符拉迪沃斯托克前提出的,因此海军少将罗杰斯特文斯基(З. П. Рожественский)成了该计划的落实者。舰队先锋——新

---

① Заключение следственной комиссии по выяснению обстоятельств Цусимского боя. // МС. 1917. №9. С. 1.
② Fuller, *Strategy and Power in Russia*, p. 402.

型装甲舰尚未完工。① 1904年8月23日（俄历8月10日），沙皇在彼得戈夫主持召开会议，会上首次将波罗的海舰队分舰队前往远东支援太平洋舰队的可行性问题提上议程，并且探讨了分舰队的组成结构和远征计划。

假如将目的地定为舟山群岛，远征舰队需要航行150天，耗费24万吨煤炭。② 结果，事实证明正如罗杰斯特文斯基预料的那样，在增援部队抵达前，俄国既无法保全旅顺港，第一舰队也无法占领中国中立地区的领土，同时很难在太平洋上占领敌国岛屿用作临时基地。因此，他积极主张远征远东。1904年9月14日，计划通过审批，开始落实。③

9月30日（俄历9月18日），康斯坦丁·康斯坦丁诺维奇（Константин Константинович）大公在日记中写道："对于向远东派遣远征舰队，存在两种截然相反的观点：一种观点认为，此举对于实现战争目标、平息对舰队寄予厚望的社会舆论至关重要；另一种观点认为，派遣波罗的海舰队出征为时已晚且毫无意义，毕竟日本舰队的实力比我国舰队强三倍。"④ 顺便说一句，第二种观点是由亚历山大·米哈洛维奇大公提出的，他认为舰队"去那里简直就是找死"⑤，然而他的观点并未受到重视。事实

---

① Русско-японская война 1904－1905 гг... Пгр. 1917. Кн. 6. Поход 2-й Тихоокеанской эскадры на Дальний Восток. С. 6－7.
② Там же. С. 11.
③ Заключение следственной комиссии по выяснению обстоятельств Цусимского боя. // МС. 1917. №9. С. 7－8.
④ Из дневника Константина Романова. // КА. М.－Л. 1930 Т. 6（43）. С. 96.
⑤ Там же. С. 94.

上，海军部之外的思想和情绪左右着决策的制定。①

当时，以克拉多（Н. Л. Кладо）为首的某些俄国海战理论家在新闻媒体上大肆鼓吹舰队远征的益处。他们认为，即使是陈旧的舰船，只要武装上了现代化的火炮，就能在海上与日舰对抗。②甲午战争结束后，克拉多曾对日本和中国海军将领犯下的错误进行过严肃的批评。1896年，他将日本胜利的主要原因归结为优质的军舰、优秀的舰员、不间断的操练以及日复一日持续进行的射击演练，不仅涉及穿甲弹，还涉及爆破弹。③ 1904年，在《新时代》（Новоевремя）他化名"普里博伊"④发表观点。⑤

至于俄国舰队对现代化战争的准备程度，即使是盟国法国也未给出较高的评价。俄日战争爆发前夕，法国就对俄国舰队在军事行动中的重要性表示怀疑。⑥ 1882~1902年，5版毫无关联的造船计划相继出台，俄国舰队正是在此基础上建立的。⑦ 由此出现了一个必然的结果，军舰的数量明显落后于质量，对此大家心知肚明，决定派遣舰队出征远东的那些人除外。"哎，我们对第

---

① фон Нидермиллер А. Г. Ук. соч. С. 48.
② Казьмичев Б. Вторая Тихоокеанская эскадра. // Возрождение. Париж. 1964. №155. С. 52.
③ Кладо Н. Военные действия на море во время японо‑китайской войны. СПб. 1896. С. 2 – 3；7.
④ 俄语"Прибой"，意为惊涛拍岸。——译者注
⑤ Кладо Н. Л. Современная морская война. Морские заметки о русско‑японской войне. СПб. 1905. Приложение II. Морские записки Прибоя в газете «Новое Время» с 29‑го января по 14‑е апреля. С. 310 – 378.
⑥ Luntinen, *French Information on the Russian War Plans*, p. 143.
⑦ Черкасский М. Военные идеи личного состава русского и японского флотов в 1903 – 1905 гг. // МС. 1914. №7. С. 67.

二舰队确实没有信心，"10月10日"绿宝石级"二等巡洋舰的驻舰医生指出："尽管从外表上看它是如此威武。众所周知，新舰竣工十分仓促，其余都是当之无愧的老爷舰，早就应该退役了。它们从未经过真正的测试，从前就有一大堆毛病。"①

在4艘"博罗季诺级"装甲战列舰中，仅有1艘——亚历山大三世号经过测试（1903年夏），但是测试结果糟糕透顶。直至1904年夏季，甚至秋季，俄国才开始对"博罗季诺级"的其他军舰进行机械和火炮测试，1904年夏季尚未竣工的奥列格号一等巡洋舰、珍珠号和绿宝石号二等巡洋舰的待遇也是如此。在现代化军舰的航行与射击测试方面，只有奥斯利雅比亚号战列舰、阿芙乐尔号一等装甲巡洋舰和2艘用作巡逻舰的轻型巡洋舰——斯维特兰娜号和阿尔马兹号经过全面检测。② 一半以上的军舰是过时的老爷舰，其上安装着不同体系、各种口径的老式舰炮。鉴于存在从国外采购战舰提升舰队实力的可能，从波罗的海起航的第二太平洋舰队将离港时间推迟了一个月。③

1905年4月，第二舰队指挥部高级信号副官斯文托尔热茨基（Е. В. Свенторжецкий）写道："第二舰队是突击建成的，在役舰船要么刚刚竣工，要么陈旧过时，对于各式各样的舰船，舰队来者不拒，这不是什么秘密；舰员的招募同样未经专业筛选，

---

① Кравченко В. [П.] Через три океана. Воспоминания врача о морском походе в русско-японскую войну 1904-5 г. СПб. 1910. С. 11.
② Заключение следственной комиссии по выяснению обстоятельств Цусимского боя. // МС. 1917. №7. С. 4.
③ Заключение следственной комиссии по выяснению обстоятельств Цусимского боя. // МС. 1917. №9. С. 8.

这似乎是当时最好的办法了。这些完全没做好准备的舰船就这样浩浩荡荡地拔锚起航了，舰队必须以最快的航速沿着最长的航线赶赴战区。在在建舰船陆续竣工并通过常规验收的同时，舰员也在瑞威尔①完成了短期战斗训练，然而这对于提升舰队实力没有明显的益处。海军上将关心的是，舰队何时才能彻底集结完毕、开拔出征。这项工作是在俄国各界不断的催促下进行的。当时，俄国社会普遍谴责季诺维·彼得洛维奇（Зиновий Петрович）不愿尽快出兵远东、解救旅顺港。但是，您必须承认，发出这种吆喝声的那些人完全不了解舰队的备战机制，他们不明白训练舰队需要多年的积累，而非两三星期的突击。舰员未经训练，舰船便是敌人可以轻松捕获的猎物。这正是俄国社会的糊涂之处，大街小巷都充斥着火速派舰出征的呼声。"②

从喀琅施塔得出发的舰队抵达瑞威尔后，舰员在那里接受了为期数周的紧急训练，训练成果显著，舰队已经可以勉强地机动了。某位军官回忆道："罗杰斯特文斯基白天黑夜都在工作，并且采取了一些专横甚至刚愎自用的措施。"③ 这些措施有时似乎不近人情，但是海军上将面对的是"一堆近期完工的舰船、一群没有出过海的新兵、一帮新上任的指挥官和军官"④。大多数问题无法及时解决，"战斗训练情况令人深感遗憾"。1904 年 9 月 11 日，鹰号装甲战列舰的造船工程师在日记中写道："新舰的

---

① 今爱沙尼亚首都塔林。——译者注
② До Цусимы. // КА. М. 1934. Т. 6 (67). С. 195.
③ Воспоминания А. В. Витгефта. // Исторический архив. 1960. №4. С. 117.
④ Там же. С. 118.

各个部门完全不在状态，舰员既未掌握战列舰的运行机理，也不能熟练操作武器装备。此时，尚未开始任何机动训练和作战演习。在舰队中，海军岸防步兵和从田间招募的新兵占了一半。他们对大海没有概念，也未听到过炮声，即便如此，四个月后，舰队必须进入太平洋战场，在那里与经验丰富的敌人搏杀。我们只能盼望艰难的远征能够成为训练舰员的最佳场合。"①

9月25日至10月2日，舰队进行6英寸口径和小口径的火炮实弹射击演练。舰队收到5210颗炮弹，而非预期的12000颗。② 在离开瑞威尔前，战舰的大口径舰炮仅发射了两三颗炮弹。事实上，这不是演习，而是对舰炮的测试。即便如此，也只有为数不多的几艘战舰参与射击。从预备役部队招募的军官、士官和水兵不符合海军服役要求的占总数的1/3左右，其中大部分水兵是未经训练的新兵，他们1904年入伍，因而没时间训练。③

至于火炮训练缺陷，在远征途中也无法弥补，在每艘战舰上只配备了1个基数的重型舰炮弹药和1、2个基数的小口径舰炮弹药。④ 由于海军部弹药储备不足，无法提高弹药基数。如果成功突围至符拉迪沃斯托克，整支舰队的弹药基数可能上调一半，但是受损舰船无法维修，因为在那里既无可容纳大型战舰的码头

---

① Костенко В. П. Ук. соч. С. 142.
② Русско - японская война 1904 - 1905 гг... Пгр. 1917. Кн. 6. Поход 2 - й Тихоокеанской эскадры на Дальний Восток. С. 20.
③ Заключение следственной комиссии по выяснению обстоятельств Цусимского боя. // МС. 1917. №7. С. 6 - 7.
④ Там же. С. 8.

或机修车间，也无可替换受损舰炮的12英寸口径火炮。① 在此情况下，派遣舰队是一次盲目的冒险，此次行动完全不具备支援旅顺港的先决条件。

显然，在旅顺港失守前，舰队无法抵达要塞附近；即便成功抵达，舰队在那里既无法找到安全的泊驻地——港内锚地随时可能遭到炮击，也无法为饱受日军炮火摧残并且不得不向要塞陆防阵地调派士兵和火炮的第一太平洋舰队提供有效的支援。另外，若无第一舰队的配合，实力虚弱的第二舰队难以支撑战局。在舰队驶离波罗的海前，第二舰队最英勇、最有经验的指挥官断言远征必败——补给、武器、物资和组织方面的缺陷太过明显。②

罗杰斯特文斯基的舰队只能发挥一个作用：在海上招摇过市，向日本示威，逼迫日本缔结和约，但前提是俄国陆军取得胜利。为了实现上述目标，舰队需要基地，哪怕只是临时基地，最初海军上将对此极为坚持，但是显然这个要求无法达成。事实上，对于远征的胜利，罗杰斯特文斯基本人也不抱太大希望。他之所以执行这项任务，是因为他无法指出它是不可能完成的。③ 10月9日至10日（俄历9月26日至27日），沙皇在瑞威尔锚地对即将出征的舰队进行了检阅。此后，舰队转移到了亚历山大三

---

① Заключение следственной комиссии по выяснению обстоятельств Цусимского боя. // МС. 1917. №9. С. 11；15.
② Там же. С. 7.
③ Коковцов В. Н. Из моего прошлого... М. 1992. Т. 1. С. 72.

世港（利巴瓦）。① 1904年10月15日，俄国战舰驶离利巴瓦，正式出征。总而言之，尽管面临着一系列困难，但是军官们依旧信心满满、斗志昂扬。② 此次航行的参与者指出："一支由各种类型、不同舰龄和规格的舰船组成的庞大舰队，在既无海军基地，也无煤炭补给据点的情况下，敢于开启如此漫长的征程，这在全世界的舰队历史上也是绝无仅有的。"③

舰队必须绕过欧洲和非洲（因为无法进入苏伊士运河）航行18000海里才能抵达目的地，在此期间需要消耗50万吨煤炭。由于没有自己的中转基地，俄国舰队只能在中立港（以法国的港口为主）驻泊。法国作为中立国家，无法向俄国舰队提供煤炭补给，后来德国的美洲汉堡公司成了舰队的煤炭供应商。④ 航行之初，受机组人员经验不足的影响，舰队以7~8节的航速行进，实际上舰队的正常航速可达14~15节。沙皇尼古拉二世对于胜利的前景深信不疑。10月19日（俄历10月6日），他对威廉二世说道："可以肯定的是，这场战争俄国必将坚持到底，直到最后一个日本人被赶出满洲。只有这样，两个好战的国家才能进行和谈。愿上帝保佑我们。"⑤

10月19日，在旗舰上升起了海军将旗——罗杰斯特文斯基

---

① Русско-японская война 1904-1905 гг... Пгр. 1917. Кн. 6. Поход 2-й Тихоокеанской эскадры на Дальний Восток. С. 22-23.

② Чегодаев-Саконский А. На «Алмазе» от Либавы через Цусиму — во Владивосток. С. 3.

③ До Цусимы. // КА. М. 1934. Т. 6（67）. С. 196.

④ McElwee, *The Art of War*, p. 293.

⑤ Переписка Вильгельма II с Николаем II. М. 1923. С. 69.

晋升为海军中将、侍从将军。① 在离开丹麦海峡时，舰队提升了防御等级。6月有消息称：日本可能出动鱼雷艇偷袭舰队。此时，海军部已对贝尔特海峡和斯卡格拉克海峡展开监视。② 航海业务长警告属下航行途中可能遭遇战斗，极有可能是鱼雷袭击。③ 此时，时常传出英国可能协助日本舰队进入欧洲水域的传言，舰队指挥部绷紧了神经。④

10月21日至22日夜间，在英国北海赫尔海区的多格尔沙洲附近，舰队误将英国的拖网渔船当成了日本的鱼雷艇并且对其发动进攻，史称"赫尔事件"。⑤ 10月21日傍晚，舰队驶入能见度不足3链⑥的浓雾海域，即便如此，舰队继续以正常航速前进。早晨天气转好，但是紧张的氛围仍未得到缓和，司令下令提防4艘没有灯光的"鱼雷艇"。⑦

在离开丹麦水域前，罗杰斯特文斯基收到了从白海向波罗的海航行的巴坎号军用运输舰指挥官的报告。报告称，在挪威一处荒芜的峡湾附近，他碰到了几艘未悬挂任何旗帜、形迹可疑的鱼雷艇。舰队司令立即下令时刻提高警惕，做好退敌准备。在舰队启程时，跟随德米特里·顿斯科伊号和阿芙乐尔号巡洋舰一同出海的堪察加号维修船因发生机械故障而落在了后面，落后大部队

---

① Чегодаев – Саконский А. Ук. соч. С. 6.
② Русско - японская война 1904 – 1905 гг... Пгр. 1917. Кн. 6. Поход 2 - й Тихоокеанской эскадры на Дальний Восток. С. 26 – 28.
③ Чегодаев – Саконский А. Ук. соч. С. 4.
④ Семенов В. [И.] Ук. соч. СПб. 1907. ЧЧ. 1 – 2. С. 252.
⑤ Rosen, *Forty Years of Diplomacy*, vol. 1, p. 250.
⑥ 1链 = 0.1海里或185.2米。
⑦ Чегодаев – Саконский А. Ук. соч. С. 6 – 7.

10 海里左右。①

21：00～23：00，维修船发射遇袭信号。维修船表示，敌方的鱼雷艇发动袭击，打掉了船上几门75毫米的火炮。在收到堪察加号的突袭报告时，3艘恰好截断舰队航道的单筒轮船出现在了舰队的视野。② 堪察加号的信号几乎在同一时刻中断了，这被舰队当成了维修船失事的证据。渔民点燃了照明弹，然而战列舰的信号兵却以为自己看到的是四管鱼雷艇。紧绷的神经几乎误导了所有人，俄国舰队相信，有人以某种方式发起了进攻。③

挡在俄国舰队前面的渔船正在拉网，无法迅速收网或放网，因此无法快速驶向一侧。结果，俄国军舰开始从船舷两翼向四面八方开火。短时间内，鹰号装甲战列舰的炮手就已打出了500发75毫米和47毫米直径的炮弹和20发6英寸直径的炮弹。在恐慌中，机枪甚至也开火了。④ 渔民们拉起了足以证明他们是平民的船帆，然而这也无济于事。⑤ 站在舰炮旁边的是一群毫无经验的士兵，他们首次面对如此场景，内心的恐惧可想而知，只有狂打猛攻才能消除自己的恐惧。至于军官们的停火命令，他们没能立刻听到。⑥ 结

---

① Казьмичев Б. ［П.］Гулльский инцидент. // Возрождение. Париж. 1958. №75. С. 45.
② Семенов В. ［И.］Ук. соч. СПб. 1907. ЧЧ. 1 - 2. С. 252 - 255.
③ Воспоминания А. В. Виттефта. // Исторический архив. 1960. №4. С. 119 - 119.
④ Костенко В. П. Ук. соч. С. 196 - 200.
⑤ Гладких С. А. Забытые герои. История русско - японской войны 1904 - 1905 гг. в биографиях, дневниках и воспоминаниях военных моряков. СПб. 2013. С. 179.
⑥ Русско - японская война 1904 - 1905 гг... Пгр. 1917. Кн. 6. Поход 2 - й Тихоокеанской эскадры на Дальний Восток. С. 33.

果,一艘拖网渔船中弹沉没,一艘中弹受损,两名渔民遇难,几名渔民负伤。在炮火中,俄国舰船遭到误伤,特别是阿芙乐尔号屡次中弹。① 10月21日上午,舰队发现了5艘鱼雷艇的踪迹,于是立即拉响警报、准备退敌,但是很快发现那是自己人,因此并未开炮。②

英国的反应极为激烈。对落水渔民见死不救的事实影响极为恶劣。英国舰队开始招募预备役部队。应伦敦的要求,俄国舰队被扣留在了西班牙的维哥港。英国的地中海舰队和大西洋舰队(本土舰队)聚集在直布罗陀海峡。③ 欧洲期待着宿敌——英国与俄国之间的碰撞。对于预期的碰撞,巴黎坐立难安。巴黎担心,俄国的实力被进一步削弱将迫使法国向德国低头并且任其摆布。柏林立即邀请彼得堡进行正式缔结同盟关系的谈判。威廉二世幻想着建立一个大陆反英联盟。然而,德国的提议遭到了俄国的拒绝,在未经法国同意的情况下,俄国拒绝与德国达成协议,俄法联盟得以保全。与此同时,在促使伦敦和平解决"赫尔事件"方面,法国也付出了不少努力。④ 这些努力是及时且富有成效的,加之英国海军部认为,舰队尚未做好积极行动的准备,⑤因此英国的行动止于威胁。

---

① Семенов В. [И.] Ук. соч. СПб. 1907. ЧЧ. 1 – 2. С. 257；Заключение следственной комиссии по выяснению обстоятельств Цусимского боя. // МС. 1917. №7. С. 9.

② Чегодаев – Саконский А. Ук. соч. С. 9.

③ Русско – японская война 1904 – 1905 гг. . . Пгр. 1917. Кн. 6. Поход 2 – й Тихоокеанской эскадры на Дальний Восток. С. 39 – 41.

④ Тэйлор А. Дж. П. Ук. соч. С. 431 – 432.

⑤ Романова Е. В. Путь к войне. . . С. 50.

已经背负了一场战争的尼古拉二世也不愿冒险，因此他立即向爱德华七世寄送了一封私人信函。沙皇对此事深表遗憾，提议将事件移交海牙国际法庭审理裁决。伦敦同意展开独立调查（在英国、法国、美国、俄国和奥匈帝国海军上将的主持下进行①）并将此案交由仲裁法院裁决。联合委员会的调查结果显示，遭遇俄国舰队炮击的还有位于渔船附近的阿芙乐尔号和德米特里·顿斯科伊号巡洋舰，它们也被当成了日本舰船；不分青红皂白地开火是俄国舰队炮兵训练不利的恶果。② 委员会一致认定，当时在那片海域不存在日本或其他国家的鱼雷艇；罗杰斯特文斯基确实收到了要求他提高警惕的情报。③ 仲裁法院判决俄国政府支付65000英镑（约合60万卢布）的赔款。④ 10月28日，在维哥港的罗杰斯特文斯基向自己的属下宣读了沙皇的电报："在精神上，朕与您和我所珍视的舰队同在。我相信，误会很快就会消除。全俄罗斯满怀信心、充满希望地看向你们。尼古拉。"⑤ 这个消息并未激发水兵们的热情，但是很快他们就能出海了。1904年12月28日，俄国舰队抵达马达加斯加。此时，旅顺港的命运已成定局。

---

① Rosen, *Forty Years of Diplomacy*, vol. 1, p. 251.
② Таубе М. А. «Зарницы» воспоминания о трагической судьбе предреволюционной России (1900 – 1917). М. 2007. С. 52 – 71; 76 – 79.
③ Русско - японская война 1904 – 1905 гг... Пгр. 1917. Кн. 6. Поход 2 - й Тихоокеанской эскадры на Дальний Восток. С. 47 – 48.
④ Казьмичев Б. [П.] Гулльский инцидент. // Возрождение. Париж. 1958. №75. С. 49; Massie, *Dreadnought: Britain, Germany and the Coming of the Great War*, p. 596.
⑤ Семенов В. [И.] Ук. соч. СПб. 1907. ЧЧ. 1 – 2. С. 270.

24　旅顺港的结局：第一太平洋舰队的覆灭

1904年11月26日，乃木希典对旅顺要塞发起了第四轮强攻，当日突击队被彻底击退。随后，他组建了一支2600人的敢死队发动夜袭。在80名水兵和机枪炮火的反击下，进攻再次失败。在短短两天的战斗中，日军损失4500人，俄军损失了1500人。① 此时，日军将主攻方向调整为高山阵地，英勇的特列季亚科夫上校率西伯利亚步枪兵团镇守此地。经过一个月，此地的防御明显加强：使用钢轨、半英寸厚的铁板、2沙绳（2.32米）厚的填充土层加固掩蔽工事。② 此类防御工事完全能够承受6英寸口径的火炮攻击，然而11英寸口径的火炮却能轻易穿透它们。永久性混凝土防御工事也是如此。6英寸直径的炮弹能够轻而易举地将其击碎，随后只能通过土方回填的方式完成修复。现在，近一米厚的混凝土顶一旦被击中，也将四分五裂。③ 在日军攻城过程中，11英寸直径的炮弹（士兵们将其称为"机车弹"）也发挥了巨大的作用。日军在旅顺港周围部署了474门火炮，其中

---

① Menning, *Bayonets Before Bullets*, p. 170.
② Третьяков Н. 5-й Восточно-Сибирский полк... // ВС. 1909. №9. С. 43.
③ фон Шварц А. Влияние борьбы за Порт-Артур... // ИЖ. 1907. №2. С. 253；То же. // ИЖ. 1907. №4-5. С. 562.

包括18门11英寸口径的迫击炮,最远射程可达10千米,炮弹重达220千克。日军向旅顺港累计发射了150万颗炮弹,其中包括35000颗11英寸直径的炮弹。① 所幸,日军发射的11英寸直径的炮弹并未全数引爆。在更换了炮弹中的定距引信后,日军将炮弹投掷到了俄军11英寸口径的海防迫击炮后方。②

日军继续猛攻高山阵地,但凡能够打击阵地的武器几乎全部启用。③ 1904年11月27日至29日,炮火极为猛烈,日军每日发射800~1000颗此类炮弹,这足以摧毁山岩上的防御工事,"半间农房那么大的"巨型花岗岩被炸得掉了下来。④ 11英寸直径的炮弹贯穿3.5米厚的岩层。石块碎渣发挥了额外的破坏作用。⑤ 在日军的炮火下,阵地犹如一座正在喷发的火山。山顶硝烟弥漫、遮云蔽日,时常闪现爆炸的火光。⑥ 最终,山上的防御工事被摧毁了,旅顺港核心阵地守军的尸体残骸堆满了废弃的掩体和堑壕。⑦ 日军的炮火摧毁了22座掩蔽工事,破坏了无数堑壕。⑧ 那时,俄国士兵将这种重炮炮弹称为"大炮弹"⑨。在第

---

① Menning, *Bayonets Before Bullets*, p. 169.
② фон Шварц А. [В.], Романовский Ю. [Д.] Оборона Порт-Артура. СПб. 1910. Ч. 2. С. 306.
③ Джемс Д. Осада Порт-Артура. // ВС. 1907. №4. С. 209-210.
④ Костюшко. Ноябрьские бои... // ИЖ. 1909. №3. С. 285.
⑤ Третьяков Н. 5-й Восточно-Сибирский полк... // ВС. 1909. №9. С. 43.
⑥ Джемс Д. Осада Порт-Артура. // ВС. 1907. №4. С. 211.
⑦ Третьяков Н. 5-й Восточно-Сибирский полк... // ВС. 1909. №10. С. 54.
⑧ Русско-японская война 1904-1905 гг... Пгр. 1916. Кн. 4. Действия флота на южном театре и действия морских команд при обороне Порт-Артура после морского сражения в Желтом море 28 июля (10 августа) 1904 г. до конца осады крепости. С. 225.
⑨ Третьяков Н. 5-й Восточно-Сибирский полк... // ВС. 1909. №11. С. 64.

一次世界大战中，这种说法逐渐为人们所知。

11月28日，日军再次开火。29日清晨，日军几乎占领了整座高山，随之而来的是俄军猛烈的反攻。上午，山上的日军被清理一空。30日上午，炮击和强攻再次上演，战斗异常顽固。① 防守部队遭受了极大的损失：海军部队死伤1404人；② 东西伯利亚第五步枪兵团损失14名（共23名）军官、17名（共26名）代理准尉，③ 1251名士兵。团长负伤，同时遭遇二次震伤。④ 无论付出了多么惨重的损失，日军依旧坚定无畏、舍生忘死地扑向阵地。⑤ 守军背后并无增援部队。旅顺港的形势越发艰难，最终斯捷谢利调派600余名医务人员支援前线。⑥

12月2日，高山阵地沦陷，400余名守卫者长眠于此。⑦ 后来，俄军未能夺回高山阵地。东西伯利亚第四炮兵营营长伊尔曼（В. А. Ирман）中将亲自率队发动反攻。日军8次击退反攻部

---

① фон Шварц А. ［В.］, Романовский Ю. ［Д.］ Оборона Порт-Артура. СПб. 1910. Ч. 2. С. 462－473.
② Русско-японская война 1904－1905 гг... Пгр. 1916. Кн. 4. Действия флота на южном театре и действия морских команд при обороне Порт-Артура после морского сражения в Желтом море 28 июля（10 августа）1904 г. до конца осады крепости. С. 236.
③ 代理准尉，1904年的上士军衔。
④ Костюшко. Ноябрьские бои... // ИЖ. 1909. №5. С. 584－585.
⑤ Русско-японская война 1904－1905 гг... Пгр. 1916. Кн. 4. Действия флота на южном театре и действия морских команд при обороне Порт-Артура после морского сражения в Желтом море 28 июля（10 августа）1904 г. до конца осады крепости. С. 224.
⑥ Костюшко. Ноябрьские бои... // ИЖ. 1909. №3. С. 292；313.
⑦ Great Britain War Office, *The Russo-Japanese War*, vol. 2, p. 405.

队。① 在枪林弹雨中，俄国步兵无法突围登顶。战斗期间，防御部队损失近5000人，日军损失7500人。② 高山阵地失守后，孔德拉坚科说道："好吧，现在的旅顺港已经危在旦夕了。"③ 当日，日军在高山阵地上部署了一处瞭望台，立即被俄军的炮弹击中并炸毁。此后几天，日军修复阵地。12月5日，乃木希典决定锁定目标、实施精准打击。④ 次日，俄国舰船遭遇炮轰，高山阵地与攻城炮保持电话通信，实时校准火力方向。⑤

城市和港口完全暴露在了日军的火炮下。11英寸直径的炸弹陡然落下击穿甲板无数，随后一声巨响造成极大破坏。⑥ 1904年12月6日，要塞和舰队正在缓慢地走向灭亡。⑦ 那日，列特维赞号被击沉——14颗11英寸直径、6颗6英寸直径的炮弹击中舰体。次日，佩列斯维特号战列舰、胜利号战列舰、狄安娜号巡洋舰被击沉。俄国的舰船一艘接一艘地或沉没，或失能。⑧ 12月8日，斯捷谢利主持召开会议。会议决定，将1905年1月14

---

① Костюшко. Ноябрьские бои... // ИЖ. 1909. №5. С. 569 – 573.
② фон Шварц А. [В.], Романовский Ю. [Д.] Оборона Порт - Артура. СПб. 1910. Ч. 2. С. 488 – 490.
③ Костюшко. Ноябрьские бои... // ИЖ. 1909. №5. С. 574.
④ Описание военных действий на море в 37 – 38 гг... СПб. 1910. Т. 2. Совместные действия флота и армии под Порт - Артуром. С. 167.
⑤ Бартелетт Э. Ук. соч. С. 282.
⑥ Подгурский Н. Из воспоминаний об осаде Порт - Артура. // ВС. 1909. №2. С. 212.
⑦ Костюшко. Ноябрьские бои... // ИЖ. 1909. №3. С. 313.
⑧ Русско - японская война 1904 - 1905 гг... Пгр. 1916. Кн. 4. Действия флота на южном театре и действия морских команд при обороне Порт - Артура после морского сражения в Желтом море 28 июля (10 августа) 1904 г. до конца осады крепости. С. 247; 251 – 256.

日（俄历 1905 年 1 月 1 日）定为要塞防御的最终期限，前提是"未发生显著改变要塞围困状况的特殊事件"。① 与此同时，要塞的处境日益恶化。

在所有俄国舰船中，只有由埃森（Н. О. фон Эссен）中校统率的塞瓦斯托波尔号装甲巡洋舰 12 月 9 日驶入外港准备突围。② 面对舰队残部骇人的伤亡数据，维伦③只能说："做你们想做的吧！"④ 直到 12 月 16 日，塞瓦斯托波尔号才击退了日本鱼雷部队的围攻。在此过程中，日方出动了由 30 艘鱼雷艇、2 艘布雷舰和 3 艘鱼雷炮舰组成的 10 支鱼雷艇部队，其中两艘鱼雷艇中弹沉没。日本人发射了 42 枚鱼雷，2 枚命中，分别击中舰首和舰尾。突围出海的计划化为泡影，塞瓦斯托波尔号唯有自沉。⑤ 俄国太平洋舰队就这样灭亡了。

12 月 15 日，11 英寸直径的重炮击中二号堡垒，前往堡垒讨论作战计划、颁发奖励的孔德拉坚科中将当场阵亡。爆炸发生

---

① К Порт‐Артурскому судебному процессу. Журналы совета обороны крепости Порт‐Артур. // ВС. 1908. №2. С. 313.
② Из истории русско‐японской войны 1904‐1905 гг. Порт‐Артур. Сборник документов. М. 2008. Т. 2. С. 611‐614.
③ 俄国海军上将，1904 年 8 月接替乌赫托姆斯基担任俄国太平洋舰队司令。——译者注
④ Русско‐японская война 1904‐1905 гг... Пгр. 1916. Кн. 4. Действия флота на южном театре и действия морских команд при обороне Порт‐Артура после морского сражения в Желтом море 28 июля（10 августа）1904 г. до конца осады крепости. С. 257.
⑤ Джемс Д. Осада Порт‐Артура. // ВС. 1907. №4. С. 211；Описание военных действий на море в 37‐38 гг... СПб. 1909. Т. 1. Военные действия против русской эскадры в Порт‐Артуре. С. 275‐288；Денисов Б. Использование торпедного оружия... // МС. 1935. №11. С. 14.

时，会议正在进行，与将军一同遇袭的还有要塞前线参谋部的17名骨干军官——9人当场毙命，7人负伤，1人重伤不治随即身亡。孔德拉坚科的逝世令防御部队深感绝望。显然，他是无可取代的。① 即使并无此事，要塞仍旧死气沉沉。市内所有的行动必须在夜晚进行，日军的机枪火力已经覆盖了城市的大部分区域。旅顺港医院拥挤不堪、人满为患，维生素 C 缺乏病泛滥，痊愈的病人越来越少，治疗疾病的药物几近枯竭。②

12 月 22 日，斯捷谢利向库罗帕特金拍发电报请求立即支援："旅顺港已经没有多少健康人了。11 英寸炸弹摧毁了一切，无论是堡垒还是要塞内部设施都未幸免。舰队的舰船被尽数击沉。我们防御了 11 个月，并未得到任何支援。我没收到您的消息。日军什么都不放过。我甚至不知道陆军究竟在哪里。现在我请求陆军驰援，我再次重申，情况万分紧急。"③ 1905 年 1 月 1 日（俄历 1904 年 12 月 19 日），日军占领鹰巢阵地——优势高地。日军在此对俄军第二道防线展开侧翼进攻。傍晚，连续数日遭受日军重炮摧残的俄国守军开始撤离库罗帕特金眼镜堡。俄军被迫

---

① Третьяков Н. 5 - й Восточно - Сибирский полк... // ВС. 1909. №11. С. 59；Побилевский Н. Дневник артурца... // ВС. 1910. №8. С. 69；фон Шварц А. ［В.］，Романовский Ю. ［Д.］ Оборона Порт - Артура. СПб. 1910. Ч. 2. С. 530. Берг О. Ф. Смерть генерала Кондратенко. // РС. 1914. Том 157. Вып. 1. С. 173 – 174.

② Русско - японская война 1904 – 1905 гг... Пгр. 1916. Кн. 4. Действия флота на южном театре и действия морских команд при обороне Порт - Артура после морского сражения в Желтом море 28 июля (10 августа) 1904 г. до конца осады крепости. С. 295 – 296.

③ Там же. С. 304.

撤至第三道防线，即最后一道防线，此处并未设防。此时，日军可锁定全市，实施精准打击。守军部队剩余兵力1.35万~1.4万人，防御范围18.5俄里，粮食储备至多维持一个月。

要塞失守已成定局。1月1日，斯捷谢利向乃木提出谈判邀请，商定投降事宜。海军上将维伦提前收到消息，因此有时间炸毁舰船。此后，端正号鱼雷艇被派往芝罘，艇上暗藏秘密文件和各舰旗帜，鱼雷艇突围成功。① 次日，日军总司令做出答复，表示同意谈判。1905年1月2日，关东筑垒地域司令、侍从将军斯捷谢利向军事委员会宣布了自己的投降计划。于是，守军摧毁了所剩无几的物资、武器和防御工事，爆炸声陆续响起，火势蔓延开来。干船坞连同此前中弹在此停泊的舰船、维修车间、港口设施均被炸毁。② 三日后，俄国签署投降文件。③

---

① фон Шварц А.［В.］, Романовский Ю.［Д.］Оборона Порт - Артура. СПб. 1910. Ч. 2. С. 614 – 617；Русско - японская война 1904 - 1905 гг... Пгр. 1916. Кн. 4. Действия флота на южном театре и действия морских команд при обороне Порт - Артура после морского сражения в Желтом море 28 июля（10 августа）1904 г. до конца осады крепости. С. 330 – 332.
② Джемс Д. Осада Порт - Артура. // ВС. 1907. №4. С. 223；Побилевский Н. Дневник артурца... // ВС. 1910. №8. С. 75；Падейский С. Л. Порт - Артур. Последние дни на Куропаткинском люнете. // ВС. 1910. №11. С. 88 – 90；Описание военных действий на море в 37 – 38 гг... СПб. 1910. Т. 2. Совместные действия флота и армии под Порт - Артуром. С. 174 – 176；Русско - японская война 1904 - 1905 гг... Пгр. 1916. Кн. 4. Действия флота на южном театре и действия морских команд при обороне Порт - Артура после морского сражения в Желтом море 28 июля（10 августа）1904 г. до конца осады крепости. С. 334 – 335.
③ Русско - японская война. Официальные донесения японских главнокомандующих сухопутными и морскими силами. СПб. 1908. Т. 1. С. 417 – 420.

该决议令俄军将士愤怒不已，某些将士企图搭乘驳船逃跑，然而沿岸的逆风吹灭了他们逃跑的希望。他们没有坚持抵抗立场，因为看不到成功的希望。① 基于客观事实，应当指出，要塞的防御潜力所剩不多。1905年初旅顺港的一位缔造者写道："旅顺港英勇的捍卫者们，他们的付出远超他们的义务，他们的行动可圈可点，甚至值得期待。要塞虽然沦陷了，却为维护我军野战部队的利益做出了卓越的贡献。"② 1905年1月5日，斯捷谢利和乃木正式会面，在彼此尊重的氛围下，双方互相恭维并发表保证性声明。③

投降后，斯捷谢利致电沙皇："臣斗胆向陛下汇报，除神职人员、医务人员和官员外，要塞全部守军沦为战俘。签署约据的军官及其仆从和残障人士获准回国。双方代表团已缔结协议：陆军少将雷斯（Рейс）、海军上将先斯诺维奇（Щенснович）代表我方。签署协议当日，已从阵地交出8000名守军；已从医院、医疗站交出4000人（有能力、有意愿转移的人员）；非战斗人员、辎重兵和卫生员1300人；边防军、工程兵、野战炮兵和要塞炮兵3500人。目前，在医院休养的伤员、病患共计13135名，其中包括近300名截肢伤员；军官、代理准尉和官员164人。上述指标仅涉及陆地部队。红十字会暂时驻守旅顺港。"④ 投降文

---

① Третьяков Н. 5 - й Восточно - Сибирский полк... // ВС. 1909. №12. С. 66 - 67.
② Тимченко - Рубан Г. [И.] Нечто о Порт - Артуре и вообще об организации крепостной обороны. // ВС. 1905. №3. С. 89.
③ Гамильтон Я. Ук. соч. СПб. 1907. Т. 2. С. 343.
④ Правительственный вестник. 11 (24) января 1905 г. №7. С. 1.

件第7款规定：在签署一份保证不再参与这场战争的特殊文件后，军官可以离开要塞、回归祖国。签署约据的军官可以带走自己的勤务兵。① 在收到斯捷谢利的电报后，尼古拉二世立即做出答复："准许每位军官依从个人情况自主选择，或签署不再参与本战争的保书返回俄国，或与士兵共进退。感谢英勇的守军和您的精彩战斗。"②

在围攻过程中，日军累计损失10.5万人，或死、或伤、或患病。在俄军投降时，乃木麾下仅有9.7万人。③ 自第一颗炮弹发射以后，旅顺港攻守战持续了328天。俄国陆军1.3万人战死、病死，舰队损失1.7万兵力。防守注定失败。投降时，俄军有1.35万~1.4万兵力，患病比例接近40%，与医院中的伤员、病患人数大致相同。日军在旅顺港缴获546门火炮（不包括舰炮）、32252支步枪、82670枚炮弹（其中包括许多与俄国火炮型号不符的中国老式炮弹）、3000千克火药、250万发子弹、1920匹马以及8万吨煤炭、粮食储备，可满足守军23~48天需求的各类食品。④ 舰队的剩余舰船在浅湾自沉，每逢退潮，舰体就会露出水面。自1905年8月起，日本人开始打捞舰船并且将它们运

---

① Русско - японская война. Официальные донесения японских главнокомапдующих сухопутными и морскими силами. СПб. 1908. Т. 1. С. 418 – 419.
② Там же. С. 424.
③ Норригаард Б. В. Ук. соч. С. 260.
④ Иммануэль ［Ф.］［Б.］Ук. соч. СПб. 1906. Вып. 3. С. 92；94；Свечин А. ［А.］，Романовский Ю. Д. Ук. соч. С. 315；320；фон Шварц А. ［В.］，Романовский Ю. ［Д.］Оборона Порт‑Артура. СПб. 1910. Ч. 2. С. 617；619.

回本国基地修缮，很快，翻修完毕的俄国舰船被编入日本舰队。①

在要塞防御的最后几天里，库罗帕特金决定在日军后方组织一场大规模的破坏行动。1905年1月3日，他下令准备对营口港发动骑兵突袭。② 俄国情报部门称，日军在此设有巨型仓库，但是俄方并未掌握准确数据，因此只能对仓库储量进行推测。③ 为了实施突袭，成立了一支以米申科中将为首的突击队。④ 原东清铁路护路军总司令助理、曾参与镇压义和团并因此获得圣乔治三等功勋章的米申科是一名"满洲通"⑤。他骁勇善战、身强体壮、意志坚韧，不惧损失和责任，深受下属爱戴。⑥ 突击队在4天内组建完成，从俄国三大陆军军团的骑兵部队集中抽调了71支哥萨克部队和骑兵连、22门火炮和4挺马克沁机枪。⑦

与许多步兵部队一样，骑兵部队也存在相同的问题：各队人马在加入突击队后无法互相融合，零散的哥萨克部队和骑兵连取

---

① Описание военных действий на море в 37 – 38 гг... СПб. 1910. Т. 4. Действия против 2 – й Тихоокеанской эскадры и овладение о. Сахалином. С. 223 – 224.
② Новицкий В. Ф. От Шахэ к Мукдену（от наступления – к обороне）. Критико – историческое исследование зимнего периода манчжурской кампании 1904 – 1905 гг. СПб. 1912. Приложение №22. С. 75.
③ Вадбольский. Набег на Инкоу. // Русско – японская война в сообщениях... СПб. 1907. Ч. 2. С. 3.
④ Новицкий В. Ф. От Шахэ к Мукдену（от наступления – к обороне）. Критико – историческое исследование зимнего периода манчжурской кампании 1904 – 1905 гг. СПб. 1912. Приложение №22. С. 75.
⑤ Разведчик. 1908. №921. С. 409.
⑥ Вадбольский. Набег на Инкоу. // Русско – японская война в сообщениях... СПб. 1907. Ч. 2. С. 5 – 6.
⑦ Свечин А. [А.], Романовский Ю. Д. Ук. соч. С. 320.

代兵团出现在队伍之中,而他们的指挥官却在执行一些毫无意义的任务。① 现在,必须将四分五裂的骑兵部队重新融为一个整体。在指挥官被告知行动目标前,他们的下属部队已经对此展开了积极的讨论。四天内创建了若干个新师团,凡是能调用的力量,其中包括独立的哥萨克边防部队、骑兵志愿军部队几乎都派上了用场。② 某些骑兵部队,如顿河哥萨克第四支队精神振奋,对于突袭的前景充满信心。他们一路上,甚至在奉天的街道上都在讨论如何实施突袭、朝哪个方向进击等问题。军官、报社通讯员纷纷向米申科提出请求,要求加入他麾下的部队。③

库罗帕特金积极干预队伍的组建进程。第二集团军参谋部成员诺维茨基(В. Ф. Новицкий)表示:"作为对上述命令的补充,23~25日还收到了总司令部下达的数条命令,其内容涉及米申科将军麾下多支骑兵部队的组织与补给问题,如从科萨戈夫斯基(Косаговский)中将的队伍中抽调骑兵、辎重运输以及粮食储量、营口和海城—盖州地区的地图问题。在阅读这些文件时,你将惊讶地发现,统领25万人的军队首领竟然醉心于这些琐碎的行政命令,甚至过问营团、哥萨克部队和志愿兵部队的分配问题,位高权重的军队领袖竟然将自己对细枝末节的想法强加于集团军司令和部队指挥官。"④ 然而,对于某些"琐事"特别是部

---

① Вадбольский. Набег на Инкоу. // Русско - японская война в сообщениях... СПб. 1907. Ч. 2. С. 48.
② Свечин А. [А.], Романовский Ю. Д. Ук. соч. С. 320.
③ Русско - японская война 1904 - 1905 гг... СПб. 1910. Т. 4. Шахэ - Сандэпу. Добавление к части второй. Набег на Инкоу. С. 5.
④ Новицкий В. Ф. Ук. соч. С. 46.

队并未做好长线袭击的准备，总司令并未过问。例如，在部队中没有日语翻译，因此缴获战利品、抓获战俘完全没有意义，文件无法阅读，战俘无法审问。①

突袭目标营口的情报收集工作组织不力。俄方并未掌握日军兵站的确切信息，守军人数从三四百到四五千不定。事实上，在米申科率兵出击前，日军将守备部队增至1200人。② 同行的辎重运输部队准备也不充分：提前征集的驴骡大多瘦弱不堪，驮具大多质量低劣。③ 1月7日，米申科宣布发动突袭，1500个驮包随军上路，每名骑手还需随身携带2天的口粮。结果，突击队每日平均行进31俄里，这与步兵急行军的速度基本持平。此时，侦察兵日行七八十俄里。行军过程中，地图问题再次凸显。在骑兵手中，几乎没有一张地图是完全精确的。他们手中的地图只标注了大型居民点，周边区域一片空白。日军的补给路线是大连—大石桥—辽阳，而米申科部队的袭击目标却是位于补给路线一侧且已上冻的营口港。某位参与者称，由于管理混乱，突袭变成了"爬行"。

如此行军，何谈出其不意，何谈克敌制胜。尽管米申科确定了摧毁城市和港口的目标，但俄国骑兵无法占领营口。按照惯例，大约1/4的兵力参与进攻，其余兵力捍卫后方、保护物资。

---

① Деникин А. Майский набег генерала Мищенки. // ВС. 1906. №8. С. 18；23.

② Русско‑японская война 1904‑1905 гг... СПб. 1910. Т. 4. Шахэ‑Сандэпу. Добавление к части второй. Набег на Инкоу. С. 55.

③ Вадбольский. Набег на Инкоу. // Русско‑японская война в сообщениях... СПб. 1907. Ч. 2. С. 16.

突袭失败，部队被迫撤退。在整个突袭过程中，骑兵部队竟未摧毁该区域四座桥梁中的任何一座（骑兵连里的工兵被当作普通的骑兵差遣），他们的成就可归结为：歼灭了日军的几支后方中队（至多3个中队），摧毁了600架四轮大车和3.5万普特的补给物资，摧毁了若干所军需仓库，策划两列火车相撞事故，损毁铁路路基和电报柱——日军在6小时内完成抢修。突袭唯一的亮点在于撤退，面对敌人的围追堵截，俄国骑兵成功脱身。当时，营口在押俘虏234人，在此次行动中19人获救。在突袭过程中，米申科损失了40名军官、361名士兵。① 突袭行动构思良好，但执行不力。俄国骑兵行动缓慢，英国驻日军观察员甚至猜测，米申科部队与步兵同行。② 关于突袭，日本人在报告中写道："这支部队想必已是疲惫不堪。"③

1905年1月14日（俄历1月1日），库罗帕特金向沙皇拍发电报。在电报中，他瞒报俄军损失（军官3死、11伤，士兵15死、59伤），极大地美化了突袭成果："今日已收到我军骑兵

---

① Караульщиков Л. А. Русско‑японская война и подготовка армии к войсковому саперному делу. // ИЖ. 1906. №1‑2. С. 83; Деникин А. Майский набег генерала Мищенки. // ВС. 1906. №8. С. 35; Усов А. По поводу статьи А. Деникина «Майский набег генерала Мищенко». // ВС. 1907. №1. С. 38; Филимонов Н. Участие 4‑й Донской казачье дивизии в набеге на Инкоу. // ВС. 1908. №12. С. 126‑132; McCullagh, *With the Cossacks*, pp. 161‑162, 181‑184; Свечин А. [А.]. Романовский Ю. Д. Ук. соч. С. 324; Шатилов П. Н. Из воспоминаний о Японской войне. // ВИВ. Париж. 1974. №44. С. 10‑13.

② Great Britain War Office, *The Russo‑Japanese War*, vol. 2, p. 13.

③ Русско‑японская война. Официальные донесения японских главнокомандующих сухопутными и морскими силами. СПб. 1909. Т. 2. С. 46.

部队的两份行动报告。12月28日晚间，击杀敌军一个半步兵中队和半个骑兵中队；只因天色变暗，才使少数日军得以分散逃脱。12月29日夜间，我方侦察部队破坏铁路路基、切断电报线路、颠覆两列蒸汽机车。"① 无论如何，此次行动无法为反攻创造有利条件，突袭的结果不仅打击了俄军的士气，还以一种极不光彩的方式瓦解了他们对司令部的信任。

---

① Вестник Маньчжурских армий... 6. янв. 1905. №152. С. 1.

25　黑沟台：改变战争进程的最终尝试

在收到旅顺港沦陷的消息后，第二集团军司令格里彭贝格（О. К. Гриппенберг）提议，在乃木希典部队抵达奉天前发起反攻。库罗帕特金勉强同意了，但是拒绝抽调后备兵力支援行动。俄国第三集团军现役兵力已从1904年10月的21万人增至1905年1月的30万人；人员质量也有所提升，军官共计5600人，每个营约有15名军官；在武器装备方面共有1186门火炮、60门攻城炮、90门迫击炮（其中30门为攻城臼炮）及44挺机枪。① 与其他在日军进攻前两三个月竣工的阵地不同，此地的防御工事是在日军逼近时建造的，并且是在冬季。工程进展极为艰难。分散的乡村和院落化作防御据点，土房石屋（平房和酒厂）成为防御中心。②

日军自然不会坐视不理，他们也在着手布置自己的阵地，以便应对未来的战局。格里彭贝格不赞成对日军重兵把守的堡垒发动正面进攻。他认为，战斗的意义在于打击日军，而非占领黑沟台村，因此他提议使用7个团的兵力深入侧翼包抄敌军。库罗帕

---

① Куропаткин А. Н. Отчет... СПб. 1906. Т. 3. С. 32；37.
② Цабель С. А. Позиция 2 - й Маньчжурской армии на р. Шахе. // ИЖ. 1906. №9 - 10. С. 993 - 994.

特金拒绝为这场战役提供增援,而考利巴尔斯也不愿以第三集团军的兵力支援附近的友军——第二集团军。据格里彭贝格证实,他表达过自己的担忧,在日本堑壕一线爆发战斗将迫使俄军撤至二线,如若这样,不如大胆地先发制人。①

第二集团军司令的意见遭到了强烈的抵制。据格里彭贝格的参谋长鲁斯基(Н. В. Рузский)中将证实:"库罗帕特金从不征求任何人的意见,几乎一直在自说自话。他的目标十分明确:在库罗帕特金将军唾沫横飞的游说下,在其他参会者的支持下,迫使格里彭贝格将军同意按照他所提出的计划发动进攻。"② 利涅维奇1905年1月12日(俄历1904年12月31日)所写的日记也证实了此事。当日,库罗帕特金主持召开会议,全体陆军司令及其参谋长、总司令参谋长出席会议,"格里彭贝格开始发言。他指出,现在不能发动正面攻击,因为日军将击退进攻;除掩体、港口和据点外,日军在各处部署了成排的铁丝网、狼坑和地雷阵地,因此我军必须长线迂回。但是,库罗帕特金打断了他的话,声称必须从侧翼发动进攻,并且指了指黑沟台。考利巴尔斯开口指出,从侧翼攻向正面是不可能实现的。没人询问我(第一集团军司令——引者)的意见"。③ 会议一场接一场地召开。

---

① Гриппенберг О. [К.] Изнанка «операции охвата левого фланга расположения армии Оку» в январе 1905 г. По поводу сочинения ген. - ад. Куропаткина «Бой под Сандепу». СПб. 1909. С. 4; 12; Куропаткин А. Н. Отчет... 1906. Т. 3. С. 33.
② Рерберг Ф. П. Ук. соч. С. 143.
③ Русско - японская война. Из дневников А. Н. Куропаткина и Н. П. Линевича. С. 59.

时任参谋长的阿列克谢耶夫中将也参加过此类会议。他断言，领袖们对于未来战争取胜不抱信心。1905年1月18日（俄历1月5日），他写道："我个人对于即将采取的行动没有好感，并且不指望这些行动将取得广泛的成功。为了蝇头小利，我们大费周章。我们的目标如此渺小、如此微不足道，我们将为占领一座村庄而自豪。"① 当日，在拜访格里彭贝格和考利巴尔斯后，利涅维奇在日记中写道："两人都为即将到来的艰难反攻叹息不已。格里彭贝格为此忧心忡忡，并且对胜利不抱希望。"② 很快，即将发起进攻的消息传遍了全军。与将军们不同，军官和士兵对未来满怀希望，并且表现出了极大的热情。③

进攻前夕，参谋部无法开展任何组织工作。即使在一个集团军中，这也绝非易事。出于对格里彭贝格的不信任，库罗帕特金越过第二集团军司令，与参谋长对接。据第二集团军参谋部的工作人员雷贝格（Ф. П. Рерберг）上校回忆："鲁斯基立即屈从于他，失去了舍身为国的勇气和冲动，他开始侍奉两个'主人'——库罗帕特金和格里彭贝格（他的参谋部也是如此）。他陷入了左右为难的困境，他的状态很糟，但又不能下定决心摆脱困局。"④ 这种局面极为复杂，军中呈现双权并立的格局，相互抵触的命令纷至沓来。

---

① ОР РГБ. Ф. 855. Карт. 1. Ед. хр. 32. Л. 57.
② Русско‑японская война. Из дневников А. Н. Куропаткина и Н. П. Линевича. С. 63.
③ Суханов П. 37 пех. дивизия на Дальнем Востоке в 1904–5 гг. // БП. М. 1909. №4. С. 32.
④ Рерберг Ф. П. Ук. соч. С. 145.

此时,总司令抽空视察已抵达的部队。1905年1月18日,第九十八尤里耶夫斯基步兵团抵达奉天。作为第十六步兵的组成部分,这支部队被库罗帕特金划入预备役部队。22日,他骑着白马现身检阅现场。现场的一位军官回忆道:"在对我部的到来表示欢迎后,他骑着马走来走去。同时,他说陆军欢迎贵客的到来,但是想要回国,除了击败日军别无他法;以后,俄军不再撤退。随后,库罗帕特金将军召集全体军官,向他们阐述应当如何发动攻势,提醒他们关注近迫作业①的重要性。最后,他声明俄军将不再撤退,我们即将打败日军。"② 当时俄军正在谋划进攻,但是犹豫不决,进展不顺。指挥是俄军最薄弱的环节。按计划,第一联合步枪兵团参谋部参与作战指挥,但是在进攻开始前4天参谋部才组建完毕,开始正常运行。③

1905年1月23日,第三集团军参谋长马尔特松(Ф. В. Мартсон)抵达奉天,19名军官与他一同抵达,很快又有3名军官陆续抵达。直至2月13日,陆军野战指挥部门的人员需求才基本得到满足。自1月21日以后,4名中校陆续加入军需部门。④ 即便如此,参谋部仍旧无法立即以正常模式开展工作。⑤

---

① 在敌人直接瞄准的火力威胁下构筑掩体的作业。——译者注
② Адариди К. Юрьевцы в составе действующей армии с 5 – го января по 19 – е февраля 1905 г. // ВС. 1906. №1. С. 82.
③ Рерберг Ф. П. Ук. соч. С. 113.
④ Отчет о деятельности управления генерал – квартирмейстера 3 – й Манчжурской армии за время войны 1904 – 1905 гг. СПб. 1907. С. 324;Парский Д. [П.] Воспоминания и мысли о последней войне(1904 – 1905 гг.). СПб. 1906. С. 10.
⑤ Парский Д. [П.] Воспоминания и мысли... С. 28.

马尔特松与阿列克谢耶夫之间的关系远非理想，但将军们未加理会。无论如何，在参谋长抵达后，军需部长必须将全部精力集中到自己的工作——作战工作上。然而，提高工作效率需要时间，阿列克谢耶夫火速调派抵奉军官熟悉部队和地形。复杂的时局令他寝食难安："唯一不好的是，在重要的日子来临前，这些人才聚在一起。在重要的日子里，他们必须与不太熟悉的人并肩作战。"①

在写下这些文字后的第三日，俄军发起进攻。泰陶指出："在这场战争中，没有一场会战能像黑沟台会战一样如此清晰地反映出俄国司令部的龌龊无能。十万大军竟然无法消灭敌军几个骑兵中队，盯着这个倒霉的村庄整整五天，这一切只因指挥部不够果决，无法下定决心确定可行目标并全力以赴地实现它。"②可以说，泰陶的观点并非完全正确。在进攻之初，即战役的关键阶段，俄国指挥部要么缺席，要么犯糊涂，甚至对于战区一无所知。诺维茨基上校认为："在部队指挥和参谋人员的业务素养方面，参谋部的各级人员均无法令人满意：所有长官都在向部队发号施令，而非管理部队，在和平时期不擅管理的他们完全无法发挥参谋部的效力。"③

再者，个人的领导试图强行取代参谋部的工作。库罗帕特金经常对第二集团军司令的命令横加干涉，导致第二集团军指挥部

---

① ОР РГБ. Ф. 855. Карт. 1. Ед. хр. 33. ЛЛ. 1 и об.
② Теттау Э. Куропаткин и его помощники. СПб. 1914. Ч. 2. С. 282.
③ Новицкий В. Сандепу. // Русско - японская война в сообщениях... СПб. 1907. Ч. 2. С. 85.

门几近瘫痪。正如格里彭贝格的一位同僚所指出的那样："总参谋部束缚了我们的手脚。"① 在此情况下，何谈部队之间的协调、配合。1月27日（俄历1月14日），阿列克谢耶夫写道："更糟糕的是，所有的命令都缺乏协调性和严格的顺序性，这使战斗变得更为艰难。1月12日，我奉命投奔20俄里之外的格里彭贝格。据他所言，在攻占黑沟台村之前，我军将不再攻击阵地附近的其他村庄。"②

1905年1月25日，进攻开始。阵地浓雾弥漫，而后急剧降温，同时刮起了强风，下起了大雪，侦察难度有所提升。施塔克尔贝格将军的西伯利亚第一军发起进攻。虽然该军在辽阳损失惨重，但是在坚定、刚毅的指挥官的领导下，它成了俄国陆军的中流砥柱。施塔克尔贝格"身体虚弱，却拥有钢铁般的意志和毅力"③。该军的进攻取得了成功，但是进展缓慢。在格里彭贝格麾下的120个营、92个骑兵连、436门火炮中，仅有40个营、14个骑兵连和140门火炮参战，占第二集团军军力的30%左右；次日，参战指标有所提升，64个营、4支哥萨克部队、220门火炮，达到了第二集团军军力的50%左右。其余部队几乎完全无动于衷。④ "可以说，第二集团军在1月12日转入进攻将是一个错误：1月12日，只有施塔克尔贝格男爵的东西伯利亚第一步

---

① Рерберг Ф. П. Ук. соч. С. 145.
② ОР РГБ. Ф. 855. Карт. 1. Ед. хр. 33. Л. 2. об.
③ Musnicki J. Moje wspomnenis, SS. 76—77; 79.
④ Новицкий В. Сандепу. // Русско‐японская война в сообщениях... СПб. 1907. Ч. 2. С. 68—69.

枪兵团准备就绪，转入进攻"，雷贝格上校的见解不无依据。①尽管俄军的进攻兵力足以碾压日军，但是由于缺乏应有的协调，在战斗中各支部队分散作战。

1月26日清晨，库罗帕特金抵达苏亚屯站（第三集团军参谋部列车的所在地），检查医院和附近的两个后备兵团。阿列克谢耶夫是这样描述后续事件的："显然，他什么也不知道，只是期待着黑沟台行动。中午12点左右，炮兵团团长接到电话，得知第十军已在我军附近发动进攻，现请求炮火支援。这条消息既重要，又突然。显然，事实表明，我军右翼部队应当与第十军同时发动进攻。为了打击敌军，必须提前进行诸多谋划，最重要的是，在我军对面阵地持续开炮期间，对其进行猛烈炮击。"②

与此同时，对黑沟台村和北台子村的炮火准备不可谓成功。发动进攻前，在马尼科夫斯基（А. А Маниковский）上校——俄国当时最优秀的炮兵将领之一的领导下，俄军进行了两天半的炮火准备，火力范围仅覆盖敌军前线1.5俄里。在炮击即将发动时，除炮火准备军官和炮兵旅指挥官外，又出现了2名指挥官——陆军第八军炮兵司令（他的出现或多或少还可解释得通）和库罗帕特金将军派来的伊万诺夫将军（Н. И. Иванов）。总司令与军团司令下达了相互矛盾的指令，结果导致马尼科夫斯基的工作成果完全付之东流，俄军的火力混乱失控。③ 为了攻下村庄，俄军动用72门火炮，其中包括48门为三英寸口径的速射炮

---

① Рерберг Ф. П. Ук. соч. С. 169.
② ОР РГБ. Ф. 855. Карт. 1. Ед. хр. 33. Л. 3.
③ Рерберг Ф. П. Ук. соч. С. 170.

(对于攻克野战碉堡几乎毫无助益),8门榴弹炮、12门迫击炮和4门攻城炮。450颗三英寸的榴霰弹、62颗榴弹、84颗迫击炮弹和12颗子母弹炮击北台子村。在黑沟台和北台子争夺战中,俄军累计发射1448颗三英寸的榴霰弹、207颗攻城炮弹和106颗迫击炮弹。事实上,50门火炮用于两村阵地,22门火炮仅用于攻打北台子阵地。①

与此同时,气候条件对俄国炮兵作业存在消极影响。那天大雾弥漫,随后还刮起了强风。②《俄国言论》(Русскоеслово)通讯员在被战时检查机构扣留的电报中写道:"粉尘是如此……火炮射击几乎彻底瘫痪了。黑沟台附近地势陡峭,大角度的仰角射击对迫击炮的压缩装置造成的损伤巨大,这延长了攻占据点的时间。"③ 迫击炮在射出190颗炮弹后立即出现故障,此后攻打敌军防御阵地的重任落在了8门榴弹炮和4门攻城炮的肩上。战前俄军未对黑沟台实施侦察,地图上的村庄仅概括地体现为一条长约1.5俄里的街道。俄军炮火覆盖范围被迫扩至两倍,因此无法达到足够的火力密度。④

在第三集团军参谋部,两军的联合行动沦为了第十四师的孤立进攻。阿列克谢耶夫亲眼见证了这一切:"大家奔向总司令。最

---

① История русско‐японской войны. СПб. 1909. Т. Ⅲ. С. 647.
② Русско‐японская война 1904 – 1905 гг... СПб. 1910. Т. 4. Шахэ‐Сандэпу. Ч. 2. Зимний период кампании и сражение при Сандепу. С. 206.
③ Отчет о применении цензуры на театре войны. Составлен Цензурным отделением Штаба Главнокомандующего под редакцией генерал‐квартирмейстера. Харбин. 1905. Приложение №54. С. 50.
④ Гриппенберг О. [К.] Ук. соч. С. 48.; Баженов П. Н. Сандепу‐Мукден. Воспоминания очевидца – участника войны. СПб. 1911. С. 57.

初,他冷静而自负地表示,他命令格里彭贝格放下一切,专心进攻黑沟台。5分钟后,画风突变。第十军的进攻随时可能陷入孤立无援的境地。越级汇报的电话、电报同时涌来。库罗帕特金立即放下了自己总司令的身段,开始扮演起各种角色,如果可能,他甚至打算替连长下令。最终,进攻被成功地遏制了。"① 对于下属司令的各种命令,总司令经常横加干预。② 库罗帕特金禁止任何人调遣第十军和第十五师;而格里彭贝格认为,一个师的兵力不可能拿下黑沟台。③

即便如此,俄军仍旧发动了进攻。至于司令部的工作究竟如何,以下事实可供参考:在库罗帕特金果断地越过指挥官取消全部行动计划后,他才在第三集团军参谋部弄清了第二集团军最终的作战部署。在震惊之余,阿列克谢耶夫指出:"我不明白,在收到作战部署后,为何不按地址立即转交文件。"④ 结果,第十四师发起进攻,既无支援,也无指挥。从10:00到18:00,双方激烈交锋。最终,俄军攻占了黑沟台的邻村,而非黑沟台,因为俄军手中没有详细地图。⑤ 1877年尼科波尔围困之初的景象再次上演,顺便提下,考利巴尔斯上校时任第八骑兵师师长。

---

① ОР РГБ. Ф. 855. Карт. 1. Ед. хр. 33. Л. 3.
② Государственный архив Российской Федерации (далее ГАРФ). Ф. Р‐5793. Оп. 1. Ед. хр. 16. Л. 9.
③ Гриппенберг О. [К.] Ук. соч. С. 4.
④ ОР РГБ. Ф. 855. Карт. 1. Ед. хр. 33. Л. 3. об.
⑤ Свечин А. [А.], Романовский Ю. Д. Ук. соч. С. 15 – 16; Геруа Б. В. Ук. соч. Париж. 1969. Т. 1. С. 159.

在那场战役中,炮兵火力部署极其糟糕,也未制订要塞防御计划。①

1894~1896年,俄国对与本国接壤地区进行了首次勘察,②对中国东三省地形的测绘、勘测则始于1901年。自1899年之后,辽东半岛进入俄国的勘测视野。与此同时,滨海边疆区和阿穆尔州地图绘制工程也在持续进行。于是,俄国北境与中国南境沿岸的测绘事业得到了一定的发展。从此地出发,沿通信路线前行,可抵达中国关内。例如,1899年俄国人从哈尔滨码头出发一路向北对松花江及附近3俄里区域进行勘测,最终绘制出了覆盖辽阳以南地区——从辽东半岛至鸭绿江口的南部地图。在将它翻译为日语后,日本重新出版。然而对于辽阳以北地区,俄国陆军知之甚少,他们手中只有路线示意图,在所标记的路线之间存在大片空白。直到1907年,最后一次中国东北地形勘测资金才拨付到位。③

通过以下事例,可以判断出时局的窘迫性:在抵达前线后,

---

① А. Р. Под Никополем (Из прошлого); с двумя чертежами и рисунком. // ИЖ. 1901. №1. С. 4; 11; 34.

② Русско - японская война 1904 - 1905 гг... СПб. 1910. Т. 1. События на Дальнем Востоке, предшествовавшие войне и подготовка к этой войне. С. 163 - 164.

③ Архив Военно - исторического музея артиллерии, инженерных войск и войск связи (далее АВИМАИВиВС). Ф. 6. Оп. 7/1. Д. 233. ЛЛ. 221; Русское военное обозрение. Обзор работ астрономических, геодезических и топографических, исполненных в 1899 г. // ВС. 1901. №4. С. 49 - 51; Русско - японская война 1904 - 1905 гг... СПб. 1910. Т. 1. События на Дальнем Востоке, предшествовавшие войне и подготовка к этой войне. С. 166 - 168; 170.

第二集团军参谋部立即着手绘制阵地后方地图；两星期后，在进攻开始前赶制出了2500份地图，并计划向各部分发。为了与总司令参谋部协同作战，格里彭贝格向库罗帕特金提供了几份新地图，令人意想不到的是，后者竟然下令没收并烧毁地图。库罗帕特金的命令并未得到执行，否则俄军几乎无地图可用。① 在黑沟台附近出现的失误并非偶然，类似的失误正是参谋部内乱的恶果。

最初，不明所以的俄军宣布进攻目标已经达成，甚至还立即拍发电报向沙皇传达胜利的喜讯。② 据泰陶回忆道："攻占黑沟台的消息以惊人的速度传遍了全军，狂喜过后，大煞风景的消息随即传来。"③ 实际上，俄军攻下了进攻目标附近一处名为北台子的小村庄，两者之间隔着一片结冰的池塘。④ 真正的黑沟台村位于俄军攻占村庄的东南方。此外，又传来了一个令人不快的消息，日军加固了以酒厂为基础建立的防御堡垒，就地取材在堡垒周围砌上了黏土墙并且预留了射孔、炮眼。此外，日军还部署了堑壕、鹿砦和铁丝网，号称无法摧毁的"多面堡"就此诞生。借此，黑沟台被成功地楔入俄军第二集团军和第三集团军阵地之间。⑤

---

① Рерберг Ф. П. Ук. соч. С. 157 – 158.
② ГАРФ. Ф. Р – 5793. Оп. 1. Ед. хр. 16. Л. 9.
③ Теттау Э. Восемнадцать месяцев... СПб. 1908. Ч. 2. С. 245.
④ Новицкий В. Сандепу. // Русско – японская война в сообщениях... СПб. 1907. Ч. 2. С. 73.
⑤ Баженов П. Н. Ук. соч. С. 58.；Никулишев Б. Атака и оборона населенных пунктов. // ВС. 1913. №9. С. 3.

在损失了24名军官、160名士兵后，俄军发现自己的进攻毫无意义。① 军队报刊称："在这个大村子的东北耸立着一处强大的内堡，它周围环绕着三排人工障碍，因此我军的野战炮和机枪炮火几乎不能伤它分毫。若事先未做准备，则无法攻克内堡。在断定此事后，我军撤离黑沟台阵地，那里炮火连天、无法驻足。"② 最初，驻守此地的是日本骑兵部队的先锋旅团，后来步兵旅团赶来支援。德国驻日军总司令部的观察员指出："这种局部攻击无法帮助俄军夺取持久的胜利。"③ 时间被平白地消耗了。大山岩元帅开始向此地加派兵力，事情正朝着格里彭贝格此前担心的方向发展——在日军的防御阵地与之发生正面冲突。

1月28日，对战役取胜丧失信心的库罗帕特金收到情报，日军在第三集团军前线组织动员。此后，他下达了撤退命令。该命令在军中引起公愤。虽然情报未经证实，但是此时已经没人着急核实情报的真假了。④ 总司令已经承认进攻失败。阿列克谢耶夫从中得出正确的结论："即便现在，也可以说我们仍旧存在诸多不足。正如先前所说的那样：必须让每个人在自己职责范围内行动，同时承担责任。我们缺少知识和能力；和平时期，为了面子工程我们付出了大量劳动。当然，我们也做到了。但是，正如1877年那样，这一目标将通过大批军人极为艰苦的努力才能达

---

① Русско‑японская война 1904–1905 гг... СПб. 1910. Т. 4. Шахэ‑Сандэпу. Ч. 2. Зимний период кампании и сражение при Сандепу. С. 248.
② Вестник Маньчжурских армий... 17 янв. 1905. №163. С. 1.
③ Русско‑японская война. Очерк принца Карла фон Гогенцоллерна. // Новое слово. СПб. 1912. №2. С. 41.
④ ГАРФ. Ф. Р‑5793. Оп. 1. Ед. хр. 16. Л. 10. об.

成。与那时相比,牺牲者更多。毕竟,现在面对的是不同的武器、不同的敌人。"① 十年后,他已坐上高位,获得了比库罗帕特金更大的权力,却以同样烦琐的规矩约束下属。

从不惧怕承担责任的第二集团军司令不愿屈从库罗帕特金,他决心离去。② 面对库罗帕特金的重重束缚,他无计可施。阿列克谢耶夫表示,在后续的战役中,格里彭贝格是唯一表现出决心和毅力的人,但是他无法扭转乾坤。俄军阵地死气沉沉。在与彼得堡动乱相关的流言从俄国传入军中后,军中的氛围变得更加压抑了。1月29日(俄历1月16日),阿列克谢夫写道:"我感觉军中寂静得犹如坟墓一般,它埋葬了俄罗斯的胜利与成就。俄罗斯啊,向我们派遣一个对自己、对子弟兵充满信心且意志坚强、精明强干的人吧!但是,俄罗斯不会派来这样的人!!带着沉重、压抑的心情,我在《满洲军公报》上读到了彼得堡事件。在这里,我们与敌人浴血奋战;当代人也许无法理解战争的目的,但是子孙后代一定会理解并珍视我们的付出。然而,彼得堡的流血事件却是我们赎罪的祭品;在此情况下,俄国的流血牺牲只会让敌人拍手称快,让友人满腹狐疑。"③

对于在俄国发生的事件,《满洲军公报》的报道颇为负面。1月24日,该报刊登了1月19日(俄历1月6日)主显节那天在彼得堡发生的灾难,当时枪弹就在沙皇不远处发射。据报道,在帝国首都报刊停发,174家企业和印刷厂倒闭,92859人参与

---

① OP РГБ. Ф. 855. Карт. 1. Ед. хр. 33. Л. 4.
② ГАРФ. Ф. Р-5793. Оп. 1. Ед. хр. 16. Л. 7. об.
③ OP РГБ. Ф. 855. Карт. 1. Ед. хр. 33. Л. 6.

罢工。总司令的第一反应是限制"非军事人员或东清铁路工作人员"进入军队驻地。库罗帕特金下令对此类人员实施特殊的通行制度。① 1月26日,军报上刊发了1905年1月22日彼得堡悲剧的详细报道。76人死亡、223人受伤,足以说明动乱的规模。毫无疑问,革命者和加邦团伙被贴上了罪魁祸首的标签,毕竟他们的要求是俄国工业界无法接受的。此外,1月21日早晨,"他们的宣传带有明显的革命特征"②。与此同时,日军试图告知俄军俄国的现状以及旅顺港的沦陷过程。③

黑沟台战役结束后,格里彭贝格断定,正是因为库罗帕特金三番五次地干涉才让他失去了取胜的良机。为此,他抑郁成疾,或者说他递交了病退报告。在向沙皇递交的奏章中,他主动请辞,并且声明,在丧失主导权的情况下,他完全无法指挥军队。④ 事实的确如此,库罗帕特金不仅在此次失败的进攻前干涉部队的指挥,战时也随意干涉,甚至还不停地调整给低级指挥官的指令。当然,没人向沙皇汇报这些事情。在战斗中,库罗帕特金屡次阐述自己的"战略储备观",认为存在未遭攻击的部队是他的重要成就。⑤ 总司令试图说服格里彭贝格留任,同时坚称一切如前,于是遭到了后者的拒绝。⑥

---

① Вестник Маньчжурских армий... 11 янв. 1905. №157. С. 1 – 2.
② Вестник Маньчжурских армий... 13 янв. 1905. №159. С. 2 – 3.
③ Суханов П. 37 пех. дивизия на Дальнем Востоке в 1904 – 5 гг. // БП. М. 1909. №4. С. 31.
④ Сорокин А. И. Ук. соч. С. 250 – 251; Баженов П. Н. Ук. соч. С. 94.
⑤ Русско – японская война. Из дневников... С. 60; ОР РГБ. Ф. 855. Карт. 1. Ед. хр. 33. Л. 12.
⑥ Баженов П. Н. Ук. соч. С. 94.

那时，库罗帕特金决定支持格里彭贝格因病离任的说法。在与考利巴尔斯的交谈中，他表示过去从未想过，一个67岁的人会这样崩溃。阿列克谢耶夫完全理解第二集团军司令做出这一决定的原因，但是对于他行为的评价，据推测，与历史上传统的说法并不一致："我完全无法赞成格里彭贝格的决定——在危急关头弃军队而去，但是我不禁为他的坚毅所折服，即使在离开前，也不愿充当别人手中的玩偶。我们的司令（考利巴尔斯——引者）无法做到这一点，他将按照吹哨人的节奏翩翩起舞。"①

2月2日，格里彭贝格离开军队，并且拒绝与库罗帕特金见面。此举在军中引起了强烈的反响，就连普通士兵都清楚高级将领之间存在分歧。一名军官回忆道："此事引发了极大的误解，各种各样的假设和见解层出不穷。"② 法国记者回忆称："黑沟台战败的消息使全军灰心丧气，随后这种情绪变成了愤怒。"③ 在离开时，格里彭贝格认为有望回归，因此并未对自己的参谋部下达任何指令。1月18日，高级指挥官——陆军第四军指挥官梅洛夫（Мылов）中将出任第二集团军代理司令。④

这导致了一系列的问题。汉密尔顿将军清楚地指出，日军的组织体系确保他们在对抗庸才时取得成功。他在日记中写道：

---

① ОР РГБ. Ф. 855. Карт. 1. Ед. хр. 33. Л. 12. об.
② Адариди К. Юрьевцы в составе действующей армии с 5 - го января по 19 - е февраля 1905 г. // ВС. 1906. №1. С. 83.
③ Нодо Л. Письма о войне с Японией. С. 148.
④ Баженов П. Н. Ук. соч. С. 95；97 - 98.

"在西欧乃至俄国，领袖地位比才干重要，如果领袖无法为自己赢得部队的尊重和敬仰，那么他将无法展现自身所有的才能。如果卓越、敏捷、勇敢、受部下敬仰且拥有杰出军事才能的俄国名将斯科别列夫现身战场，我认为，日本人会相信欧洲还存在某些他们尚未考虑的因素。"①

随着格里彭贝格的离去，这一问题恰好得到了解决。阿列克谢耶夫从库罗帕特金的参谋部得知，总司令向沙皇推荐了几个候选人：苏霍姆利诺夫、苏霍京、巴吉扬诺夫、格罗杰科夫、比尔德林。阿列克谢耶夫不太相信苏霍姆利诺夫能够成功上位，他认为库罗帕特金倾向于选择与自己一样优柔寡断的人。尽管如此，众人对这条新闻的反应依旧能说明问题："如果第一位候选人当选，那是再好不过的了；第二位也勉强凑合；至于巴吉扬诺夫，他只会耍脾气、扮小丑，而格罗杰科夫完全不适合这个位置。"②苏霍姆利诺夫名声在外并非偶然。在1902年的库尔斯克演习中，总司令库罗帕特金的表现极为出色，当时他的参谋长正是苏霍姆利诺夫将军。在前往中国东北前，库罗帕特金曾举荐他担任总参谋长。③

最终，考利巴尔斯暂代第二集团军司令之职，1月12日接管集团军。随后，在漫长的早餐和午餐时间，他开始以习惯的方式提高自己的威信。集团军参谋部将军巴热诺夫（П. Н. Баженов）回忆称："1892年结识考利巴尔斯将军，那时我是他麾下高加索

---

① Гамильтон Я. Ук. соч. СПб. 1907. Т. 2. С. 28.
② ОР РГБ. Ф. 855. Карт. 1. Ед. хр. 33. Л. 26.
③ Редигер А. ［Ф.］Ук. соч. М. 1999. Т. 1. С. 348；381.

第十五师的旅长,我总能在他身上发现自夸的倾向,但是我从未想过,这种特质在他担任集团军司令后能够发展到如此程度。每日的早餐、午餐期间,他必然向我们讲述自己年轻时的功绩,有时甚至不着边际地乱说,但是对于他人的功绩绝口不提。他幻想着听众对他的叙述信以为真并且完全信服他。"①

对于自己的新部下,他依旧以鼓励为主:"与其说格里彭贝格没有语言天赋,不如说考利巴尔斯太爱讲话……他虽然不年轻,却像见习军官一样平易近人、热情冲动、诚实正直……作为高级将领,他唯一的缺点就是对局势的看法过分乐观,无条件地相信俄军将会取得胜利。"② 然而,这种行为并未激发其他人的信心。泰陶对新任司令官印象不错,也许是因为将军没向德国军官讲述自己的冒险经历。泰陶表示:"我认为,他对战争的后续进程没有信心,并且不相信这支军队(第二集团军——引者)能够给战争带来胜利的转机。"③ 显然,信心不足是考利巴尔斯决定带着自己参谋部的原班人马——敖德萨军区的军官上任的主要原因。④

这引发了诸多问题和冲突,其中一个问题持续了许多年。格里彭贝格在任时期,鲁斯基担任第二集团军参谋长,然而在从维尔纳抵达中国东北后,他和他的同僚被迫与第三集团军军需管理部门的同僚调换位置。汉密尔顿写道:"显然,日本人的纪律性使他们失去了个性特征。我深信,如果黑木与乃木调换位置,军

---

① Баженов П. Н. Ук. соч. С. 120.
② Рерберг Ф. П. Ук. соч. С. 192.
③ Теттау Э. Восемнадцать месяцев... СПб. 1908. Ч. 2. С. 264.
④ ОР РГБ. Ф. 855. Карт. 1. Ед. хр. 33. Л. 15.

中的每一份子都将为获得了另一位杰出的领袖而欢欣鼓舞。"①在俄国军队中，则是另一种风气。阿列克谢耶夫直言：调到一支规模较小、地位较低的军担任一个不太重要的职务，对鲁斯基而言就是"一种纪律处分"。回国后，他们将被踢出总参谋部军官的队伍。值得称赞的是，阿列克谢耶夫并未接受鲁斯基的职务，但是在这场与个人意愿相悖的冲突中体现出了此人的处事风格。② 阿列克谢耶夫不喜欢冲突局面，但是与此同时，他也不愿主动化解冲突。他希望彼得堡否决考利巴尔斯的任命提案，那么危机将自动解除。③

1905年2月10日，考利巴尔斯正式出任第二集团军司令，12日正式入主集团军司令部。直至21日，他才了解阵地和部队的情况。④ 第二集团军准备再次进攻黑沟台，参谋部再次遭遇临时重组。至于第三集团军参谋部，全部成员已于1月23日投入工作，20天后，事情发生了变化。在接到库罗帕特金下达的鲁斯基留任命令后，考利巴尔斯计划带走总参谋部的4名上校和参谋长马尔特松将军。这样，作为来自华沙军区的"外人"，后者将离开亲密的同伴。陆军第十七军指挥官比尔德林将军出任第三集团军临时司令。对于自己的任命，他颇为不满。⑤ 同样感到不满的还有鲁斯基。在与考利巴尔斯的谈话中，阿列克谢耶夫毫无

---

① Гамильтон Я. Ук. соч. СПб. 1907. Т. 2. С. 26.
② ОР РГБ. Ф. 855. Карт. 1. Ед. хр. 33. ЛЛ. 15；16.
③ Там же. Л. 22. об.
④ Каульбарс А. В. 2-я армия под Мукденом. По поводу т. Ⅲ соч. Ген.-адъют. Куропаткина «Сражение под Мукденом». Одесса. 1908. Ч. 2. С. 5.
⑤ ОР РГБ. Ф. 855. Карт. 1. Ед. хр. 33. ЛЛ. 23 и об.；24；25.

力度地对参谋部的重组计划表示抵制。第三集团军参谋部同僚洞悉了这场战争的规律——俄军的排、连、营在战场上完全不比日军差，但是队伍规模越大越不如日本人。在战争中，指挥事关重大。① 作为军需部长，阿列克谢耶夫对军队指挥体系的重要性有着绝对正确的认知："毕竟，连长和营长无法发动战争，他们需要引导力量。在这方面，我们力量薄弱，无论是在这里还是在俄罗斯，这是一切事务推进困难的罪魁祸首。"②

考利巴尔斯带走了两名上校——巴比科夫（Н. А. Бабиков）和克拉斯诺库茨基（Н. В. Краснокутский）及一名少将艾赫果列茨（А. Р. Эйхголец）。③ 他们是考利巴尔斯的亲信，在敖德萨时便已入选参谋部"第一梯队"。巴比科夫是军需部长的高级副官，即他的助理和第一副手。对于他的调离，阿列克谢耶夫感到惋惜。后来，帕尔斯基（П. Д. Парский）上校接替了他的职务。由此可见，无论是格里彭贝格还是考利巴尔斯，在与自己的亲信在各自的职位上工作两个月后都遭到了调动。因此，他们不得不结识新人、适应新的人际关系。如此说来，巴比科夫确是一位"学识渊博"的军官。在一群陌生人中间，与被视为撤换对象的鲁斯基相比，新官上任的考利巴尔斯更信任他。结果，巴比科夫——司令的代理人开始无视参谋长和军需部长。④ 参谋部上下

---

① Парский Д. ［П.］ Причины наших неудач в войне с Японией. Необходимые реформы в армии. СПб. 1906. С. 19.
② ОР РГБ. Ф. 855. Карт. 1. Ед. хр. 33. Л. 19.
③ Отчет о деятельности... С. 335.
④ Баженов П. Н. Ук. соч. С. 110；133；ОР РГБ. Ф. 855. Карт. 1. Ед. хр. 33. Л. 24.

立即察觉到了核心人物的地位变化,在此情况下参谋部的工作陷入了瘫痪状态。①

此时,第二集团军准备再次突击黑沟台,为此调集了28门6英寸口径的攻城炮、4门4.2英寸口径的线膛炮、28门6英寸口径的迫击炮以及8门8英寸装载20千克火棉炮弹的迫击炮。每门攻城炮配备156颗炮弹;8英寸迫击炮配备40颗火棉炮弹。火炮阵地接入了移动式窄轨铁路网。西伯利亚第三集团军指挥官伊万诺夫领导炮兵。率领骑兵部队驻守第二集团军右翼的连年坎普夫(П. К. Ренненкампф)将军指出:"这次应当完全指望主力部队的炮火准备,第八军、第十军和步枪兵团分布在敌方阵地的6点钟和12点钟方向,在对距离进行精确测量的情况下,累计应发射278颗速射炮弹、40颗榴弹、40颗野战迫击炮弹、38颗攻城炮弹。炮兵领袖断言,从六点钟方向发射这些炮弹足以摧毁敌军阵地上的全部村庄,而后步兵只需占领被毁村庄,掩护并协助炮兵转移到新阵地。"②

突破前线的基础是使用"大炮冲锋"战术。十年后,奥德联军在加利钦对抗俄军时也采用了这种战术。不同之处在于,在作战方案的执行上,俄国司令部缺乏果断和统一。会议一场接一场地召开。2月21日,阿列克谢耶夫出席会议。当日,库罗帕特金命令第二集团军在4天后转入进攻状态,从左翼包抄奥保巩部队。此时,乃木希典的部队仍在旅顺港附近,无法赶来。对于

---

① ГАРФ. Ф. Р-5793. Оп. 1. Ед. хр. 16. ЛЛ. 11. об. -12.
② Ренненкампф П. К. Мукденское сражение. 20 дневный бой моего отряда от Цинхэчена до Мацзяндана. СПб. 1908. С. 2.

俄军而言，此时尚有微弱机会扭转不利局势。然而与过去一样，俄军司令部依旧无法胜任摆在他们面前的这项工作。比如，在司令部交换意见时，承诺协助考利巴尔斯进攻的既不是第三集团军司令，也不是参谋长，而是阿列克谢耶夫。① 阿列克谢耶夫对此解释称，2月17日，在库罗帕特金主持召开的会议上发生了争执："考利巴尔斯和马尔特松对话的言辞颇为激烈，直至散会双方也未握手言和，就这样，我成了参谋部之间沟通的纽带。"②

库罗帕特金一如既往地要求全军上下保持警惕，伺机突袭。总司令的说法难以服众。黑沟台首战失败后，没必要重提此事。连年坎普夫将军困惑地说道："所有转入进攻的命令似乎从未保密过，军队的运行机制颇为复杂，因而无法出乎意料地向敌军发动进攻。在敌军准备充分的前提下，很难发动奇袭，遑论在白天而非夜间进行大规模的战争准备、发动进攻。"③ 最高司令部的踟蹰不定让俄军倍感沮丧，满洲集团军命运的操纵者逐渐失去了军队的信任。与此同时，库罗帕特金不愿相信，麾下的状态远不如最后一场大战时的状态了，因而继续以抽象而机械的态度对待他们。

沙河战役结束后，野战医生写道："在过去的25年里，士兵频繁调动，他们在不停地思考，他们不想单纯地执行命令，他们需要弄清为什么必须这样做或那样做。显然，他们正在质疑是否需要战斗……不同的宗派和政治煽动者也播下了自己的种子。最

---

① Каульбарс А. В. Ук. соч. С. 5–6.
② ОР РГБ. Ф. 855. Карт. 1. Ед. хр. 33. Л. 33.
③ Ренненкампф П. К. Ук. соч. С. 1.

后，在部队中保留大量预备役人员是极大的过错。这些业务水平落后的人大多年老多病，原本靠种地或出卖某种手艺为生，他们已经习惯了平静的家庭生活，也许时常幻想回归这种生活。"① 带着这种心情，俄军走向了俄日战争的决战阶段。将领们也会产生怀疑的情绪。某位参与进攻黑沟台的俄国军人认为，通过这场战役得到的主要经验是"不应进攻设防的村庄"，他的结论未必值得怀疑。②

在这些日子里，阿列克谢耶夫坦言："犹豫和恐惧是我们的痛处和毛病。我们不愿承担任何风险，绞尽脑汁地思考如何对付设防的村庄。小目标、大损失——原地踏步，敌人掌控战局，应当并且能够掌控战局的原本是我们（阿列克谢耶夫的部下——引者）。不，我们不应给我们的司令部制造更多的痛苦了，现在还无法预见结局。"③ 俄军被迫放弃进攻，主导权最终落入日军之手。在此基础上，俄军走向了这场战争的终局会战。临时组建的参谋部缺失统一的行动机制，高层将领之间相互倾轧，总司令的行动计划朝令夕改。1905 年 2 月 18 日，在奉天战役开始前不久，阿列克谢耶夫对库罗帕特金评价道："统帅应当具备才能、运气和决心。我不谈知识，没有知识无法工作。评价才能现在还不是时候。尽管他军事运气不佳、完全没有决心，但是在战争中

---

① Боткин Е. С. Ук. соч. С. 75.

② Добророльский С. Стратегический очерк Мукденской операции с 7 - го по 25 - е февраля 1905 года. // Русско - японская война в сообщениях... СПб. 1907. Ч. 2. С. 146.

③ ОР РГБ. Ф. 855. Карт. 1. Ед. хр. 33. Л. 26. об.

需要敢打敢拼，不能瞻前顾后。"①

　　在增援部队抵达前，库罗帕特金再也找不到击败奥保巩的机会了。在黑沟台会战中，俄军累计损失12000名兵力，其中7000名兵力来自西伯利亚第一集团军；日军损失近9000名兵力。②第二集团军呈直线形部署，并且没有后备兵力。俄军司令部因内讧和重组使敌军多了十天的准备时间。此外，俄军的进攻目标非但不是敌军的后方，反而是敌军精心部署的防御阵地。③ 由于缺乏应有的参谋部指挥机制，总司令对参谋部指挥的越级干预导致了混乱和失败。看来，西伯利亚军区司令苏霍京中将的观点是正确的。在总司令陆续任命了考利巴尔斯麾下第一军、第二军、第三军的军长乃至连长后，惊讶之余，苏霍京讽刺道，在中国东北出现了3位连长——考利巴尔斯、利涅维奇和格里彭贝格，营级以上将领都归库罗帕特金领导。④ 这种指挥体系导致总参谋部及其指挥的军队彻底陷入混乱状态。⑤ 由于缺乏可靠的指挥体系，满洲集团军即将遭遇惨败。

---

① Там же. Л. 32.
② Menning B. W. Op. cit. P. 186.
③ Андрианов П. 2 - я Манчжурская армия в дни Мукденских боев. // БП. М. 1909. №1. С. 7.
④ Баженов П. Н. Ук. соч. С. 10.
⑤ Рерберг Ф. П. Ук. соч. С. 207.

26　奉天会战：指挥危机的巅峰

1905年2月初，满洲集团军拥有377.5个步兵营（27.6万名步兵）、144个骑兵连和哥萨克部队（15727名骑兵）、11.75个工兵营（2144名工兵）、1089门野战炮、178门攻城炮和榴弹炮、78门迫击炮、56挺机枪。[①] 随着乃木希典部队的加入，日本在奉天附近的军兵力达到27万人，同时集结了1000门火炮和254挺机枪。俄军总司令担心后方铁路的安全。在战斗打响前，日军的两个骑兵中队——各由100名精锐骑兵组成——从辽阳出发深入俄军后方实施突袭。2月12日，一个中队炸毁了位于四平街以北120千米处范家屯站附近的铁路桥桥板（17小时后修复），18日又袭击了距离四平街270千米的窑门站[②]。后方的护路队无法发现并歼灭这一小股兵力。日本骑兵成功地逃脱了俄军的猛烈追击。

总参谋部收到紧急报告，其中一个日本中队竟被当成了一支

[①] Русско‑японская война 1904–1905 гг... СПб. 1910. Т. 5. Мукденское сражение. Ч. 1. События, непосредственно предшествовавшие Мукденскому сражению, и самое сражение до приказания Главнокомандующего об отходе Ⅲ и Ⅰ армии к Хуньхэ. С. 1–2.

[②] 今吉林德惠站。——译者注

由4个骑兵中队、4个机动步兵中队和3000名"红胡子"组成的队伍。"红胡子"确实经常攻击俄国铁路，通常队伍规模不大。即便在人数上超过俄军部队，那也无法与之抗衡。在武装行动期间，俄军共击退胡匪对东清铁路的110次袭击。然而在日军的两个中队实施突袭后，据俄军参谋部估算，对交通线构成威胁的敌军兵力约3万人。结果，库罗帕特金又向外阿穆尔边防兵团的护路队增派25000人和36门火炮。事实上，从奉天至伏尔加河桥梁，西伯利亚铁路沿线都有俄军驻守。在满洲，每俄里铁路配备28名护路军，这一人数向西逐渐减少，在伏尔加河附近仅有2~3名护路军。① 日本骑兵中队仅有几人负伤，却诱使俄军从前线抽调大量兵力，他们完全有理由为这一结果而自豪。② 此次突袭后，日军联手胡匪进攻后方铁路的消息受到高度重视。据俄方估算，部队人数为5000~10000人。③

面对每个威胁，真实的或假想的，俄军总司令的反应都如出一辙——坐立不安、手忙脚乱。在乃木部队撤离旅顺港前，日本

---

① Русское военное обозрение. Действия в Манчжурии. // ВС. 1904. №12. С. 258 – 261；Троицкий В. Заамурский округ пограничной стражи... // ВС. 1908. №8. С. 31；То же. // ВС. 1908. №11. С. 54；Винекен А. Японская кавалерия в минувшую кампанию 1904 – 1905 гг. // ВРК. 1910. №3. С. 103；Левицкий Н. А. Русско – японская война 1904 – 1905 гг. М. 1938. С. 241 – 242；Свечин [А.]，Романовский Ю. Д. Ук. соч. С. 18.
② Great Britain War Office, *The Russo – Japanese War*, vol. 2, pp. 64 – 65.
③ Русско – японская война 1904 – 1905 гг... СПб. 1910. Т. 5. Мукденское сражение. Ч. 1. События, непосредственно предшествовавшие Мукденскому сражению, и самое сражение до приказания Главнокомандующего об отходе III и I армии к Хуньхэ. С. 88 – 89.

人曾放出消息称，可能率军前往符拉迪沃斯托克。结果，库罗帕特金立即决定从第一集团军的每支部队中抽调一个连组建一个联合旅。这支临时组建的部队被派往符拉迪沃斯托克参与新部队的筹建。① 就这样，即兴发挥的总司令失去了大量兵力。第四顿河哥萨克旅、陆军第十六军第四十一步兵师第二旅——12个营、8个骑兵连、34.5支哥萨克部队（约1万人）以及24门步兵炮、12门骑兵炮被撤至距离奉天最近的后方。② 日本骑兵研究者不偏不倚地指出："在关键时刻，300名骑兵从重要据点引出至少8000名士兵，也可能是20000名士兵。日本骑兵完全可以为如此辉煌的战绩而自豪。"③ 在此应当补充说明，日军司令部在部队指挥方面的不同之处。

据战争期间担任大山岩元帅副官的田中中将证实，参谋本部在奉天会战期间并无任何异动。战役开始之初，参谋本部的工作基本完成；战斗期间，元帅和参谋长儿玉源太郎大部分时间在打槌球，有时候会暂停一会儿对作战方案进行细微的调整。在辽阳会战中，黑木也很平静。奉天会战结束后，在俘虏俄军的同时，一名英国记者也被日军俘虏，在交谈中英国人仅对俄国士兵的素质做出了高度评价，至于俄军将军，他不看好任何人："他们都

---

① Свечин А.［А.］, Романовский Ю. Д. Ук. соч. С. 342.
② Русско‐японская война 1904‐1905 гг... СПб. 1910. Т. 5. Мукденское сражение. Ч. 1. События, непосредственно предшествовавшие Мукденскому сражению, и самое сражение до приказания Главнокомандующего об отходе Ⅲ и Ⅰ армии к Хуньхэ. С. 84.
③ Винекен А. Японская кавалерия в минувшую кампанию 1904‐1905 гг. // ВРК. 1910. №3. С. 104.

是一路货色。"①

作为对日本骑兵中队行动的回击，1905年2月17~22日，吉伦施密特（Я. Ф. фон Гилленшмидт）上校率领4支哥萨克部队潜入日军后方突袭海城，结果未对日军的部署造成任何影响。应当指出，尽管在突袭营口后俄国骑兵饱受抨击，但是此次突袭仍旧体现了俄国骑兵良好的能力。吉伦施密特下达秘密指令，要求麾下部队5天行进375俄里，即日行75俄里。② 的确，俄国骑兵像日军中的同行一样，也做出了一些微不足道的成绩：轻微地损毁了一座10俄丈（21米）的单跨铁路桥。与库罗帕特金及其幕僚相比，日军参谋本部更沉得住气。③

最初，俄军司令部计划在浑河桥头堡防御阵地削弱敌军战斗力，然后发起反攻。阵地始建于1904年4月，最初用于掩护渡口，后来不断扩建，进而形成了一处辅助阵地。④ 考利巴尔斯麾下的满洲第三集团军驻扎于此。桥头堡防御坚固，其上分布着3座多面堡、4座眼镜堡及大量射击掩体和单兵战壕。阵地前方设

---

① Stanley Washburn, *Field Notes from the Russian Front*, vol. 1. London：A. Melrose, [1915], p. 65; McCullagh, *With the Cossacks*, p. 339; Гамильтон Я. Ук. соч. СПб. 1907. Т. 2. С. 22; 49.

② Гершельман Ф. Конница в Японской войне и в былые времена. // ВС. 1911. №7. С. 62.

③ Караульщиков Л. А. Русско - японская война и подготовка армии к войсковому саперному делу. // ИЖ. 1906. №1 - 2. С. 84; Левицкий Н. А. Ук. соч. С. 244.; Свечин А. [А.], Романовский Ю. Д. Ук. соч. С. 344.

④ Русско - японская война 1904 - 1905 гг... СПб. 1910. Т. 5. Мукденское сражение. Ч. 1. События, непосредственно предшествовавшие Мукденскому сражению, и самое сражение до приказания Главнокомандующего об отходе III и I армии к Хуньхэ. С. 36.

有铁丝网屏障和2道狼坑,在通向第一道防线沿途的每处防御工事前方预埋了10颗地雷。① 在阵地后方铺设了一条20俄里的道路,在浑河上方架设了6座桥梁,部分用于行人交通,部分用于车辆通行。② 旅顺港失守后,俄军失去先机,计划随之发生改变,但是作战方法并未改变。

俄军停止了对黑沟台的进攻。利涅维奇在2月18日(俄历2月5日)的日记中写道:"众人坚决要求俄军迅速出击、压制日军,但库罗帕特金一拖再拖。"③ 事实上,一再拖延的不只是总司令。2月23日,考利巴尔斯命令军队休整。司令不想在星期一发动进攻,他认为这天不是吉日,因此将行动推迟到了2月25日,星期二。在某种程度上,考利巴尔斯的迷信想法竟然得到了印证。2月24日,库罗帕特金拒绝派遣后备兵力支援部队;从星期一向星期二过渡的那个夜晚,库罗帕特金绕过考利巴尔斯调走了其麾下的西伯利亚第一军。④ 总参谋部收到情报称,敌军纠集大批兵力——11.5万~12.5万人,意图进攻考利巴尔斯8.6万人的第二集团军。⑤

当然了,考利巴尔斯对此一无所知,仍在筹备进攻。进攻黑

---

① May H. Маньчжурская война. // ВС. 1909. №5. С. 32 – 33.
② Русско - японская война 1904 - 1905 гг... СПб. 1910. Т. 5. Мукденское сражение. Ч. 1. События, непосредственно предшествовавшие Мукденскому сражению, и самое сражение до приказания Главнокомандующего об отходе III и I армии к Хуньхэ. С. 37.
③ Русско - японская война. Из дневников... С. 73.
④ Каульбарс А. В. Ук. соч. Одесса. 1908. Ч. 2. С. 7; 11; 17.
⑤ Андрианов П. 2 - я Манчжурская армия в дни Мукденских боев. // БП. М. 1909. №1. С. 8 – 9.

沟台前，在俄军尚在祈祷时，敌军阵地响起了枪炮声。从筹备到取消进攻敌军防御阵地，这对人们的心理产生了一定的负面影响，并且严重地打压了俄军的士气。① 按计划，进攻将于2月25日6点开始。俄军阵地停止了炮火准备，取而代之的是一片死寂。凌晨2：00，第二集团军参谋部接到取消进攻的命令；早晨5：30，军团、部队参谋部陆续接到命令；上午7：30，不明所以的初级指挥官和士兵收到命令。对于进攻取消的解释是行动计划泄露。此后，部队司令部遭遇改组。② 第三集团军的情况与第二集团军基本相同。西伯利亚第六军参谋部军官回忆称："2月24日半夜11点左右，满洲第三集团军接到命令，要求第三集团军继续驻守现有防御阵地，同时做好与第二集团军协同作战的准备。2月25日，第二集团军将对敌军的左翼阵地发动进攻。相关命令已经开始执行，然而凌晨2点左右行动暂停，集团军参谋部收到电报，得知第二集团军的进攻时间被推迟了。"③ 2月25日上午，库罗帕特金开始从浑河桥头堡撤军。④ 他的计划再次落空。

  1905年2月25日，日军在奉天附近发动进攻。大山元帅调集部分兵力突击俄军前线防御阵地，同时派遣乃木部队对俄军侧翼、后方进行迂回包抄。俄军阵线绵延150千米（部署防御部

---

① H – ч. Тяжелые дни Мукденских боев（Воспоминания запасного）. // РС. 1910. Том 141. Вып. 1. С. 114 – 115.

② Ренненкампф П. К. Ук. соч. С. 1 – 2.

③ Оболешев Н. Действия VI Сибирского корпуса в Маньчжурии в период стояния на реке Ша – хэ и в Мукденском бою. // ВС. 1905. №10. С. 156.

④ Там же.

队）。利涅维奇率领的第一集团军有107000人、370门火炮和22挺机枪，把守45千米的左翼阵线；考利巴尔斯的第二集团军有100000人、439门火炮和24挺机枪，把守长约25千米的右翼阵线；第三集团军有68000人、266门火炮和10挺机枪，把守长约20千米的中央阵线。日军集结了5个军的兵力，有270000人、1062门火炮和200挺机枪。① 自动武器威力巨大，俄军将其称为"魔鬼的灌溉"，与火炮相比，他们开始倚重机枪。② 日本步兵同样倚重机枪。日军报告指出："奉天战役期间，我军已收到足量机枪，战斗力因此大幅提升。军官和士兵对这种武器的威力深信不疑。战斗打响后，全军上下都在迫切地等待着从我方阵地传出机枪的嗒嗒声，如同农民在闷热的酷夏期待甘霖一般。"③

甲午战争末期，日本陆军收到了一批马克沁机枪，但没来得及使用。然而，通过观察清军拥有的几种机枪，日本人发现了这种武器的威力。1895年至1904年，日本人进行了大量试验。在试验过程中，日军司令部倾向使用霍奇斯基式机枪。俄日战争期间，机枪已经进入战场。④ 结果，在战争之初几乎没有自动武器的日军开始大规模使用机枪；战争末期，每个日军师团已拥有一个机枪中队——7、8挺机枪。日军报告指出：无论是在击退俄军反攻时，还是在我军准备进攻时，使用这种武器都能高效地实

---

① Левицкий Н. А. Ук. соч. С. 239.
② Юденич Н. Форты - капониры и их вооружение. // ИЖ. 1907. №3. С. 455.
③ Тактика пулеметов（перевод с японского）. // Сборник ГУГШ. 1910. Вып. 10. Отдел II. С. 36.
④ Там же. С. 32.

现作战计划。① 在奉天会战中，这种影响再次显现，日军在防御手段上占优势，这使他们可以在主攻方向上集中兵力，在次要区域节约兵力。

对于俄军而言，奉天会战成了辽阳会战的扩大化翻版，并且结局更为惨烈。日军采取了惯用的包围战术，试图切断俄军的铁路干线。大山元帅曾在普法战争期间担任日本驻德国司令部代表，作为普鲁士战略的拥趸，他一直致力于实现自己的"色当"构想，但是此次他放弃了曾在辽阳实施的单向包抄战略，转而采用双向包抄。在相当长一段时间，在制定战略时，俄军习惯比照欧洲战场的军事行动，思维固化，认为军事行动必须始于内部交通线。在中国东北也发生了类似的事情。

日军通过多次佯攻诱使俄军总司令彻底陷入圈套，使其逐渐丧失了对部队的把控。在为期两周的会战开始之初，库罗帕特金便已落入圈套。一旦发现日军进攻利涅维奇集团军，第二集团军的所有进攻筹备则被取消，部分兵力奉库罗帕特金之命，用第三集团军军需部长阿列克谢耶夫少将的话来说，"像疯狗一样扑向……左翼"，"军中一致判定，在那里没有多少日军，日本人在那里的行动像往常一样，尽管活跃，却属佯动。显而易见，他们摸清了我们总司令的性格：经过一再地引导，一切可调动的力量都被派往这片山区，在这里兵力难以部署。一言以蔽之，我军一半兵力聚集在了这些山隘和窄道上"。②

---

① Там же. С. 34.
② ОР РГБ. Ф. 855. Карт. 1. Ед. хр. 33. ЛЛ. 39；44.

俄军不仅部队被四处调动，就连他们的指挥官也是如此。例如，2月25日，连年坎普夫将军及其参谋部的部分军官在被剥夺骑兵部队的指挥权后，被派往利涅维奇集团军组建新部队。艾赫果列茨将军接手连年坎普夫的部队。但是不久后，考利巴尔斯的爱将无法应对战事并且开始撤退。结果，库罗帕特金绕过第二集团军司令恢复了连年坎普夫的职务。后者返回原部队，继续指挥部下。这一切都发生在一天内。① 类似的举措只能激起司令部和士兵的愤怒。当博洛托夫旅被派去支援伊万诺夫将军麾下的西伯利亚第三军时，该军指挥官的第一反应是："库罗帕特金为什么要浪费自己的后备兵力呢？这不是总攻，他不必为我们操心。尽管黑木每天都发起猛攻，但是他也承受了巨大的损失——某些师团已被彻底歼灭。我军位置优越，小日本绝无机会体会我们英勇的西伯利亚步枪兵刺刀的厉害。"② 此事发生在2月24~26日。

在惨剧发生前的一周里，俄军依然相信在此次会战中将大获全胜。3月1日，克拉斯诺夫在军报上发表如下言论："新的一年幸福地开始了。全副武装的满洲集团军强大而威严，他们已经感知到即将到来的胜利。无论是日本人的传单，还是准备放弃抵抗、接受失败的后方的可怜哀号，都无法惊扰、刺激我军。我军前线阵地堑壕中的将士们坚信，上帝将赐予我们荣耀！"③ 然而，此时惊扰俄军的并非日本人的传单或即将投降的后方的奸计。

2月27日，俄军侧翼骑兵连发现了日军的迂回运动。3月1

---

① Ренненкампф П. К. Ук. соч. С. 3–5.
② Polovtsoff, *Glory and Downfall*, p. 70.
③ Вестник Маньчжурских армий... 16 февр. 1905. №193. С. 3.

日，日军大部队的运动轨迹清晰起来，某些部队甚至已经深入俄军阵地4俄里。① 当日，侦察部队报告称，在俄军左翼实施包抄的日军隶属乃木将军麾下。在交火时，面对日军自信而有力的进攻，俄军炮兵部队甚至还未摆好阵型。他们慌忙逃窜，躲入满洲集团军后方。② 当发现乃木的行踪时，俄军已无计可施。

在得知日军的迂回行动后，库罗帕特金大肆干涉第二集团军的管理，使原本混乱的管理雪上加霜。库罗帕特金的干预不成体系、毫无意义。在西伯利亚第一军被调走后没过几天，士兵再次整装出发，此时朝着相反的方向，集团军右翼急行军。一位见证了士兵艰辛旅程的英国记者写道："尽管这种漫无目的的摇摆令大家疲惫不堪、灰心丧气，但是他们以备受瞩目的勇气和坚韧抵抗了乃木的猛烈进攻。"③ 不要忘记，部队的转移是在酷寒中完成的，早上7点零下17.1摄氏度，中午零下2.8摄氏度，晚上9点零下8.1摄氏度。④ 士兵的体力不是无穷无尽的。

自辽阳战役之后，野战部队所拥有的重炮数量稳步上升。在奉天附近，日军以170门重炮对战俄军158门重炮。然而在日军发动进攻的同时，俄军的攻城炮被撤出阵地，运往后方。⑤ 总司

---

① Матковский А. Конница в русско-японскую войну. // ВС. 1911. №2. С. 45；Гершельман Ф. Конница в Японской войне и в былые времена. // ВС. 1911. №8. С. 67.
② ГАРФ. Ф. Р-5793. Оп. 1. Ед. хр. 16. Л. 16. об.
③ McCullagh, *With the Cossacks*, p. 225.
④ Вестник Маньчжурских армий... 13 февр. 1905. №190. С. 2.
⑤ Употребление в бою полевой артиллерии по опыту русско-японской войны Статья лейтенанта 5-го батальона крепостной артиллерии Виктора Каянека из «Streffleur militarische Zeitschift». // ВС. 1912. №7. С. 111.

令以"重炮用处不大"为由，禁止野战部队组装11英寸重炮打击敌军工程；未经总司令部许可，重炮所在阵地的指挥官甚至无权支配它们。① 显然，这是为将来的撤退做准备。重炮的撤出令士兵感到沮丧，因为此后不久日军立即使用重炮轰击俄军阵地。俄军的野战炮无法对抗日军11英寸的火炮。2月26日，阿列克谢耶夫得知库罗帕特金准备撤退。在军需部长的坚持下，第三集团军司令比尔德林将军给总司令写了一封信，但未收到答复。②

部队从右翼向左翼移动，途中遭遇日军的猛烈打击，考利巴尔斯集团军的实力因此削弱。2月28日，库罗帕特金提醒第三集团军司令，后备兵力大多已经支援第一和第二集团军了。③ 为了加强危险区域的防御，库罗帕特金只能组建临时部队，这是惯用手段。结果，这导致部队布局混乱，集团军司令甚至不清楚他们麾下包括哪些部队。

在奉天附近，"部队组建热潮"达到顶峰：为了掩护从侧翼撤退的部队，从3个集团军的11个军、16个营及43个不同的兵团抽调兵力组建联合部队——51个营，骑兵将军拉乌尼茨（М. В. фон дер Лауниц）担任这支部队的总参谋长。④ 在联合部队的协助下，第二集团军撤出半包围圈。⑤ 在联合部队中，除了51个营以外，还编入了20个3/4支哥萨克部队和骑兵连以及

---

① Соболев Л. Н. Ук. соч. С. 119.
② ОР РГБ. Ф. 855. Карт. 1. Ед. хр. 33. ЛЛ. 45 и об.
③ Отчет о деятельности... С. 29.
④ Теттау Э. Восемнадцать месяцев... СПб. 1908. Ч. 2. С. 266.
⑤ Андрианов П. 2-я Манчжурская армия в дни Мукденских боев. // БП. М. 1909. №1. С. 21.

（从5个炮兵连抽调的）132门火炮。不仅如此，联合部队被拆分成4支独立分队，同时下设更小规模的编队。为了组建新的作战单位，司令部从部队中抽调连、排，甚至班。部队的融合达到了混乱的程度，部队不了解指挥官，指挥官也不熟悉部队，大家像邻居一样。拉乌尼茨参谋部（姑且使用这一术语，拉乌尼茨不得不开始领导自己的班子——1名总参谋部上校和2名侍从将军的副官）通过电话与总司令保持联络。不久前进驻部队的指挥官既无法得知战事的一般情况，也无从接收具体的行动指令，更不知道拉乌尼茨部队的确切位置。更加糟糕的是，这些分队几乎无法得到正常的补给，管理极为困难，有效调用绝无可能。在此情况下，各分队只能进行分散的独立防御。①

部队管理杂乱无章。例如，2月14日至15日，某骑兵部队——14支哥萨克部队、6门火炮屡遭改组。不久，4名将军曾对他们发号施令，然而部队从未收到任何积极备战的命令，仅收到一条从北侧保护奉天的命令（500名骑兵）！② 至于拉乌尼茨的联合部队，他们不仅需要掩护第二集团军和第三集团军，还应击退敌军。③ 俄军的战斗力逐渐下降，他们的规模逐渐减小。以第三集团军为例，会战开始后不久，集团军仅剩下40个营，相当于最初的三个军只剩下了一个。阿列克谢耶夫写道："但是这

---

① Мюллер Н. 122 - й пех. Тамбовский полк в Мукденских боях. // ВС. 1907. №7. С. 23；Соболев Л. Н. Ук. соч. С. 150 - 151；Рерберг Ф. П. Ук. соч. С. 229；Геруа Б. Г. Ук. соч. Париж. 1969. Т. 1. С. 166.

② Деникин А. Мукденские дни в конном отряде. // ВС. 1907. №3. С. 45.

③ Добророльский С. Стратегический очерк Мукденской операции с 7 - го по 26 - е февраля 1905 года. // ВС. 1906. №6. С. 31.

哪里是一个军！不，这是三个军残留的一堆碎片，其他碎片被揉成一个营调入第二集团军！这哪是什么组织啊！这就是一床用碎布头拼成的破被。在它面前，所有的法律、规章和原则都昏沉入睡。"① 未经库罗帕特金批准，考利巴尔斯绝不行动。3月2日，关于谁才是第二集团军司令的问题，众人完全理不清头绪。第二集团军参谋部军官指出："近日，2月17日至22日，抽调各部兵力临时组建的军消失了，我们第二集团军的几个营也不知去向了。"②

在被军事检查机构扣留的电报中，《新时代》通讯员奥利金斯基（别廖佐夫斯基）汇报称："首先，直至2月22日，我们尚未形成一支完整的、齐全的作战部队。整个团、整个营，甚至个别连队脱离战术单位，一会儿被派到左翼，一会儿被派到右翼，两地通常间隔70~80俄里……被调来调去，混在一起的不仅是部队，还有他们的首长……我断言，没人知道：自己站在谁旁边，谁站在自己的左边或右边，自己的首长在哪里。传令军官是最可怜的人。当撤退突然开始时，原本混乱的部队四散而逃。"③ 只有西伯利亚第一军和第二十五步兵师井然有序。④

结果，遇到极大阻碍的乃木暂停行动，黑木顺利地攻破了已被削弱的利涅维奇将军第一集团军的防线。奉天会战成了俄军管

---

① ОР РГБ. Ф. 855. Карт. 1. Ед. хр. 33. Л. 50. об.
② Геруа Б. В. Ук. соч. Париж. 1969. Т. 1. С. 165.
③ Отчет о применении цензуры на театре войны... Приложение №29. С. 21.
④ Геруа Б. В. Ук. соч. Париж. 1969. Т. 1. С. 166.

理体制危机的鲜活例证。在等待反攻命令的同时,部队也在为此筹谋,但是他们大失所望。① 在280毫米迫击炮的支援下,日军对"沙鸡"堡发起强攻。当然,俄方的防御工事无力抵抗此类炮弹。据目击者称,炮弹相当密集:"堡垒被炸成了一座喷射火焰和铁块的真火山。"② 日军的炮火格外猛烈。第四军的任务是保护阵地上的俄军,该军士兵冲锋在前,不计损失。③ 于是,日军的强攻被击退了。3月2日,"沙鸡"堡驻军4次退敌;次日夜间,由于后方面临包抄威胁,驻军被迫放弃阵地。④

3月3日,俄军开始撤离前线阵地,这使他们备受打击。"他们行动迟缓;彻夜难眠、身负重担的人们走得很慢,确切地说,他们以此掩饰自己不愿放弃决战阵地的情绪。"⑤ 3月7~8日夜间,库罗帕特金开始从浑河桥头堡——原本准备发动反攻的地方撤军。撤退是临时决定的,一些经过训练的士兵刚刚抵达桥头堡,此时五座桥只能确保两个军顺利撤退。⑥ 人们在黑暗中行走,不知道前进的终点,不理解上级的命令,没人知道谁挨着自己,众人焦躁不安。⑦

---

① Деникин А. Мукденские дни в конном отряде. // ВС. 1907. №2. С. 44.
② Нодо Л. Письма о войне с Японией. С. 208.
③ Русско - японская война. Очерк принца Карла фон Гогенцоллерна. // Новое слово. СПб. 1912. №2. С. 43.
④ Нодо Л. Письма о войне с Японией. С. 209.
⑤ Мюллер Н. 122 - й пех. Тамбовский полк в Мукденских боях. // ВС. 1907. №5. С. 81.
⑥ Соболев Л. Н. Ук. соч. С. 170;186;Парский Д. [П.] Воспоминания и мысли... С. 50;Ренненкампф П. К. Ук. соч. С. 149.
⑦ Н - ч. Тяжелые дни Мукденских боев... // РС. 1910. Том 141. Вып. 3. С. 589.

许多仓库集中分布在桥头堡的正后方。它们更靠近前线,以便在转入反攻后缓解军队的弹药补给压力。① 此时,俄国人没时间带走仓库里的物资。撤退时,他们放弃了巨大的仓库,尽管里面储存着军鞋、粮食、谷物、面包干、冻鱼、冻肉。最初,俄军并未焚毁仓库,因为担心在浑河阵地上弥漫的浓烟将引来日军的火力。仓库卫兵奉命撤离,一些指挥官允许士兵"享用"这些补给。许多人不理解它们为什么不可触碰,并且突然下达的撤退命令使众人精神崩溃。此后,局面极其混乱。② 为了防止冲突,上级下令砸破酒桶,但于事无补。士兵们像蝗虫一样猛扑过去,拼命从酒桶和在地上蔓延的"酒泉"中汲取一切。③ 很快,现场再无秩序可言。

目击者回忆道:"由于无法运走,大量伏特加、面包、罐头及其他食品、饮品被抛向士兵,可以轻易地想象当时的场景,假设你周围有成千上万人,近日他们食不果腹,暴怒的人潮从东西南北同时涌来,抢夺食物,其中许多人立即搬走一箱箱沉甸甸的食物,毫无疑问,走不了一英里,他们就得放弃。与此同时,人们愤怒地斥责每个试图将自己赶出罐头堆的人。有些人坐在地上,用军刀或刺刀刺破罐头盒,直接吃掉里面的东西……有些人撬开了足够自己吃一周的罐头。在食物面前,他们倍感饥饿,他们如此兴奋,以至于有时竟未发现已经割伤了手指。伏特加酒桶

---

① Парский Д. [П.] Воспоминания и мысли... С. 50.
② McCullagh, *With the Cossacks*, p. 247.
③ Гусев С. Я. Из дневника корпусного контролера... // ВС. 1910. №12. С. 197.

周围的场景更加糟糕。人们用刺刀扎破酒桶,用斧头、短剑砍碎酒桶,直至酒桶遍体鳞伤流出佳酿。狂热的人们围在破洞周围,试图用嘴直接汲取珍贵的液体,或者用帽子、沙丁鱼罐头空盒接住它们,甚至连散落在周围的日军炮弹的碎片也被当成了容器。"①

第二集团军参谋部军官回忆称:"那时不知是谁点燃了谷堆和高粱秸垛,士兵和哥萨克开始抢劫——洗劫仓库。他们粗暴而急迫地撬开箱子,或用挖掘工具,或用步枪枪托。在这场意外的'战斗'中,我见证了几支步枪的损毁(枪托颈部折断)。当时不仅能够听到斧头和枪托的敲击声,还能听到箱板和木桶的破裂声,甚至还可以清楚地听到数百普特的精制方糖在罐子破碎后洒向地面的簌簌声。士兵们贪婪地抓起方糖放入兜中、塞进衣襟和大衣,随后扣紧短皮袄、军大衣;之后,再在步枪上横挂一两双新皮靴。至于无处可塞的咸鱼,则被串在了刺刀上。我前面是一个标兵营,大量蔷薇色的咸鱼代替标兵徽章在他们的刺刀上来回晃动。参与仓库清理的部队瞬间溃散,秩序仿佛从未存在过一般:军官高声呼喊,精疲力竭,但是没人听从他们的指挥,因为对抢劫的渴望已经压制了部队纪律感(或许出于嫉妒和愤怒,他们不希望让日军得到仓库)。"② 人们抓住手中的一切,但是很快意识到自己无法带走它们,在走了一两百步后,他们放弃了自己的"战利品",将它们仍在地上,踩进泥里。幸运的是,日军

---

① McCullagh, *With the Cossacks*, p. 247.
② Рерберг Ф. П. Ук. соч. С. 211.

并未开火、追击，否则这群人将无法过河。①

另一方面，夜间撤退组织不力使局面变得更加复杂。例如，应当给步兵和炮兵分配两条不同的撤退路线，但是他们被分配到了同一条路线，结果两队人马混在了一起。② 很快，第三集团军便猜到了上级即将下达焚毁仓库的命令；未及命令下达，筋疲力尽、饥寒交迫的部队便已无法抵抗仓库的诱惑。③ 此事发生在夜间，军官很难维持秩序。此时，道路左右燃起大火，火光照亮了桥头堡，炮声轰鸣，在燃烧的仓库中弹药陆续爆炸。④ 一位指挥官回忆称："这一切都令人烦躁，使人厌恶。"⑤ 撤退时，前线附近的军队物资发挥着极为恶劣的作用，几乎到处都出现了同样的场景。在第二集团军撤退途中，他们也来到了仓库附近。直到最后一刻，那里都保持着近乎完美的秩序，卫兵坚守岗位，大型木制板房附近的过道也被仔细地打扫过。但是，销毁财产的命令刚下达，"从敌人手中挽救仓库"的狂欢即刻开始。由于没有可靠的军事警察，为数不多的卫兵被撤退部队冲散了。⑥

第二集团军参谋部军官回忆道："从三合屯向营盘撤退的场景十分悲凉：熊熊燃烧的仓库和村庄照亮了无边的黑暗；医院和

---

① Н－ч. Тяжелые дни Мукденских боев... // РС. 1910. Том 141. Вып. 3. С. 594.
② Мюллер Н. 122－й пех. Тамбовский полк в Мукденских боях. // ВС. 1907. №6. С. 39.
③ ОР РГБ. Ф. 855. Карт. 1. Ед. хр. 34. Л. 20. об.
④ Гусев С. Я. Из дневника корпусного контролера... // ВС. 1910. №12. С. 198.
⑤ Мюллер Н. 122－й пех. Тамбовский полк в Мукденских боях. // ВС. 1907. №6. С. 40.
⑥ Рерберг Ф. П. Ук. соч. С. 211.

各类辎重部队惊慌失措、毫无秩序地穿过浑河；许多人仍在收拾行李。车轮碾压结冰的地面发出隆隆的响声，其中还掺杂着不协调的叫喊声以及炮弹在火中爆炸的声音；某处正在慌乱地拆除军需仓库，在那里还能听见醉汉的叫骂声……到处都是一片混乱……浑河渡口人群拥挤，混乱不堪。后来我得知，我军的医院监察员季莫费耶夫上校——一个热情开朗的好人在混乱中被自己手下抢劫仓库的士兵重伤，后来不治身亡。"① 季莫费耶夫是库罗帕特金的妻弟，1905年6月伤故。为了阻止士兵抢劫仓库，他用左轮手枪威胁他们，然后被士兵开枪打伤。②

此时还有一个问题——过河。浑河本身被冰雪覆盖且河道较窄，40米左右，但是河岸地势较高，两岸之间的距离则是河道的3~4倍。俄军仅在桥梁两侧铺设了上坡道和下坡道。在后无追兵的情况下，撤退部队才躲过一劫。③ 对于掩护部队而言，废弃的仓库没有任何吸引力，因此他们的行动井然有序。在击退日军猛烈的进攻后，某些部队随即撤离，中断了与日军的近地对决，在那里能够听到日军前线哨所的谈话。④ 最后5个营搭建了铁轨马车道并且有序撤离，他们几乎在日军的眼皮底下运出了部分可拆卸的铁轨路基。所幸日本人给了俄国部队渡河的机会，此后才发动进攻。⑤

---

① Парский Д.［П.］Воспоминания и мысли... С. 51.
② ОР РГБ. Ф. 855. Карт. 1. Ед. хр. 35. Л. 37.
③ Мюллер Н. 122 - й пех. Тамбовский полк в Мукденских боях. // ВС. 1907. №6. С. 43.
④ Розеншильд - Паулин［А. Н.］Чжанчжуанцза. // ВС. 1909. №2. С. 62；64.
⑤ ОР РГБ. Ф. 855. Карт. 1. Ед. хр. 34. Л. 21.

27　奉天会战：灾难性的撤退

1905年3月9日，库罗帕特金下达撤退命令，却无力组织。在撤离城市期间，奉天会战迎来了灾难性的失败结局。10日，总司令参谋部在奉天后方官道隘口处的撤退部署无法令人满意，第二集团军和第三集团军与辎重部队、后勤部队——370个营的30余万人、近1000门火炮和上万辆辎重车挤在一处。① 在混乱无序的前进途中，辎重车、医用物资车、牛群造成了巨大而可怕的混乱。② 部队在激战后撤退，经过田野时，亡者、伤者隐蔽其间，他们孤立无援。撤退途中鲜少停留，一旦停下，人们便如同失去意识一般昏睡过去。当时，日本骑兵正在逼近的传言足以引起众人的恐慌。③ 在撤出奉天时，被"部队临时组建行动"搞得四分五裂的第二集团军和第三集团军混在了一起，第三集团军的撤退相对有序。

3月9日18：00，军需部长麾下的准校斯韦钦上尉电话告知阿列克谢耶夫，日军已经跨越浑河抵达西伯利亚第四军前线，企

---

① ОР РГБ. Ф. 855. Карт. 1. Ед. хр. 33. Л. 51. об；Соболев Л. Н. Ук. соч. С. 219.
② Оболенский В. В. Записки о войне... С. 107.
③ Багоцкий Ф. Бой под Тахентунем и в японском плену. // ВС. 1907. №2. С. 87；90－91.

图闯入奉天城外蒲河村附近的俄军后方。当日上午飓风肆虐，俄军阵地尘土飞扬，能见度不足十步。日军在沙尘暴的掩护下，穿越结冰河面。19：00左右，总司令得知日军突围。晚上9点，第三集团军参谋部接到库罗帕特金下达的从官道撤离的命令。全体军官火速集合，在阿列克谢耶夫的指挥下编写部队撤退计划。参谋部通过电话确认命令，并于22：00结束工作。命令如下："俄历1905年2月24日，晚上9点至10点，东营盘，命令第三集团军在夜幕降临之际沿官道撤离桥头堡，勿入奉天。在第三集团军从桥头堡撤离前，第二集团军牵制敌军，而后沿铁路撤离，同时从西侧掩护第三集团军。"[1]

撤退之路充满艰辛。扑面而来的狂风裹挟着沙土和烟尘，不仅模糊了撤退者的视线，同时也损坏了武器：枪栓堵塞，扳机失灵。[2] 当时视线范围不足几步，撤退部队既无法确定位置，也无法与友军保持联络。[3] 撤退部队人潮涌动，逐渐混在了一起："在骑兵目之所及的广阔区域内满是撤退部队，所有人都在念叨一句话：去奉天！"[4] 奉天是清政府声明的中立城市，因此俄军

---

[1] Добротин С. Участие рот 12 - го сибирского Барнаульского полка 24 - го и 25 - го февраля 1905 года в боях под дд. Киузаном и Ленхаучи. // ВС. 1910. №11. С. 72；Отчет о деятельности... С. 39；336；Парский Д. [П.] Воспоминания и мысли... С. 54；Соболев Л. Н. Ук. соч. С. 194；297；Теттау Э. Восемнадцать месяцев... СПб. 1908. Ч. 2. С. 353.

[2] Суханов П. 37 пех. дивизия на Дальнем Востоке в 1904 - 5 гг. // БП. М. 1909. №4. С. 41.

[3] Добророльский С. Стратегический очерк Мукденской операции с 7 - го по 25 - е февраля 1905 года. // Русско - японская война в сообщениях... СПб. 1907. Ч. 2. С. 219 - 220.

[4] Рерберг Ф. П. Ук. соч. С. 216.

不能占领它，只能沿城墙绕行，那里自然没有道路和桥梁。持续不断的风暴增加了撤退的难度。撤退部队只能将出发时间向后推迟几小时，从3月9日23：00推迟到3月10日1：00。辎重车队、炮兵和步兵几乎是摸索着前进，前进的队伍蜿蜒蛇行。与此同时，各军与集团军参谋部和友军失去了联系。①

3月10日下午4点左右，第三集团军开始向后方撤退。在进入官道后，阿列克谢耶夫看见官道上第二集团军、第三集团军的部队、火炮和辎重车乱作一团："密密麻麻的大车从周围的小道不断涌入，它们随意地站成几排，车队一直延伸到了北边，这一过程几乎持续到了上午10点，现场毫无秩序可言。我们第三集团军人数不多，直到11点才动身出发。"② 实际上，3月10日清晨的局面更加糟糕。混乱导致拥堵，停下的纵队比前进的多。在拥挤的道路上，部队混在了一起。对于早上6：00的撤退场面，第二集团军参谋部将军描述道："在离开奉天前往官道的途中，我们立即撞见了如此混乱、如此触目惊心的撤退场面，这彻底颠覆了我对无序撤退的认知。大车、火炮、部队（将他们称为人群更为准确）从奉天大大小小的街道上、从四面八方涌入官道；在城市出口附近，人们混乱无序、无法前进。那里也有浮桥，不知出于何种需要，近期它们一直停靠在奉天附近，类似于浮桥的舟桥纵列是最庞大笨重、最没用的工具。战争期间，它们从未派上用场，其宽度（约220米）和深度无法匹配河岸，也

---

① Соболев Л. Н. Ук. соч. С. 190；201；203；208.
② ОР РГБ. Ф. 855. Карт. 1. Ед. хр. 33. Л. 52.

许只有在鸭绿江才能用到它们。然而，俄军经常为它们忙前忙后，耽误前进。① 此外，伤员运输车、火炮阵地辎重车、弹药车也堵在那里。总而言之，这三类辎重车辆、炮车和人群仿佛都有自己的队伍；所有车辆不仅没有分类排列，甚至还不成行，一行的队伍能延伸出两行、三行，甚至十行……现场一团乱麻，每个人都自顾自地向前走，因此经常进入其他车道。不幸的是，城外不远处的道路为高山隘口，在那里发生了拥堵。这清楚地表明，军队领导的极度失职、对辎重车队放任不管正是造成这场混乱的罪魁祸首。"②

事实上，即便此时，军队领导仍在发号施令并且进行了无数次的即兴"完善"。辎重车队在官道的黏土路面上前进、上坡、下坡绝非易事。道路（约17米）与架设在谷地和溪流上的桥梁（4~4.5米）宽度差异又增加了车队行进的难度。③ 下面以东西伯利亚第一舟桥营为例，讲述一下军队领导是如何使撤退部队溃散成乌合之众的。在撤出辽阳时，舟桥兵推着笨重而庞大的辎重车跟着后卫部队一同撤退。那时，为了避免遭受重创，部队吃尽了苦头。④

在奉天附近，舟桥营接到命令，要求在3月9日21∶00撤

---

① Киселев. Понтонеры на Дальнем Востоке за время со 2 - го июля по 12 - е декабря 1904 г. // ИЖ. 1905. №2. С. 177 – 178.

② Баженов П. Н. Ук. соч. С. 299.

③ Соколов П. Маньчжурские грунтовые дороги и их исправление во время русско - японской войны. // ИЖ. 1906. №. 1 – 2. С. 137.

④ Киселев. Понтонеры на Дальнем Востоке за время со 2 - го июля по 12 - е декабря 1904 г. // ИЖ. 1905. №2. С. 193 – 194.

离奉天。1小时后，部队开始有序撤退：一辆车接着一辆车，排成一列。营长在日记中写道："在遇到第一处谷地时，那里只有一条通道，在通过它时，排在主干道上的后方车辆的秩序大不如前，他们想要找寻其他通道。由于找寻未果，在谷地陡坡前，上述纵队变成了五六排平行队列，尽管如此，在他们面前也只有一条通道。在第一列辎重车队穿越谷地时，第二列在等候；第二列穿越时，第三列在等候，以此类推。通过这种方式，辎重车队得以保持完整。与此同时，某位指挥者发现，辎重车队以这种方式通过谷地并不合理，因此下令每列同时放行一二辆辎重车通过谷地。在每列分别放行2辆车后，后车只能在其余5列分别放行2辆车后，即放行12（2×6）辆车后才能追赶同一列的前车；此后还需通过两座浮桥。就这样，辎重车队的秩序被完全打乱了，而遇到的谷地却越来越多。在以这种方式通过谷地、溪流时，指挥官完全无法指挥车队。"① 因此，在从蒲河向官道撤退的过程中，舟桥兵损失惨重，这不足为奇。某些部队混成营，不仅失去了所有板车，同时失去了全部物资。②

眼看指挥撤退部队、恢复纪律毫无希望，阿列克谢耶夫派遣自己的部下整顿车队秩序，引导撤退者从沿途宽阔处绕过隘口，

---

① Киселев. Понтонеры на Дальнем Востоке с 12 - го декабря 1904 г. по 14 - е июня 1905 г. // ИЖ. 1905. №6 - 7. С. 835.

② Томиловский. Участие 1 - го понтонного батальона в русско - японской войне 1904 - 1905 гг. // ИЖ. 1907. №. 2. С. 266 - 270；Потери понтонер 25 февраля 1905 года. Командир 1 - го Восточно - Сибирского Понтонного батальона, полковник Киселев. // ИЖ. 1907. №6 - 7. С. 60 - 62.

由于地面冻结,才有此可能。① 然而,这不是件容易的事情。撤离奉天的军官回忆道:"在冬天,如果不走大道,那么在中国东北行军则十分艰难;地里满是犁沟和被割断的1/4俄丈高的高粱秆。"②在隘口后方1千米处出现了一条道路,军队曾驻扎此地,人群从道路的左侧或右侧涌入。与此同时,军需部长试图与奉天附近失联的西伯利亚第六军建立联系。③ 8:00 左右,先头部队离开山区进入公路,此时情况变得更加复杂。第六军指挥官回忆道:"在长 15~20 俄里、宽 5~7 俄里的广阔区域内,虽然有几处丘陵,但几乎完全没有植被,在充足的阳光下,30 万人的军队连同辎重走走停停。炮火从三个方向轰鸣而来,场面如此宏大……人们无法立即弄清这是怎么回事。部队仍在前行,在我看来,大批人马几乎毫无空隙。辎重车队绵延不绝。队伍极为缓慢地移动着。自大军撤退的场景映入我们眼帘之初,我就感觉部队原地不动,并未前进。"④

面对一条两岸地形陡峭的河流、几处谷地和溪流,无论如何,拉着数千米横排、乱哄哄的人群也无法加快行进的脚步。奉天火车站及其周围的仓库也都位于城外,恰好在部队撤退路线附近。在火车站附近坐落着军械仓库,即陆军军需物资总库,里面存放着3600余车皮的谷物和面包干、1000余立方俄丈的煤炭及大量草料。显然,撤退部队无法转移这些军需物资。3月9日晚

---

① Парский Д. [П.] Воспоминания и мысли... С. 55.
② Максимовский Н. На войне. // ВС. 1908. №1. С. 7.
③ Парский Д. [П.] Воспоминания и мысли… С. 56.
④ Соболев Л. Н. Ук. соч. С. 210.

上，列车组陆续驶离奉天，一个车头通常牵引52~55节车厢（是规定车厢数的两倍多！），8~16列火车为一组，发车间隔为8分钟。铁路工作人员表现出了超强的自制力和组织力，得益于他们的付出，疏散工作顺利开展，在此过程中并未发生事故和人员伤亡。3月10日5：45，最后一组列车出发了。车厢顶部趴满了人，恐慌的情绪开始蔓延。① 最终，只有1500节未卸车的车厢被转运至哈尔滨，其余物资均被焚毁。② 当天上午，军需仓库起火，火光冲天而起，这一幕使驻扎在城市周边的部队心情沉重。③ 不久后便出现了物资供应问题。

在寒冷的2月战斗了两个星期的人们早已疲惫不堪，但是他们不得不面对短期内再次出现的考验。此时，正在盘点剩余的库存物资。由于官道"交通拥堵"、通行缓慢，各队人马不得不在原地逗留，粮食、白酒、制服等物资消耗殆尽。看到俄军撤退，许多"自由的"商人开始抛售以酒水为主的货品。某些商铺开门营业，醉醺醺的士兵在偷走白兰地、朗姆酒和葡萄酒后从那里蜂拥而出。大批醉汉流落街头，在城市和火车站之间漫无目的地游荡着。一些华人洗劫了被俄国人抛弃的小镇。在撤退期间，车站附近大量俄国醉汉落入日本人和中国人之手，

---

① Теттау Э. Восемнадцать месяцев... СПб. 1908. Ч. 2. С. 349；351；Рерберг Ф. П. Ук. соч. С. 233.

② Караульщиков Л. А. Русско - японская война. Военные сообщения и железнодорожные войска. // ИЖ. 1906. No. 6-7. С. 715.

③ Багоцкий Ф. Бой под Тахентунем и в японском плену. // ВС. 1907. No 2. С. 87；Деникин А. Мукденские дни в конном отряде. // ВС. 1907. No 2. С. 53；57.

他们多被杀害。① 辽阳之后,他们不再畏惧俄国人。② 英国记者回忆道:"为破坏而破坏的激情在士兵中间蔓延开来,在这种激情的刺激下,士兵几乎失控。允许部队抢劫自己的仓库,就如同让猛虎品尝鲜血一般。"③ 撤退途中所做的一切几乎都在加深部队的溃散程度。

在撤退时,俄军需在被日军包抄的两翼之间通行。3月10日,日军部队从两翼聚拢,其间距已缩减至24俄里。④ 联合部队在牵制敌军的同时,竭尽所能保持防御状态,他们后方飞扬的尘土清楚地表明军队和辎重车队还在转移途中。最终,由于没有援军和火炮掩护,掩护部队开始撤退。⑤ 埋伏在附近的日军立即阻击撤退者。阿列克谢耶夫将军写道:"这群败类广泛地分散在阵线周围,尾随彻底陷入混乱的人群。无论是公告还是军刀,或是左轮手枪的威胁,都无法约束那些进入狭窄逼仄但尚未被敌军彻底封锁的空间的人群。"⑥ 士兵扔下步枪,有时甚至用枪指着

---

① Добророльский С. Стратегический очерк Мукденской операции с 7 – го по 26 – е февраля 1905 года. // ВС. 1906. №6. С. 36; А. Н. Гибель отряда генерала Церпицкого в Мукденском сражении. // ВС. 1907. №4. С. 76; Добророльский С. Стратегический очерк Мукденской операции с 7 – го по 25 – е февраля 1905 года. // Русско – японская война в сообщениях... СПб. 1907. Ч. 2. С. 232; McCullagh, With the Cossacks, p. 249.

② Рябинин А. А. На войне в 1904 – 1905 гг... С. 55.

③ McCullagh, With the Cossacks, p. 249.

④ Добророльский С. Стратегический очерк Мукденской операции с 7 – го по 26 – е февраля 1905 года. // ВС. 1906. №6. С. 30.

⑤ Добротин С. Участие рот 12 – го сибирского Барнаульского полка 24 – го и 25 – го февраля 1905 года в боях под дд. Киузаном и Ленхаучи. // ВС. 1910. №11. С. 80 – 82.

⑥ ОР РГБ. Ф. 855. Карт. 1. Ед. хр. 33. Л. 52. об.

指挥官。① 部队在拥挤的道路上缓慢前行，在道路左右不时地响起日军的枪炮声，这一切都令疲于奔命的人们感到压抑。② 上午9点左右，日军炮击辎重车道，撤退部队陷入恐慌。③

起初日本炮兵不敢开火，因为他们的火炮距离俄国人太近，然而在首轮炮击后，一切都发生了改变。④ 波特金医生分析道："在任何一家剧院中，都曾发生过这样的事情：警报响起——无论是真的还是假的，众人聚在一起，但是想要离开剧院，他们必须经过狭窄的通道。此时就会出现拥挤和恐慌；极度紧张的人群将完全失去理智：忘记血缘、等级、情感和上帝，只顾着自己逃命。这种反应不次于前些日子的英雄主义……"⑤ 一位试图整顿秩序的年轻军官在绝望中自杀了。⑥ 此时，唯一受控制的部队是比尔德林担任司令、马尔特松和阿列克谢耶夫担任参谋长的参谋部护卫队。一名下级军官提议派遣卫队骑兵攻击日军火炮，几支有序撤退的部队回击了日军炮火，危机得以解除。此后，比尔德林和马尔特松继续前进，只有阿列克谢耶夫坚持领导，确切地说，试图领导撤退部队。⑦

---

① Оболенский В. В. Записки о войне... С. 114.
② Добророльский С. Стратегический очерк Мукденской операции с 7 - го по 25 - е февраля 1905 года. // Русско - японская война в сообщениях... СПб. 1907. Ч. 2. С. 231 – 232.
③ Добророльский С. Стратегический очерк Мукденской операции с 7 - го по 26 - е февраля 1905 года. // ВС. 1906. №6. С. 37；Гусев С. Я. Из дневника корпусного контролера... // ВС. 1910. №12. С. 203.
④ Great Britain War Office, *The Russo - Japanese War*, vol. 2, p. 277.
⑤ Боткин Е. С. Ук. соч. С. 80.
⑥ Любицкий А. Воспоминания... С. 212
⑦ Парский Д.［П.］Воспоминания и мысли... С. 56 – 57.

基本上，这种领导已经演变为在撤退的人群中找出秩序尚存且有军官指挥的部队，然后军需部长派遣部队掩护撤退。混乱雪崩似的蔓延，在与敌军侦察队发生视线接触时，俄军士气全无。① 尽管如此，撤退部队仍旧时常遇到井然有序的日军中队，既可能是配备了火炮和机枪的营队，也可能是炊事班队伍，此时众人都慌忙地奔向官道附近的防御工事。阿列克谢耶夫麾下的帕尔斯基上校回忆道："队伍中士兵茫然的面孔深深地印在了我的脑海中。"②

对于在日军火力范围内的临时掩体而言，拥有己方的火力支持尤为重要。最初，在炮兵连指挥官的部署下，火炮直接瞄准日军，迫使日军停火，危机暂时解除。③ 在混乱中，很难指挥炮兵作战。在炮击指定目标后，总有炮兵随意离开阵地。在日本步兵逼近时，炮兵既不愿冒险开火，也不愿将他们引到路上。下午1点左右，日军的交叉火力再次笼罩撤退部队。④ 在蒲河附近的盆地，俄军最终瓦解。据阿列克谢耶夫描述："俄历2月25日，军队（阿列克谢耶夫的部下——引者）不再抵抗。"⑤ 恐慌的情绪在撤退部队和辎重车队中蔓延开来，此后再无恢复秩序的可能。集团军参谋部军官试图召集溃军、将15~20人编为一组，然而下濑火药一旦爆炸，他们就四散而逃。受惊的马匹拉着辎重车疾

---

① Грулев М. ［В.］ В штабах и на полях... СПб. 1909. Ч. 2. С. 316.
② Парский Д. ［П.］ Воспоминания и мысли... С. 58.
③ Любицкий А. Воспоминания... С. 212.
④ Отчет о деятельности... С. 44；Соболев Л. Н. Ук. соч. С. 225.
⑤ ОР РГБ. Ф. 855. Карт. 1. Ед. хр. 33. Л. 53.

驰而去，伤人无数；炮兵部队的马匹尤为强壮，它们横冲直撞，扫荡挡在它们前面的一切。"①

此时，身处奉天西侧、骑兵部队的邓尼金观察到了所发生的一切："一些部队秩序尚存，勉强应战；其他部队分崩离析，迷失方向，他们来回奔跑，撞上了日军的枪口。人们时而聚在一起，时而四散而逃，他们无助地寻找摆脱死亡绝境的出路。我们的侦察兵成了他们的灯塔……整片区域，凡目之所及皆兵荒马乱之景：朝不同方向疾驰的辎重车辆、医院篷车，骑兵不知所踪，狂奔的马匹，散落的箱子和胡乱堆放的辎重，总司令部的辎重也不例外……我初次见识到战争的恐慌。"②

此时，军队已经失控。辎重兵纷纷卸下马匹上的套索、骑马逃窜，至于此类事件的规模，我们可以通过第二、第三集团军的物资损失推算。撤退途中，两军损失 29 门速射炮、46 座炮架、44 辆双轮前车、547 辆弹药车、9 辆弹药车前车、279 辆双轮弹药车、753 辆双轮物资车、489 辆不同用途的辎重车及 79 座行军灶。泰陶认为，在撤离奉天途中，俄军损失近 6000 辆辎重车。③毫无疑问，损失大多发生在官道上。辎重的损失加快了可控部队的瓦解，对此参谋部无能为力。士兵扔掉手中的武器，抢夺散落

---

① Добророльский С. Стратегический очерк Мукденской операции с 7 - го по 25 - е февраля 1905 года. // Русско - японская война в сообщениях... СПб. 1907. Ч. 2. С. 232；Парский Д. [П.] Воспоминания и мысли... С. 60.

② Деникин А. И. Путь... С. 145.

③ Соболев Л. Н. Ук. соч. С. 213；Теттау Э. От Мукдена до Портсмута. СПб. 1914. С. 1.

的物资,第三集团军参谋部的财产也未幸免。此时,趁火打劫者对辎重车队胡作非为。①

在这片几平方千米的区域内,死者、伤者随处可见,醉汉也混入其中。在盆地出口处,重新聚集的集团军参谋部只能看到一幅惨景:"在宽广而平坦的土地上,人们四处奔走逃窜;破烂的板车随处可见,散落在地的各类物资胡乱堆积,有些已被火舌吞没;满眼都是逃跑的人群,许多马匹横尸荒野……这就是一幅逃亡的景象!"②次日,德国军官在与胜利者一同踏上这片土地时惊讶道:"俄军撤退时所走的这条道路惨不忍睹。短短的几千米,到处都是死尸、东倒西歪的火炮和辎重车。这场撤退具有仓皇逃亡的特征。"③

撤退途中,俄军彻底陷入混乱。对于整顿部队和辎重车队的行进秩序,军官无计可施。在渡河或穿越溪流时,没人遵守秩序;在通过为数不多的几座桥梁和浅滩时,人们甚至大打出手。④ 在向铁岭撤退途中,后卫部队眼前出现了大批被随意丢弃的军队物资——板车、灶具、纸张、面包干、装着火药的镀锌箱子等。⑤ 逃亡途中,士兵丢弃背包、手榴弹和弹药包,这不足为奇,因为溃军扔下了所有自认为多余的东西。过度劳累的人马即

① ОР РГБ. Ф. 855. Карт. 1. Ед. хр. 33. Л. 52. об; Карт. 1. Ед. хр. 34. Л. 24. об.
② Парский Д. [П.] Воспоминания и мысли... С. 60 – 61.
③ Русско‐японская война. Очерк принца Карла фон Гогенцоллерна. // Новое слово. СПб. 1912. №2. С. 45.
④ Русско‐японская война 1904 – 1905 гг... СПб. 1910. Т. 5. Мукденское сражение. Ч. 2. От отхода к реке Хуньхэ до сосредоточения на Сыпингайских позициях. С. 214 – 215.
⑤ Богоцкий Ф. Бой под Тахентунем... // ВС. 1907. №3. С. 64.

使坐在冰凉的地面上也能立即入睡。① 所幸，由于兵力损耗严重（损失近 7 万兵力），日军放弃追击。据波洛夫佐夫回忆："显然，日军也已疲惫不堪，因此并未追击我们。假如他们派出几支精悍的骑兵中队追击我们，那么将出现可怕的灾难，但是他们放我们离开了。"② 令许多人不解的是，撤退途中，俄国骑兵从未尝试抗击日军骑兵，毕竟前者在数量上占据绝对优势：150 个骑兵连对 16 个骑兵中队。③

事实上，日军未能立即察觉俄军撤离"包围圈"的行动。3 月 10 日中午，日军逼近俄军的中央阵地——第三集团军驻地。下午 4 点左右，奥保巩出军奉天，结果遭遇后卫部队的截击。④ 3 月 10 日，日本的官方报告更为乐观："我军于今日上午 10 时占领奉天，近期谋划的行动目标业已达成。"⑤ 无论如何，日军实现了自己的目标并且赶在俄军完全撤退前完成了此事。阿涅菲尔德（А. П. фон Ганненфельд）少将的部队被引入城内，巷战过后被迫投降。在总参谋部的科尔尼洛夫（Л. Г. Корнилов）中校——第一步枪兵旅参谋长的组织下，来自 3 个步枪兵团的 17 个连不仅能够维持秩序，有组织地撤退，还能吸纳自发撤退的队伍。面对来自三个方向密集炮火的压迫，科尔尼洛夫部队不仅带

---

① Гусев С. Я. Из дневника корпусного контролера... // ВС. 1910. №12. С. 204.
② Polovtsoff, *Glory and Downfall*, p. 73.
③ Great Britain War Office, *The Russo-Japanese War*, vol. 2, p. 233.
④ Левицкий Н. А. Ук. соч. С. 284.
⑤ Русско-японская война. Официальные донесения японских главнокомандующих сухопутными и морскими силами. СПб. 1909. Т. 2. С. 90.

走了几挺机枪,还拿走了第十步枪兵团的旗帜。晚上7点,沿铁路路基撤退的科尔尼洛夫部队与主力部队会合。尽管军队高层对后卫部队不管不问,但是他们依然坚持战斗;直至傍晚,仍旧无法与集团军参谋部和总司令参谋部取得联系。①

利涅维奇的第一集团军沿铁路撤离奉天,并且在战斗力得以保存后掩护人群撤退。事实上,在库罗帕特金的干涉下,利涅维奇麾下的两个军沦为被掩护的人群。第一集团军损失巨大——2门野战迫击炮和2门榴弹炮,仅有29门三英寸口径的速射炮得以保全;1名将军、3万余名士兵被俘,死伤人数高达6万,5个军失去旗帜(后来成功找回4面军旗,其中包括战俘手中的军旗)。②

辽阳之后,假如库罗帕特金能够有条不紊地撤军,那么俄军既不会遭此横祸,也不会产生彻底战败的感觉。严格地讲,"色当惨剧"——彻底包围并击垮军队——不止发生过这一次,但是如此重大的损失没人知道俄军还能再承受几次。当然,这指的不仅是人员和物资的损失。泰陶指出:"每个没有成见的人都清

---

① Куропаткин. А. Н. Краткий очерк русско‐японской войны до Мукденских боев включительно. б. г. б. м. С. 78‐79; Добророльский С. Стратегический очерк Мукденской операции с 7‐го по 25‐е февраля 1905 года. // Русско‐японская война в сообщениях... СПб. 1907. Ч. 2. С. 235; Парский Д. [П.] Воспоминания и мысли... С. 62.

② Русское военное обозрение. 5‐е дополнение к «Обзору военных действий» с 13‐го января по 12 февраля. // ВС. 1906. №3. С. 239; Добророльский С. Стратегический очерк Мукденской операции с 7‐го по 25‐е февраля 1905 года. // Русско‐японская война в сообщениях... СПб. 1907. Ч. 2. С. 236‐237.

楚，显然，在奉天会战后，战争已无转机。事实的确如此，尽管俄军能够补足人员和武器的损失，能够从国内获得日军无法企及的物资，却无法提振低落的士气、恢复士兵自我牺牲的精神和对己方军力的信心。最重要的是，无法恢复对长官的信任。"①

直至3月10日傍晚，俄军撤退部队仍未恢复秩序。黑暗中，怀疑日本侦察兵就在附近的逃亡者为求自保胡乱开枪，混乱的枪声引发了恐慌和拥堵。11日上午，第二集团军、第三集团军混合部队仍未撤离官道。为了掩护集团军向铁岭转移，11日下午两点至三点，阿列克谢耶夫将军克服重重障碍组建了一支由12个营和3、4门火炮组成的掩护部队。② 日军在3月10日至11日夜间的官方报告中写道："数万俄军停留在奉天以北，他们筋疲力尽，在恐慌中全军向北撤退。"③ 在日军的炮火下，掩护部队撤离阵地，损失惨重。④

3月10日的恐慌导致俄军损失了大量的机动部队，因此在向四平街撤退时，俄军不得不面对补给不足的问题。与其说逃亡者们连续数日没吃上一口热饭，不如说他们根本没得到任何食物。在奉天会战的最后几日，库罗帕特金临时提出的"部队组建"计划打乱了部队的供给体系。3月10日，他命令辎重部队

---

① Теттау Э. От Мукдена до Портсмута. С. 1.
② Парский Д. ［П.］ Воспоминания и мысли... С. 63；65；67；Соболев Л. Н. Ук. соч. С. 235.
③ Русско‐японская война. Официальные донесения японских главнокомандующих сухопутными и морскими силами. СПб. 1909. Т. 2. С. 91.
④ Н‐ч. Тяжелые дни Мукденских боев... // РС. 1910. Том 141. Вып. 3. С. 600－603.

向北撤退，此时部队与军需仓库彻底失联。补给匮乏只能加剧混乱，同时增加俄军在奉天会战的损失。① 俄军疲劳过度，疲惫不堪的士兵倒在路边，旋即陷入昏睡。撤退的亲历者回忆道："大家只有一个目标：尽快到达铁岭，在那里撤退部队的阵地已准备妥当，那里的一处匪帮据点成了我们辎重部队的落脚地。"②

铁岭坐落在奉天以北64俄里处，通往铁岭的要道已经设防。部署铁岭阵地的初衷在于：一旦俄军沿群山与辽河之间的隘口向北撤退，在阻击日军的同时，可以确保俄军顺利渡河。铁岭阵地可容纳两个军，其上设有24座炮台、2座堡垒、3座眼镜堡、9座多面堡，每座工事需部署一两个连。在防御工事之间分布着堑壕和交通壕。铁岭的防御工事始建于1904年6月，8月短暂停工，而后工期持续至11月。1905年初，防御工事基本竣工。③ 此外，在这座城市里有一座后方军需仓库，但是俄军必须坚持走到那里。在官道上，人们抛弃了暂时多余的一切，疲惫而饥饿的牲畜不再是人们的帮手了。

指挥二等辎重车队撤退的西伯利亚第六军监察员回忆道："一生中，我从未见过这种场景，每走一步都能遇到跌倒或还剩最后一口气的马匹、骡子和毛驴；路上散落着各种各样的物资，高粱、燕麦、靴子、布匹、制服等。我甚至在匣子里看到了一台

---

① Янушкевич Н.［Н.］Организация и роль интендантства в современных армиях на войне. // ВС. 1910. №4. С. 135–136.

② Гусев С. Я. Из дневника корпусного контролера... // ВС. 1911. №11. С. 204.

③ Цабель С. А. Ляоян. Мукден. Тьелин（Краткое описание и планы укреплений позиций）. // ИЖ. 1907. №6–7. С. 727–728.

全新的辛格尔牌的小型缝纫机。一路上，遇见的都是没有军官指挥的下士，他们面色阴沉、两手空空，不拿任何武器。我问他们：'你们要去哪里？'他们回答道：'跟着人群走。'是啊，他们还能回答什么呢。在脱离部队且无人指挥的情况下，他们不知道部队在哪里，就只能遵循自我保护的本能'随大溜'。在大多数情况下，无论是下士还是指挥人员，都不知道自己可以托付的部队在哪里。沿东清铁路建造的工兵桥，在撤退之初因无法承受辎重车和火炮的重量，无一例外地全部垮塌了……"①

沿途的军需仓库被部分烧毁；若无上层批示，撤退部队即使抵达尚存的仓库，也无法获得粮食和饲料。此举并不合理，部队和后方已经脱离了参谋部的控制。在日军逼近时，仓库被付之一炬，饥饿的士兵只能眼巴巴地望着浓烟四起的仓库。在很大程度上，第三集团军军需部长组建的掩护部队发挥了重要作用。部队组建后，军队损失显著下降。铁道队和后卫部队秩序尚存：在撤退时，他们炸毁桥梁、摧毁铁路路基；哨所中的报务员坚守至最后一刻，在摧毁一切无法转移的设备后，跟随最后一批士兵撤离阵地。尽管此前通信畅通，但后方的参谋部不知去向。② 3月12日晚上5点左右，撤退士兵分批抵达铁岭，第三集团军司令比尔德林将军和参谋长马尔特松将军已在那里等候阿列克谢耶夫。此后，库罗帕特金的参谋部才与他们取得联系，命令第三集团军在第一集团军和第二集团军的掩护下撤入后方。切断与日军的联

---

① Гусев А. И. Из воспоминания участника русско－японской войны.// ВС. 1910. №9. С. 87.

② Там же.

系、争取时间是整顿部队秩序的唯一出路。在阵地交界处成功牵制日军的同时,利涅维奇的第一集团军大规模地撤离阵地。①

在阵地集结之初,部队秩序井然。局势不容乐观,在寒冷的北风中,疲惫和混乱湮没了防御的希望。② 军队在铁岭仍未恢复组织和纪律。③ 辎重车横七竖八地停在城市的街道上,互不相让,军队后勤完全瘫痪。某位参与撤退的连队指挥官表示:"好在日军追击不力。"④ 此时,坚守这座设防城市的想法已被人们抛诸脑后。疲惫而饥饿的人们聚集在仓库附近,最初谁也不敢做出开仓放粮的决定,毕竟很久都未收到上级的指示了,这引起了士兵和军官的不满。奉天火车站事件随时可能重演。西伯利亚第六军稽查员古谢夫(С. Я. Гусев)回忆道:"现在,总军需官下令允许部队凭军官签名的便条领取粮食和草料,其上需标明部队名称和人数。仓库附近的场景难以言表。饱受饥饿折磨的人群包围仓库,你推我搡地抢夺着圆面包、面包干、米粒和食盐。巨大的食物堆几分钟就被瓜分一空。"⑤ 在火车站,士兵们冲进车厢,一名试图维持秩序的军官遇害。⑥

在此情况下,军队依然无法自保。是的,他们已经无法被称为军队了。据与阿列克谢耶夫一同抵达的帕尔斯基上校描述:

---

① Геруа Б. В. Ук. соч. Париж. 1969. Т. 1. С. 186.
② Рябинин А. А. На войне в 1904 – 1905 гг. . . С. 183 – 184.
③ Оболенский В. В. Записки о войне. . . С. 116.
④ Суханов П. 37 пех. дивизия на Дальнем Востоке в 1904 – 5 гг. // БП. М. 1909. №4. С. 42.
⑤ Гусев С. Я. Из дневника корпусного контролера. . . // ВС. 1910. №11. С. 207.
⑥ Любицкий А. Воспоминания. . . С. 216.

"城里发生了可怕的内乱,仓库和运送伤员北上的火车站附近是重灾区;这里人头攒动,各路人马乱哄哄地聚在一起;这里似乎有很多逃兵,据说有些是在铁岭以外很远的地方抓获的。后来,战斗到最后一天的人们揭露了在市内发生的各种丑事:逃兵抢劫仓库、武力占领火车席位——迫害伤员;试图制止暴行并且维持秩序的军官多番受辱。这就是奉天灾难对后方的影响!"① 撤退途中,军队损失不断,俄国人始终在为糟糕的管理埋单。医院和卫生部队率先撤离奉天,总司令并未设法将他们留在铁岭,尽管按照库罗帕特金的计划铁岭应当成为撤退的终点。俄军的状态打破了总司令的计划,他们继续向位于奉天以北约200千米的四平街撤退,并于3月22日在四平街会合。② 3月16日至17日午夜,日军占领铁岭。③

---

① Парский Д. [П.] Воспоминания и мысли... С. 69.
② Добророльский С. Стратегический очерк Мукденской операции с 7 - го по 25 - е февраля 1905 года. // Русско - японская война в сообщениях... СПб. 1907. Ч. 2. С. 236; Соболев Л. Н. Ук. соч. С. 152; Парский Д. [П.] Причины наших неудач в войне с Японией. Необходимые реформы в армии. СПб. 1906. С. 75.
③ Русско - японская война. Официальные донесения японских главнокомандующих сухопутными и морскими силами. СПб. 1909. Т. 2. С. 129.

28 四平街对峙、陷入僵局的陆地对抗、迈向和谈的第一步、继续出征的俄国舰队

1905年3月15日,库罗帕特金被撤去总司令之职。两天后,他向利涅维奇移交指挥权。① 这是一位在尼古拉一世执政期间毕业于军校的七旬老人,在军中享有"老爷子"之称。当然,这个称谓与年龄无关,在阿列克谢耶夫将军看来,这说明"他没那么位高权重"。米哈伊尔·瓦西里耶维奇对新任总司令的评价颇为公正、中肯:"他是个有天赋的人,但是这种天赋只适合指挥一个师。"② 与此同时,一项艰巨的任务正摆在他的面前——恢复部队对司令部的信心,重整军队使之成为日军不可小觑的力量。

4月初,波特金医生指出:"利涅维奇接手了一个烂摊子。据传,全军上下仅剩18万兵力。当然,这个数字颇为准确,截至目前,只有个别规模不大的部队正在赶来。至于对兵力损失的推算也基本准确——近10.7万!伤员、病患人数高达6.5万,死亡人数近2万,其余或逃跑或被俘!火炮所剩无几——31门,

---

① Русское военное обозрение. Обзор военных действий с 11 февраля по 12 марта. // ВС. 1904. №4. С. 244.
② ОР РГБ. Ф. 855. Карт. 1. Ед. хр. 36. Л. 19 и об.

因此并非每个炮兵连都能分到火炮。日军折损 12 万兵力。"① 事实上，俄军的初始兵力约为 455470 人，其中作战部队 217745 名步兵、12861 名骑兵，同时配备 1129 门火炮。俄军损失惨重的两个步兵团近乎全军覆没，仅剩三四百人。② 步兵上将巴捷亚诺夫（М. И. Батьянов）出任第三集团军司令。③ 如此看来，在军事行动活跃期间，集团军司令——考利巴尔斯和比尔德林——在位时间均不足两个半月。此后，在军队管理方面并未发生其他变动。是的，也无法发生其他变动。新官上任十天后，阿列克谢耶夫表示："可悲的是，库罗帕特金及其参谋部在任期间那种特有的、毫无节制的混乱状态已经被新班子继承了。"④

德国总参谋部认为，俄国不会输掉战争。比洛回忆道："总参谋部认为，即使日本人在陆上和海上持续获胜，也无法迫使俄国缔结和约。日本人能占领萨哈林，也能占领符拉迪沃斯托克，但是在西伯利亚大草原上的某个地方他们不得不驻足；在俄军再次投入战斗前的几个月里，日本人不得不付出巨大的代价进行战前准备。虽然库罗帕特金将军铸成大错，但是在反击中他将发挥非凡的才干。我们总参谋部认为，在这个紧要关头，俄国必须保持克制。"⑤ 对此，应当增加补充条件，即最高司令部必须保持克制。显然，这种品质正是他们欠缺的。尽管总司令的变更在全

---

① Боткин Е. С. Ук. соч. С. 79.
② Русско‑японская война 1904－1905 гг... СПб. 1910. Т. 6. Сыпингайский период. С. 15－16.
③ Парский Д.［П.］Воспоминания и мысли... С. 89.
④ ОР РГБ. Ф. 855. Карт. 1. Ед. хр. 34. Л. 5.
⑤ Бюлов Б. Ук. соч. С. 301.

军上下赢得一片欢呼,但是背后依然存在许多"暗伤"。大多数军官和士兵不再期望胜利,军队可以防守,却不能进攻。① 此时,几乎没有什么振奋军心的好消息。

1905 年 4 月 3 日晚上,与伤员一同滞留奉天的红十字会队伍越过前线。医院处境艰难,自俄军撤离小城后,一些中国人开始抢劫烧杀抢掠。日本人阻止了这些暴行。② 当时还有 460 名重伤的俄国士兵和 405 名日本伤员、病患未从陆军医院撤离;尚有大批医护人员陪在他们身边。日军依据所奉行的战争条例将他们"遣送回国"。由 26 名医生、9 名女护士和 65 名卫生员组成的以古尔科夫为首的团队被送至四平街,同时另有 200 余人被送往芝罘,走海路回国。古尔科夫的功绩备受关注,总司令在写给皇太后玛利亚·费奥多罗夫娜的电报中报告了他的事迹。③ 此后,未来的杜马议员在全俄罗斯声名鹊起。

至于库罗帕特金——第一集团军司令,在很大程度上依旧能够左右俄军的决策,他一如既往地号召众人保持耐心,同时表示:只有正确地使用兵力才能一击即中。他在 6 月 8 日(俄历 5 月 26 日)写给维特的信中表示:"我们已经为战役做好了充分的准备,我迫不及待地期待它的到来。我认为,在不久的将来,我们将转入决定性反攻。在此情况下,难道还要提及'无中生有'甚至侮辱俄国的和谈吗?日本人拼尽全力与我们打陆地战。

---

① OP РГБ. Ф. 855. Карт. 1. Ед. хр. 34. ЛЛ. 8;12.
② Great Britain War Office, *The Russo‐Japanese War*, vol. 2, p. 173.
③ Вестник Маньчжурских армий. №208. 26 марта 1905 г. С. 1 – 2;Там же. №211. 29 марта 1905 г. С. 1.

有理由相信，他们已经无力扩充军队，现在已是他们胜利的巅峰。我们只需继续增派兵力（我要补充一句，我们出兵太慢，截至目前尚未补足队伍，但是我们已经得到了增援，并且增援部队将源源不断地赶来）。再次重申：只要不出大错，我们就能在陆地上站稳脚跟，进而赢得胜利。日本人不能保证自己不犯错误，他们也曾失误。尽管我们曾经遭遇挫折，但是毫无疑问，我们也在吸取教训、完善自己，我们的部队和指挥官的战斗水平也有所提升。"① 库罗帕特金的最后一项见解难以服众。

新任总司令与他的前任一样，也是被动防御的支持者。为了成功拦截日军的进攻，部队在恢复秩序后层层设防。仅在第二集团军阵地便已修筑了95座野战碉堡、100座桥梁、450千米的道路，另有60座村庄化身防御据点，同时部署了35万平方米的人工障碍物。② 在45俄里的阵线上，在这些防御工事之间，第二集团军部署了五个军的兵力。平均而言，每450步，即每个直线射程部署一处防御据点。③ 因此，谁也不会在此发动进攻，没人会犯下如此严重的错误。在这些在建的防御阵地上，利涅维奇下达首条军令，深入后方沿四平街修建新的防御阵线。因此，即使四平街阵地前线变得牢不可破，也没人能够保证，一旦日军迂回包抄，辽阳和奉天的悲剧不会重演。④ 为了缓解朴次茅斯的谈判

---

① Переписка С. Ю. Витте и А. Н. Куропаткина в 1904－1905 гг. // КА. М. － Л. 1927. Т. 6（19）. С. 77.

② Теттау Э. От Мукдена до Портсмута. С. 11；13.

③ Геруа Б. В. Тактика технических войск. // Известия Императорской Николаевской Военной Академии. 1911. №14. С. 167.

④ Парский Д. [П.] Причины наших неудач... С. 77；80；90.

局势，沙皇于8月20日提议转入进攻，然而沙皇的提议在四平街的各大会议上石沉大海，会议得出进攻是不可取的最终结论。①

与此同时，日军兵力几近枯竭，若想恢复军力，必须重新征兵、训练新兵，同时新建6个师团，获得10亿日元的军费。为了充分执行上述措施、筹备新一轮的大会战，至少需要一年。这意味着，日军在中国东北已经无力发动进攻了。在收到奉天会战的捷报后，山县有朋元帅3月10日觐见天皇，劝说天皇是时候派遣外交部采取行动了。当日，他向政府阐明同样的立场，同时向新闻界隐晦地表达了自己的看法："继续与顽固的敌人作战是愚蠢的。"② 身处中国东北的大山元帅率先做出反应。3月13日，大山致函帝国参谋本部，敦促他们立即采取正确的外交措施："奉天会战后，我们的军事行动应当与我们的政策完美契合。换言之，无论我们决定在追击敌人的同时继续进攻，还是坚持阵地战方针，如果我们的军事行动无法与国家政策相契合，那么即将到来的、可能牺牲数千生命的战斗将徒劳无功。如果将军事成就定义为我国的政策目标，那么我军将做出无谓的牺牲。"③

3月23日，参谋总长向政府阐述了自己的见解。山县认为，军事行动已经进入了决定性的第三阶段。他断言，即使战争持续数年，日本占领符拉迪沃斯托克和哈尔滨，俄国也不会求和，

---

① Русско-японская война 1904-1905 гг... СПб. 1910. Т. 6. Сыпингайский период. С. 258-261.
② Окамото С. Ук. соч. С. 150-151.
③ Там же. С. 152.

"将来，我们无论是进攻还是防御，和谈仍旧遥不可及。有些事情，我们必须深思熟虑。首先，敌人在国内仍有大量兵力，而我们已经全数出动；其次，敌人不缺军官，而我们自战争伊始便已损失大量军官，他们难以取代……简而言之，第三阶段意义重大，稍有差池，我们辉煌的胜绩将化为乌有。现在，我们务必保持谨慎"。① 日本军方意见一致，他们主张和谈。3月23日，满洲军总参谋长儿玉源太郎男爵应诏返回东京汇报战事进展，他此行的主要目的在于说服国家领导阶层立即展开谈判。面对前来接站、被胜利冲昏头脑的参谋本部次长长冈外史，儿玉源太郎冷冰冰地说道："长冈，别犯糊涂。纵火之人需灭火，你不明白这个道理吗？"②

敌人处境艰难绝不代表他必然溃败，日本军方有意进行谈判只能证明他们在成功的巅峰时期依旧头脑清醒。即使在消耗战层面，成功地撤退也无法为俄军赢得任何优势。只有在中国东北成功发动反攻并且对日军造成难以恢复的重创，才能迎来军事行动的转折点，最终改写战争结局。然而，俄军的主要问题在于，陆续抵达的增援部队恰好无法发动进攻。诚然，与日军不同，这与物质因素无关。在整场战争中，前线的事态发展从未如此依赖于军队士气。

尽管俄国爆发革命，但是铁路一如既往地向军队输送物资，只是有时遭遇阻碍。此时，铁路时常断交。1905年3月，在西

---

① Там же. С. 153.
② Там же. С. 154.

伯利亚铁路上滞留了4500车皮近400万普特的货物；与此同时，在俄国欧洲地区和西伯利亚近500万普特的货物等待运输。军用列车行进缓慢，从乌拉尔到哈尔滨通常需要2~2.5个月，鲜少走40~45天。① 尽管如此，继奉天之后，增援部队和补给物资——194个营、48支哥萨克部队、916门火炮及496挺机枪依旧被运往满洲集团军。1905年9月初，截至四平街停战协定签署前，共有130个营、48支哥萨克部队、468门火炮、332挺机枪及10.5个工程营抵达四平街。② 但是，与这些部队和物资一同抵达中国东北的还有国内的革命新闻。在四平街，据一名团长说，大家都失去了希望和斗志。③ 俄国陆军司令部对舰队寄予厚望，如果俄方能够夺回制海权，那么在陆地上取得任何胜利都将重振军威。

　　直至奉天战役结束，第二太平洋舰队仍旧驻足马达加斯加，在那里稍事休息。从丹吉尔到马加达斯加（即从大西洋到印度洋）一路充满艰辛，煤炭随时面临断供威胁。煤炭供应商仍是德国人。对于舰员而言，这是一项极其复杂且艰巨的任务。为了减少装煤次数，舰船必须装满煤炭，从而导致过载航行。斯文托尔热茨基中尉写道："巨轮更像煤炭运输船。在任何情况下都不能对煤炭问题掉以轻心，因此舰船只能增加储备。战列舰的煤炭储量远超1100吨的额定标准，高达2500吨。所有空隙都塞满了

---

① Янушкевич Н. Организация и роль интендантства в современных армиях на войне. // ВС. 1910. №4. С. 151-152.
② Теттау Э. От Мукдена до Портсмута. С. 7.
③ Рябинин А. А. На войне в 1904-1905 гг... С. 185.

煤炭。75毫米口径的火炮等完全不适合海上作战的炮台被紧紧地封住，用作煤坑。任何能被找到的空隙，如走廊、船楼端部、艉楼等处都被燃煤填满。肮脏污浊的环境令人无法忍受。"①

1904年12月29日，舰队得知太平洋舰队已不复存在，停泊在旅顺港锚地的舰船已被日军攻城炮击穿。消息一出，舰队士气瞬间低落至冰点。与此同时，日本极力谴责法国违反中立条款，迫于压力，俄国舰队被迫驶离条件便利的法国迭戈苏亚雷斯（马格达斯加北部的安齐拉纳纳）基地，驶向诺西贝岛。② 当时，诺西贝岛是马达加斯加西北部的一个小渔村，既没有港口，也没有维修车间，甚至连电报站都没有。③

1905年1月9日，舰队抵达诺西贝岛，在此偶遇海军少将费尔克扎姆（Д. Г. фон Фелькерзам）的队伍——2艘装甲舰、3艘巡洋舰、7艘鱼雷艇和9艘运输舰。志愿舰队1904年12月28日穿越苏伊士运河和印度洋到达诺西贝岛。一系列舰船需要紧急维修，于是在甲板上开始了昼夜不停地作业。④ 在法国殖民当局的殷勤关照下，无所事事的船员逐渐走向堕落。在远离文明的海湾里，舰队也不得安宁。据远征的参与者回忆："自称歌手甚至明星的当地美女——法兰西女郎（有真有假）从四面八方蜂拥

---

① До Цусимы. // КА. М. 1934. Т. 6（67）. С. 196.
② Русско‐японская война 1904‐1905 гг... Пгр. 1917. Кн. 6. Поход 2‐й Тихоокеанской эскадры на Дальний Восток. С. 107‐108.
③ Казьмичев Б. Вторая Тихоокеанская эскадра. // Возрождение. Париж. 1964. №155. С. 66.
④ Русско‐японская война 1904‐1905 гг... Пгр. 1917. Кн. 6. Поход 2‐й Тихоокеанской эскадры на Дальний Восток. С. 75‐76；103‐106.

而来，在那里很快便开起了许多表演下流歌舞的咖啡馆，不计其数的地上和地下赌场蓬勃发展。"① 军官甚至指挥官沉溺其中，酗酒玩乐，对本职工作漫不经心。②

罗杰斯特文斯基迅速遏制狂欢，对包括运输舰在内所有舰船实施严格管理。③ 尽管纪律得到了保证，但是舰队的精神状态越发偏离正常。即使在诺西贝岛停泊期间，舰队仍然事故频发，问题接踵而至。在拔锚前，由于不确定在中立港能否购置物资，舰队匆忙配置补给。④ 很快，他们便付出了代价。最初，罗杰斯特文斯基派回了两艘毫无用处的运输舰。⑤ 此后，装载冻肉的埃斯佩兰斯号冷藏船抵达诺西贝岛，但是冷藏舱突然出现故障，冻肉必须抛出舱外。⑥

2月15日，"绿宝石级"巡洋舰驻舰医生在日记中写道："由于冷藏船损坏，埃斯佩兰斯号上的冻肉腐败变质。大量腐肉被丢入公海，然后被水流冲回舰队锚地，在海岸附近搁浅，整片区域臭气熏天。可想而知，舰队的心情并不舒畅。"⑦ 700吨腐肉被倒入海中，埃斯佩兰斯号被迫返航。⑧ 舰员几乎只能以罐头

---

① Семенов В.［И.］Ук. соч. СПб. 1907. ЧЧ. 1 – 2. С. 307.
② Воспоминания А. В. Витгефта. // Исторический архив. 1960. №4. С. 123.
③ Семенов В.［И.］Ук. соч. СПб. 1907. ЧЧ. 1 – 2. С. 307.
④ Костенко В. П. Ук. соч. С. 124.
⑤ Семенов В.［И.］Ук. соч. СПб. 1907. ЧЧ. 1 – 2. С. 316.
⑥ Русско – японская война 1904 – 1905 гг... Пгр. 1917. Кн. 6. Поход 2 – й Тихоокеанской эскадры на Дальний Восток. С. 113 – 114.
⑦ Кравченко В.［П.］Ук. соч. С. 53.
⑧ Семенов В.［И.］Ук. соч. СПб. 1907. ЧЧ. 1 – 2. С. 317.

为食，气候恶劣、淡水匮乏导致患病人数激增。① 海军上将认为，在法国殖民地长期逗留对舰队不利，对日本人有利，他们可以趁机整顿 1904 年战役后的现役舰船。②

此时，只有一个理由可以证明在诺西贝岛逗留的合理性：在舰队离开彼得堡前，海军部计划从智利（3 艘）和阿根廷（4 艘）采购装甲巡洋舰。如果新舰采购计划得以达成，那么俄国舰队的实力至少可以提升 1.5 倍。最初，计划将采购的巡洋舰运至马达加斯加。③ 尽管俄国已经确定了舰船清单和采购价格，但是由于谈判拖沓，计划尚且停留在纸面上。④ 即便交易达成，也需招募舰员并且给他们留出时间掌握新技术。罗杰斯特文斯基头脑清醒，从不指望此类计划能够达成。⑤ 1905 年 1 月 20 日，海军上将收到彼得堡的命令，要求舰队在马达加斯加等待增援舰队的到来，2 艘巡洋舰、2 艘辅助巡洋舰和 2 艘鱼雷艇正向他们驶来。⑥

显而易见，旅顺港沦陷后，第二太平洋舰队远征的最初目标必然无法达成。远征之初，舰队指挥官和舰员的自我定位就是后

---

① Казьмичев Б. Вторая Тихоокеанская эскадра. // Возрождение. Париж. 1964. №155. С. 67.
② Заключение следственной комиссии по выяснению обстоятельств Цусимского боя. // МС. 1917. №7. С. 15.
③ Русско - японская война 1904 - 1905 гг... Пгр. 1917. Кн. 7. Тсусимская операция. С. 6.
④ Коковцов В. Н. Из моего прошлого... М. 1992. Т. 1. С. 74.
⑤ Русско - японская война 1904 - 1905 гг... Пгр. 1917. Кн. 7. Тсусимская операция. С. 7.
⑥ Заключение следственной комиссии по выяснению обстоятельств Цусимского боя. // МС. 1917. №7. С. 15.

备力量，而非独立部队。现在第一太平洋舰队不复存在，显然，第二舰队无法独立发挥现役舰队的作用。① 然而，海军部不愿为此负责——下达舰队召回指令。在俄国当时的背景下，谁也不敢这样做。与此同时，革命情绪高涨，对战争胜利的渴望也在膨胀。克拉多大力倡导俄国应为争夺制海权做出最后的、关键性的努力。

他的论证是各种合理表述的奇特融合：为了赢得最终的胜利、收复旅顺港并且恢复对朝鲜的控制，必须夺得制海权；在承认日本舰队强于第二舰队的条件下，得出结论，唯一的解决方案是从波罗的海派遣所有可能派遣的舰船。② 他甚至提议向远东派遣彼得大帝号战列舰，同时坦言："它确实很有年头了（1872年下水，1877年服役——引者），但是，众所周知，它非常坚固……"③ 克拉多号召动用一切力量对付敌人，"乃至最后一门舰炮"④。他坚决要求在太平洋上集中一切可能的力量，同时声称："猜测某艘舰船毫无用处，便不派上前线，这是犯罪。"⑤ 这种奇特的观点是远离海上战争的人们所共有的。⑥

后来，问题上升到了政治层面。1905年1月，《欧洲公报》热情洋溢地报道称："深受高涨的爱国热情的鼓舞，克拉多决

---

① До Цусимы. // КА. М. 1934. Т. 6（67）. С. 197.
② Кладо Н. Л. Современная морская война...Приложение Ⅲ. После ухода Второй эскадры Тихого океана. С. 384 – 401；434 – 438.
③ Там же. С. 438.
④ фон Нидермиллер А. Г. Ук. соч. С. 49.
⑤ Кладо Н. Л. Современная морская война...Приложение Ⅲ. После ухода Второй эскадры Тихого океана. С. 459.
⑥ Гурко В. И. Ук. соч. С. 441.

定，在大错尚未铸成前，公开表达自己的担忧，在社会舆论面前发出警报。他斗志昂扬地策划了第三舰队的快速组建计划，不久后，计划将付诸实践。因此，克拉多先生热门且具有说服力的文章不仅吸引了大量读者，同时还打动了大批陆、海官僚，呼吁他们立即着手实现计划。若无公开宣传，在春季前计划将对外保密。"① 克拉多化身时代英雄。因违纪问题，扣押并禁闭克拉多的命令引起了全民的愤慨。② 在得知海军上将禁止克拉多在公共场所发表言论后，民众送给他一把荣誉匕首。③

最终，速战速决的方案和胜利的前景使政府在与"内部敌人"的斗争中重振雄风，舰队命运的主导机构由海军部变为内务部。彼得堡决定扩充第二舰队的实力，派遣由海军少将涅鲍加托夫统率的第三舰队。第三舰队由几艘岸防战列舰和老爷舰组成，罗杰斯特文斯基拒绝将它们编入第二舰队，因此它们一直停在俄国。现在，无论如何，罗杰斯特文斯基必须接受它们。④ 此外，舰船的舰员多是未经训练的新兵，他们需要在远征途中学习各类知识。涅鲍加托夫对舰队不抱任何希望。"你们将牺牲自己。"出征前他对舰队军官说道。⑤ 令人惊讶的是，涅鲍加托夫竟然将舰队完好无损地带到了马达加斯加。

---

① Иностранное обозрение. // BE. 1905. №1. C. 377.
② Там же.
③ фон Нидермиллер А. Г. Ук. соч. С. 49.
④ Заключение следственной комиссии по выяснению обстоятельств Цусимского боя. // МС. 1917. №7. C. 9.
⑤ Корецкий М. П. Крейсер I ранга «Владимир Мономах» в бою с японцами у острова Цусима 14/15 мая 1905 г. // МЗ. Нью - Йорк. 1955. №2 - 3. C. 24.

罗杰斯特文斯基在一封私人信函中指出:"这些残破的舰船一旦加入舰队,不仅无法提升舰队的实力,反而还会削弱舰队的实力……留在波罗的海的废物不是援兵,而是负担……我对这群糊涂蛋无计可施:为什么他们不学无术却有用武之地,而我空有才华却无处发挥。我认为,它们将成为舰队负担和虚弱的根源。"① 罗杰斯特文斯基参谋部的高级信号副官对司令的观点并无异议。1905年2月3日(俄历1月21日),他写道:"我们正在等待增援:日复一日,也许等来的是奥列格号和两艘鱼雷艇,但这是增援吗?第三舰队,先生们,发发慈悲吧!派来的这些舰船显然一无是处。出于礼貌,舰队只能勉强接受尼古拉号、阿普拉克辛海军大将号、莫诺马赫号和水星号……为什么要给日本人送去更多的战利品呢?他们已经收获满满!至于我们将如何处理这些舰船,没人知道答案,假如上将拒绝在诺西贝等候它们,那么它们只能返回俄国,毕竟让它们单独前往战区是极其危险的。第三舰队,这是俄国最后的海上资源,但是接下来呢?第二舰队完全没有制胜的把握。不要幻想胜利,您不会听到胜利的消息。"②

在涅鲍加托夫舰队抵达前,第二舰队依然不是一个统一的整体。在马达加斯加逗留期间,阿芙乐尔号巡洋舰指挥官、海军上校叶戈里耶夫(Е. Р. Егорьев)在日记中写道:"总而言之,如果排除4艘同级("博罗季诺级"——引者)战列舰,那么舰船

---

① Золотарев В. А., Козлов И. А. Ук. соч. С. 158.
② До Цусимы. // КА. М. 1934. Т. 6 (67). С. 198.

的多样性将令人震惊。几乎每艘舰船都是名副其实的'孤品',完全可以保存在博物馆里供后代参观……"① 在出征后的两个半月里,第二舰队只进行过2次实战射击,并且10英寸和12英寸的舰炮仅发射了3~5枚炮弹,射击成绩颇为糟糕。老式战舰表现最佳,本应成为舰队中坚力量的新式战舰表现最差。舰队没有用于演习的弹药基数,因此无法进行实战演练和炮火训练。涅鲍加托夫在亚丁湾组织了射击演练,结果更糟,目标靶板无一破裂。第二次射击演练有所进步,然而舰队的训练水平仍不理想。罗杰斯特文斯基必须做出选择:要么训练舰队,承担在决战中弹药匮乏的后果;要么弹药充足地赶赴战场,接受炮手训练不足的事实。② 在训练中,他们遵循的原则是"临阵磨枪,不快也光!"③ 在射击演练过程中,苏沃洛夫大公号的75毫米舰炮误射德米特里·顿斯科伊号,所幸后者并未发生人员伤亡和重大损失。④

3月16日,舰队驶离马达加斯加,沿法属印度支那航线驶向越南沿岸。叶戈里耶夫指出:"在大批运输舰的衬托下,我们

---

① Вокруг старого света в 1904 – 1905 году(Путевые заметки капитана 1 – го ранга Евгения Романовича Егорьева, командира крейсера «Аврора» за время похода 2 – й Тихоокеанской эскадры). // МС. 1915. №8. С. 32.
② Семенов В. [И.] Ук. соч. СПб. 1907. ЧЧ. 1 – 2. С. 313 – 316; Русско – японская война 1904 – 1905 гг... Пгр. 1917. Кн. 6. Поход 2 – й Тихоокеанской эскадры на Дальний Восток. С. 177 – 179;281;288;Заключение следственной комиссии по выяснению обстоятельств Цусимского боя. // МС. 1917. №7. С. 16; Костенко В. П. Ук. соч. С. 315 – 319.
③ Воспоминания А. В. Витгефта. // Исторический архив. 1960. №4. С. 123.
④ Чегодаев – Саконский А. Ук. соч. С. 68.

舰队看上去似乎在为大型商队护航。"① 令人惊讶的是，这支"商队"竟然一路平安。舰队以 7 节的航速穿越金兰湾，其间航行 28 天。在此期间，舰队累计修复 112 处故障，即平均每天修复 4 处。在未经测试的舰船上，机械系统、操舵装置和锅炉故障频出。② 航行途中，舰队难以保持队形。横队和纵队时常过度延伸，具有速度优势的舰船时常绕过、超越落后舰船。③ 舰队形势严峻，煤炭超载导致包括疟疾在内的多种疾病不断侵袭舰员。④

1905 年 3 月 21 日，俄国政府委托巴黎转达和谈的初步条件，同时试探日方态度。俄国提出拒绝支付赔款，拒绝割让本国领土和远东铁路，绝不放弃在太平洋上保留舰队的权利。4 月初，日本做出回应，拒绝接受上述条件，同时提出了自己的要求。⑤ 东京已于 3 月 8 日以非官方手段通过美国特使试探停战的可能性。⑥ 当然，在此情况下，俄日两国未就停战条件达成一致意见。3 月底，日本军界最终确定了对外交部门的要求；与此同时，俄国的提议也沦为日本公开表达不满的工具。在此情况下，他们通过自己的伙伴，而非俄国的盟友发声。针对美国总统通过

① Вокруг старого света в 1904 – 1905 году... // МС. 1915. №8. С. 33.
② Заключение следственной комиссии по выяснению обстоятельств Цусимского боя. // МС. 1917. №7. С. 19.
③ Русско - японская война 1904 – 1905 гг... Пгр. 1917. Кн. 6. Поход 2 - й Тихоокеанской эскадры на Дальний Восток. С. 193.
④ Кравченко В. ［П.］Ук. соч. С. 89.
⑤ История внешней политики России. Конец XIX - начало XX века（От русско - французского союза до Октябрьской революции）. М. 1997. С. 177.
⑥ Окамото С. Ук. соч. С. 151.

陆军部长威廉·塔夫脱（William Taft）提出促成和谈的可能条件：获得赔款，控制朝鲜、旅顺港和萨哈林，日本外交界做出回应。①

不断遭遇战败的国家定然无法维持外交地位。就连最初对俄国的越界行为视而不见的法国，向俄国释放善意的中立国也开始抗议俄国舰队在本国殖民地水域逗留时间过长，其理由是在对日战争中法国未与俄国结盟。严格地讲，俄舰在法属印度支那附近拦截并检查悬挂中立旗帜商船的行为令殖民当局惶恐不安。②

4月11日，罗杰斯特文斯基在西贡河沿岸地区向彼得堡拍发两封电报，暗示有必要将舰队召回波罗的海。电报措辞模棱两可，既表达出坚定决心，也有模糊的暗示："如果舰队仍需驻守符拉迪沃斯托克，如果那里还有养活三万人的余粮，如果舰队仍有弹药，那么必须前进，刻不容缓，不必等待涅鲍加托夫……如果向符拉迪沃斯托克派遣舰队为时已晚，那么有必要将其召回俄国。"③ 海军上将没有勇气表明自己的立场。面对当时的局势，沙皇更倾向于命令舰队不必等待援军直接奔赴符拉迪沃斯托克。后来，罗杰斯特文斯基得知，要塞基地防守紧固，要塞与俄国的联系丝毫没有中断。尽管获准独立行动，但是海军上将仍在等待被自己称为"破烂"的第三舰队。显然，他希望随着时间的流

---

① N. E. Saul, "The Kittery Peace," in John W. Steinberg, et al., eds., *The Russo-Japanese War in Global Perspective*, vol. 1, p. 491.
② Русско-японская война 1904 – 1905 гг... Пгр. 1917. Кн. 6. Поход 2-й Тихоокеанской эскадры на Дальний Восток. С. 228.
③ Золотарев В. А., Козлов И. А. Ук. соч. С. 162 – 163.

逝，尼古拉二世将改变主意，然而他的算计落空了。当时身处皇村的普鲁士亨利王子致电柏林："沙皇决意再战，无视和平游说。他将全部赌注押在了即将抵达巽他群岛的罗杰斯特文斯基身上。目前，沙皇心态平和、状态正常。"①

从军事角度来看，派遣第二舰队出征属于战略误判。不仅如此，彼得堡几乎被这个错误绑架了，现在召回舰队意味着俄国在国际舞台上颜面扫地，俄国政府在国内威信尽失。无论是俄国国内，还是满洲集团军，都希望波罗的海舰队能够扭转乾坤。俄国社会对舰队出征远东寄予过高期望："他们期待这支多灾多难的舰队能够创造两个同样难以实现并且无法实现的奇迹：在落井下石的中立国的包围下，穿越无尽的阴谋和危险，从利巴瓦出发成功抵达符拉迪沃斯托克，并且顺利避开日本舰队。"② 在此，需要对这句话进行阐释。如果海军军官将第一个要求视为奇迹，那么全俄罗斯都在期待第二个奇迹。众所周知，后来事与愿违。

---

① Бюлов Б. Ук. соч. С. 302.
② Помни Цусиму! // Морской журнал. Прага. 1930. №5（29）. С. 93.

29 对马

1905年4月21日,法国当局以日本的抗议活动为由要求俄国舰队在24小时内驶离印度支那。次日,罗杰斯特文斯基舰队出海。法国笛卡尔号巡洋舰护送舰队抵达领海。俄国舰船在此停留。船上缺乏必要的煤炭储备,因此必须在公海依靠运煤船填装燃料。此外,舰队必须在此等候涅鲍加托夫的到来。[1] 5月9日,第二舰队、第三舰队在越南沿岸会合。此前,罗杰斯特文斯基抵达法国殖民地沿岸补充粮草和淡水,但是在法国人的要求下他被迫放弃。10日,舰队再次依靠运输舰加煤。燃料被储存了起来,以备后用,燃煤四处堆放,在炮台、起居室、餐厅等地随处可见。加煤作业持续了整整四天,这引发了法国当局的强烈抗议。13日,舰队出海。[2]

俄国特混舰队拥有8艘装甲战列舰(其中3艘为老式战舰)、3艘海防战列舰、6艘一等巡洋舰(其中有3艘老式巡洋

---

[1] Русско-японская война 1904–1905 гг... Пгр. 1917. Кн. 6. Поход 2-й Тихоокеанской эскадры на Дальний Восток. С. 234–235.

[2] Русско-японская война 1904–1905 гг... Пгр. 1917. Кн. 6. Поход 2-й Тихоокеанской эскадры на Дальний Восток. С. 296–297; 312; Воспоминания А. В. Витгефта. // Исторический архив. 1960. №4. С. 124.

舰和1艘弱舰)、3艘二等巡洋舰(其中1艘弱舰)、1艘辅助舰巡洋舰、9艘鱼雷艇、4艘运输舰和2艘驳船。① 这些数据不能代表战斗力水平。在装甲方面,俄国装甲舰的水平明显不如日本。平均而言,船舷无防护面积——俄舰为60%,日舰为39%;厚度大于6英寸的装甲防护面积——俄舰为17%,日舰为25%;厚度小于6英寸的装甲防护面积——俄舰为23%,日舰为36%。② 舰员心情复杂,人们濒临崩溃。正如舰队司令所指出的那样:"战斗力尚存,但是信心全无。"③

涅鲍加托夫抵达后,罗杰斯特文斯基在向特混舰队下达指令时说道:"长期积累的作战经验和在战斗中的射击实战是日本舰队的两大法宝。谨记,不要模仿他们快速射击,不要白白地浪费炮弹,必须根据反馈结果校准每次射击。执行这项指令,我们就有获胜希望,所有军官和全体舰员才能体会成功的喜悦。"④ 事实上,我们的舰队无法在炮战中指望与日本保持平等。如果战争伊始第一太平洋舰队俄国炮兵的实力与他们的对手不相上下,那么如今东乡麾下的舰队早已身经百战、经验丰富。自攻占旅顺港后,日本海军大将一直积极训练麾下部队,对炮兵的训练尤为严苛。实训期间,不吝惜炮弹的日本海军用掉了5个弹药基数,随

---

① Заключение следственной комиссии о Цусимском бое. // МС. 1917. №8. С. 48.
② Смирнов М. Сражение в Корейском проливе 14 – го и 15 мая 1905 года. // МС. 1913. №4. С. 95.
③ Русско – японская война 1904 – 1905 гг... Пгр. 1917. Кн. 7. Тсусимская операция. С. 10i.
④ Кравченко В. [П.] Ук. соч. С. 117.

后还更换了舰炮。①

俄日战争是现代装甲舰队的首场较量。当时普遍认为，舰炮几乎无法对舰队装甲舰造成损伤。1866年意大利与奥地利舰队之间的利萨海战结束后，鱼雷攻击和冲撞袭击成了公认的摧毁装甲舰的可靠方式，甲午海战的经验并未受到重视。黄海海战为东乡提供了正确评估舰炮威力的良机。日本人在正确评价自身作战经验的同时，还虚心听取英国海军顾问的建议。综合贝尔斯福德上将和东乡的顾问——海军上校马修·福林（Matthew Fring）的观点：在战斗的第一阶段，利用火炮的速射优势和炮弹的爆炸力优势摧毁敌舰炮兵部队，而后一举歼灭丧失反抗能力的敌舰。

在对马海战爆发前的一个半月，在英国军事代表团的协助下，日本舰队更新了火力操控协调系统。在更为先进的现代化装弹技术的支持下，日本舰队的射击速度远超俄国舰队。亲历黄海海战、身处苏沃洛夫大公号旗舰的俄国军官回忆道："这种打法我生平未见，甚至不敢想象。炮弹倾泻而下，一发接着一发……"② 俄国舰队的20门12英寸口径的舰炮，每分钟齐射6次，日本舰队的16门舰炮则是12.8次。日本舰队在齐射量和齐射水平方面远超俄国。俄国舰队所有舰炮（下至120毫米上至12英寸口径）的齐射量为19366普特，其中炸药重约484普特，即齐射量的2.5%。日本舰队的齐射量为53520普特，其中炸药

---

① Семенов В. ［И.］ Ук. соч. СПб. 1912. Ч. 3. Бой при Цусиме. С. 35；Гончаров Л. Г. Некоторые тактические уроки Цусимы. // МС. 1935. №6. С. 31.

② Семенов В. ［И.］ Ук. соч. СПб. 1912. Ч. 3. Бой при Цусиме. С. 35.

重约7493普特，即齐射量的14%。平均而言，俄国舰船的火力强度不到日本舰船的1/15。①

这是战前节约政策导致的恶果——重型厚壁炮弹价格低廉且易于生产，但是爆炸威力十分有限。② 这种节约思想与俄国舰队战前观点不谋而合。按照当时的认知，在炮弹中装入少量炸药即可确保它们在击穿装甲时发挥强大的威力。③ 远征途中，俄国军官才意识到自己的炮弹威力不足。在击中目标时，它们只能留下口径大小的窟窿，但是不会重创敌舰。④ 俄国生产的穿甲弹内含1%～2%的炸药（在德国、奥匈、荷兰和丹麦，该标准为1.3%～1.5%；在法国为2%～3%；在意大利为1.5%～4%；在英国为3.5%～5.5%），爆破弹内含2%～3%的火药（在德国、奥匈、荷兰和丹麦，该标准为3.5%～5.3%；在意大利为3%～7%；在法国为10%～20%；在英国为8%～13%）。⑤ 日本以英国为榜样发展海军。在炮弹的射击速度、威力和精确度方面，日本舰队远超俄国，日本海军炮手的命中率比对手高出2倍左右。⑥

1905年5月27～28日，海军中将罗杰斯特文斯基的舰队在对马海峡被海军中将东乡平八郎统率的日本舰队彻底击败。海战始于尼古拉二世加冕纪念日当天。俄国舰船升起了桅顶旗。在短

---

① Смирнов М. Сражение в Корейском проливе 14 - го и 15 мая 1905 года. // МС. 1913. №4. С. 97 - 98.
② Шталь А. Цусима. // МС. 1923. №5. С. X.
③ Кладо Н. Л. Сила и состав современного флота. // ВС. 1903. №2. С. 73.
④ Чегодаев - Саконский А. Ук. соч. С. 68.
⑤ Кладо Н. Л. Сила и состав современного флота. // ВС. 1903. №2.
⑥ Шталь А. Цусима. // МС. 1923. №5. С. X.

暂的试探性交火后，日本舰队快速出击。① 奥斯利雅比亚号战列舰的炮手回忆道："日本人射击水平很高，并且倚重装有'下濑火药'的重型爆破炸弹。'下濑火药'是一种威力巨大的新型炸药，在爆炸过程中产生大量黑色浓烟，因此日本人能够一眼看出自己的炮弹是否命中目标，这极大地简化了他们的瞄准过程。对于无防护的船舷和甲板，这些炮弹破坏力惊人，炸出数平方米大小的窟窿。它们不仅能在击中船体的情况下重创舰船，即使落水也能撕裂船身。落水后，将产生大量具有强大穿透力的碎片。"②

在战斗开始后的40分钟内，奥斯利雅比亚号中弹沉没。海战首日，日本舰队累计歼灭3艘新型舰队装甲舰、2艘一等巡洋舰、1艘辅助巡洋舰、3艘鱼雷艇、2艘运输舰和1艘驳船。此外，还有1艘舰队装甲舰——罗杰斯特文斯基的苏沃洛夫大公号旗舰几乎被大火焚毁。③ 舰上火光四起，烟囱、桅杆不见踪影，炮塔被彻底摧毁。此外，发生火灾的还有千疮百孔、侧倾严重的亚历山大三世号。④ 战斗继续。很快，亚历山大三世号战列舰彻底倾覆。随后，苏沃洛夫大公号遭遇鱼雷攻击，被彻底击沉。⑤

---

① Русско‐японская война 1904‐1905 гг... Пгр. 1917. Кн. 7. Цусимская операция. С. 119；133.
② Казьмичев Б. Вторая Тихоокеанская эскадра.// Возрождение. Париж. 1964. №156. С. 72.
③ Описание военных действий на море в 37‐38 гг... СПб. 1910. Т. 4. Действия против 2‐й Тихоокенаской эскадры и овладение о. Сахалином. С. 174.
④ Воспоминания А. В. Витгефта.// Исторический архив. 1960. №4. С. 131.
⑤ Описание военных действий на море в 37‐38 гг... СПб. 1910. Т. 4. Действия против 2‐й Тихоокенаской эскадры и овладение о. Сахалином. С. 174.

此前，伤势过重、昏迷不醒的罗杰斯特文斯基被部下转移到了毕尔多夫号鱼雷艇上。苏醒后，罗杰斯特文斯基将指挥权移交给海军少将涅鲍加托夫，同时命令舰队继续赶赴符拉迪沃斯托克。①

次日，在日本舰炮的摧残下，1艘海防战列舰、2艘一等巡洋舰和2艘鱼雷艇惨遭歼灭。夜间，敌人依靠鱼雷袭击击沉了俄方的2艘战列舰、1艘一等巡洋舰、1艘一等装甲巡洋舰。5月28日，涅鲍加托夫率领2艘舰队装甲舰、2艘海防装甲舰向敌军投降，此前躲藏在毕尔多夫号上的罗杰斯特文斯基也惨遭俘虏。除此以外，日本舰队还缴获了悬挂着两艘红十字会旗帜的医院船：一艘（奥廖尔号）由于违反医院船规程——搭载从商船上扣押的日本俘虏——沦为日本舰队的战利品，另一艘（科斯特罗马号）在经过搜查后被释放。在这场海战中，日本舰队俘虏俄国官兵6106人，其中包括2名指挥官；② 消灭166名军官、79名士官和4937名舰员。俄方仅有2艘二等巡洋舰（其中一艘在圣弗拉基米尔海湾触礁后自沉）和2艘鱼雷艇突围开往符拉迪沃斯托克。剩余舰船陆续逃入中立港口，在那里遭到扣押。③ 5月29日，金刚石号巡洋舰率先抵达符拉迪沃斯托克，它的到来让当地居民喜出望外，人们涌上街头迎接即将到来的舰队。他们

---

① Русско‐японская война 1904–1905 гг... Пгр. 1917. Кн. 7. Цусимская операция. С. 162–164.

② Описание военных действий на море в 37–38 гг... СПб. 1910. Т. 4. Действия против 2‐й Тихоокенаской эскадры и овладение о. Сахалином. С. 174.

③ Заключение следственной комиссии о Цусимском бое. // МС. 1917. №8. С. 48–49.

相信，其余舰船将陆续抵达。最初，没人愿意相信战败的消息。次日，继金刚石号到岸后，格罗兹尼号和威武号鱼雷艇先后抵达。此后，人们再也没等来其他舰船。①

东乡在向天皇报告时指出："两支作战舰队在实力上不存在明显差距，我相信，敌方的军官和舰员以极大的热忱和无所畏惧的精神为自己的祖国而战。"② 即便如此，俄国海军的英雄主义精神依然无法扭转司令部因诸多失误和误判造成的恶劣局面。日方包括三笠号（中弹30发）在内的多艘舰船频繁中弹，但是俄国炮弹质量低劣，因此未能重创日本舰队（三笠号仅有8名舰员丧生）。敌人在夜袭中只损失了3艘鱼雷艇。③ 决战回合，日本舰队仅有113名官兵阵亡、424人负伤。④

---

① Чегодаев – Саконский А. Ук. соч. С. 164.
② Рапорт адмирала Того о сражении в Японском море 14 – го и 15 – го мая 1905 г. // ВС. 1906. №6. С. 90.
③ Описание военных действий на море в 37 – 38 гг... СПб. 1910. Т. 4. Действия против 2 – й Тихоокеанской эскадры и овладение о. Сахалином. С. 93. ; Золотарев В. А. , Козлов И. А. Ук. соч. С. 176 – 177.
④ Русско – японская война. Официальные донесения японских главнокомандующих сухопутными и морскими силами. СПб. 1909. Т. 2. С. 38 ; Семенов В. [И.] Ук. соч. СПб. 1912. Ч. 3. С. 46.

30　对马之后：日本与俄国的处境

对于俄国而言，战争开局和终结都被贴上了惨败的标签。社会氛围不可能不受影响；同时，社会氛围也对军队产生了一定影响。然而，这场战争中的常胜国日本的处境远非理想。日本的任何一场胜利都无法对俄国重要的中心城市构成威胁。例如，战争之初，可被称为中心城市的唯有哈尔滨，占领哈尔滨便可切断俄国远东与西伯利亚之间的联系。1905年3月30日，日本陆军参谋本部在一次会议上拟定了军事行动的三个目标：占领哈尔滨；驱逐朝鲜北部的俄国陆军；迅速攻占萨哈林。①

当时，第一个目标难以达成。至关重要的一点在于哈尔滨地处北方边陲，日军即使在四平街大获全胜，也不能保证将其占领。据日军司令部推算，攻占哈尔滨至少还要进行三场会战，然而日军的后备兵力和物资仅可支撑一场会战或维持6个月的军事行动。况且自井战之后，战争规则从未改变：一旦遭遇严重失败，日本将失去翻盘的可能，陷入万劫不复的境地，损失将是无法弥补的。尽管利涅维奇不愿发动进攻，同时俄国已经爆发革命，然而满洲集团军仍是一股不容小觑的强大力量，无论如何都

---

① Окамото С. Ук. соч. С. 161.

不能忽视它的存在。5月15日至24日，重组的米申科部队（45支哥萨克部队、6门火炮和2挺机枪）再次突袭了日军后方法库门。尽管俄国骑兵试图从营口的失败中吸取教训，但是此次行动仍不成功，因为日军早已做好了防范。日军的损失相对较小——两个中队的兵力和几座小型仓库。俄国骑兵部队牺牲了14名军官和187名士兵，234人被俘，2挺机枪、近200匹骡马被缴。①尽管如此，俄国骑兵这场失败的突袭也能说明日本步兵的战斗力有所下滑。

此时，日本人即使在朝鲜采取某些行动，也不会向符拉迪沃斯托克调派中坚力量，即使那里的海上防御缩减为零。为了增强符拉迪沃斯托克的海防实力，彼得堡于1904年10月通过铁路向该市运送了4艘潜艇（尚未组装），并于12月上旬送达该市。②截至1905年3月，在通航前，已有14艘潜艇抵达符拉迪沃斯托克并且组装完毕，但是只有8艘准备出海。在很大程度上，它们（作为俄罗斯岛与阿斯科尔德岛之间的巡逻船）在海上只能发挥心理作用，因为它们的存在或多或少掩护了岛上尚未架设火炮的在建炮台。③

战争伊始，符拉迪沃斯托克要塞驻军相对较少，地面兵力18000人、海军3000人、民间志愿兵360人。谷物和面粉储备仅

---

① Гершельман Ф. Конница в Японской войне и в былые времена. // ВС. 1911. №7. С. 65.
② Плотто А. В. Начало подводного плавания в России. // МЗ. Нью‐Йорк. 1947. №2. С. 27；30.
③ Плотто А. В. То же. // МЗ. Нью‐Йорк. 1947. №3. С. 24‐25；26；29.

能维持一年，肉制品罐头最多四个月，面包干最多两个月。① 情况逐渐发生变化。1905年1月23日，总司令下令将城市划入一级要塞。3月14日，新任要塞司令陆军中将卡兹别克（Г. Н. Казбек）到任。为了击退日本可能发动的袭击，他掀起了一股备战热潮。在被围困的五个月里，守军片刻不停地修筑防御工事：将要塞外围防线从32俄里扩建至80俄里，铺设了250俄里路况良好的土路、7俄里的宽轨铁路，敷设了1000俄里的电话和电报线路，建成3座无线电台，部署了近2000枚水雷，建成了可容纳5万人的军营，储备了可维持6万人生存一年半的粮食。此外，还在筹备铺设150俄里的窄轨铁路，筹建37家医院。在此情况下，守备部队中预备役士兵占比约为60%；某些预备役士兵集中的部队占比高达80%。② 要塞守军并不可靠。③ 尽管如此，继旅顺港之后，在解决满洲集团军以前，日本人不愿意冒险围攻俄国的另一座要塞。

军事行动陷入僵局。与1878年的俄国一样，1905年的东京进退维谷，战争胜利了，但是战胜国无法享受胜利果实。日本政府认为，奉天之后的僵局是整场战争中最困难的时期。日本的财力、物力和人力几近枯竭。在每1000万名适龄男性中，近200

---

① Русско - японская война 1904 - 1905 гг... СПб. 1910. Т. 1. События на Дальнем Востоке, предшествовавшие войне и подготовка к этой войне. С. 529.
② Революция 1905 - 1907 гг. в России. Документы и материалы. Высший подъем революции 1905 - 1907 гг. Вооруженные восстания. Ноябрь - декабрь 1905 г. отв. ред. А. Л. Сидоров. М. 1955. Ч. 1. С. 237; 239; 240.
③ Там же. С. 242.

万人因战争需要而被动员，近100万人被送上前线。① 在军事行动期间，4.94万名日本军官、士兵、舰员丧生，27192人病亡（相应的，俄国的指标分别为31630人和12983人）。② 东京需要和谈，并且希望通过和谈摆脱财政危机。最初，东京计划索赔6亿至10亿美元。③ 日本为俄日战争付出的代价是甲午战争的8.5倍，是1903年国家收入的6.6倍，是国内课税进项的11.7倍，总计1730050000日元。战争期间，日本政府以关税收入和烟草专卖权作保大量举借外债，总额高达80570000日元（实际借款689590000日元）。同时发行了六笔国债，总额高达783460000日元，实际借款729137000日元。④

俄国的财政损失累计达到65.54亿卢布，其中半数以上——39.94亿卢布用于满足军需，这笔巨资源于国外贷款和国债资金。战争外债高达21.76亿卢布，并且须在1909年还清。⑤ 由于卢布走势持续平稳，与陷入财政危机的日本相比，俄国的财政环境相对宽松。然而，此时的俄国已经掀起了1905~1907年革

---

① Окамото С. Ук. соч. С. 178.
② Урланис Б. Ц. История военных потерь. Войны и народонаселение Европы. Людские потери вооруженных сил Европейских стран в войнах XVII - XX вв. （историко - статистическое исследование）. СПб. 1994. С. 133.
③ Ed. S. Miller, "Japan's Other Victory: Overseas Financing of the War," in John W. Steinberg, et al., eds., *The Russo - Japanese War in Global Perspective*, vol. 1, p. 479.
④ Окамото С. Ук. соч. С. 176 - 177.
⑤ B. V. Ananich, "Russian Military Expenditures in the Russo - Japanese War, 1904 - 1905," in John W. Steinberg, et al., eds., *The Russo - Japanese War in Global Perspective*, vol. 1, p. 450.

命的浪潮。这是影响战争走向的另一个要素，客观而言，它影响了东京的行动计划。支持俄国革命者的游行示威活动在欧洲各国首都相继展开，法国、意大利、比利时、德国和英国的社会舆论一边倒地谴责俄国。自1905年10月17日宣言颁布后略微趋于平稳的俄国有价证券的汇率再次下跌。①

1904年3月，日本陆军参谋本部拨款3万日元资助针对西伯利亚铁路的破坏活动；1905年2月，再次拨款4万日元。此外，日本出资100万日元（当时日元和卢布的汇率大致相等）通过芬兰和波兰的社会党人资助俄国革命。② 现代历史学者评价称："少数民族代表发挥着中间人、'烟幕弹'的作用……"他们背着与沙皇制度斗争的俄国同志与日本情报机关勾结。③ 我们可以结合约翰·格拉夫顿号轮船的经历评价这种联系。社会革命党人用日本人的钱购买武器，然后运回俄国。1905年9月7日，轮船在芬兰海岸附近搁浅并被炸毁。当局从轮船残骸中打捞出了9670支步枪、近4000把刺刀、720支左轮手枪、400000颗步枪子弹和122000颗左轮手枪子弹、近3吨炸药、2000支雷管以及

---

① Отражение событий 1905 г. за границей. // КА. М. – Л. 1925. Т. 2（9）. С. 33 – 55.

② Akashi Motojirō, *Rakka ryūsui*: Colonel Akashi's report on His Secret Cooperation with the Russian revolutionary parties during the Russo – Japanese War, Selected chapters translated by Inaba Chiharu and edited by Olavi K. Fält and Antti Kujala. Helsinki: SHS, 1988, pp. 16, 69, 74.

③ Куяла А. Японский Генеральный штаб и вопрос о согласованных антиправительственных действиях в Российской империи, 1904 – 1905. // РуСб. М. РЕГНУМ. 2011. Т. 10. С. 114.

13英尺的缓燃导火线。① 革命者在国内发动战争。

另外，通过俄国社会民主工党克拉斯诺亚尔斯克委员会于1905年7月下旬至1905年8月上旬在西伯利亚铁路沿线散发的题为《西伯利亚铁路沿线克拉斯诺亚尔斯克工人的来信》的传单，也可看出受外敌鼓动的人们对战争的态度。社会民主工党人使工人确信，在太平洋上保留舰队或在远东加固防御工事符合沙皇的利益，而非人民的利益。他们号召工人通过铁路罢工促进军队缔结和约，罢工最好具有普遍性，但局部罢工未尝不可："我们要让车里雅宾斯克—哈尔滨全线停运。我们的大罢工将对沙皇专制制度造成致命的打击，同时拯救数以万计被遗弃在满洲的兄弟。"② 增援部队陆续抵达中国东北，后方对前线的影响不断增强，因此俄军实力未见提升。

在部队运输途中，士兵几乎无事可做。每逢军事列车进站停车，列兵最常见且最普遍的需求就是找点东西读读。当然，这为革命宣传提供了广阔的舞台。③ 据哥萨克军官回忆："这些硬塞给俄国预备役士兵的传单搞得他们纪律涣散、士气低落……"④ 这不足为奇，毕竟增援部队的列车途经西伯利亚，那里正是反政府分子极度饱和的地区。自战争爆发后，当局对西伯利亚铁路的

---

① Сулакова А. Финн Циллиакус и японская война. // Родина. 2013. №5. С. 92.
② Революционное движение в России весной и летом 1905 года. Апрель – сентябрь. Под ред. Н. С. Трусовой, А. А. Новосельского. М. 1957. Ч. 1. С. 192.
③ Парский Д. [П.]. Причины наших неудач... С. 96.
④ Степанов Е. Из воспоминаний казачьего офицера. // ВРК. 1911. №9. С. 361.

管控日渐加强，设立征用地段（1.5～2俄里）和两条警戒线（长度达100俄里），并且在上述区域实施军事戒严制度，其中包括管控政治不可靠分子。① 当时，此类人群应被赶出征用地段。随着革命运动的兴起，管控力度逐渐减弱。

对马海战结束几天后，日本向美国政府提出和谈倡议。西奥多·罗斯福总统表示，海战结局出乎意料，他期待日本获胜，然而从未指望俄国舰队能被彻底击垮。西方国家对彼得堡的敬畏大打折扣。西奥多·罗斯福坦言："此前，我认为俄罗斯随时能够征服世界……在我看来，各方的恐惧情绪已经不复存在了。"② 各方对待俄国的态度有所好转，如果不是因为恐惧，那就是因为对日本产生了怀疑。此时，欧洲列强惧怕革命胜利的潜在后果。革命一旦成功，世界政治的主宰者必须对幅员辽阔但不稳定的俄罗斯帝国有所打算。

6月3日，德皇威廉二世致信尼古拉二世，呼吁缔结和约："单纯就军事战略而言，在朝鲜海峡的失败浇灭了扭转乾坤的全部希望。现在，日本人可以肆无忌惮地向中国东北输送用于围攻符拉迪沃斯托克的后备兵力、武器弹药和储备物资。若无舰队支援，要塞恐难长久抵抗。如果希望利涅维奇集团军的战斗力水平恢复如初，那么至少需要输入三至四个军的新鲜兵力，即便如此，也无从预测战争的结局，无法知晓日后他们在大型会战中能

---

① Комарова Т. С. На сопках Маньчжурии... （Енисейская губерния в годы Русско-японской войны 1904–1905 гг.）. Красноярск. 2013. С. 19–20.
② N. E. Saul, "The Kittery Peace," in John W. Steinberg, et al., eds., *The Russo-Japanese War in Global Perspective*, vol. 1, p. 493.

否后来居上……为了实现自己的宏图伟业固执地违背人民的意愿,继续将成千上万的子民派到战场上送死,这难道是统治者的担当?或者说,只是因为他是如此理解国家荣誉的?随着时间的推移,他难道不用对血流成河的牺牲、对成千上万条无辜终结的生命负责?此外,祂——主、万王之王——要求尘世的统治者关心造物主恩赐给他统治的臣民的福祉。国家荣誉至高无上,但前提是整个国家愿意竭尽全力捍卫它。"①

威廉二世极力倡导展开谈判,并且提出西奥多·罗斯福总统是调解此事的最佳人选,同时毛遂自荐:"也许,我应该提醒你关注时局,在所有国家中,毫无疑问,日本人最尊重美国,因为这个拥有可怕舰队的强大发达国家距离他们最近。如果世界上有一个人能够影响日本人并且促使他们审慎地对待自己的要求,那么这个人必定是罗斯福总统。如果你有意促成此事,我可以与他私下联络,毕竟我们是至交好友,我的公使也与他关系融洽。"②6月4日,德皇通过美国驻柏林公使将向尼古拉二世提出的建议透露给了美国总统。5日,圣彼得堡收到威廉的信件。6日,收到华盛顿相应指示的美国驻俄公使求见沙皇。7日,美国公使获准觐见。③

谈话主题颇为明确。6月6日在皇村召开了一场特别会议,海军大臣阿韦兰上将(侍从将军)、陆军大臣萨哈罗夫(侍从将

---

① Переписка Вильгельма II с Николаем II. С. 103.
② Там же. С. 105.
③ Романов Б. А. Конец русско‐японской войны(Военное совещание 24 мая 1905 г. в Царском Селе). // КА. М. ‐ Л. 1928. Т. 3(28). С. 190.

军)、宫廷大臣弗列杰里克斯伯爵（侍从将军）、弗拉基米尔大公、阿列克谢·阿列克谢耶维奇大公以及陆军、海军上层将领出席会议，沙皇亲自主持会议并提出以下四个问题。

第一，基于俄国当前状况，为了协助利涅维奇在对日作战中达成克敌取胜的目标，我们能否满足他所提出的要求？

第二，近期，敌人如突击萨哈林岛、黑龙江口和堪察加半岛，我方现有兵力能否击退敌军？

第三，假如日本人攻占萨哈林岛、黑龙江口和堪察加半岛，在缔结和约时，中国东北的胜利将导致何种结果？

第四，是否应该立即尝试缔结和约？①

利涅维奇要求向远东派遣两个军的兵力，每个军下辖三个师，同时在满洲集团军后方部署8万后备兵力。与此同时，总司令要求派遣"年轻士兵"，即现役士兵，而非预备役士兵。陆军大臣汇报称，准备向远东派遣两个军，但是每个军下辖两个师；针对要求的8万后备兵力，目前只能派出1.35万人。此后，帝国在欧洲、高加索和突厥斯坦的军队中仅剩78400名年轻士兵。他认为，在此情况下，很难壮大这些地区的陆军队伍，进行新一轮——第九轮局部动员难度极高。况且，即使取得胜利，利涅维奇也将再次要求加派增援部队。②

动员问题不仅体现为财政困难和组织困难。如果说首轮动员只有2%的人拒绝参军，那么随着战争的进行，逃避兵役的人群与

---

① Там же. С. 191.
② Там же. С. 191–195.

日俱增，到了 1905 年初的第七轮动员，这项指标升至 6% ~ 8%。① 随着这种趋势的蔓延，强行征兵可能加速国内政局的恶化。在基本摸清日本在和谈中即将提出的各项要求后，会议决定派遣增援部队，但是不再进行新一轮的动员。② 事实上，符拉迪沃斯托克、萨哈林和堪察加已身处险境，因此与日本展开谈判符合俄国利益，尽管大多数参会者承认，没有军事胜利支撑的和谈对于稳定国内局势并无帮助。

针对议和问题，侍从将军萨哈罗夫的认知颇为清晰："就目前的局势而言，不能结束战争。在我们完全战败，没打一场胜仗甚至没有任何成功事迹的情况下，议和是耻辱的。这将有损俄国的声望，并且使俄国长期脱离强国行列。这场战争必须继续进行，不为物质利益，只为洗刷污点，在俄军有所成就前，这个污点将一直存在。如果战争未以胜利告终，那么国内的纷争也将无法平息，甚至无法缓和。"③ 海军中将、侍从将军杜巴索夫附和称："无论和谈条件如何，它们都将对俄国的声望造成沉重的打击。对于未来的俄国而言，这种失败堪比'重症顽疾'。"④ 弗拉基米尔·亚历山大罗维奇大公在进行会议总结时提出："平心而论，如果我们不能接受和谈条件，那么战争就得继续打下去。"⑤

---

① Allan K. Wildman, *The End of the Russian Imperial Army: The Old Army and the Soldiers Revolt (March – April, 1917)*. Princeton: Princeton University Press, 1980, p. 46.
② Романов Б. А. Конец русско–японской войны... // КА. М. – Л. 1928. Т. 3 (28). С. 195–204.
③ Там же. С. 202.
④ Там же. С. 203.
⑤ Там же. С. 204.

6月7日，美国总统邀请参战各方出席和谈条约磋商会议。东京立即对华盛顿的提议表示认同。在此情况下，12日，尼古拉二世被迫接受和谈的邀请。在日本的坚持下，谈判地点选为美国大西洋海岸的朴次茅斯市——日本人不愿在欧洲进行谈判。①显然，在不远的将来，战争会结束，因此东京决定实施既定计划中的最后几步。对马之后，日本彻底掌控海权，同时入侵俄国本土，日本政客理所当然地将萨哈林岛视为这场战争的战利品。萨哈林岛不仅因丰富的渔业、林业和煤炭资源而闻名，同时还拥有大量已探明的石油资源。② 海岛的防御布局已于1903年敲定。按计划，4支地方部队和16个由当地居民和流放犯组成的民兵团承担海岛的防御任务。③ 事实上，岛上仅有12个民兵团，其中8个分布在萨哈林岛北部，4个在萨哈林岛南部。表面上，每个民兵团拥有200人。④

7月21日，日本陆战队启程，从小樽港至北海道，海军大将片冈七郎的第三巡洋舰队严密护航。日本人担心，近期符拉迪沃斯托克巡洋舰队可能采取行动。⑤ 23日，4艘日本巡洋舰逼近

---

① Портсмут. // КА. М. 1924. Т. 6. С. 16.

② И‑в А. Оборона Сахалина в русско‑японскую войну 1904–1905 гг. // ВС. 1909. № 11. С. 30.

③ Русско‑японская война 1904–1905 гг... СПб. 1910. Т. 1. События на Дальнем Востоке, предшествовавшие войне и подготовка к этой войне. С. 245.

④ Русско‑японская война 1904–1905 гг... СПб. 1910. Т. 9. Второстепенные театры военных действий. Ч. 2. Военные действия на острове Сахалине и на западном побережье Татрского пролива. С. 94.

⑤ Great Britain War Office, *The Russo‑Japanese War*, vol. 2, p. 484.

萨哈林岛。次日，日本第十三师团——近10万名步兵携36门火炮和12挺机枪搭乘运输舰登岛。日军师团主要由年长的预备役士兵组成，毕竟日本的精锐兵力已被派往中国东北。舰队的支援弥补了这一缺陷，陆战队完全掌握了主动权。东京急不可耐，毕竟冬季、秋季和春季，日军几乎无法在岛上作战。陆战队登陆前，3500名正规军携4挺机枪在岛上潜伏，但是未能摸清海岛的防御状况。实际上，岛上仅有8门老式火炮，状况不佳，甚至可能对己方炮兵构成威胁。在地图上几乎无法找到这座海岛，通往海岛的几条道路路况恶劣。

20世纪初，岛上人口接近4万，其中当地居民约为4000人，流放犯25000人，农民（早期的流放犯）9000人，其余2000人多为官员、军人和商人。俄国部队的兵力不到日军的一半并且只有4挺机枪，全岛几乎没有炮兵驻扎。除此以外，俄方的大量兵力1500人左右是临时招募的。民兵团志愿兵多是岛上曾经的囚犯，他们加入萨哈林岛的防御部队是为了得到赦免，在民兵团服役一个月可以抵消一年的刑期。2月10日，奉远东总督之命，在岛上颁布了民兵团志愿兵条例。1904年，被发配到岛上的居民获得了重返家园的机会。虽然当局为他们配备了别丹式步枪，然而许多枪支的瞄准镜早已损坏，同时没有足够的子弹可供射击训练，许多民兵甚至从未开过枪。保障驻岛部队粮食供应也是一大难题。

萨哈林部队的军官包括监狱狱警、后备军官和几名戴罪的军官。在日军陆战队登陆前的几周里，满洲集团军派出10名军官登岛组织战斗训练，然而他们根本没有时间组织训练。苦役犯们不仅厌恶服刑的岛屿，同时憎恨使他们联想起过去的押解人员的军人。此外，这些人并不团结，有按照犯罪行当拉帮结派的，有参加同乡会的……对于日军而言，岛上的志愿兵不足为惧，甚至还能给俄军制造麻烦。志愿兵是一群武装的"暴徒"，他们不能（几乎全体）且不愿（绝大多数）参加战斗。最高司令部最初期望他们在海岛深处展开游击行动（库罗帕特金），后来却命令他们做好沿岸退敌的准备（利涅维奇）。

事实证明，在日本陆战队登陆后，组建完毕的民兵团数量仅为书面数据的一半；民兵团的规定编制为200人，但是每个民兵团的实际人数仅有120人，甚至80人。岛上部队无法完成最高司令部下达的任务。在枪炮声响起后，对于军事行动毫无准备的民兵团志愿兵四散而逃。在战斗中，岛屿的守军800人身亡，4540人被俘；日方只有39人死亡，121人负伤。在此情况下，撤退同样对正规军造成了极其恶劣的影响。8月1日，萨哈林岛督军利亚普诺夫（М. Н. Ляпунов）投降。① 与他一同投降的还有64名军官、3819名士兵和民兵（其中包括非战斗人员）。除

---

① П. В. Командировка на Сахалин в 1905 г. // ВС. 1906. №12. С. 190 – 191；203 – 204；Тоже. // ВС. 1907. №3. С. 181；198；То же. // ВС. 1907. №4. С. 182 - 183；189；198 – 200；То же. // ВС. 1907. №5. С. 208；210 – 212；И – в А. Оборона Сахалина в русско - японскую войну 1904 – 1905 гг. // ВС. 1909. № 11. С. 39 – 45；То же. // ВС. 1909. №12. С. 25 – 27；Дикс М. Разгром Сахалина （Из воспоминаний）. // ИВ. 1906. Том 106. Вып. 12. С. 881；Месснер Е. Не множеством побеждают. // Вестник военных знаний. Сараево. 1929. №2. С. 12 – 13；Урсын - Прушински С. Бои на острове Сахалин во время русско - японской войны. // Краевой бюллетень （Южно - Сахалинск）. 1995. №3. С. 59；66；77.

步枪外，日军缴获野战炮2门、机枪5挺。①

崎岖难行的道路、苍蝇、蚊虫成了日本步兵行军途中最大的敌人。岛上的原住居民支持日本人。② 作为侵略者的俄国人行为恶劣，他们烧杀抢掠，抓捕并公开处决人质。农民被迫劳作、上缴果实，却食不果腹。此时，日元已在海岛流通。③ 堪察加半岛为数不多的民兵团表现较好，当地居民和猎人击退了登岛的日本陆战队。结果，在两艘巡洋舰驶入阿瓦恰湾后，民兵团被迫撤入山中。④

因此，日本继续执行3月30日计划的部分方针——在和谈开始前，出兵占领萨哈林岛。当时，俄国外交界的首要任务是避免缔结侮辱俄国尊严的和约，保护俄国在远东的主要利益。6月20日，科科夫佐夫（В. Н. Коковцов）在写给拉姆兹多夫的信中指出："如果将维护俄国的利益理解为拒绝在使西伯利亚与太平洋保持紧密联系的远东地区做出让步，那么意图达成长期而坦荡的和解条约应该没有障碍，但是不能指望和约永久有效。从经济和文化角度上看，我认为，目前有必要将俄国在远东的切身利益放在首位；关于俄国边界不可侵犯乃至俄国远东、乌苏里斯克边疆区及其他地区的势力范围，不必过于计较。然而，维护在远东

---

① Русско - японская война 1904 - 1905 гг. . . СПб. 1910. Т. 9. Второстепенные театры военных действий. Ч. 2. Военные действия на острове Сахалине и на западном побережье Татрского пролива. С. 128 – 129.
② Great Britain War Office, *The Russo - Japanese War*, vol. 2, p. 486.
③ Дикс М. Разгром Сахалина. . . // ИВ. 1906. Том 106. Вып. 12. С. 894 – 896.
④ Сильницкий А. П. 14 месяцев на службе на Камчатке. // ИВ. 1909. Том 118. Вып. 11. С. 527 – 530; 539.

驻泊的舰队时，无须考虑此类限制。连接符拉迪沃斯托克和西伯利亚铁路的海上航线以及将这条航线延伸至松花江沿线属地的轮船交通必须完全受我国支配，或者至少受我方势力的独家影响。"① 1905年夏，谁也无法保证通过谈判能够达成上述目标。

---

① Портсмут. // КА. М. 1924. Т. 6. С. 16.

31　朴次茅斯：谈判与和平

在尼古拉二世的提议遭到了几位职业外交官的婉拒后，维特率领俄国代表团参加俄日谈判。① 在拉姆兹多夫的反复劝谏下，尼古拉二世艰难地下达了这一任命。② 罗森男爵、马尔坚斯（Ф. Ф. Мартенс）与维特同行。俄国代表团处境艰难。美国媒体一致声援日本，认为日本提出的赔款要求完全合理。③ 另一方面，沙皇坚决反对割让俄国领土、支付战争赔款。④ 代表团搭乘德国威廉二世号轮船从瑟堡前往美国，大批记者同时登船。航行途中，维特不排斥与他们交谈，他表现得沉着冷静。⑤ 在即将抵达纽约之际，维特从科科夫佐夫处得知：日本人继续占领萨哈林岛，并且派遣陆战队登陆海岛对面地区；彼得堡认为，敌军可能向符拉迪沃斯托克推进，最终侵占要塞；与此同时，利涅维奇的

---

① Rosen, *Forty Years of Diplomacy*, vol. 1, p. 257; Витте С. Ю. Ук. соч. М. 1994. Т. 2. С. 375 – 376; Извольский А. П. Ук. соч. С. 14 – 15.
② Мирные переговоры в Портсмуте в 1905 г. Дневник И. Я. Коростовец, секретаря графа С. Ю. Витте во время портсмутской конференции. Июль – сентябрь 1905 г. // Былое. 1918. №1 (29). С. 180 – 181.
③ Портсмут. // КА. М. 1924. Т. 6. С. 18.
④ Коковцов В. Н. Из моего прошлого... М. 1992. Т. 1. С. 80.
⑤ ф. – Ш. В. Воспоминания американца о портсмутской конференции. // ИВ. 1912. Том 129. Вып. 9. С. 992 – 995.

集团军正被逐出中国东北及其领地。这些消息无法对维特产生积极的影响。① 显然，俄国战败已无悬念，谈判前夕的外交处境颇为艰难。

美国的社会舆论极度仇视彼得堡政府，并且极为同情革命者和日本，究其原因在于担心俄国在太平洋的过度扩张和犹太问题的进一步恶化。革命期间的大屠杀催化了这种情绪，美国总统和国务卿海约翰（John Hay）也在输出类似的情绪。② 事实上，雅各布·希夫（Jacob Schiff）通过美国银行库恩-洛布公司向日本提供的贷款（1904年5月5000万美元，1904年11月5800万美元，1905年3月1.5亿美元，1905年7月1.5亿美元）维持了这场战争。③ 1905年7月7日，美国同意协助日本完成旅顺港和辽东半岛的交割事宜，并且承认日本在朝鲜的特权。8月12日，英日同盟条约再次签订，条约期限延长十年。④ 与首次缔结的同盟条约不同，第二次同盟条约规定，若缔约一方与他国（暗指潜在的宿敌——俄国和法国）发生战争，另一方应向盟国提供军事支援，英属印度也属盟国范围。⑤

1905年7月14日，在前往朴次茅斯前，为了阐明俄国陆军

---

① Портсмут. // КА. М. 1924. Т. 6. С. 22–23.
② N. E. Saul, "The Kittery Peace," in John W. Steinberg, et al., eds., *The Russo-Japanese War in Global Perspective*, vol. 1, p. 486.
③ Ed S. Miller, "Japan's Other Victory: Overseas Financing of the War," in John W. Steinberg, et al., eds., *The Russo-Japanese War in Global Perspective*, p. 473.
④ Сборник договоров и дипломатических документов по делам Дальнего Востока… С. 736–740.
⑤ Anglo-Japanese Agreements of August 12, 1905, pp. 1–2, PRO, WO 106/48.

的现状和近期军事行动的前景，维特专程拜访了小尼古拉·尼古拉耶维奇（Николай Николаевич）大公。结果不容乐观：类似于辽阳和奉天的惨败完全出乎尼古拉·尼古拉耶维奇的意料。相反，他认为，俄军有实力转入反攻并且将日军驱逐到鸭绿江和关东州以外地区，但是为此预计耗费10亿卢布，损失20万兵力。与此同时，日本仍旧占据海上优势，因此敌人完全可能占领萨哈林岛及滨海边疆区的大部分区域。① 1905年夏，俄国无法接受类似的结果。这个被革命侵袭的国家既无法和平地展开后续的动员，也无法从国库抽调足够资金支持军事行动，并且几乎没有任何举借外债的机会。② 尽管如此，维特依旧要求俄国司令部组织进攻，即使取得小规模的胜利，也能在一定程度上改善俄国代表团的处境。

利涅维奇不打算发动进攻，他犹豫不决，担心革命能做到日军做不到的事情，即切断集团军在中国东北的铁路供给线路。俄国社会民主工党克拉斯诺亚尔斯克委员会在西伯利亚铁路沿线活动，大肆宣传革命。1905年9月初，该委员会甚至谴责维特不急于缔结和约，因为沙皇每天向他拨付400卢布的伙食费和5000卢布的特别经费。布尔什维克的传单鼓动人们"自谋生路"③。不难想象，类似的话语会对工人和士兵产生何种影响。"人民公敌——沙皇政府正在口蜜腹剑地歌颂和平，我们只能团

---

① Витте С. Ю. Ук. соч. М. 1994. Т. 2. С. 545–546.
② Ковалевский М. М. Портсмут. Очерк. // ВЕ. 1908. №6. С. 476.
③ Революционное движение в России весной и летом 1905 года. Апрель – сентябрь. М. 1957. Ч. 1. С. 201.

结起来,在铁路沿线展开大罢工并且逼停所有列车。士兵愿意帮助我们。但是,为达目的,则需各位同志精诚合作",此种行径被奉为解决国内问题的唯一方案。①

与此同时,日本人抓紧时间商定对策。谈判开始前,在东京就和谈方案展开了激烈的辩论。外务大臣小村寿太郎态度坚决,主张要求俄国支付战争赔款、承认朝鲜藩属日本、出让关东州和至哈尔滨段的南满铁路、限制俄国使用东清铁路(商业用途除外)、授予日本在滨海边疆区沿海和沿河地区发展渔业的权利,授予日本舰船从黑龙江三角洲至布拉戈维申斯克区间自由通航的权利,开放布拉戈维申斯克、哈巴罗夫斯克和尼古拉耶夫斯克并且允许日本臣民自由贸易,在上述城市开设日本驻符拉迪沃斯托克领事馆。② 实际上,日本政府和军界都不相信,谈判将达成上述目标。1905年4月21日的内阁会议上,确定了经天皇批准的日方谈判目标清单,其中包括必须达成的目标(迫使俄方承认日本在朝鲜自由行动权,撤离中国东北,出让关东州和南满铁路部分区段)和期望达成的目标(迫使俄方支付赔款、交出停留在中立港口的俄国舰船、割让萨哈林岛及周边岛屿、在滨海边疆区沿岸授予日本船舶自由捕鱼的特权,解除符拉迪沃斯托克的武装并且使其成为商港)。③

显然,这些期望达成的目标难以彻底实现,并且日本的社会舆论不会轻易放过主导本国谈判的代表团团长。因此,天皇立即

---

① Там же.
② Окамото С. Ук. соч. С. 156 – 157.
③ Там же. С. 162 – 163; 172 – 173.

从候选人中撤出了日本最权威的国务活动家——伊藤侯爵。此外，日本首相、陆军大将桂太郎也拒绝了率团出征的荣誉。对于日本政客而言，未来的和谈几乎就是一个陷阱；对于俄国政客而言，也是如此。不同之处在于，在四面楚歌的局势下，出于各种原因，大多数俄国人不会原谅日本所做出的让步，即使这是在俄国战败后日本审时度势的决定；而大多数日本人也不会原谅日本对俄国做出让步的举动，即使日本提出的谈判要求过高。后者不难理解，日本在战争中遭受了巨大的人力和物力损失，进而导致民族情绪激昂。

出任日本代表团团长的小村男爵在自己的谈判纲领中极为准确地表达了这种情绪。小村完全适合充当潜在的"替罪羊"：与政府中的多数成员相比，他年轻（50岁）且野心勃勃；与桂太郎不同，他的辞职不会引发政府危机；他不是日本最具影响力的萨摩、长州、土佐等藩的后代。小村的任命成了对谈判不利的潜在威胁。当然，他本人也清楚时局，因此必须保持强硬的态度。一旦谈判面临破裂的威胁，若未经政府批准，小村无权自主决定谈判的命运。① 在此情况下，东京与朴次茅斯通信颇为频繁，彼得堡也是如此。日本人无法破译俄国人的外交密信，因此不得不求助于英国密码学家，后者有时也爱莫能助。② 1905年7月8日，日本代表团启程前往美国。在为他们送行时，数以万计的民众高呼"万岁"。小村对与他同行的下属说道："当我回国时，

---

① Там же. С. 170 – 171.
② T. Minohara, "The 'Rat Minister': Komura Jutaro and U.S. – Japan Relations," *The Russo – Japanese War*, vol. 2, p. 559.

这些热情的民众将变成骚乱的人群，我将遭到他们的辱骂或射击。此时此刻，我们最好享受一下他们高呼'万岁'的氛围吧。"①

战场上的胜绩、盟国的支持都是日本代表团的坚实后盾。对于维特而言，唯有外交能力才能是自己的依靠，因为自己背后的国家在革命的风暴中自顾不暇、集团军司令部也不愿冒险发动反攻。他的外交思路格外清晰。7月6日，他在写给库罗帕特金的信中指出："我们需要远东尽快实现持久的和平。我们最近几十年来取得的成就将化为乌有。必须平息俄国的动荡，理性地建立朝气蓬勃的新生活。在未来20~25年内，我们必须经营自己，在对外关系中保持冷静。我们不能在国际舞台上尽情发挥，是的，我们必须忍受这件事。内部局势至关重要，如果我们无法平息动乱，那么我们将失去在19世纪获得的大部分财富。"②

俄国代表团团长怀着这种心情启程前往美国，摆在他面前的任务异常艰巨。俄国密码学家解决了敌方外交密码的破译问题，因此外交部能够阅读东京与驻中国、欧洲使馆之间的大部分密函，这在很大程度上简化了外交任务。然而，俄方未能成功地保守这个秘密。外交部办公室的一名雇员向日本驻柏林公使告密，称俄国人正在窃读日本外交官之间的密函。结果，谈判前夕日本更改了外交密函的密码，俄国代表团的损失显而易见。维特不得

---

① Окамото С. Ук. соч. С. 207.
② Переписка С. Ю. Витте и А. Н. Куропаткина в 1904 – 1905 гг. // КА. М. – Л. 1927. Т. 6（19）. С. 80.

不盲目行动。① 俄国代表团团长决定引导谈判所在国的社会舆论为己所用。在维特离开巴黎前，美联社曾对其进行采访，并且发布题为《为了和平，不惜一切代价》的报道。②

抵达纽约后，在谈判开始前，维特已经取得了诸多成就。首先，他与希夫和其他欧洲团体的代表成功会晤。③ 1905 年 7 月 23 日，维特汇报称："维特的到来确实减轻了美国社会对我们的敌意，甚至扭转了他们幸灾乐祸的态度。在部分公众身上显现出了同情俄国的迹象。在谢尔盖·尤里耶维奇巧妙而机智的斡旋下，在几乎没有优质媒体为我们发声的情况下，我们已经成了公众关注的焦点。"④ 尽管如此，美国并未改变外交方针，因此不应高估这些成就。8 月 4 日，维特在与西奥多·罗斯福会晤时表示：俄方坚决反对在"折损俄国声誉"的条件下缔结和约。显然，他的主张未能得到罗斯福的支持。罗斯福认为，最好尽快停战。次日，在两国代表团会面时，他明确地提出了这个观点。⑤ 此时，唯有向日本做出最大限度的让步才能加速谈判。

8 月 5 日，谈判双方乘坐美国巡洋舰塔科马号（日本代表团）和查塔努加号（俄国代表团）抵达牡蛎湾，在登上五月花号总统舰后，双方展开首次会晤。在第一次非正式会晤后，双方

---

① T. Minohara, "The 'Rat Minister': Komura Jutaro and U.S. – Japan Relations," *The Russo – Japanese War*, vol. 2, pp. 559 – 560.
② N. E. Saul, "The Kittery Peace," in John W. Steinberg, et al., eds., *The Russo – Japanese War in Global Perspective*, vol. 1, p. 499.
③ Ковалевский М. М. Портсмут. Очерк. // ВЕ. 1908. №6. С. 481.
④ Портсмут. // КА. М. 1924. Т. 6. С. 25.
⑤ Мирные переговоры в Портсмуте в 1905 г. . . // Былое. 1918. №1 (29). С. 203; 207.

决定前往朴次茅斯，俄国代表团乘坐五月花号，日本代表团乘坐海豚号巡洋舰。① 8月8日，两国代表团抵达朴次茅斯。次日，谈判开始。② 在形式上，这场谈判是关于谈判原则的磋商。8月9日，双方签署初步议定书，文件以法文（俄国代表团）和日文（日本代表团）书就，且为机密文件。在向媒体发布声明前，必须获得双方参会代表的一致认可。③ 在两国代表团首次会晤前一周，罗斯福向罗森透露：日本人将索要赔款，同时要求俄方割让被日军占领的萨哈林岛。④ 这一消息很快便得到证实。

谈判伊始，日本外务大臣向俄方提出了一系列苛刻条件。在8月10日上午的第一场谈判中，这些要求便已提出：①承认日本在朝鲜的政治、军事和经济领域拥有特权；②俄军撤离中国东北，同时放弃俄国在中国东北的全部财产，承认机会均等原则；③日本将占领区归还中国，辽东半岛除外；④全面恢复中国在东北的主权，归还北京在中国东北发展工商业的权利；⑤将萨哈林岛和邻近岛屿让与日本；⑥将旅顺港和关东州的租赁权让与日本；⑦将旅顺港—哈尔滨区段的南满铁路让与日本；⑧限制俄国对东清铁路的使用权，仅限工商业用途；⑨赔偿日本军费开支；⑩将停泊在中立港口的俄国军舰交由日本处置；⑪限制俄国在远

---

① N. E. Saul, "The Kittery Peace," in John W. Steinberg, et al., eds., *The Russo‑Japanese War in Global Perspective*, vol. 1, p. 500.

② Мирные переговоры в Портсмуте в 1905 г. . . // Былое. 1918. №1（29）. С. 212；То же. Былое. 1918 №2（30）. С. 110.

③ Протоколы Портсмутской мирной конференции и текст договора между Россиею и Япониею, заключенного в Портсмуте 23 августа（5 сентября）1905 года. СПб. 1906. С. 1.

④ Ковалевский М. М. Портсмут. Очерк. // ВЕ. 1908. №6. С. 492.

东保留舰队的权力；⑫授予日本臣民在日本海、鄂霍次克海和白令海峡附近的海岸、海湾、港口、支流捕鱼的权利。① 基于外交技巧，日方决定在谈判中回避"赔款"一词。此外，在罗斯福的建议下，小村放弃了索要符拉迪沃斯托克或限制俄国加固沿岸防御的要求。②

在谈判中，维特展现出了超凡的外交能力，将拒绝与让步巧妙结合。对于谈判纲领的要点，他本人概括为：①绝不能表现出我们希望媾和，必须给外界留下这种印象，陛下之所以同意和谈，是因为停战几乎成了世界各国的一致愿望；②端着架子，让自己的表现符合俄国——最强大帝国代表的身份，仿佛面前的问题微不足道；③铭记媒体在美国的巨大作用，在与媒体打交道时，务必保持客气周全的态度；④拉拢美国这个极端民主的国家的民众，在与平民打交道时，务必保持完全平和的态度，不能表现出一丝一毫的傲慢，必须完全民主；⑤犹太人在美国影响力巨大，特别是在纽约和全美媒体面前，绝对不能对他们怀有敌意，无论如何，这完全符合我对犹太问题的一贯看法。③

8月12日，维特正式回应日方要求。他对次要且明显无法推脱的条件做出让步，其他条件一概拒绝。④ 维特的策略开始为俄国赢得越来越多的有益成果，他坦言："能够取得这些成就得

---

① Протоколы Портсмутской мирной конференции... C. 5 – 6.
② Мирные переговоры в Портсмуте в 1905 г... // Былое. 1918. №2（30）. C. 112 – 113.
③ Витте С. Ю. Ук. соч. М. 1994. Т. 2. С. 397.
④ Мирные переговоры в Портсмуте в 1905 г... // Былое. 1918. №2（30）. C. 120 – 122.

益于自己的策略符合美国公众的情感需求,并且已向日本做出了美国社会舆论认为俄方应当做出的让步。"① 维特表示,在某种程度上,"8月15日,在与左右当地社会舆论、拥有大量资本且给予日本政府资金援助的美国犹太领袖的会晤中",他已经化解了对方强烈反俄的情绪。②

维特对会晤的结果颇为满意。他汇报称:"罗森男爵认为,我的言辞对当地的社会舆论产生了重大影响。无论如何,这也将震慑日方,毕竟在我对面坐着的都是日本银行的大股东。"③ 美国的舆论开始向有利于俄国的方向转变。雅各布·希夫和他旗下的银行有意向日本索要赔偿,同时要求东京归还贷款。不仅如此,在日方做出较为危险的决策前,这家银行有意阻碍他们的军事行动。美国金融家告知日本代表团,他们将停止向东京发放贷款(在战争结束后的三个月内,日本向伦敦和柏林累计偿还1.07亿美元的贷款)。④

对于交出停泊在中立港口的舰船、支付赔款、割让俄国领土、限制俄国对东清铁路的使用权和在远东的武装权力等要求,维特予以回绝。维特用自己的行动表明,尽管战局不利,但是在遥远的殖民地战场上俄国无所畏惧。8月17日,在针对赔款问

---

① Начало войны 1914 г. Дневник А. А. Половцева. 1905 г. // КА. М. 1923. Т. 4. С. 63.
② Портсмут. // КА. М. 1924. Т. 6. С. 33.
③ Там же.
④ Ed S. Miller, "Japan's Other Victory: Overseas Financing of the War," in John W. Steinberg, et al., eds., *The Russo-Japanese War in Global Perspective*, pp. 481–482.

题进行协商的过程中,伯爵指出:"假如被日军占领的是莫斯科,也许你们可以提出这种要求。"① 俄国代表团继续与媒体代表保持亲切的沟通;然而据美国记者称,日本人曾当面"砰的一声关上了房门"②。记者蹲守在日本代表团下榻的宾馆,每天都在大厅提出一些"空洞无聊"的问题。至于维特,他时常与记者们开怀畅谈,无论他们对谈判进程发表何种看法。③

数次谈判濒临崩溃,最终萨哈林岛的归属问题成了争论的焦点。日方提出或吞并海岛抵偿赔款,或俄国出资赎回被占领的海岛,同时拒绝放行停泊在中立港口的俄国舰船,并且主张限制俄国在远东的军事力量。俄方情报表明,最后一项要求得到了美国总统的支持。④ 双方剑拔弩张。8月19日,维特致电沙皇,声称谈判已经破裂。未经沙皇的批准,他无法做出让步:"每个配被称为人的人对祖国都心存热爱。这种感情使我无法同意侮辱我的祖国的和谈条件,我承担不起这种责任。"⑤

8月22日,罗斯福致电尼古拉二世,劝说他尽快同意出让萨哈林岛南部。罗斯福表示:"(我认为)如此解决问题对俄国有利。尽管日本财政吃紧,但是仍能再战。倘若如此,俄国臣民浴血奋战得来的滨海地区将落入日本之手。至于萨哈林岛,俄方

---

① Мирные переговоры в Портсмуте в 1905 г. ... // Былое. 1918. №2 (30). С. 141.
② ф. - Ш. В. Воспоминания американца о портсмутской конференции. // ИВ. 1912. Том 129. Вып. 9. С. 996.
③ Там же. С. 997 - 999.
④ Мирные переговоры в Портсмуте в 1905 г. ... // Былое. . 1918. №3 (31). С. 60.
⑤ Портсмут. // КА. М. 1924. Т. 6. С. 37.

军事专家承认,只要北部岛屿留在俄国手中,便可完全确保符拉迪沃斯托克的安全。"① 目前尚不清楚罗斯福引用的是哪位军事专家的观点,但是罗斯福向彼得堡拍发的电报是维特经手的。沙皇决定坚持原则——"寸土不让,分文不出"。然而,迫于法国和美国的外交影响,8月25日尼古拉二世同意割让海岛北纬50度以南土地,同时严词拒绝任何形式的赔款。② 调停者罗斯福当日写道:"与俄国、日本的和谈代表团交涉让我熬白了头,日本人索求无度,而俄国佬比小日本更差劲,他们愚钝并且不说实话。"③

8月27日,东京收到小村的报告。在报告中,小村提出了终止谈判的计划。山县有朋、山本权兵卫、大山岩和儿玉源太郎一致要求继续和谈。大藏大臣支持军方的意见。④ 8月28日,日本代表团在朴次茅斯最后一次提出了有助于本国摆脱财政危机的和解方案。他们提议,俄国支付12亿日元赎回萨哈林岛北部地区,并且以此为由拒绝赔款。⑤ 维特的立场保持不变。当日,东京方面召开帝国会议,随后召开元老院会议,最终决定命令小村接受和谈条件,剔除索赔条款。自1903年之后,这是日本第四次召开帝国会议。第一次召开于1903年6月23日,决定与俄国

---

① Мирные переговоры в Портсмуте в 1905 г. . . // Былое. 1918. №3 (31). С. 63.
② Портсмут. // КА. М. 1924. Т. 6. С. 39–40.
③ N. E. Saul, "The Kittery Peace," in John W. Steinberg, et al., eds., *The Russo-Japanese War in Global Perspective*, vol. 1, p. 503.
④ Окамото С. Ук. соч. С. 212–213.
⑤ Протоколы Портсмутской мирной конференции. . . С. 67–68.

谈判；第二次召开于 1904 年 1 月 12 日，决定向彼得堡下达谈判的最后通牒；第三次召开于 1904 年 2 月 4 日，决定与俄国开战。① 这一事实足以说明当时的和谈对日本的重要意义。日本代表团成员从美方同僚处获悉，彼得堡准备做出让步，该消息对日方的决策造成了一定的影响。②

8 月 29 日，双方就和约条款基本达成一致意见。日本不再要求俄国赎买北萨哈林岛。③ 俄方提出，在日本承诺不在拉彼鲁兹海峡④从事军事活动并且允许俄国船舶自由进出海峡的情况下，同意出让海岛南部地区。⑤ 当日，俄国代表团秘书在日记中写道："总而言之，维特坚持己见。他认为，与战争相比，和平对俄国更加有益。毫无疑问，从战区赶来……并且几乎没有带来任何令人欣慰消息的鲁辛中将在一定程度上影响了维特的决策。此外，利涅维奇提出的反攻要求也未得到积极地落实。"⑥ 后来，鲁辛断言：他坚信有必要继续开战。维特要求利涅维奇对此表态，但是后者不置可否。1905 年 9 月 5 日（俄历 8 月 23 日），双方缔结和约。⑦ 当时，《朴次茅斯和约》条款让俄方颇为满

---

① Окамото С. Ук. соч. С. 56.
② Кикудзиро И. Ук. соч. С. 56 – 57.
③ Протоколы Портсмутской мирной конференции... С. 80.
④ 又称宗谷海峡。——译者注
⑤ Мирные переговоры в Портсмуте в 1905 г... // Былое. 1918. №3（31）. С. 75.
⑥ Там же. С. 74.
⑦ Русин А. И. К истории мирных переговоров в Портсмуте в 1905 г. // МЗ. Нью‑Йорк. 1944. №4. С. 254.

意。① 谈判结束后，为了纪念两国停战，在圣公会救世主大教堂举行了庄严的祷告，② 日本代表团缺席仪式。③ 两天后，维特和罗森受到了尼古拉二世的表彰。④

俄国承认朝鲜是日本的势力范围。东京开始有条不紊地整顿朝鲜秩序。日本关于朝鲜的军事预算降至57%，从1905年的2426087.5日元降至1906年的1379617日元。陆军参谋部缩编，但是军部中央管理部门的支出增至15倍，忠于日本的宪兵群体的支出增至28倍。驻朝宪兵开销占日本驻朝鲜军费开销总额的3/4。此外，日本在朝鲜驻扎了24个大队、8个骑兵中队和若干支辅助部队，同时还部署了36门山地炮。⑤ 事实上，日本驻朝公使伊藤伯爵已经掌控了这个国家。1907年，高宗试图派遣朝鲜代表参加海牙国际法会议，却遭到了日本政府的公开干涉。此后，日本外务大臣访问汉城，高宗被迫退位。⑥ 1911年8月29日，日本吞并大韩帝国，赐名"朝鲜省"，并且在朝鲜设立日本总督府，但是俄国臣民在此仍能享受最惠国待遇。

在这场战争的主战场，中国无疑是失利的一方。在这场战争中，近2万华人死于战火，数十万华人沦为难民，财产损失折银

---

① ПСЗ. Собрание третье. СПб. 1908. Т. 25. 1905. Отделение первое. №26762. С. 712-716.
② Ковалевский М. М. Портсмут. Очерк. // ВЕ. 1908. №6. С. 509.
③ Мирные переговоры в Портсмуте в 1905 г... // Былое. 1918. №6 (34). С. 161.
④ Ковалевский М. М. Портсмут. Очерк. // ВЕ. 1908. №6. С. 509.
⑤ Россов П. Корейская армия. // ВС. 1909. №10. С. 227；231-232.
⑥ Иностранное обозрение. // ВЕ. 1907. №8. С. 817.

6900万两。① 俄国将包括旅顺港和大连在内的关东州租赁权让与日本，同时还出让旅顺港至长春（宽城子）区间的南满铁路，仅就这段铁路和大连的建造费用而言，俄国的支出便已高达125761108卢布71戈比。② 此外，萨哈林岛的南部也划归日本。在此情况下，日俄两国彼此承诺，不再加固岛上的防御，不妨碍船舶在拉彼鲁兹海峡和鞑靼海峡的自由通航。俄军各部在同一时期内全数撤离中国东北。俄国准许日本臣民在日本海、鄂霍次克海、白令海峡之俄国所属沿岸一带享有捕鱼权（第11款）。

和约第13款规定，双方应"尽快"向彼此交还俘虏。此外，俄国有义务补偿日本留养俄国战俘的开支："俄日两国政府速将俘虏彼此交还；双方一俟交还俘虏完毕后，将虏犯自被掳或投降之日起至死亡或交换之日止，所有因照管及留养该犯之一切费用细账互相交换后，俄国政府应需从日本实用数目中扣除俄国实用数目，尚差若干，当由俄国速偿日本。"③ 沙皇同意了这一要求，条件是"确保战俘享有与这笔支出相符的待遇，满足他们的留养和治疗需求"。④

---

① D. Wolf, "Intelligence Intermediaries: the competition for Chinese spies," in John W. Steinberg, et al., eds., *The Russo-Japanese War in Global Perspective*, vol. 1, p. 306.

② Высочайше утвержденное положение Совета министров о производстве с Обществом Китайской Восточной железной дороги расчета по отошедшей к Японии части названной железной дороги, по морскому пароходству этого Общества и по устройству им гор. Дальнего и порта в этом городе. // ИМИД. СПб. 1912. №2. С. 51-52.

③ ПСЗ. Собрание третье. СПб. 1908. Т. 25. 1905. Отделение первое. №26762. С. 715.

④ Портсмут. // КА. М. 1924. Т. 6. С. 40.

关于俄国战俘的留养规程颇为体面,① 然而现实与文件相差甚远。② 既发生过谋杀,也曾纵容革命者进入关押俄国俘虏的集中营进行反政府宣传、③ 分发革命文献,④ 还曾挑唆士兵与军官发生冲突。⑤ 但是总体而言,日本在这场战争中基本遵守了国际公约。日本集中营的医疗卫生条件尚可,1030 名俘虏死于疾病,613 名俘虏重伤不治(就当时的条件而言,这个数字相对较小)。⑥ 与日本不同,俄国更加看重俘虏的留养问题(铺盖、饮食和医疗等),依据"俄国军衔等级规章"给予战俘相应的待遇。⑦ 然而,日本并未按照规章起草者的期望对待俘虏。日本留有 72445 名俄国俘虏(其中包括 1445 名军官),半数人员在旅顺港被俘;俄国留有 2083 名日本俘虏,108 名军官和 1975 名士兵。经过谈判,最终确定了彼得堡与东京用于维持俘虏生存的开销差额是 45931949 卢布 31 戈比。1907 年 2 月 23 日,这笔款项由伦敦经手支付给日本政府。⑧

---

① Японское положение о содержании военно – пленных. // ВС. 1904. №11. С. 283 – 290.

② Л. К. Воспоминания о Японии. // БП. М. 1909. №5. С. 87 – 89.

③ Шулатов Я. А. На пути к сотрудничеству: российско – японские отношения в 1905 – 1914 гг. Хабаровск – Москва. 2008. С. 36 – 38.

④ Семенов В. Цена крови (Продолжение «Расплаты» и «Боя при Цусиме»). // ВЕ. 1909. №7. С. 26 – 27; Селецкий Г. 646 дней... С. 148.

⑤ Л. К. Воспоминания о Японии. // БП. М. 1909. №5. С. 93 – 95.

⑥ Урланис Б. Ц. Ук. соч. С. 315.

⑦ Временное положение военно – пленных Русско – Японской войны. // ВС. 1904. №8. С. 285 – 297.

⑧ Шулатов Я. А. Ук. соч. С. 34 – 35; 40.

32　休战与和平：内政的影响因素

1905年9月1日（俄历8月19日），在克服谈判危机——解决萨哈林岛和赔款争议后，俄日双方在朴次茅斯缔结停战协议。① 9月13日，俄日两国司令部代表在四平街签署相应文件，双方代表在两军阵地之间的"无人区"会晤。日军代表故意迟到，旨在逼迫以奥拉诺夫斯基少将为首的俄军代表团恭候胜者。② 根据停战条约，自9月16日12时起，双方终止军事行动。按照规定，双方军人不得进入对方阵地，但是前哨和侦察部队可以同时展开侦察。军队从防御阵地撤回营地，然后向不同方向疏散，在1906年4月15日前完成分批动员。③ 9月18日，海军上将耶森与岛村速雄签署海上休战协定。应俄方请求，日方同意立即放行载有粮食的运输舰前往堪察加半岛。④

割让领土在俄国引发了各界不满，牵头缔结和约的代表团领

---

① Протоколы Портсмутской мирной конференции... С. 96.
② Русское военное обозрение. Действия в Манчжурии. // ВС. 1905. №10. С. 244；247.
③ Вестник Маньчжурских армий... 2 сент. 1905 г. №367. С. 1；Портсмут. // КА. М. 1925. Т. 7. С. 27.
④ Русско‐японская война. Официальные донесения японских главнокомандующих сухопутными и морскими силами. СПб. 1909. Т. 2. С. 188–190.

袖维特伯爵遭到了严厉的谴责。小村寿太郎的处境同样艰难。缔约前夕，东京清楚地知道，日本无法彻底实现谈判目标，这将导致国内社会陷入紧张局面。《朴次茅斯和约》条款激起了日本社会的强烈不满。日本报刊一致要求政府下台、继续对俄作战。① 日本首都和诸多城市被迫降下国旗，送殡的白布布满城市的大街小巷，民众散发传单，呼吁进行爱国抗议。② 1942 年，日本知名外交史领域专家清泽洌指出："日本的这段外交史令研究者感到惊讶……当时，日本的社会舆论坚决要求外交部门奉行强硬的外交政策，但是政府颇为谨慎……在对俄战争中，小村的外交结果在东京引发了史上最严重的骚乱。在外事领域，日本民众与政府的合作总是以战争爆发为起点，以战争结束为终点。外交被当作软弱的代名词，甚至能够激怒民众……自德川时代以来，日本社会始终认为，政府只有采取强硬立场才能实现外交目标；如若未能达成预期目标，则归咎于政府未能坚持这种立场。无论如何，我们无法否认，奉行强硬的外交政策是日本舆论的主流观点。舆论天生就是不负责任且情绪化的。结合我国的国际政策，必须考虑民族精神这一重要因素。这一因素的显著特征就是时刻渴望扩张。"③

日本社会得知《朴次茅斯和约》的条款后，立即表现出了这种情绪，暴乱当即发生。在东京爆发了大规模的骚乱。9 月 5 日，大批民众在东京的日比谷公园集会，呼吁政府继续对俄作

---

① Окамото С. Ук. соч. С. 235 – 236.
② Портсмут. // КА. М. 1925. Т. 7. С. 3 – 4.
③ Окамото С. Ук. соч. С. 61.

战。尽管政府此前已经下达过集会禁令,但是仍有3万人参会。为了驱散集会者,警察被迫使用冷兵器,而后动用热武器。结果,次日真正的暴乱吞噬了整座城市。内务大臣的官邸起火,13座教堂被摧毁,500余名警察和士兵负伤。暴民伤约2000人,死17人,被捕者约2000人,其中308人被起诉。①

至于俄国,尼古拉二世于1905年10月14日(俄历10月1日)批准和约,并于10月18日颁布《俄国与日本恢复和平关系的宣言》。②"在前途未卜的道路上,我们的祖国经历了诸多严峻考验和血腥的战争灾难。在与勇敢而强大的敌人的顽强战斗中,我们神圣的军队勇往直前、舍身忘我、不惧牺牲、厥功至伟。如今,这场艰苦而艰难的战争业已告终,祖国愿再次与睦邻大日本帝国携手共创和平繁荣的东方盛世。现向敬爱的臣民宣告俄日两国恢复和平邦交,我坚信,你们将与我一同祈祷,在上帝的指引下坚定信仰,祈求上帝保佑国家的未来,从人民中选出有能力巩固并完善俄国内部结构、从事广泛工作的合适人选。"③

国内的革命仍在继续,尼古拉二世在继续退让与实施军事独裁之间游移不定。1905年2月16日,奥地利驻俄国大使埃伦塔尔(A. Erenthal)伯爵准确地预言道:"理性地判断,俄国必将发生比现在我们所目睹的事件更加糟糕且影响更大的事件。上层没有脑子,政府没有可用之人,下层浑浑噩噩。在俄国,各阶层的反抗

---

① Там же. С. 286 – 297.
② Протоколы Портсмутской мирной конференции... С. 107.
③ ПСЗ. Собрание третье. СПб. 1908. Т. 25. 1905. Отделение первое. №26765. С. 731.

体现在方方面面：无所作为、通过愚蠢的闲聊打发时间。"① 当时，政府高层认为，尼古拉·尼古拉耶维奇大公是打破这种局面的不二人选。1905年10月，奉沙皇之命，大公接任近卫军总司令和彼得堡军区总司令的职务。在幕僚和驯犬师的陪同下，大公离开图拉的佩尔希诺私家庄园，骑马赶赴莫斯科搭乘火车。在近百俄里的骑行途中，大公等人穿越动乱地区。在抵达莫斯科后，大公搭乘由铁路工程师驾驶的机车头赶赴首都——政治罢工导致铁路瘫痪。②

1905年10月28日，即10月30日宣言签署前夕，在与沙皇讨论宣言草案后，尼古拉·尼古拉耶维奇依旧无法下定决心。③此后，大公接见了乌沙科夫（М. А. Ушаков）——"国家货币发行局"的工作人员，此人与祖巴托夫组织往来密切。乌沙科夫"代表人民发声"，意图说服尼古拉·尼古拉耶维奇在俄国推行宪法制度。谈话之初，大公忐忑不安、针锋相对，不久后他平静了下来，不再反对乌沙科夫的提议。"这是一项伟大的事业，他相信完成这项事业是他的天职。在国家事务领域，他是一位朝气蓬勃、知识渊博的专家。这个人就是谢尔盖·尤里耶维奇·维特伯爵。我深信，为了陛下和俄国的利益，殿下您将欣然与之携手加速事业进程。恳请殿下与他一道砥砺前行，为国为民谋求福祉，荣耀沙皇陛下。如果您将投身这项伟大的事业，那么我坚信

---

① Иностранные дипломаты о революции 1905 г. // КА. М. - Л. 1932. Т. 4 (53). С. 152.
② Лейб‐драгуны дома и на войне. Париж. 1931. Вып. 4. С. 6.
③ Манифест 17 октября. // КА. М. 1925. Т. 11-12. С. 73-74.

成功与荣耀必将降临。"①

1905年10月30日,沙皇在彼得戈夫召开会议。会上,尼古拉·尼古拉耶维奇一反常态地对维特的计划表示支持,同时声明,"由于军力不足",无法在国内实行军事独裁。② 这恰好与1904年夏维特所提出的主张相贴合。那时,维特站在了与上流社会达官显贵利益相悖的立场上,它被称为"自由主义的失败主义"立场。1904年9月1日,辽阳战役时期,维特在写给库罗帕特金的信中清楚地表达了自己的观点:"尽管普列韦先生的下场是咎由自取的,可怕的是没人同情他的遭遇……对您而言,这不是坏事,毕竟此前普列韦先生是导致俄国陷入这场倒霉战争的关东匪军的灵魂。现在,此事毫无疑问。我断言:这是一场倒霉的战争,我们无法预见它的结局;无论在战争中取得何种胜利,俄国也得不到好处。毫不夸张地说,即使胜利,战争也将招致一系列恶果,而非成就。"③ 俄国战败,维特有望实现自己的抱负。

1905年4月7日(俄历3月25日),他在写给波别多诺斯采夫的信中指出,必须推行对俄国有利的政策。他解释称:"我认为,如果政府无法满足人民对公平的需求和愿望,那么它将被迫屈从于轻率冒失的欲望。如果没有这场疯狂而不幸的战争,那么政府还能继续与这股强烈的社会欲望做斗争,甚至可以动用警力。但是,战争使当局的内核暴露在外。这些牺牲和灾祸不会无

---

① К истории манифеста 17 октября. // КА. М. 1923. Т. 4. С. 416.
② Манифест 17 октября. // КА. М. 1925. Т. 11 – 12. С. 75.
③ Переписка С. Ю. Витте и А. Н. Куропаткина в 1904 – 1905 гг. // КА. М. – Л. 1927. Т. 6 (19). С. 71.

故消失。如果政府敷衍了事，无法彻底掌控民心，那么我们大家都将灭亡。最终，新兴的俄国公社将赢得胜利。不幸的是，政府萎靡不振，对此全然不知。"① 维特深信，放弃独裁、向民众让步是大势所趋，他的想法几乎从未改变。

在离开美国返回俄国的途中，1905年9月21日在巴黎逗留时，针对这一问题，维特慷慨陈词："如果我们不思进取、不转变思想，人民暴动和经济崩溃将向我们袭来。"② 在专制制度遭遇反对派一致抵制的背景下，受尼古拉·尼古拉耶维奇对部队缺乏信心的影响，在维特的不断游说下，沙皇确信让步能够平息祸乱。1905年10月30日（俄历10月17日），沙皇颁布《关于改善国家秩序的宣言》诏书，赋予国家杜马立法权。③ 在沙皇签署相关文件后，参会人员从彼得戈夫乘船返回彼得堡。据与他们同行的奥博连斯基（А. Д. Оболенский）大公证实，此时的尼古拉·尼古拉耶维奇愉快而满足。在谈及维特时，他说："今天是10月17日，王朝在博尔基获救（指1888年皇家列车在博尔基车站附近发生的脱轨事件——引者）的十七周年纪念日。在我看来，今天所发生的历史性事件拯救王朝于危难，足以彪炳史册。"④

次日，维特会见国内外媒体代表，并且呼吁他们支持新政：

---

① Переписка Витте и Победоносцева（1895 – 1905 гг.）. // КА. М. - Л. 1928. Т. 5（30）. С. 112.

② Мирные переговоры в Портсмуте в 1905 г... // Былое. 1918. №6（34）. С. 180.

③ ПСЗ. Собрание третье. СПб. 1908. Т. 25. 1905. Отделение первое. №26803. С. 754 – 755.

④ Манифест 17 октября. // КА. М. 1925. Т. 11 – 12. С. 76.

"现在，我以俄国公民而非朝臣或官员的身份与各位交流。恳请各位协助我平息各种社会思想。唯有你们能够担此大任。在恢复秩序前，没人能够做出成绩。"① 令维特惊诧不已且大失所望的是，自己的号召并未得到自由主义阵营的支持，他的期待落空了。事实上，宣言的结局也是如此。至于革命者们，他们的积极性日渐高涨。② 立宪民主党杰出活动家回忆道："宪法已经颁布并且承诺落实，现在是时候兑现承诺了。然而，政府却又打起了自己的算盘。解放运动的那些本质属性是它制胜的法宝，但是如果想要利用这些胜果，那么政府将反受其害。"③

"十月宣言"的颁布并未平息混乱，即使在首都也是如此。自由党人和全体左翼分子已将斗争的目标确定为逼迫政府以宣言为基础召开立宪会议。④ 1905年10月31日，大臣会议成员波洛夫采夫在日记中写道："尽管阴雨绵绵，但是在街道两旁人流涌动，一些人举着三色旗，另一些人举着红旗。双方爆发冲突，最终以命案收场。"⑤ 1905年，恐怖袭击的受害者达到591人（233人丧生、358人受伤）；次年，这项指标几乎增长了近两倍——1588人（768人丧生、820人受伤）；到了1907年，受害者人数激增至2543人（1231人丧生、1312人受伤）。直到1908年，恐怖事件才开始逐渐减少——394人丧生、615人受伤。对此，政府只能

---

① Там же. С. 100.
② Извольский А. П. Ук. соч. С. 18 – 19.
③ Маклаков В. А. Власть и общественность на закате старой России（Воспоминания современника）. Париж. 1926. Ч. 3. С. 403.
④ Внутреннее обозрение. // ВЕ. 1905. №11. С. 363 – 363.
⑤ Дневник А. А. Половцева. 1905 г. // КА. М. 1923. Т. 4. С. 78.

以暴制暴,以政府恐怖对抗革命恐怖。1905年,72人被判处死刑,处决10人;1906年,450人被判处死刑,处决144人;1907年,1056人被判处死刑,处决456人;1908年,1741人被判处死刑,处决825人。① 显然,司法判决日渐严苛。1905年的死刑执行率仅为13.89%,1906年升至32%,1907年增至43.18%,1908年高达47.39%。但是,政府的难题绝不是打击恐怖分子。

那些激进的政党原本无意推动革命进程,然而糟糕的是,他们将推动革命当作与政府斗争的武器。诚然,与革命者不同,自由党人对于最终目标的构想并不统一。有时,他们的目标完全不切实际。关于国家杜马的选举,马克拉柯夫(В. А. Маклаков)回忆道:"他们大肆嘲讽西欧的制度,并且摇唇鼓舌地评价道,西欧的一切都已经过时了,出于某种原因,他们经常说起新西兰。简而言之,众人情绪激愤,场面相当混乱……他们宁愿吵闹、集会,也不愿做些实事。"② 选举的结果可想而知。克雷扎诺夫斯基(С. Е. Крыжановский)回忆道:"这是一场野蛮人的集会,俄罗斯大地似乎向彼得堡输送了全部的野蛮、妒忌和愤怒。如果听从这些自称代表人民的意志、表达'人民内在渴望'的野蛮人的想法,那么必须承认,即使再过一百年,俄国也只能依靠外在的制约而非内在的凝聚力维持运转。我认为,推行开明专制是唯一的救赎之法。"③

---

① В годы реакции. // КА. М. – Л. 1925. Т. 8. С. 242.
② Шидловский С. И. Воспоминания. Берлин. 1923. Ч. 1. С. 102 – 103.
③ Крыжановский С. Е. Воспоминания. Из бумаг С. Е. Крыжановского, последнего государственного секретаря Российской империи. Берлин. б. г. С. 82.

33　革命背景下的复员

在 1905～1907 年革命期间,军队继续效忠政府。与此同时,对于武装部队而言,战争的恶果并未随着战争的结束而消除。在远东,各大集团军的复原问题陷入了进退维谷的困境。在军事行动结束后,招募的预备役士兵完全可能有意或无意地加入革命阵营。依据 1905 年 9 月 13 日在中国东北达成的停战协议,各军的遣散工作应于 1906 年 4 月 15 日前结束。10 月 14 日,沙皇批准《朴次茅斯和约》,并于四天后发表对日和平宣言。① 同日,集团军获准立即遣散军官、预备役士兵及全年服役时间不足三个月的志愿兵。复原工作始于中国东北以及在帝国内部部署的其他部队和机构。18 日,部队复原的消息传到了四平街。② 随后,军队高层开始制定复原的流程,确定撤退的期限。21 日,利涅维奇下令军官、士兵以及满洲集团军的随员可以返回俄国,但前提是务必遵守复原流程。③ 然而,军队未能如愿返乡,在他们的后方——赤塔乃至哈尔滨都已发生动乱。早在"十月宣言"颁布

---

① Русское военное обозрение. // ВС. 1905. №11. С. 273.
② Вестник Маньчжурских армий... 3 окт. 1905 г. №398. С. 1; Там же. №400. 5 окт. 1905 г. С. 1.
③ Там же. №413. 18 окт. 1905 г. С. 1.

前，动乱便已爆发。

10月28日，赤塔的报务员开始罢工。在铁路工人的支持下，示威者试图占领军械库。库房守卫开枪射击；在混战中，一名试图攻击军官的工人负伤。此后不久，罢工得到了男子中学、女子中学、实科中学、职业学校高年级学生的支持。28日14：00，部队与赤塔失去了联系。利涅维奇下令保护铁路和电报设施，同时派遣扎哈罗夫上校率领两支铁道部队和一个通讯连赶赴中国东北边境站点。后来，又派出一个通讯连和一支铁道部队支援扎哈罗夫部队。次日，东清铁路工人罢工。在满洲站，扎哈罗夫逮捕了部分报务员，同时派遣通讯连接替他们的工作。此后，情况略有好转。11月1日，哈尔滨的民用电报恢复服务。但是在联络彼得堡时，总司令不得不提前联络北京。①

1905年11月3日，环贝加尔湖铁路停运，伊尔库茨克和哈尔滨当局向满洲集团军司令部请求部队支援，但是未能如愿。此时，利涅维奇甚至无力控制哈尔滨的局面。6日，铁路工人加入了经过车站附近的报务员罢工队伍。② 11月4日，利涅维奇接到命令，优先遣散伤员、病患、日本交还的战俘和预备役军官。③ 最后一个群体对现行军事体系的忠诚度令人怀疑。俄国政府需要

---

① Русско - японская война. Из дневников... С. 110 - 111; Теттау Э. От Мукдена до Портсмута. С. 75; Революция 1905 - 1907 гг. в России. Документы и материалы. Всероссийская политическая стачка в октябре 1905 г. отв. ред. Л. М. Иванов. М. - Л. 1955. Ч. 1. С. 242 - 243.

② ОР РГБ. Ф. 855. Карт. 1. Ед. хр. 37. Л. 19; Русско - японская война. Из дневников... С. 113.

③ Русское военное обозрение. 3 - е дополнение к «Обзору военных событий» с 12 ноября по 13 декабря. //ВС. 1906. №1. С. 241 - 243.

优秀的军官在秋季训练新兵、镇压革命。既定的遣散流程在普通的预备役士兵中间引发了强烈的不满,他们急于回家、盼望复原。在中国东北和西伯利亚暴乱频发的背景下,这种情绪格外危险。

显然,不能指望总司令在"国内阵线"上展现出果决的品质。为了做出决断,他要求掌握乌拉尔以西地区的情况,然而满洲集团军参谋部对此含糊其词。此时,无法与彼得堡建立可靠联系。① 电报局瘫痪,总司令袖手旁观,并且未采取任何措施从中国套取情报。集团军参谋部传出了可怕的谣言,莫斯科已被大火吞没,死伤人数超过4万。② 不难想象,这些谣言将对士兵造成何种影响!

中国东北时局突生变故。11月5日12时左右,哈尔滨收到了"十月宣言"的消息。为了广泛散播这条新闻,报务员暂停罢工。谁也无法保证罢工者不会散布虚假信息:"宣言"的新闻刚一爆出,随即便传出了莫斯科军区叛变政府的消息。③ 据一位军官回忆:"十月十七日的宣言震惊了所有人。哈尔滨陷入'骚乱'。"起初,骚乱表现为部分俄国居民举着红旗游行,另一部分人则举着沙皇的肖像游行。革命的支持者逐渐增加,军人甚至也参与了游行。④ 截至11月5日晚,3000余人举着红旗在哈尔滨游行。利涅维奇被迫同意释放先前被捕的罢工激进分子。⑤ 结

---

① ОР РГБ. Ф. 855. Карт. 1. Ед. хр. 37. Л. 19. об.
② Там же. Л. 17.
③ Там же. ЛЛ. 19. об. –20.
④ Ск – л. В. По Манчжурии домой. Путевые заметки. // ВЕ. 1906. №8. С. 452 – 453.
⑤ Теттау Э. От Мукдена до Портсмута. С. 75 – 76.

果，集团军远东后方的动乱愈演愈烈。11月12日，符拉迪沃斯托克发生暴动。

要塞的驻军并不可靠。事后，陆军中将卡兹别克报告称："守城的陆战部队全都是战时由来自俄国各个角落的老弱部队拼凑而成的，他们迅速合并形成了一支不成体统的杂牌军，其中40%的人意外地跻身于要塞军官之列。"① 9月26日，日本人解除了对符拉迪沃斯托克的围困。停火后，3.8万余名预备役士兵无法理解驻守要塞的原因和继续修建防御工事的必要性，纷纷要求返回家乡。日益猛烈的革命宣传激发了他们的不满情绪。②

应当指出，1903年，符拉迪沃斯托克的人口约为2.6万，其中土生土长的俄国居民仅有1.2万。③ 目前，归国的俘虏和复原的预备役士兵遍布市区。一些人无法离去，一些人被迫等待。在驻军中，军人和公民各占一半。显然，无论是涣散的纪律和在短时间内无法恢复的秩序，还是城市的诱惑，都加剧了城市的灾难。④ 铁路成了混乱与暴虐的重灾区。⑤ 无法返回家乡的复员人员开始抛售个人财产。结果，复员的士兵和舰员在市场上与华人

---

① Революция 1905 – 1907 гг. в России. Документы и материалы. Высший подъем революции 1905 – 1907 гг. Вооруженные восстания. Ноябрь – декабрь 1905 г. отв. ред. А. Л. Сидоров. М. 1955. Ч. 1. С. 242.
② Теттау Э. От Мукдена до Портсмута. С. 239；248.
③ Отчет Военного министра по поездке на Дальний Восток в 1903 году. СПб. 1903. Ч. 1. Осмотры войск, военных учреждений и заведений. С. 78.
④ Движение в войсках на Дальнем Востоке. // КА. М. 1925. Т. 11 – 12. С. 307.
⑤ Там же. С. 308 – 309.

大打出手。不久后,市内发生暴动,军队施压平息暴乱。我们可以通过受害者的人数判断事件的规模:在参与平乱的群体中,1名军官、13名士兵丧生,6名军官和22名士兵负伤;在人群中,2名士兵、13名舰员、6名平民、3名外国人丧生,另有32名士兵、52名舰员、22名平民、12名外国人(以华人为主)负伤。直到11月14日,暴乱才得以平息。①

要塞司令对守备部队完全没有信心。据他所言,他手里握着的是一根"腐烂的拐杖",一不小心,它就会散架;与此同时,还要收容7万名战俘。② 同时代人回忆道:"野兽一般的士兵搅得城市不得安宁,城市遭遇了空前的苦难。他们野蛮而疯狂地攻击城市。他们什么都抢,随即毁坏抢劫所得,然后将其丢弃。"③ 在动乱中,近1/3座城市在大火中化为废墟。11月14日,符拉迪沃斯托克港要塞司令、海军少将格列韦向海军大臣别利廖夫(А. А. Бирилев)汇报称:"毫无疑问,就目前的形势而言,继续向符拉迪沃斯托克运送战俘是行不通的。"④

尽管如此,也不能让战俘滞留日本。推迟后备兵力的复原时间是导致符拉迪沃斯托克事件发生的主要原因,因此解决部队复

---

① Вестник Маньчжурских армий... №417. 7 ноября 1905 г. С. 1–2.
② Революция 1905–1907 гг. в России. Документы и материалы. Высший подъем революции 1905–1907 гг. Вооруженные восстания. Ноябрь – декабрь 1905 г. отв. ред. А. Л. Сидоров. М. 1955. Ч. 1. С. 240; 243.
③ Сильницкий А. П. 14 месяцев на службе на Камчатке. // ИВ. 1909. Том 118. Вып. 11. С. 541.
④ Революция 1905–1907 гг. в России. Документы и материалы. Высший подъем революции 1905–1907 гг. Вооруженные восстания. Ноябрь – декабрь 1905 г. отв. ред. А. Л. Сидоров. М. 1955. Ч. 1. С. 229.

原问题迫在眉睫。11月中旬，利涅维奇下定决心镇压罢工。为此，他急需可靠的部队，对罢工者实施武力威慑。然而，无论是预备役士兵还是与平民往来密切且急于回归家庭的士兵都无法担此重任。11月16日，总司令命令陆军第十六军司令普列韦中将和扎哈罗夫上校带兵奔赴赤塔，而后赶往伊尔库茨克，整顿秩序。结果，三天后，铁路停运了。①

11月18日，利涅维奇向军队下达第2433号指令。实际上这不是命令，而是向士兵发出的遵纪号召。军队高层声明，铁路罢工是导致复原暂停的罪魁祸首，同时还公布了按照入伍时间确定的退伍顺序：从开战之日算起，1904年9月1日前应征入伍的人员第一批回国；1904年9月1日至1905年3月1日应征入伍的人员第二批回国；其余人员第三批回国。按计划，回国途中，3名军官（1名首长、2名助理）和1200名士兵同乘一趟专列。② 在第2433号指令中，竟未提及违纪处分。最初，在处理军队中与革命进程相关的事件时，军事当局近乎渎职。1905年，陆军部提高了士兵的津贴和配给标准。这是对"经济需求"的一种回应，然而正如某位头脑清晰的见证者所指出的那样："之所以出现这种需求，是因为与复杂的人权问题相比，物质问题更容易为大众所理解，然而不满情绪的根源却在于前者。那些制造混乱的人清楚地明白这个道理，以此为基础在军中进行政治宣传。"③

---

① Теттау Э. От Мукдена до Портсмута. С. 75.
② Вестник Маньчжурских армий... № 417. 7 ноября 1905 г. С. 1.
③ Грулев М. [В.] Злобы дня в жизни армии. Брест – Литовск. 1911. С. 2；4.

11月19日，满洲集团军后方主帅纳达罗夫（И. П. Надаров）中将告知各部，复员工作已于14日陆续展开，首批返乡人员以滨海地区、阿穆尔州、外贝加尔州、原关东州的预备役士兵为主，因为他们首批入伍并且在前线的服役时间最长。军队将领试图安抚暂时不能返乡的余部："预备役士兵们！你们期盼的那个重返故土、得见亲眷的时刻即将到来！时间越长，剩下的人越少。你们并不孤单，所有现役将军、军官和你们甘苦与共，士兵们抛家舍业，几乎在与家乡相距万里的战场上度过了两年时光。现在，战争结束了，他们每个人都履行了自己的职责，却滞留满洲！战士们，你们也应履行职责，站好最后一班岗。在轮到自己启程前，请耐心地等待，毕竟全体士兵不能在同一天启程！"①这只是将军一厢情愿的想法，显然，他在争取时间。

复原遥遥无期，从赤塔出发的客运列车（每天至多2趟）的运行状况也完全取决于司机的心情，军用列车一班未发。11月底，预备役士兵无一人离开中国东北。② 与此同时，在向士兵派发的宣传单中，革命者声称，他们原本计划协助部队尽快返乡，但是碍于司令部的拖延，计划未能实现："大贪官阿列克塞耶夫、别佐布拉佐夫之流巧取豪夺，将国库洗劫一空。现在，他们没钱送你们回乡了，毕竟途中得向你们发放粮食、铺盖和津贴。是的，他们害怕，一旦放你们回家，你们将看到他们无耻的

---

① Русское военное обозрение. 3 - е дополнение к «Обзору военных действий» с 12 октября по 13 декабря. // ВС. 1906. №1. С. 243.
② ОР РГБ. Ф. 855. Карт. 1. Ед. хр. 37. ЛЛ. 30；38. об；45. об.

劫掠以及家乡混乱、破败的景象。"① 沙皇批准了部队撤离中国东北的日程安排。总参谋部参谋长帕利岑（Ф. Ф. Палицын）不希望优势军队过早地撤离中国东北，因为他完全不相信日本人。但是，为了支援莫斯科和彼得堡军区镇压革命运动，陆军第一军和第十三军依据日程安排先行撤离了中国东北。②

此事在中国东北引发了强烈的反响，正如阿列克谢耶夫所写的那样："士兵们不理解，为什么零四年八九月抵达此地的后备军要给零五年同期抵达的骨干军让路。"③ 这些预备役士兵多为俄国欧洲地区的农民，他们本就思乡心切，国内发生变故的谣言进一步强化了他们对于回家的渴望。在家庭和亲人随时可能遭遇不测的时刻，男子汉们自然希望回到家人身边，与他们共同面对。军官，特别是从波兰王国远道而来的军官也挂念自己的亲人。④ 在满洲集团军参谋部出现了海上转移复原人员的声音（1900 年，八国联军侵华结束后便已开此先例⑤），然而最初彼得堡并不支持这种做法。1905 年 12 月底，阿列克谢耶夫指出："40 万后备兵力变成了一群意志薄弱、歇斯底里、冥顽不灵并且只想回家的娘们。"⑥

后来，不得不启动极其昂贵的海运计划。在计划的制订过程中，海运转移的军官和士兵人数逐渐攀升，最初四万，然后六

① Революция 1905 – 1907 гг. в России. Документы и материалы. Высший подъем революции 1905 – 1907 гг. Вооруженные восстания. Ноябрь – декабрь 1905 г. отв. ред. А. Л. Сидоров. М. 1955. Ч. 2. С. 892
② Редигер А. ［Ф.］Ук. соч. М. 1999. Т. 1. С. 512.
③ ОР РГБ. Ф. 855. Карт. 1. Ед. хр. 37. Л. 33.
④ Там же. Л. 32. об.
⑤ Рерберг Ф. П. Ук. соч. С. 54.
⑥ ОР РГБ. Ф. 855. Карт. 1. Ед. хр. 38. Л. 13. об.

万、八万，最后竟然高达十万。然而，轮船数量有限，无法容纳这么多人。5 艘适合转运部队的志愿船已经全部到位，在日本与符拉迪沃斯托克之间不停奔走——运送俘虏。截至 1906 年 2 月初，共有 10 名将军、2 名海军上将、1066 名军官、51330 名士兵和 8783 名海军战俘乘船回国。① 在首批回国的战俘中，在登上俄国轮船后，俘虏有了不服从指挥的迹象。高级将领，特别是罗杰斯特文斯基遭到了威胁，有人扬言要找他们报仇。② 铁路运输的效果不好，何况西伯利亚干线周边的局势也在迅速恶化。在被俘期间，军官和士兵被囚禁在不同的集中营里，然而在回国途中列车席位随机分配，并未考虑过俘虏的部队归属问题。军官人数不足，并且不认识自己的新下属。例如，负责在火车上管理海军少将涅鲍加托夫舰队 600 名海军战俘的 3 名军官——1 名海军大尉和 2 名海军中尉竟然全部来自旅顺港。

据事件的亲历者回忆："我们无法与这支陌生的部队进行任何内部或外部的沟通。当时群情激愤，在部队抵达符拉迪沃斯托克以前，俘虏的起义刚被镇压。无政府状态极有可能在列车上全面爆发。事实的确如此，途中感觉不到当局强力约束的部队开始为所欲为：酗酒、打砸餐车、威胁车站站长；有一次，他们责骂站长故意阻碍列车发车，全然不顾站长关于'会车'的解释，在另一列火车即将沿着相同的路线迎面驶来的情况下，试图擅自启动列车。"③ 在

---

① Русское военное обозрение. 5 - е дополнение к «Обзору боевых действий» с 13 - го января по 13 - е февраля. // ВС. 1906. №3. С. 244；247.
② Семенов В. Цена крови... // ВЕ. 1909. №7. С. 24；26.
③ Дудоров Б. П. Адмирал Непенин. СПб. 1993. С. 135.

与海军中将梅勒－扎卡梅尔斯基（А. Н. Меллера－Закомельский）男爵的部队会合前，全列仅有 40 名曾在乌沙科夫海军上将号海防装甲舰上服役的水手在帆缆军士的领导下保持团结、遵守纪律，他们是军官唯一的依靠。①

俄军司令部没有疏散战俘的经验，至少从未面对过如此规模的战俘。除此以外，上次战争的经验也派不上任何用场，毕竟从巴尔干半岛撤退的是团结一心、留有战斗力的俄军部队。疏散的速度落后于复原的速度，这不可避免地将加重俄军后方的负担。就目前的局面而言，不能阻拦应征入伍的预备役士兵撤退，否则军队将彻底失控。11 月 17 日，总司令批准驻守在符拉迪沃斯托克、"来自滨海边疆区和内部省份"的预备役士兵（5000 人左右）退伍。《满洲军公报》报道："士兵们欢天喜地地接受了命令。市内一片寂静，餐馆全部停业。国内外的轮船停满了锚地，目前还没开始卸荷。"② 很快，一切就开始了，几乎所有可用的轮船（俄国的、德国的、比利时的、英国的）都赶来运送退伍部队。如若不然，这座城市将彻底脱离军事当局的掌控。1906 年 2 月 17 日晚，缅甸号率先抵达敖德萨，1850 人回归故土。截至 1906 年 2 月，俄国轮船累计运送 12146 人回国，外国轮船运送了 73486 人。③ 事实上，截至 1906 年 4 月，在铁路运输彻底恢复前，70

---

① Там же. С. 136.
② Вестник Маньчжурских армий... №420. 10 ноября 1905 г. С. 1.
③ Русское военное обозрение. 4－е дополнение к «Обзору военных действий» с 14 декабря по 12－е января. //ВС. 1906. №2. С. 237；Русское военное обозрение. 5－е дополнение к «Обзору боевых действий» с 13－го января по 13－е февраля. // ВС. 1906. №3. С. 248－249.

艘轮船沿符拉迪沃斯托克至敖德萨航线累计运送军官1500余人、士兵12万人以上。①

1905年11月至1906年1月，俄军的处境尤为艰难，铁路和通信几近瘫痪。军中谣言四起、难以澄清，比如英国陆战队登陆敖德萨，英国舰船在喀琅施塔得附近停泊，数支德军闯入华沙，起义导致近两万人丧生等。② 退伍人群聚集在四平街。为了收拾残局，司令部允许他们按照自己的意愿做出选择，留在中国东北或前往西伯利亚。在此情况下，这群人需要找到容身之所和赚钱的行当，三言两语无法说清此事。显然，铁路部门也没有太多岗位，空岗极少，毕竟日本人占领了南满铁路的部分区段，现在原南满铁路工作人员的就业也成问题。12月2日，部队陆续离开前线，乘车前往哈尔滨。两日后，五趟军用列车由此出发驶向俄国。③ 由于罢工仍在继续，司令部的处境每况愈下。例如，12月3日本应向军队发放160顶暖棚，却只发放了6顶。④

起初，部分将领担心落实"公民自由"方针将引发不良后果，但是在未得到上级授意的情况下，他们不敢抵制革命。值得注意的是，满洲集团军两任总司令——前任库罗帕特金和现任利涅维奇担心，违反"十月宣言"的基本主张将加剧军队危机。随着革命运动的开展，库罗帕特金预言，俄国即将成为联邦共和

---

① Теттау Э. От Мукдена до Портсмута. С. 96.
② ОР РГБ. Ф. 855. Карт. 1. Ед. хр. 38. ЛЛ. 19. об；48.
③ Вестник Маньчжурских армий... №433. 23 ноября 1905 г. С. 1.
④ Из дневника А. Н. Куропаткина（с 23 окт. по 23 дек. 1905）. // КА. М. 1925. Т. 7. С. 58.

国，此后激进的社会党人将发动内战、干预欧洲政治。① 利涅维奇期待，拿破仑式的人物出面平定暴乱，此前他不愿与激进分子发生过多的冲突。1906年1月9日，库罗帕特金对利涅维奇说道："我们的祖国处境艰难，需要骨干兵力平定暴乱，然而我们却派出了反叛的后备部队。因此，我们不仅没能为祖国镇压暴乱增添助力，反倒拖了后腿。"②

---

① Из дневника А. Н. Куропаткина. С 23 декабря 1905 года по 12 марта 1906 года. // КА. М. – Л. 1925. Т. 8. С. 70 – 71.
② Там же. С. 12.

34 败军战胜革命

1905年是革命者的一场演练。四平街司令部依旧无法与彼得堡保持可靠的联络；战败等候归国的预备役士兵在铁路沿线胡作非为。无论如何，俄军已经进入了军事行动结束后的最艰难时期。陆军部计划向西伯利亚铁路沿线地区同时派遣两支围剿部队整顿秩序。为了将出兵计划提前告知利涅维奇，1905年11月中旬，陆军部使用了三种联络方式：经由鄂木斯克信使传信；经由北京信使传信；经由欧洲、美国和日本电报传信。① 12月26日（俄历12月13日），尼古拉二世向利涅维奇下达诏令。

沙皇态度坚决："西伯利亚干线的持续动乱、铁路工人与合法当局的对抗为害国家、军队，延误撤退时机。为铲除恶行，特命连年坎普夫中校即刻出兵西伯利亚、外贝加尔铁路沿线地区平定暴乱，教化乱民彻底归顺合法当局，特许连年坎普夫动用于此目标有益之诸般手段。报务人员、铁路职工心生反叛，现出兵弹压反叛、对抗势头，解救我军于危难境地，深信将军势不可当……转告连年坎普夫，俄国和我期待他积极寻求解决之法，扫除障碍，平定铁路职工暴乱，迅速恢复国内核心干线畅通。令出

---

① Редигер А.［Ф.］Ук. соч. М. 1999. Т. 1. С. 521.

如山，刻不容缓。"①

俄军突然发现，镇压起义似乎不难。在几名果敢的指挥官的领导下，几支可靠的部队就能完成这项任务。1905年12月22日至23日（俄历9日至10日），莫斯科爆发起义。对于镇压起义而言，市内警力杯水车薪。起义伊始，驻军态度消极、三心二意。25日，莫斯科总督、侍从将军杜巴索夫向内务部求援，提议至少从彼得堡"抽调一个步兵旅"支援莫斯科。② 当日，谢苗诺夫近卫军被派往莫斯科，他的上级指挥官收到沙皇诏令："目前，依据既定规程，须诉诸武力，强势出击，除非遭遇严重损失，否则无须停火……此举务必断绝后患。"③

1906年1月1日（俄历1905年12月19日），军队成功镇压了起义。此前，镇压起义的重担几乎完全落在了谢苗诺夫团的肩上。令众人吃惊的是，政府军的损失相对较小，12月22日至1月1日，死者、伤者总计62人。④ 有趣的是，在政府军动用武力后，舆论导向迅速转变。谢苗诺夫团的军官回忆称："我们进入了一座完全瘫痪的恐怖之城，走在荒芜的街道上，路障随处可见。混乱的射击打破了沉寂。两个星期后，谢苗诺夫团离开克里姆林宫前往尼古拉耶夫斯基火车站，欢乐的人们夹道送行，街上

---

① Революция 1905 – 1907 гг. в России. Документы и материалы. Высший подъем революции 1905 – 1907 гг. Вооруженные восстания. Ноябрь – декабрь 1905 г. отв. ред. А. Л. Сидоров. М. 1955. Ч. 1. С. 152.
② Там же. С. 676 – 677.
③ Там же. С. 677.
④ Там же. С. 864.

传出美妙的音乐。"①

1905年12月27日,尼古拉二世下令采取紧急措施保护铁路。根据诏令,铁路管理部门有权对铁路周边地区实施军事化管理。此后,军队将领接到行动授权和开始行动的命令。1906年1月4日,梅勒-扎卡梅尔斯基将军率兵离开莫斯科,赶赴西伯利亚。② 此前,一名军官着便装从鄂木斯克出发,并于1906年1月5日抵达利涅维奇参谋部,转交尼古拉二世的电报——任命骑兵上将连年坎普夫将军为西伯利亚铁路平乱远征军指挥官。③ 1906年1月15日,首趟运兵专列驶入俄国。④ 连年坎普夫的部队隐藏在这列火车上。无论是连年坎普夫还是梅勒,都以杀伐果断、精力充沛著称。1905年11月,塞瓦斯托波尔爆发起义,在镇压起义的过程中,梅勒表现出色。此次出征人数不多。梅勒麾下仅有一个加强连(隶属于立陶宛近卫军)和2门野战炮。然而在平乱部队抵达后,铁路沿线驻军的状态大为改善——首鼠两端的驻军迅速恢复士气,纪律也有了保障。

1906年1月17日,梅勒-扎卡梅尔斯基致电沙皇:"目睹大量后备兵员丧失军人气节,深感痛惜。臣必将竭尽所能恢复秩序。萨马拉—兹拉托乌斯特区的铁路完全正常,双向畅通;电报局已经复工。铁路管理委员会功不可没。臣深感羞愧,若提前

---

① Лампе А. А. Убийство генерала Мина. // Часовой. Париж. 1956. С. 10.
② Русско-японская война. Из дневников... С. 153; 162.
③ Там же. С. 124.
④ Там же. С. 126.

20日抵达,或将避免诸多损失。"① 此次平乱,俄军取得了引人瞩目的成就。例如,1906年2月3日,连年坎普夫部队在赤塔附近发展壮大,拥有16个连、2门山地炮、12挺机枪和18挺马拉机枪,沿铁路行进的东西伯利亚第五步枪师的行事作风也完全符合士兵宣言的要求。②

次日,革命者和叛变的第三铁道营士兵投降,因此在几乎未遭到任何抵抗的情况下,政府军从他们手中夺回了城市的控制权。与此同时,政府军在赤塔缴获大量武器。据不完全统计,其中包括12091支三线步枪(返还4425支)、1110支来复枪(返还681支)、8197支伯尔丹步枪(返还9000支,大量步枪被盗)、4713支骑兵步枪(返还3040支)、2支哥萨克步枪(全部没收)、莫辛-纳甘步枪子弹35184发(返还7200发)、火药3普特13俄磅(全部没收)。③ 事实上,政府军所缴获的军械(冷兵器除外)足以武装赤塔全城的成年居民。毫无疑问,纪律严明、作风强硬的平乱部队有效地避免了大规模流血事件的发生。

此时,在伊尔库茨克发生的事件几乎是1917年3月彼得格勒事件的预演。在那里成立了士兵委员会。委员会提出诸多要求,除立即强制复原全体后备兵员、向伤者发放抚恤金、改善士兵物资配给条件外,他们还要求废除死刑,解散军事法庭、军事

---

① К истории карательных экспедиций в Сибири. // КА. М. 1922. Т. 1. С. 335.
② Революция 1905 – 1907 гг. в России. Документы и материалы. Высший подъем революции 1905 – 1907 гг. Вооруженные восстания. Ноябрь – декабрь 1905 г. отв. ред. А. Л. Сидоров. М. 1955. Ч. 2. С. 966 – 967.
③ Там же. С. 970.

监狱、纪律部队，取消"士官"军衔和军官头衔，向士兵敬礼、使用敬语"您"称呼士兵，从士兵中选拔初级指挥人员，根据士兵的意见罢黜对士兵"粗暴无礼、残酷严苛"的军官。①由此可见，如若任其发展，军队秩序必遭破坏。

"士兵与哥萨克联盟"在赤塔崛起。1905年11月底，联盟代表在社会民主党人提供的铁路车间召开会议，会上决定向俄国政府提出下列要求：①在俄国境内增开军事列车，每日不少于16班次；不得根据入伍期限和武器保有情况拆分部队；两日内撤回铁路沿线的全部驻军，压缩军事列车行驶时间至17天以内；②立即发放差旅费；③上调伙食费标准，若向伊尔库茨克行军，每日至少发放50戈比的伙食费；在抵达伊尔库茨克后，每日至少发放30戈比的伙食费；野外行军，需在车站提供热食；铁路需向士兵提供免费的探亲车票；④向预备役士兵发放一次性补贴，未婚男子最高15卢布，已婚男子最高35卢布；⑤服役期间，确保哥萨克人与其他同业阶层待遇齐平；⑥上调现役士兵和哥萨克的津贴，无差别地上调士兵月薪至5卢布，下调军官薪资；⑦改善军营条件；⑧完善医疗体系；⑨改善岗哨环境，取消不必要的岗哨；⑩实行"八小时工作日"制度（在军中!!!），限制部队训练时间为每日3小时；⑪取消管理机构，选拔士兵组织工作；⑫维护士兵人格尊严不受侵犯，上级需对士兵使用敬语"您"；在称呼军官时，只需在名字后面加上"先生"二字；若无军事任务，士兵有权离开营地，便装出行；⑬废除戒严令，不

---

① Там же. С. 1015–1019.

得安排士兵和哥萨克代替警察工作；⑭彻底免除当局对个别将领的纪律处分，取消禁闭室，废除负重罚站措施；⑮参会自由和游行自由，无须军官的许可或参与；⑯结社自由；⑰罢工自由；⑱组建图书馆，对文盲实施义务教育。①

事实上，此类文件正是著名的彼得格勒工兵代表"第一号命令"的前身。1906年2月初，得益于俄国政府军的积极行动，西伯利亚铁路最终恢复畅通，梅勒的部队功勋卓著。陆军大臣雷迪格尔（А. Ф. Редигер）将军回忆称："这项任务看起来艰巨且危险，却以微不足道的兵力轻而易举地解决了。此事主要归功于他个人（梅勒-扎卡梅尔斯基——引者），他以刽子手般的作风鞭笞、击杀铁路全线叛军，这令罢工者和反叛者惶恐不已。"②随着这些部队的胜利出击，自1905年10月起每日至多通行一趟列车的铁路交通逐渐恢复。

罢工对铁路造成了严重打击，例如导致列车无法驶离乌拉尔、车站煤炭断供等。在军队的干涉下，秩序得以恢复。1906年2月13日，梅勒致电沙皇："西伯利亚和后贝加尔至赤塔的铁路已恢复通行；货物和暖棚已向东启运。车头已被依次改建，煤炭正在陆续运达。铁路沿线的革命分子已被开除、抓捕、消灭，少量在逃。目前，西伯利亚第四军精锐部队驻守铁路。最好尽快向革命分子聚集的伊尔库茨克、克拉斯诺亚尔斯克和托木斯克增

---

① Движение в войсках на Дальнем Востоке. // КА. М. 1925. Т. 11–12. С. 339–342.
② Редигер А.［Ф.］Ук. соч. М. 1999. Т. 1. С. 521–522.

派一个师，以加强驻军兵力。"① 1906年初，除41班卫生列车外，铁路每日还可通行5班军用列车。1905年11月14日至1906年1月21日，铁路累计运送3576名军官、277322名士兵。②

至此，中国东北危机已然化解。1906年2月12日，维特在一场私人谈话中得出以下结论："①俄国依然忠于君主制；②俄国完全可以指望忠诚的军队。"③ 维特——"十月宣言"的奠基人对事件的结果深感失望。④ 至于将领们，此事过后他们也有所感悟。在输掉了与外敌的战争后，将军们突然重拾信心，毕竟战胜内敌竟然如此轻松，这令他们惊讶不已。

---

① К истории карательных экспедиций в Сибири. // КА. М. 1922. Т. 1. С. 343.
② Русское военное обозрение. 3 - е дополнение к «Обзору военных действий» с 12 - го ноября по 13 - е декабря. //ВС. 1906. №1. С. 241; Русское военное обозрение. 4 - е дополнение к «Обзору военных действий» с 14 - го декабря по 12 - е января. //ВС. 1906. №2. С. 237.
③ Дневник А. А. Половцева. 1906 г. // КА. М. 1923. Т. 4. С. 89.
④ Извольский А. П. Ук. соч. С. 21.

结　语

1906年一本俄国杂志概括道："过去的一年，可以说是俄国的灾祸之年，内忧外患层出不穷，正如法国人描述本国的1870年一样，这真是'糟糕的一年'。"① 1904~1905年俄国在中国东北经历的惨剧直接印证了某些简单的真理。在战略方面，根据美国历史学者的定义，俄国的失误主要在于：一方面，"兵戎相见毫无意义"；另一方面，"永远不要开始没有把握完成的事情"。② 1905年12月28日德国总参谋部参谋长备忘录结论正是在这些论点的基础上得出的。这份文件是阿尔弗雷德·冯·施利芬（Alfred von Schlieffen）针对同年11~12月的军事演习所做的总结："在战争中，中国东北的打法绝不可取，即缓慢地将敌人从一个阵地引向另一个阵地，一连数月无所事事地与敌军对峙，直到最后敌对双方精疲力竭，决定缔结和约。应当尽快在一条战线上摆脱敌军的纠缠，以便腾出手来对付另一条战线上的敌

---

① Иностранное обозрение. // BE. 1906. №1. C. 361.
② Менниг Б. Ни Мольтке, ни Мэхэн: стратегия в русско-японской войне. // РЯВ. C. 15.

军。"① 这便是施利芬的继任者1914年8月制订的著名的"闪电战"计划的基础。

在分析中国东北军事行动的过程中,俄军行动迟缓、参谋人员文化水平低下、俄军将领无法看透敌人的作战方法,这些令后人感到震惊。在大型会战中,敌人的战略几乎一成不变,日方发动进攻,封锁俄方中心阵地,同时绕至俄军后方,迂回包抄右翼阵地。在九连城、瓦房沟和辽阳战役中都是如此。然而,每场战争都走向了同样的结局:补给路线遭遇威胁的俄军仓皇撤退;在进攻中累得筋疲力尽的日军不再追击。库罗帕特金一边撤退,一边吸收逐渐抵达的预备役部队。军队人数确有增加,从表面上看,俄军主帅的计划似乎很成功。后来却出现了许多意料之外的状况——总参谋部软弱无能,库罗帕特金大肆干预作战计划的执行细节。结果,人数越多,军队越弱。库罗帕特金孤身一人自然难以应付整个集团军的指挥工作。在他的干涉下,沙河和黑沟台进攻惨遭失败,奉天撤退饱经磨难。

所有人都清楚,不能再出现类似的失败了。总参学院在战争概述中指出:"现在,针对1904~1905年俄日战争事件的研究已经细致入微,每名军人有必要且必须这样做;对我们俄罗斯人而言,则更应如此。回顾战争悲剧的同时,我们应当铭记沉重的历史教训,通过积极的活动治愈我们的创伤,通过勇敢而富有成效的工作使我们亲爱的祖国在历史进程中实现精神和物质的全面提

---

① Отчет о веденной в ноябре и декабре 1905 г. Начальником Прусского Генерального штаба военной игре. Варшава. 1910. С. 2.

升。"① 尽管已从错误中得出基本正确的结论，但是俄国仍旧无法彻底纠正 19 世纪六七十年代所犯下的错误。毕竟，允许俄国纠正错误的时间所剩无几，国库里的钱财已被战争和革命消耗殆尽。《朴次茅斯和约》缔结后，俄国还有很长的路要走。在莫斯科、黑龙江沿岸地区、西伯利亚、远东等地，战胜革命似乎是顺理成章的事情。1906 年 2 月，帝国欧洲部分的斗争仍未结束，同时已经成了阻碍陆军完成重要任务——提升战备实力的沉重负担。

在 1906 年的前十个月里，民事当局累计征召部队 2230 次，迫使部队动用武力 158 次。这也产生了一定的负面影响。据陆军大臣回忆，军队被当成了警察部队："他们继续无耻地滥用军力，不仅要求军队守卫银行、金库和监狱，还要求他们把守邮局、电报局乃至葡萄酒商店！部队本应守卫铁路、护送列车、押送用于加强警力的弹药，然而在填补警力空缺的同时，军中士兵的缺口日益增大。例如，在华沙，下士奉命走上街道协助或代替警察工作。高加索地区的军队境遇最为糟糕。在此情况下，军队陷入混乱，不再进行训练，下士一旦成为警察，很快就不是士兵了。"②

与革命（还算成功）的斗争和国家财政的崩溃导致军队作战能力急剧下降。显然，俄国政府几乎并未从上一场战争中汲取

---

① Русско‑японская война в сообщениях... СПб. 1906. Ч. 1. С. I.
② Редигер А. [Ф.] Ук. соч. М. 1999. Т. 2. С. 81–82.

教训。① 此事不足为奇，毕竟为了吸取教训就要进行军事训练，但是此时军费短缺。与此同时，军队的战斗力也无法恢复到战前水平。卢科姆斯基（А. С. Лукомский）将军回忆道："俄国欧洲地区的动员机制被彻底摧毁，这是盲目动员造成的恶果；加之，如果考虑到远东军队主要依靠和平时期的紧急备用物资（炮兵物资、军需储备、卫生备品）维持生存，那么便很容易理解当时俄国欧洲地区的混乱状态了。"② 1906年，俄国政府的预算赤字约为7.83亿卢布；同年，供养远东驻军、部队复原、消除战争影响所需支出高达9.195亿卢布。为了凑齐上述款项，政府不得不举借外债22.5亿瑞士法郎（7.045亿卢布）、发行短期国债3.364亿卢布。尽管如此，截至1907年1月1日，俄国剩余的黄金储备仅可发行1200万卢布。③ 军费严重匮乏。

1906年底，军械总局被来自华沙、基辅和彼得堡军区的抱怨声淹没。抱怨的本质在于：军区军械部门没有收到应得的用于武器维修和射击训练的物资和经费，甚至连手持式枪械也未收到。实际上，根据当时的规定，经费应在年初拨付。无论是从远东归来的部队，还是留守部队，均未收到任何资金。④ 1907年1月26日，为了审查前一年获批紧急贷款的军事部门的开支，扎

---

① Carl Gustaf Emil Mannerheim, *The Memoirs of Marshal Mannerheim*, translated by Count Eric Lewenhaupt. New York: E. P. Dutton, 1954, p. 75.
② Лукомский А. С. Очерки из моей жизни. // Вопросы истории. 2001. № 6. С. 61.
③ Сидоров А. Л. Финансовое положение России в годы Первой Мировой войны (1914 – 1917). М. 1960. С. 22 – 24.
④ АВИМАИВиВС. Ф. 6. Оп. 7/1. Д. 233. ЛЛ. 49. об.； 65； 94 и об.； 95； 193.

别林（А. Ф. Забелин）中将主持召开特别会议。结果发现，部队射击训练的资金缺口为243773卢布！同时，还需拨付181070卢布用于训练新兵、供养从远东归来的部队！后来，这个问题也未解决。1907年5月和7月，在财政大臣、海军大臣和陆军大臣、国家审计长的参与下，就此问题召开会议。

1907年8月8日，沙皇批准拨付181070卢布，用于"满足从战场归来的各支部队1906年度的弹药供给、指派给远东部队的俄国欧洲地区部队的新兵射击训练需求"。① 这几乎意味着，这些部队1907年的射击训练计划已被打乱，并且未分得任何训练物资。

变化始于1909~1910年。俄国政府竭尽所能地加强军力。正如马克斯·冯·霍夫曼（Max von Hoffmann）将军——原黑木将军参谋部德军代表所指出的那样："毫无疑问，在对日战争中，俄国人学到了很多。假如在与我们对战时，他们表现得像在满洲时一样——优柔寡断、鲜少发动进攻且力度有限，面对来自侧翼的威胁畏畏缩缩，保留毫无用处的后备兵力，那么战争对我们而言将容易得多。"②

海军的情况与陆军类似，缺乏统一且独立的行动计划中心，缺乏对战略优先方向问题的应答，军舰的零散分布与上述原因关系密切。舰队成了一个汇报单位，而非一支相互配合的海上力量。因此，出征途中舰队无法合理地把握时机、相机行事。俄国海上战争史的主流观点认为："不得不关注这样一个事实，在战

---

① Там же. ЛЛ. 221-222；271.
② Гофман М. Война упущенных возможностей. М.-Л. 1925. С. 2.

前的最后几年里，无论是我国舰队还是日本舰队，它们的规模都在迅速扩大，特别是日本舰队；日本舰队成功地完成了配套任务，而我们却未能完成这项任务。毫无疑问，这是导致我们失败的最后一个因素。在此情况下，提出日本是海洋型国家、俄国是大陆型国家并无依据。尽管我们国家没有多少水手，但是我们拥有专业的海事人员和军人，然而他们却受到了错误的训练。"① 武器装备在没有得到专家指导、接受充分训练的士兵手中，无法对敌人构成威胁。

对日战争结束后，俄国舰队在太平洋和波罗的海销声匿迹。这种状态持续了很久。俄日战争和1905～1907年革命之后，舰队长期处于压抑状态，这种结果合情合理。1907年，海军部的支出降至8771.1万卢布；在开战前一年——1903年，海军部的支出高达100405000卢布。与1903年相比，海军部的对内拨款金额大幅下调：造船经费下调1600万卢布（降低39%），武装经费下调400万卢布（降低42%），港口建设与养护经费下调1100万卢布（降低59%），舰船航行经费下调700万卢布（降低51%）。这是俄国舰队自成立后最艰难的一年，只有舰队成员的薪资保持不变。② 假如不再发展舰队，那么俄国整个波罗的海沿岸都将失去保护、暴露在外，在不远的将来黑海也将如此。在第一次世界大战爆发前，旅顺港的防御英雄——埃森、利文、高尔察克等人在恢复舰队的战斗力方面发挥

---

① Русско‐японская война 1904‐1905 гг... Пгр. 1917. Кн. 7. Тсусимская операция. С. 46
② Нордман Н. Наши морские бюджеты. // МС. 1913. №11. С. 122；127.

了特殊作用。

在此期间，俄国在军事方面不堪一击，相应的，外交政策也受到了制约。在中国东北的败局迫使俄国放弃了边境对抗和一系列与海峡邻国签署的消除彼此之间因外交失败而导致的诸多矛盾的协议。可惜，在经受了战败和革命双重打击后，苟延残喘的俄国无法在外交领域取得成功。1908年，伊兹沃利斯基遭遇了"外交上的对马之战"①，这正是对马海战的直接后果。与此同时，对马海战发生于尼古拉二世加冕典礼的同一天。对于沙皇而言，这个巧合令他颇为不悦。② 在我看来，他在1907年5月27日（俄历5月14日）的讲话中准确地表达了这种感受："在对马海战中惨烈阵亡的舰队将使纪念日永远蒙羞！"③

未来，俄日战争对列强的影响将在另一个不易发现的方面显现。显然，亚洲国家战胜欧洲帝国唤起了彼得堡的敌人和亚洲臣民非殖民化的希望。无论是1885年和1896年意大利在埃塞俄比亚的败绩，还是1885年法国在越南东京的败局，都未产生如此轰动的效果，毕竟这些战争规模有限。日本的胜利震撼并鼓舞着年轻的尼赫鲁和埃及未来的复兴社会党人的导师。日本的胜利使

---

① 1908年，维也纳宣布正式吞并波斯尼亚，塞尔维亚成了奥匈帝国的下一个目标。在俄国的支持下，塞尔维亚开始公开支持波斯尼亚塞族人的抵抗运动。1909年，奥匈帝国要求俄国承认吞并波斯尼亚。最终，还没有准备好跟维也纳正面对抗的俄国接受了维也纳的条件。俄国国内对政府的外交冒险与最终的软弱作风怒不可遏，媒体纷纷指责波斯尼亚危机是一场"外交上的对马之战"，伊兹沃利斯基被迫引咎辞职。——译者注
② Дневники Николая II. М. 1991. С. 315.
③ Там же. С. 366.

他们相信在与大英帝国的对抗中存在获胜的可能。①

1905年2月和10月的局面与1917年2月的局面格外相似。在命运的引领下，包括阿列克谢耶夫、鲁斯基、科尔尼洛夫、邓尼金、马卡罗夫在内的将军走上了撤退的官道。在2月的这些日子里，奉天会战的参与者不仅遭到了来自军方的严厉批评，还遭到了来自国家的严肃申斥。1905年3月，斯特鲁维写道："专制制度，在那个难以触及的地方被撼动并击垮了……军队将继续忠于专制制度吗？不，不应如此，也不会这样。"② 总体而言，斯特鲁维的观点是绝对正确的，毕竟1905年的革命者和1917年的反革命者都急于做出成绩。事实的确如此，君主制的权威受到了极大的冲击。

始于1905年的革命引起了未来的最高统帅部参谋长阿列克谢耶夫将军的关注和思考。我认为，这些想法对于理解12年后他所扮演的角色至关重要。在他看来，俄国是一艘既没有船舵，也没有经验丰富的"上尉"、睿智理性的"中尉"的大船。也许，这是阿列克谢耶夫首次对沙皇及其政策做出批判性评价："很难通过电报内容判断俄国的现状，但是，据我推测，我们国内的情况相当危险。骚动的情绪正在寻找宣泄的出口。我们应当采取措施疏导社会情绪，然而积聚已久的情绪不会等待这些措施，而是冲破所有障碍、倾泻而出，以某种形式给予我们教训。

---

① Маркс Ст. «Браво, храбрый тигр Востока!» Русско-японская война и подъем национализма в британском Египте и Индии. // РуСб. М. 2007. Т. 4. С. 89–107.

② П. С. Мукден. // Освобождение. Париж. 18 марта (5 марта) 1905 г. №67. С. 280.

为了和平地解决问题，需要一个能人主持局面，并且不能浪费时间。可惜，我们没有这样的人，时间白白地浪费了……"①

任何失败都将引发当代人对于变革的思考。变革的程度通常取决于失败方对悲剧性事件的评价。与沙皇不同，阿列克谢耶夫对俄日战争的记忆主要与奉天有关。将军"二月沉思"的内容远超军事改革范畴。2月23日至27日这几天都是他人生中最为黑暗的时期。在我看来，他对奉天之战的反思有助于我们更好地理解最高统帅部参谋长1917年的各种行为。事实上，此前反对派已经表达过类似的情绪。1916年2月25日，针对左翼分子在杜马会议上委婉提出的革命建议，普里什克维奇（В. М. Пуришкевич）回应道："战争有时是革命之母，但是每场在战争的阵痛中诞生的革命都是人民对政府无力抗击敌人、保卫国家而感到失望的结果。"②

在1904～1905年对日战争中战败的将领突然发现，复原军队的难度不亚于征兵入伍、集中兵力和为军队提供补给；与外敌相比，内部战后渴望回家的士兵更加危险。与此同时，他们还发现了另一个事实，在一支小型但绝对可靠的精锐部队面前，革命这类敌人不足为惧。在梅勒-扎卡梅尔斯基和连年坎普夫将军在西伯利亚铁路沿线地区成功经验的指引下，派遣满洲集团军老将伊万诺夫率领圣乔治勋章获得者营于1917年2月前往彼得格勒镇压暴乱完全符合逻辑。这种经验——失败和胜利是俄日战争给

---

① ОР РГБ. Ф. 855. Карт. 1. Ед. хр. 33. ЛЛ. 6 – 6. об.
② Государственная Дума. Четвертый созыв. Стенографические отчеты. 1916 г. Сессия четвертая. Пгр. 1916. С. 1514.

俄国和世界留下的珍贵遗产。

这笔遗产启发日本在俄国内战期间实施武装干涉、占领萨哈林岛北部。东京依靠武力迫使苏联接受共存条约。1925年1月20日，两国缔结《苏联与日本关系基本原则公约》，为了使侵略者撤离北萨哈林岛，莫斯科做出重大让步："鉴于日本对自然资源的需求，苏维埃社会主义共和国联盟政府愿向日本公民、企业、会社出租在苏维埃社会主义共和国全境范围内开采矿产、森林和其他自然资源的开采权。"① 苏维埃政府承诺，自日军撤离俄国领土之日起的五个月内，与日本签订为期四五十年的北萨哈林岛租赁合同。此外，除森林采伐权、煤炭开采权外，日本还将得到岛上至少50%的石油，同时还将获得极其优惠的租赁条件。②

众所周知，让步并未阻止日本政客对苏联的攻击。每次他们都受到1904~1905年经验的启发。1945年，相互猜忌、满腹牢骚的日子画上了句号。8月28日，苏联出兵肃清萨哈林岛南部和千岛群岛上的日军。当日，苏联海军军旗在旅顺港上空冉冉升起。③ 9月2日，斯大林在俄日战争四十周年纪念活动中总结道：

> 日本早在1904年俄日战争期间便已开始侵略我国。众所周知，1904年2月，日本与俄国的谈判仍在继续，利用

---

① Документы истории внешней политики СССР. М. 1963. Т. 8. С. 73.
② Там же. С. 75 – 77.
③ От советского Информбюро. Оперативная сводка за 28 августа. // Красная звезда. 29 августа 1945 г. №203（6191）. С. 1.

沙皇政府的弱点，日本不宣而战，出其不意、用心险恶地抨击我国，偷袭俄国旅顺港舰队，致使俄国数艘军舰瘫痪，日本舰队抢占胜利先机。在此过程中，日本舰队击毁俄国三艘一流战舰。结果，三十七年后，日本再次使用这种阴险的招数对付美国。1941年，日本袭击美国珍珠港海军基地，致使美国多艘军舰瘫痪。众所周知，在对日战争中，俄国惨遭失败。另一方面，日本利用沙皇俄国的失败，意图通过强占萨哈林岛南部地区在千岛群岛站稳脚跟，进而彻底封锁我国东部出海口。同时，封锁通往堪察加半岛和楚科奇港口的全部出口……显然，从俄国手中夺取整个远东是日本的既定目标。

日本对我国的侵略不止于此。1918年，在我国建立苏维埃体制之初，日本利用英国、法国、美国对苏维埃国家的敌对态度并且以此为契机再次攻击我国，侵略远东，洗劫苏维埃远东，折磨我们的人民长达四年之久。

这并非日本全部的罪行。1938年，日本再次进攻我国符拉迪沃斯托克附近的哈桑湖地区；次年，日本再次进攻哈拉哈河附近的蒙古人民共和国，意图分裂苏维埃领土、切断我们的西伯利亚铁路干线、断绝远东与俄国的联系。

事实的确如此，苏维埃军队以让日本人感到屈辱的方式击退了他们对哈桑湖和哈拉哈河地区的进攻。同样地，我们还成功地消除了1918~1922年日本的军事干预，日本侵略者被赶出我国远东。但是，俄日战争期间，1904年俄军的惨败给人们留下了深刻的印象。这是我们国家的污点。我国人民相信并且期待，日本被击败、污点被抹除的那日终将到来。四十多年来，我们老一代的人一直在等待这一天的到来。你们看，这一天已经来临！今天，日本承认战败并且签署无条件投降文件。

这意味着萨哈林岛南部和千岛群岛将回归苏联。从今往后，它们再也不是分隔苏联与海洋的工具了，再也不是日本侵略我国远东的基地了，它们将成为苏联直通海洋的要道、我国抵御日本侵略的基地。[1]

---

[1] Обращение тов. И. В. Сталина к народу. // Красная звезда. 4 сентября 1945 г. №208（6196）. С. 1.

译后记

本书作者奥列格·阿拉别托夫先生是俄罗斯著名的历史学家，研究领域主要为19世纪至20世纪初沙皇俄国时期的外交史和军事史。2014年正值俄日战争爆发110周年，本书俄文版的出版备受俄罗斯学界的关注与推崇。

1904～1905年的俄日战争，从表面上看是领土和利益诉求高度重合的欧洲老牌强国与亚洲后起之秀在中国领土上爆发的一场恶战。事实上，这是一场"群架"，在两国背后列强早已结成利益同盟，蒙受战争苦难的却是无辜的中国百姓。本书从俄方视角阐释俄日战争的根源、战前准备、战争的进程及后果，同时立足于国际视角深刻剖析影响双方外交和军事决策的内部因素和外部因素。阿拉别托夫先生承袭了俄罗斯史学一贯的实证主义传统，在书中大量引用奏章报告、君主日记、电报书信、作战日志、回忆录等原始档案文献，数据丰富，论据翔实，呈现的历史人物有血有肉，兼具学术性和可读性。

对我来说，本书的翻译存在一定的挑战性。近年来，我虽一直从事俄语翻译专业的教学工作，同时对历史文献翻译有所涉猎，积累了些许翻译经验，但深知翻译此类学术专著不仅需要语言过关，有时更需理解作者的立场和观点。为了圆满完成这本书的翻译任务，我系统地阅读了关于俄日战争的名家论著。在翻译过程中，对原文中的人名、地名（特别是旧地名和别名）均仔细查证；对书中的史实事件，在确保译文准确、流畅的同时，最大限度地呈现作者的立场。

翻译这项工作既是语言的输出，更是思想的输入与融合。作为译者，在翻译中有困惑、有犹豫、有纠结，但更有拨云见日的豁然开朗、柳暗花明的快乐欣喜。拙记末尾，我要真诚地感谢本书编辑李期耀老师的信任、帮助和理解，以及在校对和编辑过程中严谨求实、一丝不苟的辛勤劳动。同时，还要衷心感谢中国社会科学院俄罗斯东欧中亚研究所周国长老师的热心引荐和专业指导。最后，感谢我的爱人董树亮一如既往的支持和关爱，你是我前进的动力和坚强的后盾。

限于译者水平，译作如有不妥之处，还望读者批评指正。

周　健

2021 年 3 月 31 日

图书在版编目(CIP)数据

溃败之路:1904-1905年俄日战争/(俄罗斯)奥列格·阿拉别托夫(Oleg Airapetov)著;周健译.——北京:社会科学文献出版社,2021.7
ISBN 978-7-5201-8314-7

Ⅰ.①溃… Ⅱ.①奥… ②周… Ⅲ.①日俄战争-研究 Ⅳ.①K313.43

中国版本图书馆CIP数据核字(2021)第081742号

溃败之路:1904~1905年俄日战争

著　　者 /	〔俄〕奥列格·阿拉别托夫(Oleg Airapetov)
译　　者 /	周　健
出 版 人 /	王利民
责任编辑 /	李期耀
出　　版 /	社会科学文献出版社·历史学分社(010)59367256
	地址:北京市北三环中路甲29号院华龙大厦　邮编:100029
	网址:www.ssap.com.cn
发　　行 /	市场营销中心(010)59367081　59367083
印　　装 /	三河市东方印刷有限公司
规　　格 /	开　本:889mm×1194mm　1/32
	印　张:20　字　数:428千字
版　　次 /	2021年7月第1版　2021年7月第1次印刷
书　　号 /	ISBN 978-7-5201-8314-7
著作权合同登 记 号 /	图字01-2021-3114号
定　　价 /	128.00元

本书如有印装质量问题,请与读者服务中心(010-59367028)联系

△ 版权所有 翻印必究